Die UN-Konvention über die Rechte des Kindes, insbesondere deren Umsetzung im russischen Recht

Europäische Hochschulschriften

Publications Universitaires Européennes
European University Studies

Reihe II
Rechtswissenschaft

Série II Series II
Droit
Law

Bd./Vol. 3300

PETER LANG
Frankfurt am Main · Berlin · Bern · Bruxelles · New York · Oxford · Wien

Christiane Kirchhof

Die UN-Konvention über die Rechte des Kindes, insbesondere deren Umsetzung im russischen Recht

PETER LANG
Europäischer Verlag der Wissenschaften

Die Deutsche Bibliothek - CIP-Einheitsaufnahme

Kirchhof, Christiane:

Die UN-Konvention über die Rechte des Kindes, insbesondere deren Umsetzung im russischen Recht / Christiane Kirchhof. - Frankfurt am Main ; Berlin ; Bern ; Bruxelles ; New York ; Oxford ; Wien : Lang, 2001
(Europäische Hochschulschriften : Reihe 2, Rechtswissenschaft ; Bd. 3300)
Zugl.: Heidelberg, Univ., Diss., 2001
ISBN 3-631-38365-7

D 16
ISSN 0531-7312
ISBN 3-631-38365-7

www.peterlang.de

"J´ai soif de cette eau-là,"
dit le petit prince, "donne-moi à boire..."
Et je compris ce qu´il avait cherché!
Je soulevai le seau jusqu´à ses lèvres.
Il but, les yeux fermés.
C´était doux comme une fête. (...)
Antoine de Saint-Exupéry, Le Petit Prince

Vorwort

Die vorliegende Arbeit wurde 2001 bei der Ruprecht-Karls-Universität in Heidelberg als Doktorarbeit eingereicht. Sie wurde von Prof. Dr. Dr. h.c. R. Wolfrum betreut und begleitet, dem mein herzlicher Dank für Gespräche, Anregungen, Anmerkungen und seine Geduld gilt.

Die UN-Kinderrechtskonvention ist erst 12 Jahre alt und hat dennoch bereits die größte Verbreitung gefunden. Kinderrechte scheinen weltweit leichter zu akzeptieren zu sein als andere Menschenrechte. Liegt das daran, daß man Kindern leichter Rechte zugestehen kann als Erwachsenen, oder daran, daß die Konvention nicht sehr weit geht und deshalb keine Gefahr in ihrer Ratifikation gesehen wird? Anders als andere internationale Menschenrechtspakte regelt die Konvention nicht nur die Rechte des einzelnen Kindes gegenüber dem Staat, sondern bezieht auch das Verhältnis Eltern - Kinder - Staat mit ein. Dadurch stellt sie besondere Anforderungen an die Umsetzung durch die Staaten.

Die Russische Föderation ist Mitglied der Konvention geworden, als das russische Recht und die russische Wirtschaft den Anfang eines Umbruchs zu bewältigen hatten. Im neu gestalteten Recht - angefangen mit der russischen Verfassung von 1993 - konnte und kann die Konvention berücksichtigt werden. Andererseits führte der wirtschaftliche Umbruch dazu, daß die Russische Föderation mit wirtschaftlichen Schwierigkeiten vor allem bei der Umsetzung der wirtschaftlichen und sozialen Rechte zu kämpfen hat. Diese Arbeit soll diese Situation beleuchten.

Die Recherche zu dieser Arbeit fand vor allem im Max-Planck-Institut für ausländisches öffentliches Recht und Völkerrecht in Heidelberg statt, das sich nicht nur durch eine imposante, gut ausgestattete Bibliothek auszeichnet, sondern auch Direktoren und Mitarbeiter hat, die jederzeit bereit sind und waren mir in Gesprächen und bei der Literatursuche mit Rat und Tat zur Seite zu stehen. Besonders erwähnt sei der Doktorandenkreis, der durch ein offenes Ohr und kritische Anmerkungen wichtige Impulse gesetzt hat.

Der russische Teil der Arbeit beruht auf Einblicken, die ein Jahr am Institut für Staat und Recht in Moskau gewährt hat. Dank gebührt hier Prof. Dr. B. N.. Topornin, Akademik, der mehr als nur Starthilfe für eine ausländische Doktorandin und Magisterstudentin geleistet hat.

Ich danke meinen Eltern und Geschwistern, meinem Schwager, Birgit Günther, Birgit Hamann, Anne Jakob und Irina N. Lukjanowa herzlich für moralische Unterstützung, ein offenes Ohr, interessiertes Nachfragen und kritische Anmerkungen.

Heidelberg/Linz (Rhein)/Paris, August 2001 Christiane E. Kirchhof

Inhaltsverzeichnis

I. Einleitung

Die Kinderrechtskonvention[1] hat den Versuch unternommen, die Bedürfnisse von Kindern zu Rechten zur Befriedigung dieser Bedürfnisse zu formulieren.[2] Sie enthält ausweislich ihrer Präambel und ihres Art. 41 einen Katalog von Rechten, die die internationale Staatengemeinschaft Kindern zugestehen will.[3] Sie hat damit in der Nachfolge der Kinderrechtserklärung von 1959[4] allgemeine Menschenrechte übernommen, diese kindspezifisch ausgestaltet, aber auch besondere Kinderrechte formuliert. Sie hat Rechte aus dem IPbürgR[5] und dem IPwirtR[6] in sich vereinigt.

Menschenrechte sind solche Rechte, die jedem Menschen von Geburt an zustehen. Kinderrechte dagegen sind Rechte, die Kindern gerade deshalb zustehen, weil sie Kinder sind. Sie sichern das Kind gegen Eingriffe in seine besondere Schutzbedürftigkeit. Was ein Kind ist, definiert die Konvention selbst in Art. 1. Sowohl Menschenrechte als auch Kinderrechte sind in der Konvention entweder als Abwehrrechte gegen den Staat oder als Anspruchsrechte ausgestaltet. Während die Abwehrrechte das Kind gegen Eingriffe seitens des Staates schützen, geben die Anspruchsrechte dem Kind auf Schutz durch den Staat oder auf Teilnahme an staatlichen Einrichtungen.

Die Bedürfnisse des Kindes sind solche, die es im Moment hat und solche, die es nicht unmittelbar verspürt, die aber seine Zukunft bestimmen. Besonders deutlich wird dies aus den Vorschriften der Präambel. Dort wird etwa das Bedürfnis des Kindes nach Geborgenheit und Sicherheit angesprochen. Von diesen Bedürfnissen ausgehend, sind Rechte geschaffen worden, die dem Kind bei der Erfüllung dieser Bedürfnisse helfen sollen. Die Rechte stützen sich auf einige Grundprinzipien, die grundlegend in den einleitenden Vorschriften der Konvention niedergelegt, die Konvention durchziehen.

---

1 Vom 20. 11. 1989 GAOR 44th session, Resolutions, No. 25 v. 5. 12. 1989.

2 Urban Johnson, "An Approach to assess and analyse the health and nutrition situation of children on the perspective of the Convention on the Rights of the Child", *Int'l J. Children's Rgts* 5 (1997), 367-381, 374.

3 M.-F. Lücker-Babel "Les réserves à la Convention des Nations Unies relative aux droits de l'enfant et la sauvegard de l'objet et du but du traité international" *EJIL* 8 (1997) 664 ff., 665.

4 Declaration on the Rights of the Child, UN Doc. A/res 1386 (XIV) vom 20. 11. 1959, abgedruckt bei Dorsch, *Die Konvention der Vereinten Nationen über die Rechte des Kindes*, Berlin 1994, Anhang B

5 Internationaler Pakt über bürgerliche und politische Rechte vom 19. 12. 1966, UNTS Vol. 999 S. 171, in deutscher Übersetzung in *BGBl* 1973 II, 1534.

6 Internationaler Pakt über wirtschaftliche, soziale und kulturelle Rechte vom 19. 12. 1966, UNTS vol. 992, S. 3, deutsche Übersetzung in *BGBl* 1973 II, 1570.

Das Verständnis von der Rolle des Kindes in der Gesellschaft hat sich im Laufe der Zeit gewandelt. Man kam über die Rolle des Kindes als kleiner Erwachsener auf eine solche als unfertiger Erwachsener. Dabei wurde das Kind immer aus der Perspektive des Erwachsenen betrachtet. Das zeigt sich unter anderem darin, daß in keiner der Menschenrechtsverträge internationaler Art je die Unterscheidung im Sinne einer Diskriminierung aufgrund des Alters verboten wird. Auch die Kinderrechtskonvention zeigt einen solchen Blickwinkel. Dabei hat sich die Auffassung durchgesetzt, daß Kindern als Menschen auch die Menschenrechte zugestanden werden müssen. Dadurch sollen Kinder zum Subjekt von Rechten statt zum Objekt der Rechte anderer oder indirekter Rechte werden. Im Prinzip stehen Kindern die gleichen Rechte zu wie Erwachsenen, sie müssen nur in größerem Maße geschützt und geleitet werden.

Eine Besonderheit der Kinderrechtskonvention gegenüber anderen Menschenrechtskonventionen ist die Tatsache, daß sie nicht nur die Rechte des Kindes gegenüber dem Staat regelt, sondern auch das Dreiecksverhältnis Familie - Kinder - Staat einbezieht. Die Kinderrechtskonvention legt Grenzen und Rechte des Kindes auf eine Familie gegenüber dem Staat fest. Sie beschäftigt sich aber auch mit den Rechten der Familie auf das Kind, die diese gegenüber dem Staat hat.[7] Schließlich schränkt die Konvention den Staat in den Möglichkeiten in die Familie einzugreifen ein.

Eine weitere Besonderheit der Kinderrechtskonvention, die weniger in ihrer Konzeption, sondern mehr in den tatsächlichen Begebenheiten liegt, ist ihre inzwischen fast weltweite Ratifikation. Nachdem außer den USA und Somalia alle Staaten der Welt die Kinderrechtskonvention ratifiziert haben, hat sie einen Anwendungsbereich, der über denjenigen anderer Menschenrechtskonventionen hinausgeht und neue Perspektiven für den Menschenrechtsschutz gegenüber Kindern eröffnet.

In dieser Arbeit werden zunächst Fragen diskutiert, die die Konvention als ganze betreffen. Dazu gehört vor allem der Umsetzungsmechanismus der Art. 4, 42 ff. KRK.

Nachfolgend werden die einzelnen Bestimmungen der Konvention untersucht, und anhand des Beispiels der Russischen Föderation wird deren Umsetzung in eine innerstaatliche Rechtsordnung im Sinne der Art. 2 und 4 KRK analysiert.

Die Russische Föderation bildet insofern ein gutes Beispiel für die Umsetzung dieser Konvention, als sie mit besonderen Schwierigkeiten zu kämpfen

---

[7] Price Cohen, "Developing Jurisprudence on the Rights of the Child" *St. Thomas L.Rev.* 6 (1993), S. 1 ff, S. 20.

hat. Zum einen hat ein geographisch so großes Land wie der Vielvölkerstaat Rußland eine Vielzahl von verschiedenen Aspekten in seiner Umsetzung zu berücksichtigen, die so in anderen Staaten nicht auftreten. Zum zweiten hat Rußland als einer der ersten Staaten die Konvention in der Zeit des Umbruchs und der Umgestaltung der UdSSR und RSFSR in die Russische Föderation ratifiziert. Das hatte zur Folge, daß die Russische Föderation ihre Rechtsordnung neu gestalten konnte und mußte. Sie hatte die einmalige Gelegenheit, durch Neuerlaß und Formulierung von Gesetzen die Kinderrechtskonvention unmittelbar zu berücksichtigen. Andererseits müssen und mußten in der Russischen Föderation die Schwierigkeiten überwunden werden, die wohl alle mittel- und osteuropäischen Länder bei der Umwandlung von einer Plan- zu einer Marktwirtschaft und vom Sozialismus zum Kapitalismus sowie erklärtermaßen von einer Diktatur zu einer Demokratie hatten. Hier stellen sich Probleme und ergeben sich Chancen, die anderen Staaten nicht gegeben sind. Erstens sind Probleme zu erkennen, die teilweise in allen sogenannten Industrieländern in ähnlicher Weise auftreten. Zweitens gibt es auch Probleme, die in ähnlicher Weise in Entwicklungsländern auftreten. Drittens gibt es spezielle Probleme, die sich nur in den ehemaligen Ostblockstaaten in dieser Weise stellen.

In Entwicklungsländern machen Kinder unter 15 Jahren praktisch die Hälfte der Bevölkerung aus. Daher stellen sich in Bezug auf Kinderrechte sehr elementare Fragen wie die Bevölkerungsproblematik, die sich in Kinderarbeit, Unterernährung, hoher Säuglingssterblichkeit ausdrückt. In Europa dagegen stellen sich ganz andere, ja sogar gegenteilige Probleme: Es gibt eine geringe Geburtenrate, die zu einem negativem Bevölkerungswachstum führt. Vor allem bei Trennung und Scheidung der Eltern betreffen die Kinder selbst und das Sorgerecht für diese.[8]

Es ist wenig bekannt über die Probleme der Kinder, die keine oder nur eine geringe Lobby in der großen Politik haben. Die Russische Föderation hat eine Reihe von Gesetzen und Verordnungen zu ihrem Schutz erlassen. Diese Arbeit soll die Umsetzung der Kinderrechtskonvention durch und aufgrund dieser Gesetze in der Russischen Föderation darstellen. Am Schluß soll auch auf neuere Entwicklungen und Vorschläge eingegangen werden, um den Versuch zu machen, Lehren aus der russischen Erfahrung zu ziehen.

---

[8] Vgl. dazu R. Wolfrum, "Die UN-Konvention über die Rechte des Kindes: Entwicklung, Inhalt und Einbettung in den internationalen Menschenrechtsschutz", Land Schleswig-Holstein (Hrsg.), *UN-Konvention über die Rechte des Kindes*, Kiel 1989, S. 7 ff., S. 12 ff.

1. Schutz von Kinderrechten in anderen völkerrechtlichen Übereinkommen

Kinderrechte werden auch in anderen völkerrechtlichen Übereinkommen direkt oder mittelbar geschützt.[9] Die KRK kann als Mittel der Auslegung der Bestimmungen anderer Verträge genutzt werden[10] und der einzelne kann sich damit gegenüber seinem Staat darauf berufen, auch wenn dieser noch keine konkreten Umsetzungsmaßnahmen hinsichtlich der KRK getroffen hat.

a) Internationale Übereinkommen

Auf internationaler Ebene gibt es vor allem drei Verträge, die sich direkt oder indirekt mit Kinderrechten befassen. Das sind der IPbürR, der IPwirtR, sowie die UN-Konvention zur Beseitigung jeglicher Diskriminierung gegen die Frau.[11]

In den UN-Menschenrechtspakten gibt es im wesentlichen vier Bestimmungen, die die Rechte des Kindes ansprechen.[12] Die Bestimmungen befassen sich in der Mehrzahl mit Verpflichtungen der Vertragsstaaten. Art. 18 Abs. 4 IPbürR schränkt die staatlichen Kompetenzen in Bezug auf die religiöse und sittliche Erziehung der Kinder ein. Art. 13 Abs. 3 IPwirtR entspricht diesem und gibt den Eltern das Wahlrecht bezüglich des Schulunterrichts ihrer Kinder. In Art. 23 IV S. 2 IPbürR werden die Vertragsstaaten verpflichtet, für den nötigen Schutz der Kinder im Falle einer Auflösung der Ehe der Eltern Sorge zu tragen. Art. 13 Abs. 2 lit. a IPwirtR erlegt den Vertragsstaaten die Verpflichtung auf, eine obligatorische und kostenfreie Grundschulausbildung anzubieten.

Die einzige Regelung, die dem Kind direkt Rechte verleiht, findet sich in Art. 24 IPbürR. Danach hat das Kind unter Verbot der Diskriminierung das Recht auf diejenigen Schutzmaßnahmen durch seine Familie, die Gesellschaft und den Staat, die seine Rechtsstellung als Minderjähriger erfordert (Abs. 1). Es muß - insofern entsprechend Art. 7 Abs. 1 Var. 1 KRK - unverzüglich nach der Geburt in ein Register eingetragen werden (Abs. 2) und hat das Recht, eine Staatsangehörigkeit zu erwerben (Abs. 3, der Art. 7 Abs. 1 Fall 2 KRK entspricht).

Insgesamt betonen die beiden Menschenrechtspakte, daß die Familie die natürliche Kernzelle der Gesellschaft ist und Anspruch auf Schutz durch Ge-

---

[9] vgl. die Aufstellung bei W.H. Bennett "A Critique of the Emerging Convention on the Rights of the Child" *Cornell Int'l L.J.* 20 (1997), No. 1, S. 1 ff., S. 8 ff.

[10] Von dieser Möglichkeit hat v.a. der EGMR Gebrauch gemacht, der die KRK zur Auslegung z.B. von Art. 8 EMRK herangezogen hat. Vgl. dazu unten zu Art. 2.

[11] Convention on the Elimination of all Forms of Discrimination against Women, 18.12.1979, Generalversammlung Res. 34/180; In Kraft getreten am 3.9.1981 (CEDAW), GAOR, 34th Sess. Resolutions, S. 194, *BGBl* 1985 II, 648.

[12] vgl. dazu Wolfrum (Fn. 8) S. 9 ff.

sellschaft und Staat hat (Art. 23 Abs. 1 IPbürR, Art. 10 Nr. 1 IPwirtR). Damit wird das Kind als notwendiger Bestandteil der Familie und weniger in seiner Stellung als Individuum in Staat, Gesellschaft, aber auch Familie begriffen.

In der Frauendiskriminierungs-Konvention (CEDAW oder FDK) wird in einigen Bestimmungen auf das Kindeswohl abgestellt, das von höchster ("*paramount*") Bedeutung ist und als Schranke für die Bestimmungen der CEDAW wirken kann. (Art. 16 Abs. 1 lit. d, f CEDAW). Rechte des Kindes werden mittelbar geschützt. So garantiert Art. 10 CEDAW den gleichen Zugang zu Ausbildungsstätten von der Vorschule an. Artikel 11 Abs. 1 lit. f CEDAW schreibt den Gesundheitsschutz fest und stellt insbesondere auf den Schutz der Fortpflanzung ab. Artikel 11 Abs. 2 lit. c und d CEDAW legt fest, daß auch Frauen das Recht auf Sozialleistungen zustehen soll und daß Kinderhorte eingerichtet werden sollen, um Kinder in angemessener Weise zu versorgen. Diese Vorkehrung wird in Art. 12 Abs. 2 CEDAW insbesondere ausgedehnt auf die Zeit der Schwangerschaft. So wird hier jedenfalls indirekt das ungeborene Leben geschützt.

Ein Recht, das vor allem in den Ländern relevant wird, in denen traditionell eine Hochzeit in jungen Jahren stattfindet, ist in Art. 16 Abs. 1 lit. b CEDAW zu finden. Danach hat eine Frau ein Recht auf freie Wahl ihres Ehegatten. Die Verlobung und Eheschließung eines Kindes hat nach Art. 16 Abs. 2 CEDAW keine Rechtswirksamkeit.[13]

Insgesamt werden die Rechte des Kindes in der CEDAW nur in geringem Maße direkt geschützt. Über den Schutz der Mutter vor allem in der Zeit der Schwangerschaft und des Säuglingsalters des Kindes sowie im Bezug auf das Recht auf Sozialleistungen ist das Kind jedenfalls mittelbar mitgeschützt.

Neben diesen allgemeinen Konventionen finden sich internationale Übereinkommen im Bereich einzelner Rechte des Kindes. Seit 1993 gibt es die Haager Konvention zur Adoption von Kindern.[14] 1996 wurde das Haager Übereinkommen über den Schutz von Kindern[15] abgeschlossen, das Kollisionsregeln festlegt, nach denen der Schutz von Kindern international zu regeln ist.[16]

---

[13] vgl. dazu unten zu Art. 3 KRK.

[14] Convention on the Protection of Children and Cooperation in Respect of Inter-Country Adoption, open for signature 29. 5. 1993; Price Cohen, S. 72 ff.

[15] Convention on Jurisdiction, Applicable Law, Recognition, Enforcement and Co-operation in respect of Parental Responsibility and Measures for the Protection of Children vom 19.10.1996, Den Haag, im Internet unter der Adresse: http://www.his.com/pildb/child.html.

[16] vgl. dazu i.e. E. Clive, "The New Hague Convention on Children", *The Juridical Review* 1998, S. 169 ff, K. Siehr, "Das neue Haager Übereinkommen über den Schutz von Kindern", *RabelsZ* 62 (1998), S. 464-501.

b) Regionale Instrumente

Auf der Ebene des Europarates wurde am 21.1.1996 eine Europäische Konvention zur Ausübung der Kinderrechte (EKAusübungKR) verabschiedet, die zur Ratifikation ausliegt.[17] Diese Konvention regelt vor allem die Anerkennung und Durchsetzung der Kinderrechte im Bereich der staatlichen Entscheidungsfindung. Es werden die Rechte des Kindes auf Information und Beteiligung in Verfahren vor Behörden und Gerichten, die die Familie betreffen (Art. 1 Abs. 3 S. 2 lit. a Europäische Konvention zur Ausübung der Kinderrechte) festgeschrieben. Es ist vorgesehen, einen Vertreter des Kindes zu ernennen, wenn ein Interessenkonflikt zwischen Eltern- und Kindesrechten besteht. Die Errichtung nationaler Organe wird unterstützt, soweit sie die Durchsetzung der Kinderrechte propagieren sollen. Nach der Konvention wird weiterhin ein ständiger Ausschuß eingerichtet, der die Überwachung der in der Europäischen Konvention zur Ausübung der Kinderrechte festgeschriebenen Kinderrechte zur Aufgabe hat. Er kann Empfehlungen abgeben und Vorschläge zur Änderung der EKAusübungKR beim Europarat einreichen. Es besteht die Hoffnung, daß durch diese zusätzliche Konvention den Kinderrechten im Bereich des Europarats zur endgültigen Durchsetzung verholfen wird.

Vor der KRK bestanden außerdem bereits drei weitere europäische Konventionen: Die europäische Konvention über die Adoption von Kindern,[18] die europäische Konvention über den rechtlichen Status nicht ehelicher Kinder[19] und die europäische Konvention über die Durchsetzung von Entscheidungen bezüglich des Sorgerechts für Kinder.[20]

Die europäische Sozialcharta[21] (Sozialcharta) enthält daneben zwei Normen, die sich mit dem Kind beschäftigen: Art. 7 Sozialcharta gewährleistet das Recht der Kinder und Jugendlichen auf Schutz. Er verpflichtet die Vertragsstaaten, das Mindestalter für die Zulassung zu einer Beschäftigung auf 15 Jahre festzulegen. Es soll für den Fall gefährlicherer Arbeiten erhöht werden. Die Schulbildung wird dadurch unterstützt, daß die Beschäftigung Schulpflichtiger mit solchen Arbeiten zu verbieten ist, "die verhindern würden, daß sie aus ihrer Schuldbildung den vollen Nutzen ziehen" (Art. 7 Nr. 3 Sozialcharta).

---

[17] European Convention on the Exercise of Children's Rights, Strasbourg 25.1.1996, ETS 160; dazu i.e. und zur Entstehungsgeschichte Price Cohen, S. 62 ff.

[18] European Convention on the Adoption of Children vom 24. April 1967, ETS Nr. 58.

[19] European Convention on the Legal Status of Children Born out of Wedlock vom 15. Oktober. 1975, ETS Nr. 85.

[20] European Convention on the Enforcement of Decisions Concerning the Custody of Children vom 20. Mai 1980, ETS Nr. 105.

[21] Europäische Sozialcharta vom 18.10.1961, UNTS Bd. 529, S. 89; für Deutschland: BGBl 1964 II, S. 1262.

Weiterhin wird das Arbeitsentgelt und die Zeit, die während der Berufsausbildung auf die Berufsschule entfällt, festgelegt, das Recht auf Urlaub vorgesehen und das Postulat regelmäßiger ärztlicher Überwachung der Gesundheit aufgestellt. Art. 16 Sozialcharta fördert die Rechte des Kindes mittelbar, indem er das Familienleben in wirtschaftlicher, rechtlicher und sozialer Hinsicht, Art. 17 Sozialcharta indem er Mütter und Kinder in sozialer und wirtschaftlicher Hinsicht schützt und Art. 19 befaßt sich mit dem Schutz und Beistand für Wanderarbeiter und ihre Familien.

Im Rahmen der EMRK hat der Europäische Gerichtshof für Menschenrechte (EGMR) der KRK dadurch Geltung verschafft, daß er sie wiederholt zur Auslegung und Unterstützung seiner Auslegung herangezogen hat.[22]

Im Rahmen der Europäischen Gemeinschaften (EG) wurden einige Rechtsakte zu einzelnen Bereichen der KRK erlassen, soweit die EG in diesem Bereich eine Kompetenz hat.[23]

Auf der Ebene der Gemeinschaft unabhängiger Staaten (GUS) wurde 1995 eine Konvention über die Rechte und Grundfreiheiten des Menschen angenommen.[24] Die Konvention enthält sowohl bürgerliche und politische als auch wirtschaftliche, soziale und kulturelle Rechte. Das Recht auf Leben wird geschützt und die Verhängung eines Todesurteils gegen eine Person, die unter 18 Jahren eine Straftat begangen hat, ist verboten. Sowohl Folter als auch medizinische und wissenschaftliche Versuche gegen den Willen eines Menschen werden ausgeschlossen. Artikel 4 enthält das Verbot der Sklaverei, Leibeigenschaft, Zwangs- und Pflichtarbeit. Artikel 5 bis 8 der GUS-Menschenrechtskonvention sichern die Rechte eines Menschen, dem seine Freiheit entzogen wird und der sich im Strafverfahren befindet. Die folgenden Artikel schreiben die Achtung von Privat- und Familienleben, die Unverletzlichkeit der Wohnung und des Briefgeheimnisses, sowie das Recht auf Gedanken-, Gewissens- und Religionsfreiheit vor. Artikel 11 sichert die Meinungs- und Informationsfreiheit, Art. 12 die Versammlungs- und Vereinigungsfreiheit. In Art. 22 ist die Freizügigkeit, in Art. 24 das Recht auf eine Staatsbürgerschaft anerkannt. Artikel 23 sichert das Recht eines jeden Men-

---

22 EGMR Marckx vs. Belgien, Entscheidung vom 13. 6. 1979 Series A vol. 31; Johnston u. a. vs. Irland, Entscheidung vom 18. 12. 1986, Series A vol. 112, Vermeire vs. Belgien Series A vol. 214-C; Entscheidungen T vs. UK application No. 24724 u V vs. UK, No. 24 888/94, vom 16. 12. 1999 (bisher veröffentlicht auf der Homepage des Europarats http://www.coe.int).

23 z.B. Richtlinie des Rates vom 25. 7. 1977 über die schulische Betreuung der Kinder von Wanderarbeitnehmern, *Amtsblatt* EG, 1977, L199/32.

24 Konvention der Gemeinschaft Unabhängiger Staaten über die Rechte und Grundfreiheiten der Menschen vom 26. 5. 1995; Deutsche Übersetzung in: Bundeszentrale für politische Bildung, *Menschenrechte - Dokumente und Deklarationen*, Bonn 1999

schen auf Anerkennung seiner Rechtssubjektivität, Art. 29 das Recht eines Staatsbürgers an Wahlen und Abstimmung teilzunehmen. Im Rahmen der wirtschaftlichen, sozialen und kulturellen Rechte enthält die GUS-Menschenrechtskonvention das Recht auf Eigentum, auf Bildung und Ausbildung, auf Arbeit, auf gleiches Entgelt für gleiche Arbeit und Schutz vor Arbeitslosigkeit sowie das Recht auf Gesundheit und die Verpflichtung zu speziellen Maßnahmen zur Integration behinderter Personen. Speziell auf Kinder ausgerichtete Bestimmungen enthalten Art. 13, der ab Erreichung des Heiratsalters das Recht sichert, eine Ehe einzugehen und eine Familie zu gründen sowie die Familie als Grundzelle der Gesellschaft anerkennt, Art. 17, der dem Minderjährigen das Recht auf besonderen Schutz zuerkennt. Die GUS-Menschenrechtskonvention normiert einen allgemeinen Gleichheitsgrundsatz in Art. 6 und 20 und ein Diskriminierungsverbot in Art. 20 Abs. 2. Artikel 35 schließlich erlaubt in einer Derogationsklausel, in Kriegszeiten und im Fall des Notstandes Abweichungen von den meisten Verpflichtungen aus der Konvention.

Ebenfalls im Rahmen der GUS wurde 1993 die Konvention über die Rechtshilfe und die Rechtsverhältnisse in Zivil-, Familien- und Strafsachen (Minsker Konvention)[25] abgeschlossen.[26] Die Konvention regelt im wesentlichen Fragen der zwischenstaatlichen Zusammenarbeit. Einige Bestimmungen befassen sich aber auch mit menschen- und kinderrechtsrelevanten Fragen. So garantiert Art. 1 Minsker Konvention allen Staatsangehörigen der Mitgliedsstaaten die Gewährung von Rechtsschutz. Art. 56 Minsker Konvention postuliert die Verpflichtung zur Auslieferung zwischen den Staaten und Art. 79 schreibt die Unterrichtung über Bestrafung und Vorstrafen fest. Spezifisch für Kinder maßgebliche Fragen der zwischenstaatlichen Zusammenarbeit und Zuständigkeit sind in Art. 31 Minsker Konvention über die Feststellung von Vaterschaft und Mutterschaft, Art. 32 Minsker Konvention über die Rechtsverhältnisse der Eltern und Kinder und in Art. 33 Minsker Konvention über Vormundschaft und Pflegschaft sowie in Art. 37 zur Adoption geregelt.

2. Entstehungsgeschichte

Die UN-Konvention über die Rechte des Kindes von 1989 findet ihren Ursprung in der Entwicklung der Menschenrechte seit Ende des 19. und Beginn

[25] Konvention vom 22. 1. 1993, auf deutsch abgedruckt in: VSO, GUS Nr. 4.3.a.

[26] vgl. zur Übersicht über die Minsker Konvention: F. Majoros, "Eine umfassende multilaterale Regelung der Rechtsbeziehungen in Zivil-, Familien- und Strafsachen unter den GUS-Staaten", *Osteuroparecht* 44 (1998), S. 1 ff.

des 20. Jahrhunderts.[27] Einzelne Gebiete der Menschenrechte wurden früh geregelt. Einen ersten Ausdruck in Bezug auf Kinder fand diese Entwicklung in einem Abkommen zur Bekämpfung des Mädchenhandels von 1904, in dem Verwaltungsmaßregeln zur Gewährung eines wirksamen Schutzes gegen den Mädchenhandel festgelegt wurden.[28] Eine Konvention der ILO von 1919[29] legte das Mindestalter für arbeitende Kinder fest.

In der Satzung des Völkerbunds von 1919[30] wurden in Art. 23 die Staaten zu humanen Arbeitsbedingungen und zur Bekämpfung des Mädchenhandels verpflichtet.

Ein umfassendes Verständnis von Kinderrechten enthielt zum ersten Mal die Genfer Erklärung des Völkerbundes vom 26.5.1924.[31] Danach sollte das Kind in die Lage versetzt werden, sich materiell und geistig in natürlicher Weise zu entwickeln. Es wurde die Forderung nach Nahrung für ein gesundes Kind, Pflege für ein krankes und der vorrangigen Hilfe für Kinder in Zeiten der Not aufgestellt. Kinder sollten in die Lage versetzt werden, sich später ihren Lebensunterhalt selbst zu verdienen, ohne dabei ausgebeutet zu werden. Es wurde ein Appell an jeden Mann und jede Frau gerichtet, die Rechte des Kindes zu respektieren.[32]

Diese Genfer Erklärung wurde durch 50 Mitgliedsstaaten des Völkerbundes ratifiziert. Die Genfer Erklärung war 1924 die erste internationale Erklärung von Rechten gewesen und lag damit lange vor der allgemeinen Erklärung der Menschenrechte der Vereinten Nationen.

In der Allgemeinen Erklärung der Menschenrechte (AllgEMR) vom 10.12.1948[33] werden die Rechte des Kindes in zwei Bestimmungen genannt. In Art. 26 Abs. 3 AllgEMR werden die Kinder unmittelbar angesprochen und fest-

---

27 Vgl. dazu C. Price Cohen, 9 ff.

28 Text in *RGBl.* 1905, 659; vgl. dazu Dorsch S. 24.

29 Convention Fixing the Minimum Age for Admission of Children to Industrial Employment, 13.6.1921, in: ILO, Conventions and Recommendations 1919-1966, Genf 1966, 22-24; vgl. dazu R. Wolfrum, "Die UN-Konvention über die Rechte des Kindes: Entwicklung, Inhalt und Einbettung in den internationalen Menschenrechtsschutz", Land Schleswig-Holstein (Hrsg.), *UN-Konvention über die Rechte des Kindes*, Kiel 1989, S. 7 ff.

30 Text in *RGBl.* 1919, II, 687, 717 ff.

31 League of Nations, Official Journal, Records of the 5th Assembly, Text of Debates, LoN OJ 1984, Special Suppl. 21, S. 42 f. Genf, 1924, S. 459, Text abgedruckt bei G. Dorsch, *Die Konvention der Vereinten Nationen über die Rechte des Kindes*, Berlin 1994, Anhang A.

32 T.J. Fitzgibbon, "The United Nations Convention on the Rights of the Child: Are Children really protected? A Case Study of China´s Implementation", *Loy. L. A. Inter'l & Comp. L. J.* 20 (1998), 325 ff., 328 ff.

33 Universal Declaration on Human Rights, UN. Doc. 1 Res. 217 (III), UN GAOR 3rd sess., Plenary Meetings, vol I, S. 912.

gestellt, daß es in erster Linie das Recht der Eltern ist, die Art der Ausbildung der Kinder zu bestimmen. Art. 26 Abs. 1 und 2 und Art. 16 AllgEMR befassen sich nur indirekt mit Kindern. Art. 26 AllgEMR schreibt das Recht auf Bildung fest und macht den Elementarschulunterricht zur Pflicht. Außerdem werden als Ziele der Bildung die volle Entfaltung der menschlichen Persönlichkeit und die Stärkung der Achtung der Menschenrechte und der Grundfreiheiten genannt. Nach Art. 16 Abs. 3 AllgEMR ist die Familie die natürlich und grundlegende Einheit des Staates und hat als solche Anspruch auf Schutz durch Gesellschaft und Staat. Diese Bestimmung findet sich in den UN-Menschenrechtspakten wieder.[34]

Ein Teilbereich des Kinderschutzes wurde in der IV. Genfer Rotkreuzkonvention von 1949 geregelt.[35] Darin wird die Rechtsstellung von Zivilpersonen im Krieg und deren Schutz festgelegt.

Einen weiteren wesentlichen Schritt hin zur Kodifizierung der Kinderrechte machte die UN-Kinderrechtserklärung von 1959 (KRE 1959)[36]. Diese Erklärung wird als Nukleus für die Entwicklung eines eigenständigen, in sich geschlossenen, völkerrechtlichen Schutzes des Kindes angesehen.[37] Sie setzt sich den Schutz des Kindes in seiner im Vergleich mit Erwachsenen körperlichen und geistigen Unreife zum Ziel. Das soll im einzelnen über folgende Garantien erreicht werden: Recht auf gesunde und normale Entwicklung (Art. 2), auf einen Namen und eine Staatsangehörigkeit (Art. 3), auf soziale Sicherheit, Ernährung, Unterbringung und Gesundheitsfürsorge (Art. 4), auf besondere Fürsorge für das behinderte Kind (Art. 5), auf elterliche Betreuung (Art. 6), auf Unterricht mit den dort festgelegten Erziehungszielen (Art. 7), auf vorrangige Gewährung von Schutz und Hilfe (Art. 8) und das Recht vor Vernachlässigung und Ausbeutung, wie auch vor den Gefahren einer altersunangemessenen oder schädlichen Arbeit (Art. 9) sowie vor diskriminierenden Praktiken (Art.10). Es werden in erster Linie die Eltern, Männer und Frauen, Wohlfahrtsverbände, Kommunalbehörden und regionale Regierungen als Adressaten angesprochen und erst nachrangig werden die Staaten als solche in die Pflicht genommen.[38] Diese Erklärung hatte insofern einen großen Erfolg, als sie von vielen Staaten unterstützt wurde, was aber hauptsächlich auf ihren un-

---

[34] Vgl. dazu oben 1 a).

[35] Genfer Konvention zum Schutze von Zivilpersonen in Kriegszeiten vom 12. 8. 1949, UNTS Bd. 75, 287; deutscher Text: *BGBl* 1954 II, S. 917 ff., 1956 II, 1586 ff., näher dazu unten zu Art. 38 KRK.Í

[36] Declaration of the Rights of the Child, UN-Doc. A/res. 1386 (XIV) vom 20. 11. 1959; abgedruckt bei Dorsch Anhang B.

[37] Wolfrum (Fn. 8) S. 13.

[38] Dorsch S.45 ff., 47; im Überblick: T.J. Fitzgibbon (Fn. 32) S. 330 ff.

verbindlichen Charakter zurückgeführt wurde. Weiterhin sah die KRE 1959 das Kind zum ersten Mal mehr als Subjekt des Rechts denn als Objekt.[39]

In den folgenden Jahrzehnten wurden in Einzelbereichen Abkommen getroffen.[40]

Im Zuge der Vorbereitung auf das internationale Jahr des Kindes 1979 wurde 1978 der Ruf nach einer Konvention zum Schutze der Rechte des Kindes immer lauter. Da schon die KRE 1959 wesentliche Impulse im Bereich der Rechte des Kindes gesetzt hatte, wollte man diese jetzt verbindlich regeln. Diese Kodifikation der Kinderrechte wurde vor allem von zwei Gesichtspunkten bestimmt: Zum einen waren zwar bereits Einzelbereiche der Kinderrechte völkerrechtlich geregelt, eine umfassende Zusammenstellung der Rechte fehlte aber noch. Die internationalen Menschenrechtspakte wurden insofern nicht als ausreichend angesehen, da auf die speziellen Bedürfnisse von Kindern und Jugendlichen nur in geringem Maße eingegangen wird.[41] Zum zweiten reichte ein *soft law* Instrument wie die KRE 1959 nicht aus, um die Staaten zu Verbesserungsmaßnahmen anzuregen. Man sah darin keine ausreichende Basis für internationalen Druck gegen Verstöße.[42] Der Repräsentant Polens brachte im Jahre 1978 einen entsprechenden Resolutionsentwurf in die Menschenrechtskommission der Vereinten Nationen ein (erste polnische Initiative, *First Polish Draft* 1978).[43] Der Text dieses Entwurfs hielt sich eng an dem der KRE 1959.[44]

Die Idee einer Konvention wurde zwar von der UN-Generalversammlung unterstützt,[45] der konkrete Vorschlag Polens fand aber bei den Staaten wenig Unterstützung, da sich die Praxis der Vertragsformulierung geändert hatte und die KRE 1959 hauptsächlich soziale, kulturelle und wirtschaftliche Rechte regelte und nicht die grundlegenden Menschenrechte wie das Recht auf Leben oder die Freiheit von Folter ansprach.[46] Die Gegner des Vorschlages hielten

---

39 Fitzgibbon (Fn. 32), 332.

40 z.B. Konvention über die Einwilligung in Heirat und Heiratsmindestalter, A/RES 1763 A /XVII) vom 7.11.1962; ILO Minimum Age Convention, ILO Convention No. 138, Official Bulletin, Bd. 56, Genf 1973, Nr. 1, S. 21-27, deutscher Text: *BGBl* 1976 II, 201.

41 Vgl. dazu unten 4.

42 Dorsch S. 58.

43 E/CN.4/L.1366 Rev.1/Annex; Fitzgibbon (Fn. 32), 333 ff.; Price Cohen (Fn. 7), S. 11.

44 Dazu N. Cantwell, "The Origins, Development and Significance of the United Nations Convention on the Rights of the Child", in: S. Detrick (Hrsg.), *The United Nations Convention on the Rights of the Child - A Guide to the Travaux Préparatoires*, Dordrecht 1992, S. 19 ff.; Price Cohen (Fn. 7) S. 10 ff.

45 Res. 33/166 vom 20.12.1978, GAOR 33rd sess., suppl. 45, S. 154.

46 Cantwell (Fn. 44), S. 21.

auch die Einbindung in die Familie für nicht ausreichend. Die Notwendigkeit einer Konvention als solche wurde aber kaum angefochten.[47] 1979 brachte Polen einen zweiten überarbeiteten Entwurf ein.[48] Er enthielt bereits doppelt so viele materielle Artikel wie der erste Entwurf und enthielt unter anderem eine Definition des Begriffs des Kindes, das Recht auf Staatsangehörigkeit, auf Meinungsäußerung und Schutzpflichten des Staates. Dieser Vorschlag wurde als Arbeitsgrundlage (*basic working document*) für die Arbeitsgruppe angenommen. Daraufhin begann die Arbeit in dieser Gruppe, in der die Mitgliedsstaaten der Menschenrechtskommission als vollwertige Mitglieder teilnahmen. Mit Beobachterstatus nahmen außerdem weitere Staaten teil, sowie die Sonderorgane und -organisationen der Vereinten Nationen und Nichtregierungsorganisationen (NGO), die alle ein Rederecht in der Gruppe bekamen.[49] Innerhalb der Arbeitsgruppe wurden *drafting groups* eingesetzt.[50] Die Gruppe arbeitete im Konsensverfahren, d.h. sie stimmte nie formell ab. Jeder Widerspruch gegen einen konkreten Vorschlag führte dazu, daß der entsprechende Artikel so nicht verabschiedet wurde, sondern erneut bearbeitet oder aufgegeben wurde.[51] Als Grund für eine Verzögerung erwies sich zu Beginn die gleichzeitige Verhandlung der Folterkonvention[52], bei der die Kinderrechtskonvention zeitweise von den Ostblockländern als Druckmittel benutzt wurde, um ihre Interessen durchzusetzen.[53]

Die Industrieländer waren bei den Arbeiten überrepräsentiert. Das löste die Furcht aus, daß die Ergebnisse sehr nordorientiert sein würden. Zunächst waren von den südlichen Staaten im wesentlichen nur Algerien, Argentinien, Senegal und Venezuela aktiv repräsentiert. Erst als die Arbeiten 1988 in einer doppelten Sitzungsperiode zu Ende gingen, gab es geradezu einen Schub der Teilnahme von Staaten mit islamischem Recht. Die Teilnahme dieser Staaten spiegelt sich vor allem in den Artikeln der KRK über die Rechte der Familie und über die Adoption wider.[54]

---

47 Dorsch (Fn. 4), S. 54 ff.

48 Second Polish Draft vom 5. 10. 1979; E/CN.4/1349*; Text abgedruckt bei Dorsch Anhang C.

49 Grundlage für die Beteiligung der NGO war Art. 71 UNO-Charta.

50 Dorsch S. 72.

51 Cantwell (Fn. 44), S. 22; Price Cohen, (Fn. 7) S. 18.

52 Übereinkommen gegen Folter und andere grausame, unmenschliche oder erniedrigende Behandlung oder Strafe vom 10.12.1984, GAOR, 39th session, Resolutions, Suppl. No. 51 (UN Doc. A/39/51), S. 197; deutscher Text: *BGBl* 1990 II, S. 247.

53 Cantwell (Fn. 44), S. 23.

54 Vgl. dort, s.u. Ausführungen unter 7 c) sowie zu Art. 5, 20, 21 KRK.

Die NGO nahmen in großer Zahl an den Arbeiten teil, hatten aber anfänglich Schwierigkeiten damit, ihre Fachkenntnis in die Diskussionen einzubringen, da sie nicht als einheitliche Gruppe auftraten. Daher schlossen sie sich schließlich zu einer *ad-hoc-group* zusammen, in der sie Vorschläge ausarbeiteten und einzelnen Regierungsvertretern vorlegten, die die Vorschläge dann in die Arbeitsgruppe einbrachten. Die NGO konnten zwar selbst der Arbeitsgruppe keine Vorschläge unterbreiten, haben aber über die Regierungen viel zur Konvention beigetragen. Einige der Artikel der KRK gehen auf die Arbeit in dieser Gruppe zurück.[55]

UNICEF dagegen beteiligte sich zu Beginn sehr wenig an den Vorarbeiten. Vielmehr hielt die Organisation sich in der Meinung zurück, daß konkrete Rechte zu politisch seien und daher den Kindern in der Welt im Einzelfall mehr schaden als nützen könnten. Im Laufe des Verfahrens gewann die Organisation das Interesse an der KRK und beteiligte sich aktiv an Ausarbeitung und Durchsetzung.[56]

Einige Probleme wurden während der Arbeiten zur Konvention angesprochen, aber in der weiteren Diskussion nicht weiter verfolgt. Dazu gehörten unter anderem die Frage der Zustimmung des Kindes zu medizinischen Eingriffen und das Verbot der Tests mit Kindern. Diese Probleme wurden wegen ihrer Komplexität und ihrer geringen Konsensfähigkeit hinten an gestellt.[57]

Umstritten waren während der Arbeiten in der Arbeitsgruppe der Beginn der Kindheit, und damit die Frage der Abtreibung, die Frage der Religionsfreiheit, die vor allem von Seiten der islamischen Staaten umstritten war, die Frage der Adoption, die als solche im Islam nicht vorgesehen ist, und die Frage des Alters, mit dem Kinder in bewaffneten Konflikten zugelassen werden können.[58] Auf die einzelnen Probleme wird bei den einschlägigen Artikeln zurückzukommen sein. Eine Debatte wurde auch bezüglich des Problems geführt, ob bereits in anderen Menschenrechtsverträgen niedergelegte Rechte für Kinder gesondert festgelegt werden sollten.[59] Man vertrat auf der einen Seite die An-

---

[55] Cantwell (Fn. 44), S. 24 f.; Price Cohen (Fn. 7) S. 16 ff.; J. Ziegler, *Die Beteiligung von Nichtregierungsorganisationen (NGOs) am Menschenrechtsschutzsystem der Vereinten Nationen*, München 1998, S. 155 ff.

[56] Price Cohen (Fn. 7), S. 82 ff.

[57] Fitzgibbon (Fn. 32), S. 335.

[58] Cantwell (Fn. 44), S. 26 f; Fitzgibbon (Fn. 32), S. 336.

[59] Für Meinungsäußerungs- und Informationsfreiheit: E/CN.4/1986/39, Abs. 85, E/CN.4/1987/25, Abs. 116, Detrick (Fn. 44), S. 230, 232; für die Vereinigungsfreiheit: ebenda, Detrick S. 250 f.; für den Schutz des Privatlebens gegen willkürliche Eingriffe des Staates: Working group ebenda, Detrick, S. 257, 259.

sicht, daß Kinder vom Schutz anderer Verträge als erfaßt angesehen werden könnten. Damit wäre die erneute Erwähnung und Festlegung der bereits geregelten Menschenrechte in der KRK überflüssig. Aber die Hoffnung auf eine weitergehende Ratifizierung der KRK gegenüber anderen Menschenrechtsabkommen gab den Ausschlag, auch diese Rechte in die Konvention aufzunehmen. Man wollte Kindern diese Rechte in so vielen Staaten wie möglich sichern. Daher sind auch Regelungen wie etwa das Recht auf Leben oder der Schutz vor Folter in der Konvention zu finden.

Die abschließende Beratung der KRK fand am 8.3.1989 in der Menschenrechtskommission statt. Von dort wurde sie an den ECOSOC weitergeleitet, in dem sie nach Beratungen im dritten Ausschuß angenommen wurde und der UN Generalversammlung vorgelegt wurde. Am 20. 11. 1989, im zehnten Jahr nach dem internationalen Jahr des Kindes 1979, wurde die KRK in der UN-Generalversammlung angenommen[60] und am 26. 1. 1990 zur Unterzeichnung ausgelegt.

Im Februar 1998 hatten bereits alle Staaten der Welt mit Ausnahme Somalias und der USA die KRK ratifiziert.

Die Tatsache, daß bei den Arbeiten an der Konvention das Konsensverfahren angewandt wurde und daß damit nie eine Abstimmung über die einzelnen Artikel stattgefunden hat, führte dazu, daß man sich häufig nur auf den kleinsten gemeinsamen Nenner einigen konnte. Dieser bestand oft darin, daß man sich auf Regelungen einigte, die den Staaten die Möglichkeit eigenständiger Gesetzgebung und eine Möglichkeit der Interpretation lassen. So war der kleinste gemeinsame Nenner bei den Kindersoldaten eine Altersgrenze von 15 Jahren und man war sich bei den Vorarbeiten bereits einig, daß es über kurz oder lang eines Zusatzprotokolls zur Konvention bedürfen würde. Man einigte sich bei der Frage der sozialen Sicherheit auf eine Klausel, die das Recht auf soziale Sicherheit (Art. 26 KRK) unter die Voraussetzung der Verfügbarkeit der entsprechenden Ressourcen in dem jeweiligen Staat stellt. Auch Art. 4 KRK, der die Staatenverpflichtung zur Umsetzung der Rechte aus der Konvention spezifiziert, enthält einen Passus, der die Staaten nur bis zur Ausschöpfung der verfügbaren Mittel verpflichtet. All dies mag Anlaß zu Kritik am Standard der Kinderrechte in der Konvention im Vergleich zum Menschenrechtsstandard sein wie er bereits in anderen internationalen Verträgen besteht. Teilweise wird

---

60 GAOR, 44th Sess., Resolutions, No. 25, v. 5.12.1989; deutscher Text: *BGBl* 1992 II. S. 990.

die Konvention als Rückschritt gegenüber dem bestehenden Menschenrechtsstandard gewertet.[61]

Für die unklar gefaßten Bereiche der KRK entwickelt sich eine Praxis in den Vertragsstaaten, die die Anwendung der KRK praktisch verdeutlicht. Die Praxis ist von einer Auslegung der KRK mittels der bekannten Auslegungsmittel der Wiener Vertragsrechtskonvention (WVRK)[62] und von den Diskussionen der Staatenberichte und anderer Veranstaltungen im Kinderrechtsausschuß[63] geprägt.

3. Menschenrechte und Kinderrechte in Rußland

In Rußland sind die meisten Menschenrechte und Grundfreiheiten sowohl durch die Verfassung vom 12. 12. 1993 als auch durch die Mitgliedschaft in internationalen Verträgen geschützt. So ist Rußland Mitglied in den beiden UN-Menschenrechtspakten sowie inzwischen auch in der EMRK.[64] Der Kinderrechtskonvention ist Rußland bereits im Jahre 1990 beigetreten.

Die Verfassung der russischen Föderation von 1993 (russ. Verf.) enthält in ihrem zweiten Kapitel einen umfassenden Katalog der Grundrechte und Grundpflichten der Bürger der russischen Föderation. Sie sind teilweise als Menschenrechte, teilweise als Bürgerrechte ausgestaltet. Der Staat wird in dem Teil der Verfassung, in dem der grundsätzliche Staatsaufbau und die Staatsprinzipien festgelegt werden, dazu verpflichtet, die Menschenrechte und Grundfreiheiten des Einzelnen zu achten und zu schützen, Art. 2 russ. Verf. Dabei wird in der russischen Doktrin unter Menschenrechten und Grundfreiheiten nicht nur die Liste derjenigen in der Verfassung festgelegten subsumiert, sondern auch alle anderen natürlichen Menschenrechte,[65] selbst wenn sie nicht ausdrücklich in der Verfassung aufgeführt sind. Das wird von Art. 17 Abs. 1 russ. Verfassung unterstützt, der vorsieht, daß die russische Föderation die Menschenrechte und Grundfreiheiten in Übereinstimmung mit den allgemein anerkannten Grundsätzen des Völkerrechts sicherstellt. Ergänzend ist Art. 15

61 R. Wolfrum "The Progressive Development of Human Rights: A Critical Appraisal of Recent UN Efforts", in: J. Jekewitz u.a. (Hrsg.) *Des Menschen Recht zwischen Freiheit und Verantwortung*, FS für K.J. Partsch, S. 67 ff., 84 ff.

62 Wiener Übereinkommen über das Recht der Verträge vom 23. 5. 1969, UNTS Vol. 1155, S. 331, deutscher Text: *BGBl* 1985 II, S. 927.

63 Vgl. dazu unten Titel 7.

64 Bericht in der *EuGRZ* 9 (1998), S. 308.

65 M. W. Baglaj, *Konstituzionnoje Prawo Rossijskoj Federazii*, Moskau, 1998, S. 18 ff.

Abs. 4 russ. Verf. heranzuziehen, der die völkerrechtlichen Übereinkommen der Russischen Föderation als Teil ihres Rechtssystems bezeichnet.[66]

Im verfassungsrechtlichen Katalog werden neben den grundlegenden Menschenrechten vor allem auch soziale Grundrechte gewährt. Dazu gehören beispielsweise ein Recht auf Wohnraum, ein Recht auf Rente und ein Recht auf eine gesunde Umwelt. Die Überwachung der Menschenrechte obliegt einer Kommission für Menschenrechte, die durch ein Präsidentendekret eingerichtet wurde, aber weder mit Unabhängigkeit noch mit dem notwendigen Personal ausgestattet ist. Die Kommission verfaßt Berichte, die der russischen Regierung vorgelegt werden. Sie ist inzwischen nach vorheriger Unabhängigkeit per Präsidentendekret der Präsidentenverwaltung unterstellt worden.[67]

Überwachungsfunktion hat auch der Bevollmächtigte für Menschenrechte, der auf der Ebene der Föderation tätig ist. Er hat die Funktionen eines Ombudsmans für Menschenrechte, überprüft staatliche Institutionen, nimmt Beschwerden entgegen und verfaßt Berichte über seine Tätigkeit, in denen er auch Verbesserungsvorschläge macht.[68]

Die eigentliche Durchsetzung der Grundrechte erfolgt durch das russische Verfassungsgericht, das seit Ende des Jahres 1992 seine Rechtsprechungsfunktion vor allem im Bereich der Verfassungsbeschwerden wahrgenommen hat[69] (Art. 3 Abs. 3, 96 ff. russ. Verfassungsgerichtsgesetz vom 12. 7. 1994, VerfGG). In der Verfassung vom 12. 12. 1993 ist in Art. 125 Abs. 4 die Möglichkeit der Individualbeschwerde gegen Gesetze vorgesehen. Im VerfGG wurde die Verfassungsbeschwerde ausgestaltet. Sie ist jedoch nur gegen for-

---

66 G. M Danilenko, Kommentar zu Art. 15 Abs. 4 russ. Verf. in: B.N. Topornin (Hrsg.) *Kommentar zur russ. Verf.*, Moskau 1997, S. 159 auch zum Streit darüber, welchen Rang in der Normenhierarchie diese Gesetze einnehmen.

67 Bericht für 1994-95 "On the Observance of the Rights and Man and the Citizen in the Russian Federation" *Report of the President's Commission on Human Rights*, http://www.wdn.com/asf/hrrep1.htm, am 18. 2. 2000.

68 So. z.B. Bericht des Bevollmächtigten für Menschenrechte der Russischen Föderation für das Jahr 1999, *Rossijskaja Gaseta* 4. bis 7. 4. 2000, jeweils S. 6; zu den Schwierigkeiten bei der Regelung des Instituts vgl. W.W. Bojzowa, *Sluschba saschtschity praw tscheloweka i graschdanina - mirowoj opyt*, Moskau 1996, S. 2 ff.

69 vgl. dazu A. Nußberger "Die Grundrechte in der Rechtsprechung des russischen Verfassungsgerichts", *EuGRZ* 25 (1998), S. 105 ff.; A. Korkeakivi, "The Russian Constitutional Court and Human Rights", in: *Parker Sch. E. Eur. L.*, Vol. 1, 1994, S. 591 ff., T.A. Ledjakh, "Saschtschita praw tscheloweka i konstituzionnoje prawosudie" in: E.A. Lukascheva (Hrsg.) *Prawa Tscheloweka i polititscheskoje reformirowanie*, Moskau 1997, S. 81 ff.; W.A. Tumanov, "Das Rechtsstaatsprinzip in der rußländischen Verfassungspraxis" in: J.A.Frowein/T. Marauhn (Hrsg.) *Grundfragen der Verfassungsgerichtsbarkeit in Osteuropa*, Heidelberg 1998, S. 77 ff.

melle Gesetze, d.h. Parlamentsgesetze, vorgesehen. Gegen Entscheidungen und Verordnungen der Exekutive können nur Staatsorgane vorgehen.[70]

In den vergangenen Jahren hat das Verfassungsgericht immer wieder Entscheidungen im Bereich der Grundrechte gefällt. Dabei ging es hauptsächlich um den Bereich des Strafrechts und des Strafprozeßrechts.[71] Es wurden dabei die Unabhängigkeit und Immunität der Richter und der Rechtsschutz gegen Haftbefehle definiert, die Dauer der möglichen Untersuchungshaft, die in Extremfällen bis zu anderthalb Jahren dauern kann, für verfassungswidrig erklärt[72], die Rechtsmittel im Strafverfahren untersucht, die freie Wahl des Rechtsanwalts näher bestimmt[73] sowie die Funktionen von Staatsanwalt und Richter untersucht. Im Bereich des Sozialrechts hatte sich das Gericht mit dem Recht auf Wohnraum, auf Rente und auf gesunde Umwelt zu befassen.[74] Im Staats-angehörigkeitsrecht und bei der Freizügigkeit stellte sich das Problem der sog. *Propiska*, nach der jeder Bürger eine Erlaubnis der Verwaltung für das Suchen und Beziehen von Wohnraum haben muß.[75]

Auffällig an der bisherigen Entscheidungspraxis des russischen Verfassungsgerichts ist, daß der Grundsatz der Gleichbehandlung aller Bürger als grundlegender Gedanke in den Entscheidungen zu finden ist. Außerdem nimmt das Gericht häufig auf Völkerrechtsnormen insbesondere die beiden UN-Menschenrechtspakte Bezug, um seine Entscheidung argumentativ zu untermauern.[76]

Insgesamt scheint das russische Verfassungsgericht trotz seiner bisher erst vergleichsweise kurzen Wirkungszeit eine konsequente Durchsetzung der Grundrechte auch unter Einbeziehung oder Abänderung der noch bestehenden sowjetischen Gesetze zu verfolgen.

Vor den anderen Gerichten wird die Möglichkeit der Verfolgung der Menschenrechte zwar auch wahrgenommen. Diese Gerichte sind aber noch vielfach derart überlastet und unterbesetzt, daß die Fälle nicht bewältigt werden

---

[70] vgl. zur Geschichte des russischen Verfassungsgerichts in Bezug auf die Rechtsprechung zu Menschenrechten: A. Korkeakivi, (Fn. 69), S. 591 ff.

[71] Nußberger (Fn. 69), S. 107 ff.

[72] Nußberger (Fn. 69), S. 110 f.

[73] Nußberger (Fn. 69), S. 113 f. und Entscheidung des russischen Verfassungsgerichts in Sachen Maslowa vom 27. 6. 2000, Nr. 11-P, *SZRF* 2000 Nr. 27, st. 2882.

[74] Nußberger (Fn. 69), S. 114 ff.

[75] Bericht der Andrej Sacharov Foundation, Internet-Adresse: http://www.wdn.com/asf/refugee_update.html (am 15. 5. 1998).

[76] Nußberger (Fn. 69), S. 121.

können. Darüber hinaus sind Rechtsanwälte häufig teuer, so daß Bürger die Anwaltsgebühren nicht bezahlen können.[77]

Die Möglichkeiten, sich vor dem Europäischen Gerichtshof für Menschenrechte gegen Menschenrechtsverletzungen zu wehren, haben viele russische Bürger schnell erkannt. Aber auch hier fehlt die finanzielle Möglichkeit zur Umsetzung dieser Erkenntnis.[78]

Kinderrechte werden in der russischen Wissenschaft getrennt von den Menschenrechten betrachtet. Das heißt zwar nicht, daß Kindern die allgemeinen Menschenrechte nicht zustehen. Eine solche Annahme würde schon Art. 17 Abs. 2 russ. Verf. widersprechen, demzufolge die Grundrechte und -freiheiten aus der Verfassung jedem von Geburt an zustehen. Aber Kinderrechte werden als eigenes Rechtsgebiet angesehen. Die Rechte des Kindes, die im Zusammenhang mit der Familie stehen, werden in einem speziellen Kapitel des Familiengesetzbuches der Russischen Föderation[79] (FGB) geregelt. Die in der KRK festgelegten Rechte des Kindes, die nicht in unmittelbarem Zusammenhang mit der Familie stehen und nicht von den Eltern durchgesetzt werden können, finden sich in vielen einzelnen Spezialgesetzen, die teilweise weit verstreut sind. Ein neues Gesetz aus dem Jahre 1998 regelt die grundsätzlichen Garantien der Kinderrechte im Zusammenhang.[80] Es sieht vor allem Ziele, Maßnahmen und Kompetenzen im Bereich des Schutzes von Kindern und deren Rechten vor und legt soziale Mindeststandards als Indiz für den Lebensstandard bei Kindern vor. Die zu ergreifenden Maßnahmen werden anhand einzelner Rechte des Kindes aus der KRK definiert. Das Gesetz ist jedoch sehr allgemein und schwammig formuliert, so daß seine Effektivität abzuwarten bleibt.

Die Notwendigkeit der gerichtlichen Durchsetzung von Kinderrechten findet in der Russischen Föderation noch weniger Unterstützung als die der allgemeinen Menschenrechte. Das rührt nicht zuletzt daher, daß Kinder finanziell in der Regel noch schlechter gestellt sind als andere. Diejenigen, die gerichtli-

---

[77] President's Commission on Human Rights "On the Observance of the Rights of Man and the Citizen" *Report for 1994-95*, chap. 10 (Fn. 67).

[78] Amnesty International, Bericht von Russia Today vom 2. 6. 1998; Bericht der Andrej Sacharov Foundation (Fn. 75); so inzwischen auch Bericht des Bevollmächtigten der Russischen Föderation für Menschenrechte für das Jahr 1999, (Fn. 68).

[79] Gesetz der Russischen Föderation vom 29. 12. 1995, No. 223-F3, *Rossijskaja Gaseta* vom 27. 1. 1996, *SZRF* 1.1.1996 No. 1, st. 16, Gesetze ohne Quellenangabe sind in den wesentlichen Teilen veröffentlicht in: Ministerstwo Truda i Sozialnogo Raswitija Rossijkoj Federazii, *Konvenzija o prawach rebjonka i sakonodatel'stwo Rossijskoj Federazii*, Sprawotschnik, Moskau 1998.

[80] Gesetz vom 24. 7. 1998, "Ob osnownych garantiach praw rebjonka w Rossijskoj Federazii", *Rossijskaja Gaseta*, 5. 8. 1998.

chen oder auch nur administrativen Schutz brauchen, sind häufig Waisen oder zumindest soziale Waisen, deren Eltern sich nicht mehr um sie kümmern.

Die wichtigsten Behörden zum Schutz des Kindes und zur Durchsetzung seiner Rechte sind das Amt für Vormundschaft und Pflegschaft und die Staatsanwaltschaft. Während das Amt für Vormundschaft und Pflegschaft, das bei den Organen der lokalen Selbstverwaltung (Art. 34 ZGB[81]) vornehmlich für die Sorge um Kinder zuständig ist, die des Schutzes ihrer Eltern auf die eine oder andere Weise beraubt sind, übt die Staatsanwaltschaft im Rahmen der sogenannten staatsanwaltschaftlichen Sorge ("*prokurorskij nadsor*"), Art. 21 Staatsanwaltschaftsgesetz, umfassende Überwachungszuständigkeit über Polizei, Behörden und staatliche Einrichtungen wie etwa Kinderheime aus.

Bei den verschiedenen Staatsorganen der Russischen Föderation, so etwa beim Präsidenten, bei der Staatsduma und im Ministerium für Arbeit und soziale Entwicklung wurden Ausschüsse, Kommissionen und Abteilungen gebildet, die sich mit der Arbeit an Projekten und Verordnungen sowie Dekreten beschäftigen.[82]

Der russische Kinderfonds (RDF) ist eine ursprünglich staatliche Organisation zum Schutz von Kindern.[83] Er betätigt sich z.B. durch Speisung von Kindern armer Familien und Straßenkindern[84] sowie zum Schutz kriegsversehrter Kinder aus Tschetschenien.

Die wichtigsten Ansätze eines Rechtsschutzes gibt es im Bereich nichtstaatlicher Organisationen. Das in Moskau niedergelassene Programm "Rechte des Kindes" ist eine Initiative des Moskauer Forschungszentrums für Menschenrechte, das unter anderem auch aus der russischen Helsinki-Gruppe besteht. Dieses Programm hilft Kindern, Eltern und Pflegeeltern bei dem Bemühen um rechtlichen Schutz. Es dehnt seine Arbeit auch auf die anderen Regionen Rußlands aus. Allerdings geben die Mitarbeiter des Programmes selbst zu, daß ihre Arbeit bisher nur ein Tropfen auf den heißen Stein sein kann. Initiativen von Wohltätigkeitsorganisationen und religiösen Organisationen nehmen sich im städtischen Bereich der Straßenkinder und behinderter Kinder an.

---

[81] Graschdanskij Kodeks Rossijskoj Federazii, tschast perwaja, 30. 11. 1994, No. 51-FS; *Rossijskaja Gaseta* 8. 12. 1994, *SZRF* 5. 12. 1994, No. 32, st. 3301.

[82] Einleitung zum russischen Staatenbericht.

[83] dazu A.A. Likhanow/E.M. Rybinskij, *Djetstwo -- kratkij slowar'-sprawotschnik*, Moskau 1996, S. 104 f.

[84] *Nesavissimaja Gaseta* vom 28. 10. 1998 "Besplatnije Obedy v Zentre Moskvy".

4. Einteilung der Regelungen in der Konvention

Die Kinderrechtskonvention ist im wesentlichen in vier Teile unterteilt. Nach der Präambel schließen sich die allgemeinen Grundsätze an, die die gesamte Konvention durchziehen und zur Auslegung aller anderen Bestimmungen angewandt werden (Art. 1-4). Nachfolgend finden sich die materiellen Regelungen, d.h. die konkreten Kinderrechte (Art. 5-40). Am Schluß werden Durchsetzungsmechanismen und Inkrafttreten sowie Vorbehalte geregelt (Art. 41 ff.).

Die materiellen Bestimmungen scheinen in keiner expliziten Ordnung zu stehen. Insbesondere läßt sich die Einteilung, wie sie von den beiden UN-Menschenrechtspakten suggeriert wird, nämlich diejenige in bürgerliche, politische, wirtschaftliche, soziale und kulturelle Rechte nicht wiederfinden. Den einzigen Hinweis, den die Konvention selbst auf diese Einteilung gibt, ist in Art. 4 zu finden, in dem das Diskriminierungsverbot des Art. 2 KRK auf die wirtschaftlichen, sozialen und kulturellen Rechte ausgedehnt wird.[85] Diese Einteilung ist aber den nachfolgenden Vorschriften zufolge von der Konvention nicht gewollt. Das ist wohl unter anderem auf die Diskussion darum zurückzuführen, ob die bereits bestehenden Menschenrechte überhaupt erneut in die Konvention aufgenommen werden sollten.

Einen Einteilungsansatz findet Verschraegen[86]. Danach können die Rechte in der KRK in allgemeine Rechte, solche Rechte, die Schutzmaßnahmen erfordern, solche, die den Status des Kindes betreffen, die Entwicklung und Wohlstand regelnden Rechte und in die Rechte, die Kinder in besonderen Situationen betreffen, eingeteilt werden. Allgemeine Rechte sind solche, die jedem Menschen als Grundlage zustehen. Dazu gehören das Recht auf Leben, Art. 6 KRK, der Schutz gegen Folter, Art. 37 KRK, die Meinungs- und Informationsfreiheit, Art. 13, Religionsfreiheit, Art. 14, Versammlungs- und Vereinigungsfreiheit, Art. 15 und der Schutz der Privatsphäre, Art. 16. Als Rechte, die Schutzmaßnahmen erfordern, werden der Schutz vor Gewalt (Art. 19), der Arbeitsschutz (Art. 32), der Schutz vor Drogen (Art. 33), der Schutz vor sexuellem Mißbrauch (Art. 34), Maßnahmen gegen Kinderhandel (Art. 35) und der Schutz vor Ausbeutung (Art. 36) angesehen. Die Rechte, die den Status des Kindes betreffen, umfassen Art. 7, das Recht auf eine Staatsangehörigkeit, Art. 8, die staatliche Fürsorgepflicht, Art. 9 und 10, die Trennung von den Eltern und die Familienzusammenführung. Die Entwicklung der Kinder und die Wohlfahrt betreffen Art. 24 bis 28, Gesundheitsschutz, Unterbringungsmaßnahmen, soziale Sicherheit, Entwicklung des Kindes und Bildung, sowie Art. 31, Erho-

85 Vgl. dazu Cantwell, S. 27.

86 Verschraegen, Kinderrechtekonvention, S. 12 ff.

lung und Freizeit. Kinder in besonderen Situationen werden in Art. 21 bis 23, 30 und 39 geregelt. Betroffen sind also die Betreuung außerhalb der Familie, die Adoption, Kinder als Flüchtlinge, Fürsorge für behinderte Kinder, kulturelle Identität und Rehabilitation. Diese Rechte werden von den Grundsätzen aus Art. 1 bis 5 durchzogen und in ihrem Lichte ausgelegt.

Man kann auch darauf abstellen, ob ein Recht ein Ergebnis verlangt oder ob es lediglich ein bestimmtes Verfahren verlangt, das von staatlicher Seite eingerichtet werden soll.[87]

Diese Blickpunkte erschöpfen aber die Bandbreite der Kinderrechtskonvention nicht in vollem Maße. Andererseits ist eine Einteilung notwendig, da ein Teil der Rechte immer in besonderer Weise zusammenhängt und im Lichte dieses Zusammenhangs ausgelegt werden muß, um auch diejenigen Aspekte der Konvention zu beleuchten, die bei einer einzelnen Betrachtung der Rechte nicht ausreichend klar gemacht werden können. Vorliegend werden die Rechte der Konvention im Anschluß an eine Behandlung der allgemeinen Grundsätze aus Art. 1-4 nach Themengebieten sortiert. Damit werden Querverweise in gewissem Umfang vermieden und die Interdependenzen zwischen den Artikeln können leichter dargestellt werden.

Darüber hinaus hat sich in Bezug auf die Kinderrechtskonvention eine Einteilung durchgesetzt, nach der die Rechte, die besonders für Kinder festgeschrieben sind und für Erwachsene aufgrund ihrer größeren geistigen und körperlichen Reife nicht festgelegt werden, von allgemeinen Menschenrechten unterschieden werden müssen.[88] Dabei können die allgemeinen Menschenrechte im Lichte des bereits bestehenden Menschenrechtsstandards ausgelegt werden, während die speziellen Kinderrechte nach anderen, eigenen Maßstäben ausgelegt werden müssen. Mit beiden Kategorien zusammen entsteht ein neuer menschenrechtlicher Status des Kindes, da das Kind als Rechtssubjekt anerkannt wird und nicht lediglich ein Objekt fremder Rechte ist.[89] Ein spezielles Kinderrecht wird in den nachfolgenden Ausführungen zu den einzelnen Rechten als solches bezeichnet.

Eine weitere verbreitete Einteilung der Rechte der Konvention ist die nach Teilnahme-, Schutz- und Vorkehrungsrechten (*Participation, Protection* und *Provision Rights*).[90] Auch auf diese soll bei den Ausführungen zu den ein-

---

87 so G. Kent, "Realizing international children's rights through implementation of national law", *Int'l J. Children's Rgts*, 5 (1997), S. 439, 448.

88 Dorsch S. 22.

89 Fitzgibbon, (Fn. 32), S. 332.

90 M.G.Flekkøy/N.H.Kaufman, *The Participation Rights of the Child, Rights and Responsibilities in Familiy and Society*, London 1997, S. 27 ff.; Fitzgibbon (Fn. 32), S. 337 ff.; S.J.

zelnen Rechten jeweils hingewiesen werden. Sie dient der Qualifikation des Rechts und dem Verständnis der Zusammenhänge zwischen den Rechten. *Participation Rights* (Teilnahmerechte) sind solche, die dem Kind die Teilnahme an Entscheidungsprozessen, die das Kind selbst und die Gesellschaft als ganze betreffen, gewähren. Das zentrale Recht dieser Kategorie ist Art. 12 KRK, das Recht auf Mitsprache. Teilnahmerechte enthalten auch der Grundsatz des Kindeswohls aus Art. 3 KRK auf der einen Seite[91] und die Meinungs-, Informations- und Versammlungsfreiheit sowie die Religionsfreiheit auf der anderen Seite (Art. 13-15). In vielen der anderen Rechte wird die Teilnahme des Kindes auch angesprochen. Diese Teile anderer Rechte sind dann im Lichte der vorstehenden Artikel auszulegen.[92] Das gilt insbesondere für Art. 3 KRK, der als allgemeiner Grundsatz die gesamte Konvention durchzieht. Die *Protection Rights* (Schutzrechte) sind solche, bei dem das Kind dem Schutz des Staates unterstellt ist. Sie sind besonderer Ausdruck der Menschenwürde. Hier sind vor allem die Vorschriften gegen die wirtschaftliche Ausbeutung (Art. 32-35) sowie der Schutz vor Folter (Art. 37) und der Schutz vor Verweigerung der gerichtlichen Rechte aus Art. 40 zu nennen. Die *Provision Rights* (Vorkehrungsrechte) umfassen solche Vorschriften, die Dienste und materielle Vorteile vorschreiben. Sie werden in Überlebensrechte (*Survival Rights*) und Entwicklungsrechte (*Development Rights*) unterteilt.[93] Die Grundfreiheiten, wie das Recht auf Leben (Art. 6) und der Schutz vor Gewalt (Art. 19) und der Gesundheitsschutz (Art. 24), fallen unter die Überlebensrechte (*Survival Rights*). Sie sind besonderer Ausdruck des Einräumens von Rechten zur Befriedigung von Bedürfnissen.[94] Der andere Teil der *Provision Rights* umfaßt die Entwicklungsrechte. Dazu gehören Art. 6 Abs. 2, die Gewährleistung der Entwicklung des Kindes, die Gewährleistung des bestmöglichen Gesundheitsstandards (nicht nur der Gesundheit allgemein, Art. 24) sowie die Rechte auf soziale Sicherheit (Art. 26), auf Bildung (Art. 28 ff.) und diejenigen der behinderten Kinder.[95] Die Vorkehrungsrechte können in der Regel durch bloßes Überleben ausgeübt werden. Für die Teilnahmerechte bedarf es gewisser Strukturen auf den verschiedenen gesellschaftlichen Ebenen von der Familie über die Schule oder Jugendgruppe bis zum Staat insgesamt.[96] Sie können nur im Zusammenhang mit den anderen

---

Toope, "The Convention on the Rights of the Child: Implications for Canada", in: M. Freeman (ed.), *Children's Rights: A Comparative Perspective,* S. 33ff., 38 ff.

[91] Cantwell, (Fn. 44), S. 28.

[92] Flekkøy/Kaufman (Fn. 90), S. 27.

[93] Flekkøy/Kaufman (Fn. 92).

[94] S.o. Einleitung

[95] Flekkøy/Kaufman (Fn. 92)

[96] Flekkøy/Kaufman (Fn. 90), S. 60.

Rechten der KRK gesehen werden. Vor allem aus den Schutz- und Entwicklungsrechten ergibt sich nämlich, vor welchen Entscheidungen das Kind geschützt werden muß und in welchen Situationen dem Kind die Verantwortung der Entscheidung abgenommen werden muß.

Es werden also zwei Arten der Einteilung der Rechte aus der Konvention relevant. Zum einen werden spezielle Kinderrechte geschaffen, die auf Kinder ausgerichtet sind und daher auch einer besonderen Auslegung bedürfen. Zum anderen findet sich die Einteilung in Schutz-, Teilnahme- und Vorkehrungsrechte, die für die Auslegung und Qualifikation ihre Bedeutung haben. Hier werden die Rechte nach Themengruppen eingeteilt, um eine größere Übersichtlichkeit zu wahren.

II. Umsetzung der Kinderrechtskonvention

Die Konvention enthält zwei Vorschriften zur innerstaatlichen Umsetzung der Konvention. Artikel 4 KRK gibt den Staaten auf, die Kinderrechte durch Gesetzgebung, Verwaltung und sonstige Maßnahmen rechtlich umzusetzen. Für die Umsetzung wirtschaftlicher, sozialer und kultureller Rechte wird die Einschränkung der verfügbaren Mittel gemacht. Falls das erforderlich ist, werden die Staaten insofern aber zu internationaler Zusammenarbeit verpflichtet. Artikel 42 dagegen hat mehr die tatsächliche Umsetzung zum Gegenstand. Er verpflichtet die Staaten dazu, die Grundsätze und Bestimmungen bei Erwachsenen und Kindern allgemein bekannt zu machen. Ergänzend zu Art. 42 KRK wirkt Art. 44 Abs. 6 KRK, der die Staaten zur Verbreitung ihrer gemäß Art. 44 KRK gefertigten Berichte verpflichtet.[97]

Die Umsetzung durch die Staaten wird international kontrolliert. Dazu werden die Staaten dazu verpflichtet, Berichte zu verfassen, die sie dem Kinderrechtsausschuß regelmäßig vorzulegen haben, Art. 43 f. KRK. Bei der anschließenden Prüfung dieser Berichte, wie auch bei der Stellungnahme zur Durchführung des Übereinkommens insgesamt, kann sich der Kinderrechtsausschuß der Hilfe von Sonderorganisationen und Organen der Vereinten Nationen bedienen, Art. 45 lit. a, b KRK. Der Ausschuß kann über die UN-Generalversammlung den Generalsekretär auffordern lassen, Untersuchungen im Zusammenhang mit Kinderrechten durchzuführen, Art. 45 lit. c KRK. Schließlich faßt der Ausschuß die so gewonnenen Erkenntnisse in Empfehlungen und Stellungnahmen zusammen, die er den Vertragsstaaten und der Generalversammlung übermittelt, Art. 45 lit. d KRK.

1. Innerstaatliche Umsetzung

Art. 4 Rechtliche Umsetzung

Artikel 4 KRK verpflichtet die Staaten zur Umsetzung der Rechte aus der Konvention mit allen geeigneten Maßnahmen. Artikel 26 WVRK[98] bestimmt, daß die Vertragsstaaten eines völkerrechtlichen Übereinkommens dieses nach Treu und Glauben zu erfüllen haben. Dazu reicht die einfache Inkorporation in die innerstaatliche Rechtsordnung nicht. Vielmehr müssen die Staaten die Vorschriften des Übereinkommens so erfüllen, daß sie auch die Rahmenbedingungen für ihre effektive Durchsetzung schaffen.[99] Zur Umsetzung eines

---

[97] dazu unten II 1.

[98] Wiener Übereinkommen über das Recht der Verträge vom 23. 5. 1969, UN Doc. A/CONF.49/11/AAdd.1, New York 1971, S. 287.

[99] H. Sax/Ch. Hainzl *Die verfassungsrechtliche Umsetzung der UN Kinderrechtskonvention in Österreich*, Wien 1999, S. 25.

menschenrechtlichen Vertrags wie der KRK reicht allein der Erlaß von Gesetzen nicht aus. Vielmehr müssen die Staaten nach Art. 4 KRK Maßnahmen und Tätigkeiten auf politischer, wirtschaftlicher und sozialer Ebene entfalten.[100] Nach Art. 4 S. 1 KRK muß die Gesetzgebung tätig werden, um die Kinderrechtskonvention in die innerstaatliche Rechtsordnung zu inkorporieren. Die Verwaltung muß durch Maßnahmen dazu angehalten werden, die erlassenen Gesetze und gegebenenfalls die Konvention unmittelbar anzuwenden. Darüber hinaus schreibt die Konvention noch andere geeignete Maßnahmen vor. Welcher Art diese Maßnahmen sind, spezifiziert die Konvention nicht. Denkbar sind Maßnahmen gegenüber Privaten in Form von Anreizen oder Zwang, die Schaffung von sozialen Einrichtungen, aber auch die Sicherung einer effektiven Rechtsprechung, die Verwaltung und möglicherweise Gesetzgebung kontrolliert.

Das bedeutet, die Staaten übernehmen in Art. 4 KRK mit der Ratifikation der Kinderrechtskonvention die Verpflichtung, die notwendige Gesetzgebung auszuarbeiten und anzuwenden, alle innerstaatlichen Gesetze und Verfahren abzuschaffen, die den Kinderrechten zuwiderlaufen und adäquate Verfahren in Verwaltung und Rechtsprechung für die Umsetzung der Rechte und geeignete Sanktionen für ihre Verletzung bereitzustellen.[101] Die Konvention schreibt keine bestimmten Maßnahmen vor, um die Umsetzung zu sichern. Welche Maßnahme ein Staat ergreifen will, steht in seinem Ermessen. Die Grenze des Ermessens bildet das Gebot einer effektiven Umsetzung der Konvention. Auch dieses Gebot ergibt sich unmittelbar aus Art. 4 S. 1 KRK. Er verpflichtet die Staaten zu allen geeigneten Maßnahmen zur Umsetzung der Konvention. Die Staaten haben damit alle Maßnahmen zu treffen, die die Umsetzung der Konvention vorantreiben. Das können nur solche sein, die eine effektive Umsetzung zum Gegenstand haben.

Die Konvention geht - ähnlich wie Art. 2 Abs. 1 IPwirtR - nicht von einer vollständigen Umsetzung bei Ratifikation, sondern vielmehr von einer dynamischen Umsetzung aus.[102] Anders als Art. 2 Abs. 1 IPwirtR spricht zwar Art. 4 KRK nicht davon, nach und nach die volle Verwirklichung der Konventionsrechte zu erreichen. Die Staaten haben aber nach Art. 44 KRK regelmäßig Berichte über die ergriffenen Maßnahmen und erzielten Fortschritte zu verfas-

---

100 Sax/Hainzl (Fn. 99), S. 25.

101 F. Przetacznik, "The Socialist Concept of Human Rights: Its Philosophical Background and Political Justification" *RBDI* 13 (1997) S. 238 ff., 270.

102 A. Alen/W. Pas "The UN Convnetion on the Rights of the Child's Self-executing character" in: E. Verhellen (Hrsg.) *Monitoring Children's Rights*, S. 165 ff., 176; S.H. Hammad "The CRC 'Words on Paper' or a Reality for Children?" *Int'l J Children's Rgts* 7 (1999), 215 ff., 220; zweiter russischer Staatenbericht, Einleitung.

sen. Sie haben also nicht zu berichten, wie sie ihre Maßnahmen verfeinert, sondern welche Maßnahmen sie getroffen haben, um einer vollständigen, effektiven Umsetzung näher zu kommen. Da sich die tatsächlichen und rechtlichen Gegebenheiten sowohl innerstaatlich als auch international ständig ändern, ist die Auslegung der Bestimmungen der Konvention fortwährend anzupassen.[103]

Wie ein konkretes Recht effektiv umgesetzt werden kann, ist abhängig vom Charakter des Rechts. Aus der Einteilung in *Protection*, *Provision* und *Participation Rights* ergibt sich die Notwendigkeit einer differenzierten Umsetzung. Bei bloßen Abwehrrechten würde es reichen, wenn der Staat sich Eingriffen enthält. Zur Umsetzung solcher reiner Abwehrrechte muß der Staat Sanktionen gegen seine Organe vorsehen, wenn sie diese ihrer Verpflichtung nicht nachkommen. So muß er beispielsweise die Tötung eines Kindes - also den Eingriff in sein Recht auf Leben - mit so empfindlichen Strafen belegen, daß sie verhindert wird. Die genannte Einteilung kennt aber zu Recht den Begriff eines bloßen Abwehrrechts nicht. Vielmehr sind die nach der deutschen Begrifflichkeit als Abwehrrechte[104] zu bezeichnenden Rechte häufig *Protection Rights*. Sie zielen in erster Linie darauf, das Kind vor staatlichen Eingriffen zu schützen. Daneben hat der Staat die Pflicht, das Kind vor ähnlichen Eingriffen Dritter zu schützen. Eine Umsetzung kann daher nur durch Sanktionen auch gegen diese Personen erfolgen. Begleitende Maßnahmen haben dann die Einrichtung entsprechender Strafverfahren zum Inhalt, die die Prävention weiterer Eingriffe durch Dritte sichern.

Im Rahmen der *Provision Rights* hat der Staat Vorsorge zu treffen. Das heißt, der Staat hat dem Kind Zugang zu bestehenden Einrichtungen zu gewähren und gegebenenfalls neue Einrichtungen zu schaffen, um eine effektive Umsetzung des Rechts zu gewährleisten. Als Beispiel können insofern Art. 26 und 28 Abs. 1 lit. a KRK dienen. Die Umsetzung der allgemeinen Grundschulpflicht setzt voraus, daß der Staat ausreichend Grundschulen zur Verfügung stellt. Das Recht auf soziale Sicherheit kann nur gewährt werden, wenn auch ein System der sozialen Sicherheit eingerichtet wird. Es reicht also insofern nicht, ein Gesetz zu erlassen, mit dem die allgemeine Grundschulpflicht eingeführt wird. Es bedarf ausreichender Grundschulen, der Ausbildung von

---

103 So i.E. auch A. Seibert-Fohr, "The Role of the Reporting System in Respect of the Development of Human Rights Treaty Application" in: E. Klein (Hsrg.) *The Monitoring System of Human Rights Treaty Obligations*, Berlin 1998, S. 111 ff, 119 zu den Berichtssystemen unter der Rassendiskriminierungskonvention und dem IPbürR.

104 dazu K. Stern, "Idee und Elemente eines Systems der Grundrechte" in: J. Isensee/P. Kirchhof, Handbuch des Staatsrechts, Bd. V, Heidelberg 1992, § 109, Rn. 36 ff.

Lehrern und gegebenenfalls sogar des Einflusses auf die Eltern, damit diese ihre Kinder in eine Schule gehen lassen.

Die *Participation Rights* bedürfen einer Umsetzung vor allem durch die Schaffung der entsprechenden Verfahren zur Teilnahme. Die bloße Festschreibung der Möglichkeit der Mitsprache in einem Gesetz reicht im Rahmen des Art. 12 KRK nicht aus, um sicherzustellen, daß das Kind auch tatsächlich ein Mitspracherecht im konkreten Fall hat. Es bedarf eines Forums, in dem sich das Kind äußern kann und in dem seine Meinung auch Berücksichtigung findet. Auch hier kann als begleitende Maßnahme zu einer effektiven Umsetzung die Ausbildung entsprechenden Personals geboten sein.

Während sich die Einteilung nach Kinderrechten und allgemeinen Menschenrechten wenig eignet, die Art der notwendigen Umsetzungsmaßnahmen zu bestimmen, weil die in der KRK enthaltenen allgemeinen Menschenrechte kindspezifisch ausgestaltet sind, greift Art. 4 KRK die Einteilung nach wirtschaftlichen, sozialen und kulturellen Rechten einerseits und politischen und bürgerlichen Rechten andererseits auf. Im Rahmen der bürgerlichen und politischen Rechte sind die Staaten uneingeschränkt zu allen genannten Maßnahmen verpflichtet, während die Umsetzung der wirtschaftlichen, sozialen und kulturellen Rechte[105] der Beschränkung auf die verfügbaren Mittel unterliegt. Dem liegt der Gedanke zugrunde, daß politische und bürgerliche Rechte in der Regel nicht bestimmter Einrichtungen bedürfen, die finanzielle Aufwendungen des Staates voraussetzen. Ein Kind kann grundsätzlich auch vor Folter geschützt werden, ohne daß der Staat vorher in Institutionen investiert, die die Folter verhindern. Das Kind kann aber nicht in die Schule gehen, wenn der Staat nicht vorher selbst oder durch Anreize an Private, die in der Regel mit geringeren staatlichen Einnahmen oder mit Subventionen verbunden sind, Schulen geschaffen hat. Artikel 4 KRK will vor allem arme Staaten davor bewahren, sich zu Einrichtungen zu verpflichten, die sie nicht bezahlen können. Dafür werden die Staaten aber zu internationaler Zusammenarbeit verpflichtet, um die Umsetzung dieser Rechte dennoch so effektiv wie möglich zu gewährleisten.

Unmittelbare Anwendbarkeit

Eine wichtige Frage bei der Umsetzung der Konvention durch die Staaten ist deren unmittelbare Anwendbarkeit für den Bürger gegenüber dem Staat. Wenn die Konvention unmittelbar anwendbar ist, so müssen die Staaten in er-

---

[105]zur Unterscheidung von wirtschaftlichen, sozialen und kulturellen Rechten untereinander vgl. E. Riedel "The Examination of State Reports" in: E. Klein (Hrsg. *The Monitoring System of Human Rights Treaty Obligations*, S. 96.

ster Linie begleitende Maßnahmen treffen. Sie müssen - um die Effektivität der Umsetzung zu sichern - etwa Gesetze über die für die Anwendung zuständigen Behörden erlassen oder Einrichtungen zur Umsetzung des Rechts auf Bildung schaffen. Sie müssen aber nicht Gesetze erlassen, die die in der Konvention bereits geregelten Rechte selbst betreffen. Die rechtsprechenden Organe der Staaten könnten die Konvention unmittelbar in ihren Entscheidungen heranziehen.

Die unmittelbare Anwendbarkeit eines völkerrechtlichen Vertrags ist in der Regel eine Frage des nationalen Rechts.[106] Es ist aber eine Frage der konkreten Regelung, ob sie sich zur unmittelbaren Anwendung in einem Staat eignet oder nicht.[107]

Zwar verpflichtet Art. 4 KRK die Vertragsstaaten dazu, alle geeigneten Maßnahmen zu treffen, um die Rechte aus der Konvention zu verwirklichen. Das läßt aber den Umkehrschluß, daß die Rechte nicht innerstaatlich unmittelbar Anwendung finden können, nicht ohne weiteres zu. Vielmehr ist auf den gesamten Rahmen der Konvention, deren Grundidee, die in der Präambel niedergelegt ist, abzustellen.[108] Diese drückt sich darin aus, daß dem Kind eine Subjektstellung von Rechten eingeräumt werden sollte. Die individuelle Persönlichkeit und Würde jedes Kindes sollte durch die Festschreibung konkreter Rechte gesichert werden. Die Rechte wurden in die Form von Mindeststandards gegossen, die in einem internationalen Menschenrechtsvertrag niedergelegt wurden. Es sollten damit Rechte kodifiziert werden, die Kindern schon zustanden, nur noch nicht verbindlich festgelegt waren. Eine Besonderheit des Rechts der Menschenrechte ist, daß es dem Individuum Rechte zugesteht, die von seiner Nationalität unabhängig sind und die nicht der Intervention durch einen Staat bedürfen.[109] Folglich stehen diese Rechte Kindern unmittelbar zu. Ihre Anwendbarkeit hängt grundsätzlich nicht von staatlichen Maßnahmen ab.[110]

---

[106] Alen/Pas (Fn. 102), S. 165; Conseil d'Etat Français, Entscheidung vom 23. 4. 1997, *Recueil Dalloz* 1998, . 15 ff.; Sir R. Jennings, "International Law" in: R. Bernhardt (Hrsg.) *EPIL* Bd. 7 (1984) S. 278 ff., 280, R. Wolfrum, "International Convention on the Elimination of all Forms of Racial Discrimination" in: E. Klein (Hrsg.) *The Monitoring System of Human Rights Treaty Obligations*, Berlin 1998, S. 49 ff., 50.

[107] Alen/Pas (Fn. 102), S. 173; z. B. Schweizer Bundesgericht, Entscheidung vom 22. 12. 1997, BGE 124 III, S. 90 ff.

[108] sog. subjective criterion, Alen/Pas (Fn. 102), S. 170.

[109] Jennings (Fn. 106), S. 295.

[110] Davon gehen ja auch die Staaten, die einen Vorbehalt gegen die unmittelbare Anwendbarkeit erklärt haben aus, denn sonst wäre der Vorbehalt überflüssig.

Dieses Ergebnis wird durch den Vergleich mit anderen Menschenrechtsverträgen bestätigt. Die KRK regelt viele Freiheitsrechte, die bereits im IPbürR verankert sind. Es wäre kaum folgerichtig diese Bestimmungen, die in vielen Rechtsordnungen aufgrund anderer Menschenrechtsübereinkommen bereits unmittelbar anwendbar sind, von dieser Anwendbarkeit im Rahmen der KRK grundsätzlich auszuschließen. So sind die Freiheitsrechte in Europa durch die EMRK unmittelbar anwendbar. In den amerikanischen Staaten ergibt sich ihre unmittelbare Anwendbarkeit aus der amerikanischen Menschenrechtscharta[111], in den afrikanischen Staaten durch die afrikanische Menschenrechtscharta[112] und in den arabischen Staaten aus der Charta der Menschen- und Völkerrechte in der arabischen Welt.[113] Diese Rechte werden bereits durch speziell dafür eingerichtete Gerichtshöfe durchgesetzt. Es entspricht nicht dem Zweck der Kinderrechtskonvention, Kindern die unmittelbare Anwendbarkeit dieser Rechte zu versagen.

Aufgrund dieses grundsätzlichen Ergebnisses ist nunmehr anhand von Art. 4 KRK zu differenzieren. Artikel 4 KRK nimmt nämlich eine zweifache Unterscheidung vor. Zum einen differenziert er implizit zwischen Rechten, zu deren Umsetzung es Maßnahmen bedarf, und Rechten, zu deren Umsetzung es primär keiner Maßnahmen bedarf. Zum zweiten differenziert er zwischen wirtschaftlichen, sozialen und kulturellen Rechten auf der einen und allen übrigen Rechten auf der anderen Seite.

Rechte, zu deren Umsetzung es primär keiner Maßnahmen bedarf, sind reine Abwehrrechte. Das wichtigste Beispiel ist insofern das in Art. 6 KRK kodifizierte Recht auf Leben. Das Recht auf Leben als fundamentales Menschenrecht kann dem Staat unmittelbar entgegengehalten werden. An einer unmittelbaren Anwendbarkeit der Konvention kann insofern kein Zweifel bestehen.

Die Kinderrechtskonvention enthält aber - getreu ihrer Zielsetzung das Kind wegen seiner besonderen Schutzbedürftigkeit mit besonderen Rechten auszustatten - wenige Rechte, die als reine Abwehrrechte des Kindes ausgestaltet sind. Deshalb sind die meisten Rechte so ausgestaltet, daß es innerstaatlicher Umsetzungsmaßnahmen bedarf. Der Grund für das Bedürfnis innerstaatliche Maßnahmen zu erlassen, ist einerseits die Tatsache, daß auch das Verhältnis Eltern-Kind-Staat geregelt wird und die Kinderrechtskonvention als völker-

---

[111] American Charta on Human Rights, dazu Robertson/Merills, S. 166.

[112] African Charter on Human and Peoples`Rights, 1981; H. Boukrif "La Cour Africaine des Droits de l`Homme et des Peuples: Un Organe juridique Service des Droits del`Homme et des Peuples en Afrique" *AJIL/RADIC* 10 (1998), S. 60 ff., Robertson/Merills, S. 207 ff.

[113] Robertson/Merills, S. 200.

rechtlicher Vertrag einer horizontalen Direktwirkung gegenüber den Eltern nicht zugänglich ist. Andererseits ist es die Tatsache, daß die Kinderrechte Anspruchsrechte (*Rights to claim*)[114] enthalten. Die Anspruchsrechte, wie etwa das Recht auf soziale Sicherheit, geben dem Kind ein Recht, einen Anspruch gegen den Staat zu erheben.

Viele dieser Rechte in der Konvention können nicht ohne weiteres angewendet werden, sondern bedürfen der Schaffung staatlicher Einrichtungen und institutioneller Garantien, die nicht von vornherein in jedem Staat bestehen. Hier greift die Differenzierung des Art. 4 KRK zwischen wirtschaftlichen, sozialen und kulturellen Rechten einerseits und den übrigen Rechten andererseits ein. Die KRK erkennt mit dieser Differenzierung an, daß es für die Verwirklichung wirtschaftlicher, sozialer und kultureller[115] Rechte, wie etwa dem Recht auf Bildung, dem Recht auf Teilnahme am kulturellen Leben, der Schaffung von Schulen, Bedingungen für das kulturelle Leben u.ä. bedarf. Sind diese Bedingungen nicht oder nicht in ausreichendem Maße vorhanden, kann das Kind das entsprechende Recht einem Staat nicht unmittelbar entgegenhalten.

Die Einschränkung gilt aber für die politischen und bürgerlichen Rechte aus der Konvention nicht. Sie können grundsätzlich unmittelbar angewandt werden.[116] Normen wie Art. 12, 37, aber auch Art. 14 und 15 KRK haben eindeutige Rechte des einzelnen Kindes gegenüber rechtsanwendenden Behörden zum Gegenstand. Sie sind mithin ohne weitere staatliche Maßnahmen justiziabel und können unmittelbar zur Anwendung kommen. So hat z.B. das Schweizer Bundesgericht in einer Entscheidung Art. 12 KRK unmittelbar angewandt.[117]

Auch bei bürgerlichen und politischen Rechten kann es der Schaffung bestimmter Bedingungen bedürfen, um sie ausüben zu können. Ein Beispiel ist die Informationsfreiheit aus Art. 13, 17 KRK.[118] Informationsfreiheit kann nur bestehen, wo der Staat dafür sorgt, daß Information frei beschafft werden kann und Dritte nicht in die Informationskanäle eingreifen. Der Staat muß auch die staatlichen Informationen in den Grenzen des Art. 13 Abs. 2 KRK zur Verfügung stellen. Folglich ist auch Art. 13 KRK insofern ein Anspruchsrecht. Der Staat kann sich hier nicht auf die Begrenzung seiner Mittel nach Art. 4 S. 2 KRK berufen. Er kann aber geltend machen, daß er die Voraussetzungen für

---

114 Differenzierung nach W.H. Wilting *Vertragskonkurrenz im Völkerrecht*, Köln 1996, S. 161 f.

115 zur Differenzierung zwischen diesen drei Kategorien vgl. Riedel (Fn. 105), S. 96 f.

116 Alen/Pas (Fn. 102), die dieses Kriterium das "objective criterion" nennen; Bundesgericht Schweiz, Entscheidung vom 22. 12. 1997, BGE 124 III, S. 91 zu Art. 12 KRK.

117 Schweizer Bundesgericht (Fn. 115) , 90 ff.

118 Beispiel nach Wilting (Fn. 114).

eine unmittelbare Anwendung der Informationsfreiheit noch nicht geschaffen hat. Eine unmittelbare Anwendung des Art. 13 KRK kommt dann nur in Betracht, wenn der Staat anderweitig Information zur Verfügung gestellt hat und die Weigerung deshalb gegen das Diskriminierungsverbot des Art. 2 Abs.1 KRK verstößt.

Das Diskriminierungsverbot des Art. 2 Abs. 1 KRK ist für eine unmittelbare Anwendung geeignet. Es unterliegt weder nach seinem Wortlaut noch nach seiner Stellung in der Konvention oder nach seinem Sinn und Zweck den Einschränkungen des Art. 4 KRK. Artikel 2 Abs. 1 KRK verpflichtet die Staaten unmittelbar. Nach seinem Wortlaut "gewährleisten" die Staaten jedem Kind die Rechte aus der Konvention ohne Diskriminierung. Im Gegensatz zu Art. 2 Abs. 2 KRK ist nicht die Rede von "geeigneten Maßnahmen". Die Verpflichtung ist damit uneingeschränkt. Artikel 2 Abs. 1 KRK steht als allgemeine Vorschrift vor Art. 4 KRK in der Konvention und spricht ebenso wie Art. 4 KRK von den "in dieser Konvention (anerkannten bzw.) festgelegten Rechten". Damit sind die nachfolgenden Rechte aus Art. 5 ff. KRK gemeint. Artikel 2 Abs. 1 KRK folgt auch nicht der Differenzierung zwischen politischen und bürgerlichen sowie wirtschaftlichen, sozialen und kulturellen Rechten, sondern er gilt für alle gleichermaßen. Es entspricht auch nicht dem Zweck des Art. 2 Abs. 1 KRK nur Geltung beanspruchen zu können, wenn die Staaten ausreichende Mittel haben. Vielmehr sollen die Staaten ihre Mittel entsprechend dem Diskriminierungsverbot einsetzen und es bei allen staatlichen Maßnahmen und Eingriffen beachten. Dieser absoluten Verpflichtung der Staaten entspricht die Möglichkeit des Kindes, dem Staat das Diskriminierungsverbot unmittelbar entgegenzuhalten.

Zusammenfassend bleibt also festzuhalten, daß eine unmittelbare Anwendung der Konvention grundsätzlich eine Frage des innerstaatlichen Rechts ist. Die Frage der unmittelbaren Anwendung der Konvention in einem Staat ist aber zu trennen von der Frage, ob die Vorschriften der Konvention überhaupt zu einer unmittelbaren Anwendung geeignet sind. Insofern ist zu differenzieren zwischen Abwehrrechten, die in der Regel politische oder bürgerliche Rechte sind, und Anspruchsrechten, die in der Hauptsache wirtschaftliche, soziale und kulturelle Rechte sind. Die Anwendung der letztgenannten ist auf die verfügbaren Mittel beschränkt.

Internationale Zusammenarbeit

Artikel 4 S. 2 KRK a.E. verpflichtet die Staaten zu internationaler Zusammenarbeit. Der Begriff der internationalen Zusammenarbeit ist sehr weit. Er erfaßt die Zusammenarbeit auf dem Gebiet bestimmter Rechte, wie er etwa in Art. 23 Abs. 4 und 34 KRK nochmal explizit gefordert wird, aber auch die allgemeine internationale Zusammenarbeit im Bereich aller wirtschaftlichen, sozialen und kulturellen Rechte. Schließlich kann damit auch eine dauerhafte wirtschaftliche Zusammenarbeit gemeint sein. Artikel 4 S. 2 KRK macht deutlich, daß die Konvention gerade im Bereich der wirtschaftlichen, sozialen und kulturellen Rechte die Notwendigkeit gegenseitiger Hilfe sieht.

Die gegenseitige Hilfe kann auf verschiedenen Ebenen erfolgen. Das kann zum einen Entwicklungshilfe zwischen den Staaten sein. Artikel 4 S. 2 KRK verpflichtet die Staaten dazu, erforderlichenfalls zusammenzuarbeiten. Das Wort "erforderlichenfalls" beinhaltet die Pflicht, sich um internationale Zusammenarbeit zu bemühen. Die Bemühungen müssen dabei nicht notwendig von denjenigen Staaten ausgehen, die eine Unterstützung brauchen. Die Hilfe kann ebenso durch internationale Finanzinstitute wie die Weltbank oder den IWF sein. Schließlich kann es auch die Zusammenarbeit mit dem Kinderrechtsausschuß nach Art. 43 ff. KRK oder mit anderen UN-Organen und Sonderorganisationen sein.

Art. 42 Publikationspflicht und Art. 44 Abs. 6 Verbreitung der Staatenberichte

Artikel 42 KRK verpflichtet die Staaten dazu, die Konvention bekannt zu machen. Die Publikation muß sich auf die Bekanntmachung bei Erwachsenen und Organisationen auf Regierungsebene wie auch NGO über die Situation der Kinder und über die Rechte des Kindes einerseits und andererseits bei Kindern über ihre Rechte konzentrieren. Sie muß zum einen die Grundsätze der Konvention, andererseits die Bestimmungen der Konvention zum Inhalt haben.

Unterstützend zu Art. 4 KRK schreibt Art. 42 die Publikation der KRK als solche, Art. 44 Abs. 6 KRK die Veröffentlichung des entsprechenden Staatenberichts vor. Das Konzept der Informationspflicht für Staaten stellt im Bereich der Menschenrechtsverträge eine Neuheit dar[119] und dient der effektiven Umsetzung der KRK. Durch Information werden Erwachsene und Kinder für Kinderrechte sensibilisiert. Damit wird die Grundlage für die Ausübung der Kinderrechte geschaffen.

Die Konvention erkennt mit der Unterscheidung der Bekanntmachung gegenüber Erwachsenen im Gegensatz zu Kindern an, daß es nicht ausreicht, den Text der Konvention zu veröffentlichen. Vielmehr muß die Konvention, der Reife des Publikationsadressaten angemessen, bekannt gemacht, also ihr Inhalt so erläutert werden, daß Kinder und Erwachsene den Inhalt verstehen können.

---

119 Dorsch (Fn. 4), S. 273 f; Cantwell (Fn. 44), S. 29; Price Cohen (Fn. 7), S. 23.

Aus der Unterscheidung zwischen den Bestimmungen und den Grundsätzen der Konvention ergibt sich ein gewisses Rangverhältnis. Zum einen hat die Konvention Regelungen in Form von 40 Artikeln, die materielle Rechte und Verfahrensrechte festlegen. Diesen Regelungen liegen bestimmte Grundsätze zugrunde. Das sind das Diskriminierungsverbot, das in Art. 2 Abs. 1 KRK grundlegend niedergelegt ist, das Kindeswohl aus Art. 3 Abs. 1 KRK, der Vorrang des Schutzes durch die Familie aus Art. 3 Abs. 3 und Art. 5 KRK u.a. sowie die Anerkennung der zunehmenden Reife des Kindes, wie er sich unter anderem in Art. 12 KRK findet. Artikel 42 KRK zeigt, daß diese Grundsätze auf jeden Fall jedem Kind und jedem Erwachsenen bekannt gemacht werden müssen. Die Bestimmungen der Konvention konkretisieren diese Grundsätze. Sie sollen zwar auch publiziert und bekannt gemacht werden, sind aber letztlich nur Ausdruck der Grundsätze der Konvention, die ihnen zugrunde liegen.

Für die Information des Staates und der Erwachsenen wurde in einigen Staaten die Datenerhebung zur Situation von Kindern zur Priorität.[120] Der Informationsaustausch über diese Daten wird durch den Kinderrechtsausschuß unterstützt.[121] Nach einem Modell müssen Informationen, die über Massenmedien verfügbar gemacht werden, mehrere Kategorien umfassen. Nicht nur die KRK als solche muß einbezogen werden, sondern es muß auch auf die entsprechenden internationalen Organisationen verwiesen werden.[122]

Für die Information an Kinder stehen verschiedene Medien zur Verfügung. Zum einen kann das Internet genutzt werden. Diese Möglichkeit muß allerdings mit Vorsicht behandelt werden. Das Internet ist noch längst nicht allen Kindern zugänglich und die Suche im Internet und das Auffinden der entsprechenden Dokumente in kindgerechter Aufmachung erfordert eine Kenntnis der relevanten Stichworte, die einem Kind häufig nicht gegeben sein wird. Eine bessere Möglichkeit der Information bietet das Fernsehen.[123] Das wohl effektivste Medium, um der Informationspflicht des Staates nachzukommen, ist die Mund-zu-Mund-Propaganda. Die KRK kann im Schulunterricht erklärt werden.

---

120 National Coalition Infobrief Nr. 5/Februar 1997, S. 7.

121 A. Glenn Mower, *The Convention on the Rights of the Child*, Westport 1997, S. 89.

122 S.M. Kosloske, "The Need for Worldwide Information Sharing to Support Children´s Rights", *Transnat'l L. & Contemp. Probs* 6 (1996), 415, 430.

123 In Deutschland wurde ein Projekt des Zweiten Deutschen Fernsehens (ZDF) zusammen mit der Nichtregierungsorganisation *terre des hommes* durchgeführt, mit dem die Kinderrechte in einer Fernsehserie, die einzelne Situationen darstellte, gegen die Kinder sich wehren oder in anderer Weise Rechte geltend machen konnten, klar gemacht wurden. Dadurch sollte die Aufmerksamkeit der Kinder für ihre Möglichkeiten gestärkt werden.

Sie kann Kindern auch durch Informationsveranstaltungen und Messen nähergebracht werden.[124]

Den Ländern kann bei der Umsetzung der Verbreitungspflicht von internationalen Organisationen und nicht zuletzt vom Kinderrechtsausschuß Hilfe gewährt werden. Der Kinderrechtsausschuß ist gemäß Art. 45 lit. d iVm. 44 Abs. 2 KRK gehalten, den Vertragsstaaten Hilfe bei der Umsetzung der KRK zu gewähren, sofern sich ihnen unüberwindliche Schwierigkeiten entgegen stellen. Der Kinderrechtsausschuß hat auch in einer Entschließung die Einrichtung eines Informationsnetzes befürwortet. Es werden möglichst alle wichtigen Organe und Sonderorganisationen der UNO an dem Projekt beteiligt, damit der freie Austausch der Informationen möglich gemacht werden kann. Inzwischen wurde das CRIN (*Child Rights Information Network*) eingerichtet.[125]

Auf europäischer Ebene ist in der vom Europarat verabschiedeten Konvention zur Ausübung der Kinderrechte vorgesehen, daß nationale Organe geschaffen werden sollen, die - jedenfalls unter anderem - zur Aufgabe haben, die Rechte des Kindes bekannt zu machen und durchzusetzen (Art. 12 EKAusübungKR).

In der Praxis hat sich gezeigt, daß vornehmlich die NGO den Inhalt von Kinderrechtskonvention und Staatenberichten in den Staaten verbreitet haben.[126] Sie haben Programme gestartet, mit deren Hilfe Kinder informiert werden sollen, wie z.B. *terre des hommes* im deutschen Fernsehen oder auch *Rädda Barnen* in Schweden.

Umsetzung völkerrechtlicher Verträge in Rußland

Völkerrechtliche Verträge haben in Rußland eine Regelung in Art. 15 Abs. 4 russ. Verf. gefunden. Danach sind die völkerrechtlichen Verträge der Russischen Föderation Bestandteil des russischen Rechtssystems. Unklar ist, welchen Rang sie im Rechtssystem der Russischen Föderation einnehmen. Die

---

[124] In Deutschland gibt es eine Initiative des Landes Sachsen-Anhalt, in dem Kinder dazu aufgefordert wurden zu wählen, welche Rechte der KRK für sie die wichtigsten sind. National Coalition Infobrief Nr. 7/Oktober 1997, S. 6.

[125] B. Purbrick, "Child Rights Information Network (CRIN)" *Int'l J Children's Rgts* 3 (1995) S. 455 ff.; Kosloske (Fn. 122), S. 430 f.

[126] R. Bethke, *Das Übereinkommen der Vereinten Nationen über die Rechte des Kindes und seine Umsetzung in der Bundesrepublik Deutschland*, München 1996, S. 149, P. Newell, *The UN-Convention and Children's Rights in the UK*, London 1991, S. 154; L. Khalfallah "Impressions en Marge d'une session du Comité des Droits de l'Enfant", in: E. Verhellen (Hrsg.) *Monitoring Children's Rights*, Den Haag 1996, S. 445 ff, 448 f.; L. Theytyz-Bergman "NGO Group for the Convention on the Rights of the Child", *Int'l J Children's Rgts* 3 (1995) S. 452 ff.

h.M. und die Praxis wenden sie im Rang einfacher Bundesgesetze an.[127] Zuständig für den Abschluß völkerrechtlicher Verträge ist gemäß Art. 71 lit. k, 86 russ. Verf. der Präsident. Verträge bedürfen aber grundsätzlich der Ratifikation durch die gesetzgebenden Körperschaften.[128]

Eine spezielle Regelung für Menschenrechte findet sich am Anfang des Kapitels der Verfassung über die Menschen- und Bürgerrechte und -freiheiten. Artikel 17 Abs. 1 russ. Verf. sieht vor, daß die Russische Föderation die Rechte und Freiheiten des Menschen und des Staatsbürgers nach den allgemein anerkannten Prinzipien und Normen des Völkerrechts und in Übereinstimmung mit der Verfassung anerkennt und garantiert. Während ein Teil der Literatur[129] aus der Reihenfolge der Aufzählung von Völkerrecht und Verfassung schließt, daß damit den Menschenrechtsnormen des Völkerrechts Vorrang vor der Verfassung eingeräumt werden soll, hat das russische Verfassungsgericht entschieden,[130] daß die Vorschrift so zu lesen ist, daß die Menschenrechte aus dem Völkerrecht nur in Übereinstimmung mit der Verfassung anerkannt werden. Artikel 55 Abs. 1 russ. Verf. sieht allerdings vor, daß keine der in der Verfassung aufgezählten Grundrechte und Freiheiten so ausgelegt werden dürfen, daß allgemein anerkannte Menschenrechte beschnitten werden. Artikel 18 russ. Verf. führt die Regelung des Art. 17 Abs. 1 russ. Verf. weiter und erkennt die unmittelbare Anwendbarkeit der Menschen- und Bürgerrechte und -freiheiten an.[131] Dabei haben die Menschenrechte nach Art. 2 russ. Verf. einen besonderen Stellenwert (*wyschtschaja zennost*).Völkerrechtliche Verträge sind nach dem Gesetz unmittelbar anwendbar, wenn sie zu ihrer Anwendung keiner Umsetzung bedürfen.[132]

---

[127]vgl. zum Streit I.I. Lukaschuk, *Konstituzii gosudarstw i meschdunarodnoje prawo*, Moskau 1998, S. 67 f., W.W. Tumanow, *Konstituzija Rossijskoj Federazii Enziklopeditscheskij Slowar*, S. 144 f.

[128] Streitig ist insofern auch, wann ein völkerrechtlicher Vertrag die Wirkung des Art. 15 Abs. 4 russ. Verf. entfaltet. Eine Meinung geht davon aus, daß allein der Abschluß durch das zuständige Organ die Wirkung auslöst, G.M. Danilenko in: B.N. Topornin (Hrsg.) *Kommentar zur russischen Verfassung*, Moskau 1997, S. 160. Die Praxis wendet Art. 15 Abs. 4 russ. Verf. aber nur auf ordnungsgemäß ratifizierte Verträge an, Danilenko ebenda, S. 161, Tumanow (Fn. 127), S. 144 f.

[129] Lukaschuk (Fn. 127), S. 70 f.

[130]Entscheidung des russ. Verfassungsgerichts vom 10. 7. 1995, *SZRF* 1995, No. 29, st. 2860.

[131]Lukaschuk (Fn. 127), S. 71 f.

[132]Swekow in: W.P.Swekow/B.I. Osminin, *Kommentar zum Gesetz über völkerrechtliche Verträge*, Moskau 1996, S. 93.

Die Regelungen aus der Verfassung gestaltet das Gesetz über die völkerrechtlichen Verträge[133] näher aus. Artikel 31 Abs. 1 VertragsG verpflichtet zur gewissenhaften Erfüllung in Übereinstimmung mit den Bedingungen des völkerrechtlichen Vertrags selbst, den Normen des Völkerrechts, der russischen Verfassung, den bestehenden Bundesgesetzen und anderen Normativakten der Russischen Föderation. Absatz 2 spricht die Verpflichtung aus, vor Inkrafttreten eines völkerrechtlichen Vertrags alle Handlungen zu unterlassen, die den völkerrechtlichen Vertrag seines Objekts und Ziels berauben würden. Gewissenhafte Erfüllung bedeutet, daß die Russische Föderation bei der Ausübung ihrer souveränen Rechte ihre völkerrechtlichen Verpflichtungen einhalten muß. Das gilt auch bei der Ausübung des Rechts, Gesetze und Verwaltungsregeln aufzustellen. Das heißt im einzelnen, es müssen Normen festgelegt werden, die der Anwendung unterliegen. Es muß gesichert werden, daß die Anwendung der Normen, ihrer Auslegung nach Wortlaut und Zweck, dem Völkerrecht, der Moral und den übrigen Verpflichtungen des Staates entspricht. Es müssen außerdem Grenzen insofern festgelegt werden, als den Rechten und gesetzlichen Interessen anderer Staaten kein Schaden zugefügt werden kann und die niedergelegten Rechte nicht mißbraucht werden können.[134] Die zu ergreifenden Maßnahmen können außerdem folgende sein: Errichtung im Vertrag vorgesehener Organe und Organisationen, Zuteilung der notwendigen Mittel, Ausführung im Vertrag festgelegter Arbeiten und anderer Handlungen oder Unterlassungen.[135] Artikel 32 VertragsG bestimmt die für die Erfüllung völkerrechtlicher Verträge zuständigen Organe.

Im Bereich der Umsetzung der Konvention sind alle Bereiche der Normsetzung, also das Parlament, der Präsident und die Regierung tätig geworden. Die Regierung hat in einer Verordnung aus dem Jahre 1993[136] eine Kommission geschaffen, die die Arbeiten zur Umsetzung der KRK und der internationalen Erklärung über Schutz und Entwicklung des Kindes in der russischen Föderation überwachen soll. Die Kommission soll die Kooperation zwischen den verschiedenen Verwaltungsbereichen und Ebenen in der russischen Föderation fördern und koordinieren. Sie steht unter der Oberregie des Ministeriums für Sozialwesen.

---

133 Federalnij Sakon "O meschdunarodnykh dogoworach" vom 15. 7. 1995, *SZRF* 1995, Nr. 29, st. 2757 (VertragsG); dazu B.I. Osminin in: Swekow/Osminin (Fn. 132), S. 50 ff.

134 I.I. Lukaschuk in: Swekow/Osminin (Fn. 132) S. 91.

135 Swekow in: Swekow/Osminin (Fn. 132), S. 93.

136 Verordnung der Regierung der russischen Föderation vom 23. 8. 1993, Nr. 848, "Über die Realisierung der Konvention der VN über die Rechte des Kindes und der internationalen Erklärung über die Sicherstellung des Überlebens, des Schutzes und der Entwicklung von Kindern".

Der Präsident hat in einem Erlaß aus dem Jahre 1994 ein Programm über die Kinder in Rußland festgelegt, in dem die Situation der Kinder in Rußland dargestellt wird und die Notwendigkeit von Maßnahmen aufgezeigt wird.[137] Darüber hinaus wurden mehrere Pläne und Programme zur Verbesserung der Lebensumstände von Kindern und bestimmter Bevölkerungsgruppen erlassen.[138]

Seit dem Jahr 2000 hat die russische Regierung den beiden Kammern der Gesetzgebung jährlich einen Bericht über die Situation der Kinder in Rußland vorzulegen.[139]

Die internationale Zusammenarbeit der Russischen Föderation mit anderen Ländern gestaltet sich noch schwierig. In den vergangenen Jahren ist wiederholt humanitäre Hilfe gewährt worden und über die Schulden der ehemaligen Sowjetunion und Rußlands wird immer wieder verhandelt. Im Bereich der Kinderrechte ist die humanitäre Hilfe mehr auf privater Ebene angesiedelt. Die Zusammenarbeit mit anderen Staaten funktioniert vor allem mit den Staaten der ehemaligen Sowjetunion.

Zur Verbreitung des Staatenberichts gemäß Art. 44 Abs. 6 KRK wurde ein runder Tisch eingerichtet, an dem alle Probleme im Bereich der Kinderrechte diskutiert werden sollten, die durch den ersten Staatenbericht zu Tage

---

137 Erlaß des Präsidenten der russischen Föderation vom 18. 8. 1994, Nr. 1696, "O prezidentskoj programme `Deti Rossii'".

138 Erlaß des Präsidenten der russischen Föderation vom 14. 09. 1995, Nr. 942, "Richtlinien für die staatliche Sozialpolitik zur Verbesserung der Situation für Kinder in der russischen Föderation bis zum Jahr 2000"; Verordnung der Regierung der russischen Föderation vom 31. 01. 1996, Nr. 28, "Über den Handlungsplan zur Verbesserung der Situation von Kindern in der russischen Föderation für die Jahre 1995-1997"; Erlaß des Präsidenten der russischen Föderation vom 14. 5. 1996, Nr. 712, "Richtlinien der staatlichen Familienpolitik"; Verordnung der Regierung der russischen Föderation vom 27. 7. 1996, Nr. 906, "Über die föderalen Programme mit der Zielsetzung der Verbesserung der Situation der Kinder in der russischen Föderation"; Verordnung der Regierung der russischen Föderation vom 19. 9. 1997, Nr. 1207, "Über die föderalen Programme mit der Zielrichtung der Verbesserung der Situation der Kinder in der russischen Föderation für die Jahre 1998 bis 2000"; Verordnung der Regierung der russischen Föderation vom 5. 11. 1997, Nr. 1387, "Konzeptionen des Gesundheitsschutzes und der medizinischen Wissenschaften in der russischen Föderation"; Verordnung der Regierung der russischen Föderation vom 10. 11. 1997, Nr. 1409, "Föderales Programm mit der Zielrichtung der Verbesserung der Bedingungen der Sicherung der Arbeit für die Jahre 1998 bis 2000"; Verordnung der Regierung der russischen Föderation vom 10. 11. 1997, Nr. 1414, "Föderales Programm für Migranten".

139 Art. 22 des Gesetzes über die grundlegenden Garantien der Kinderrechte i.d.F. des Änderungsgesetzes vom 20. 7. 2000, No. 103-FS, *SZRF* 2000, No. 30, st. 3121. Die Veröffentlichung dieser Berichte wird durch die russ. Regierung festgelegt.

getreten sind. Der Bericht wurde an mehrere Staaten und internationale Organisationen geschickt, deren Anregungen angenommen wurden.[140]

Der Text der Konvention wurde in den Lokalzeitungen veröffentlicht und auch von den lokalen staatlichen Stellen in die Sprachen der Minderheiten der jeweiligen Gebiete übersetzt.[141] Insbesondere bei der Frage der Gewalt gegen Kinder wurde viel veröffentlicht und die Zeitschrift *Semja* (Familie) nahm sich der Thematik an.[142] Auch Fernsehsendungen über die KRK wurden lokal und regional gesandt, um die Konvention den Kindern näher zu bringen.[143]

---

140 Initial State Report, Part III, para. 44.

141 Summary Record of the 62nd Meeting: Russian Federation 26/01/93, CRC/C/SR.62, Abs. 17, 26.

142 ebenda, Abs. 32.

143 ebenda, Abs. 17.

2. Internationale Kontrolle

Zur Kontrolle der innerstaatlichen Umsetzung der Konvention sind in den Art. 43 ff. KRK Mechanismen vorgesehen. Gemäß Art. 43 KRK wird ein Ausschuß für die Rechte des Kindes eingerichtet. Nach Art. 44 KRK haben die Vertragsstaaten Berichte über die Situation der Kinderrechte in ihrem Land zu verfassen und dem Ausschuß über den Generalsekretär der Vereinten Nationen zuzuleiten. Der erste Bericht ist zwei Jahre nach dem Beitritt zur Konvention fällig. Danach besteht ein Fünf-Jahres-Rhythmus. In Art. 45 KRK wird die Stellung der Sonderorganisationen der Vereinten Nationen und die Zusammenarbeit zwischen dem Kinderrechtsausschuß und den Organen der Vereinten Nationen, Sonderorganisationen sowie anderen zuständigen Stellen festgelegt. Nach einhelliger Meinung fallen unter den Begriff der anderen zuständigen Stellen auch Nichtregierungsorganisationen.[144]

Im Gegensatz zu einigen anderen Menschenrechtspakten ist die einzige Möglichkeit der internationalen Kontrolle im Rahmen der KRK das Berichtssystem.[145] Weder Individuen noch Staaten können Beschwerden gegen Staaten wegen einer mangelhaften oder falschen Umsetzung der Kinderrechtskonvention einbringen. Der Kinderrechtsausschuß hat damit keine Rechtsprechungsfunktion wie etwa der EGMR. Vielmehr ist das Berichtssytem ausschließlich auf ein Monitoring der Umsetzung durch die Staaten gerichtet.

Dabei hat die Pflicht, Berichte zu verfassen, eine zweifache Funktion. Zum einen dient sie dazu, daß die Staaten sich intern mit der Frage beschäftigen müssen, ob sie alle Maßnahmen ergriffen haben, die ihnen möglich waren, um die Kinderrechtskonvention im Sinne des Art. 4 KRK effektiv umzusetzen.[146] Die Berichtspflicht führt dann zu einer innerstaatlichen Überprüfung und Diskussion der dynamischen Umsetzung der Kinderrechte.[147] Zum anderen müssen sie ihre Maßnahmen vor dem Kinderrechtsausschuß darstellen und gegebenenfalls darlegen, inwiefern sie die Maßnahmen für die Umsetzung der

[144] statt vieler J. Ziegler, *Die Beteiligung von Nichtregierungsorganisationen (NGOs) am Menschenrechtsschutzsystem der Vereinten Nationen*, München 1998, S. 159.

[145] vgl. zu den verschiedenen Menschenrechtsberichtssystemen innerhalb der Vereinten Nationen G. Oberleitner, *Menschenrechtsschutz durch Staatenberichte*, Frankfurt/Main 1998.

[146] S. H. Hammad, "The CRC: `Worts on Paper' or a Reality for Children?" *Int'l J. Children's Rgts* 7 (1998) S. 215 ff., 221; W. Gerz, "The Effectiveness of the Reporting Procedure" in E. Klein (Hrsg.) *The Monitoring System of Human Rights Treaty Obligations*, Berlin 1998, S. 121 ff., 121, B. Simma "The Examination of State Reports: International Covenant on Economic, Social and Cultural Rights" ebenda S. 31 ff., 44 f.

[147] E. Klein "The Reporting System under International Covenant on Civil and Political Rights" in. E. Klein (Hrsg.) ebenda, S. 17 ff., 17; Seibert-Fohr (Fn. 103), S. 119 f. zum Berichtssystem unter dem IPbürR. Oberleitner (Fn. 145), S. 62 ff.

Kinderrechtskonvention für geeignet halten oder warum keine Maßnahmen zur Umsetzung des einen oder anderen Rechts ergriffen worden sind. Der Kinderrechtsausschuß prüft die Berichte, tritt mit den Staatenvertretern in einen Dialog ein und bewertet die Situation der Kinderrechte im Staat in einer abschließenden Stellungnahme.[148] Die abschließende Stellungnahme (*concluding observation*) bezieht alle Informationsquellen ein und der Kinderrechtsausschuß spricht darin Kritik an der Umsetzung der Kinderrechtskonvention in dem betreffenden Staat aus.[149] Damit gibt der Kinderrechtsausschuß den Staaten Unterstützung bei der Auslegung und Umsetzung der Kinderrechte.[150] Er ist gleichzeitig Supervisions- und Kooperationsorgan.[151]

Die Pflicht, Berichte vorzulegen, ist zwar nicht im gleichen Sinne eine primäre Pflicht aus der Konvention wie die festgelegten Kinderrechte. Sie ist aber dennoch eine völkerrechtliche Pflicht der Staaten. Sinn und Zweck dieser Pflicht ist es, einen Wechsel in internationalen Einrichtungen und nationalen Institutionen, Plänen, Rechtssystemen und Politiken für Kinderrechte herbeizuführen,[152] indem die Staaten dazu angeregt werden, bei der Verfassung ihrer Berichte und durch die Prüfung und Bewertung der Berichte durch den Kinderrechtsausschuß über ihre Maßnahmen nachzudenken und sie möglicherweise zu ändern.[153]

---

148 P. Alston "Appraising the United Nations Human Rights Regime" in: P. Alston (Hrsg.) *The United Nations and Human Rights*, Oxford 1992, S. 1ff., 11; Oberleitner (Fn. 145).

149 P. Alston, "Periodic Reporting: the International Covenant on Economic, Social and Cultural Rights and the Committee on the Rights of the Child" in: S. Pritchard (Hrsg.) *Indigenous Peoples, the United Nations and Human Rights*, London 1998, S. 130 ff., 132.

150 T. Opsahl, "The General Comments of the Human Rights Committee" in: J. Jekewitz u.a. (Hrsg.) *Des Menschen Recht zwischen Freiheit und Verantwortung*, FS K.J. Partsch, Berlin 1989, 273 ff.

151 G. Oberleitner, *Menschenrechtsschutz durch Staatenberichte*, Frankfurt/Main, 1998, S. 29.

152 S.H. Hammad, (Fn. 146), S. 221.

153 H. Klein, "Towards a More Cohesive Human Rights Treaty System" in: E. Klein (Hrsg.), ebenda , S. 89 ff., 91 f. Das hat auch durchaus schon mehrfach diese Wirkung gehabt. Z.B. hat Australien nach den Concluding Observations auf seinen ersten Staatenbericht seine Gesetzgebung über die Verfahren gegen jugendliche Straftäter geändert; Committee on the Rights of the Child, Concluding Observations: Australia, CRC/C/15/Add. 79; Commonwealth of Australia, House of Representative Human Rights (Mandatory Sentencing of Juvenile Offenders) Act 2000, ISBN: 0642 431086.

Das Berichtssystem ist damit eine institutionalisierte, verrechtliche Form internationaler Kooperation, die ein Vertragsstaat nicht unilateral ändern kann und die gerichtsförmige Elemente enthält.[154]

Staatenberichte

Inhalt der Berichtspflicht sind nach Art. 44 Abs. 1 KRK Maßnahmen, die der betreffende Staat zur Verwirklichung der in der KRK anerkannten Rechte getroffen hat und welche Fortschritte er dabei erzielt hat. Artikel 44 Abs. 2 KRK verpflichtet die Vertragsstaaten dazu, nicht nur die Fortschritte darzustellen, sondern auch auf bestehende Umstände und Schwierigkeiten bei der Umsetzung hinzuweisen, die die Vertragsstaaten daran hindern, die Verpflichtungen aus der Konvention voll zu erfüllen.

Der zweite Satz dieses Absatzes und Art. 44 Abs. 3 KRK enthalten Bestimmungen über den Umfang, den ein Bericht haben soll. Danach soll er so umfangreich sein, daß es dem Kinderrechtsausschuß möglich ist, sich ein umfassendes Bild von der Durchführung zu machen. Bereits in einem ausführlichen ersten Bericht erwähnte Details brauchen nicht in weiteren Berichten wiederholt zu werden.[155] Damit wird der Tatsache Rechnung getragen, daß die Berichtspflicht in der KRK für viele Staaten eine von vielen Berichtspflichten unter den Menschenrechtsverträgen der Vereinten Nationen[156] ist und die Staaten mit der vermehrt anfallenden Arbeit nicht mithalten können.

Interne Kontrolle

Aus dem Begriff der Maßnahmen Art. 44 Abs. 1 KRK folgt, daß die Staaten Artikel für Artikel oder sogar Satz für Satz die Bestimmungen der Konvention durchgehen und beschreiben müssen, was konkret unternommen wurde, um diese Rechte in die innerstaatliche Rechtsordnung zu inkorporieren. Die Inkorporation alleine reicht vor dem Hintergrund des Art. 4 KRK nicht aus.[157] Deshalb spricht Art. 44 Abs. 1 KRK auch nicht nur von der Inkorporation, sondern von der Verwirklichung der Rechte und der dabei erzielten Fortschritte.

Ähnlich wie vor ihr schon Art. 18 Abs. 2 CEDAW verpflichtet die KRK die Staaten in Art. 44 Abs. 3 S. 1 dazu, auf Umstände und Schwierigkeiten hin-

---

[154] G. Oberleitner, *Menschenrechtsschutz durch Staatenberichte*, Frankfurt/Main 1998, S. 27 f.

[155] Dorsch, S. 285.

[156] So sind die Staaten auch unter der Rassendiskriminierungskonvention, Folterkonvention, dem IPbürR, dem IPwirtR und der FDK verpflichtet, Staatenberichte zu verfassen und abzugeben; vgl. die Beiträge bei E. Klein (Hrsg.) *The Monitoring of Human Rights Treaty Obligations*, Berlin 1998, 107 ff., Oberleitner (Fn. 145).

[157] so i.E. auch Oberleitner (Fn. 145), S. 89.

zuweisen, die die Verwirklichung der Rechte aus der Konvention hindern. Die Staaten sind also z.B. nicht nur gemäß Art. 44 Abs. 1 KRK dazu verpflichtet zu berichten, daß sie meinen, daß ihnen die Mittel fehlen, um wirtschaftliche, soziale und kulturelle Rechte umzusetzen, sie sind auch verpflichtet darzulegen, warum und inwiefern sie eine solche Mittelknappheit für gegeben erachten.

Artikel 44 Abs. 3 KRK dient dazu, das Berichtssystem der KRK effektiver zu gestalten. Die Vertragsstaaten müssen sich bei der Verfassung des Berichts selbst vor Augen führen, daß sie Schwierigkeiten haben und für sich selbst analysieren, welcher Art die Umstände und Schwierigkeiten sind, die sie an der vollen Verwirklichung der Rechte aus der Konvention hindern.

Artikel 44 Abs. 1 KRK stimmt im Wortlaut mit Art. 40 Abs. 1 IPbürR überein. Enger ist dagegen in Art. 16 Abs. 1 IPwirtR formuliert. Danach haben die Staaten nur über die Fortschritte bei der Beachtung der im Pakt anerkannten Rechte zu berichten. Im IPwirtR spiegelt sich erneut die Schwierigkeit wider, daß die Umsetzung wirtschaftlicher, sozialer und kultureller Rechte in der Regel mehr finanziellen Aufwandes bedarf als die Umsetzung politischer und bürgerlicher Rechte. Bemerkenswert ist, daß die KRK diese Unterscheidung in Art. 44 anders als in Art. 4 nicht erneut aufgreift, sondern die Staaten insofern uneingeschränkt zu Berichten über die Verwirklichung aller Rechte verpflichtet. Meint ein Vertragsstaat, die Verwirklichung bestimmter wirtschaftlicher, sozialer und kultureller Rechte liege außerhalb der verfügbaren Mittel, so muß er auch das berichten.

Internationale Kontrolle

Die zweite Funktion der Berichtspflicht liegt in der internationalen Kontrolle der Vertragsstaaten. Die Staaten müssen ihren Bericht über den UN-Generalsekretär dem Kinderrechtsausschuß vorlegen. Letzterer beschäftigt sich mit dem Staatenbericht und anderen Informationen, die er über den Staat hat, und gibt allgemeine Empfehlungen und Vorschläge zu der Situation der Kinderrechte in diesem Staat und allgemein ab.[158] Zu diesem Zweck bedient sich der Kinderrechtsausschuß folgenden Verfahrens:[159] Die eingehenden Staatenberichte werden zunächst in eine der Sprachen des Kinderrechtsausschusses übersetzt und in die Agenda des Kinderrechtsausschusses aufgenommen. Nachdem die Experten des Kinderrechtsausschusses den Bericht durchgesehen haben, wird er in einer nicht öffentlichen (*pre-sessional*) Sitzung des Ausschusses

---

[158] zum Verfahren vor dem Kinderrechtsausschuß vgl. unten "Kinderrechtsausschuß"

[159] vgl. zum Verfahren C. Price Cohen/S. Kilbourne, "Jurisprudence of the Committee on the Rights of the Child: A Guide for Research and Development" *Michigan J. Int'l L.* 19 (198), S. 633 ff., S. 641.

diskutiert.[160] In diesem Stadium lädt der Kinderrechtsausschuß andere internationale Organisationen, UN-Organe aber auch NGO ein, zusätzliche Information bereitzustellen.[161] Aus der Diskussion und der zusätzlichen Information wird eine Liste von Fragen erarbeitet, die der Ausschuß dem betreffenden Staat zukommen läßt.[162] Der Staat gibt dazu eine schriftliche Antwort bevor der Staatenbericht in öffentlicher Sitzung des Ausschusses mit Vertretern des Staates diskutiert wird.[163]

Ohne ein rechtsprechendes Organ zu sein, gibt der Kinderrechtsausschuß eine abschließende Stellungnahme ab, die den Staat auf die Defizite in seiner Verwirklichung aber auch auf seine erzielten Fortschritte und die Möglichkeiten, weitere Fortschritte zu machen hinweist. Dabei geht der Kinderrechtsausschuß nicht nur auf die Verwirklichung der einzelnen Rechte ein, sondern hat auch die Gesamtsituation in dem überprüften Staat im Blick.[164] Er beschäftigt sich dabei etwa auch mit den von dem entsprechenden Staat gemäß Art. 51 KRK erklärten Vorbehalte und gibt Anregungen, diese zurückzunehmen.

Diese abschließende Stellungnahme hat keinen verbindlichen Charakter.[165] Sie hat aber zur Folge, daß der Kinderrechtsausschuß bei der Prüfung des nächsten Staatenberichts diese Frage wieder aufgreift und erneut den Fortschritt zu dieser Frage diskutiert. Sie ist auch Grundlage für das sogenannte *Follow-up*-Stadium in den Staaten.[166] Sie ist Gegenstand der öffentlichen Diskussion in den Staaten, Grundlage für nachfolgende Arbeit der NGO in dem betreffenden Staat und für weitere staatliche Maßnahmen zur Verwirklichung der Kinderrechte.[167]

In der Praxis sind die abschließenden Stellungnahmen (*concluding observations*) des Kinderrechtsausschusses über die Situation in einem Staat Teil seines zweijährlichen Tätigkeitsberichts an die UN-Generalversammlung über

---

160 H. Klein, "Towards a More Cohesive Human Rights Treaty System" in: E. Klein (Hrsg.) (Fn. 146), S. 89 ff., 90.

161 Alston in: Pritchard (Fn. 149), S. 133 f.

162 Glenn Mower (Fn. 121); Price Cohen (Fn. 7), S. 27.

163 Price Cohen/Kilbourne (Fn. 159).

164 Oberleitner (Fn. 145), S. 84 f.

165 B. Simma "The Examination of State Reports: International Covenant on Economic, Social and Cultural Rights" in: E. Klein (Fn. 146), S. 31 ff., 38 f. zu den insofern analogen Concluding Observations im Rahmen des IPwirtR.

166 Simma (Fn. 165), S. 39, E. Klein (Fn. 147), S. 22 f.

167 Simma (Fn. 165) meint für den insofern ähnlichen Bericht im Rahmen des IPwirtR sogar, daß die Staaten aus dem IPwirtR dazu verpflichtet sind, die Schlüsse in den *Concluding Observations* ernsthaft und in *good faith* in Betracht zu ziehen.

den Wirtschafts- und Sozialrat der Vereinten Nationen nach Art. 44 Abs. 5 KRK, so daß schwere Defizite in der Umsetzung der vertraglichen Verpflichtungen auch Gegenstand der Sitzungen der UN-Generalversammlung werden können.

Um die Berichte der Vertragsstaaten zu steuern und zu systematisieren hat der Kinderrechtsausschuß Richtlinien (*Guidelines*) erlassen, die die Staaten bei der Ausarbeitung ihrer Berichte befolgen sollen.[168] Dabei sollen die Berichte möglichst alle den gleichen Aufbau haben, um einen Vergleich und eine objektive Einschätzung der Lage in den jeweiligen Staaten durch den Kinderrechtsausschuß zu ermöglichen. Die Staatenberichte wiesen jedoch trotzdem große Unterschiede in ihrem Informationsgehalt auf. Die Informationen wichen teilweise von denen ab, die UN-intern verfügbar waren. Das gilt auch für Staaten, die sich bei der Verfassung ihres Berichts viel Mühe gemacht hatten.[169]

Deshalb wurden die Richtlinien kritisiert. Es würden nicht die richtigen Fragen gestellt.[170] Man führte Mängel in den Staatenberichten darauf zurück, daß die Staaten häufig Mitglied in mehr als einem Menschenrechtspakt sind und daher mehrere Berichte zu verfassen haben und demzufolge die Belastung für die Staaten zu hoch sei.[171] Das Problem mangelnder Information konnte aber in vielen Fällen dadurch ausgeräumt werden, daß die Berichte im Kinderrechtsausschuß in Anwesenheit eines Staatenvertreters öffentlich diskutiert würden. Die Staatenvertreter konnten häufig fehlende Information nachliefern und Fragen beantworten. NGO haben es sich zur Aufgabe gemacht, den Kinderrechtsausschuß mit Informationen zu versorgen, die die Staatenberichte ergänzen.[172] Sie erstatten sozusagen alternativ Bericht, damit der Kinderrechtsausschuß nicht ausschließlich auf die Staatenberichte angewiesen ist.[173] Diese Information verwertet der Kinderrechtsausschuß nach Art. 45 lit. a KRK als

---

[168]UNICEF, "Who monitors implementation of the Convention?" http://www.unicef.org/crc/monitoring.htm (am 2. 6. 2000); Glenn Mower, S. 104 ff., M. Sardenberg, "Committee on the Rights of the Child: Basic Procedures" *Transnat'l L & Contemp. Prob.* 6 (1998), 272 ff.; Price Cohen/Kilbourne (Fn. 159), 640 f.

[169] So waren z.B. in Bolivien über 20 Teile des Staatsapparats und NGOs beteiligt. Glenn Mower (Fn. 121), S. 113.

[170] Glenn Mower (Fn. 121), S. 114.

[171] Glenn Mower (Fn. 121), S. 115.

[172] Zur Arbeit der NGO vergleiche: Price Cohen/Kilbourne, (Fn. 159) S. 639 f.; Theytaz-Bergman "NGO Group for the Convnetion on the Rights of the Child" *Int'l J Children's Rgts* 3 (1995) S. 452 ff.; F. Bruce "Child Prostitution: laws, politics, practices" *Int'l J Children's Rgts* 3 (1995), 469 ff., 478.

[173] Price Cohen, S. 58.

Mitarbeit einer sonstigen zuständigen Stelle ähnlich wie Informationen von UN-Organen und Sonderorganisationen insbesondere auch von anderen *Human Rights Treaty Bodies*.

Der zweite russische Staatenbericht[174] ist geradezu ein Paradebeispiel dieser Technik. Nachdem ein Entwurf des Berichts und schließlich dessen endgültige Fassung gemäß Art. 44 Abs. 6 KRK veröffentlicht waren, setzte sich eine Gruppe von Vertretern russischer NGO zusammen und verfaßte einen alternativen Staatenbericht.[175] Darin werden einzelne Teile des Staatenberichts aufgegriffen und zusätzliche oder andere Informationen gegeben. Eine gewisse Kritik am Staatenbericht wird geübt und schließlich werden Empfehlungen oder vielmehr Forderungen zur Verbesserung der Situation der Kinderrechte in der Russischen Föderation aufgestellt. Die Kritik aus dem alternativen Staatenbericht hat der Kinderrechtsausschuß offensichtlich zum Anlaß genommen, die dort angesprochenen Fragen in der Diskussion anzusprechen und in seine *concluding observations*[176] einzubeziehen.

Für diejenigen Staaten, die ihrer Verpflichtung zur Berichterstattung nicht oder nicht rechtzeitig nachkommen, sieht die Konvention, ergänzt durch die Verfahrensvorschriften des Kinderrechtsausschusses (Regel 67 der Verfahrensregeln), vor, daß der Ausschuß dem Staat eine Erinnerung zusammen mit dem Hinweis auf die Möglichkeit der Hilfe bei der Berichterstattung durch den Ausschuß schickt.[177] Bei einer weiteren Verweigerung der Berichterstattung kann der Ausschuß bei seinem Bericht an die Generalversammlung die Verweigerung des Staates erwähnen. Es hat sich ein Protokollsystem entwickelt, bei dem die Staaten aufgeführt werden, die keine oder nicht rechtzeitig Berichte verfaßt haben.[178]

In Fortführung der Regeln aus der Konvention hat der Kinderrechtsausschuß sich weiterhin für befugt erklärt, die Situation in einem Staat auch ohne dessen Bericht zu evaluieren, wenn der Staat sich konstant weigert, einen Bericht zu erstatten. Dabei werden Informationen verwendet, die bereits beim Ausschuß oder den UN-Organen und Sonderorganisationen vorhanden sind.[179] Damit sichert der Kinderrechtsausschuß die Effektivität des Berichtssystem. Es ist nämlich nicht Sinn und Zweck des Art. 44 KRK, einem Staat die

---

174 Dokument CRC/C/65/Add. 5.

175 Alternatiwnij Doklad rossijskich NPO w Komitet OON po prawam rebjonka, Moskau 1998.

176 Committee on the Rights of the Child, Concluding Observations: Russian Federation, CRC/C/Add. 110 vom 10. 11. 1999.

177 Glenn Mower (Fn. 121).

178 M. Sardenberg (Fn. 168), 278 ff.

179 Glenn Mower (Fn. 121), S. 103, Sardenberg (Fn. 178).

Möglichkeit zu geben, sich der internationalen Kontrolle des Kinderrechtsausschusses zu entziehen, indem er sich konstant weigert, seiner Berichtspflicht nachzukommen.[180]

Die sich aus der Diskussion der Staatenberichte oder der sonstigen Einschätzung der Situation in den Staaten ergebenden Ergebnisse werden den Staaten zugänglich gemacht. Inzwischen hat sich auch die Praxis herausgebildet - über die Pflicht zur bloßen Veröffentlichung der Staatenberichte aus Art. 44 Abs. 6 KRK hinaus - die *concluding observations* des Kinderrechtsausschusses der Öffentlichkeit z.B. über das Internet zugänglich zu machen.[181]

Russischer Staatenbericht

Um einen konkreten Einblick zu gewähren, wird im folgenden der erste russische Staatenbericht untersucht.[182]

Dieser war neben anderen Gegenstand der ersten Sitzung des Kinderrechtsausschusses, in der dieser sich mit Staatenberichten befaßte.[183] Der Bericht folgt den Richtlinien insofern als er zunächst die Situation im Lande anhand von Statistiken darstellt. Dabei wird auf die Gesamtbevölkerung, Bevölkerungsdichte, Alterspyramide und die Zusammensetzung der Bevölkerung nach Nationalitäten eingegangen. Der Bericht beschreibt weiterhin das Bildungsniveau, die wirtschaftliche Lage und die politischen und staatlichen Strukturen im Lande. Am Schluß dieses ersten Teils wird der Rahmen des Menschenrechtsschutzes in Rußland im allgemeinen beschrieben. Dabei wird insbesondere darauf verwiesen, daß die Menschenrechte als Grundrechte Eingang in die russische Verfassung finden werden und inzwischen gefunden haben.[184] Wenig wird hier zu den konkreten Gesetzen gesagt, die im einzelnen zu den Menschenrechten bisher ergangen sind. Es werden nur die Gebiete Bildung Massenmedien, Religionsfreiheit und Arbeit erwähnt.

---

180 vgl. zur ähnlichen Situation vor dem Rassendiskriminierungsausschuß R. Wolfrum "International Convention on the Elimination of all Forms of Racial Discrimination" in: E. Klein (Hrsg.) *The Monitoring System of Human Rights Treaty Obligations*, Berlin 1998, S. 49 ff., 64.

181 So z.B. auf der Homepage des UNHCHR: http://www.unhchr.ch (am 30. 11. 2000). Damit hat sich eine Art Interpretationspraxis des Kinderrechtsausschusses gebildet, die zwar nicht im Rahmen eines generellen Kommentars darstellbar ist, aber doch gewisse Tendenzen des Kinderrechtsausschusses erkennen läßt. Dazu Price Cohen/Kilbourne (Fn. 159), S. 654 ff.

182 Initial State Report, Russian Federation, CRC/C/3/Add.5, 22. 10. 1992, im Internet unter: http://eurochild.gla.ac.ul/documents/un/reports/russia.htm

183 Price Cohen (Fn. 7), S. 32.

184 Russ. Verfassung vom 12.12.1993, Kap II: Menschen- und Bürgerrechte und -freiheiten. Die russische Verfassung wurde deutlich nach der Ratifikation der Kinderrechtskonvention in Kraft gesetzt.

Im zweiten Teil werden dann unter Hinweis auf die auftretenden Schwierigkeiten und Unzulänglichkeiten des Kinderrechtsschutzes in der Russischen Föderation grundsätzliche Informationen zur Situation der Kinder in Rußland gegeben. Zunächst wird die demographische Lage dargestellt. Es stellt sich heraus, daß die Geburtenrate in der Russischen Föderation aufgrund der sozialen und wirtschaftlichen Krise und der Änderung in der Alterspyramide zurückgegangen ist. Viele Kinder leben in Familien mit nur einem Elternteil und/oder werden unehelich geboren. Weiterhin wird das Problem sozialer Waisen, Kindersterblichkeit, schlechter Gesundheit werdender Mütter und der Finanzierung der Gesundheitsvor- und fürsorge angesprochen. Unterernährung, Kleidung und Pflege kleiner Kinder werden zunehmend zu einem Problem.

Außerdem werden Kinder zunehmend Opfer inter-ethnischer Konflikte, werden vernachlässigt und die Kinderkriminalität steigt. Dies wird alles jeweils mit Datenmaterial belegt.

Im dritten Teil wird dann die Umsetzung der einzelnen Vorschriften der KRK in Rußland dargestellt. Nach einer einseitigen Darstellung grundsätzlicher Maßnahmen im Rahmen von Art. 4 und 44 KRK werden die Definition des Kindes und die Grundprinzipien der KRK abgehandelt (Art. 2,3,6 und 12 KRK). Dabei werden vorwiegend die gesetzgeberischen Maßnahmen aufgezählt, aber auf die tatsächliche Verwaltungs- und Rechtsprechungspraxis nur am Rande eingegangen. Unter dem Titel bürgerliche Rechte und Freiheiten werden das Recht auf Namen und Staatsangehörigkeit (Art. 7), der Schutz der Identität und Privatsphäre (Art. 8, 16), Meinungsfreiheit (Art. 13), Informationsfreiheit (Art. 17), Religionsfreiheit (Art. 14), Vereinigungs- und Versammlungsfreiheit (Art. 15) und Freiheit von Gewalt (Art. 19) dargestellt. Unter dem Titel Familienumfeld und alternative Pflege werden Art. 5, 18, 9, 10, 20, 21, 11 und 25 abgehandelt. Auch hier wird in besonderem Maße die Gesetzgebung aufgeführt. Allerdings finden sich auch Informationen zur Möglichkeit der Adoption und Unterbringungsmaßnahmen. Darauffolgend werden statistische Informationen zu besonderen Gruppen von Kindern, wie z.B. solchen in Pflegefamilien oder bei Stiefeltern gegeben.

Der nächste Titel befaßt sich mit Gesundheit und sozialer Sicherheit, Art. 6, 24, 23, 26, 18, 27. Diese Artikel werden extensiv behandelt. Dabei werden sowohl Gesetzgebung als auch tatsächliche Situation in diesen Bereichen kritisch beleuchtet.

Im vorletzten Titel werden besondere Schutzmaßnahmen erklärt. Dazu gehören solche für Flüchtlingskinder (Art. 22), deren Situation nach Ende der Sowjetunion in der Russischen Föderation zu einem Problem geworden ist, Kinder in bewaffneten Konflikten (Art. 38), Kinder im Strafverfahren (Art. 40,

37), Kinder, die physischer oder psychischer Reintegration bedürfen (Art. 39), Ausbeutung und Kinderarbeit (Art. 32), Drogen (Art. 33), Kindesmißbrauch (Art. 34), Kinderhandel (Art. 11) und Kinder, die einer Minderheit angehören (Art. 30).

Der gesamte Staatenbericht bezieht sich auf die Richtlinien des Kinderrechtsausschusses und versucht, diesen gerecht zu werden. Im Annex werden zusätzlich Informationen in Form von Statistiken gegeben. Angesichts dessen wird das Bemühen der Russischen Föderation deutlich, die Situation kritisch zu beleuchten und ein umfassendes Bild zu zeichnen. An der Abfassung des Berichts waren neben staatlichen Stellen auch nichtstaatliche Organisationen beteiligt.[185]

Sowohl die kritische Art der Stellungnahme als auch die Beteiligung nichtstaatlicher Organisationen an der Abfassung des Berichts wurde vom Kinderrechtsausschuß begrüßt.[186] Dennoch wurden weitere Fragen gestellt, um vor allem die Praxis in Verwaltung und Rechtsprechung näher zu beleuchten.[187]

In seinem zusammenfassenden Bericht[188] und den darin enthaltenen Empfehlungen hatte der Kinderrechtsausschuß noch einige Punkte zu beanstanden.[189] Der Kinderrechtsausschuß drückte seine Besorgnis darüber aus, daß Kinder Opfer des wirtschaftlichen und gesellschaftlichen Wandels in Rußland wurden und weiterhin werden könnten, daß der russische Staat und die russische Gesellschaft eine unterstützende Einstellung gegenüber Kindern in besonderen Situationen vermissen lassen.[190]

Der Kinderrechtsausschuß sprach auch Empfehlungen aus.[191] Rußland sollte danach die Auswirkungen von wirtschaftlichen Veränderungen auf Kinder beobachten und überwachen.[192] Der Kinderrechtsausschuß schlägt weiterhin vor, einen nationalen staatlichen Ausschuß zu errichten, der die Umsetzung der KRK in den verschiedenen Regionen und Kommunen der Födera-

---

185 Summary Record of the 62nd meeting: Russian Federation. 26/01/93, CRC/C/SR.62 Abs. 8.

186 Concluding Observations of the Committee on the Rights of the Child: Russian Federation 18/02/93, CRC/C/Add.4, Abschnitt B.

187 vgl. dazu Summary Records of the 64th meeting: Russian Federation. 27/01/93. CRC/C/SR.64; Summary Records of the 63rd meeting: Russian Federation. 02/08/93. CRC/C/SR.63; Summary Record of the 62nd meeting: Russian Federation. 26/01/93. CRC/C/SR.62.

188 Concluding Observations of the Committee on theRights of the Child: Russian Federation. 18/02/93. CRC/C/15/Add.4

189 Concluding Observations ebenda, Abschnitt E, Abs. 19.

190 Ebenda Abschnitt D, Abs. 9.

191 Ebenda Abschnitt E.

192 Ebenda Abs. 16.

tion überwacht und unterstützt.[193] Dabei sollen vor allem auch NGO in die Arbeit mit einbezogen werden.

Insgesamt ist dieser Staatenbericht und seine Behandlung im Ausschuß ein gutes Beispiel in zweierlei Hinsicht. Zum einen zeigt er die Unzulänglichkeiten der Richtlinien, die die Möglichkeit offen lassen, daß gewisse Probleme in den Berichten nicht angesprochen werden. Zum anderen zeigt die Erörterung im Ausschuß aber auch, daß das Berichtssystem dennoch funktioniert. Durch Fragen, die im Einzelfall wohl durch zusätzliche Informationen seitens der NGO vorbereitet wurden, können Probleme im Staat in Bezug auf die Kinderrechte beleuchtet und geklärt werden sowie Gegenstand von Empfehlungen werden.

Kinderrechtsausschuß

Nach einiger Diskussion bei der Ausarbeitung der Konvention, in der es mehrere Vorschläge für ein Kontroll- und Überwachungsorgan gab, einigte man sich auf die Einsetzung eines eigenen Vertragsorgans nach dem Vorschlag Schwedens. Damit wurde der Idee, den Wirtschafts- und Sozialrat (ECOSOC) der Vereinten Nationen unmittelbar für die Überwachung der Implementierung der KRK verantwortlich zu machen, eine Absage erteilt.[194] Auch der neuartige Vorschlag eines Kinderombudsmannes stieß auf wenig Interesse bei den verhandelnden Staaten.[195]

Art. 43 KRK sieht die Einsetzung des Kinderrechtsausschusses vor. Er besteht aus 10 (demnächst 18[196]) Sachverständigen von hohem sittlichem Ansehen und anerkannter Sachkenntnis, die von den Vertragsstaaten vorgeschlagen werden. Die Vorschläge nimmt der UN-Generalsekretär entgegen. Die Mitglieder werden durch die Staaten gewählt, nehmen aber ihre Funktion in ihrer persönlichen Eigenschaft wahr.[197] Bei der Wahl des Ausschusses soll auf eine gerechte geographische Verteilung unter den Mitgliedern geachtet werden, mit dem Ziel des besseren Verständnisses der Staaten und Staatenberichte auf-

---

[193] Ebenda Abs. 17.

[194] dazu im einzelnen: Dorsch (Fn. 4), S. 274 ff.

[195] Dorsch (Fn. 4), S. 285.

[196] Zu Art. 43 Abs. 2 KRK wurde ein Zusatz festgelegt, nach dem der Ausschuß 18 Mitglieder haben soll. Doc. CRC/SP/1995/L.1/Rev.1.

[197] zur Besetzung des Kinderrechtsausschusses vgl. T. Hammarberg, "Justice for Children through the UN Convention" in: S. Asquith/M. Hill (Hrsg.) *Justice for Children*, Dordrecht 1994, S. 59 ff., 68 f.

grund einer gewissen Kenntnis der regionalen Hintergründe.[198] Die Wahl der Mitglieder des Ausschusses findet alle zwei Jahre statt. Dabei sind die Wahlen gestaffelt, so daß bei jeder Wahl nur die Hälfte der Mitglieder gewählt wird und sie somit eine Amtszeit von vier Jahren haben. Sie sind von den Staaten unabhängig, da sie das Amt in persönlicher Eigenschaft und nicht als Vertreter des Staates, der sie vorgeschlagen hat, ausüben. Diese Unabhängigkeit wird dadurch gesichert, daß die Mitglieder in der Regel nicht an der Diskussion des Berichtes ihres Heimatstaates teilnehmen.[199] Zusätzlich können die Mitglieder gemäß Art. 43 Abs. 7 KRK eine Erklärung abgeben, mit der sie sich für nicht mehr in der Lage erklären, ihr Amt auszuüben und es damit niederlegen, wenn ihr Heimatstaat oder ein anderer Staat Druck auf sie ausübt. Oder sie können diese Erklärung unterlassen, wenn das der Zweck des Drucks seitens des Staates war.[200] Diese Möglichkeit, sich gegen Druck der Staaten zur Wehr zu setzen, wird verstärkt durch die Einrichtung einer gemeinsamen Erklärung der Mitglieder des Ausschusses darüber, daß ein Mitglied des Ausschusses seine Pflichten nicht oder nicht mehr erfülle. Während der Verhandlungen über die Konvention sollte eine weitere Sicherung eingebaut werden, indem bei Ausscheiden eines Mitgliedes nicht der Staat, der dieses Mitglied ursprünglich vorgeschlagen hatte, das neue Mitglied ernennen sollte, sondern derjenige Kandidat in den Ausschuß einrücken sollte, der die nächst höchste Stimmenanzahl auf sich vereinigt hatte. Dieser Vorschlag wurde aber mit Blick auf die geographische Verteilung der Sitze abgelehnt.[201]

Der Ausschuß hat die Funktion eines Überwachungs- und Kontrollorgans.[202] Er untersucht und diskutiert die Staatenberichte, übermittelt allgemeine Empfehlungen und Vorschläge und berichtet alle zwei Jahre der Generalversammlung der Vereinten Nationen über seine Arbeit und die Fortschritte bei der Umsetzung der Konvention in den Staaten (Art. 44 Abs. 5). Dabei soll er einen Dialog zwischen und mit den Vertragsstaaten aufbauen.[203] Er leistet un-

---

198 Glenn Mower, S. 65; Price Cohen S. 26, die auch darauf hinweist, daß die Mitglieder des Ausschusses in der Praxis auch verschiedenen Fachdisziplinen angehören.

199 M. Sardenberg (Fn. 168), S. 267.

200 Dorsch (Fn. 4), S. 277.

201 Dorsch (Fn. 4), S. 276.

202 Bethke (Fn. 126), S. 149; Hammarberg (Fn. 197); L. Kalfallah "Impressions en Marge d'une session du Comité des Droits de l'Enfant" in: E. Verhellen (Hrsg.) *Monitoring Children's Rights,* S. 446 ff.

203 P. Alston, "Appraising the United Nations Human Rights Regime" in: P. Alston (Hrsg.) *The United Nations and Human Rights*, Oxford 1992, S. 1 ff., 11; Riedel (Fn. 105) S. 101 bezeichnet diese Art des Dialogs als "constructive dialog". G. Oberleitner, *Menschenrechtsschutz durch Staatenberichte*, Frankfurt/Main, 1998, S. 26 57.

ter anderem in diesem Zusammenhang Hilfe bei der Umsetzung der KRK in den Staaten und damit Hilfe zur Selbsthilfe und hat insofern eine neuartige Funktion.[204] Diese Hilfe erfolgt nicht notwendig durch den Kinderrechtsausschuß selbst sondern wird an die speziellen Organe und Sonderorganisationen delegiert. Dazu gehören vor allem ILO, WHO, UNESCO und UNICEF.[205]

Der Dialog soll zwei Ebenen miteinander verbinden.[206] Da ist zum einen die Ebene der Vertragsstaaten untereinander und mit dem Kinderrechtsausschuß. Die zweite Ebene ist die der UN-Organe und Sonderorganisationen. Auch sie sollen mit dem Kinderrechtsausschuß im Dialog stehen und mit Hilfe des Kinderrechtsausschusses soll der Dialog mit den Vertragsstaaten aufgebaut werden. Das zeigt sich schon darin, daß die UN-Organe und Sonderorganisationen ein Recht haben, an den Sitzungen teilzunehmen, wenn ihr Bereich betroffen ist, Art. 45 lit. a KRK. Dabei gibt es zwei Kategorien von internationalen Organisationen. Die eine sind solche mit einem Mandat im Bereich der KRK, die andere solche ohne Mandat in diesem Bereich.[207] Die Organe und Sonderorganisationen, die ihren Aufgabenbereich im Bereich der Kinderrechte oder Kinderpflege haben, wie etwa UNICEF (United Nations Children Fund) oder die WHO (World Health Organisation, Weltgesundheitsorganisation), haben ein Recht auf Teilnahme bei den Sitzungen des Ausschusses, das sich unmittelbar aus der Konvention ableitet, Art. 45 lit. a KRK. Die anderen werden in der Praxis vom Kinderrechtsausschuß einbezogen, um auch die bei ihnen vorliegende Information einzubeziehen.[208] Das ermöglicht dem Ausschuß z.B. die Kenntnis internationaler und regionaler Programme zur Verwirklichung der Kinderrechte.

In seinen bisherigen Sitzungen hat der Kinderrechtsausschuß mehrere Punkte in der Konvention spezifiziert. Zunächst hat er die Richtlinien (*Guidelines*) für die Staatenberichte verfaßt.[209] Er hat Verfahrensregeln für seine Sitzungen erlassen.[210] Diese Verfahrensregeln enthalten Bestimmungen über die Häufigkeit der Sitzungen, die Eigenschaften der Mitglieder - es wird unter anderem klargestellt, daß Sachverstand nicht notwendigerweise juristischen Sachverstand beinhaltet - die gemeinsame Erklärung der Mitglieder, daß

---

204 Regel 74 der Verfahrensregeln; Glenn Mower (Fn. 121), S. 96; Price Cohen (Fn. 7) S. 39.

205 Price Cohen (Fn. 7), S. 40.

206 Dorsch (Fn. 4), S. 287 ff.

207 Vgl. dazu Glenn Mower (Fn. 121), S. 65.

208 Glenn Mower (Fn. 121), S. 65; Sardenberg (Fn.168), S. 281.

209 Siehe dazu oben unter Staatenberichte, Internationale Kontrolle.

210 Price Cohen (Fn. 7), S. 29; Hammarberg (Fn. 197) S. 69.

ein weiteres Mitglied seine Pflichten nicht erfüllt, über Vorsitzenden und Stellvertreter, über Unterausschußbildung und die Protokolle der Sitzungen.[211]

Weiterhin hat der Kinderrechtsausschuß Entschließungen über die Zusammenarbeit mit dem UN Special Rapporteur für Menschenrechte und den Meinungsaustausch mit Interpol über Gewalt gegen Kinder verabschiedet.[212]

Es wurden informelle regionale Zusammenkünfte abgehalten, deren Arbeit der Kinderrechtsausschuß ausdrücklich gut hieß. Die erste Zusammenkunft dieser Art fand 1992 in Quito, Ecuador statt.[213]

General Discussion Days wurden zu bestimmten Themen veranstaltet, die vor allem der Information und der Ausarbeitung möglicher Schritte zur Verbesserung der Situation der Kinder und ihrer Rechte zu erreichen suchten.[214] Sie stellen eine Art Institutionalisierung der Treffen zwischen Ausschuß, Organen und Sonderorganisationen der Vereinten Nationen dar, die eingerichtet wurden, damit vor der Diskussion der Staatenberichte bereits relevante Erkenntnisse über die jeweiligen Länder vorlagen. Der erste Diskussionstag befaßte sich 1992 mit Kindern in bewaffneten Konflikten.[215]

Auch die NGO werden an diesen Treffen beteiligt, da sie meistens in den einzelnen Ländern Zweigstellen oder assoziierte NGO haben, die über sicherere und detailliertere Informationen verfügen als die Organe und Sonderorganisationen der Vereinten Nationen.[216] Damit setzen die NGO, die sich als *ad-hoc*-Gruppe während der Travaux Préparatoires konstitutiert hatten, ihre Arbeit durch Hilfe bei Implementierung und Durchsetzung der KRK in den Einzelstaaten fort.[217] Die Hauptfunktion der NGO hat sich zu einer solchen der Informationsbeschaffung und Weitergabe und deren Einbringen während der Diskussionen entwickelt, damit sich der Kinderrechtsausschuß ein umfassendes Bild verschaffen kann.[218] Sie haben aber keine offizielle Position in der öffentlichen Diskussion vor dem Kinderrechtsausschuß.

---

211 Glenn Mower (Fn. 121), S. 67 ff.

212 Glenn Mower (Fn. 121), S. 82 f; Sardenberg (Fn. 168), S. 268 ff..

213 Glenn Mower (Fn. 121), S. 83; Sardenberg (Fn. 168), S. 284; Price Cohen (Fn. 7), S. 27. Die zweite Zusammenkunft fand in Beijing, China, die dritte in Bangkok statt.

214 Price Cohen (Fn.7), S. 40; Price Cohen /Kilbourne (Fn. 159) S. 649.

215 Sardenberg (Fn. 168), S. 284 f.; dazu im Detail Price Cohen (Fn. 7). Der zweite General Discussion Day befaßte sich mit der wirtschafltichen Ausbeutung von Kindern, Price Cohen (Fn. 7), S. 42.

216 Price Cohen (Fn. 7), S. 40 ff.; Kalfallah (Fn. 202) S. 448 ff.

217 Price Cohen (Fn. 7), S. 55 ff.

218 Zur Rolle der NGO in Menschenrechtsberichtssystemen K. Oellers-Frahm, "Statement Concerning the Monitoring System of Human Rights Treaty Obligations" in: E. Klein (Hrsg.) *The Monitoring System of Human Rights Treaty Obligations*, Berlin 1998, S. 107 ff.; Oberleitner (Fn. 145), S. 136.

Eine weitere besondere Kompetenz des Kinderrechtsausschusses besteht darin, daß er Studien zu bestimmten Themenbereichen in Auftrag geben kann, Art. 45 c KRK. Diese Vorschrift wird durch Regel 76 der Verfahrensregeln dahingehend ergänzt, daß auch Studien an NGO, inter-gouvernementale und akademische Institutionen vergeben werden können.[219]

Der Ausschuß berichtet der Generalversammlung über den Wirtschafts- und Sozialrat. Der Vorsitzende des Kinderrechtsausschusses nimmt an den Sitzungen des Vorstandes des *Human Rights Treaty Bodies* der Vereinten Nationen teil[220]. Auf diese Weise ist der Kinderrechtsausschuß in das UN-Menschenrechtssystem integriert.

---

219 Price Cohen (Fn. 7), S. 43. Die bisherigen oder angestrebten Themenbereiche, in denen solche Studien vergeben wurden und vergeben werden sollen, sind die folgenden: Kindeswohl, Beteiligung von Kindern, transnationale Aspekte von Kinderrechten, körperliche Integrität von Kindern, politische Freiheiten, Familien und alternative Kinderpflege, Flüchtlingskinder, Kinderarbeit, Armut, Minderheiten, Jugendkriminalität, Rehabilitation und Reintegration und eine rechtliche Analyse der Vorbehalte zur Konvention.

220 Sardenberg, S. 272; Price Cohen, S. 46.

III. Die einzelnen Rechte in der Konvention

1. Einführungsbestimmungen

Die ersten drei Artikel der KRK befassen sich mit die Konvention übergreifenden Prinzipien. Sie sollen alle speziellen Artikel der Konvention erfassen und prägen. Sie stellen eine Art allgemeinen Teil der Konvention dar, mit dem in die Konvention eingeführt wird. In ihrem Licht sind die übrigen Vorschriften der Konvention auszulegen.

Art. 1 Begriffsbestimmung

Artikel 1 definiert den Begriff "Kind" als jeder Mensch unter 18 Jahren. Er schränkt jedoch sofort ein: "soweit die Volljährigkeit nach dem (...) anzuwendenden Recht nicht früher eintritt".

Hier spiegelt sich eine zweifache Kontroverse in der Entstehungsgeschichte wider. Diese erstreckte sich sowohl auf den Beginn als auch auf das Ende des Kindseins.

Das Ende der Kindheit gab wie der Beginn[1] ebenfalls Anlaß zu Diskussionen.[2] Teilweise wurde ein Abstellen auf das Heiratsalter befürwortet, das in manchen Staaten bei 13 - 14 Jahren liegt oder sogar noch niedriger ist.[3] Auch die Tradition des Islam, in dessen Bereich die Volljährigkeit mit 16 Jahren eintritt[4], sollte berücksichtigt werden. Teilweise wird auch als Wahlalter das Alter von 16 Jahren vorgeschrieben.[5] Da aber eine Festlegung des Alters unter 18 Jahren in vielen europäischen und nordamerikanischen Staaten auf wenig Akzeptanz gestoßen wäre, wurde die Möglichkeit abweichender nationaler Regelungen einbezogen.[6]

In Rußland finden sich Bestimmungen zur Definition des Kindes in der Verfassung von 1993 und in den einfachen Gesetzen. Art. 17 Abs. 2 russ. Verf. schreibt vor, daß die Grundrechte und Grundfreiheiten jedermann von Geburt an zustehen. Das heißt, der Schutz des ungeborenen Lebens wird nicht einbe-

---

[1] E/CN.4/L.1542, S. 5 f., Abs. 29, abgedruckt bei Detrick, *Travaux Préparatoires*, S. 115; s. bereits oben II 2.

[2] Working Group ebenda Abs. 32, Dorsch, *Die Konvention der Vereinten Nationen über die Rechte des Kindes*, S. 99.

[3] S. Goonesekere, "The Best Interests of the Child: A South Asian Perspective", In: P. Alston, *Best Interests of the Child*, S. 117 ff. für den indischen Subkontinent.

[4] P. Newell, *The UN-Convention and Children's Rights in the UK*, S. 3.

[5] So zum Beispiel in Nicaragua und Brasilien vgl. Newell (Fn. 4), S. 3.

[6] Dorsch (Fn. 2), S. 99 f.

zogen. Gemäß Art. 60 russ. Verf. kann der russische Staatsbürger seine Rechte und Pflichten mit dem Alter von 18 Jahren erfüllen.

Die Abtreibung wird in Rußland als Teil der Familienplanung neben "anderen" Verhütungsmethoden angesehen.[7] Diese Tatsache war für den Kinderrechtsausschuß Anlaß zur Besorgnis, da er Abtreibung als der KRK grundsätzlich zuwiderlaufend ansieht.[8]

Über das Ende der Kindheit und zunehmende Verantwortlichkeiten des älteren Kindes finden sich Bestimmungen im Privat- und Familienrecht aber auch im Verwaltungsrecht. Gemäß Art. 21 russisches Zivilgesetzbuch (russ. ZGB)[9] tritt die volle bürgerlich-rechtliche Geschäftsfähigkeit mit dem Eintritt in die Volljährigkeit, also auch mit 18 Jahren ein. Sie tritt dann früher ein, wenn eine Person heiratet, bevor sie das Alter von 18 Jahren erreicht hat (Art. 21 Abs. 2 russ. ZGB). Jugendliche im Alter von 14 bis 18 Jahren sind gemäß Art. 26 ff. russ. ZGB beschränkt geschäftsfähig. Sofern sie älter als 16 Jahre sind, können sie für den Bereich ihrer eventuellen Erwerbstätigkeit voll geschäftsfähig sein, Art. 27 russ. ZGB. Die Ehefähigkeit tritt nach Art. 13 Familiengesetzbuch (FGB)[10] grundsätzlich mit Erreichen des 18. Lebensjahres ein, kann aber im Einzelfall auch schon im Alter von 16 Jahren erreicht sein.

Im Verwaltungsverfahren können Personen ihre Rechte ab Vollendung des 18. Lebensjahres, im Einzelfall ab Vollendung des 16. Lebensjahres persönlich geltend machen.[11] Einen Paß müssen Kinder ab Vollendung des 14. Lebensjahrs bei sich tragen[12]

Art. 2 Diskriminierungsverbot, Schutzpflicht

Artikel 2 KRK regelt den örtlichen Anwendungsbereich der Konvention. Daneben enthält er in seinem ersten Absatz ein Diskriminierungsverbot, das dann im zweiten Absatz zu einer speziellen Schutzpflicht des Staates ausgestaltet wird. Danach muß der Staat alle geeigneten Maßnahmen zum Schutz des

---

[7] Summary Records of the 63rd meeting: Russian Federation. 02/08/93. CRC/C/SR.63, Abs. 7.

[8] Summary Records (Fn. 7).

[9] Zivilgesetzbuch der russischen Föderation vom 21. 11. 1994, Gesetz der Staatsduma 1994, *SZRF* Nr. 32 St. 3301, geändert durch Gesetz der Staatsduma vom 12. 8. 1996, *SZRF* Nr. 34, St. 4026.

[10] Familiengesetzbuch der russischen Föderation vom 29. 12. 1995, Gesetz der Staatsduma 1995 Nr. 2320, *SZRF* 1. 1. 1996, No. 1, st. 16 (FGB).

[11] Gesetz der Russischen Föderation über das Verwaltungsverfahren vom 21. 07. 1997, Nr. 119-F3.

[12] Verordnung der Regierung der russischen Föderation über die Pässe der Staatsbürger der russischen Föderation vom 8.7. 1997, Nr. 828.

Kindes vor Diskriminierung aufgrund des Status von Familienangehörigen, Eltern und des Vormundes treffen.

Entstehungsgeschichte

Bei der Formulierung des Art. 2 Abs. 1 stellten sich insbesondere zwei Fragen. Zum einen wollten die USA den rechtmäßigen Aufenthalt eines Kindes zur Bedingung für dessen Gleichbehandlung mit anderen Kindern erhoben wissen.[13] Diese Bedingung fand aber keine Zustimmung in der Arbeitsgruppe.

Zum zweiten wurde der Vorschlag eingebracht, einen gesonderten Artikel über die Gleichbehandlung unehelicher Kinder in die Konvention aufzunehmen.[14] Dieser Vorschlag wurde teilweise als überflüssig zurückgewiesen, da dieser Sachverhalt schon von Art. 2 Abs. 1 in der jetzt geltenden Fassung erfaßt sei. Teilweise wurde der Vorschlag unter Hinweis darauf, daß eine solche Vorschrift in der Konvention einer nationalen Rechtsordnung widerspreche, abgelehnt. Daher wurde der Vorschlag zurückgezogen.[15]

Örtlicher Anwendungsbereich der Konvention

An etwas versteckter Stelle trifft Art. 2 Abs. 1 KRK eine Regelung zum örtlichen Anwendungsbereich der Konvention. Dort heißt es nämlich, daß die Staaten die in der Konvention festgelegten Rechte jedem ihrer Hoheitsgewalt unterstehenden Kind gewährleisten. Der Wortlaut "ihrer Hoheitsgewalt unterstehenden" läßt verschiedene Auslegungen zu. Einerseits kann man nur Kinder als erfaßt ansehen, die formal der Hoheitsgewalt eines Staates unterstellt sind. Das wären dann diejenigen Kinder, die der Staat durch einen Hoheitsakt aufgenommen hat. Das müssen nicht notwendig nur eigene Staatsangehörige sein, sondern können etwa auch anerkannte Flüchtlinge oder Einwanderer oder auch geduldete Drittstaatsangehörige sein.

Der Hoheitsgewalt eines Staates unterstehen aber auch Kinder, die nicht zum Aufenthalt berechtigt sind, sondern sich rein tatsächlich im Hoheitsgebiet eines Staates aufhalten. Auch sie sind an die Gesetzes des Aufenthaltstaates gebunden und müssen sich an Anordnungen der Behörden halten, selbst wenn sie illegal eingereist sind oder noch nicht formell anerkannt sind.

Man kann den Begriff des Unterstehens unter die Hoheitsgewalt eines Staates sogar noch weiter verstehen und darunter alle Personen fassen, die von der Entscheidung eines Staates abhängig sind. Die Abhängigkeit von der Entscheidung eines Staates muß nicht notwendigerweise an die körperliche Anwe-

---

[13] E/CN.4/L.1575, S. 7 ff.; Detrick (Fn. 1), S. 142 f., Dorsch (Fn. 2), S. 116 ff.
[14] E/CN.4/1984/39, S. 4 f.; Detrick (Fn. 1), S. 148 f.; Dorsch (Fn. 2), S. 116 ff.
[15] Detrick ebenda; Dorsch ebenda.

senheit eines Kindes in dem entsprechenden Staat gebunden sein. Es sind vielmehr Konstellationen denkbar, in denen ein Kind von der Entscheidung eines Staates abhängig ist, weil es etwa in diesen einreisen möchte.

Für diese letzte weite Auslegung spricht ein Blick auf die übrigen Vorschriften der Konvention. So wird in Art. 20 und 22 KRK geradezu vorausgesetzt, daß auch Kindern Rechte zustehen können, die nicht formal in einem Staat anerkannt sind. Gerade diese Kinder sollen als Flüchtlingskinder geschützt werden, auch wenn sie noch nicht als solche anerkannt sind. Die Vorschrift des Art. 10 KRK würde geradezu *ad absurdum* geführt, wenn man nicht anerkennen würde, daß auch Anträge von Kindern, die sich im Ausland befinden und einen Antrag auf Einreise zwecks Familienzusammenführung stellen, bevorzugt behandelt werden.

Folglich ist der örtliche Anwendungsbereich aus Art. 2 KRK weit zu fassen und erfaßt alle Kinder, die tatsächlich von einer Entscheidung eines Staates abhängen.

Diskriminierungsverbot und Gebot des Schutzes vor Diskriminierung

Artikel 2 Abs. 1 KRK verbietet eine Diskriminierung aufgrund von Rasse, Hautfarbe, Geschlecht, Sprache, Religion, politischen oder sonstigen Anschauungen, nationaler, ethnischer oder sozialer Herkunft, des Vermögens, einer Behinderung, der Geburt oder des sonstigen Status des Kindes.

Artikel 2 Abs. 2 KRK verpflichtet die Staaten zum Schutz des Kindes vor Diskriminierung wegen einer Reihe von in seinen Kontaktpersonen liegenden Gründen. Diese Schutzpflicht erstreckt sich nicht nur auf staatliche Maßnahmen, sondern sie bezieht sich auch auf Diskriminierung von dritter Seite. Die Diskussion ging dahin, auch in der Person des Kindes selbst liegende Umstände zu schützen. Dieser Vorschlag wurde mit der etwas undurchsichtigen Begründung abgelehnt, daß die Bestrafung des Kindes durch Eltern oder Vormund nicht als unzulässig eingestuft werden dürfe.

Insgesamt weist Art. 2 KRK einen umfassenden Katalog von Unterscheidungsmerkmalen auf, die nicht Grundlage für eine Ungleichbehandlung des Kindes sein dürfen. Dabei formuliert Artikel 2 Abs. 1 KRK ähnlich wie Art. 2 Abs. 1 und 24 Abs. 1 IPbürR. Diese Vorschriften wurden in den Beratungen zu Art. 2 Abs. 1 gegenüber speziell für die KRK ausgearbeiteten bevorzugt, da sie allgemein anerkannt und für die verschiedenen Staaten verständlich waren.[16] Über die allgemeinen Diskriminierungsverbote in den genannten Vorschriften geht die KRK hinaus, da sie auch eine Behinderung als Unter-

---

[16] Dorsch (Fn. 2), S. 116 ff.

scheidungsmerkmal für unzulässig erklärt.[17] Andererseits ist sie nicht so weitgehend wie Art. 24 Abs. 1 IPbürR, der nicht nur den Staat sondern auch Familie und Gesellschaft zur Gleichbehandlung verpflichtet. Eine solche Verpflichtung hätte aber in Art. 2 Abs. 2 KRK für mehr Verwirrung als für Klarheit gesorgt, denn es wäre unklar geblieben, welche Auswirkungen das Diskriminierungsverbot für Eltern und Gesellschaft haben kann.

Behandlung nicht ehelicher Kinder

Ein immer wieder kontrovers diskutiertes Problem stellt die Frage der Gleichbehandlung ehelicher mit nicht ehelich geborenen Kindern dar. Einige Staaten halten sich nicht für verpflichtet, nicht-ehelichen Kindern den gleichen Status zu gewähren wie ehelichen. So hat z. B. das höchste Gericht Japans eine Entscheidung eines Gerichts zweiter Instanz in Tokio verworfen, in dem dieses die mangelnde erbrechtliche Gleichbehandlung der unehelichen Kinder unter anderem mit Hinweis auf Art. 2 Abs. 1 KRK und Art. 24 Abs. 1 IPbürR für verfassungswidrig erklärte.[18] Von anderen Staaten wird Art. 2 Abs. 1 KRK dagegen so gelesen, daß eine Unterscheidung zwischen ehelichen und unehelichen Kindern als verboten angesehen wird. Daher seien die Staaten dazu verpflichtet, diese beiden Gruppen gesetzlich gleichzustellen.[19]

Artikel 2 Abs. 1 KRK verbietet die Diskriminierung aufgrund der Geburt des Kindes.[20] Die Diskriminierung aufgrund der Geburt wird unterschieden vom Begriff der Diskriminierung aufgrund der Herkunft des Kindes. Folglich fallen unter den Begriff der Geburt des Kindes nicht seine nationale, ethnische oder soziale Herkunft. Vielmehr sind darunter der Zeitpunkt der Geburt eines Kindes[21] und die übrigen näheren Umstände der Geburt zu subsumieren. So

---

[17] Damit nimmt sie den Gedanken der Deklaration der Vereinten Nationen über Behinderte vom 9. 12. 1975 auf. A/Res 3447 (XXX) vom 9. 12. 1975; R. Wolfrum, "Die Konvention über die Rechte des Kindes: Entwicklung, Inhalt und Einbettung in den internationalen Menschenrechtsschutz" in: Land Schleswig-Holstein, *UN-Konvention über die Rechte des Kindes*, S. 16.

[18] Zitiert nach Verschraegen, *Die Kinderrechtekonvention*, S. 38; K. Yamauchi, "Gleichberechtigung im japanischen Familienrecht" in: B. Verschraegen, *Gleichheit im Familienrecht*, S. 338.

[19] So z. B. die Bundesrepublik Deutschland: Veröffentlichung des Bundesministeriums der Justiz zur Reform des Kindschaftsrechts vom 17. 10. 1997; anders aber LG Essen Entscheidung vom 28. 1. 1993, *FamRZ* 1994, S. 339; B. Huber "Geändertes Kindschaftsrecht und Ausländerrecht" *NVwZ* 1998, S. 713 f.

[20] vgl. die Auslegung von Art. 14 EMRK durch den EGMR, EGMR Marck vs Belgien, Entscheidung vom 13. 5. 1979, Series A, vol. 31; Johnston u. a. vs. Irland, Entscheidung vom 18. 12. 1986, Series A vol. 112; Vermeire vs. Belgien, Series A vol. 214-C.

[21] etwa: vor oder nach der Hochzeit der Mutter, Tod des Vaters.

darf es keinen Unterschied machen, ob das Kind zu Hause oder im Krankenhaus geboren ist oder aber, ob die Mutter mit dem Vater verheiratet ist oder nicht.

Die Frage wird in verschiedenen Bereichen relevant. In Belgien mußten Kinder, wenn sie unehelich geboren waren, von ihrer Mutter anerkannt und adoptiert werden.[22] Hier ergeben sich vor allem Übergänge und Probleme mit dem Recht auf einen Namen und dem Recht, seine Eltern zu kennen und von ihnen betreut zu werden aus Art. 7 Abs. 1 KRK. Ähnliches gilt für die Situation in Großbritannien. Dort kann ein nicht eheliches Kind nicht die Staatsangehörigkeit seines Vaters durch Geburt erwerben.[23]

Ein besonderes Problem nicht ehelicher Kinder stellt sich im Erbrecht. Sie sind häufig von der Erbfolge nach dem Vater ausgeschlossen, wenn eheliche Kinder vorhanden sind.[24] Das führt vor allem in solchen Fällen zu ungerechten Ergebnissen, in denen das nicht eheliche Kind zum Vater oder dem sonstigen Erblasser, etwa den Großeltern, eine engere persönliche Beziehung hatte als die ehelichen Kinder und sich häufig in einer schwierigeren sozialen Lage befindet als diese. Im Bereich des Europarats ist das Problem der Erbfolge nicht ehelicher Kinder in Art. 9 der Konvention über den rechtlichen Status nicht ehelicher Kinder[25] geregelt. Danach haben nicht eheliche Kinder das gleiche Recht auf ein Erbe wie eheliche Kinder. Querverbindungen ergeben sich insoweit zu Art. 8 KRK, nach dem das Kind das Recht auf Achtung seiner Identität und seiner Familienbeziehungen hat, und zu Art. 9 KRK, nach dem das Kind das Recht auf regelmäßige persönliche Beziehungen zu beiden Elternteilen hat.

Behandlung ausländischer Kinder

Ein weiteres Problem, das nicht nur im Diskriminierungsverbot, sondern auch in der Definition des örtlichen Anwendungsbereichs der Konvention liegt,

---

[22] EGMR Marckx vs. Belgien a.a.O.. Abs. 14 - 17.

[23] Newell (Fn. 4), S. 5; zum Problem nicht ehelicher Kinder in Japan: Y. Matsushima, "Controversies and Dilemmas: Japan confronts the Convention" in: M. Freeman (Hsrg.) *Children's Rights: A Comparative Perspective*, S. 125 ff., 132 ff., in Dänemark: L. Nielsen/L. Frost, "Children and the Convention: The Danish Debate", in: Freeman ebenda, S. 65 ff., 68.

[24] So in Belgien: EGMR, Vermeire vs. Belgien, a.a.O.. Abs. 13; in Deutschland teilweise, vgl. §§ 1934 a bis e BGB a.F.; für Japan: Y. Matsushima "Controversies and Dilemmas: Japan Confronts the Convention" in: M. Freeman (Hsrg.), *Children's Rights: A Comparative Perspective*, S. 125, 132 ff.; für die afrikanischen Staaten: B. Thompson, "Africa's Charter on Children's Rights: A Normative Break with Cultural Traditionalism", *ICLQ* 41 (1992), S. 432 ff., 441 f.

[25] European Convention on the Legal Status of Children born out of Wedlock vom 15. Oktober 1975, ETS Nr. 85.

ist die Behandlung ausländischer Kinder. Einerseits kann man in Anbetracht des Wortlauts des Art. 2 KRK die Ansicht vertreten, daß Ausländerkinder mit Inländerkindern gleichzubehandeln sind. Ein anderes Vorgehen verstieße gegen das Verbot der Diskriminierung aufgrund der Herkunft. Diese Ansicht wird aber weder Art. 2 Abs. KRK selbst, noch den anderen Vorschriften aus der Konvention gerecht. Einige der materiellen Vorschriften verlangen nämlich eine Sonderbehandlung von Ausländerkindern, um sie genauso zu schützen wie Inländerkinder. Zu diesen Vorschriften zählen vor allem Art. 22 KRK, der Flüchtlingskindern besonderen Schutz gewährt, und Art. 38 KRK in Verbindung mit den einschlägigen Vorschriften des humanitären Völkerrechts, die Kindern als Teil der Zivilbevölkerung besonderen Schutz gewähren. Wenn aber schon die KRK selbst davon ausgeht, daß Ausländerkindern Inländern nicht immer gleichgestellt werden müssen, folgt aus Art. 2 KRK auch kein allgemeines Gleichstellungsgebot. Diese Ansicht vertreten auch die Staaten. So wurde z.B. in der Denkschrift der Bundesrepublik Deutschland darauf hingewiesen, daß eine unterschiedliche Behandlung von Ausländer- und Inländerkindern in bestimmten Situationen unerläßlich sei. Eine solche Unterscheidung sei auch nicht durch Art. 2 Abs. 1 KRK verboten, da dort nur von Herkunft, nicht aber von Staatsangehörigkeit die Rede sei.[26] Aus der Natur eines konkreten Rechts kann sich aber ein Gleichbehandlungsgebot ergeben, denn sonst wäre der weite Anwendungsbereich des Art. 2 Abs. 1 KRK ausgehebelt.

Positive Diskriminierung

Insgesamt verbietet Art. 2 KRK also die unterschiedliche Behandlung von Kindern aufgrund der genannten Unterscheidungsmerkmale. Die offene Formulierung des Artikels zeigt, daß die Aufzählung der verbotenen Diskriminierungsgründe nicht abschließend ist ("oder des sonstigen Status").[27] Eine Unterscheidung bestimmter Gruppen ist dann möglich, wenn dies in der Konvention ausdrücklich vorgesehen ist.[28] Solche Gebote der positiven Diskriminierung finden sich in Art. 23 und Art. 20 KRK. Nach Art. 23 KRK sind Behinderte besonders zu fördern. Gemäß Art. 20 KRK haben Kinder, die aus ihrem familiären Umfeld herausgelöst wurden, Anspruch auf besondere Unterstützung durch den Staat.

---

[26] Denkschrift der Bundesrepublik Deutschland zur KRK; s. dazu auch die Vorbehalte, die zu Art. 7 KRK erklärt wurden.

[27] Bundesrat Schweiz, *Bundesblatt* 146 (1994), 1, 13.

[28] A. Glenn Mower, *The Convention on the Rights of the Child - International Law Support for Children*, S. 24 f.

Umsetzung in Rußland

In Rußland findet sich das Diskriminierungsverbot in der Verfassung und verschiedenen Gesetzen.

Die russische Verfassung enthält in Art. 19 Abs. 1 einen allgemeinen Gleichheitssatz. Danach sind alle Menschen vor dem Gesetz und vor dem gesetzlichen Gericht gleich. Ergänzend gilt nach Art. 2 russ. Verf der allgemeine Grundsatz, daß der Staat verpflichtet ist, die Rechte und Grundfreiheiten des Einzelnen zu achten und zu schützen. Nach dem Diskriminierungsverbot des Art. 19 Abs. 2 russ. Verf. muß der Staat die Gleichheit von Rechten und Freiheiten des Menschen und des Staatsbürgers unabhängig von Geschlecht, Rasse, Nationalität, Herkunft, Sprache, Vermögen und Amtsstellung, Wohnort, religiöser Einstellung, Überzeugung, Zugehörigkeit zu einer gesellschaftlichen Vereinigung sowie anderen Umständen garantieren.

Diese grundsätzlichen Gleichheitsgebote und Diskriminierungsverbote gestaltet das einfache Recht - teilweise kindspezifisch - weiter aus. Die gleiche Fähigkeit jedes Menschen, von seiner Geburt bis zu seinem Tode Rechte und Pflichten zu haben, beinhaltet Art. 17 ZGB. Die Möglichkeit des Entzugs dieser Rechts- und der Geschäftsfähigkeit ist als Grenze der Rechtsfähigkeit eines Menschen in Art. 22 ZGB auf die gesetzlich festgelegten Fälle beschränkt.

Das Gesetz über Religionsfreiheit[29] sieht vor, daß die Rechte und Interessen von Staatsbürgern unabhängig von ihrer Haltung gegenüber der Religion garantiert werden.[30]

Die russische Strafprozeßordnung sieht die Gleichheit der Staatsbürger vor dem Gesetz und den Gerichten unabhängig von der Herkunft, des sozialen, amtlichen oder Eigentümerstatus, von Rasse, Nationalität, Geschlecht, Bildung, Sprache, Religion, Art der Arbeit, Wohnort und anderer Faktoren vor.[31] Weiterhin gibt es ein Bildungsgesetz vom 13. 01. 1996, demzufolge ein gleiches Recht auf Ausbildung besteht, Art. 5 des Gesetzes.[32] Dort wird insbesondere auch die Behinderung als unzulässiges Unterscheidungskriterium genannt.[33] In Art. 5 des Gesetzes über die Sprachen der russischen Völker wer-

---

29 Federalnyj Sakon "O swobodje sowesti i religiosnnych obedinenijach", Gesetz der Russischen Föderation vom 26. 9. 1997, No. 125-FS, dazu unten Abschnitt 10 zu Art. 14 KRK.

30 Erster russ. Staatenbericht, 16. 10. 1992, CRC/C/3/Add.5., Abs. 48, zum Religionsgesetz von 1990, das die Garantie der Rechte und Interessen der Staatsbürger unabhängig von seiner Religion garantierte. Art. 3 des Gesetzes der russischen Föderation vom 25. 9. 97, Nr. 125-F3.

31 Erster russ. Staatenbericht a.a.O., Abs. 49.

32 Gesetz der russischen Föderation vom 13. 01. 96 "Ob obrasowanije", Nr. 12-FS; *VSNDRFiVSRF* vom 20. 7. 1992, No. 30, st. 1797.

33 So schon ein Gesetz vom 20. 9. 1992: erster russ. Staatenbericht a.a.O., Abs. 50.

den die Rechte und Grundfreiheiten von Mensch und Staatsbürger unabhängig von der Kenntnis einer bestimmten Sprache garantiert.[34]

Im neuen Familiengesetzbuch der russischen Föderation werden eheliche mit nichtehelichen Kindern gleichgestellt (Art. 53 FGB).[35] Auch sonst wird kein Unterschied zwischen ehelichen und nichtehelichen Kindern gemacht.[36] Auch eine Unterscheidung zwischen Jungen und Mädchen wird nicht getroffen.[37]

Die russische Gesetzgebung setzt damit das Diskriminierungsverbot weitergehend um, als es die KRK verlangt.

In der Rechtsprechung des russischen Verfassungsgerichts ist der Grundsatz der Gleichbehandlung als grundlegendes Prinzip der russischen Verfassung anerkannt, das auch in der Praxis umzusetzen ist.[38] Der allgemeine Gleichheitssatz wird in fast allen Entscheidungen des russischen Verfassungsgerichts als Entscheidungs- oder Argumentationsgrundlage herangezogen.

Art. 3 Garantie des Kindeswohls

Artikel 3 KRK legt als zentrales Prinzip die vorrangige Berücksichtigung des Kindeswohls fest. Dieses Prinzip wirkt nach den drei Absätzen des Art. 3 KRK von verschiedenen Seiten. Abs. 1 verpflichtet dazu, das Kindeswohl bei allen Maßnahmen zu berücksichtigen. Dabei werden nicht nur öffentliche sondern auch private Einrichtungen einbezogen. In Abs. 2 werden die Staaten insbesondere verpflichtet, das Kindeswohl zu gewährleisten. Dabei wird auf den gesamten Lebensbereich eines Kindes abgestellt. Die Grenze staatlicher Maßnahmen bilden die Rechte und Pflichten seiner Eltern und anderer gesetzlich für das Kind verantwortlicher Personen.

In Abs. 3 kommt die Erwartung zum Ausdruck, daß Standards festgelegt werden, die von allen Institutionen, die für das Wohl eines Kindes verantwortlich sind, eingehalten werden müssen.

Entstehungsgeschichte

Der einleitende und konventionsübergreifende Charakter des Prinzips des Kindeswohls war der wesentliche Punkt der Diskussionen in der Entstehung der KRK. Art. 3 KRK war in allen Absätzen umstritten.

---

34 Gesetz der RSFSR vom 25. 10 1991, Nr. 1807-1.

35 J. Lippott "Familienrecht und IPR in Rußland" *FamRZ* 11 (1998), S. 663 ff.

36 Summary Records of the 64th meeting: Russian Federation, CRC/C/SR.64, Abs. 32, 43.

37 Zweiter russ. Staatenbericht, Abs. 28.

38 Nußberger *EuGRZ* 25 (1998), S. 121.

Bei den Vorbereitungen des Absatzes 1 wurden vor allem zwei Formulierungen erörtert. Es war die Frage, ob das Kindeswohl (*The best interest of the child*) lediglich vorrangig zu berücksichtigen sein sollte (*primary consideration*) oder ob ihm die höchste Bedeutung vor allen möglichen anderen Faktoren zugemessen werden sollte (*paramount consideration*).[39] Weiterhin wurde die Frage erörtert, ob es *die* erste oder höchste Bedeutung (*"the" primary/paramount consideration*) haben sollte oder nur *eine* vorrangige oder höchste Bedingung (*"a" primary/paramount consideration*).[40] Der erste polnische Entwurf sah vor, daß das Kindeswohl die höchste Bedeutung haben sollte. Auf Betreiben der USA wurde das Wort "*paramount*" durch "*primary*" ersetzt. Dabei war der Gedanke maßgebend, daß es auch höherrangige Interessen geben könne als das Kindeswohl.[41] Die gleiche Ratio stand hinter der englischen Formulierung "*a primary consideration*".[42] Es wurde die schwächste Form gewählt, die den Zweck noch erfüllen konnte.[43] Weiterhin umschloß das Kindeswohl nach dem polnischen Entwurf die physische, mentale, spirituelle, moralische und soziale Entwicklung des Kindes. Diese Formulierung wurde aber nicht in die KRK übernommen.[44] Die Entwicklung des Kindes wird von Art. 27 und 6 KRK gesondert geschützt.

Weiterhin wurde bei Art. 3 Abs. 1 KRK diskutiert, ob auch Maßnahmen von Privatpersonen erfaßt werden sollten und damit der KRK unmittelbare[45] Drittwirkung zugesprochen werden sollte. So war im ersten Entwurf noch die Formulierung "Eltern oder Vormund" enthalten. Das wurde in den Verhandlungen in "alle offiziellen Maßnahmen" (*all official actions*) geändert und durch das Zufügen von "Gesetzgebungsorgane" erweitert.[46] Aus den Vorarbeiten zu Art. 3 Abs. 3 KRK zeigt sich, daß die Staaten der unmittelbaren Anwendbarkeit

---

39 Dorsch (Fn. 2) S. 104; P. Alston "The Best Interests Principle: Towards a Reconcilitation of Culture and Human Rights" in: P. Alston (Hrsg.) *The best interest of the child*, 1ff., S. 12.

40 Dorsch ebenda; M.G. Flekkøy/N.H. Kaufman, *The Participation Rights of the Child*, S. 43.

41 Dorsch (Fn. 39); R. Bethke, *Das Übereinkommen der Vereinten Nationen über die Rechte des Kindes und seine Umsetzung in der Bundesrepublik Deutschland*, S. 64 gibt hier als Beipiel das Problem des Schwangerschaftsabbruchs an, der dann, wenn dem Kindeswohl die höchste Bedeutung zugemessen werden würde, nur bei einer medizinischen Indikation rechtmäßig sein könne. Dieses Beispiel ist im Hinblick auf die Diskussion, ob das ungeborene Leben überhaupt in den Schutzbereich der KRK i. S. d. Art. 1 fällt, nicht sehr überzeugend.

42 Dorsch (Fn. 39).

43 Alston (Fn. 39), S. Parker "The Best Interests of the Child - Principles and Problems" in: P. Alston (Hrsg.), *The Best Interests of the Child*, S. 26, 28.

44 Alston (Fn. 39), S. 11.

45 Sofern man der KRK als solche unmittelbare Anwendbarkeit zuerkennt.

46 Alston (Fn. 39), S. 14.

dieses Absatzes zumindest teilweise reserviert gegenüberstanden. Vor allem sollte sie nicht gegenüber Privatpersonen unmittelbar anwendbar sein.

In Bezug auf Abs. 2 wurde die Position der Eltern gegenüber dem Prinzip des Kindeswohls diskutiert. Nach dem zweiten polnischen Entwurf sollte bei staatlichen Fürsorgemaßnahmen die familiäre Bindung des Kindes berücksichtigt werden.[47] Angenommen wurde letztlich ein Vorschlag Australiens, der die Anerkennung der Rechte und Pflichten der Eltern als Einschränkungskriterium für das Kindeswohl zum Inhalt hatte. Der Vorschlag wurde lediglich zugunsten von Vormund und anderer gesetzlich für das Kind verantwortlicher Personen erweitert.[48]

Mit Absatz 3 sollten nach dem polnischen Entwurf Überwachungsorgane geschaffen werden, die alle direkt für das Kind verantwortlichen Personen und Institutionen beaufsichtigen sollten. Auf Initiative der USA wurde dieser Vorschlag reduziert auf Personal von Institutionen für die Fürsorge von Kindern. In der zweiten Lesung wurde der Vorschlag mit der Erweiterung, die die Einhaltung gewisser Standards für die Institutionen vorsah, angenommen.[49] Dabei wurde auf eine mögliche Überschneidung mit Art. 8 KRK hingewiesen.[50] Weitere mögliche Überschneidungen mit anderen Artikeln wurden - wohl wegen des einführenden Charakters des Art. 3 - nicht problematisiert.[51]

Kindeswohl als konventionsübergreifendes Prinzip

Außer in Art. 3 KRK finden sich Ausprägungen des Prinzips des Kindeswohls auch in anderen Vorschriften der Konvention. Die wohl stärkste Ausprägung des Kindeswohlprinzips enthält Art. 21, nach dem "dem Wohl des Kindes (...) die höchste Bedeutung" zugemessen wird. Des weiteren ist das Interesse des Kindes in Art. 20 Abs. 1, 9 Abs. 3, 37 lit. c) S. 2 und Art. 40 Abs. 2 lit. b) iii KRK zu finden. Bei letzterem ist das Kindeswohl mehr die Grenze der Rechte aus Art. 40 KRK.[52] Aus der Zusammenschau dieser Artikel wird deutlich, daß das Prinzip des Kindeswohls die ganze KRK durchzieht[53] und eins der

---

47 Dorsch (Fn. 2), S. 104 f.

48 Dorsch (Fn. 47).

49 Dorsch (Fn. 2), S. 105.

50 Dorsch (Fn. 49).

51 Alston (Fn. 39), S. 11.

52 Vgl. zum ganzen Alston (Fn. 39) S. 12 f.

53 M. Bouverne-De Bie "De jeugdwelzijnsinterventie in het licht van het recht van kinderen op bijzondere bescherming en hulp" in: R. Verhellen/F. Spiesschaert/L. Cattrijsse (Hrsg.), *Rechten van Kinderen*, 183, 185; Alston (Fn. 39), S. 15 f. bezeichnet Art. 3 KRK als "umbrella provision", die vor die anderen Vorschriften gezogen wurde, um diese zu beeinflussen.

wichtigsten Prinzipien ist, auf der die KRK basiert. Es dient der Auslegung der anderen Vorschriften, deren Um- und Durchsetzung und möglicherweise sogar als Auslegungshilfe nationaler Rechtsordnungen.[54] Er spielt in vielen Bereichen eine Rolle. So findet er vor allem Erwähnung bei Scheidungen der Eltern/des Vormundes, bei Kindesmißhandlungen, institutioneller Unterbringung von Jugendlichen und Kinderarbeit[55] und im Bereich der sozialen Sicherheit.[56] Es dient auch der Beschränkung der Rechte anderer.

Kindeswohl in anderen Menschenrechtsverträgen

Das Prinzip des Kindeswohls findet auch in anderen Menschenrechtsverträgen Erwähnung. In der African Charter on the Rights and Welfare of the Child wird in Art. IV festgelegt, daß in allen Maßnahmen, die eine Person oder die öffentliche Gewalt unternimmt, das Kindeswohl vorrangig berücksichtigt werden wird.[57] Im IPbürR ist das Prinzip nicht ausdrücklich festgelegt, wird aber vom Menschenrechtsausschuß der Vereinten Nationen als Auslegungsbasis bei Fällen, die die Auflösung von Ehen betreffen, angewandt.[58] Es wirkt daneben als Einschränkung des Grundsatzes der Öffentlichkeit vor Gericht gemäß Art. 14 Abs. 1 IPbürR a.E. Das *Executive Committee* des UNHCR hat unterstrichen, daß alle Maßnahmen für Flüchtlingskinder vom Prinzip des Kindeswohls geleitet sein müssen.[59]

Subsumtion unter den Begriff des Kindeswohls

Die schwache Formulierung und die nicht erfolgte Übernahme von genaueren Angaben, welche Aspekte das Kindeswohl umfaßt, macht es einerseits

---

54 Alston (Fn. 53).

55 Bouverne-De Bie (Fn. 53) S. 186.

56 Newell (Fn. 4), S. 9.

57 Art. IV African Charter on the Rights and Welfare of the Child: "in all action concerning the child undertaken by any person or authority the best interest of the child shall be the primary consideration." OAU doc CAB/LEG/153/Rev 2 (1987)

58 Human Rights Committee No 17 (35), Report of the Human Rights Committee UN doc a/44/40 (1989), Annex VI, para. 6.

59 "stressed that all action taken on behalf of refugee children must be guided by the principle of the best interest of the child as well as by the principle of family unity." Conclusion No 47 XXXVIII (1987) on "Refugee Children" para. (d) in: Conclusions on the International Protection of Refugees Adopted by the Executive Committee of the UNHCR (Genf, UNHCR, 1991), S. 105; eine Zusammenstellung der anderweitigen Anwendung des Prinzips des Kindeswohls findet sich bei: P. Alston in: P. Alston (Hrsg.) *Best Interests of the Child,* S. 2 ff.

schwierig, einen konkreten Sachverhalt darunter zu subsumieren.[60] Andererseits eröffnet sie die Möglichkeit, das Prinzip des Kindeswohls in allen Bereichen der KRK und vielleicht sogar außerhalb der speziellen Vorschriften der Konvention anzuwenden.

Die Probleme der mangelnden Konkretisierung des Prinzips in der Konvention sind vor allem dort zu finden, wo keines der speziellen Rechte der Konvention eingreift. Es stellt sich die Frage, ob das Prinzip des Kindeswohls auch losgelöst von den anderen Vorschriften der KRK als solches dazu führen kann, daß eine staatliche Entscheidung anders ausfällt. Dazu sind die Meinungen geteilt. Teilweise wird das Prinzip des Kindeswohls als ein Ansatzpunkt für den viel beschworenen Geist der Konvention angesehen, der auch über diese hinaus wirken soll.[61] Danach soll Art. 3 KRK keine abstrakte Formel im Sinne eines allgemeinen Teils der Konvention ähnlich wie in vielen einzelstaatlichen Gesetzen sein, der nur im Zusammenhang mit anderen Rechten aus der KRK wirkt. Vielmehr soll Art. 3 KRK ein eigenes Recht festlegen, das als solches durchgesetzt werden kann,[62] in dem Sinne, in dem der UN-Menschenrechts-Ausschuß z.B. Art. 26 I IPbürR auslegt.[63]

Darin soll vor allem der Unterschied z. B. zu Art. 14 EMRK liegen, der nur im Zusammenhang mit anderen Rechten aus der EMRK durchgesetzt werden kann.[64]

Andererseits wird vertreten, daß das Prinzip auf die Konvention beschränkt bleiben und nur auf diese angewandt werden soll.[65]

Die besonderen Schwierigkeiten rühren daher, daß sich das Wohl eines Kindes nicht abstrakt und nicht allein mit juristischen Mitteln feststellen läßt. Es kann keine abstrakte Definition des Kindeswohls geben.[66] Vielmehr hängt das Wohl eines Kindes von seiner physischen, mentalen, spirituellen, moralischen und sozialen Entwicklung und seiner Umgebung ab, wie schon der erste

---

60 I. Mottl "Das Kind: Rechtssubjekt oder nur Spielball familiärer Auseinandersetzungen?" in: M. Rauch-Kallat/J.W. Pichler, *Entwicklungen in den Rechten des Kindes im Hinblick auf das UN-Übereinkommen über die Rechte des Kindes*, Wien 1994, S. 181.

61 Bethke (Fn. 41) S. 63.

62 Bethke (Fn. 61).

63 Alston (Fn. 39), S. 16.

64 Vgl. dazu: Peukert in: J.A. Frowein/W. Peukert, *EMRK-Kommentar*, S. 436.

65 So wohl Parker (Fn. 43), S. 28, der Art. 3 KRK nur auf alle Kinder als Kollektiv anwenden will und nicht als Recht des einzelnen Kindes.

66 H. Hattenhauer "Kindeswohl und Kindesrecht", in: Land Schleswig Holstein (Hrsg.), *Die UN-Konvention über die Rechtes des Kindes*, S. 20, 32; Bouverne-De Brie (Fn. 53), S. 185, Mottl in: Rauch-Kallat/Pichler (Fn. 60), S: 181.

polnische Entwurf erkannte.[67] Es kann nicht das gleiche dem Wohl eines behinderten Kindes dienen wie dem eines "normalen". Ein Kind im Tschad braucht nicht das gleiche wie ein Kind, das in Moskau lebt. Daher ist die Bestimmung des Kindeswohls immer eine Einzelfallentscheidung, bestimmt von der unsicheren und notwendigerweise unpräzisen Abschätzung menschlicher Charaktere[68], die unter einer Zusammenarbeit mehrerer Disziplinen gefällt werden muß.[69] Außerdem ergibt sich aus Art. 3 KRK nicht, wonach sich bestimmt, was dem Kindeswohl dient: die Zufriedenheit des Kindes, seine wirtschaftliche Produktivität, seine religiöse Erziehung?[70] Ein möglicher Lösungsansatz könnte darin zu finden sein, daß man dem Kind mit Alter und Reife zunehmend die Möglichkeit gibt, selbst in die Entscheidungsprozesse einzugreifen und seine Meinung einzubringen, wie es in Art. 12 KRK angelegt ist.[71] Das Kindeswohl wird auch weiter konkretisiert durch viele staatliche Entscheidungen, die auf überkommene Sozialstrukturen zurückgreifen und einen Standardisierungseffekt mit sich bringen.[72]

Zur effektiven Durchsetzung der Konvention und im Sinne einer Auslegung vor allem auch im Hinblick auf Art. 31 Abs. 3 b) WVRK muß man Art. 3 KRK als Ausdruck des Geistes der Konvention ansehen. Das ergibt sich auch aus der Entstehungsgeschichte, in der das Kindeswohl als alles prägendes Prinzip anerkannt wurde. Dieses Prinzip wird offensichtlich von fast allen Staaten der Welt anerkannt, wie sich an der Zahl der Ratifikationen der KRK zeigt. Als Ausdruck des Geistes der KRK muß Art. 3 KRK auch unabhängig von den speziellen Vorschriften in nicht in der KRK explizit geregelten Fällen die Wirkung eines subjektiven Rechts haben und kann nicht lediglich eine abstrakte Leerformel sein.

---

67 s.o.; A. An-Na'im, "Cultural Transformation and Normative Consensus on the Best Interests of the Child", in: P. Alston (Hrsg.), *Best Interests of the Child*, S. 62, 64; A. Azer, "Modalities of the Best Interests Principle in Education, in: Alston, ebenda, S. 227; F. Banda "Custody and the Best Interest of theChild: Another View from Zimbabwe" in: Alston ebenda, S. 191.

68 Verschraegen (Fn. 18), S. 79, Parker (Fn. 43), S. 30.

69 M. Firlei, "Der Richter und das Kindeswohl" in: M. Rauch-Kallat/J.W. Pichler, *Entwicklungen in den Rechten des Kindes im Hinblick auf das UN-Übereinkommen über die Rechte des Kindes*, S. 218 ff., Mottl ebenda, S. 181, Schick ebenda, S. 479 ff., 487 f.

70 Parker (Fn. 68).

71 So ähnlich auch. J. Eekelaar, "The Interests of the Child and Child's Wishes: The Role of Dynamic Self-Determinism", in: Alston, (Fn. 39).

72 A. An-Na'im a.a.O., Toope in: Freeman *Children's Rights* (Fn. 23) S. 49. Freilich kann diese Praxis auch umgekehrt zu noch weiterer Verwirrung führen, wenn die Staaten völlig verschiedene oder sogar entgegengesetzte Entscheidungen treffen, mit denen das Kindeswohl konkretisiert wird.

Wechselwirkung mit Elternrechten

Ein weiteres entscheidendes Problem ist die Wechselwirkung mit den Elternrechten. Im Einzelfall kann die Frage relevant werden, ob der Staat gegen die Eltern intervenieren kann und muß, um dem Kindeswohl zu dienen.[73] Die Möglichkeit des Eingriffs gibt Art. 3 Abs. 2 KRK i. V. m. Art. 9 Abs. 1 S. 2 KRK dem Staat.[74]

Das betrifft zum Beispiel Sorgerechtsentscheidungen, bei denen die Eltern geteilter Meinung sind, und Entscheidungen bezüglich Adoption und Pflege vernachlässigter Kinder. So ergingen mehrere Entscheidungen staatlicher Gerichte, die das Prinzip des Kindeswohls gegen einen Elternteil durchsetzten. In einer Entscheidung eines australischen Gerichts hatte die Kindesmutter das Sorgerecht erwirkt und wollte es gegen den Vater durchsetzen. Eine positive Entscheidung hätte dazu geführt, daß die Kinder nach Neuseeland hätten übersiedeln müssen. Das Gericht entschied unter Berufung auf Art. 3 KRK, daß es nicht dem Kindeswohl entspreche, nach Neuseeland übersiedeln zu müssen und gab damit der Mutter nicht recht.[75]

Bei einer Entscheidung über eine Pflegefamilie hat das Zivilgericht Kortrijk, Belgien, die Durchsetzung eines niederländischen Urteils nach dem Europäischen Gerichtsstands- und Vollstreckungsübereinkommen (EuGVÜ)[76] unter Berufung auf Art. 3 KRK verweigert. In dem behandelten Fall sollte ein belgisches Kind zu seiner niederländischen Pflegefamilie zurück. Das Gericht entschied, daß das niederländische Urteil, das diesen Anspruch anerkannte, zum Wohle des Kindes in Belgien nicht vollstreckt werden könne.[77]

Das neue Familiengesetz der Tschechei[78] geht sogar so weit, die Scheidung einer Ehe, in der minderjährige Kinder vorhanden sind, grundsätzlich nicht zu ermöglichen, wenn die Beibehaltung der Ehe nach der Auffassung des Gerichts im besonderen Interesse der Kinder liegt. Die Adoption eines Kindes ist auch gegen den Willen seiner Eltern möglich, wenn diese seit mehr

---

[73] vgl. dazu Hattenhauer (Fn. 66), S. 32; Freeman (Fn. 23), S. 95.

[74] Glenn Mower (Fn. 28), S. 24.

[75] G. F. Murray vs. Director Family Service ACT (1993) FLC 92-416, *Bates JFamL* 33 (1994-95), 275 (286 ff.), zitiert nach Verschraegen (Fn. 18), S. 43 f; auch in Argentinien ist bei Sorgerechtsentscheidungen das Prinzip des Kindeswohls vorrangig beachtet. Vgl. C.P. Grosman "Argentina - Children's Rights in Family Relationships: The Gulf Between Law and Social Reality", in: M. Freeman, *Children's Rights*, (Fn. 23), S. 10.

[76] *BGBl* 1972 II, S. 774.

[77] Civil Courtrai Entscheidung v. 8. 12. 1992 *JDJ* 126/1993, 33 f. zitiert nach Verschraegen (Fn. 18), S. 49.

[78] Gesetz Nr. 91 vom 3.4.1998, Sbírka zákonu Ceské republiky Nr. 24 vom 30. April 1998.

als sechs Monaten oder seit zwei Monaten nach der Geburt kein qualifiziertes Interesse an dem Kind gezeigt haben.

Schutz des Kindes als Individuum

Eine Unklarheit in der Formulierung wird aus dem deutschen Text der Konvention nicht deutlich. Im authentischen englischen Text heißt es in der Mehrzahl "*all actions concerning children*" , während am Ende in der Einzahl von "*best interests of the child*" gesprochen wird. Teilweise wird daraus der Schluß gezogen, daß Art. 3 KRK Kinder nur als Gruppe und abstrakt schützen will, nicht aber das einzelne Kind als Individuum.[79] Diese Auffassung ist jedoch mit der Konvention als Ganzes nicht vereinbar. Sie schützt als Menschenrechtsvertrag jedes einzelne Kind und will erreichen, daß sich jedes einzelne Kind auf sie berufen kann und nicht lediglich eine abstrakte Formel in den Raum stellen.[80]

Das Kind ist danach nicht mehr als Objekt der Hilfe eines anderen sondern vielmehr als Subjekt eines Rechtes anzusehen.[81] Das Kindeswohl will nach der ganzen Konzeption der Konvention Kinder zu Subjekten des Rechts machen und nicht zu bloßen Objekten der Entscheidungen anderer.[82]

Qualifikation der Vorschrift

Der Begriffs des Kindeswohls kann auch außerhalb der konkreten Regelungen der Konvention angewandt werden und das Kindeswohl kann mit der Entwicklung des Kindes, dessen Reife und Wissen angepaßt werden. Damit ist es möglich, dem Kind seiner Reife zufolge Verantwortung zu geben, die es auf sein späteres Leben außerhalb des besonderen Schutzes für Kinder vorbereitet. Insofern ist Art. 3 KRK als Teilnahmerecht (*Participation Right*)[83] anzusehen. Die Möglichkeit der Teilnahme an Entscheidungen, die sowohl das Kind selbst als auch sein Umfeld betreffen, gibt dem Kind die Verantwortung, die es als Grundlage seiner Entwicklung zu tragen haben sollte.[84]

---

79 Parker, S. 28; Flekkøy/Kaufman (Fn. 40), S. 44.

80 So auch G. Kent "Realizing international children's rights through implementation of international law", *Int'l J Children's Rgts* 5 (1997), 443.

81 Bouverne-De Bie (Fn. 53); Bethke (Fn. 41), 22.

82 Eekelaar (Fn. 71), S. 46.

83 T.J. Fitzgibbon, *LoyL.A. Int'l & Comp.L.J.* 20 (1998), S. 339, s.a. Flekkøy/Kaufman (Fn. 40), S. 31.

84 Flekkøy/Kaufman (Fn. 40), S. 45.

Umsetzung in Rußland

In Rußland findet sich das Prinzip des Kindeswohls implizit in Art. 38 russ. Verf., der vorsieht, daß Mutterschaft und Kindheit sowie die Familie unter dem Schutz der Verfassung stehen. In Art. 38 Abs. 2 wird festgelegt, daß die Sorge um die Kinder und deren Erziehung das gleiche Recht und die gleiche Pflicht der Eltern sind.

Nach den russischen Gesetzen haben Kinder das Recht auf Schutz ihrer Rechte und gesetzlichen Interessen, Art. 56 FGB. Dieser Schutz obliegt in erster Linie den Eltern. Wenn diese aber ihrer Pflicht nicht nachkommen, treten an ihre Stelle das Amt für Pflegschaft und Vormundschaft[85] sowie Staatsanwaltschaft und Gericht, Art. 56 Abs. 2 FGB. Die Eltern haben das Recht, die Kinder zu erziehen, Art. 63 FGB. Diesem Recht korrespondiert die Pflicht, für die Gesundheit und die physische, psychische, geistige und moralische Entwicklung ihrer Kinder zu sorgen.

Es gibt staatliche Möglichkeiten, in diese Erziehung einzugreifen, wenn etwa die Eltern die Kinder mißbrauchen oder vernachlässigen, Art. 71, 73, 77 ZGB.[86] Kinder können unter Pflegschaft oder Vormundschaft gestellt werden, wenn den Eltern ihre Elternrechte aberkannt werden oder wenn die Eltern sterben.[87] Es sind Verfahren eingesetzt worden, die den Behörden ermöglichen, sofort einzugreifen, wenn die Gesundheit oder das Leben eines Kindes in Gefahr ist.[88] In Streitigkeiten bezüglich der Erziehung von Kindern können die lokalen Behörden eingeschaltet werden, die Recherchen über den Zustand des Kindes und seiner Umgebung und die Beziehungen des Kindes zu seiner Umgebung anstellen.[89]

Das Prinzip des Kindeswohls durchzieht das gesamte Zivilrecht der russischen Föderation. Die Erfüllung der Erfordernisse des Kindeswohls wird regelmäßig überprüft.[90]

Somit legt die Russischen Föderation den Begriff des Kindeswohls als Recht auf Schutz der Rechte und Interessen des Kindes aus. Diese Rechte und Interessen drücken sich z.B. in der Gesundheit des Kindes oder dem Schutz vor Gewalt aus, aber auch im Schutz davor, nicht von Dritten bei Vertragsab-

---

85 Art. 34 ZGB, zweiter russ. Staatenbericht Abs. 33.

86 Hier erfolgt nur ein kurzer Überblick über die Möglichkeiten, die das Gesetz eröffnet. Im Zuge der Ausführungen zu Art. 9 KRK werden diese Möglichkeiten ausführlicher dargestellt.

87 Erster russ. Staatenbericht, 1992, Abschnitt III, Abs. 52.

88 Erster russ. Staatenbericht a.a.O., Abs. 53.

89 O. Khazova "The UN Convention on the Rights of the Child and Russian Family Law", in: Freeman *Children's Rights* S. 209, 220.

90 Art. 146 f., 150 ff. FGB.

schlüssen übervorteilt zu werden.[91] Eine ähnliche allgemeine Vorschrift über das Kindeswohl wie Art. 3 KRK findet sich in der russischen Gesetzgebung nicht. Vielmehr kommt es bei der Umsetzung einzelner Konventionsartikel als Grundlage für die Art der russischen Umsetzung zum Ausdruck.

91 Erster russ. Staatenbericht Abs. 55, Art. 21, 26 ff. ZGB.

2. Recht auf Leben und Schutz gegen Gewalt

Die Vorschriften zum Recht auf Leben und zum Schutz gegen Gewalt finden sich neben Art. 6 KRK in Art. 19 und 37 lit. a KRK. Die Kinderrechtskonvention sieht in Art. 6 und Art. 37 lit. a nicht nur das Recht auf Überleben, sondern auch das Recht auf Entwicklung vor. Die Präambel enthält zwar keine verbindlichen Vorschriften zum Recht auf Leben und zum Schutz gegen Gewalt. Sie ist aber ein wichtiges Auslegungsmittel für die elementaren Vorschriften des Rechts auf Leben und Entwicklung. Sie legt die Grundlagen dar, die die Konvention motiviert haben, und ist wichtiges Mittel bei der Auslegung des Vertrags (Art. 31 Abs. 1 und 2 WVRK). Anders als vielleicht üblich, wird die Präambel daher bei den grundlegendsten materiellen Kinderrechten behandelt, weil sie spezifische Probleme - wie etwa die Abtreibung - behandelt, die im Zusammenhang mit dem Recht auf Leben und Entwicklung im Sinne einer Entfaltung seiner Persönlichkeit (Abs. 6 der Präambel) stehen.

Präambel

In der Präambel eines Vertrags werden die grundsätzlichen Erwägungen aufgezeigt, die die Delegierten der Staaten beim Abschluß des Vertrags motiviert und geleitet haben.[1] Die Präambel der KRK besteht aus 13 Absätzen, die auf vorhergehende Menschenrechtsverträge verweisen, andere Menschenrechtsdokumente und Erklärungen der Vereinten Nationen erwähnen und grundsätzliche Prinzipien festlegen, die bei der Anwendung der Konvention in Erwägung gezogen werden sollen.

Die rechtliche Relevanz der Präambel ergibt sich aus Art. 31 Abs. 1 WVRK, nach dem die Präambel als zusätzliches Auslegungskriterium für die Bestimmungen eines Vertrages herangezogen wird.[2]

Inhalt der einzelnen Abschnitte der Präambel

Im einzelnen wird in den ersten drei Absätzen der Präambel auf die Grundsätze in der Charta der Vereinten Nationen und vor allem auf die Allg-

---

[1] C.A. Fleischhauer, "Response of the Legal Counsel to the request for confirmation by the representative of the UN regarding preambular paragraph 6 (9)", E/CN.4/1989/48, Annex, S. 144.

[2] Considerations 1989 Working Group E/CN.4/1989/48, S. 8-15, Abs. 36, Detrick S. 109; C.A. Fleischhauer, (Fn. 1); Dorsch, S. 126.

EMR und die UN-Menschenrechtspakte verwiesen. Die besondere Bedeutung des Diskriminierungsverbotes wird unterstrichen.[3]

Mit dem Verweis auf die Charta der Vereinten Nationen wird der Schutz der Kinderrechte in das System der Vereinten Nationen eingegliedert. Gemäß Art. 1 Abs. 3 Charta der Vereinten Nationen (UNO)[4] ist es eines der Ziele der Vereinten Nationen, die Achtung vor den Menschenrechten und Grundfreiheiten zu fördern und zu festigen.

Dieses Ziel ist eingebettet in das Grundanliegen der Vereinten Nationen, den Weltfrieden und die internationale Sicherheit zu wahren.[5] Dabei wird die Achtung der Menschenrechte und Grundfreiheiten als eine wesentliche Voraussetzung zur internationalen Friedenssicherung angesehen.[6]

Damit werden durch die Mechanismen der KRK die Ziele der Vereinten Nationen verfolgt. Darauf weisen die ersten drei Absätze der Präambel hin.

Die Absätze vier, sechs und acht sowie zehn Präambel KRK befassen sich mit dem Grundsatz, daß jedes Kind besonderen Schutzes und Fürsorge bedarf und in einer freundlichen Umgebung aufwachsen soll. Hier wird das Ziele der KRK genannt, daß Kinder wegen ihrer gegenüber Erwachsenen geringeren geistigen und körperlichen Reife besonders zu schützen und zu fördern sind, damit sie in der Erwachsenenwelt bestehen können. Ein Teil dieses Schutzes besteht in der besonderen Liebe und Fürsorge, auf die Kinder nach Abs. 6 ein Recht haben. Kinder sollen nicht vernachlässigt werden.[7] Abs. 8 Präambel KRK verweist auf die vorherigen Kinderrechtserklärungen und auf die konkreten Artikel in anderen Menschenrechtsverträgen, die sich mit den Rechten des Kindes befassen.[8] Der Verweis in Abs. 8 stellt insofern einen Kompromiß dar, als er die Konvention wenigstens der Idee der KRE 1959 unterstellt. In Art. 10

---

3 Zum Widerstand gegen diesen Absatz in der Präambel bei den Vorarbeiten zur Konvention Bangladesch, E/CN.4/1986/39 Annex IV, S. 1; zum Widerstand der UdSSR vgl. schon oben 1.

4 Charta der Vereinten Nationen vom 26. 6. 1945, United Nations Conference on International Organization Documents, Bd. XV (1945), S. 335 ff.

5 R. Wolfrum "The Progressive Development of Human Rights: A Critical Appraisal of Recent UN Efforts" in: J.Jekewitz u.a. (Hrsg.) *Des Menschen Recht zwischen Freiheit und Verantwortung,* FS K.J: Partsch, Berlin 1989, S. 67.

6 Wolfrum (Fn. 5).

7 Etwas Ähnliches findet sich auch in den Kinderrechtserklärungen einzelner Länder. So hat nach der Erklärung der Rechte des Kindes von Mozambique jedes Kind das Recht, "umgeben von Liebe und Verständnis aufzuwachsen, in einer Atmosphäre von Sicherheit und Frieden."

8 N. Cantwell, "The Origins, Development and Significance of the United Nations Conventions on the Rights of the Child" in: S. Detrick (Hrsg.) *The United Nations Convention on the Rights of the Child - A Guide to the Travaux Préparatoires*, S. 21.

werden drei Erklärungen der Vereinten Nationen[9] zitiert, die Mindeststandards für be-stimmte Gruppen von Rechten festlegen. Auf diese Erklärungen wird bei den Ausführungen zu den einzelnen Bestimmungen zurückzukommen sein.

Die Absätze fünf und sieben der Präambel zeigen die Rolle des Kindes in der Gesellschaft auf. Dabei wird die Familie als die kleinste Einheit der Gesellschaft, in der sozusagen die gesellschaftlichen Prozesse geübt werden können unter den besonderen Schutz der Staatengemeinschaft gestellt. Das Kind soll auf sein Umfeld in der Gesellschaft im Laufe seiner Kindheit vorbereitet werden. Dabei werden gewisse Ziele aufgestellt, die die Erziehung des Kindes leiten sollen und die später in der Konvention (Art. 29) wieder auftauchen. Dabei wird das Kind als Individuum hervorgehoben.

Menschenrechte in verschiedenen Teilen der Welt

Die letzten drei Absätze sprechen ein Problem an, das bei der Umsetzung von Menschenrechten in der Welt auftritt. Hier wird die Verschiedenartigkeit der Länder in der Welt thematisiert und damit auch die Verschiedenartigkeit der Kinder- und Menschenrechtssituation aber auch der Menschenrechtsverständnisse in der Welt.

Absatz 11 der Präambel[10]weist auf die Situation von Kindern in schwierigen Verhältnissen in verschiedenen Ländern hin. Absatz 12 zieht die Beachtung auf Traditionen und die Bedeutung kultureller Werte, während der dreizehnte Absatz die Bedeutung der internationalen Zusammenarbeit für die Verbesserung der Lebensbedingungen in den Vordergrund rückt. Abs. 13 sollte insbesondere auf die speziellen Probleme der sogenannten Entwicklungsländer aufmerksam machen.[11] Hilfe soll im Rahmen internationaler Zusammenarbeit gewährt werden.

Es stehen sich wohl immer noch drei grundsätzliche Arten des Verständnisses von den Rechten des Menschen gegenüber.[12] Das Menschenrechtsverständnis des liberalen westlichen Konzepts stößt auf das sozialistische

---

[9] Erklärung über die sozialen und rechtlichen Grundsätze für den Schutz und das Wohl von Kindern unter besonderer Berücksichtigung der Aufnahme in eine Pflegefamilie und der Adoption auf nationaler und internationaler Ebene, UN-General-Assembly Res. 41/85 v. 3. 12. 1985; Regeln der Vereinten Nationen über die Mindestnormen für die Jugendgerichtsbarkeit (Beijing Regeln), UN-General-Assembly Res. 40/33 v. 29.11.1985; dazu Price Cohen, S. 87 ff.; Erklärung über den Schutz von Frauen und Kindern im Ausnahmezustand und bei bewaffneten Konflikten, UN-General-Assembly Res. 3318 (XXIX) v. 14.12.1975.

[10] E/CN.4/1988/28 S. 4 f, Abs. 9 ff., Detrick; S 105.

[11] E/CN.4/1989/48 Abs. 54-70, Detrick S. 111, nach Meinung der USA: Abs. 68, Detrick S. 112.

[12] A.H. Robertson/J.G. Merills, *Human Rights in the World*, S. 3 ff.

Konzept und auf das Verständnis der sogenannten Dritten Welt.[13] Dabei betonen die westlichen Demokratien vor allem die bürgerlichen und politischen Rechte, die den Staat in seiner Machtausübung beschränken.[14] Danach besitzt jeder Mensch von Natur aus bestimmte Rechte. Der Staat muß davon abgehalten werden, in diese Rechte über Gebühr einzugreifen. Er wird durch die Menschenrechte verpflichtet, diese als Mindestrechte zu garantieren. Die Menschenrechte sind deshalb in der Mitte zwischen dem nationalen und dem Völkerrecht angesiedelt und die Staatengemeinschaft hat die Möglichkeit des Eingriffs zur Sicherung dieser Rechte.[15] Ausgehend von der Annahme, daß auch Kinder von Geburt an bestimmte Rechte zustehen, bedeutet das, daß sich der Staat nach diesem Konzept grundsätzlich jeden Eingriffs zu enthalten hat und das Kind und seine Eltern gewähren lassen muß. Er muß eingreifen, wenn das Verhalten des Kindes und der Eltern alleine nicht ausreicht, um dem Kind seine grundlegenden Rechte zu sichern.

Dagegen sind Menschenrechte nach dem mehr sozialistisch geprägten Konzept vor allem die sozialen, wirtschaftlichen und kulturellen Rechte.[16] Die grundlegende Idee dieser Konzeption ist es, den Menschen von Natur aus als soziales Wesen zu sehen, der dazu bestimmt ist, in einer Gemeinschaft zu leben. Der Staat ist Teil einer natürlichen Ordnung und dient dazu, den Wunsch des Menschen nach einem erfüllten Leben zu kontrollieren und zu modifizieren. Folge dieses Konzeptes ist es, daß alle Rechte der Gesellschaft entstammen und dem Interesse der Gesellschaft untergeordnet sind. Der Staat defininiert und garantiert die Menschenrechte, folglich können sie nicht unmittelbar durch Völkerrecht geschaffen werden. Nach dieser Konzeption kann ein völkerrechtlicher Vertrag in einem Staat keine unmittelbare Wirkung für die Bürger entfalten. Weiterhin definiert diese Konzeption die wirtschaftlichen Rechte als Basis aller individuellen Rechte, denn die Kräfte der Wirtschaft definieren die Beziehung zwischen Individuum und Staat. Aus dieser Beziehung leiten sich Inhalt und Natur der Menschenrechte ab. Daraus ergibt sich ein im Gegensatz zur ersten Konzeption umgekehrtes Rangverhältnis von bürgerlichen und politischen Rechten zu wirtschaftlichen und sozialen Rechten. Danach sind die wirtschaftlichen und sozialen Rechte in erster Linie zu verwirklichen und Rechte

---

13 vgl. dazu im einzelnen: Roberston/Merills (Fn. 12).

14 Eine Gegenüberstellung des sowjetisch-sozialistischen Modells mit dem westlich-liberalen Modell findet sich bei: R.N. Dean, "Beyond Helsinki: The Soviet View of Human Rights in International Law", *Va J. Int'l L.*, 21 (1980/81), S. 55 ff.

15 R. N. Dean, "Beyon Helsinki: The Soviet View of Human Rights in International Law", *Virginia J Inter'l L* 21 (1980/81) S. 55 ff.

16 Dean (Fn. 14); F. Przetacznik, "The Socialist Concept of Human Rights: Its Philosophical Background and Political Justification", *R.B.D.I.* 13 (1977), S. 238 ff.

wie etwa die Vereinigungsfreiheit und Religionsfreiheit anders als im westlichen Verständnis nachrangige Bedeutung erlangen. Bezogen auf die Rechte des Kindes aus der Konvention bedeutet das, daß unter Zugrundelegung dieser Konzeption bei der Auslegung der Konvention dem Staat im Zweifel eine höhere Bedeutung einzuräumen ist. Da er die Kinderrechte garantiert, darf ihm diese Macht im Interesse des Kindes, das mit der Konvention verfolgt wird, nur so wenig wie möglich - etwa durch Übertragung an die Eltern oder nicht staatliche Organisationen - entzogen werden. Es ist weniger Gewicht auf die Selbstbestimmung des Kindes als vielmehr auf die Sicherung der kindlichen Lebensgrundlagen zu legen.

In den Ländern der Dritten Welt werden Kollektivrechte, die sogenannten Rechte der dritten Generation[17], in höherem Maße betont als nach den anderen beiden Auffassungen. Hier ist das Recht auf Selbstbestimmung der Völker, das Recht eines Volkes, über seine natürlichen Ressourcen selbst zu bestimmen, sowie das Verbot der Rassendiskriminierung maßgebend.[18] Hinter dieser Entwicklung steht weniger eine Theorie als mehr eine praktische Erfahrung aus Entkolonialisierung und und dem Widerspruch zwischen dem Wunsch wirtschaftlicher und sozialer Verbesserungen einerseits und der ererbten, traditionellen Gesellschaftsstruktur andererseits.[19] Während die kollektiven Rechten nur in einigen wenigen - dann als Individualrechte ausgestalteten - Vorschriften in der Konvention anklingen, hat die Frage des Widerspruchs zwischen Tradition und Gesundheit in Art. 24 Abs. 3 KRK deutlich seinen Niederschlag gefunden.

Mit Abs. 12 Präambel KRK wird bewußt auf die genannte Unterscheidung eingegangen. Die Kinderrechtskonvention regelt sowohl bürgerliche Rechte als auch soziale, wirtschaftliche und kulturelle Rechte. Damit nimmt sie die verschiedenen Sichtweisen von Menschenrechten auf. Die Präambel stellt klar, daß bei der Auslegung und Umsetzung durch die Staaten nicht alleine die im jeweiligen Staat verfolgte Konzeption das Leitbild sein darf, sondern die Staaten andere Sichtweisen einbeziehen und im Interesse des Kindes anzuwenden haben.

Abtreibung

In Absatz neun Präambel KRK findet sich der bei der Ausarbeitung am heftigsten umstrittene Teil der Konvention. Es wurde das Problem der Ab-

---

17 Robertson/Merills (Fn. 12), S. 207.

18 Robertson/Merills (Fn. 17); Y.K.Tyagi, "The Thirld World Response to Human Rights", *Indian J. Int'l L.*, 21 (1981), 119 ff.

19 Tyagi ebenda.

treibung diskutiert, die in vielen Ländern entkriminalisiert worden ist[20]. In anderen Ländern dagegen wird Abtreibung durch schwangere Frauen wie auch durch den Arzt weiterhin mit hohen Strafen belegt[21], da das Interesse des Kindes am Leben dem Interesse der Frau an ihrem Körper als überwiegend angesehen wird. Auf Betreiben des Heiligen Stuhls sollte eine Bestimmung aufgenommen werden, nach der auch das vorgeburtliche Leben geschützt werden sollte.[22] Der Schutz sollte zum einen den Fötus selbst betreffen, er sollte also die Abtreibung als solche verbieten. Zum anderen sollte er auch die schwangere Frau betreffen, die geschont werden sollte, damit dem Kind keine vorgeburtliche Schädigung widerfährt. Bei Art. 1 und 6 KRK konnte dahingehend keine Konsens gefunden werden.[23] Daher sollte dieser Leitsatz wenigstens in die Präambel aufgenommen werden. Auch dieser Vorschlag stieß auf Widerstand. Als aber dann Abs. 3 Präambel KRE 1959 vorgeschlagen mit dem Hinweis wurde, daß viele Staaten diese Erklärung ja bereits ratifiziert hatten und daher diesem Grundsatz zugestimmt hatten,[24] konnte die Präambel so angenommen werden. Allerdings wurde auf Betreiben einiger Staatenvertreter eine Erklärung des Vorsitzenden der Arbeitsgruppe entgegen des üblichen Verfahrens in die *Travaux Préparatoires* aufgenommen, mit der dieser erklärte, daß damit die Auslegung des Art. 1 KRK nichts vorweggenommen werden sollte.[25] Andere vertraten die Ansicht, daß damit aber nicht gesagt sei, daß Abs. 9 Präambel KRK nicht gemäß Art. 31 Abs. 2 WVRK zur Auslegung des Art. 1 KRK herangezogen werden könne.[26] Jedenfalls waren sich alle darüber einig, daß der Eindruck vermieden werden müsse, daß die KRK grundsätzlich die Abtreibung befürworte.[27]

---

20 Deutschland. §§ 218 ff. StGB, die zwar den Schwangerschaftsabbruch nicht vollständig entkriminalisieren, aber doch erhebliche Möglichkeiten der Straflosigkeit offen lassen. In Rußland wird die Abtreibung als Mittel der Familienplanung angesehen und ist daher weitgehend entkriminalisiert; Summary Records of the 64th meeting: Russian Federation. 27/01/93 CRC/C/SR.64, Abs. 43.

21 Für Polen: Verschraegen, S. 37; in Portugal wurde Anfang des Jahres 1998 ein Referendum über die Entkriminalisierung der Abtreibung abgehalten. Es fand sich aber nicht die erforderliche Mehrheit für die Entkriminalisierung. Daher ist ein Portugal weiterhin der Schwangerschaftsabbruch mit Ausnahme der kriminologischen und medizinischen Indikation strafbar.

22 E/CN.4/L.1542, S. 2-5 Abs. 6.

23 ebenda, Abs. 7, 10; s.u. zu Art. 1 und 6 KRK.

24 E/CN.4/1989/48, S. 8-15, Abs. 37, 40.

25 Working Group ebenda, Abs. 43 a.E.

26 Working Group ebenda, Abs. 45.

27 E/CN.4/L.1542, A. 2-5, Abs. 18

Art. 6 Recht auf Leben

Mit der Anerkennung des Rechts auf Leben wurde in Art. 6 KRK eine Norm des ius cogens des Völkerrechts aufgenommen.[28]

Der ursprüngliche polnische Vorschlag für die Kinderrechtskonvention enthielt ein solches Recht nicht.[29] Vielmehr brachte erst 1988 Indien die Anregung in die Verhandlungen ein, die Staaten zu verpflichten, soweit wie möglich günstige Bedingungen für Überleben und gesunde Entwicklung des Kindes zu gewährleisten.[30] Daraufhin wurde auch die Aufnahme des Rechts auf Leben in die Konvention diskutiert.[31] Als Kompromiß einigte man sich darauf, das Recht auf Leben in Absatz eins aufzunehmen und den zunächst vorgeschlagenen Schutz des Überlebens und der Entwicklung des Kindes in Absatz zwei niederzulegen.

Das Recht auf Leben ist das elementarste Freiheitsrecht des Menschen. Der Staat darf nicht in das Leben eingreifen. Das heißt, er darf keinen Menschen töten. Wann das Leben nach Art. 6 KRK beginnt, wurde noch einmal in Bezug auf die Frage der Abtreibung kurz während der Verhandlungen zur Konvention diskutiert, dann sah man jedoch die Formulierung des Absatzes neun der Präambel und den Schutz der werdenden Mutter nach Art. 24 Abs. 2 lit. d KRK als ausreichend an. Demzufolge müssen die Vertragsstaaten den Schutz des ungeborenen Lebens selbst regeln und die KRK nimmt demgegenüber einen neutralen Standpunkt ein.[32]

Unmittelbare Eingriffe in das Recht auf Leben

Artikel 6 KRK schützt das Kind in erster Linie gegen unmittelbare Eingriffe des Staates.

Eingriffe in das unmittelbare Freiheitsrecht auf Leben können in verschiedenen Varianten auftreten. Dazu gehören so extreme Einzelbeispiele wie der Völkermord der letzten Jahre in Ex-Jugoslawien und Ruanda, das Aussenden von Todeskommandos gegen Straßenkinder in einigen Ländern Süd- und Mittelamerikas und die Tötung überplanmäßig geborener Kinder im Rahmen der "Familienplanung" in der Volksrepublik China.[33] Ein Eingriff in

---

28 Wolfrum in: FS K.J. Partsch, (Fn. 5) S. 72; Schweizer Bundesrat, *BBl.* 146 (1994) S. 27.

29 Dorsch S. 127.

30 E/CN.4/1988/28, Abs. 14, Detrick S. 120; Dorsch S. 128.

31 Ebd. Abs. 18, Detrick, S. 120 f., Dorsch a.a.O.

32 P.W. Smits *The Right to Life of the Unborn Child in international documents, decisions and opinions*, Bedum 1992, S. 40 ff.

33 dazu T.J. Fitzgibbon, "The United Nations Convention on the Rights of the Child: Are Children Really Protected? A Case Study of China's Implementation" *Loy. L.A. Int'l & Comp. L.J.* 20 (1998) S. 325 ff., 337.

das Recht auf Leben ist auch die Todesstrafe. Ihre Abschaffung findet in Art. 37 lit. a KRK eine gesonderte Regelung.

Ein weltweit noch nicht bis in die Einzelheiten zu übersehendes Problem ist die Tötung von Kindern durch Landminen. Kriegsparteien legen Minen aus, um ein Vorrücken des Gegners zu verhindern. Diese Minen liegen dann sozusagen als tickende Zeitbombe verteilt oft auf Ackerland, in der Nähe von Wasserstellen usw. Kinder holen Wasser, treten auf eine der Minen oder heben sie auf, um damit zu spielen, und werden von den Minen getötet oder schwer verletzt.[34] Nach Schätzungen von UNICEF werden jedes Jahr acht bis zehntausend Kinder auf diese Weise getötet.

Staatliche Pflichten aus dem Recht auf Leben

Artikel 6 KRK schützt das Kind vor unmittelbaren Eingriffen. Darin erschöpft sich sein Schutzbereich aber nicht. Die Staaten erkennen nämlich nach dem Wortlaut der Vorschrift das angeborene Recht auf Leben an. Anerkennung meint aber nicht nur, sich Eingriffen zu enthalten, sondern auch die Tötung von Kindern zu unterbinden.[35] Das ergibt sich auch aus einem Blick auf den zweiten Absatz von Art. 6 KRK, der die Staaten zur Gewährleistung des Überlebens und Entwicklung des Kindes verpflichtet. Im Gegensatz zum ersten Absatz wird hier ein Mindeststandard, nämlich die Möglichkeit der Entwicklung, an das Überleben des Kindes gestellt. Folglich muß der erste Absatz die Sicherung des Lebens an sich meinen.

Auch eine Auslegung des Art. 6 Abs. 1 KRK anhand der allgemeinen Prinzipien der Konvention legt diesen Schluß nahe. Artikel 3 KRK schreibt eine Auslegung der Rechte aus der Konvention am Kindeswohl ausgerichtet vor. Artikel 4 KRK verpflichtet die Staaten zu einer effektiven Umsetzung der Rechte aus der Konvention. Eine effektive Umsetzung des Rechts auf Leben kann aber nicht bedeuten, daß Kinder, die einmal auf die Welt gekommen sind ("angeboren") ihrem Schicksal überlassen werden. Vielmehr müssen sie auch weiterhin geschützt werden. Daher ist inzwischen anerkannt, daß das Recht auf Leben auch das Recht auf Schutz des Lebens durch den Staat beinhaltet.[36]

Handlungsbedarf ist insofern in verschiedenen Bereichen denkbar. Ein solcher ist etwa die Tötung kleiner Kinder und Säuglinge durch ihre Eltern. Dabei handelt es sich häufig um Mädchen. Für die Heirat eines Mädchens müssen

---

34 UNICEF (Hrsg.) T.J.Dastoor (Aut.) "Anti-Personell Landmines: Policies, Strategies and Programmes", New York; UNICEF *The UNICEF Consultative Meeting on Landmines and Children*, Genf 1994.

35 Newell S. 20 f.

36 Newell S. 20 f.

die Eltern in vielen Kulturen eine Mitgift zahlen. Arme Familien können sich diese Mitgift nicht oder höchstens für eine Tochter leisten. Die Folge ist, daß entweder das zweite Mädchen nicht heiraten kann und damit nicht versorgt ist und ein Leben lang darunter zu leiden hat, oder die Eltern das Kind unmittelbar nach der Geburt töten.[37]

Besonders in Afrika wird auch AIDS immer mehr zum Problem unter Kindern. Bereits jetzt wird in manchen Ländern geschätzt, daß bis zu 75 % der 25-40-jährigen infiziert sind.[38] Damit stirbt eine ganze Elterngeneration, die die Krankheit an ihre Kinder zum Teil schon weiter gegeben hat.[39] Daneben entstehen Probleme wie die Unterbringung dieser Kinder und ihre Ernährung, Ausbildung usw.

Kinder aus ärmeren Ländern werden zum Zwecke des Organhandels verkauft und überleben die Transplantation nicht, werden wirtschaftlich ausgebeutet.[40]

Die am weitesten verbreiteten Ursachen für den Tod von Kindern, vor allem von Kleinkindern, sind aber der Mangel an Nahrung und elementarer Gesundheitsfürsorge für Kinder.[41] Diese können nur durch positive Maßnahmen der Staaten zur Verbesserung der Lebensbedingungen beseitigt und damit die Kindersterblichkeitsrate gesenkt werden.[42] Für diesen Bereich findet sich in Art. 24 Abs. 1 und Abs. 2 lit. a KRK eine Sonderregelung.

Das Recht auf Leben beinhaltet das Recht, gegen Tötung geschützt zu werden und das Recht darauf, daß das Gesetz eine strenge Kontrolle und Begrenzung der Möglichkeiten der Tötung ausübt. Dazu gehört auch die Vorbeugung und Bestrafung von Totschlag und Mord.[43] Solche Maßnahmen finden sich zunächst in der nationalen Strafgesetzgebung. Kontrolle und Begrenzung erfolgt aber auch durch Ächtung und Vernichtung der entsprechenden Waffen,

---

37 B. Horsburgh "Deconstructing Children's Rights And Reimagining Children's Needs: A Gender, Race and Class Analysis of Infanticide" *St. Thomas Law Review* 10 (1998) 229 ff.

38 UNICEF Nachrichten März Nr. 1 /1999, S: 8 ff.; Kindernothilfe Themenheft *Die Rechte des Kindes,* Dortmund 1993, S. 22 "Uganda: Hilfe für AIDS-Waisen"; UNICEF, *The Progress of Nations 1999*, NY 1999, S. 17 ff.

39 Nach Angaben von NGO's und UNICEF sterben jährlich mehrere hunderttausend Kinder an HIV. Ein Großteil wurde mit der Krankheit geboren oder hat sich bei den Eltern infiziert. Andere Kinder werden durch Prostitution mit HIV infiziert. Vgl. dazu *Samaritan* 2(9)1998, S. 14/15.

40 Glenn Mower, S. 28.

41 Dorsch, S. 128 f. Eine Untersuchung der WHO für das Beispiel Bangladeshs findet sich in: *WHO Weekly Epidemiological Records*, Sept. 1985, No. 36, S. 277 ff.

42 Dorsch S. 128 f.

43 Wolfrum in: FS Partsch (Fn. 5), S. 72 ff.

wie z.B. der Landminen. So wird das Recht des Kindes auf Leben durch Minenprotokolle[44] und das Minenübereinkommen von Ottawa[45] geschützt. Damit wird der Einsatz, die Lagerung, die Herstellung und die Weitergabe von Antipersonenminen verboten und deren Vernichtung vereinbart. Zwar werden mit dieser Konvention nicht alle Minen geächtet, die eine mögliche Gefahr für das Leben eines Kindes darstellen können, doch wird damit ein erster Schritt hin zum Schutz des kindlichen Lebens gegen Minen getan.

Für den Kriegsfall werden in der Erklärung der UN Generalversammlung über das Überleben, den Schutz und die Entwicklung von Kindern von 1990[46] und dem dazu verabschiedeten Aktionsplan[47] Vorschläge zum Schutz von Kindern gemacht. So sollen "*corridors of peace*" errichtet werden, damit Hilfslieferungen Frauen und Kinder erreichen können, und "*days of tranquillity*"[48] eingeführt werden, damit Kinder geimpft und andere Gesundheitsmaßnahmen ergriffen werden können. Die Ideen des Aktionsplans von 1990 finden sich in der UN-Resolution über Kinder in bewaffneten Konflikten[49] wieder. Auch dort werden insbesondere "*days of tranquillity*" vorgesehen.

Noch weitergehend beinhaltet das Recht auf Schutz des Lebens auch das Recht darauf, daß mögliche Todesursachen bekämpft werden. Es ist also das Recht auf Maßnahmen zur Reduktion der Kindersterblichkeit, zur Erhöhung der Lebenserwartung, zur Bekämpfung von Epidemien und gegen Unterernährung.[50] Auch für diesen Bereich hat die Kinderrechtskonvention in Art. 24 Abs. 1 und 2 lit. b und c eine Sonderregelung getroffen.

---

[44] Minenprotokoll vom 3.5. 1996, ILM vol. 35 (1996) S. 1209-1217, *BGBl* 1997 II, S. 807-826.

[45] Übereinkommen über das Verbot des Einsatzes, der Lagerung, der Herstellung und der Weitergabe von Antpersonenminen und über deren Vernichtung, unterzeichnet am 3./4. Dez. 1997 in Ottawa, ILM vol. 36 (1997), S. 1509-1405, *BGBl.* 1998 II 778- 794, Text auf deutsch abgedruckt in: *Internationale Politik* 3/1998, S. 79 ff.

[46] UNGA A745/625 v. 14. 10. 1990 World Declaration on the Survival, Protection and Development of Children, Abs. 20 (2).

[47] Ebd. Plan of Action for Implementing the World Declaration on Survival, Protection and Development of Children, Abs. 25.

[48] So inzwischen auch die UN-Resolution zu Kindern in bewaffneten Konflikten, Res. 1261 (1999) doc. S/1999/911 vom 25. 8. 1999.

[49] UN-Resolution 1261 (1999) vom 25. 8. 1999, Children in Armed Conflicts, doc. S/1999/911.

[50] Wolfrum in: FS Partsch (Fn. 5) S. 72, 75.

Recht auf Überleben

Nach Absatz 2 des Art. 6 KRK haben die Staaten das Überleben und die Entwicklung des Kindes zu gewährleisten. Die Gewähr des Überlebens bezeichnet das physische Überleben, das auch schon Absatz 1 schützt, und das qualitative Überleben. Aus dem Zusammenhang von Überleben und Entwicklung einerseits und dem Gegensatz zum Recht auf Leben im ersten Absatz andererseits ergibt sich nämlich, daß Überleben im zweiten Absatz einen weiteren Anwendungsbereich hat als der Begriff des Lebens im ersten. Zwar ist Überleben unmittelbar mit dem Recht auf Leben verbunden, meint das nackte, physische Überleben. Überleben muß dem Kind aber auch eine Entwicklungsmöglichkeit lassen.

Das physische Überleben bezeichnet das nackte Leben und die Gesundheit des Kindes. Es ist gegen die Vorenthaltung medizinischer Betreuung, sauberen Wassers, ausreichender Ernährung gerichtet. Art. 24 KRK ist insofern eine Spezialnorm, die in ihrem Absatz 2 lit. a die Verringerung der Säuglings- und Kindersterblichkeit als zu ergreifende Maßnahme aufführt.[51] Artikel 27 KRK sichert das qualititative Überleben für alle Kinder. Danach wird das Recht des Kindes auf einen seiner Entwicklung angemessenen Lebensstandard anerkannt. Artikel 23 KRK betont die Notwendigkeit der besonderen Unterstützung des behinderten Kindes für ein qualitatives Überleben.[52]

Recht auf Entwicklung

Die Gewähr der Entwicklung des Kindes geht noch weiter. Sie schützt die physische, mentale, geistliche und soziale Entwicklung des Kindes.[53] Das ergibt sich aus der Stellung des Art. 6 KRK in der Konvention. Er ist anderen, spezielleren Vorschriften vorangestellt, wird durch sie konkretisiert. Das Recht auf Entwicklung aus Art. 6 KRK ist deshalb eine Auffangvorschrift vor allem gegenüber Art. 23, 27, 28 und 29 KRK.

Das Recht auf Entwicklung ist ein individuelles Recht des Kindes. Es gibt dem Kind nicht ein Recht auf Entwicklung seines Volkes oder seines Lan-

---

[51] Glenn Mower, S. 32.

[52] Glenn Mower, S. 33. In diesem Zusammenhang ist auch auf die besondere Notwendigkeit der internationalen Zusammenarbeit mit Entwicklungsländern hinzuweisen, die ohne Hilfe häufig den notwendigen medizinischen Schutz und die medizinische und sonstige Hilfe für Kinder gar nicht leisten können. Ein Beispiel für die Wirkung von internationalen Embargos für Kinder ist der Irak. Es gibt Berichte der UNICEF, nach denen im Irak seit Beginn des Embargos die Kindersterblichkeit um ein Vielfaches gestiegen ist. Dazu: *Neue Züricher Zeitung*, internationale Ausgabe vom 15. September 1999, S. 3 "Amerikanische Anklagen gegen Saddam Hussein".

[53] Einteilung nach Glenn Mower, S. 31 ff. ähnlich auch Fitzgibbon (Fn. 33), S. 337.

des, sondern lediglich ein Recht in seiner eigenen Entwicklung nicht gestört sondern unterstützt zu werden. Auch das zeigt eine Auslegung des Wortlauts des Art. 6 Abs. 2 KRK, denn hier ist die Rede von der Entwicklung des Kindes, nicht des Volkes des Kindes.

Die physische Entwicklung des Kindes wird nach Art. 27 Abs. 2 KRK durch die Eltern sichergestellt, die nach Art. 27 Abs. 3 KRK nötigenfalls staatlich mit Lebensmitteln, Kleidung und Wohnung unterstützt werden. Damit wird noch mal die wichtige Verbindung zwischen ordentlicher Ernährung und physischer Entwicklung des Kindes unterstrichen und gesichert.

Die mentale Entwicklung des Kindes sichert das Recht auf Bildung aus Art. 28 und 29 KRK sowie für behinderte Kinder mit besonderer Unterstützung nach Art. 23 KRK und sein Recht auf menschenwürdige Erziehungsmaßnahmen.[54] Ein Niederschlag der moralischen Entwicklung des Kindes findet sich in der Gewissens- und Religionsfreiheit des Kindes nach Art. 14 KRK und in der Religionsausübungsfreiheit insbesondere von Kindern, die Angehörige einer Minderheitengruppe sind, nach Art. 30 KRK.[55] Das Kind kann sich sozial entwickeln, indem seine Recht auf Informationsfreiheit aus Art. 13 und 17 KRK, auf Teilnahme in den das Kind berührenden Bereichen aus Art. 12 und 16 KRK, auf Versammlungsfreiheit, Art. 15 KRK und auf seine eigene Kultur nach Art. 30 KRK.[56]

Damit ist das Recht auf Leben, Überleben und Entwicklung ein Recht, das gleichzeitig einen der wichtigsten Grundsätze der Konvention bildet und vielen ihrer Bestimmungen zugrunde liegt.

Keine Rechtfertigung

Artikel 6 KRK enthält keine Rechtfertigung für einen Eingriff in das Recht auf Leben wie etwa Art. 2 EMRK.[57] Sie erkennt damit auch die Notwehr und den Notstand nicht als Möglichkeit einer gerechtfertigten Tötung des Kindes an. Offenbar geht die Konvention davon aus, daß von einem Kind eine die Notwehr oder den Notstand mit tödlicher Folge rechtfertigende Gefahr grundsätzlich nicht ausgeht. Das ist die notwendige Folge der Grundvorstellung in der Konvention, daß das Kind, da es geistig und körperlich nicht so weit entwickelt ist wie ein Erwachsener, zu schützen ist. Das schließt aber nicht aus, daß eine Tötung eines Jugendlichen, bei dem diese Prämissen nicht vorliegen,

---

[54] Glenn Mower, S. 35.

[55] Glenn Mower, S. 36.

[56] Glenn Mower, S. 37 f.

[57] zu den Möglichkeiten der Rechtfertigung einer Lebensbeendigung nach der EMRK s. J.A. Frowein in: J.A. Frowein/W. Peukert *Kommentar zur EMRK* S. 28 ff.

der also eine tödliche Gefahr darstellt, durch Notwehr oder Notstand gerechtfertigt ist. Nur wird man hier hohe Maßstäbe anlegen müssen, um den Schutz des Kindes zu sichern.

Qualifikation des Rechts

Artikel 6 beinhaltet das elementare Menschenrecht auf Leben. Es ist ein Schutzrecht des Kindes. Dieser Schutz erstreckt sich auch auf das Überleben und die Entwicklung des Kindes. Gleichzeitig beinhaltet Art. 6 KRK eine Grundidee der Konvention: Förderung der Entwicklung des Kindes.

Umsetzung in Rußland

Nach Art. 20 russ. Verf. hat jeder ein Recht auf Leben. Die Todesstrafe soll bis zu ihrer Abschaffung durch Bundesgesetz geregelt werden. Die Abschaffung der Todesstrafe ist zwar geplant, aber bisher nicht erfolgt.[58]

Als Anfang des Lebens wird in Gesetz und Lehre der Moment der Geburt angesehen.[59] Abtreibung ist in Rußland ein Mittel der Familienplanung. Die Existenz eines Embryo ist dem Leben nicht gleichgestellt.[60] Daher ist es gemäß Art. 36 des Gesetzes über den Schutz der Gesundheit[61] alleine die Entscheidung der Frau, ob sie die Schwangerschaft abbrechen will. Dabei greift das Gesetz auf eine Fristenlösung zurück, die sich in die Frist von 12 Wochen für den Abbruch ohne Indikation, von 22 Wochen mit sozialer Indikation und die Möglichkeit des Abbruchs ohne Frist im Falle einer medizinischen Indikation gliedert. Das werdende Lebens schützt die russische Gesetzgebung in erster Linie über den Schutz der schwangeren Frau und jungen Mutter.[62]

Gegen Lebensgefahren, die von den Eltern ausgehen, wird das Kind durch Art. 73 Abs. 2 FGB RF geschützt. Danach können die Elternrechte durch ein Gericht begrenzt werden, wenn die Eltern eine Gefahr für ihre Kinder darstellen. Dabei ist es zunächst unerheblich, ob die Eltern die Gefahr verschuldet haben oder nicht. Bei Verschulden werden den Eltern die Elternrechte dann endgültig entzogen, wenn sich nach sechs Monaten an den Umständen nichts geändert hat. Der Entzug und die Beschränkung der Elternrechte hat zur Folge,

---

[58] vgl. dazu unten Text zu Art. 37 lit. a KRK.

[59] I.L. Petruchin in: Topornin (Hrsg.), *Kommentar zur russ. Verf.* S. 181.

[60] Erster russ. Staatenbericht, Abs. 61, Petruchin a.a.O.

[61] Grundlagengesetzgebung der Russischen Föderation über den Schutz der Gesundheit des Staatsbürgers, Gesetz der Russischen Föderation vom 22. 7. 1993, Nr. 5487-1.

[62] dazu auch unten Abschnitt 4 zu Art. 24 KRK. Kodex der Gesetze über die Arbeit der Russischen Föderation vom 9. 12. 71, Art. 164 und Art. 6 des Gesetzes der Russischen Föderation vom 6. 8. 1993, Grundlagen der Gesetzgebung der Russischen Föderation über die Arbeitssicherheit, Nr. 5600-1.

daß das Kind aus der Familie entfernt und in einer öffentlichen Einrichtung untergebracht wird und bei Entzug der Rechte zur Adoption freigegeben werden kann. In den Fällen einer unmittelbaren Lebens- oder Leibesgefahr für das Kind, kann das Amt für Vormundschaft und Pflegschaft eingreifen und das Kind auch ohne richterliche Entscheidung über den Entzug der Elternrechte aus der gefährlichen Umgebung entfernen, Art. 77 FGB RF. Letzteres kommt aber in der Praxis selten vor, da die Ämter für Vormundschaft und Pflegschaft als Teile der Kommunalverwaltung auch noch andere Aufgaben haben und daher nicht alle Aufgaben ausreichend erfüllen können.[63]

In den vergangenen Jahren mehren sich in Rußland die Fälle versuchten und vollendeten Selbstmordes unter Jugendlichen.[64] Nach Schätzungen von ngo's versuchen alleine in Moskau bis zu 12 000 Minderjährige im Jahr sich das Leben zu nehmen.[65] Bisher ist es nicht gelungen, für dieses Problem eine Lösung zu finden. Zwar wird die Verleitung zum Selbstmord durch Drohung, grausame Behandlung oder systematische Erniedrigung der Menschenwürde unter Strafe gestellt.[66] Jedoch ist diese Straftat schwer zu beweisen, zumal ein strenger Kausalzusammenhang und Vorsatz gefordert wird. Darüber hinaus ist ein Selbstmordversuch in den seltensten Fälle eine Frage systematischer Einflüsse eines einzelnen, vielmehr sehen die Jugendlichen häufig keinen Ausweg aus einer gesamten wirtschaftlichen und sonstigen Lebenslage. Für diese Jugendlichen gibt es Sorgentelefone, die aber bisher noch wenig ausgebaut und bekannt sind. Zentren für die psychologisch-pädagogische Betreuung der Bevölkerung[67] sind auf die Beratung selbstmordgefährdeter Jugendlicher nicht eingerichtet.[68]

Als besonderes Problem wird in Rußland auch die Möglichkeit einer Infektion mit HIV angesehen.[69] Dieses wird in einem besonderen Gesetz behandelt, in dem sich sowohl Vorschriften über Staatsgarantien als auch Rechte in-

---

63 Prawitelstwo Moskvy, Komitet po delam cemi i mologjoschi, *Deti uliz*, 1. Aufl. Moskau 1997, S. 1 ff.

64 Concluding Observations Observations of the Committee on the Rights of the Child: Russian Federation, CRC/C/15/Add.110 vom 10.11.1999.

65 Alternativer Staatenbericht Abs. III-7.

66 Art. 110 russ. StGB, dazu: S.W.Borodin in: A.W. Naumow (Hrsg.), *Kommentar zum StGB der Russ. Föderation*, Moskau 1997, S. 298.

67 Zweiter Staatenbericht, Abs. 41.

68 Alternativer Staatenbericht a.a.O.

69 A. Iwantschenko, "Spid ugroschajet kaschdamu" *Rossijskije Vesti* No. 20-21 (1538- 1539) v. 31. 5. 2000, S. 8; auch der Kinderrechtsausschuß hat seine Besorgnis ausgedrückt: Concluding Observations of the Committee on the Rights of the Child: Russian Federation CRC/C/15/Add.110 vom 10.11.1999, Abs. 47.

fizierter Kinder und ihrer Eltern finden.[70] Danach muß der Staat die Bevölkerung regelmäßig über das Risiko der HIV-Infektion und die Möglichkeiten der Verhütung einer Infektion aufklären. HIV-Infizierte haben das Recht auf unentgeltliche medizinische Hilfe und Eltern dürfen mit ihren infizierten Kindern (bis zu 15 Jahren) in den Krankenhäusern wohnen, Art. 4, 18 und 19 des Gesetzes.

Ein Spezialgesetz regelt die Möglichkeit der Organentnahme zum Zwecke der Transplantation.[71] Darin wird der Hirntod als Voraussetzung für die Transplantation genannt. Bisher wurden noch keine Fälle bekannt, in denen etwa Straßenkinder für die Organspende mißbraucht wurden.

Damit ist das Abwehrrecht des Kindes auf Leben in Rußland ausreichend umgesetzt. Auch gegen Eingriffe in sein Leben von dritter Seite wird das Kind durch die russische Gesetzgebung geschützt.

Nach Auffassung der russischen Literatur geht der Schutz auf Leben einher mit anderen Rechten aus der russischen Verfassung. Dazu gehören das Recht auf eine günstige (saubere) Umwelt (Art. 42 russ. Verf.), das Verbot der Folter, Gewalt und unmenschlichen Behandlung (Art. 21 russ. Verf.), das Recht auf Gesundheitsschutz (Art. 41 russ. Verf.) und andere. Ihr endgültiges Ziel sei es, den einzelnen in die Lage zu versetzen, das Recht auf Leben zu verwirklichen.[72]

Jedoch ist das Überleben oft nicht ausreichend gesichert. Das physische Überleben und die physische Entwicklung sichert zwar die russische Gesetzgebung. Nach Art. 24 des Gesetzes über den Schutz der Gesundheit der Staatsbürger hat jeder Minderjährige ein Recht auf medizinische Versorgung, auf ermäßigte medizinisch-soziale Hilfe, auf sanitäre und hygienische Erziehung und auf Lernen und Arbeiten unter seiner Gesundheit entsprechenden Umständen. Auf diese Weise soll die physische und mentale Entwicklung des Kindes gesichert werden. Jedoch zeigt die hohe Selbstmordrate und auch steigende Zahlen der Infektion mit HIV sowie auch der Griff zu Drogen, der immer häufiger vorkommt[73], daß die mentale, geistige und sonstige Entwicklung und das Überleben des Kindes gegenüber Umwelteinflüssen, die nicht unmittelbar Ein-

---

[70] Gesetz der Russischen Föderation "Über die Vorbeugung der Ausbreitung der Krankheit in der Russischen Föderation, die durch den Human Immunodefecieny Virus ausgelöst wird (HIV-Infektion)" vom 30. 3. 1995, Nr. 38-FS, dazu zweiter Staatenbericht Abs. 96.

[71] Gesetz der Russischen Föderation vom 22. 12. 1992 "O transplantazii organow i (ili) tkanej tscheloweka", Art. 9.

[72] Petruchin (Fn. 59); Tumanow u.a. (Hrsg.) *Konstitutzija Rossijkoj Federazii, Enziklopeditscheskij slowar,* Moskau 1997, S. 212.

[73] Concluding Observations of the Committee on the Rights of the Child: Russian Federation, CRC/C/15/Add.110 vom 10.11.1999, Abs. 12.

griffe durch Dritte darstellen, nicht genügend geschützt wird. Es besteht vor allem Handlungsbedarf im Bereich der Sorge für Kleinkinder und der psychologischen Betreuung Minderjähriger.

Art. 19 Schutz vor Gewalt

Art. 19 KRK schützt das Kind gegen jede Form der Gewalt und Vernachlässigung in der Familie. Dabei beschränkt er sich nicht auf Gewalt durch die Eltern, sondern schließt in der weiten Formulierung alle möglichen Gewalttäter ein, die dem Kind körperlichen Schaden zufügen, während es sich in der Obhut der Eltern oder anderer gesetzlicher Betreuer befindet. Damit betont Art. 19 KRK den Schutz vor intrafamiliärer Gewalt im weitesten Sinne.[74] Die Rechte der Eltern und der Familie aus Art. 5 KRK werden beschränkt.[75] Zum Schutz des Kindes vor Gewalt und Vernachlässigung in der Familie müssen die Vertragsstaaten nicht nur gesetzgeberische und administrative Maßnahmen im eigentlichen Sinne, sondern auch soziale und Bildungsmaßnahmen treffen. Es wird aber nicht ausdrücklich ein Verbot elterlicher Gewaltanwendung in den Vertragsstaaten gefordert.

Ziel dieser Maßnahmen ist die Vorbeugung und Aufdeckung von Gewalt gegen Kinder und die Behandlung sowie Nachbetreuung betroffener Kinder. Das Einschreiten der Gerichte im Sinne einer Trennung des Kindes von seinen Eltern oder seiner Familie wird als letzte Möglichkeit nach Maßnahmen zur Vorbeugung gegen zukünftige Mißhandlung und Vernachlässigung des Kindes angesehen.

Entstehungsgeschichte

Der Schutz gegen Gewalt in der Familie wurde auf Vorschlag Kanadas in die Diskussion um die KRK eingebracht und als Absatz 1 des Art. 19 aufgenommen.[76] Für Absatz 2 standen sich ein Vorschlag einer ngo-Gruppe und ein Vorschlag der Ukraine gegenüber. Der erstere zielte vor allem auf allgemeine Schutzmaßnahmen, während der letztere eine im Vorfeld wirkende Strategie mittels Schaffung von Sozialprogrammen, Unterstützung kinderreicher Familien und alleinerziehender Mütter befürwortete. Art. 19 Abs. 2 KRK in der heutigen Fassung stellt einen Kompromiß dieser beiden Vorschläge dar.[77]

---

[74] Cantwell (Fn. 8), S. 28; Fitzgibbon (Fn. 33), S. 238 f.

[75] Dorsch S. 218.

[76] E/CN.4/1984/71, Abs. 34, Dorsch S. 217.

[77] Dorsch S. 218; E/CN.4/1984/71, Abs. 49 f., E/CN.4/1989/48, Abs. 316, 319.

Artikel 19 spricht damit ein Problem an, über das bis dahin weitgehend Stillschweigen bewahrt wurde. Die Gewalt gegen Kinder wurde als ein privates Problem der einzelnen Familie angesehen, zu deren Beseitigung der Staat nur in äußersten Fällen eingreifen kann.[78] Statistisches Material gibt es bis zum heutigen Tag wenig, da häufig Fälle von Gewalt in der Familie nicht aufgedeckt werden und das Interesse an diesem Problem nicht weit reicht.[79]

Schlechte Behandlung in verschiedenen Formen

Artikel 19 KRK verwendet verschiedene Begriffe um Formen von Schäden, die einem Kind zugefügt werden können, zu bezeichnen.

Gewaltanwendung bezeichnet aktiv verursachte Verletzungen des Kindes, sowohl psychischer als auch physischer Art. Körperliche Mißhandlungen sind u.a. Schlagen, Treten, Verbrennen usw. Schlagen wird vor Gericht häufig nur dann als Mißhandlung gewertet, wenn es übermäßig oder ohne Erziehungsvorsatz geschieht.[80]

Schadenszufügung meint weitere Formen aktiver Schädigung des Kindes in physischer, psychischer, sexueller Hinsicht. Dabei verbietet Art. 19 KRK vor allem den sexuellen Mißbrauch von Kindern in der Familie. Damit trägt die Vorschrift der Erkenntnis Rechnung, daß der größte Teil der Vorkommen von sexuellem Mißbrauch an Kindern in der Familie geschieht. Angefangen von inzestuösen Handlungen bis hin zur Vergewaltigung durch angeheiratete Familienmitglieder sind wohl rund 80 % dieser Art der Vergehen gegen Kinder in der Familie zu suchen.[81] Artikel 19 ist insofern als lex specialis zu Art. 34 KRK

---

[78] A. McGillivray "Reconstructing Child Abuse: Western Definition and Non-Western Experience" in: M.Freeman/P. Veerman (Hrsg.) *The Ideologies of Children´s Rights*, Dordrecht 1992, S. 213 ff., 213, die die Frage vor allem vom Standpunkt der Ideologie der Kinderrechte ausgehend betrachtet.

[79] S. Rudas "Prävention und Schutz vor Gewalt - Nachbetreuung bei Gewalt gegen Kinder - Reaktion des Kindes auf Gewalt" in: Rauch-Kallat/Pichler (Hrsg.) *Entwicklungen in den Rechten der Kinder im Hinblick auf das UN-Übereinkommen über die Rechte des Kindes*, Wien 1994, S. 445-458, 448; Nielsen/Frost "The Danish Debate" in Freeman (Hrsg.) *Children´s Rights*, S. 76.

[80] J. Münder/B. Mutke/R. Schone, "Quantitative Aspekte der Sicherung des Kindeswohls zwischen Jugendhilfe und Justiz", *RdJB* 46 (1998), 2, 195-205, S. 203; G. Schewe, "Kindesmißhandlung" in: Land Schleswig-Holstein, *UN-Konvention über die Rechte des Kindes*, S. 54.

[81] M.M.Coady/C.A.J. Coady "There ought to Be a Law Against It. Reflections on Sexual Abuse, Morality and Law" in: P. Alston/S. Parker/J. Seymour (Hrsg.) *Children, Rights and the Law*, Oxford 1992, S. 126 ff. s. zum Problem des sexuellen Mißbrauchs auch unten Text zu Art. 34 KRK.

anzusehen, der speziell den Schutz des Kindes gegen sexuelle Ausbeutung regelt.

Verwahrlosung und Vernachlässigung beinhalten Formen der Zufügung von Schaden gegen das Kind durch Unterlassen seiner Pflege und Fürsorge. Sie können vor allem auch dadurch verwirklicht werden, daß Eltern keine Abhilfe bei Gefährdung des Kindeswohls schaffen.[82] Im einzelnen werden als Vernachlässigung solche Konflikte bezeichnet, bei denen eine adäquate physische oder psychische Mindestversorgung von Kindern durch sorgeberechtigte Personen nicht gewährleistet ist. Dabei geht es regelmäßig um Handlungen, die unbewußt, aus Unwissenheit oder aus Verkennung der Situation unterlassen wurden.

Verwahrlosung vom Standpunkt des Kindes aus betrachtet umfaßt ein Verhalten von Kindern und Jugendlichen, die infolge einer defizitären Sozialisation gesellschaftliche Normen mißachten, wie zum Beispiel Schuleschwänzen, Diebstahl, Weglaufen.[83] Auch diese Merkmale der Schadenszufügung können sowohl physisch als auch psychisch erfolgen.

Psychische Gewalt ist in der Mehrzahl der Fälle schwer zu ermitteln. Häufig geht sie mit der körperlichen Gewalt einher oder ist im Empfinden des einzelnen Kindes eine unmittelbare Folge davon. Sofern die psychische Gewalt aber ohne körperliche Einwirkung gegen das Kind ausgeübt wird, ist sie kaum zu ermitteln und wird selten anerkannt.[84]

Schlechte Behandlung bezeichnet den Oberbegriff zu Schadenszufügung in aktive handelnder und unterlassender Weise.

Das Verbot der Ausbeutung des Kindes in Art. 19 Abs. 1 letzter Fall KRK ist eine Spezialisierung der Art. 32 und 34 KRK und umfaßt sowohl Arbeitsschutz als auch Schutz vor sexuellem Mißbrauch im Bereich der Familie.[85] Der Begriff der Ausbeutung wird dort zu klären sein.

Körperstrafe in Familien und Betreuungseinrichtungen

Im Einzelfall ist das Empfinden der Gewalt vom individuellen Bewußtsein des einzelnen Kindes abhängig. Jedoch haben die Staaten objektive

---

[82] Schweizer Bundesrat, *Bundesblatt* 1994 (146), S. 45.

[83] Müner/Mutke/Schone (Fn. 80), S. 204. Ein Beispiel dafür findet sich in einer Entscheidung der Europäischen Kommission für Menschenrechte vom 10. 9. 1999 im Fall Z and others vs UK, Application No. 29392/95, in dem vier Kinder über Jahre von ihren Eltern vernachlässigt worden waren und das den Behörden bekannt war, sie aber nur sehr zögernd eingeschritten sind.

[84] M. Henaghan "New Zealand and the Convention: A Lack of Balance" in: Freeman (Hrsg.), *Children's Rights*, S. 184 f.

[85] Fitzgibbon (Fn. 33).

Kriterien aufgestellt, anhand derer das Vorliegen vor allem von körperlicher Gewalt gegen Kinder festgestellt und soweit möglich verhindert wird.

In der Regel schützt das Strafrecht der einzelnen Staaten das Kind vor Mißhandlung und Ausbeutung unabhängig von familiären Beziehungen. Sie schreiben den Schutz von Leib und Leben und Strafen für das Aussetzen Hilfloser vor. Der Schutz des Leibes wird allerdings in einigen Ländern insofern begrenzt, als die Eltern ihr elterliches Erziehungsrecht ausüben dürfen und sollen. Die Maßstäbe für das elterliche Erziehungsrecht sind in den verschiedenen Ländern unterschiedlich. Viele Staaten verbieten zwar grundsätzlich Gewalt gegen Kinder und deren körperliche Züchtigung und geben Eltern Instrumente an die Hand, mit deren Hilfe sie ihre Kinder gegen Gewalt schützen können. Sie erlauben den Eltern aber gleichzeitig, ihrerseits im Rahmen ihrer Erziehung körperliche Strafen anzuwenden.[86] Der wohl weiteste Freiraum für Eltern besteht in Großbritannien. Dort ist gesetzlich bestimmt, daß die Eltern nach common law die Freiheit haben, *reasonable chastisement* als Form der Erziehung anzuwenden.[87]

Andere europäische Staaten haben jede Art von körperlicher Bestrafung von Kindern verboten.[88]

Allerdings gehen die Expertenmeinungen auseinander, ob es richtig ist, die körperliche Bestrafung von Kindern im Rahmen des elterlichen oder schulischen Erziehungsauftrags völlig zu verbieten. So ging der Experte des Heiligen Stuhls bei der Diskussion dessen Staatenberichts davon aus, daß körperliche Bestrafung in Maßen und geleitet von Liebe und Erziehungswillen durchaus angebracht sein könne.[89] Andere heben hervor, daß Gewalt gegen Kinder häufig ein Resultat falsch verstandener oder aus den Fugen geratener Erziehung ist. Daher müsse und könne man die Erziehung von Kindern auch ohne Ohrfeigen und ähnliche Arten der Züchtigung abschließen.[90] In diesem Bereich, der sehr emotional besetzt ist, geht oft die Unterscheidung von Moral und Recht

---

86 zum Beispiel in Neuseeland: Henaghan (Fn. 84), S. 184 f.; Argentinien: Grosman "Argentina - Children's Rights in Family Relationships" in: Freeman, *Children's Rights*, S. 24 f.

87 Newell S. 71.

88 Dazu gehören Schweden, Finnland, Dänemark, Norwegen und Österreich. Newell ebenda; Nielsen/Frost (Fn. 79).

89 Committee on the Rights of Child concludes its Examination of Holy See Report, Press Release HR/4226 vom 16. 11. 1995.

90 M. Freeman, "The Convention: An English Perspective" in: Freeman (Hrsg.) *Children's Rights*, S. 100.

durcheinander, die beiden Sichtweisen der Körperstrafen gegen Kinder sind kaum noch zu trennen.[91]

Im Zusammenhang mit Art. 28 KRK folgt aus Art. 19 vor allem auch ein Verbot der Gewaltanwendung in der Schule.[92] Lehrer und andere Personen sollen nach Art. 28 Abs. 2 die Disziplin in der Schule nur mit der Menschenwürde des Kindes entsprechenden Mitteln herstellen. Aus der Wertung des Art. 19 folgt, daß körperliche Gewalt und damit Körperstrafen und psychologische Gewalt grundsätzlich nicht der Menschenwürde des Kindes entsprechen und daher dem Bildungsauftrag nach Art. 28 Abs. 2 KRK nicht entsprechen.[93]

Maßnahmen gegen Gewalt gegen Kinder

Nationale Maßnahmen gegen Gewalt gegen Kinder werden vor allem auf folgenden Ebenen durchgeführt: strafrechtliche Sanktionen gegen die Täter, Entzug der Elternrechte und Durchsetzung von Kinderwohlfahrtsgesetzen.[94] Strafrechtliche Sanktionen werden für physische Gewalt und sexuellen Mißbrauch von Kindern ausgesprochen. Der Entzug der Elternrechte kann zusammen mit den strafrechtlichen Sanktionen eingesetzt werden, um dem Kind nicht der Gefahr späteren Mißbrauchs nach Beendigung einer entsprechenden Haftstrafe des Täters auszusetzen. Das Mittel des Entzugs der Elternrechte kann auch allein eingesetzt werden, um etwa ein Kind aus einer Situation der Vernachlässigung oder Verwahrlosung zu befreien und ihm die Möglichkeit zu geben, an anderer Stelle, bevorzugt in einer anderen Familie aufzuwachsen.[95]

Kinderwohlfahrtsgesetze enthalten häufig präventive Maßnahmen wie etwa Beratung, Lebenshilfe u.ä. Diese führen in den Ländern neben dem Gesetzgeber vor allem Jugendämter im Rahmen der Administrative und Sozialarbeiter im Rahmen von Sozialprogrammen zur Vorbeugung von Gewalt und zur

---

91 dazu Coady/Coady (Fn. 81), S. 132.

92 vgl. dazu z.B. auch EGMR in der Entscheidung Costello-Roberts vs. UK Entscheidung vom 25. 3. 1993, Series A, vo. 247-C; dazu G. van Bueren "Opening Pandora's Box: Protecting Children Against Torture or Cruel, Inhuman and Degrading Treatment and Punishment" *Law & Policy* 17 (1995) S. 377 ff., 381.

93 Der EGMR und die Europäische Kommission für Menschenrechte haben sich in der Vergangenheit mehrfach mit Körperstrafen beschäftigt und dabei Kriterien für die Behandlung körperlicher Strafen entwickelt; J.A. Frowein in: Frowein/Peukert *Kommentar zur EMRK*, Art. 3 Rn. 8.

94 Y. Matsushima "Controversies and Dilemmas: Japan Confronts the Convention" in: Freeman, *Children's Rights*, S. 125 ff.; Grosman (Fn. 86).

95 Die Voraussetzungen der Herausnahme des Kindes aus der Familie finden sich in Art. 9 Abs. 1 KRK (s.u. Abschnitt 7 zu Art. 9) und der Unterbringung des Kindes in Art. 20 KRK (s.u. Abschnitt 8 zu Art. 20 KRK).

Nachbetreuung von Kindern durch.[96] Das größte Problem besteht dabei oft nicht in der staatlichen Initiative zur Betreuung mißbrauchter, vernachlässigter, geschädigter Kinder, sondern vielmehr in deren Anwendung und tatsächlichen Verwirklichung, weil Kinder es oft nicht wagen, ihre familiären Probleme in die Öffentlichkeit zu tragen.[97]

Aufklärung und Verhinderung von Gewalt

Daher sollen nach Absatz 2 des Art. 19 KRK Maßnahmen zur Aufklärung und Verhinderung von Gewalt gegen Kinder ergriffen werden. Solche Maßnahmen werden z.B. in Form von Registern über wegen Kindesmißbrauch verurteilte Täter und in Form von Sozialarbeit mit betroffenen und gefährdeten Familien ergriffen.[98] Das Problem dieses Ansatzes ist häufig die Tatsache, daß diese Art der Arbeit mit Kindern und deren Familien einen großen Personalaufwand erfordert, dem die Zahl der ausgebildeten Sozialarbeiter nicht gerecht wird.[99] In Dänemark ist deshalb z.B. gesetzlich eine Pflicht zur Meldung beim Stadtrat vorgesehen, wenn ein Bürger feststellt, daß ein Kind vernachlässigt oder mißbraucht wird. Diese Vorschrift wird sogar als den Pflichten der Geheimnisträger, wie z.B. Ärzten, Sozialarbeitern und Rechtsanwälten, vorrangig angesehen.[100]

Qualifikation des Rechts

Artikel 19 KRK beinhaltet ein spezielles Kinderrecht. Er schützt Kinder wegen ihrer körperlichen Schwächen gegen körperlich überlegene. Er schützt auch Kinder wegen deren Unfähigkeit, sich selbst zu versorgen. Artikel 19 KRK ist außerdem ein Schutzrecht (*protection right*). Er legt ein Recht auf Schutz vor Gewalt gegen den Staat fest.

Russische Umsetzung des Gewaltverbots

Gewalt gegen Kinder wird in Rußland in Zeiten der wirtschaftlichen Krise ein immer größeres Problem. Nach Daten der *Moskowskaja Prawda* war im Jahre 1995 jedes 39. Kind in Rußland der Gewalt ausgesetzt.[101] Diese Ge-

---

96 Freeman (Fn. 90), S. 99.

97 Bundesrat Schweiz, *BBl* 1994 (146), S. 45; Matsushima (Fn. 94), 131.

98 für Großbritannien: Newell S. 31, Freeman (Fn. 96); für Neuseeland: Henaghan (Fn. 84), S. 185.

99 Freeman (Fn. 96), Henaghan (Fn. 98).

100 Nielsen/Frost (Fn. 79)

101 So schon der erste russ. Staatenbericht Abs. 86; *Moskowskaja Prawda*, 23. 4. 1996, no 74 "Domaschnije Tirany, trepeschtschitje!"; s. a. *Moscow Times* vom 16. 9. 1998, S. 8 "Convicted Child Rapist Declared Insane".

walt geht von Eltern und anderen Angehörigen oder aber von Mitarbeitern in staatlichen Instituten, vor allem in staatlichen Kinderheimen, aus.

Die Grundlagen für staatliche Maßnahmen gegen Gewalt gegen Kinder bilden Art. 21 und 22 russ. Verf. Art. 21 russ. Verf. sieht den Schutz der Menschenwürde vor. Demzufolge hat jeder Mensch und darunter natürlich auch jedes Kind einen hohen Wert als Lebewesen, das mit Verstand, Willen und Gefühlen, d.h. mit Eigenschaften, die ihn von seiner Umgebung unterscheiden, ausgestattet ist. Diesen Wert schützt die Verfassung. Besondere Bedeutung kommt dabei dem Schutz des Menschen in Situationen zu, in denen er sich in der Macht anderer befindet, also in der Schule, in staatlichen Kinderheimen usw.[102] Das in Art. 22 russ. Verf. festgelegte Recht auf persönliche Unversehrtheit können auch Kinder geltend machen. Dabei versteht man unter persönlicher Unversehrtheit körperliche, psychische und moralische Unversehrtheit. D.h. das Kind hat ein Recht auf Wahrung seiner Gesundheit, seiner Ehre, seiner Würde und geistigen Freiheit aus Art. 22 russ. Verf.[103] Eine Begrenzung dieses Rechts besteht im Recht der Eltern, des Vormundes, der Pflegeeltern, das Kind zu erziehen und dabei im Rahmen der Gesetze auch geringe körperliche Züchtigungen einzusetzen.[104]

Näher ausgestaltet sind die Rechte aus Art. 21 f. russ. Verf. und aus Art. 19 KRK in der Straf-, Verwaltungs- und Familiengesetzgebung. Das Verbot körperlicher Gewalt findet sich im Strafgesetzbuch von 1996 (russ. StGB). Das systematische Zufügen von Schmerzen gegenüber Kindern wird nach Art. 117 russ. StGB als besonders schwerer Fall mit einer Freiheitsstrafe von drei bis sieben Jahren geahndet. Art. 131 bis 135 russ. StGB stellen die Verletzung der sexuellen Unversehrtheit eines Menschen und insbesondere des Kindes unter Strafe. Vergewaltigung, durch Gewalt herbeigeführte sexuelle Handlungen und sexuelle Handlungen, die unter Ausnutzung einer finanziellen oder sonstigen Abhängigkeit herbeigeführt werden, werden bestraft. Einen schweren Fall bildet die Tat, die gegenüber einem abhängigen Minderjährigen begangen wird, Art. 132 russ. StGB. Art. 134, 135 russ. StGB stellen insbesondere sexuelle Handlungen mit Minderjährigen unter 16 bzw. unter 14 Jahren unter Strafe.

Auch das FGB enthält Möglichkeiten des Kindes, sich selbst gegen Mißbrauch und Gewalt seitens der Eltern zu schützen oder dagegen von staatlicher Seite geschützt zu werden. Art. 56 Abs. 2 FGB sieht das Recht des Kindes vor, sich selbständig an die Vormundschafts- und Pflegschaftsorgane zu wenden, wenn seine Eltern es mißbrauchen. Die Vormundschafts- und Pfleg-

---

102 Petruchin (Fn. 59), S. 187.
103 Petruchin (Fn. 102).
104 Petruchin (Fn. 59) S. 188.

schaftsorgane sind dann dazu verpflichtet, alle notwendigen Maßnahmen zum Schutz des Kindes zu ergreifen. Art. 73 FGB stellt dazu Voraussetzungen für die Beschränkung elterlicher Rechte auf. Ein möglicher Grund für eine solche gerichtliche Beschränkung ist das Bestehen einer von den Eltern ausgehenden Gefahr für das Kind, die in ihrer Intensität nicht ausreichend für einen Entzug der Elternrechte ist. Folge einer Beschränkung der Elternrechte ist die Unterbringung des Kindes außerhalb seiner Familie. Der längste Zeitraum für eine solche Beschränkung der elterlichen Rechte sind sechs Monate. Währenddessen wird überprüft, ob sich die Bedingungen in der Familie bessern. Ist das der Fall, wird das Kind zurück in seine Familie gelassen. Ansonsten sind die Organe für Vormundschaft und Pflegschaft verpflichtet, ein Verfahren zum Entzug der Elternrechte gemäß Art. 69 ff. FGB einzuleiten. Gründe für den Entzug der Elternrechte sind das Unterdrücken und Umgehen der Erfüllung der elterlichen Pflichten gegenüber dem Kind, der Mißbrauch der elterlichen Rechte, ein grausamer Umgang mit dem Kind, darunter ausdrücklich die Anwendung von Gewalt gegen das Kind und das Begehen einer Straftat gegen Gesundheit oder Leben des Kindes oder des Ehepartners. Als Folge des Entzugs der Elternrechte ist das Kind eine sogenannte soziale Waise. Es wird in einem Kinderheim oder einer Pflegefamilie untergebracht und kann adoptiert werden.

Ein schnelles Mittel zum Schutz des Kindes sieht Art. 77 FGB vor. Danach können die Organe für Vormundschaft und Pflegschaft ein Kind aus seiner Familie sofort entfernen, wenn ihm eine unmittelbare Gefahr für Leib oder Leben droht. Eine ähnliche Norm enthält Art. 141 FGB für die Adoption.

Gewalt gegen Kinder ist in Schulen gänzlich verboten und das Gesetz über die Bildung, Art. 50 Abs. 2 und 3,[105] sieht disziplinarische Maßnahmen gegen Lehrer vor, die sich nicht an dieses Verbot halten.[106]

Besondere Vorschriften gegen die Vernachlässigung eines Kinder finden sich im russ. StGB und im FGB. Nach Art. 156 russ. StGB wird bestraft, wer seine elterlichen Pflichten, die in Art. 61 bis 79 FGB niedergelegt sind, nicht erfüllt. Neben den o.g. Grundlagen für Begrenzung und Entzug der Elternrechte sehen Art. 148 f. FGB vor, daß ein Kind unter Vormundschaft ein Recht auf Achtung seiner Würde hat. Das schließt vor allem auch die Verhinderung von Vernachlässigung des Kindes, das nach russischem Recht notwendig bei seinem Vormund wohnt, mit ein.

---

[105] Gesetz vom 10. 7. 1992 "Ob obrasowanije" Federalnij Sakon R.F. vom 30. 7. 1992 *VSNDRFiVSRF* 20. 7. 1992, No. 30 st. 1797.

[106] Summary Records of the 62nd meeting of the Committee on the Rights of the Child, CRC/C/SR.62, Abs. 33.

Verwaltungsmaßnahmen gegen Gewalt gegen Kinder sieht Art. 15 des Gesetzes über die grundlegenden Garantien der Kindesrechte in der Russischen Föderation vor.[107] Die Vorschrift regelt den Schutz von Kinder in schweren Lebenssituationen. Diese Kinder haben ein Recht auf besonderen Schutz und Sorge durch die staatlichen Organe auf föderaler wie auf Landes- und lokaler Ebene. Der Staat garantiert den gerichtlichen Schutz der Kinderrechte. Staatliche Sozialdienste erarbeiten im Rahmen dieses Gesetzes individuelle Rehabilitationsprogramme für das einzelne Kind und ergreifen die notwendigen sofortigen Maßnahmen für die Rehabilitation und Wiedereingliederung des Kindes in die Gesellschaft zusammen mit schulischen Einrichtungen, Gesundheits- und anderen Institutionen. Nicht staatliche Organisationen können sich im Namen eines Kindes oder der Kinder allgemein mit der Klage einer Rechtsverletzung durch Staatsorgane, Einrichtungen und Organisationen sowie durch Privatpersonen, darunter auch die Eltern, an ein Gericht wenden.[108]

Daneben werden seit 1997 Zielprogramme durchgeführt, die im Programm "Kinder Rußlands" des Präsidenten der Russischen Föderation vorgesehen sind. Darunter sind vor allem die Entwicklung der Institutionen der sozialen Betreuung von Familie und Kindern und die Vorbeugung von Heimatlosigkeit und Kriminalität von Kindern hervorzuheben.[109]

In den vergangen Jahren wurden vermehrt Informationen in den Massenmedien in Rußland über die Gefahren von Gewalt gegen Kinder unter Beteiligung von Experten, d.h. Medizinern, Juristen, Pädagogen, veröffentlicht.[110]

Trotz dieser zahlreichen gesetzlich vorgesehenen Maßnahmen ist Gewalt gegen Kinder in Rußland nach wie vor ein Problem, zu dem sich bisher noch keine befriedigende Lösung finden ließ.[111] Häufig ist die Folge von Gewalt gegen Kinder, daß sie von zu Hause weglaufen, zu Straßenkindern werden. Deren gibt es in Rußland nach derzeitigen Schätzungen zwischen ein und vier Millionen.

Da das Institut der Sozialarbeit in Rußland erst im Jahre 1992 eingeführt wurde und auch erst dann mit der Ausbildung von Sozialarbeitern begonnen

---

[107] Gesetz vom 24. 7. 1998, "Ob osnovnoych garantijach praw rebjonka w Rossijskoj Federazii" No. 124-FS, *Rossijskaja Gaseta* vom 5.8.1998.

[108] Der Kinderrechtsausschuß hält allerdings offenbar diese Maßnahmen noch nicht für ausreichend. Concluding Observation of the Committee on the Rights of the Child: Russian Federation, CRC/C/15/Add.110 vom 10.11.1999 Abs. 35.

[109] Zweiter Staatenbericht, Abs. 89 - 91.

[110] Summary Records of the 62nd meeting of the Committee on the Rights of the Child, CRC/C/SR.62, Abs. 32.

[111] Committee on the Rights of the Child ebenda, Abs. 31 ff.

wurde,[112] ist diese Form der Vorbeugung von Gewalt gegen Kinder, vor allem durch die Arbeit mit Eltern und Vorgesetzten noch nicht weit fortgeschritten. Die bereits ausgebildeten Sozialarbeiter sind den Schulen angegliedert.[113]

Im Jahre 1996 wurde ein Gesetzesprojekt in die Staatsduma, das russische Parlament eingeführt, das sich mit der Verhinderung von Gewalt gegen Kinder beschäftigte. Es sah die Möglichkeit eines sozialen Eingreifens als Teil der Sozialarbeit zur Verhinderung von Gewalt in der Familie vor. Das Gesetz ist bisher nicht verabschiedet worden.[114]

Art. 37 Schutz vor Folter

Artikel 37 lit. a KRK verbindet in gewisser Weise das Recht auf Leben und den Schutz gegen Gewalt. Er verbietet zum Schutz des Abwehrrechts auf Leben die Todesstrafe gegen jugendliche Straftäter. Mit dem Verbot der Folter und anderer grausamer, unmenschlicher oder erniedrigender Behandlung wird die physische Integrität und die Menschenwürde des Kindes geschützt. Nur wenn beide gegen äußere Einflüsse gesichert sind, kann das Kind sein Leben fortführen und sich normal entwickeln. Der Entwicklung dient vor allem auch die in Art. 37 lit. a KRK vorgesehene Beschränkung für die lebenslange Freiheitsstrafe. Ein Kind ist noch nicht vollständig entwickelt. Daher muß ein straffällig gewordenes Kind, das sich in der Haft weiter entwickelt hat, die Möglichkeit vorzeitiger Entlassung aus der lebenslangen Freiheitsstrafe haben.[115]

Andere Kodifikationen des Verbots der Todesstrafe und des Folterverbots, Entstehungsgeschichte

Mit dem Verbot der Todesstrafe für jugendliche Straftäter wiederholt Art. 37 lit. a KRK die bereits vorher bestehenden Vorschriften der Art. 6 Abs. 5 IPbürR, Art. 68 Abs. 4. Genfer Rotkreuzabkommen, Art. 6 Abs. 4 2. ZP zu den Genfer Abkommen.[116] Für die Begrenzung der Todesstrafe und der lebenslangen Freiheitsstrafe wird die bereits in Art. 1 KRK genannte Altersgrenze aufgenommen, ohne auch die entsprechende Beschränkung durch das nationale Recht zu übernehmen.

Ähnlich wie für das Recht auf Leben aus Art. 6 KRK wird auch für das Verbot der Folter angenommen, daß es inzwischen eine zwingende Norm des

---

112 Committee on the Rights of the Child, ebenda, Abs. 13.
113 Committee on the Rights of the Child, ebenda, Abs. 35.
114 *Moskowskaja Prawda*, 23. 4. 1996, No. 746, "Domaschnie Tirany, trepeschtschitje!".
115 Dorsch S. 149.
116 Dorsch ebenda.

Völkerrechts (*jus cogens*) geworden ist, an die die Staaten auch ohne vertragliche Verpflichtung und entgegen einer permanent rejection gebunden sind.[117] Andere Freiheitsrechte wie etwa das Recht auf freie Meinungsäußerung oder die Versammlungsfreiheit werden bedeutungslos, wenn der Staat diejenigen foltern kann, die in ihrer Meinung abweichen.[118]

Aus diesem Grunde war auch bei Art. 37 lit. a KRK zunächst die Notwendigkeit der Aufnahme einer solchen Vorschrift in die Konvention nicht gesehen worden. Erst 1986 wurde es in die Diskussion um die Kinderrechtskonvention eingebracht und dann auch gleich in die Konvention aufgenommen.[119] Ein generelles Verbot lebenslanger Freiheitsstrafe für Straftäter, die die Tat im Alter von weniger als achtzehn Jahren begangen haben, war nicht durchzusetzen. Daher einigte man sich auf die Einschränkung der lebenslangen Freiheitsstrafe durch die Möglichkeit vorzeitiger Entlassung.[120]

Das Folterverbot sollte nicht im unmittelbaren Zusammenhang mit dem Freiheitsentzug stehen. Die Todesstrafe über Kinder wurde dagegen als besondere Form der unmenschlichen Behandlung angesehen[121] und als solche im engen inhaltlichen Zusammenhang mit der lebenslangen Freiheitsstrafe in den Absatz aufgenommen. Zwar ist der unmittelbare Zusammenhang mit Art. 37 lit. b bis d KRK nicht zu übersehen, jedoch ist festzuhalten, daß das Verbot der Folter, grausamen, unmenschlichen und erniedrigenden Behandlung nicht auf das Strafrecht beschränkt ist, sondern für alle Lebensbereiche gilt.

Verbot der Folter

Eine international anerkannte Definition des Begriffs der Folter findet sich im UN Übereinkommen gegen Folter[122]. Nach Art. 1 Abs. 1 UN Folterkonvention bedeutet Folter "jede Handlung, durch die einer Person vorsätzlich große körperliche oder seelische Schmerzen oder Leiden zugefügt werden, zum

---

117 G. Van Bueren "Opening Pandora's Box – Protecting Children Against Torture, Cruel, Inhuman and Degrading Treatment and Punishment" In: G. van Bueren (Hrsg.) *Childhood Abused*, Dartmouth 1998, S. 57 ff., 64 f.; a.A. offensichtlich Dorsch, S. 149, die in der Aufnahme des Folterverbots in die KRK die Hoffnung ausgedrückt sieht, daß Völkergewohnheitsrecht entsteht.

118 C. Chinkin "Torture of the Girl Child" in: van Bueren (Hrsg.) *Childhood Abused*, S. 85.

119 E/CN.4/1986/39 Abs. 104, Detrick S. 465; Dorsch S. 147.

120 Ebd., Abs. 103; Detrick ebenda; Dorsch ebenda.

121 Dorsch ebenda.

122 Übereinkommen gegen Folter und andere grausame, unmenschliche oder erniedrigende Behandlung oder Strafe vom 10. 12. 1984 GAOR, 39th session, Resolutions, Suppl. No. 51 (UN-Doc. A/39/51) S. 197 (im folgenden: UN-Folterkonvention), Sottas "A Non-Governmental Organization Perspective of the UN-Approach to Children and Torture" in: van Bueren (Fn. 118), S. 143.

Beispiel um von ihr oder einem Dritten eine Aussage oder ein Geständnis zu erlangen, um sie für eine tatsächlich oder mutmaßlich von ihr oder einem Dritten begangene Tat zu bestrafen oder um sie vor einem Dritten einzuschüchtern oder zu nötigen, oder aus einem anderen, auf irgendeiner Art von Diskriminierung beruhenden Grund, wenn diese Schmerzen oder Leiden von einem Angehörigen des öffentlichen Dienstes oder einer anderen in amtlicher Eigenschaft handelnden Person, auf deren Veranlassung oder mit deren ausdrücklichen oder stillschweigendem Einverständnis verursacht werden. Ausgenommen sind Schmerzen und Leiden, die sich aus gesetzlich (englisch *legal*) zulässigen Sanktionen ergeben, dazu gehören oder damit verbunden sind".

Die Definition ist in ihrer Länge etwas unhandlich. Sie ist aber in drei Elemente unterteilt. Folter ist erstens eine Handlung, die einer Person große körperliche oder seelische Schmerzen zufügt. Zweitens wird sie vorsätzlich zu einem bestimmten Zweck ausgeführt, die auf besonderen Eigenschaften der gefolterten Person beruhen. Dazu gehören die Möglichkeit, von ihr Informationen zu erlangen, die Möglichkeit über diese Person an Informationen von anderen zu gelangen, die vorzeitige Bestrafung eines mutmaßlichen Straftäters oder aus einem anderen diskriminierenden Grund. Das dritte Element ist die Amtseigenschaft der folternden Person. Dabei muß nicht die Person, die unmittelbar foltert eine Amtsperson sein, aber sie muß die Folter initiiert haben oder zumindest mit ihr einverstanden sein. Die tatbestandsimmanente Grenze bilden Fälle, in denen die erlittenen Schmerzen Folge einer gesetzlich zulässigen Sanktion sind. Dabei meint gesetzlich nicht nur national gesetzlich, sondern bezieht das internationale Recht mit ein. Folter ist damit als der Mißbrauch von Macht zu qualifizieren.[123]

Es ist zu fragen, ob diese Definition auch für Kinder angewandt werden kann. Kinder haben im Vergleich zu Erwachsenen eine unterschiedliche Wahrnehmung. Sie empfinden im Einzelfall Maßnahmen als Folter, die für einen Erwachsenen eher als eine vorübergehende Belastung, eine notwendige Erziehungsmaßnahme oder ähnliches angesehen werden.[124] Aus diesem Grunde befürworten einige Stimmen in der Literatur eine eigene Definition der Folter für Kinder. Diese solle vor allem auch Handlungen von Personen umfassen, die nicht als Amtsperson handeln.[125] Dazu gehören solche Situationen wie die Gewalt in der Familie, Gewalt im Rahmen abhängiger Arbeit,[126] Gewalt in

---

123 Chinkin (Fn. 118), S. 84.

124 G. van Bueren "Introduction" zu van Bueren (Fn. 118), S. 1 ff.;van Bueren "Opening Pandora's Box..." ebd. S. 57 ff., 57; Sottas (Fn. 122), S. 144.

125 C. Chinkin (Fn. 118), 83.

126 Chinkin (Fn. 118), S. 92 f.; Sottas (Fn. 122), 144; L. Whitman "The Torture of Children: Assessing Torture and Devising Methods to Prevent It" in: van Bueren (Fn. 118) S. 227.

der Schule in Form von Körperstrafen,[127] Gewalt auf der Straße gegen Straßenkinder.[128] Als Grund für die Notwendigkeit einer solchen erweiterten Definition wird genannt, daß sich Kinder in den genannten Situationen in einer Lage befinden, die subjektiv der des bereits definierten Folteropfers ähnlich ist. Den Kindern wird von einer Person Schmerzen zugefügt, aus deren Händen es für sie ebenso wenig einen Ausweg gibt wie für diejenigen, die von Amtsträgern gefoltert werden. Sie sind ihnen in der gleichen Weise ausgeliefert. Um auch diese Fälle durch das Verbot der Folter gegen Kinder abzudecken, müsse die Definition im Falle der Kinder erweitert werden.

Diese Meinung übersieht folgendes: Zum einen sind viele der genannten Fälle bereits von anderen Vorschriften der Konvention abgedeckt, zum anderen von der vorliegenden Definition der Folter erfaßt. Die Definition der Folter nach Art. 1 UN Folterkonvention schließt auch solche Fälle ein, in denen eine Amtsperson die Behandlung nur duldet. Damit ist Gewalt in staatlichen Schulen, die das Kind in eine dem Verhältnis zum Staat ähnliche Lage bringt, von dieser Definition erfaßt. Das gleiche gilt für die sogenannten *Death Squads*, die Straßenkinder schlagen und töten, weil es Straßenkinder sind, von denen über kurz oder lang angenommen wird, daß sie straffällig werden. Diese sind vom Staat in aller Regel geduldet und werden sogar von Polizisten unterstützt.[129] Sofern diese Fälle nicht bereits von der Schutzverpflichtung des Staates aus Art. 6 und 37 lit. a KRK erfaßt sind, so gilt die Unschuldsvermutung des Art. 40 Abs. 2 lit. b (i) KRK, die auch das Recht beinhaltet, erst dann bestraft zu werden, wenn das Kind gesetzmäßig verurteilt wurde. Gewalt in der Familie ist in Art. 19 KRK abschließend geregelt.

Eine andere Frage ist aber, ob die Definition insofern auszuweiten ist, als sie nicht nur Vorsatz sondern auch Fälle schwerer Fahrlässigkeit (*grave negligence*) erfassen sollte.[130] Im Grunde zielt auch diese Möglichkeit auf den Schutz des Kindes außerhalb amtlicher Beziehungen. Erfaßt werden sollen auch Fälle von Gewalt und Terror in der Schule und auf der Straße, die möglich werden, weil Lehrer und Polizisten die Augen verschließen. Die Erweiterung der Definition hin zu Erfassung auch schwerer Fahrlässigkeit ergibt sich aus der besonderen Schutzbedürftigkeit des Kindes, die in der Präambel der Konvention (Abs. 4) und in Art. 3 Abs. 3 und Art. 4 KRK anerkannt wird. Danach haben die Staaten dafür zu sorgen, daß die Rechte aus der Konvention verwirk-

[127] van Bueren in: van Bueren (Fn. 118), S. 61, Ennew ebd. S. 22 ff.

[128] Ennew (Fn. 127), S. 22; Sottas (Fn. 122), S. 140, 144.

[129] L. Whitman "The Torture of Children: Assessing Torture and Devising Methods to Prevent it" in: van Bueren (Fn. 118), 227.

[130] So die Meinung der World Organisation against Torture, dargestellt bei Ennew (Fn. 127) S. 17.

licht werden können und daß die für das Kind verantwortlichen Personen und Institutionen dem Standard der KRK entsprechen. Auch die Formulierung des Art. 37 lit. a KRK legt eine solche Definition der Folter nahe. Im Gegensatz zu Art. 7 IPbürR, der apodiktisch feststellt, daß niemand der Folter unterworfen werden darf, muß der Staat nach Art. 37 lit. a KRK sicherstellen, daß kein Kind der Folter unterworfen wird. Auch hier klingt die Notwendigkeit eines besonderen Schutzes des Kindes an. Daher ist Art. 37 lit. a KRK in der Weise auszulegen, daß der Staat und seine Amtspersonen verpflichtet sind, auch die Folter von dritter Seite zu verhindern, wenn sie sie zwar nicht wollen, aber sie bemerken.[131] Das schließt etwa die Beaufsichtigung eines Schulhofes ein.

Folter gegen das Kind im Sinne von Art. 37 lit. a KRK ist also das vorsätzliche Zufügen von körperlichen oder seelischen Schmerzen zu einem der genannten Zwecke durch eine Amtsperson, durch deren Anstiftung oder mit deren Duldung aber auch durch deren schwere Fahrlässigkeit.

Fallgruppen der Folter

Damit ergeben sich verschiedene Fallgruppen, die unter das Verbot der Folter fallen. Das sind zum einen die allgemein bekannten Fälle der Folter eines Kindes, das sich in staatlichem Gewahrsam befindet, also Fälle, in denen das Kind in der Haft oder aber auch in einem Kinder- oder Erziehungsheim gefoltert wird. Folter kann dabei durch direkten körperlichen Einfluß auf das Kind verübt werden,[132] indem das Kind etwa geschlagen oder vergewaltigt wird. Auch unter das Verbot der Folter fallen die Situationen, in denen andere Personen, insbesondere solche, von denen das Kind emotional abhängig ist wie etwa seine Eltern, vor seinen Augen geschlagen, vergewaltigt werden.[133] Diese Art der Folter kommt vor allem in totalitären Regimen und im Krieg vor.[134]

Zweitens ist unter Art. 37 lit. a KRK Gewalt in staatlichen Schulen und Erziehungsinstitutionen zu subsumieren.[135] Das gilt für Körperstrafen durch Lehrer aber auch für Folter seitens der Mitschüler, wenn die Lehrer das dulden

---

131 So auch der Inter-American Court of Human Rights im Fall Velasquez Rodriguez: Der Staat kann international dafür verantwortlich gemacht werden, wenn er seine Machtstrukturen nicht so organisiert, daß die Menschenrechte im vollen Umfange frei ausgeübt werden können, einschließlich des Rechts auf Leben. Dazu Chinkin (Fn. 118), S. 97; van Bueren in: van Bueren (Fn. 118), S. 63.

132 Für das Beispiel von China: Fitzgibbon (Fn. 33), 352.

133 Sottas (Fn. 122), S. 141.

134 Chinkin (Fn. 118), S. 91.

135 Dorsch S. 148; so auch der UN Menschenrechtsausschuß General Comment, 7 <16> Nr. 2 CCOR/C/21 Rev. 1, S. 6 und Newell S. 135; a.A. van Bueren in: van Bueren (Fn. 118), S. 67.

oder aufgrund schwerer Fahrlässigkeit nicht bemerken. Art. 37 lit. a KRK fordert kein absolutes Verbot körperlicher Züchtigungen, wohl aber solcher, die große körperliche oder seelische Schmerzen hervorrufen oder eine andere unmenschliche oder erniedrigende Behandlung oder Bestrafung darstellen. Als Maßstab sind dafür Art. 3 Abs. 1 und 18 Abs. 1 S. 3 heranzuziehen.[136]

Drittens verbietet Art. 37 lit. a KRK das Rückschaffen von Kindern in abhängige Arbeit, in der sie körperlich mißhandelt werden. Es treten immer wieder Fälle auf, in denen Polizisten Kinder auf Bitten des "Arbeitgebers" zurück zu ihrer Arbeitsstelle bringen, von der sie eben erst geflohen waren. Neben dem Verbot der Ausbeutung aus Art. 32 und dem Verbot des Kinderhandels aus Art. 35 KRK verstößt eine solche Praktik auch gegen das Folterverbot aus Art. 37 lit. a KRK, wenn der entsprechende Polizist wußte oder aus schwerer Fahrlässigkeit nicht wußte, daß Kindern bei dieser Arbeit großer Schmerz zugefügt wird.

Art. 37 lit. a KRK verbietet weiterhin die pauschale Bestrafung von Straßenkindern durch Schläge o.ä.

Folge des Folterverbotes ist, daß Staaten ihre Rechtsprechungsgewalt gegenüber Personen ausüben müssen, die der Folter beschuldigt werden, oder aber diese Personen an einen Staat ausliefern müssen, der Jurisdiktion über die entsprechenden Personen hat.[137] Folter ist *ex officio* zu verfolgen.[138]

Folter durch Nichterfüllung anderer Menschenrechte

Einen interessanten Ansatz für weitere Fälle der Folter schlägt McBride vor.[139] Er vertritt die Ansicht, daß Folter auch durch die Nichteinhaltung anderer, insbesondere auch kultureller, sozialer und wirtschaftlicher Rechte erfolgen kann. Die Möglichkeit von Staaten, sich aus ihrer Verpflichtung zur Erfüllung wirtschaftlicher, sozialer und kultureller Rechte mit der Begründung mangelnder finanzieller Mittel herauswinden zu können, soll danach ihre Begrenzung im Folterverbot finden.[140] Danach fallen auch solche Umstände wie überfüllte Gefängnisse mit schlechten sanitären Bedingungen, ein Mangel an Kleidung und hygienischen Bedingungen für Kinder, Bedingungen für die Erlangung von Leistungen der sozialen Sicherheit, die dazu führen, daß der ein-

---

136 Dorsch S. 149; R. Bank *Die internationale Bekämpfung von Folter und unmenschlicher Behandlung auf den Ebenen der Vereinten Nationen und des Europarates*, Freiburg 1996, S. 162 für Art. 7 IPbürR.

137 Chinkin (Fn. 118), S. 84.

138 Sottas a.a.O. S. 148.

139 J. McBride "The Violation of Economic, Social and Cultural Rights as Torture or Cruel, Inhuman or Degrading Treatment" in: van Bueren (Fn. 118), S. 107 ff.

140 McBride (Fn. 139), S. 110.

zelne den Versuch aufgibt, sie zu bekommen, und mangelnde Reaktion auf Hilfegesuche durch Minen Verstümmelter und Behinderter unter das Verbot der Folter und unmenschlichen Behandlung.[141] Eine solche Ausweitung des Folterverbots stößt aber in vielen Fällen auf tatsächliche Probleme. Es wird im Einzelfall schwer fallen, ein Element des Vorsatzes bei Amtspersonen zu beweisen. Die Erweiterung der Definition der Folter kann hier nicht angewandt werden, denn eine solche Ausweitung würde dann dazu führen, daß eine Vielzahl von Fällen der Nichtachtung der Menschenwürde in einem Staat unabhängig vom Täter als Verstoß gegen das Folterverbot einzustufen wäre. Damit würde das Folterverbot zu weit ausgedehnt und aufgeweicht mit der Folge, daß es seine Schlagkraft als absolutes Abwehrrecht und ius cogens des Völkerrechts einbüßen würde.[142] Lediglich in einigen wenigen Einzelfällen, in denen schlechte sanitäre und hygienische Bedingungen bewußt aufrecht erhalten werden, um etwa den Insassen einer Haftanstalt zu einem Geständnis zu zwingen oder dadurch von Dritten eine Information zu erlangen, wird die Grenze des Folterverbots überschritten.

Verbot der grausamen, unmenschlichen und erniedrigenden Behandlung oder Bestrafung

Neben der Folter sind auch andere Formen der grausamen, unmenschlichen oder erniedrigenden Behandlung oder Bestrafung verboten, Art. 37 lit. a KRK. Aus der Formulierung des Absatzes wird deutlich, daß Folter als Form der grausamen, unmenschlichen oder erniedrigenden Behandlung anzusehen ist. Fraglich ist, welche andere Handlungen daneben unter das Verbot der grausamen, unmenschlichen oder erniedrigenden Behandlung fallen. Eine Definition dieser Begriffe ist bisher nicht gelungen. Das liegt vor allem daran, daß das Empfinden von Erniedrigung und Unmenschlichkeit in den verschiedenen Teilen der Welt unterschiedlich ist. Es ist von der Kultur abhängig.[143] So empfinden z.B. Europäer es als unmenschlich, wenn Jungen im Alter von 15 Jahren einem Aufnahmeritual unterzogen werden, das mit erheblicher Schmerzzufügung verbunden ist. Andere Menschen werden es als un-

---

141 McBride (Fn 140).

142 Die Absurdität dieses Ergebnisses wird besonders deutlich bei der Überlegung einer Ausweitung der Soering-Doktrin des EGMR, die eine Ausweisung eines Ausländers in ein Land verbietet, in dem ihm Folter droht. Man käme zu dem Ergebnis, daß Ausländer auch nicht in ein Land ausgewiesen werden dürfen, in dem sie wirtschaftliche und soziale Entbehrung auf sich nehmen müssen. So im Ergebnis dann auch McBride (Fn. 139), S. 111; zur Soering Doktrin: J.A. Frowein in: Frowein/Peukert, *Kommentar zur EMRK*, Art. 3 Rn 18.

143 Ennew (Fn. 127), S. 14; van Bueren "Opening Pandora's Box..." in: van Bueren (Fn. 118), S. 59.

menschlich empfinden, etwa ein Kind alleine in einem eigenen Zimmer ohne die Nähe der Mutter oder der Geschwister übernachten zu lassen.[144]

Es gibt drei Möglichkeiten des Versuchs einer Definition von grausamer, unmenschlicher und erniedrigender Behandlung und Bestrafung.[145] Erstens kann man als unmenschlich und erniedrigend alle kulturellen Praktiken einstufen, die von anderen Kulturen selbst, nicht aber von der fraglichen Kultur als mißbräuchlich und vernachlässigend angesehen werden. Nach der zweiten Definitionsmöglichkeit fällt unter den Begriff der erniedrigenden Behandlung die eigenartige (idiosynkratische) Abkehr von kulturell anerkanntem Verhalten. Die dritte Möglichkeit umfaßt den gesellschaftlich verursachten Schaden für Kinder, der außerhalb der Kontrolle der Eltern und Betreuer des Kindes liegt. Alle drei Definitionen sind schwer zu handhaben, da sie zum einen jeweils nur einen Teil des Bildes wiedergeben können und der Beweis der Erfüllung ihrer Tatbestandsmerkmale im Einzelfall schwierig ist.

Unabhängig davon, welcher der drei Definitionen man folgt, bleibt die Bestimmung der grausamen, unmenschlichen und erniedrigenden Behandlung schwierig und ist eher auf einer Einzelfallbasis zu klären. Eine Grundentscheidung für die Abschaffung von Traditionen, die der Gesundheit des Kindes schaden können, trifft die Konvention in Art. 24 Abs. 3 KRK.[146]

Experimente mit Kindern

Einen Problembereich erfaßt die KRK im Gegensatz zum IPbürR nicht ausdrücklich: Das Problem von Menschenversuchen. Nach Art. 7 S. 2 IPbürR darf niemand ohne freiwillige Zustimmung medizinischen oder sonstigen wissenschaftlichen Experimenten unterworfen werden.[147] Medizinische und andere wissenschaftliche Experimente mit Kindern sind aber nicht ohne weiteres unter das Folterverbot des Art. 37 lit. a KRK zu subsumieren.[148] Artikel 7 IPbürR erwähnt das Verbot ausdrücklich, sieht es also nicht als vom Folterverbot erfaßt an. In anderen Menschenrechtsverträgen findet das Verbot der medizinischen Experimente überhaupt keine Erwähnung. Daher kann es auch unter Art. 37 lit. a KRK nicht gefaßt sein. Vielmehr findet man Anhaltspunkte für die

---

144 Beispiele nach Ennew (Fn. 127), S. 14.

145 Definitionsvorschläge nach Ennew (Fn. 127) S. 14.

146 zum Beispiel Castello-Roberts./.GB, EGMR-247 C, 58 ff = *ÖJZ* 1993, 107; dazu van Bueren a.a.O. S. 61; J.A.Frowein, in: Frowein/Peukert Kommentar zur EMRK, 2. Aufl. Kehl 1996, Art. 3 Rn. 8.

147 dazu Wolfrum in: FS Partsch (Fn. 5), S. 76 ff.

148 zur Problematik: S. McLean "Medical Experimentation with Children" in: P.Alston/S.Parker/J. Seymour *Children, Rights and the Law*, Oxford 1992 S. 173 ff.

Bewertung von Experimenten mit Kindern in der Vorschrift des Art. 36 KRK. Daher wird dort näher auf das Problem einzugehen sein.[149]

Verbot der Todesstrafe und der lebenslangen und unbegrenzten Freiheitsstrafe

Eine Absage erteilt die Konvention auch der Todesstrafe und lebenslangen Freiheitsstrafe gegen Kinder. Die Tatsache, daß diese Verbote zusammen mit dem Verbot der Folter und erniedrigenden Behandlung in einem Absatz genannt werden, läßt die Grundentscheidung der Verfasser der Konvention erkennen, Todesstrafe und lebenslange Freiheitsstrafe als Form der unmenschlichen Behandlung gegen Kinder anzuerkennen. Die Diskussion geht immer wieder dahin, die Todesstrafe und das damit verbundene *Death Row Syndrome* auch für Erwachsene als Form der Folter einzustufen, ohne daß in dieser Frage ein Konsens zwischen den Staaten zu erreichen wäre.[150] Für Kinder wird diese Frage im Sinne eines eindeutigen Verbots durch Art. 37 lit. a KRK entschieden.

Artikel 37 lit. a KRK spricht ein Verbot der lebenslangen Freiheitsstrafe ohne Möglichkeit der vorzeitigen Entlassung aus. Hier wird neben dem Folterverbot vor allem auch dem Recht des Kindes auf Entwicklung aus Art. 6 KRK Rechnung getragen. Die lebenslange Freiheitsstrafe läßt dem Kind kaum Raum für Entwicklung hin zu einem vollwertigen Mitglied der Gesellschaft.[151]

Umsetzung in Rußland

Grundlage für die Umsetzung des Folterverbotes bietet neben der Kinderrechtskonvention Art. 21 russ. Verf. Danach schützt der Staat die Menschenwürde. "Niemand darf der Folter, Gewalt, anderer grausamer oder menschenunwürdiger Behandlung oder Bestrafung unterworfen werden. Niemand darf ohne freiwillige Zustimmung medizinischen, wissenschaftlichen oder anderen Experimenten unterworfen werden."

Damit hält sich die russische Verfassung an die Vorgabe des Art. 7 IPbürR. Dem folgend wird auch in der russischen Lehre der Begriff der Folter entsprechend der Definition der UN-Folterkonvention ausgelegt, deren Mitglied die Russische Föderation ist. [152]

---

149 S. dazu unten Abschnitt 7, zu Art. 16 KRK.

150 Es besteht aber international eine gewisse Tendenz zur Abschaffung der Todesstrafe, vgl. dazu ausführlich: A. Peters "Die Mißbilligung der Todesstrafe durch die Völkerrechtsgemeinschaft" *EuGRZ* 26 (1999) S. 650 ff.

151 Auch der EGMR hat in den Entscheidung vom 21. 12. 1999 in Sachen T vs. Vereinigtes Königreich, Application No 24724/94 und V vs Vereinigtes Königreich, Application No. 24 888/94 ähnlich argumentiert.

152 Petruchin (Fn. 59), S. 190, 192.

Einen speziellen Schutz des Kindes gegen Folter ließe sich im übrigen aus der allgemeinen Schutzgarantie des Art. 38 russ. Verf. konstruieren, der die Kindheit unter den besonderen Schutz des Staates stellt. Dieser Ansatz wird allerdings, soweit erkennbar, in der russischen Literatur nicht vertreten.

Ein allgemeine einfachgesetzliche Regel zum Schutz gegen Folter stellt Art. 286 russ. StGB auf. Amtspersonen, die Handlungen begehen, die offensichtlich über ihre Kompetenzen hinausgehen und einen erheblichen Verstoß gegen Rechte und gesetzliche Interessen eines Bürgers oder einer Organisation (...) beinhalten, werden bestraft. Als schwerer, besonders zu bestrafender Fall dieser Straftat werden in Absatz 3 solche Handlungen definiert, die mittels Gewalt oder Drohung mit Gewalt, mit Waffen oder ähnlichen speziellen Mitteln oder unter Verursachung schwerer Schäden verübt werden. Diese Regelung gilt nicht nur im Strafverfahren und –vollzug, sondern vielmehr für jede Art von Amtshandlung. Nicht erfaßt sind insofern Fälle der Fahrlässigkeit. Allerdings ist auch die Zufügung großer körperlicher Schmerzen durch Privatpersonen *ex officio* als Körperverletzung zu verfolgen.[153]

Im Strafverfahren und -vollzug werden die Betroffenen besonders geschützt. Nach Art. 302 russ. StGB wird die Nötigung zur Aussage durch den ermittelnden Staatsanwalt (*sledowatel'*) oder sonstige, die Ermittlung führende Personen bestraft. Als schwerer Fall ist die Tat unter Gewaltanwendung, mittels Verhöhnung oder durch Folter einzustufen. Auch der ungesetzliche Freiheitsentzug ist Folter und als solche zu bestrafen, Art. 127 russ. StGB.[154] Gemäß Art. 10 Strafvollzugsgesetzbuch der Russischen Föderation[155] achtet und sichert die Russische Föderation die Rechte, Freiheiten und gesetzlichen Interessen Strafgefangener und sichert die Gesetzmäßigkeit der Anwendung von Maßnahmen zu ihrer Besserung, ihren Rechtsschutz und ihre persönliche Sicherheit im Strafvollzug. Nach Art. 12 russ. StrafvollzGB haben Strafgefangene ein Recht auf höfliche Behandlung durch das Personal der Strafvollzugseinrichtung. Erniedrigende und inhumane Behandlung sind verboten. Medizinische und andere Experimente dürfen auch mit Zustimmung des Gefangenen nicht ausgeführt werden, wenn Schäden oder Gefahr für Gesundheit oder Leben des Gefangenen zu befürchten sind. Der Strafgefangene hat ein Recht auf persönliche Sicherheit, Art. 13 russ. StrafvollzGB. Mit diesen Bestimmungen soll die Folter innerhalb des russischen Straf-vollzugs seitens des Personals und auch seitens anderer Gefangener ausge-schlossen werden. Ein Bericht der Kommission für Menschenrechte

153 Zweiter russ. Staatenbericht, Abs. 61; Petruchin ebenda.

154 Petruchin (Fn. 59), S. 192.

155 Ugolownij ispolnitelnij kodeks Rossijskoj Federazii, Gesetz vom 8.1.1997, No. 1-FS (im folgenden: russ. StrafvollzGB)

beim russischen Präsidenten[156] sieht diese Bestimmungen aber in der Praxis nicht umgesetzt. Danach sind sowohl die Behandlung der Gefangenen durch das Personal als Folter einzustufen[157] als auch die Bedingungen im Strafvollzug der einer unmenschlichen Behandlung und erniedrigenden Bestrafung nahe.[158] Die akutesten Probleme sind dabei Gesundheitsversorgung und sanitäre Bedingungen. In vielen Gefängnissen leidet die Mehrzahl der Insassen an offener Tuberkulose, Angesteckte können nicht isoliert werden.[159] Teilweise sind die Gefängnisse derart überfüllt, daß die Gefangenen in Schichten schlafen müssen, weil nicht jeder einen Schlafplatz hat.[160]

Ein ähnliches Problem ergibt sich auch im Bereich staatlicher Kinderbetreuungseinrichtungen. Staatliche Kinderheime sind oft riesige Häuser mit deren Betreuung das Personal überfordert ist. Es kommt immer wieder zu harter körperlicher Bestrafung, die über die Grenze des Art. 37 lit. a KRK hinausgeht. Auch sind in den vergangenen Jahren einige Fälle von Vergewaltigung in staatlichen Kinderheimen bekannt geworden.[161] Diese Taten sind zwar strafbar, werden aber vielfach nicht aufgedeckt oder nicht verfolgt.[162]

Nicht staatliche Organisationen führen diese Tatsachen darauf zurück, daß es keine effektiven Methoden zur Überprüfung staatlicher Einrichtungen gibt. Das gilt sowohl für Kinderheime als auch für Strafanstalten.[163] Zwar gibt es staatliche Kontrollen. Diese sind aber in der Regel weit im voraus bekannt und

---

156 On The Observance of the Rights of Man and the Citizen in the Russian Federation (1994-1995), Report of the President's Commission on Human Rights, Feb. 5, 1996, Session of the Commission, Chapter 6, On Human Rights in Russian Penal Facilities. Das Problem sieht auch Petruchin (Fn. 59), S. 192

157 Nach dem Bericht schlagen Wächter die Gefangenen, zerstören das Eigentum sowohl Verurteilter Strafgefangener als auch von Untersuchungshäftlingen.

158 Committee on the Rights of the Child, Concluding Observations: Russian Federation, CRC/C/Add.15 vom 10. 11. 1999, Abs. 28 ff.

159 Committee ebenda.

160 Diese Informationen stammen aus privaten Berichten von Staatsanwälten und aus Berichten des russischen Fernsehen, einschließlich des staatlichen. *Nesawisimaja Gaseta* vom 2.7. 1999 "SPID, Tuberkules i Kormeschka na 7 rublej w Djen" Aber auch der alternative russische Staatenbericht spricht von mehreren Fällen der Folter in russischen Gefängnissen auch gegenüber Minderjährigen. Alternativer Staatenbericht, Abs. III-9. Sie werden aber vom Kinderrechtsausschuß (Fn. 158) i.E. bestätigt.

161 Z. B. *Moscow Times* vom 16. 9. 1998, S. 4, "Convicted Child Rapist Declared Insane". Es wird auch angedeutet im Bericht des Bevollmächtigten der Russischen Föderation für Menschenrechte für das Jahr 2000, *Rossijskja Gaseta*, 4., 5., 6. 4. 2000 je S. 6.

162 Committee on the Rights of the Child (Fn. 158), Absatz 36 ff.

163 Statt vieler: Alternativer Staatenbericht S. 6 Abs. III-9.

sind außerdem eher oberflächlich. Kinder werden in Gegenwart ihrer Betreuer befragt, selbst wenn der Verdacht besteht, daß sie mißbraucht oder mißhandelt werden.

Nicht staatliche Organisationen haben in diesem Zusammenhang den Vorschlag gemacht, staatlich einen von den nicht staatlichen Organisationen vorzuschlagenden unabhängigen, ehrenamtlichen Kommissar einzusetzen, der nur das Recht hat, Kinderbetreuungseinrichtungen zu jeder Zeit zu besuchen und allein mit den Kindern zu sprechen. Damit soll eine Kontrollinstanz außerhalb der staatlichen Machtstrukturen geschaffen werden.[164] Ein entsprechender Gesetzentwurf wird derzeit vorbereitet.

Im Rahmen ihres Beitritts zur EMRK hat die Russische Föderation auch das 6. Zusatzprotokoll zur Abschaffung der Todesstrafe unterzeichnet. Die Frist für die Ratifikation ist aber bereits verstrichen, ohne daß ein Gesetz zur Abschaffung der Todesstrafe erlassen wurde. Im Gegenteil ist die Todesstrafe in Art. 20 Abs. 2 russ. Verf. noch bis zu ihrer Abschaffung vorgesehen. Ein Gesetzesentwurf des Justizministeriums zur Abschaffung der Todesstrafe wird in der Administration des Präsidenten zur Weitergabe an die Staatsduma und den Föderationsrat geprüft.[165] Obwohl bisher kein Gesetz erlassen wurde, ist die Verhängung der Todesstrafe inzwischen aufgrund einer Entscheidung des russischen Verfassungsgerichts *de facto* ausgeschlossen.[166] Danach kann die Todesstrafe solange nicht verhängt werden, wie nicht in Übereinstimmung mit Art. 20 Abs. 2 russ. Verf. entsprechende Gerichte geschaffen werden. Artikel 20 Abs. 2 russ. Verf. bestimmt, daß die Todesstrafe nur von Geschworenengerichten, unter Beteiligung von Laienrichtern verhängt werden darf. Solche existieren derzeit in Rußland nicht und ihre Einrichtung ist vor allem mit Blick auf die Verpflichtung der Russischen Föderation aus der EMRK nicht abzusehen.

Seit 1996 ist auch in Art. 59 Abs. 2 russ. StGB festgelegt, daß die Todesstrafe nicht über einen Täter verhängt werden kann, der die Tat im Alter von weniger als 18 Jahren begangen hat.

Das Verbot der uneingeschränkten lebenslangen Freiheitsstrafe für Kinder unter 18 Jahren wird durch Art. 57 russ. StGB umgesetzt. Danach darf über niemanden lebenslange Freiheitsstrafe verhängt werden, der eine Straftat im Alter unter achtzehn Jahren verübt hat.

---

164 Das rät auch der Kinderrechtsausschuß in seinen Concluding Observations a.a.O. zum zweiten russ. Staatenbericht, Abs. 39.

165 P. Krascheninnikow "Smertnaja Kasn - eto krownaja mest" *Literaturnaja Gaseta* 7.-13. 7. 1999, No. 27 (5759), S. 5.

166 Entscheidung des russischen Verfassungsgerichts vom 2.2.1999, *VKSRF*, 1999, No 3, S. 12.

3. Gesundheitsschutz

Art. 24 Gesundheitsschutz

Artikel 24 KRK regelt einen der wichtigsten Bereiche des Lebens und der Entwicklung des Kindes: sein Recht auf Gesundheit. Er wiederholt damit die Einführung in die WHO-Verfassung[1] von 1948, in der das Recht auf das erreichbare Höchstmaß an Gesundheit als fundamentales Recht jedes Menschen bezeichnet wird.[2] Auch in Art. 25 der AllgEMR ist dieses Recht bereits angeklungen.[3] Artikel 12 Abs. 1 IPwirtR verankerte dieses soziale Recht für alle. In Art. 24 KRK wird es nun für Kinder speziell ausgestaltet.

Gesundheit wird durch die WHO wie folgt definiert: Gesundheit ist der Zustand des vollständigen körperlichen, geistigen und sozialen Wohlbefindens und nicht nur das Freisein von Krankheit und Gebrechlichkeit.[4] Gesundheit schließt sowohl physische als auch mentale Aspekte ein. Das Recht auf Gesundheit beinhaltet auch das Recht auf mentale Gesundheit[5] sowie ein Recht auf Gleichheit in der Gesundheitsfürsorge.[6]

Artikel 24 Abs. 2 KRK legt die Maßnahmen fest, die die Sicherstellung der Verwirklichung des Rechts auf Gesundheit betreffen. Dabei werden sowohl Maßnahmen vorgesehen, die speziell für Kinder notwendig sind, so etwa die Verringerung der Säuglings- und Kindersterblichkeit und die Sorge um die werdende Mutter sowie die Familienplanung, als auch Maßnahmen, die jedem Menschen zugute kommen sollen, wie medizinische Grundversorgung und die

---

[1] The Constitution was adopted by the International Health Conference held in New York from 19 June to 22 July 1946, signed on 22 July 1946 by the representatives of 61 States (Off. Rec. WHO, 2, 100), and entered into force on 7 April 1948. Amendments adopted by the Twenty-sixth, Twenty-ninth and Thirty-ninth World Health Assemblies (resolutions WHA26.37, WHA29.38 and WHA39.6) came into force on 3 February 1977, 20 January 1984 and 11 July 1994 respectively and are incorporated in the present text.

[2] The enjoyment of the highest attainable standard of health is one of the fundamental rights of every human being without distinction of race, religion, political belief, economic or social condition.

[3] S.L.A. Khan, "The Rights of the Unborn Child" *Civil & Military LJ* 32 (1996) 234 – 242, S. 236.

[4] Health is a state of complete physical, mental and social well-being and not merely the absence of disease or infirmity. WHO, 1948, Gerhard Bäcker/Reinhard Bispinck/Klaus Hofemann/Gerhard Naegele, *Sozialpolitik*, 2. Aufl. Köln 1989, S. 23; W. Müller "Kinder als Hauptbetroffene von Umweltbelastungen und Umweltzerstörungen" in: Dt. Wanderjugend (Hrsg.), *Ökologische Kinderrechte,* Winnenden 1994, S. 22 ff.

[5] P. Graham "The Child's Right to Health" in: M. Freeman/P. Veerman *The Ideologies of Children's Rights*, Dordrecht 1992, S. 203 ff., S. 203.

[6] Newell S. 91 f.

Bekämpfung der Fehl- und Unterernährung. Artikel 24 Abs. 2 KRK ist ein nicht abschließender Katalog.

Eine Neuerung, die bis heute kontrovers diskutiert wird, findet sich im dritten Absatz der Vorschrift. Danach müssen Maßnahmen getroffen werden, die für die Gesundheit des Kindes schädliche, überlieferte Bräuche abschaffen helfen.

Absatz 4 betont wie Art. 4 KRK die Notwendigkeit internationaler Zusammenarbeit auf dem Gebiet des Gesundheitsschutzes.

Entstehungsgeschichte

Ausgehend von Art. 12 Abs. 1 IPwirtR war die besondere Sorge für den Gesundheitsschutz des Kindes von Anfang an ein Grundanliegen der Verfasser der Kinderrechtskonvention.[7] Zu dieser Sorge gehörten insbesondere auch von Beginn an die Familienplanung und die Notwendigkeit der Vermittlung medizinischer Grundkenntnisse also eine allgemeine medizinische Grundbildung, wie sie in Abs. 2 lit. e seinen Niederschlag gefunden hat.[8] Ein wichtiger Diskussionspunkt war vor allem die Frage der Kostenfreiheit der Gesundheitsfürsorge für Kinder. Diesen Vorschlag hatten die Vertreter der UdSSR in die Diskussion eingebracht. Er fand aber keinen Konsens.[9]

Erst 1988 wurde der Zusammenhang zwischen Krankheitsbekämpfung und ausreichender Grundversorgung mit Wasser, Nahrung und gesunder Umwelt anerkannt und in Abs. 2 lit. c in die Vorschrift des Art. 24 KRK aufgenommen.[10]

Bis heute eine der strittigsten Norm in der Konvention ist die Verpflichtung zu Maßnahmen zur Abschaffung der die kindliche Gesundheit schädigenden traditionellen Bräuche. Die Vorschrift wurde auf Vorschlag einer ngo mit Blick auf die Frage der Beschneidung junger Frauen in die Konvention eingefügt.[11] Lange war umstritten, ob gerade dieses Beispiel auch in den Absatz aufgenommen werden sollte, um der Vorschrift mehr Ausdruck zu verleihen. Der Vorschlag scheiterte am Einwand Senegals, daß damit die kulturelle Vielfalt beeinträchtigt werde.[12]

Absatz 4 stellt die besondere Situation von Kindern in Entwicklungsländern in den Vordergrund, die vor allem im Bereich der Sicherstellung der

---

7 Art. 13 Second Polish Draft, E/CN.4/1349*, Dorsch S. 170.
8 E/CN.4/1985/64 Abs. 33, Detrick S. 348, Dorsch S. 170.
9 E/CN.4/1985/64, S. 3-8, Abs. 12, Detrick S. 346, Dorsch a.a.O.
10 E/CN.4/1988/28 Abs. 60 f., Detrick S. 353, Dorsch S. 171.
11 E/CN.4/1987/25, Abs. 28 - 39, Detrick S. 351 f., Dorsch S. 171.
12 Ebd. Abs. 29, 38, Dorsch ebd.

Grundversorgung mit Ernährung und medizinischer Hilfe keine ausreichenden Mittel zur Verfügung haben.[13]

Ein Vorschlag auch medizinische Versuche an Kindern in der Konvention zu regeln, fand keinen Konsens, man sah sich nicht in der Lage eine hinreichend flexible Formulierung zu finden.[14] Ein Lösung für dieses Problem kann in der vorliegenden Fassung der Konvention nur aus den anderen Vorschriften der Konvention, v.a. aus Art. 3, 16 und 19 KRK hergeleitet werden.[15]

Erreichbares Höchstmaß an Gesundheit

Artikel 24 Abs. 1 KRK gewährt dem Kind in Anlehnung an Art. 12 Abs. 1 IPwirtR ein Recht auf das erreichbare Höchstmaß an Gesundheit. Das Recht ist daher nach Art. 4 KRK unter Ausschöpfung der verfügbaren Mittel zu verwirklichen. Die Formulierung "erreichbares Höchstmaß" ist offen und läßt Spielraum für die Auslegung durch die Staaten.[16]

Teilweise wird aus dieser offenen Formulierung geschlossen, daß dem Kind aus Art. 24 Abs. 1 KRK kein durchsetzbares Recht auf Gesundheit zustehe[17]. Eine solche Auslegung geht aber am Sinn und Zweck der Vorschrift vorbei. Schon bei der Formulierung wollte man die Gesundheit des Kindes konkret schützen. Absatz 4 spricht sogar ausdrücklich von einem in diesem Artikel anerkannten Recht. Bei diesem kann es sich nur um das Recht aus Absatz 1 handeln, das ein Recht auf Gesundheit anerkennt. Das erreichbare Höchstmaß ist insofern keine grundsätzliche Einschränkung der Durchsetzbarkeit sondern lediglich ein unbestimmter Rechtsbegriff, der klarstellt, daß die Gesundheit nicht irgendwie zum Gegenstand des Rechts gemacht wird, sondern soviel Gesundheit wie unter den gegebenen Umständen möglich gewährt wird. Darüber hinaus ist das Recht auf Gesundheit ein Teil des unveräußerlichen Menschenrechts auf körperliche Unversehrtheit und als solches durchsetzbar.

Absatz 1 des Artikels ist in drei Teilen zu gliedern. Er erkennt erstens das Recht des Kindes auf Gesundheit als solches, zweitens das Recht des Kindes auf Inanspruchnahme von Einrichtungen zur Behandlung von Krankheiten und drittens das Recht des Kindes auf Zugang zu Einrichtungen zur Wiederherstellung der Gesundheit an. Von diesen Bestimmungen sind Diagnose, Therapie und Rehabilitation des Kindes erfaßt. Nur für die letzten beiden gilt der Zusatz des zweiten Satzes, nach dem die Vertragsstaaten sich bemühen sicherzustellen,

---

[13] E/CN.4/1985/64, Abs. 34, Detrick S. 348, Dorsch S. 172.

[14] E/CN.4/1989/48 Abs. 410, 431, Detrick S. 355, 358, Dorsch a.a.O.

[15] dazu unten Text zu Art. 16 und 36.

[16] Bundesrat Schweiz, *BBl.* 146 (1994), S. 51.

[17] Bundesrat Schweiz a.a.O.

daß keinem Kind der Zugang vorenthalten wird. In dem Zusatz "sich bemühen" ist eine Einschränkung gegenüber der absoluten Verpflichtung zu sehen, die das erste Recht den Staaten auferlegt. Die Einschränkung wird aber durch die in Absatz 2 folgenden konkreten Pflichten der Staaten relativiert. Dort wird die Sicherung der Gesundheitsvorsorge und –fürsorge in ihren Einzelheiten konkretisiert und das von den Staaten zu leistende Mindestmaß festgelegt.

Maßnahmen zur Gesundheitssicherung

Der zweite Absatz des Art. 24 KRK stellt klar, daß die Staaten sich bemühen die Verwirklichung der sich aus Art. 24 Abs. 1 KRK ergebenden Rechte sicherzustellen. Die Sicherstellung kann durch verschiedene Maßnahmen erfolgen. Einige davon werden in Absatz 2 aufgelistet. Die Liste ist nicht abschließend, wie das Wort "insbesondere" zeigt, beinhaltet aber das Mindestmaß an zu ergreifenden Maßnahmen. Dazu gehören die Bekämpfung der Säuglings- und Kindersterblichkeit, medizinische Grundversorgung, Bekämpfung von Krankheiten sowie Fehl- und Unterernährung, Gesundheitsfürsorge für werdende und junge Mütter, Gesundheitsbildung und Familienplanung.

Diese Ziele werden auch in der an die Kinderrechtskonvention zeitlich anschließenden Erklärung der UN-Generalversammlung zu Überleben, Schutz und Entwicklung von Kindern und dem damit verabschiedeten Aktionsplan betont.[18] Insbesondere die Frage der Kindersterblichkeit, des sauberen Trinkwassers, der Unterernährung in der Welt und der sanitären Anlagen waren Gegenstand eines Zehn-Punkte-Plans.

Nicht abschließend geklärt ist bisher die Frage, ob die Bestimmungen des Art. 24 Abs. 2 KRK eigenständige Rechte des Kindes beinhalten, oder ob Absatz 2 ausschließlich Durchführungsvorschriften für die Staaten enthält.[19] So könnte man beispielsweise ein Recht auf Ernährung aus Art. 24 Abs. 2 lit. c KRK folgern.[20] Zur Lösung dieser Frage ist von der Vorschrift des ersten Absatzes auszugehen. Danach hat das Kind ein Recht auf das erreichbare Höchstmaß an Gesundheit. Der Ausdruck "das erreichbare Höchstmaß" beinhaltet die Voraussetzung, daß es auch einen Gesundheitsschutz geben kann, der nicht auf das erreichbare Höchstmaß zielt, sondern vielmehr auf Erhaltung des Status quo. Das aber ist von Art. 24 nicht beabsichtigt. Vielmehr sollen nach

---

18 World Declaration on the Survival, Protection and Development of Children And Plan of Action for Implementing the World Declaration on the Survival, Protection and Development of Children vom 30.9.1990, UNGA A/45/625.

19 So der Schweizer Bundesrat a.a.O.

20 G. Kent "Realizing international children's rights through implementation into national law", *Int'l J Children's Rgts* 5 (1997), 439 ff.

Art. 24 Voraussetzungen geschaffen werden, um dem einzelnen Kind Möglichkeiten zur Verbesserung seiner Gesundheit zu bieten. Damit beinhaltet Art. 24 Abs. 1 KRK verbunden mit dem Recht auf einen günstigen Lebensstandard aus Art. 27 KRK, ein Recht auf für seine Gesundheit günstige Voraussetzungen[21]. Das kann auch dann ein Recht auf Ernährung beinhalten, wenn die tatsächliche Ernährung eines Kindes nicht ausreicht, damit es sich normal entwickeln kann.

Medizinische Grundversorgung

Artikel 24 Abs. 2 lit. a bis c verpflichten die Staaten zu medizinischer Grundversorgung von Kindern. Diese soll im einzelnen auf Verringerung der Kindersterblichkeit und die rechtzeitige Behandlung von Krankheiten gerichtet sein.

Ein Hauptmerkmal der medizinischen Grundversorgung ist die Verpflichtung der Staaten die Impfung von Kindern voranzutreiben.[22] Damit kann Krankheiten, die bei Ausbruch tödliche Folgen für die Kinder haben, vorgebeugt, einige sogar ausgerottet werden.[23] UNICEF führt Programme zur Sicherung der Impfung unter Kindern als die einfachste Methode der Verhinderung hoher Kindersterblichkeit durch.

Die Frage der Säuglings- und Kindersterblichkeit ist eng verbunden mit der Frage der medizinischen Grundversorgung. Hauptursachen für Kindersterblichkeit sind nämlich verhinderbare Krankheiten wie Masern, Keuchhusten, Diphtherie, die mit geringen Kosten effektiv bekämpft werden können.[24]

Krankheiten wie AIDS, Hepatitis und Tuberkulose drohen in manchen Ländern effektive Programme zur Verhinderung der Kindersterblichkeit zunichte zu machen, denn ihre Behandlung ist teuer und das Geld wird oft für die primäre Gesundheitsversorgung gebraucht. Darum muß im Rahmen von Art. 24 Abs. 2 lit. a KRK vor allem an Möglichkeiten gearbeitet werden, einen Impfstoff gegen den HIV-Virus zu entwickeln, sowie an einer Massenaufklärung über das AIDS-Risiko.[25]

---

[21] Graham (Fn. 5) S. 204; M. Freeman "The Convention: An English Perspective" in: Freeman *Children's Rights*, S. 106; S.L.A.Khan "Rights of Unborn Child" *Civil & Military LJ* 32 (1996), 236.

[22] Newell S. 92.

[23] Eine Untersuchung der WHO für das Beispiel Bangladeshs findet sich in: *WHO Weekly Epidemiological Records*, Sept. 1985, No. 36, S. 277 ff.; *UNICEF Progress of Nations 1998*, NY 1998, S. 13 ff., *Progress of Nations 1999*, S. 9 ff.

[24] Plan of Action ebd., Abs. 9.

[25] Plan of Action, Abs. 10.

Neben der Verpflichtung zur Impfung gegen Krankheiten beinhaltet die medizinische Grundversorgung auch die Notwendigkeit zu vorbeugenden Untersuchungen, um Krankheiten frühzeitig erkennen und bekämpfen zu können. Damit kann zum einen die Entwicklung des erkrankten Kindes sichergestellt werden, zum anderen können auch Epidemien verhindert werden.

Und schließlich bedeutet medizinische Grundversorgung die Behandlung von Krankheiten. Dabei kann vielleicht nicht für alle Länder vom hohen Standard etwa in Deutschland ausgegangen werden. Dazu werden vielen Ländern die finanziellen Ressourcen fehlen und eine mögliche Umverteilung in der Welt kann realistischerweise nicht so weit gehen. Ein wichtiger Indikator ist die Versorgung der Bevölkerung mit Ärzten und Krankenhäusern.[26] Diese muß vor allem auch auf dem Land gewährleistet sein.

Bekämpfung von Unter- und Fehlernährung, Sicherung des Trinkwassers

Artikel 24 Abs. 2 lit. c KRK stellt zur Sicherung des Rechts des Kindes auf Gesundheit den wichtigen Zusammenhang zwischen Gesundheit und ausreichender Ernährung her. Die Staaten sind dazu verpflichtet, Unter- und Mangelernährung zu bekämpfen. Unterernährung wird dann angenommen, wenn das Gewicht eines Kindes mehr als zwei Standardabweichungen unter dem Referenzgewicht für das Alter des Kindes liegt.[27] Nach diesem Grundsatz sind 20 Millionen Kinder unterernährt, 150 Mio haben Untergewicht.[28]

Die Bekämpfung der Unterernährung kann deshalb z.B. durch Standards für vollwertige Ernährung umgesetzt werden.

Ökologische Kinderrechte

Ein in der letzten Zeit immer wieder diskutierter Ansatz ist der der ökologischen Kinderrechte. Kinder sind in besonderem Maße der Gesundheits- und Lebensbedrohung und Entwicklungsstörungen durch Umwelteinflüsse ausgesetzt. Ihr Organismus nimmt im Verhältnis Schadstoffe zu Körpergröße und –gewicht erheblich mehr Schadstoffe auf als der eines Erwachsenen.[29] Daher ist die Frage ökologischer Kinderrechte insbesondere im Rahmen einer so wichtigen Menschenrechtskonvention wie der Kinderrechtskonvention zu stellen. Die

---

[26] Die Versorgung wird in der Regel mittels eines Vergleichs der Zahl von Ärzten und Krankenhäusern pro 1000 Menschen festgestellt.

[27] Kent (Fn. 20), S. 441.

[28] Plan of Action, Abs. 13.

[29] Dazu: C.D. Goy "Ökologische Kinderrechte – ihre Missachtung ist längst ein Weltproblem" in: Deutsche Wanderjugend (Hrsg.) *Ökologische Kinderrechte*, Winnenden 1994, S. 8 ff.; Freeman in: Freeman, S. 107.

Kinderrechtskonvention gewährt kein ausdrückliches Recht auf eine saubere Umwelt. Dennoch ergeben sich aus Art. 6 und 24 KRK ökologische Kinderrechte.

Artikel 6 Abs. 1 KRK sichert das Recht des Kindes auf Leben und den Schutz dieses Lebens durch den Staat. Es handelt sich hierbei um ein Freiheits- und Schutzrecht. Das Recht auf eine gesunde Umwelt wäre dann einbezogen, wenn sich aus Art. 6 KRK eine unbegrenzte Pflicht der Staaten herzuleiten wäre, alles zu tun, damit alle negativen Einflüsse auf das Kind abgewehrt werden. Das kann schon deshalb nicht angenommen werden, weil die Kinderrechtskonvention ja gerade vorsichtig formuliert wurde, damit möglichst viele Staaten sie unterzeichneten. Eine Verpflichtung zum Schutz des Kindes vor negativen Umwelteinflüssen kann nicht gemeint gewesen sein.

Artikel 6 Absatz 2 KRK schützt das Überleben und die Entwicklung des Kindes. Art. 27 KRK gibt dem einzelnen Kind ein Anrecht auf einen seiner Entwicklung zuträglichen Lebensstandard. Zwar kann ein gewisser Lebensstandard nur erreicht werden, wenn die Umgebung die entsprechenden Bedingungen bietet, aber dennoch geht es hier um die konkrete Umgebung eines individuellen Kindes und nicht die grundsätzliche Umgebung einer ganzen Gruppe von Kindern oder aller Kinder auf dieser Welt. Mit anderen Worten ist das Recht auf Entwicklung nicht auf die Entwicklung seiner Umgebung sondern vielmehr auf seine ganz individuelle körperliche, geistige, geistliche und soziale Entwicklung gerichtet. Damit beinhaltet Art. 6 Abs. 2 kein Gruppenrecht, das in ein Individualrecht gekleidet wurde. Jedoch ergibt sich dann aus dem Recht auf Entwicklung und Überleben aus Art. 6 ein Recht auf gesunde Umwelt, wenn ein konkretes Kind im Bereich eines konkreten Verschmutzers lebt und sich demzufolge körperlich und geistig nicht normal entwickeln kann. Beispiele gibt es dazu einige.[30] Hier sei nur das Beispiel der Kinder von Tschernobyl herausgegriffen, deren Gesundheit und Entwicklung durch den atomaren Unfall beeinträchtigt ist. Für diese Kinder ergibt sich aus Art. 6 Abs. 2 KRK ein Schutzrecht jedes einzelnen Kindes. Das kann sich etwa in der Verhinderung weiterer Unfälle ausdrücken oder in der Ansiedlung der Familie in anderen Bereichen des Landes.[31]

Ein noch weitergehendes Recht kann sich aus Art. 24 KRK ergeben. Artikel 24 Abs. 1 KRK gibt dem Kind das Recht auf das erreichbare Höchstmaß an Gesundheit. In Art. 24 Abs. 2 lit. c KRK ist zur Erreichung des Höchstmaßes auch das Risiko der Umweltverschmutzung einzubeziehen. Die KRK erkennt hier die

---

30 dazu Goy (Fn. 29).

31 Gemeint ist das jeweils zuständige Land, also im Einzelfall die Ukraine, Weißrußland oder Rußland.

Tatsache an, daß ein Höchstmaß an Gesundheit nur erreicht werden kann, wenn – vor allem im Bereich von Ernährung und Trinkwasserversorgung – auch dafür gesorgt ist, daß die Umweltverschmutzung im Rahmen gehalten wird.[32] Das heißt im konkreten Fall, daß z.B. Trinkwasserbrunnen nicht durch Schädlingsbekämpfungsmittel verdreckt sein dürfen, der Staat also dafür zu sorgen hat, daß Schädlingsbekämpfungsmittel nicht so im Einzugsbereich eines Brunnen oder der sonstigen Trinkwasserversorgung ausgebracht werden, daß damit die Gesundheit der dort ansässigen Kinder beeinträchtigt wird. Das heißt auch, das in den Ernährungskreislauf – siehe Tschernobyl – keine atomar verseuchte Trockenmilch eindringen darf.

Zum Zwecke der Vermeidung solcher Gesundheitsbeeinträchtigungen der Bevölkerung werden auf nationaler, supranationaler[33], regionaler und internationaler[34] Ebene Standards für die Sauberkeit von Trinkwasser und bestimmter Nahrungsmittel herausgegeben, die von den Staaten umzusetzen sind.

Gesundheitsfürsorge für junge und werdende Mütter

Art. 24 Abs. 2 lit. d KRK enthält die Vorschrift der KRK, die sich mit dem Schutz des werdenden Lebens beschäftigt. Dieser Schutz wurde im Rahmen anderer Vorschriften immer wieder diskutiert. So wurde es im Rahmen von Art. 1 KRK den Staaten überlassen, den Anfang des Lebens zu bestimmen, mit der Folge, daß es zu keiner Einigung auf den Schutz des ungeborenen Lebens etwa nach Befruchtung der Eizelle kam. Die Diskussion flammte im Rahmen von Art. 6, dem Recht auf Leben erneut auf und führte auch hier nicht zu einer Einigung auf den Schutz des ungeborenen Lebens. Einen Kompromiß für die Diskussion bietet jetzt Art. 24 Abs. 2 lit. d KRK. Hier wird zwar keine Entscheidung für oder gegen die Zulässigkeit der Abtreibung getroffen. Es wird aber ein Signal gesetzt für die Bewahrung ungeborenen Lebens durch Schutz der Mutter. Man wollte ausschließen, daß Kinder vorgeburtlich zu Schaden kommen oder es zu einer Fehlgeburt aus Mangel an Betreuung für die Mutter kommt.

---

32 Rome Declaration on World Food Societ and World Food Summit plan of Action vom November 1996, auf Initiative der FAO, Kent (Fn. 20), S. 443. Die Erklärung ist zu finden im Internet unter: http://www.fao.org/mfcal/i_rome.htm (am 29.9.1999)

33 Auf der Ebene der EG sind im Bereich von Trinkwasser, Luft u.ä. Standards in Richtlinien festgeschrieben, die von den EG-Mitgliedsstaaten umzusetzen sind: EG-RL 80/778/EC von 1980 Trinkwasserqualität, EG-RL 80/779/EEC von 1980 Luftverschmutzung, dazu Newell S. 93.

34 Nach Art. 21 WHO-Constitution kann die WHO Standards für verschiedene Bereiche vor allem biologischer und pharmazeutischer Produkte erlassen.

Der Gefahr einer Unterernährung der Mutter und damit verbundenen Entwicklungsschwächen und –mängeln des Kindes kann durch frühzeitige Sicherung der Ernährung der werdenden Mutter begegnet werden.[35]

Dabei ist die Mutter gesundheitlich zu versorgen. Nach der Definition der WHO fällt darunter auch das geistige und soziale Wohlbefinden. Die Mutter ist damit nicht nur in ihrer körperlichen, sondern auch in ihrer geistigen und sozialen Gesundheit abzusichern. Das schließt z.B. ein, daß sie nicht von der Gesellschaft moralisch dazu gezwungen werden kann, die Schwangerschaft abzubrechen. Das beinhaltet auch notwendigenfalls eine psychologische Betreuung und Beratung der Mutter.

Die stillende Mutter ist zu fördern. Somit gilt es die Einrichtung von Räumen in öffentlichen Gebäuden zu fördern, in denen Mütter stillen können.[36]

Gesundheitserziehung

Grundkenntnisse über Gesundheit und Ernährung des Kindes, die Hygiene und die Sauberhaltung der Umwelt sowie die Unfallverhütung sind elementar für eine Sicherung der Gesundheit von Kindern. Sie müssen über die Gefahren einer falschen Ernährung, mangelnder Hygiene und Unfallverhütung unterrichtet werden, um sich selbst und ihre Gesundheit ausreichend schützen zu können.

Ein wichtiger Faktor ist hier die Aufklärung über die Gefahren von AIDS und damit verbunden die sexuelle Aufklärung, mit deren Hilfe Kinder sich vor allem auch vor sexuellem Mißbrauch schützen können.

Ebenfalls zur Gesundheitserziehung gehört die Aufklärung über Drogen. Dazu gehören harte Drogen, die in den meisten Staaten verboten sind, aber auch weiche Drogen und Suchtmittel, die in den meisten Staaten zumindest für Erwachsene erlaubt sind. Zu letzteren sind vor allem Zigaretten und Alkohol zu zählen, deren Folgen bei körperlich nicht voll entwickelten Kindern und Jugendlichen schwerer und deutlicher auftreten als bei Erwachsenen.

Familienplanung

Art. 24 Abs. 2 lit. f KRK sieht die Familienplanung und die Elternberatung vor.[37] Der Wortlaut der Vorschrift läßt nicht den Schluß zu, daß nur Eltern oder Erwachsene im Sinne der Konvention von der Aufklärung und Familienplanung erfaßt sein sollen. Vielmehr stellt schon lit. e insbesondere auf die Gesundheitserziehung ab. Die umfassende Aufklärung über die Gesundheit ist für

---

[35] Plan of Action der UNGA, Abs. 14.

[36] Newell S. 95.

[37] Dorsch S. 173.

das Kind von elementarer Bedeutung.[38] Es muß sich vor allem vor Krankheiten und sexuellem Mißbrauch schützen lernen und davor geschützt werden. Daher ist in diesem Zusammenhang lit. f so auszulegen, daß er das Bild der Gesundheitserziehung abrunden soll und Kinder zu einem eigenverantwortlichen Leben einschließlich der Familienplanung erzogen werden sollen.[39]

Abschaffung gesundheitsschädlicher traditioneller Bräuche

Der dritte Absatz des Art. 24 KRK thematisiert ein lange diskutiertes Problem. Er schreibt die Abschaffung gesundheitsschädlicher Traditionen vor. Er wurde mit Blick auf die Abschaffung der Beschneidung von Frauen in die Konvention aufgenommen. Doch geht inzwischen die Diskussion auch um die Frage der Abschaffung der Beschneidung kleiner Jungen, wie sie in verschiedenen Religionen vorgeschrieben ist.

Der Wortlaut des Art. 24 KRK stellt für die Abschaffung von überlieferten Bräuchen darauf ab, ob sie für die Gesundheit der betroffenen Kinder schädlich sind. Für die Beschneidung kleiner Jungen ist bisher nicht geklärt, ob die Behandlung, sofern sie nach sanitären und ärztlichen Regeln durchgeführt wird, tatsächlich eine schädliche Gesundheitsbeeinträchtigung im Sinne der WHO-Definition darstellt.[40] Deshalb wird man ihre Abschaffung auf der Grundlage des Art. 24 Abs. 3 KRK nicht fordern können.

Etwas Anderes gilt dagegen bei der Beschneidung von jungen Mädchen. Diese war insbesondere der Grund für die Einführung dieser Vorschrift in die Konvention. Die Konvention ist damit das erste völkerrechtliche Dokument, das internationale Aufmerksamkeit auf diese Praktiken richtet.[41]

Die Praxis wird vor allem in afrikanischen Staaten und in afrikanisch stämmigen Familien z.B. in Großbritannien[42] aufrecht erhalten. In einigen afrikanischen Ländern mit islamischer Rechtstradition wird teilweise auch die Beschneidung junger Frauen als durch den Koran und die Sunna vorgeschrieben angesehen. Diese Ansicht hat aber z.B. der ägyptische Verwaltungsgerichtshof in einer Entscheidung nicht geteilt. Vielmehr sei die Tradition der Beschneidung von Frauen nicht eindeutig vom Koran vorgeschrieben und es werde daher dem Gesetzgeber ein Spielraum gelassen, im Rahmen dessen er

---

[38] Newell S. 95.

[39] Dorsch (Fn. 37).

[40] Dorsch S. 172; Freeman (Fn. 21), S. 107.

[41] N. Cantwell "The Origins, Development and Significance of the United Nations Convention on the Rights of the Child", in: Detrick, *Travaux Préparatoires*, S. 28.

[42] Newell S. 96; Ägyptischer Verwaltungsgerichtshof, Kairo, Urt. v. 28. 12. 1997, Berufungssache Nr. 5257, Gerichtsjahr 43, Gesundheitsminister./.Saykh Yussif al-Badri u.a., *EuGRZ* 1998, S. 24 ff. in deutscher Übersetzung mit Anmerkung K. Bälz.

diesen Brauch abschaffen könne.[43] Auch andere Staaten haben sich in der Tendenz gegen die Beschneidung von Frauen und vor allem junger Mädchen entschieden.[44]

Internationale Zusammenarbeit

Der vierte Absatz der vorliegenden Vorschrift spezifiziert die allgemeine Pflicht zur Zusammenarbeit zwischen den Staaten auf den Bereich des Gesundheitsschutzes.

In Anbetracht der schwierigen Situation in einigen Ländern Afrikas, Asiens und Lateinamerikas ist für die Grundversorgung aller Kinder mit Nahrung und medizinischer und ärztlicher Hilfe besondere Unterstützung anderer Staaten und internationaler Organisationen gefordert. In diesem Bereich sind WHO und UNICEF tätig, die z.B. Projekte zur Trinkwasserversorgung oder flächendeckenden Impfung von Kindern gegen Krankheiten wie Tetanus, Diphtherie, Keuchhusten durchführen.

Hier kommen in besonderem Maße auch nicht staatliche Organisationen zum Einsatz wie das Rote Kreuz/der Rote Halbmond, Ärzte ohne Grenzen und andere kleinere Organisationen, die sich die Sicherung der Grundversorgung der Bevölkerung in ärmeren Ländern mit Nahrungsmitteln, Trinkwasser und Medikamenten zur Aufgabe gemacht haben.

Qualifikation des Rechts

Das Recht auf Gesundheit ist ein individuelles Menschenrecht und nicht etwa ein Recht auf einen bestimmten Gruppendurchschnitt.[45]

Artikel 24 KRK dient als eine Art Auffangnorm. Zum einen ist Gesundheit ein wesentlicher Punkt für die normale Entwicklung des Kindes und insofern in Ergänzung und als Spezialnorm zum Recht des Kindes auf Entwicklung aus Art. 6 KRK zu sehen. Es ist auch – vor allem, wenn das Recht auf Gesundheit als wesentlicher Bestandteil die Verringerung der Säuglings- und Kindersterblichkeit enthält – ein Teil des Rechts des Kindes auf Leben und Überleben.

Artikel 24 ergänzt das Folter- und das Gewaltverbot insofern als traditionelle Praktiken, die eine Gesundheitsschädigung darstellen, auch unter das Verbot der Folter oder der Gewalt gegen Kinder fallen. Gewalt gegen Kinder ist in der Regel auch eine Gesundheitsbeeinträchtigung und als solche haben die

---

43 Ägyptischer Verwaltungsgerichtshof, ebenda.

44 So z.B. auch der Senegal, UNICEF Press Release vom 14. 1. 1999, CF/DOC/PR/1999-1. "Senegal bans Female Genital Mutilation".

45 Kent (Fn. 20), S. 443.

Staaten Maßnahmen dagegen zu ergreifen. Nur im Rahmen des Art. 24 Abs. 3 KRK sind die Staaten dazu angehalten, solche Praktiken auch zwischen Privaten abzuschaffen.

Artikel 24 Abs. 1 KRK ist als Schutzrecht des Kindes gegen den Staat zu qualifizieren. Zur Verwirklichung des Rechts werden dem Staat in Abs. 2 bis 4 einzelne Pflichten auferlegt, die zum einen Auslegungshilfe, zum anderen Konkretisierung des ersten Absatzes sind.

Art. 24 KRK gehört in den Bereich der wirtschaftlichen, sozialen und kulturellen Rechte. Er beinhaltet ein Sozialrecht.[46] In Abs. 4 wird Art. 4 KRK konkretisiert auf die Zusammenarbeit im Bereich des Gesundheitsschutzes.

Umsetzung in Rußland

Das Recht auf Gesundheit ist eines der in Rußland am weitesten gesetzlich umgesetzten Rechte aus der Konvention. Die Grundlage für die Gesundheitsgesetzgebung der Russischen Föderation bildet Art. 41 russ. Verf. Nach dessen Absatz 1 hat jeder Staatsbürger das Recht auf Schutz der Gesundheit und medizinische Hilfe in staatlichen und lokalen Einrichtungen. Nach Art. 41 Abs. 2 russ. Verf. finanziert die Föderation Programme im Bereich der Gesundheitsvorsorge und führt Maßnahmen in den Systemen von Gesundheitsschutz, der Entwicklung der physischen Kultur (Sport) und des ökologischen und sanitär-epidemiologischen Wohlergehens der Bevölkerung durch.

Art. 42 russ. Verf. gibt jedem Staatsbürger ein Recht auf eine günstige - im Sinne einer der Gesundheit dienlichen - Umwelt. Dieses Recht wird durch das Gesetz über den Schutz der Umwelt (UmweltG) ausgestaltet. Danach hat ein Bürger der Russischen Föderation gegen einen Umweltschädiger dann einen Schadensersatzanspruch, wenn er persönlich einen Schaden durch die Umweltverschmutzung erlitten hat.[47] Zwar definiert das Gesetz den Begriff des Schadens nicht, es gelten insofern aber die allgemeinen Bestimmungen. So kann ein Kind z.B. nach der Konzeption des Gesetzes Naturalsubstitution in Form etwa ärztlicher Behandlung verlangen, wenn seine Gesundheit und damit sein Recht auf körperliche Unversehrtheit beeinträchtigt ist. Solange in der Praxis aber die Gesundheitsversorgung staatlich organisiert ist und für Minderjährige kostenlos ist, hat dieser Anspruch allenfalls im Rahmen von Schmerzensgeld einen Anwendungsbereich. Das russische Recht kennt ebenso wenig wie das deutsche Recht das Institut der punitive damages wie es in den USA anerkannt ist.

---

[46] Bundesrat Schweiz, *BBl.* 146 (1994) Bd. V, S. 51.

[47] "Ob ochranje okruschajuschtschej prirodnoj sredy" Gesetz der RF vom 19. 12. 1991, No. 2060-1.

Das Recht auf Gesundheit wird in mehreren Gesetzen umgesetzt. Das wichtigste ist das Gesetz über die Grundlagen der Gesetzgebung zum Gesundheitsschutz von 1993 (GrdlGGesundheit)[48] Nach dessen Art. 17 ist das Recht des Staatsbürgers der Russischen Föderation auf Gesundheitsschutz unveräußerlich. Es wird gesichert durch den Schutz der Umwelt, Sicherstellung günstiger Arbeits- und Lebensbedingungen, Voraussetzungen für Erholung, Bildung und Studium. Das Recht auf Gesundheit ist nach russischer Konzeption ein Schutzrecht und auch ein Gleichheitsrecht, Art. 17 GrdlGGesundheit. Es schließt das Recht auf medizinisch-soziale Hilfe bei Krankheit, Verlust der Erwerbsfähigkeit, die Prophylaxe, Therapie und Rehabilitation ein, Art. 20 GrdlGGesundheit. Familien mit Kindern haben ein Recht auf Vergünstigungen im Bereich der Gesundheitspflege, Art. 22 GrdlGGesundheit.

Es beinhaltet außerdem ein Recht auf Information über Faktoren, die die Gesundheit beeinträchtigen können, einschließlich epidemiologischer Information, Art. 19 GrdlGGesundheit.

Minderjährige haben das Recht auf kostenlose medizinische Behandlung und auf Ernährung sowie auf Erhalt der notwendigen medizinischen Information in einer für sie verständlichen Form.[49]

Auch das Gesetz über die grundlegenden Garantien der Rechte des Kindes in der Russischen Föderation unterstreicht den Gesundheitsschutz (Art. 10) und erklärt ihn zu einem Bestandteil der Mindeststandards im Sozialbereich (Art. 8), zu deren Einhaltung und Förderung die staatlichen Behörden auf allen Ebenen ebenso die munizipalen Behörden verpflichtet sind.

Besonderen Schutz erfahren die Kinder des hohen Nordens wegen der dort herrschenden harten natürlichen Bedingungen. Diese Kinder haben das Recht auf kostenlosen Erholungsurlaub im Süden des Landes einschließlich der staatlichen Sicherstellung einer kostenfreien Begleitung auf dem Weg in den Urlaubsort durch einen Elternteil.[50] Darüber hinaus wird diesen Kindern besondere Gesundheitsfürsorge garantiert.

Ein besondere soziale und gesundheitliche Fürsorge erfahren auch die Kinder, die in Folge des atomaren Unfalls in Tschernobyl Schäden vor- und nachgeburtlich erlitten haben.[51]

---

[48] Osnowy Sakonodatelstwa Rossijskoj Federazii ob ochranje sdorowja graschdan, Gesetz der Russischen Föderation vom 27. 7. 1993, No. 5487-1.

[49] Erster russ. Staatenbericht Abs. 117 ff.

[50] O gosudarstvennych garantijach i kompensazijach dlja liz, rabotajuschtschych i poschiwajuschtschich w rajonach krajnjego Severa i priravnennych k nim mestnostjach" Sakon RF ot 19.2. 1993, No. 4520-1.

[51] "O sozialnoj saschtschitje graschdan, podvergschichsja vosdejstwiju radijazii vsledstvije katastrophy na Tschernobylskoj AES" ot 18. 6. 1992, No. 3061-1.

Den Anfang des Lebens schützt die russische Gesetzgebung über den Schutz der schwangeren Frau und jungen Mutter. Im Gesetz über den Schutz der Gesundheit des Staatsbürgers[52], Art. 23, ist deren besonderer Schutz vorgesehen. Dieser wird durch besondere medizinische Versorgung vor und nach der Geburt des Kindes und durch Schwangerschaftsurlaub sowie die Möglichkeit freier Tage für die Mutter zur Versorgung ihres Kindes realisiert. Nach dem Kodex der Gesetze über die Arbeit von 1971 haben schwangere Frauen und Mütter mit Kindern unter anderthalb Jahren ein Recht auf Übergang auf eine leichtere Arbeit, Art. 164 des Gesetzes, und auf Urlaub vor und nach der Geburt des Kindes, Art. 165 des Gesetzes. Dennoch gehen heute einige Experten davon aus, daß nur eins von fünfzig Kindern in Rußland vollständig gesund auf die Welt kommt.[53]

Das Kind bzw. der Minderjährige hat nach Art. 24 desselben Gesetzes das Recht auf ärztliche Betreuung und Behandlung durch Kinder- und Jugenddienste, auf medizinisch-soziale Hilfe, auf sanitär-hygienische Ausbildung und Belehrung und Bemühen um seine Person unter Berücksichtigung seiner körperlichen Besonderheiten, auf kostenlose ärztliche Konsultationen und auf den Erhalt der notwendigen Informationen über den Zustand seiner Gesundheit und die Erhaltung seiner körperlichen Form. All diese Rechte sind auf die staatlichen Polikliniken und Klinikzentren beschränkt, die durch eine Verordnung der russischen Regierung für diesen Zweck vorgesehen sind.

In der Praxis gestaltet sich die Durchführung dieses Gesetzes insofern schwierig, als es oft an entsprechenden Spezialisten mangelt oder diese in besonderen Zentren arbeiten, die nicht von dem Gesetz erfaßt werden. Zwar mangelt es nicht grundsätzlich an Zentren für unbezahlte Konsultationen, deren Qualität läßt aber oft zu wünschen übrig, da es an Geld für Gerätschaften und Medikamenten oder Ärzte fehlt.[54]

Der Staat übernimmt gesetzlich die Sorge um den Gesundheitsschutz der Familienmitglieder. Dazu gehört die Familienplanung sowie Beratungen im Bereich der Hygiene, Art. 22 GrdlGGesundheit.

Traditionell ist der Gesundheitsschutz für Kinder in Rußland, insbesondere die Krankheitsprophylaxe hoch geschrieben. Daher ist die Impfrate im Vergleich mit anderen Ländern, deren Bevölkerung zu fast 60 % unter dem Ex-

---

52 Grundsätzliche Gesetzgebung der russischen Föderation über den Schutz der Gesundheit des Staatsbürgers, Gesetz der russischen Föderation vom 22. 7. 1993, Nr. 5487-1; erster russ. Staatenbericht Abs. 121.

53 Trud v. 27. 11. 1997 No 221 "Jest li buduschtschee w Rossii?"

54 Bericht des Bevollmächtigten der Russischen Föderation für Menschenrechte für das Jahr 1999, *Rossijskaja Gaseta* 5.4. 2000, S. 6.

istenzminimum lebt, sehr hoch. Sie liegt immer noch fast überall in Rußland über 90 %.[55] In Zusammenarbeit mit UNICEF werden Maßnahmen zur Impfung und Anämieprophylaxe bei schwangeren Frauen durchgeführt.[56] Ein Problem bildet inzwischen eine hohe Verbreitungsrate von Tuberkulose und eine steigende Zahl HIV-infizierter Kinder.[57]

Auch Unterernährung ist bei den Kindern, die in der Familie leben, bisher kein Problem. Vielmehr werden die familiären Finanzen in erster Linie in die Ernährung des und die Sorge für das Kind investiert.

Neben der Familienplanung durch Schwangerschaftsabbruch finden auch die herkömmlichen Mittel der Familienplanung durch Verhütung und der Aufklärung vor allem auch junger Frauen und Jugendlicher statt. In zunehmendem Maße werden auch an sozial schlechter gestellte Frauen Verhütungsmittel verteilt.

Art. 33 Schutz vor Drogen

Artikel 33 KRK hat den internationalen Kampf gegen Drogen im Blick. Danach müssen die Mitgliedstaaten der Konvention alles geeignete tun, um die Herstellung, den Handel und den Konsum von Drogen durch Kinder zu verhindern. Die zu ergreifenden Maßnahmen beschränken sich nicht auf Gesetzgebung und Verwaltung im engeren Sinne, sondern müssen insbesondere auch den sozialen und Bildungsbereich mit einschließen.

Begriff der Drogen

Drogen im Sinne des Art. 33 KRK meint nur narkotische und psychotrope Substanzen und schließt damit den Schutz des Kindes vor dem Umgang mit Alkohol und Tabak, aber auch mit anderen Suchtmitteln, wie z.B. Spielautomaten, Fernsehen u.ä., nicht mit ein. Damit wird nur der Kampf mit Suchtmitteln geregelt, der bei Erwachsenen auch international bekämpft wird, nicht aber die Verhinderung des Konsums von Suchtmitteln, die Erwachsene legal konsumieren können, die aber bei Kindern einen noch größeren Schaden anrichten.[58] Artikel 33 KRK verweist nämlich in diesem Zusammenhang auf andere internationale Übereinkommen in diesem Bereich.[59]

---

[55] Zweiter russ. Staatenbericht Abs. 95.

[56] Zweiter russ. Staatenbericht Abs. 94.

[57] Committee on the Rights of the Child, Concluding Observations: Russian Federation CRC/C/Add.15 vom 10. 11. 1999, Abs. 45 ff.

[58] Gegen die sog. leichten Drogen sind Kinder im Rahmen von Art. 24 KRK geschützt.

[59] Single Convention on Narcotic Drugs, 30. 3. 1961, UNTS 520, S. 204 und Zusatzprotokolle sowie Convention on Psychotropic Substances 21. 2. 1971, UNDoc B/CONF.58/ 6 vom 19. 2. 1971, ILM 10 (1971) S. 261.

Enstehungsgeschichte

Artikel 33 KRK ist ein Kompromiß zwischen einem ngo - Vorschlag, der darauf abzielte das Kind mit unterstützenden Maßnahmen ohne Strafcharakter vor dem Drogenkonsum zu schützen,[60] und einem chinesischen Vorschlag, der das Kind als potentiell aktiven Drogenhändler ansah, dem das Handwerk gelegt werden muß. Er sah vor allem auch die strafrechtliche Verfolgung der Hintermänner vor, die das Kind zu diesem Tun anstiften.[61]

Über einen Vorschlag der USA, auch den Schutz vor Alkohol in die Konvention aufzunehmen, konnten sich die Vertreter der Staaten nicht einigen.[62]

Maßnahmen zum Schutz des Kindes

Artikel 33 KRK ist die erste Norm, die die Notwendigkeit des Schutzes des Kindes vor dem Umgang mit Drogen erwähnt.[63] Er läßt aber die Frage offen, welche Maßnahmen geeignet sind, um ein Kind vor Drogen zu schützen. Jedenfalls ergibt sich aber aus der Aufzählung der Arten von Maßnahmen, daß auch präventive Maßnahmen, wie z.B. Bildung und Warnung vor Drogen, gemeint sind.[64]

Maßnahmen müssen nicht nur die Kinder als solche betreffen, sondern vor allem auch deren Umfeld, das davon abgehalten werden soll, sie für die illegale Herstellung von Drogen oder als Dealer auszunützen. In diesem Bereich sind in den meisten Fällen wohl strafgesetzliche Maßnahmen die wirkungsvollsten. Aber auch im Zusammenhang mit Eltern und Erziehern müssen Maßnahmen erfolgen.

Angefangen von der Gefahr pränataler Schädigung eines Kindes, deren Mutter Drogen konsumiert, und den damit verbundenen Gefahren,[65] sind gegenüber Eltern vor allem Sozial- und Bildungsmaßnahmen anzuwenden. Werdende Mütter können über die Gefahren des Drogenkonsums und des Alkohol- und Tabakkonsums[66] aufgeklärt werden. Eltern in sozialen Risiko-

---

60 E/CN.4/1986/39 Abs. 77; E/CN.4/986/WG1/WR1, Dorsch S. 223.

61 Dorsch S. 223.

62 ebenda Abs. 81, Detrick S. 427, Dorsch, S. 224.

63 Cantwell (Fn. 41), S. 28.

64 so auch Bundesrat Schweiz, *BBl* 146 (1994), S. 1, 60.

65 vgl. dazu J.R. Fink "Coacaine's Smallest Victims: Advocacy on Behalf of Drug-exposed Infants" in: M. Freeman/P. Veerman (Hrsg.) *The Ideologies of Children's Rights*, Dordrecht, 1992, S. 311 ff.

66 Vgl Art. 24 Abs. 2 lit. d KRK, der den Art. 33 KRK in Bezug auf den Konsum von Alkohol und Tabak insofern ergänzt, als er das Kind auch vor vorgeburtlicher Schädigung durch Tabak- und Alkoholkonsum schützen will.

gruppen kann soziale Hilfe in Form von Beratung, Aufklärung, materieller Hilfe und ähnlichem gewährt werden. Alle Eltern und Erzieher müssen geschult werden, um die Erkenntnis zu fördern, daß ein Kind Drogen ausgesetzt ist und Hilfe benötigt.[67]

Daneben können natürlich auch Maßnahmen gegenüber Kindern getroffen werden. Auch hier werden die Maßnahmen in erster Linie in der Aufklärung über die Gefahren des Drogenkonsums liegen.

Über prophylaktische Maßnahmen hinaus sind repressive und rehabilitative Maßnahmen geeignet, Kinder vor dem weiteren Umgang mit Drogen zu schützen. Repressive Maßnahmen bestehen in der strafrechtlichen Verfolgung vor allem von Erwachsenen, die Kinder mit Drogen vertraut machen. Rehabilitative Maßnahmen bestehen in dem Versuch, das Kind in eine andere, weniger gefährdende Umgebung zu bringen, sei es mit der Familie, sei es ohne sie, wenn die Gefahr eben von der Familie ausgeht. Kinder, die bereits Drogen nehmen, werden klinisch betreut und damit dem Umgang mit den Drogen entzogen.

Qualifikation des Rechts

Artikel 33 KRK enthält ein spezielles Kinderrecht, insofern als das Kind vor dem Einsatz bei der unerlaubten Herstellung und dem Verkauf von Drogen geschützt werden muß. Es ist eine Spezialnorm zu Art. 32 KRK, der die wirtschaftliche Ausbeutung von Kindern verbietet. Im Fall des Einsatzes von Kindern für die Herstellung und den Verkauf von Drogen ist die wirtschaftliche Ausbeutung verboten.

Artikel 33 KRK ist ein Schutzrecht (*provision right*). Es enthält den Schutz des Kindes vor Gesundheitsgefahr durch die Droge selbst, aber auch durch mögliche Nebenerscheinungen vor allem harter Drogen, wie z.B. Infizierung mit AIDS oder Hepatitis durch mehrfaches Verwenden einer Spritze in der Gemeinschaft. Insofern ist Art. 33 KRK lex specialis zu Art. 6 und 24 KRK.

---

[67] So werden z.B. in Neuseeland und Australien Programme zur Unterstützung der Erkenntnis der Gefährdung von Menschen allgemein und Kindern im besonderen durch Drogen einschließlich Tabak und Alkohol durchgeführt. WHO, "Drug Abuse", *Weekly Epidemiological Record*, 5. 6. 1987, 62nd year, S. 165 ff.; Henaghan, "New Zealand and the Convention: A Lack of Balance", in: Freeman *Children's Rights*, S. 187.

Umsetzung in Rußland

In Rußland ist das Drogenproblem in den vergangenen zehn Jahren immer dringender geworden, größtenteils sogar erst als Problem entstanden.[68] Nach einer Statistik der Stadt Moskau haben in Moskau im Jahre 1997 17% der Jungen und 8 % der Mädchen härtere Drogen verwendet, mindestens einmal narkotische Substanzen probiert hatten ungefähr 600 000, d.h. 54, 1% aller Kinder und Jugendlichen in Moskau.[69]

Mit der Drogensucht einher gehen andere Probleme wie z.B. Beschaffungskriminalität, die Verbreitung des HIV-Virus durch Benutzung unsauberer Spritzen und Ähnliches mehr.[70]

Gegen dieses Problem ist die Russische Föderation auf den vier in Art. 33 KRK erwähnten Ebenen tätig geworden.

Dabei bilden Art. 22 und 41 russ. Verf die Grundlage für solche Maßnahmen. Artikel 22 russ. Verf. schützt das Recht auf persönliche Unversehrtheit und Art. 41 russ. Verf. sieht das Recht auf Gesundheitsschutz und medizinische Hilfe vor.

Einfachgesetzliche Grundlagen finden sich im russ. StGB und im Gesetzbuch über verwaltungsrechtliche Rechtsverstöße der RSFSR (KoAP).[71]

Nach dem russ. StGB wird bestraft, wer ein Kind dazu anstiftet, eine Straftat oder eine anti-gesellschaftliche Handlung zu begehen. Darunter fallen die systematische Anwendung alkoholischer Getränke und betäubender Substanzen, Art. 150 f. russ. StGB. Art. 228, 230 und 232 russ. StGB sehen die Verantwortlichkeit für die ungesetzliche Herstellung, Verbreitung, Aufbewahrung, Einfuhr und Einnahme narkotischer oder psychotropischer Substanzen vor. Dazu gehört insbesondere auch die Tat mit Beziehung auf einen Minderjährigen. Bestraft wird außerdem die Unterhaltung von Spelunken zum Zwecke des Drogenkonsums.

Das KoAP sieht die verwaltungsrechtliche Verantwortlichkeit für den ungesetzlichen Erwerb und die illegale Aufbewahrung von Narkotika ohne das

---

68 Prawitjelstwo Moskwy, Programma *Deti uliz*, informazionno-konsultatiwnyj wjestnik, 1. Aufl., Moskau 1997; *Istvestija* 14. 7. 1998 "Narkoman dolschen snat: on - nepolnozennyj tschlen obschtschestva".

69 Prawitjelstwo Moskwy ebenda.

70 A. Ivantschenko "SPID ugroschajet kaschdamu" *Rossijskije Vesti* No. 20-21 (1538-1539) V. 31. 5. 2000, S. 8; vgl. Prawitjelstwo Moskwy ebenda; für St. Petersburg: World Council of Churches, *Samaritan* No. 2 (9) 1998, S. 7/8; *Russia Today* 16. 4. 1998, "UNICEF launches Needle Exchange Programme"; *Russia Today* 9. 6. 1998, "Drug-Taking Threatens Russian AIDS Explosion".

71 Gesetz vom 24. 6. 1984, abgedruckt in Teilen in: Ministerstvo Truda i sozial'nogo raswitija RF, *Konvenzija o prawach rebjonka i sakonodatelstvo RF*, Moskau 1998.

Ziel seines Konsums vor, Art. 44. Art. 163 KoAP enthält das Verbot, einen Minderjährigen dem Alkohol zuzuführen.

Durch diese Gesetzgebung wird in Rußland versucht, Kinder vor dem Einstieg in den Drogenkonsum zu bewahren. In dieser Gesetzgebung sind als Maßnahmen vor allem Sanktionen vorgesehen.

Ergänzend erging im Januar 1998 ein föderales Rauschgift- und Suchtstoffgesetz. Danach ist der Gebrauch von Suchtstoffen und Narkotika ohne ärztliche Verordnung verboten. Der Staat hat ein Monopol für die Herstellung, Verarbeitung und den Vertrieb von gefährlichen Rauschgiften. Rauschgiftsüchtigen kann der Zugang zu bestimmten Berufen und Tätigkeiten verwehrt werden. Das Gesetz sieht vor allem auch Maßnahmen gegen juristische Personen vor, die widerrechtlich Rauschgift herstellen, verarbeiten oder vertreiben.[72]

Verwaltungs- und soziale Maßnahmen finden in Bezug auf Kinder, die bereits von Drogen einschließlich Alkohol abhängig sind, und deren Familien Anwendung. Solche sind Maßnahmen mittels öffentlicher Einwirkung auf das abhängige Kind und Eltern, wenn sich herausstellt, daß die Eltern sich nicht ausreichend mit der Erziehung des Kindes und der Kontrolle seines Umgangs beschäftigt haben.[73]

Eine Reihe von Einrichtungen im System des Bildungsministeriums bieten Minderjährigen, die psychoaktive Substanzen mißbraucht haben, und deren Familien psychologische und pädagogische Hilfe. Einrichtungen des Gesundheitsministeriums ergänzen mit medizinisch-sozialer Hilfe, einschließlich einer Psychotherapie für drogenabhängige Minderjährige. Die Entzugstherapie findet auf freiwilliger Basis statt und kann nicht staatlich erzwungen werden.[74]

Durch diese Einrichtungen kann dem Problem des Drogenmißbrauchs allerdings nicht effektiv entgegengetreten werden.[75]

Ein Problem liegt in der mangelnden Quantität solcher Einrichtungen. Nur in 17 der 89 Subjekte der Föderation bestehen sogenannte mediko-psychiatrische Zentren, die sich mit der Rehabilitation Drogenabhängiger beschäftigen. Dort werden oft Kinder zusammen mit Erwachsenen rehabilitiert und ihnen kann keine ihrem Alter und ihren Bedürfnissen angemessene Behandlung gewährt werden.

---

[72] *SZRF* 1998, No. 2, Art. 219, zusammengefaßt in: *WiRO* 1998, S. 188.

[73] Zweiter russ. Staatenbericht, Abs. 157.

[74] Erster russ. Staatenbericht, Abs. 175.

[75] Committee on the Rights of the Child, Concluding Observations: Russian Federation, CRC/C/Add.15 vom 10. 11. 1999, Abs. 61 f.

Zur Warnung und Vorbeugung gegen Drogen leisten Einrichtungen des Sozialministeriums konsultative Hilfe für Familie und Kinder.[76]

Im Bildungsbereich bildet die Propaganda gegen Alkohol einen festen Bestandteil des Biologieunterrichtes in den Schulen.[77] In den höheren Schulen werden auch Kurse zu den Gefahren von härteren Drogen abgehalten. Lehrern und Eltern werden Seminare und Konferenzen zum Thema geboten. Es gibt spezielle Leitfäden für den Umgang mit und die Erkenntnis von Drogenabhängigkeit für Lehrer und Eltern. Leider gibt es davon nur wenige Exemplare, die nicht zur Aufklärung für alle ausreichen.[78]

Werbung für Drogen aller Art in Fernsehen und Rundfunk ist verboten.[79] Im Gegenteil finden derzeit Fernsehkampagnien vor allem gegen Kokain statt.[80]

76 Zweiter russ. Staatenbericht, Abs. 156.

77 s.a. erster Staatenbericht, Abs. 174.

78 Alternativer Staatenbericht, Abs. VIII-21.

79 Föderales Rauschgift und Suchstoffgesetz, *WiRO* 1998, S. 188.

80 G. Houben, "Angebot und Nachfrage illegaler Drogen in Rußland" *Osteuropa* 49 (1999) 1021 ff.

4. Schutz vor Ausbeutung

Art. 31 Erholung und Freizeit

Art. 31 regelt zwei Arten von Rechten und die zugehörigen Staatenverpflichtungen: das Recht auf Teilnahme am künstlerischen und kulturellen Leben und das Recht auf Ruhe und Freizeit sowie Spiel und altersgemäße aktive Erholung. Dem korrespondieren die Verpflichtungen der Vertragsstaaten zu kultureller Betätigungsmöglichkeit und Bereitstellung geeigneter und gleicher Möglichkeiten für aktive Erholung und Freizeitbeschäftigung. Damit stellt Art. 31 KRK ein *Novum* im internationalen Menschenrechtsschutz dar. Er verbindet das Recht auf Erholung, das in anderen Menschenrechtsdokumenten in Verbindung mit dem Recht auf Arbeit und dem Arbeitsschutz geregelt wird, mit der Teilnahme am kulturellen Leben, das in anderen Dokumenten eher im Zusammenhang mit Rechten im Wissenschaftsbereich seinen Anwendungsbereich hat.[1]

Entstehungsgeschichte

Artikel 31 KRK beruht auf je einem Vorschlag Kanadas und der USA, die teilweise identisch waren.[2] Nach kurzer Diskussion und unter Hervorhebung der Altersangemessenheit von Spiel und Erholung wurden die Vorschläge in ihrer zusammengefaßten Form angenommen.[3] Erst nach dieser ersten Annahme wurden Bedenken laut. So war nicht ganz klar, was der Zusammenhang von dem Recht auf Freizeit und Erholung und dem Schutz vor Ausbeutung sein sollte.[4] Auch die Frage der Kompetenzen der Eltern bei der Überwachung und Bestimmung der Freizeitaktivitäten ihrer Kinder, regelt Art. 31 KRK nicht ausdrücklich.[5] Doch diesen Bedenken wurde in der Arbeitsgruppe dann letztendlich keine Rechnung getragen.

Recht auf Teilnahme am kulturellen und künstlerischen Leben

Das Recht auf Teilnahme am kulturellen und künstlerischen Leben ist auf zwei Bereiche gerichtet. Zum einen hat das Kind ein Recht auf Teilnahme am bereits bestehenden künstlerischen Leben in seinem Land. Insofern beinhaltet Art. 31 ein Gleichheitsrecht des Kindes. Die Staaten fördern nämlich die Bereitstellung gleicher Möglichkeiten.

---

[1] So z.B. Art. 7 lit. d und 15 lit. a IPwirtR, Art. 24, 27 AllgEMR. Dazu Dorsch S. 190; Schweizer Bundesrat, *BBl* 146 (1994) 58.

[2] E/CN.4/1985/64 Abs. 105, Detrick S. 415, Dorsch S. 190.

[3] Working Group ebenda, Dorsch ebenda.

[4] Bedenken des Vertreters der Bundesrepublik Deutschland, ebenda Abs. 109, Dorsch, S. 190.

[5] Bedenken des Heiligen Stuhls, ebenda; Dorsch a.a.O.

Das Kind soll aber auch die Möglichkeit der aktiven Teilnahme am kulturellen Leben haben. Insofern beinhaltet Art. 31 KRK ein Teilnahmerecht des Kindes in der Gesellschaft. Das ergibt sich schon aus dem Wortlaut des Art. 31 Abs. 2 KRK. Danach fördern die Staaten die Bereitstellung von Möglichkeiten für die kulturelle und künstlerische Betätigung des Kindes. Kinder sollen nach dem Wortlaut voll an kulturellen und künsterlerischen Leben beteiligt werden.

Artikel 31 KRK differenziert dabei zwar scheinbar seinem Wortlaut nach zwischen künstlerischem und kulturellen Leben. Tatsächlich bezeichnet die Teilnahme am künstlerischen lediglich einen Unterfall des kulturellen Lebens. Kultur wird nämlich im Rahmen der Konvention umfassend verstanden. Artikel 20 sichert die kulturelle Herkunft des Kindes, Art. 30 schützt die kulturelle Identität. Nach Artikel 30 KRK hat das Kind das Recht, seine Kultur in seiner Gruppe zu pflegen. Die Pflege einer Kultur umfaßt nach allgemeinem Sprachverständnis auch die Pflege der zu dieser Kultur gehörenden Kunst. Etwas anderes kann auch nicht im Zusammenhang des Art. 31 KRK gelten.

Zum anderen ist Artikel 31 KRK nicht nur eine bestandsschützende Norm, sondern verpflichtet die Staaten auch, neue Möglichkeiten zu fördern. Artikel 31 KRK beinhaltet damit die Notwendigkeit, für Kinder neue Möglichkeiten der kulturellen Beteiligung, wie etwa spezielle Kindermuseen,[6] zu schaffen. Tatsächlich bedarf diese Bestimmung in ihrer Abstraktheit in besonderem Maße der Ausfüllung durch die Staaten.[7] Ihr grundsätzlicher Tenor lautet jedoch: Der Staat muß die Schaffung von Möglichkeiten fördern.

Damit ist Art. 31 KRK in einen engen Zusammenhang auch mit Art. 17 und 27 KRK zu setzen. Mit Hilfe von Information wird die Teilnahme am kulturellen Leben erheblich erleichtert. Die Einrichtung echter Alternativen zu den modernen Massenmedien wie Fernsehen und Internet kann die Entwicklung des Kindes in sozialer aber auch gesundheitlicher Sicht unterstützen.[8]

Recht auf Freizeit und Erholung

Das Recht auf Freizeit und Erholung steht in anderen Menschenrechtsverträgen im Zusammenhang mit dem Arbeitsschutz. Dort wird es eher als eine Art Ausnahme von der Arbeit definiert. In der Kinderrechtskonvention dagegen wird das Recht auf Freizeit und Erholung als Grundlage genommen, auf deren

---

[6] vgl. das Beispiel für Kinder- und Jugendmuseen in Berlin, Spiegel online, http://www.spiegel.de/homepage/home/presse1_special.html, (am 24. 2. 1998) "TRENDS: Kinder ins Museum".

[7] So im Ergebnis auch Schweizer Bundesrat, *BBl.* 146 (1994), 58.

[8] Man denke nur an die Bedenken, die Tamagotchi, aber auch die Gewaltdarstellung im Fernsehen begegnet. dazu *Spiegel online* a.a.O. "Warnung vor Tamagotchi" und "Das Herz schlägt bis zum Hals" sowie "Spiegel special: Freizeit digital".

Basis dann das Verbot der wirtschaftlichen Ausbeutung von Kindern ausgesprochen wird. Artikel 31 KRK stellt nämlich anders als etwa Art. 7 IPwirtR das Recht auf Freizeit nicht in einen unmittelbaren Zusammenhang mit dem Arbeitsschutz und erwähnt die Arbeit des Kindes nicht.

Das Recht auf Freizeit, Erholung und Spiel ist damit ein Recht, das dem Kind, völlig unabhängig von entsprechender Leistung, zusteht. Das ist eine Feststellung, die auf den ersten Blick selbstverständlich scheint, aber in der tatsächlichen Anwendung nicht immer gewährleistet ist.[9] Gerade auch in den wirtschaftlich hochentwickelten Ländern sind die natürlichen Lebensumstände räumlich beschränkt. Daher sind aktive staatliche und private Maßnahmen zur Gestaltung der Freizeit des Kindes zu verlangen.[10]

Die drei in Art. 31 verwendeten Begriffe von Spiel, Freizeit und Erholung sind nicht streng voneinander zu trennen. Spiel bezeichnet eine Tätigkeit, während Freizeit eine Zeiteinteilung meint. Erholung ist im Gegensatz zum Spiel eine eher passive Sicherung der Entwicklung des Kindes. Das Spiel hat mehrere Zwecke: zum einen die Erholung des Kindes, zum anderen die Bildung des Kindes vor allem auch in praktischen Dingen. Es kann ein, wenn auch nicht das einzige Mittel, zur Erholung des Kindes sein. Andere sind etwa Schlafen, Vorlesen usw.

Das Recht auf Spiel, Freizeit und Erholung ist in tatsächlicher Hinsicht ein Recht, das in der Regel die Eltern hauptsächlich gestalten.[11] Daß sie dazu das Recht haben, ergibt sich aus Art. 5 KRK, nach dem die Eltern das Recht haben, das Kind bei der Ausübung seiner in der Konvention anerkannten Rechte angemessen zu leiten und zu führen. Die Staaten sind aber in Art. 31 KRK dazu aufgerufen, die Eltern dabei zu unterstützen. Die Begriffe "Spiel, Freizeit und Erholung" sind dazu ausfüllungsbedürftig. So könnte die Verpflichtung der Staaten zur Einrichtung entsprechender Möglichkeiten etwa durch Einrichtung von Spielplätzen unmittelbar[12], aber auch durch Unterstützung privater Initiativen mittelbar erfolgen.[13]

Zusammenhänge der beiden Arten von Rechten

Nicht ohne Grund wurden das Recht des Kindes auf Teilnahme am kulturellen Leben und das Recht des Kindes auf Spiel, Freizeit und Erholung in einer Vorschrift zusammengefaßt. Einerseits wird die künstlerische und son-

---

9 Siehe dazu vor allem unten zu Art. 32.

10 Schweizer Bundesrat (Fn. 7).

11 Newell S. 121.

12 Newell S. 123.

13 Newell ebenda.

stige kulturelle Betätigung des Kindes im Regelfall Teil seiner Freizeitgestaltung sein.[14] Andererseits ist die kulturelle Betätigung eine Möglichkeit, dem Kind Erholung und Freizeit anzubieten. So wird z.B. vertreten, daß jedes Kind als Grundsatz die Möglichkeit bekommen soll, ein Musikinstrument zu erlernen.[15] Damit kann es von anderen Gestaltungsarten seiner Freizeit weggelockt werden, die seiner Entwicklung weniger förderlich oder sogar schädlich sind. Es kommt also in Art. 31 KRK eine gewisse Bevorzugung der kulturellen und künstlerischen Betätigung des Kindes für seine unmittelbare Freizeitgestaltung zum Ausdruck. Hier ist auch ein Zusammenhang zu Art. 28 und 30 KRK zu sehen. Die kulturelle und spielerische Tätigkeit des Kindes eignet sich zum einen, um dem Kind seine Gesellschaft näher zu bringen, es spielerisch zu bilden. Zum anderen wird dem Kind die Möglichkeit einer Herausbildung seiner kulturellen Identität gegeben.

Qualifikation des Rechts

Die Rechte aus Art. 31 KRK haben damit verschiedene Charaktere. Sie sind als Gleichheitsrechte zu qualifizieren. Sie sind aber auch Schutzrechte für eine gewisses Maß an Freizeit, das dem Kind zugestanden wird und als solches zu schützen ist. Vor allem enthält Art. 31 KRK Teilnahmerechte in Bezug auf Kultur und Kunst sowie Erholung.

Die Rechte sind sozialer und kultureller Natur und in ihrer Zusammensetzung und Stellung in der Konvention kindspezifisch.

Umsetzung in Rußland

Die Grundnorm für das Recht auf Erholung und Freizeit in der Russischen Föderation bildet Art. 37 Abs. 5 russ. Verf. Danach hat jeder ein Recht auf Erholung (*otdykh*). Das Wort erfaßt nach russischem Verständnis das Recht auf Freizeit, um sich erholen zu können, und auf Umstände, die eine Erholung erlauben. Gemäß Art. 44 Abs. 2 russ. Verf. hat jeder das Recht auf Teilnahme am kulturellen Leben, auf Benutzung von kulturellen Einrichtungen und auf Zugang zu kulturellen Werten.

Dieses Recht wird umgesetzt durch das Grundlagengesetz über die Kultur (GrdlGKultur)[16] Die Rechte aus der Verfassung werden hier wiederholt und ausgestaltet. Dem Recht des einzelnen Menschen auf Kultur wird Vorrang gegenüber den Rechten des Staates in diesem Bereich und den Rechten anderer - auch nichtstaatlicher - Organisationen eingeräumt, Art. 9 GrdlGKultur. Jeder

---

[14] dazu auch Dorsch S. 191.

[15] Newell S. 124.

[16] Osnowy Sakonodatelstwa R.F. o kulture, vom 9. 10. 1992, No. 3612-1.

Mensch hat das Recht auf kreative Tätigkeit nach seinen Neigungen und Fähigkeiten, Art. 10 GrdlGKultur. Das Recht auf Zugang zu kulturellen Werten wird vor allem auf Bibliotheken, Museen und Archive bezogen und kann durch Gesetz wegen des Gebots der Geheimhaltung gewisser Werte eingeschränkt werden, Art. 12 GrdlGKultur. Wann dieses Gebot allerdings anzunehmen ist, wird nicht geregelt. Das Gesetz geht noch weiter und stellt den Zusammenhang zum Recht auf Bildung her: Nach Art. 13 GrdlGKultur hat jeder Mensch ein Recht auf humanitäre und künstlerische Bildung. Diese Verpflichtung wird von den Schulen ernst genommen, indem Kinder immer wieder etwa in Museen geführt und ihnen die Exponante nahegebracht werden. Das gleiche gilt für traditionelles Liedgut u.ä. Das Grundlagengesetz wird auf den verschiedenen Ebenen der Föderation ausgestaltet. Damit gibt es verschiedene Systeme seiner Umsetzung oder auch mangelnden Umsetzung. Einen effektiven Kontrollmechanismus für die Durchsetzung des Rechts auf Teilnahme am kulturellen Leben gibt es nicht.[17]

Als Folge der Staatssystems in der Vergangenheit hat das Recht auf Erholung in Rußland einen hohen Stellenwert. Das findet sich in der Tatsache, daß das Recht auf Erholung im Gegensatz zu anderen Verfassungen in der russischen Verfassung ausdrücklich aufgeführt ist. Daher wird es auch im neuen Gesetz über die Rechtsgarantien des Kindes[18] noch einmal ausdrücklich genannt und der Rahmen für seine Umsetzung festgelegt. Dieser besteht im wesentlichen in der Pflicht der einzelnen Verwaltungsträger zur Schaffung sozialer Garantien und Vergünstigungen insbesondere für Kinder, die sich in extremen Situationen befinden und an ökologisch schlechter gestellten Orten wohnen. Zu dessen Umsetzung wurden für Kinder Verwaltungsmaßnahmen getroffen. So werden Sommerlager für Kinder gefördert,[19] Vergünstigungen für Kinder aus dem hohen Norden und ähnlichen Gebieten festgelegt, um sicherzustellen, daß diese am Erholungsurlaub teilnehmen können.[20]

---

[17] Zweiter russischer Staatenbericht, Abs. 118.

[18] Sakon "Ob osnovnych garantijach praw rebjonka w RF" vom 24. 7. 1998, 124-FS, *Rossijskaja Gaseta* v. 5.8.1998.

[19] Programma "Deti Rossii", federatiwnaja zelevaja programma "organisazija letnego otdycha detej", *SZRF* 1995, No. 27; *SZRF* 96 No.9 ct. 799, S. 2040-2148, 2116 ff., *SZRF* 1997, No.41, Ct. 4705; Verordnung der Regierung der Russischen Föderation vom 15. 4. 2000 No. 350, "O schelesnogoroschnych perewoskach detej is Respubliki Komi, Kemerowskoj i Murmanskoj oblastjej i Nenezskogo awtonomnogo okruga k mestu letnego otdycha i obratno", *SZRF* vom 24. 4. 2000, No. 17, st. 1880.

[20] "O gosudarstwennych garantijach i kompensazijach dlja liz, rabotajuschtschich i prozhivajuschtschich w pajonach krajnego Severa i prirawnennych k nim mestnotjach" Gesetz der Russischen Föderation vom 19. 2. 1993, No. 4520-1.

Art. 32 Arbeitsschutz

Artikel 32 KRK verbietet die wirtschaftliche Ausbeutung von Kindern. Er ist damit der erste in der Reihe der Vorschriften in der KRK zum Schutz des Kindes gegen Ausbeutung. Er ist in Bezug auf die nachfolgenden Artikel 34 und 35 KRK eine Grundnorm, zu der die genannten Artikel als *lex specialis* für die Fälle anzusehen sind, in denen Kinder zur Prostitution verleitet werden oder für die Ausbeutung in Form von Arbeit verschleppt und gehandelt werden. Auffangnorm für die Fälle, die von diesen Normen nicht erfaßt sind, ist Art. 36 KRK.

Artikel 32 Abs. 1 KRK verbietet die wirtschaftliche Ausbeutung von Kindern allgemein und ausbeutende Kinderarbeit im speziellen. Artikel 32 KRK greift damit ein weltweit dringendes Problem auf.[21] Nach neueren Erkenntnissen der ILO (*International Labour Organization*, Internationale Arbeitsorganisation) gibt es weltweit an die 250 Mio. Kinder zwischen 5 und 14 Jahren, die trotz internationaler Schutzabkommen arbeiten. 120 Mio. davon gehen nach Schätzungen der ILO einer ganztägigen Arbeit nach.[22] Diese sind nicht alle vom Verbot des Art. 32 KRK erfaßt. Vielmehr erfaßt dieser nach dem Wortlaut nur solche Kinderarbeit, die Gefahren mit sich bringt, die Erziehung des Kindes behindert, seine Gesundheit beeinträchtigt oder seine Entwicklung schädigen könnte.[23]

Absatz 2 sieht die Ergreifung von Maßnahmen in allen Bereichen, also im Bereich der Gesetzgebung, der Verwaltung, des Sozialen und der Bildung, vor. Er definiert Bereiche, in dem besondere Maßnahmen getroffen werden müssen, wie die Festlegung von einem Arbeitsmindestalter, Regelungen für Arbeitszeit und Arbeitsbedingungen und Sanktionen zur Durchsetzung des Artikels.

Entstehungsgeschichte

Das Problem der Kinderarbeit besteht schon lange. Bereits in der Präambel zur Verfassung der ILO von 1919 wurde der besondere Schutz des Kindes im Bereich der Arbeit als ein Ziel der ILO hervorgehoben.[24] Seither hat die ILO viele Konventionen und Empfehlungen abgegeben, die mehr oder weniger unmittelbar den Schutz des Kindes vor Ausbeutung durch Kinderarbeit betref-

---

21 Schweizer Bundesrat, *BBl.* 146 (1994) S. 59.

22 J. Cooper, "Child Labour" *International Journal* 52 (1997) 411 ff., 412; FAZ v. 8.9. 1999 S. 4 "Mehr Kinderarbeit seit der Asienkrise", *NZZ AUSLAND* v. 4. 2. 1998 Nr. 28, S. 7 "Warnung vor Anstieg der Kinderarbeit in Afrika".

23 Schweizer Bundesrat (Fn. 21).

24 Zur Arbeit der ILO im Bereich der Kinderarbeit s. H.T Dao "ILO-Standards for the Protection of Children" *Nordic Journal of International Law* 58 (1989) S. 54-67.

fen. Besonders zu erwähnen sind die Konvention gegen Zwangsarbeit[25], die sog. Mindestalterkonvention[26], sowie die im Juni 1999 verabschiedete Konvention zur Abschaffung der schlimmsten Formen der Kinderarbeit.[27]

Bei der Entstehung des Art. 32 KRK gab es kaum inhaltliche Kontroversen[28] und so blieb er auch in zweiter Lesung fast unverändert.[29] Eine noch im polnischen Vorschlag enthaltene Mindestaltersgrenze für Kinderarbeit von 15 Jahren wurde im Laufe der Verhandlungen gestrichen.[30] In der deutschen Version kommt eine Formulierungsraffinesse nicht heraus, die speziell die Arbeit von Kindern im Bereich der Familie aus dem Anwendungsbereich des Art. 32 KRK ausschließen sollte. Statt der Formulierung *Work and employment* wurde nur *employment* in den Artikel eingefügt.[31] In der zweiten Lesung wurden als mögliche Maßnahmen neben Gesetzgebung und Bildung auch soziale und Verwaltungsmaßnahmen eingefügt.[32]

Zwar war man sich einig, daß eine Vorschrift in der Konvention geschaffen werden mußte, die die Ausbeutung durch Kinderarbeit und andere wirtschaftliche Ausbeutung des Kindes verbieten sollte, dennoch gaben einige Staaten bereits im Stadium der Formulierung des Art. 32 Interpretationserklärungen ab, um nicht mit ihrer nationalen Gesetzgebung in Konflikte zu geraten.[33]

Schutz vor gefährlicher Arbeit

Kinderarbeit bewegt sich auf einer Skala zwischen pädagogisch wertvoller Kinderarbeit am einen Ende und ausbeutender Kinderarbeit am anderen Ende. Dazwischen gibt es viele Formen der Kinderarbeit, die in einer Grauzone

---

[25] ILO Convention on Forced Labor, No. 29 UNTS vol. 39, No. 612, S. 55 ff., *BGBl* 1956 II S. 641 ff.

[26] ILO Minimal Age Convention No. 138 von 1981 UNTS vol. 1015, S. 297 ff., dazu Dao (Fn. 24); L. Swepston, "The Convention on the Rights of the Child and the ILO" in: *Nordic J. Int'l L.*, 61/62 (1992/93) S. 7 ff.; Dorsch S. 220.

[27] ILO Convention Concerning the Prohibition and Immediate Elimination of the Worst Forms of Child Labour, v. 1. 6. 1999, zu finden unter: http://www.ilo.org/public/english/child/conventions/ilo_conv/conv.htm, (am 30. 06. 1999)

[28] E/CN.4/1986/39 Abs. 68-75, Detrick S. 420 ff.; Dorsch, S. 219.

[29] E/CN.4/1989/48 Abs. 507 - 512, Detrick S. 424 f.; Dorsch S. 219.

[30] E/CN.4/1986/39, Abs. 71, Detrick S. 421, Dorsch, S. 220.

[31] E/CN.4/1986/39, Abs. 73; Detrick, S. 421; Dorsch S. 220.

[32] E/CN.4/1989/48, Abs. 508, Detrick S. 424, Dorsch S. 220.

[33] So. z. B. die USA, Japan, Indien, E/CN.4/1986/39, Abs. 69, 73, E/CN.4/1989/48 Abs. 510; Detrick S. 421 f., 424 f., dazu ausführlicher Dorsch, S. 220.

liegen.[34] Ein Ausgleich zwischen dem Wunsch junger Menschen zu arbeiten und dem notwendigen Schutz vor Ausbeutung muß gefunden werden.[35]

Die Formulierung des Art. 32 KRK versucht möglichst genaue Umschreibungen der Arten verbotener Kinderarbeit aufzulisten. Dabei werden zwei Teile nebeneinander gestellt, die sowohl kumulativ als auch alternativ lesbar sind: Schutz vor wirtschaftlicher Ausbeutung und Schutz vor der angegebenen Art der Arbeit. Liest man sie kumulativ, so wäre Voraussetzung für ein Verbot der Kinderarbeit nach Art. 32 KRK die wirtschaftliche Ausbeutung des Kindes. Dann aber wäre die genaue Aufzählung der Fälle, in denen Kinderarbeit verboten ist, nahezu überflüssig. Vielmehr sind die beiden Merkmale alternativ zu verstehen. Das Kind ist sowohl gegen wirtschaftliche Ausbeutung als auch gegen die genannten Formen der Kinderarbeit zu schützen. Dabei kann der Alternative "wirtschaftliche Ausbeutung" eine Art Auffangfunktion und Umgehungsschutz zum Verbot der Kinderarbeit zukommen. Darauf wird zurückzukommen sein.

Kinderarbeit wird definiert als die Teilnahme eines Segmentes der jugendlichen Bevölkerung an entgeltlicher oder unentgeltlicher Arbeit.[36] Für die Definition des Kindes ist dabei im Grundsatz auf Art. 1 KRK zurückzugreifen. Ein Kind ist jeder Mensch unter achtzehn Jahren. Art. 32 Abs. 2 lit. a KRK bietet dann gleich auch die Möglichkeit der Einschränkung dieser Definition durch Festlegung eines Mindestalters für Arbeit unter Kindern und Jugendlichen.

Ein Kind ist nach Art. 32 KRK vor Kinderarbeit bei Erfüllung einer der vier folgenden Varianten zu schützen: (1) Die Arbeit könnte die Gesundheit des Kindes schädigen; (2) die Arbeit bringt Gefahren für das Kind; (3) die Arbeit behindert die Erziehung des Kindes; (4) die Arbeit könnte die körperliche, geistige, seelische, sittliche oder soziale Entwicklung des Kindes schädigen.[37] Die Varianten haben zwei Stoßrichtungen: Gefahren für die Gesundheit und körperliche Integrität des Kindes und die Möglichkeit der Behinderung der Entwicklung des Kindes. Die Wahrscheinlichkeit einer Gefahr für die genannten Rechtsgüter reicht aus,[38] wie die Verwendung des Konjunktivs am Ende des ersten Absatzes anzeigt.

---

34 UNICEF, *State of the Worlds Children Report 1997*.

35 Newell S. 126.

36 S. Gupta "Rights of the Child and Child Labour: A Critical Study" *JIndLInstitute* 37 (1995) 531 ff., 534.

37 S.H. Hammad "The Convention on the Rights of the Child: 'Words on Paper' or reality for children?" *Inter'l J Children's Rights* 7 (1999) S. 215 ff., 230.

38 Dorsch S. 221.

Eine Gefahr für die Entwicklung des Kindes besteht dann, wenn einerseits seine Erziehung daheim und in der Schule wegen des Zeit- oder sonstigen Aufwandes der Arbeit nicht weitergeführt werden kann und andererseits andere Beeinträchtigungen seiner Entwicklung in allen denkbaren Bereichen betroffen ist. Die körperliche Entwicklung des Kindes betrifft die gesamte Gesundheitsverfassung des Kindes, seine Koordination, Stärke, Sehfähigkeit und sein Gehör. Die geistige Entwicklung meint das Alphabetentum des Kindes, seine Fähigkeit zu rechnen, die Entwicklung von Wissen, das das Kind im täglichen Leben braucht. Die seelische Entwicklung des Kindes umfaßt seine Selbstachtung, seine familiäre Bindung, seine Gefühle für Liebe und Anerkennung. Die soziale und sittliche Entwicklung schließlich meint das Gruppengefühl eines Kindes, seine Fähigkeit mit anderen zusammenzuarbeiten und seine Fähigkeit falsch von richtig zu unterscheiden.[39] Dabei schützt Art. 32 nicht nur die normale Entwicklung des Kindes, sondern auch seine individuellen Entwicklungsmöglichkeiten. Es ist also nicht etwa von einer Art Standard auszugehen, sondern die Situation des einzelnen Kindes zu prüfen.[40]

Schutz vor wirtschaftlicher Ausbeutung

Das Kind ist sowohl gegen wirtschaftliche Ausbeutung als auch gegen die genannten Formen der Kinderarbeit zu schützen. Dabei kann der Alternative "wirtschaftliche Ausbeutung" eine Art Auffangfunktion und Umgehungsschutz zum Verbot der Kinderarbeit zukommen. So werden Kinder in vielen Ländern vor allem im informellen Sektor zu Arbeiten herangezogen.[41] Das ist die Arbeit in einer fremden Familie oder aber das eigenständige Arbeiten als Schuhputzer, Hausierer oder Müllsammler. Die Arbeit in einer fremden Familie wird man in vielen Fällen noch unter den oben erörterten Begriff der Arbeit fassen, zu der Kinder herangezogen werden. Dagegen ist die Arbeit in der eigenen Familie oft auch nicht als Arbeit im Sinne des Arbeitsschutzes des Kindes anerkannt. So arbeiten vor allem kleine Mädchen im Haushalt der Eltern, hüten kleine Geschwister, kochen oder helfen bei der Ernte auf familieneigenen Äckern, um die Familie ernähren zu können. Das gleiche gilt für die Arbeit als Schuhputzer, Hausierer oder Erntehelfer. Hier werden die Kinder nicht im Sinne der ersten Alternative zur Arbeit herangezogen. Vielmehr arbeiten sie als sog. *free contractors*, freie Mitarbeiter für einen Hintermann oder aber auf eigene Rechnung. So sie mit einem Dritten im Hintergrund arbeiten, können sie im Einzelfall ge-

---

39 Definitionen nach UNICEF (Fn. 34).

40 Dorsch S. 221.

41 UNICEF (Fn. 34), O. Nieuwenhuys "The domestic economy and exploitation of children's work: The case of Kerala" *Int'l J Children's Rgts* 3 (1995) S. 213 ff., 221.

nauso schützenswert sein wie Kinder in Fabriken. Daher dehnt sich der Schutz des Art. 32 KRK über das Merkmal der wirtschaftlichen Ausbeutung auch auf diese Kinder aus.

Dabei ist das Merkmal der wirtschaftlichen Ausbeutung enger auszulegen als der Begriff der Arbeit. Es gibt noch keine allgemein anerkannte Definition der Ausbeutung.[42] Ausbeutung ist jedenfalls dann anzunehmen, wenn das Kind sich für einen Dritten oder für den Käufer seiner Ware oder den Empfänger seiner Dienstleistung übermäßig anstrengen muß und unter Wert entlohnt wird.[43] Auch hier ist gestützt auf die Grundnormen der Art. 6 und 3 KRK vor allem auf die Beeinträchtigung der Entwicklung des Kindes und auf das Kindeswohl abzustellen. Faktoren sind dabei die physische Kraft des Kindes, die Art der Aufgabe, die das Kind erfüllt, die Bedingungen für Gesundheit und Sicherheit des Kindes, die Möglichkeit des Kindes, eine Schule zu besuchen und die faire Bezahlung, verglichen mit einem Erwachsenen, der eine vergleichbare Aufgabe verrichtet.[44]

Diskriminierung

Bisher noch nicht zur Sprache gekommen ist ein Aspekt der Auslegung des Art. 32 KRK, der in der Praxis eine große Rolle spielt: Die Frage der Diskriminierung. Kinder, die zu Arbeiten herangezogen werden, sind in aller Regel solche, die schon seit ihrer Geburt aufgrund der Armut ihrer Eltern benachteiligt sind. Nun gebietet Art. 2 KRK nicht die Abschaffung der Unterschiede von Arm und Reich, wohl aber gebietet er die Abschaffung der Diskriminierung von sozialen und ethnischen Minderheiten, die bevorzugt zu bestimmten Arbeiten herangezogen werden, weil sie sich selten gegen schlechte Behandlung wehren.[45] Insofern ist Art. 32 KRK auch als Ausprägung des allgemeinen Diskrimierungsverbots des Art. 2 KRK aufzufassen. Es müssen daher auch Maßnahmen getroffen werden, die die einseitige Inanspruchnahme nationaler Minderheiten für ausbeutende Arbeit verhindern sollen.

Maßnahmen zur Umsetzung des Artikels

Artikel 32 Abs. 2 KRK schreibt den Vertragsstaaten die Ergreifung von Maßnahmen vor. Diese können im Bereich der Verwaltung, der Legislative, der Bildung und des Sozialen liegen. Ähnlich wie Art. 24 KRK werden die Staaten

---

42 Den Versuch einer Definition des Begriffs der "Economic exploitation" macht aber Nieuwenhuys (Fn. 41), S. 221.

43 so im Ergebnis auch UNICEF (Fn. 34).

44 M. Longford "Family Poverty and the Exploitation of Child Labour" *Law & Policy* 17 (1995) 471 ff.

45 Für das Beispiel von Jordanien: Hammad (Fn. 37).

hier zunächst allgemein zu Maßnahmen verpflichtet, um dann im nächsten Satz besondere Maßnahmen zu definieren, die sozusagen in jedem Fall ergriffen werden müssen.

UNICEF unterscheidet sieben Formen der Kinderarbeit: Arbeit im Hause, vor allem in fremden Familien; Zwangsarbeit oder Arbeit zur Rückzahlung eines Darlehens (*bonded labour*); kommerzielle sexuelle Ausbeutung; Arbeit in Industrie und Landwirtschaft, Straßenarbeit im sog. informellen Sektor, Arbeit in der Familie, Mädchenarbeit.[46]

Jeder dieser Formen kann mit bestimmten Maßnahmen entgegengetreten werden, wenn sie nach Art. 32 als ausbeuterisch einzustufen sind. Die besonderen Maßnahmen werden in Art. 32 Abs. 2 lit. a-c KRK aufgezählt. Sie werden später gesondert behandelt werden. Zuvor soll aber auf die allgemein möglichen Maßnahmen zum Schutz des Kindes vor wirtschaftlicher Ausbeutung im allgemeinen und Kinderarbeit im besonderen, eingegangen werden.[47]

Der Hauptgrund für Kinderarbeit als solcher ist Armut und Arbeitslosigkeit oder Unterbezahlung der Eltern.[48] Kinder arbeiten, um zum Lebensunterhalt der Familie finanziell oder durch Entlastung der Eltern im Haushalt und auf dem Feld beizutragen. Diesen Hauptgrund kann man vor allem durch Maßnahmen zur Unterstützung der Familie beseitigen.[49] Oft wollen Arbeitgeber lieber Kinder einstellen.[50] In diesem Bereich kann man Maßnahmen vor allem gegenüber Arbeitgebern ansetzen.[51] Neben den in lit. a-c genannten Maßnahmen kommen vor allem wirtschaftliche Anreize für Arbeitgeber in Betracht. Andere Maßnahmen liegen in einer Kampagne gegen Kinderarbeit. Das birgt allerdings die Gefahr in sich, daß Kinder dann halb legal oder illegal eingestellt werden und ihnen überhaupt kein Schutz mehr gewährt werden kann.[52]

---

46 UNICEF (Fn. 34); so im Grundsatz auch: J. Cooper, "Child Labour" *International Journal* 52 (1997) 411 ff., 412.

47 Zu den vielfältigen Möglichkeiten der Maßnahmen siehe auch UN General Assembly Resolution 51/77 vom 20. 2. 1997 A/RES/51/77, Abs. 64 ff.

48 UNICEF (Fn. 34); für das Beispiel Indiens, das weltweit eins der Länder mit der höchsten Kinderarbeitnehmerzahl ist: S. Deshta/K. Deshta "Child Labour: A Challenge to the Nation" *Civil & Military Law Journal* 32 (1996) 225-234, 231; Longford (Fn. 44), S. 474; Gupta (Fn. 36), S. 537; S. Besell "The Politics of Child Labour in Indonesia: Global Trends and Domestic Policy" *Pacific Affairs* 72 (1999) S. 353 ff., Hammad (Fn. 37), S. 229 ff.

49 Beispiele bei: Longford (Fn. 44), S. 477; M.C. Bazzano, "Child Labour: What can the US and its Cooperation do to Eliminate its Use" *J PubL&Policy* 18 (1996-97), 200 ff., 204.

50 Gupta (Fn. 36), S. 538.

51 Bazzano (Fn. 49), S. 206 f.

52 UNICEF (Fn. 34), Longford (Fn. 44), S. 476.

Auf der informellen Ebene, die wohl den Hauptsektor der Kinderarbeit international ausmacht,[53] werden Kinder faktisch als eigene Unternehmer tätig. Hier kann eine Ausbeutung durch Hintermänner oder durch Kunden stattfinden. Maßnahmen können zum einen bei den Kindern zum anderen bei den Kunden ansetzen. Im Falle der Prostitution eines Kindes ist das in Art. 34 KRK geregelt. In anderen Bereichen kann es Sanktionen für die Ausbeutung von Kindern geben. Die Kinder wissen oft zu wenig, um sich alleine gegen die Ausbeutung schützen zu können.[54] Daher können hier - wie auch für die Familie - Bildungsmaßnahmen zur Aufklärung des Kindes über seine Rechte eingreifen.

Bei all diesen Maßnahmen sind neben Art. 32 KRK auch Art. 28, 29 KRK zu beachten, wie es auch Art. 32 Abs. 1 KRK schon andeutet. Danach hat jedes Kind das Recht auf Ausbildung und Erziehung. Bildung bietet die Grundlage für eine Möglichkeit sich und seine eigenen Kinder vor wirtschaftlicher Ausbeutung zu schützen. Ausbeutende Kinderarbeit geht oft einher mit der Verweigerung des Rechts des Kindes auf Bildung aus Art. 28, 29 KRK.[55]

Hier ist auch auf eine sorgfältige Umsetzung des Rechts des Kindes auf eine Identität aus Art. 7 KRK zu achten. Nur ordnungsgemäß registrierte Kinder bekommen das Recht auf soziale Sicherheit oder einen Ausbildungsplatz anerkannt. "Nicht existente" Kinder werden in der Regel auch nicht geschützt.[56]

Maßnahmen müssen sich außerdem am Wohl des Kindes, Art. 3 KRK, und an dem Recht des Kindes auf Entwicklung, Art. 6 KRK, als allgemeinen Grundsätzen, die die Konvention durchziehen, orientieren.

Berücksichtigung der einschlägigen Bestimmungen anderer internationaler Übereinkünfte

Artikel 32 Abs. 2 S. 2 KRK nimmt auf bereits bestehende internationale Übereinkommen Bezug. Das sind in erster Linie die Übereinkommen der ILO, aber auch das GATT, Tätigkeiten der UNESCO und Standards anderer Menschenrechtsverträge.

Die für die Regelungen der Arbeitsbeziehungen international in erster Linie zuständige Organisation ist die ILO. In ihrem Rahmen wurden schon früh Standards für den Arbeitsschutz geschaffen, die auch oder speziell für Kinder

---

53 UNICEF (Fn. 34), Hammad (Fn. 37).

54 Newell S. 126.

55 Für die Frage des Zusammenhangs zwischen dem Schutz vor ausbeuterischer Kinderarbeit und dem Recht auf Bildung, fand im Jahre 1997 eine Konferenz unter Leitung von UNICEF statt, UNICEF "Education and Child Labour" Background Paper, Oslo, 27.30 Oktober 1997, New York, 1997.

56 UNICEF (Fn. 34).

anwendbar sind.[57] Die wichtigsten sind die Konvention der ILO Nr. 29 über das Verbot der Zwangsarbeit[58], die Mindestalterkonvention[59] und die Konvention über die schlimmsten Formen der Kinderarbeit[60]. Die neue ILO Konvention zur Abschaffung der extremsten Formen der Kinderarbeit gilt für alle Kinder unter 18 Jahren. Sie verpflichtet die Mitgliedstaaten, allen nicht tolerierbaren Formen der Kinderarbeit ein sofortiges Ende zu bereiten.[61]

Eine der Aufgaben der UNESCO ist die Bildung. Als solche hat sie auch im Bereich des Schutzes des Kindes vor wirtschaftlicher Ausbeutung und Kinderarbeit ein Mandat, das sich vor allem auf die Verhinderung der Umgehung des Rechts auf Bildung durch Kindarbeit bezieht. In diesem Zusammenhang ist die UNESCO zur Unterstützung von UNICEF und ILO auch tätig geworden.

Artikel 10 Abs. 3 IPwirtR schützt Kinder und Jugendliche vor wirtschaftlicher Ausbeutung und ausbeutender Arbeit. Er ist anders formuliert als Art. 32 KRK.[62] Art. 10 Abs. 3 IPwirtR ist als Sollvorschrift einzustufen, während Art. 32 KRK verbindlicher gestaltet ist. Nach Art. 32 KRK ist anders als bei Art. 10 Abs. 1 IPbürR jede Art der möglichen Beeinträchtigung ausreichend, um eine Verletzung des Artikels zu begründen,[63] wie sich aus der Benutzung des Konjunktiv am Ende der Vorschrift ergibt.

Über seinen unmittelbaren Wortsinn hinaus weist die Formulierung des Art. 32 Abs. 2 S. 2 auch auf einen allgemeinen Grundsatz hin, der die Konvention durchzieht: den Grundsatz der Stärkung der internationalen Kooperation. Nicht im gleichen Maße wie etwa bei der Kinderprostitution aber doch in verschiedener Weise, können Staaten aufeinander Einfluß ausüben, miteinander kooperieren, um ausbeutende Kinderarbeit zu bekämpfen.[64]

---

57 Dazu Dao (Fn. 24), S. 54 ff.; L. Swepston "The Convention on the Rights of the Child and the ILO" *Nordic J Int'l L* 61 (1992), S. 7 ff.

58 ILO Convention No. 29 v. 10. 6. 1930 Forced Labour, zu finden im Internet unter http://www.ilo.org/publi/english/bureau/inf/pr/c29.htm (15. 3. 2000).

59 Minimum Age Convention, ILO Convention No. 138, UNTS vol 1015, S. 297 - 310; dazu Cooper (Fn. 46), S. 418.

60 ILO Convention Concerning the Prohibition and Immediate Elimination of the Worst Forms of Child Labour vom 1. 6. 1999, zu finden im Internet unter http://www.ilo.org/public/english/comp/child/standard/ilo_conv/index.htm (15. 3. 2000).

61 dazu schon Cooper (Fn. 43), S. 418.

62 Dorsch S. 221.

63 Dorsch S. 221.

64 So Aufruf der UN-Generalversammlung (Fn. 47), Abs. 69. Ein interessantes Beispiel für die Möglichkeit der Einflußnahme auf den Gebrauch von Kinderarbeit bietet Bazzano (Fn. 49), S. 210 ff., der das System GSP der USA beschreibt.

Mindestalter, Arbeitszeit und Arbeitsbedingungen

Die Festlegung von Mindestalter, Arbeitszeit und Arbeitsbedingungen ist ein wichtiger Bestandteil der Sicherung von Kindern.

Nach der Formulierung *employment* im englischen Text kann sich ein Mindestalter nur auf die Zulassung zu vertraglichen Arbeiten beziehen.[65] Das heißt aber nicht, daß der gesamte Anwendungsbereich des Art. 32 KRK auf vertragliche Arbeit beschränkt ist. Vielmehr soll das Kind auch vor Ausbeutung außerhalb der vertraglichen Arbeit geschützt werden.

Im Bereich der Arbeitsbedingungen und der Arbeitszeit ist die Gesundheit und Sicherheit der Kinder vorrangig. So müssen Standards geschaffen werden, die das Kind davor bewahren können, Giften ausgesetzt zu werden. Auch fällt in den Bereich der Regelung der Arbeitsbedingungen, daß Kinder nicht zu Arbeiten herangezogen werden sollen, denen sie körperlich noch nicht gewachsen sind.[66]

Die Regelung der Arbeitszeit dient zum einen der Sicherung des Rechts aus Art. 31 KRK auf Ruhe und Erholung, zum anderen zur Sicherung des Rechts auf Bildung aus Art. 28, 29 KRK. Kinder, die den ganzen Tag arbeiten müssen, können nicht in die Schule gehen, weil sie erschöpft sind oder weil zu Zeiten, in denen sie Zeit haben, kein Unterricht stattfindet.

Diese Regelungen sind zum einen auf dem Sektor der Arbeit im Haus zum anderen im informellen Sektor schwer zu treffen und noch schwerer durchzusetzen. Auf dem informellen Sektor sind Kinder ihr eigener Herr und können demzufolge kaum kontrolliert werden. Bei der Arbeit im Haus, verweigern die Arbeitgeber unter Berufung auf ihre Privatsphäre den Zutritt und die Kontrolle.

Sanktionen bei Nichtbeachtung

Ein wichtiger Anwendungsbereich des Art. 32 Abs. 2 S. 2 lit. c KRK ist der der Sklaverei und Zwangsarbeit. Zwar sind diese in praktisch allen Ländern verboten, jedoch wird dieses Verbot immer wieder nicht ausreichend durchgesetzt.[67] Daher findet sich im Wortlaut des lit. c gerade die Formulierung: zur wirksamen Durchsetzung dieses Artikels. Damit wird darauf hingewiesen, daß neben entsprechenden Gesetzen auch die Verwaltung Maßnahmen zu deren Durchsetzung treffen muß.

---

[65] Das war ja auch ursprünglich beabsichtigt; Dorsch S. 222.

[66] Beispiele bei: Longford (Fn. 44), S. 479.

[67] Cooper (Fn. 46), S. 414 f.

So müssen im Gegensatz zur bisherigen Praxis Bußgelder gegen ausbeutende Arbeitgeber angemessen sein[68], so daß damit auch wirklich ein Anreiz geschaffen wird, den Gesetzesverstoß in der Zukunft nicht mehr zu begehen.

Wenn selbst Bußgelder nicht helfen, ist auch an eine Freiheitsstrafe zu denken, wenn sie eine effektive Durchsetzung des Schutzes des Kindes dienen kann.

Umsetzung in der Russischen Föderation

In Osteuropa - und da bildet Rußland sicher keine Ausnahme - werden die wirtschaftlichen Systeme schnell von der Planwirtschaft in die Marktwirtschaft umgewandelt. Eine Folge dieses schnellen Umwandlungsversuches ist eine zunehmende Nachfrage nach billiger, ungelernter Arbeit. Da liegt die Versuchung nahe, Kinder einzustellen, um möglichst hohe Gewinne erzielen zu können.[69] Jedoch finden sich bisher erfolgreiche Ansätze in der Gesetzgebung, die dazu führen, daß Kinderarbeit im oben beschriebenen Sinne bisher selten vorkommt.[70]

Rußland ist nicht nur Mitglied der KRK, sondern hat auch die Zwangsarbeitskonvention und die Mindestalterkonvention der ILO ratifiziert.[71]

Nationale Grundlage für den Schutz des Kindes gegen ausbeutende Arbeit ist Art. 37 russ. Verf. Danach ist Arbeit frei, Zwangsarbeit verboten und russische Staatsbürger haben ein Recht auf Arbeitsbedingungen, die den Erfordernissen der Sicherheit und Hygiene genügen. Diesem Recht auf gute Arbeitsbedingungen korrespondiert die Pflicht des Arbeitgebers, entsprechende Bedingungen zu schaffen.[72] Artikel 37 russ. Verf. spricht ein Diskriminierungsverbot in Bezug auf Arbeit aus. Artikel 37 Abs. 3 russ. Verf. garantiert einen gesetzlich bestimmten Mindestlohn. Dieser Mindestlohn liegt allerdings derzeit bei umgerechnet ungefähr vier DM und hat damit als Sicherung des Arbeitenden wenig Relevanz. Absatz fünf enthält das Recht auf Erholung. Artikel 43 russ. Verf. konstituiert das Recht auf Bildung.

---

[68] Cooper (Fn. 46), S. 417.

[69] Cooper (Fn. 46), S. 413.

[70] Allerdings ruft der Kinderrechtsausschuß in seinen Concluding Observations, CRC/C/Add.15 vom 10. 11. 1999, Abs. 58 f. zu weiteren Maßnahmen auf.

[71] Zweiter russ. Staatenbericht, Abs. 154.

[72] R. S. Livschiz, in: B.N. Topornin, *Kommentar zur russ. Verfassung*, zu Art. 37, S. 270.

Die zur Umsetzung dieser Vorschriften erlassenen Regelungen finden sich vor allem im Kodex der Arbeitsgesetze der Russischen Föderation (KAG).[73]

Gemäß Art. 173 KAG ist es nicht gestattet, einer Person Arbeit zu geben, die weniger als 15 Jahre alt ist.[74] 14jährige Kinder dürfen im Einzelfall zum Zwecke der Ausbildung zu leichten Arbeiten, die die Gesundheit nicht beeinträchtigen können, herangezogen werden. Das gilt insbesondere für Kinder, die aufgrund ihrer besonderen sozialen Situation auf ein Einkommen angewiesen sind, also vor allem Waisen.

Die Arbeitsbedingungen und -zeiten sind in folgender Weise geregelt: Es besteht ein Überstunden- und Nachtarbeitsverbot für Jugendliche und Minderjährige. Sie haben ein Recht auf 31 Tage Urlaub im Jahr, den sie nehmen müssen, Art. 48, 54, 74, 178 KAG. Das Gesetz sieht außerdem besondere Arbeitszeitregelungen für Minderjährige vor. Jugendliche von 14 bis 16 Jahren dürfen - sofern ihre Arbeit überhaupt zugelassen ist - nur 24 Stunden in der Woche, Jugendliche von 16 bis 18 Jahren nur 36 Stunden in der Woche arbeiten.[75] Jugendliche, die nach diesen Regelungen mit einer zeitlichen Begrenzung arbeiten, bekommen einen vollen Lohnausgleich, Art. 179 f. KAG.[76] Das heißt sie bekommen das gleiche Entgelt wie ein Erwachsener, der die gleiche Art von Arbeit als Vollzeitbeschäftigter verrichtet. Es besteht zudem eine Liste gefährlicher Arbeiten, die Minderjährige nicht verrichten dürfen. Das sind Arbeiten unter Tage, schwere Arbeiten unter schädigenden und gefährlichen Umständen und Arbeiten, die die moralische Entwicklung des Kindes gefährden, wie etwa der Verkauf von Tabak, Alkohol und narkotischen sowie toxischen Mitteln, Arbeit in Nachtklubs und -kabaretts usw., Art. 175 KAG.

Um sicherzustellen, daß Minderjährige ihrer Arbeit gewachsen sind, werden sie bei der Einstellung und darauffolgend einmal im Jahr medizinisch untersucht, Art. 176 KAG.

Sanktionen zur Durchsetzung des Arbeitsschutzes sehen das russ. StGB und das Gesetz über die verwaltungsrechtlichen Vergehen vor. Nach Art. 143 russ. StGB kann eine für die Regeln des Arbeitsschutzes und der Arbeitssicherheit in einem Betrieb verantwortliche Person strafrechtlich belangt werden,

---

73 Kodeks Sakonow o trudje vom 9. 12. 1971, *VVSRSFSR*, 1971, N 50, st. 1007, in der Fassung vom 18. 7. 1995 No. 109-FS, *Rossijskaja Gaseta* vom 25. 7. 1995 (=*SZRF* vom 24. 7. 1995 N 30, st. 2865); erster russ. Staatenbericht Abs. 170 f..

74 Zweiter Staatenbericht, Abs. 151; CRC - Summary Records: Russian Federation 27. 1. 1993, CRC/C/SR.64, Abs.11, die aber entgegen dem Gesetzeswortlaut des KAG erstaunlicherweise beide das Alter von 16 Jahren als Mindestalter zitieren.

75 Zweiter Staatenbericht, Abs. 154. Art. 43 KAG, Art. 21 GrdlGGesundheit.

76 Zweiter russischer Staatenbericht Abs. 153.

wenn durch die Nichtbeachtung dieser Regelungen fahrlässig die Körperverletzung oder der Tod einer anderen Person eintritt. Weitergehend ist die administrative Verantwortlichkeit: auch ohne verletzende Folgen für einen konkreten Dritten kann ein Personalangestellter für die Verletzung der Arbeitsschutzgesetzgebung zur Verantwortung gezogen werden, Art. 41 Kodex der administrativen Gesetzesverletzungen.

Um neben der Arbeit die Ausbildung eines Kindes zu sichern, verbietet das Bildungsgesetz[77] die Aufnahme Minderjähriger zur Arbeit ohne die Zustimmung der Eltern solange und während sie die Schule besuchen.[78] Als Ausnahme gelten die praktischen Lehrzeiten, also Praktika, Erntehilfe auf dem Lande u.ä., die Bestandteil des Lehrplans sind. Arbeitgeber haben darüber hinaus Möglichkeiten der Berufs- und Weiterbildung zu schaffen, die während der Arbeitszeit stattfindet, Art. 184 f. KAG.

Die Umsetzung der Normen des Arbeitsschutzes wird auf drei Ebenen kontrolliert. Zunächst besteht eine Inspektionsbehörde beim Arbeits- und Sozialministerium auf föderaler Ebene. Diese inspiziert Betriebe und kann die Arbeitgeber der verwaltungs- oder strafrechtlichen Verantwortlichkeit zuführen. Auf lokaler Ebene, das heißt auf der untersten Verwaltungsebene, gibt es Kommissionen für die Angelegenheiten Minderjähriger. Diese werden aber in der Verwaltungspraxis wohl nur dann tätig, wenn sie durch andere Personen. v.a. durch Amtsträger, auf einen Mißstand hingewiesen werden. Die in der Praxis wohl effektivste Kontrollinstanz ist die Staatsanwaltschaft, die in der Russischen Föderation sehr viel weitergehendere Befugnisse hat als etwa in der Bundesrepublik Deutschland. Im Rahmen der sog. staatsanwaltschaftlichen Sorge führt die Staatsanwaltschaft, die auch in lokale Behörden unterteilt ist, stichenprobenartige Kontrollen durch. Sie kann die Arbeitgeber im Falle einer Zuwiderhandlung gegen Arbeitsschutzgesetze nach den genannten Gesetze zur verwaltungs- oder strafrechtlichen Verantwortung ziehen.[79]

Andererseits schützt die russische Gesetzgebung auch das Recht Jugendlicher zu arbeiten. Demnach werden Jugendlichen im entsprechenden Alter Vergünstigungen gewährt, die ihren Einstieg ins Berufsleben erleichtern sollen. Es laufen Programme für die teilzeitige und Ferienarbeit von Jugendlichen, v.a. kleinere Unternehmen beschäftigen Jugendliche auf Teilzeitbasis.[80]

---

[77] Gesetz der Russischen Föderation "Ob obrasowanije" vom 10. 7. 1992, in der Fassung vom 13. 1. 1996, No. 12-FS; *VSNDRFiVSRF* vom 30. 7. 1992, No. 30 st. 1797..

[78] Zweiter russ. Staatenbericht, Abs.153.

[79] Zweiter russ. Staatenbericht ebenda.

[80] Zweiter russ. Staatenbericht ebenda.

Die russische Gesetzgebung und Verwaltung setzt damit den Arbeitsschutz für Kinder umfassend um und durch. Rechtsprechung in diesem Bereich ist bisher selten. Lediglich im informellen Sektor werden Kinder immer wieder tätig, ohne daß eine effektive Kontrolle dieser Tätigkeit bisher aufgebaut werden konnte.[81]

Art. 34 Schutz vor sexuellem Mißbrauch

Artikel 34 KRK spezifiziert und sichert den Schutz des Art. 32 KRK in dem besonderen Fall sexueller Ausbeutung von Kindern. Er erweitert den Schutz insofern als Kinder auch gegen andere Formen sexuellen Mißbrauchs, die nicht ihre wirtschaftliche Ausbeutung zum Inhalt haben, zu schützen sind.[82]

Artikel 34 spezifiziert auch das Verbot des Kinderhandels aus Art. 35 KRK, denn er verbietet speziell den Kinderhandel zum Zweck der sexuellen Ausbeutung des Kindes, insbesondere zu deren Verleitung zur Prostitution.

Artikel 34 enthält ähnlich wie Art. 24 Abs. 2 und 32 Abs. 2 KRK einen Katalog derjenigen Formen der sexuellen Ausbeutung und des sexuellen Mißbrauchs, die es besonders zu verhindern gilt. Auch hier ist der Katalog nicht als abschließend zu werten, sondern stellt vielmehr eine Aufzählung besonders wichtiger Fälle, die die Anwendung des allgemeinen Tatbestandes des ersten Satzes für andere Fälle nicht ausschließen.

Entstehungsgeschichte

Art. 34 KRK stellt ein Novum dar. In den ersten beiden polnischen Entwürfen war kein Schutz gegen sexuelle Ausbeutung vorgesehen, sondern vielmehr nur ein allgemeines Verbot des Kinderhandels und der Ausbeutung.[83] Vorschläge für ein Verbot der sexuellen Ausbeutung von Kindern wurden entsprechend auch entweder am Verbot des Kinderhandels[84] oder am Verbot der Kinderarbeit[85] aufgehängt. Schließlich kam es zu dem Kompromißvorschlag, der Inhalt des Art. 34 geworden ist. Man diskutierte allerdings die Frage, ob denn die sexuelle Aktivität von Kindern nicht ein Widerspruch in sich sei. Genauso sei die Prostitution schon an sich Ausbeutung und als solche zu verhindern.[86]

---

81 Committee on the Rights of the Child, Concluding Observations: Russian Federation, CRC/C/Add.15 vom 10. 11. 1999, Abs. 59.

82 G. Kent, "Little Foreign Bodies: International Dimensions of Child Prostitution" in: M. Freeman/P. Veerman (Hrsg.) *Ideologies of Children's Rights*, Dordrecht 1992, 323 ff., 323.

83 Dorsch S. 225.

84 E/CN.4/1987/25 Abs. 74, Detrick S. 430; Dorsch S. 226.

85 E/CN.4/1987/25 Abs. 71, Detrick S. 430, Dorsch S. 226.

86 ebenda, Abs. 85, 87; Detrick 433 f., Dorsch a.a.O.

Kindesmißbrauch und sexuelle Ausbeutung von Kindern

Artikel 34 KRK schreibt den Schutz des Kindes vor zweierlei Arten der sexuellen Beziehungen vor: den Schutz vor sexueller Ausbeutung und vor sexuellem Mißbrauch.

Für den sexuellen Mißbrauch werden immer wieder Definitionen versucht. Der Versuch gestaltet sich aber schwierig, denn die Frage des sexuellen Mißbrauchs ist nicht nur in gewissem Maße von der Kultur abhängig, aus der das einzelne Kind stammt, sondern auch eine emotionsgeladene Frage.[87] Dennoch gibt es verschiedene Versuche der Definition.

Die wohl am häufigsten gebrauchte Definition von sexuellem Mißbrauch umschreibt diesen als Inanspruchnahme von abhängigen, entwicklungsmäßig unreifen Kindern und Adoleszenten für sexuelle Handlungen, die sie nicht gänzlich verstehen und in die einzuwilligen sie außerstande sind, da sie nicht die Fähigkeit haben, Umfang und Bedeutung der Einwilligung zu erkennen. Sie können auch außerstande sein, die sozialen Tabus von Familienrollen verletzen.[88] Sie schließt Pädophilie, Notzucht und Inzest ein.[89] Diese Definition führt dazu, daß sexuelle Beziehungen zu Kindern erst ab einem bestimmten Alter nicht mehr unter die Definition des sexuellen Mißbrauchs fallen, denn man geht davon aus, daß kleine Kinder nicht in der Lage sind, eine sexuelle Beziehung zu überblicken und wirksam einzuwilligen.[90] Welches Alter hier zugrunde zu legen ist, ist bisher ungeklärt. In einigen Staaten wird etwa auf die Vollendung des vierzehnten Lebensjahres abgestellt,[91] in anderen wird sechzehn Jahre als das maßgebliche Alter angesehen.[92]

Andere legen den Begriff des sexuellen Mißbrauchs von Kindern wie folgt fest: Sexueller Mißbrauch von Kindern ist Ausbeutung eines Kindes durch einen Erwachsenen, indem der Erwachsene das Kind als Objekt zur Befriedigung seiner eigenen sexuellen Bedürfnisse benutzt.[93] Der sexuelle Mißbrauch durch Mitglieder der eigenen Familie ist hier einbezogen.

---

[87] dazu P. Wazir/N. van Oudenhoven, *Child Sexual Abuse: What can Governments Do?* Den Haag 1998, S. 3; Kent (Fn. 82), S. 338; R.J.R. Levesque "Combatting Child Sexual Maltreatment: Advances and Obstacles in International Progress" *Law & Policy* 17 (1995) 441 ff., 441.

[88] Levesque (Fn. 87), S. 451.

[89] J. Münder/B. Mutke/R. Schone, "Quantitative Aspekte der Sicherung des Kindeswohls zwischen Jugendhilfe und Justiz" R.d.J.B. 46 (1998)2, S. 195 ff.; dazu auch Wazir/Oudenhoven (Fn. 87), S. 4.

[90] Kent (Fn. 82), S. 323.

[91] so z.B. in der Bundesrepublik Deutschland, § 176 StGB.

[92] so in der Russischen Föderation, Art. 134 russ. StGB.

[93] R. Wille, "Sexueller Mißbrauch von Kindern" in: Land Schleswig-Holstein, *UN-Konvention über die Rechte des Kindes* S. 48, 49, Definition nach G. Rust.

Ein häufig auch von internationalen Organisationen verwendeter Ansatz ist die Frage nach dem *significant harm* für das Kind. Dem Kind muß ein Schaden durch die sexuelle Handlung zugefügt worden sein, damit diese als sexueller Mißbrauch zu qualifizieren ist.[94]

Im Gegensatz zum Mißbrauch setzt die sexuelle Ausbeutung eines Kindes ein wirtschaftliches Element voraus. Derjenige, der eine sexuelle Beziehung zu einem Kind aufbaut, oder eine andere Person, wie etwa der Zuhälter, aber auch das Kind selbst, müssen einen wirtschaftlichen Vorteil aus der sexuellen Beziehung ziehen.[95] Die beiden wichtigsten Beispiele für sexuelle Ausbeutung eines Kindes nennt Art. 34 selbst: die Kinderprostitution und die Kinderpornographie.

Schutz gegen sexuellen Mißbrauch

Der von Art. 34 vorgeschriebene Schutz gegen sexuellen Mißbrauch bezieht sich auf alle Formen des Mißbrauchs gegen Kinder. Das ist einerseits der Mißbrauch durch fremde Menschen, andererseits aber auch der Schutz gegen sexuellen Mißbrauch durch Familienmitglieder. In tatsächlicher Hinsicht macht der sexuelle Mißbrauch durch Familienmitglieder oder Personen, von denen Kinder abhängig sind, einen großen Prozentsatz des sexuellen Mißbrauchs Minderjähriger aus.[96] Art. 19 ist dabei in der Regel als speziellere Vorschrift der Vorrang einzuräumen.

Artikel 34 KRK stellt es in das Ermessen der Vertragsstaaten, welche konkreten Maßnahmen sie ergreifen wollen. Dabei sind verschiedene Möglichkeiten zu unterscheiden.[97] Sie können zum einen repressiv tätig werden, den sexuellen Mißbrauch also unter Strafe stellen. Artikel 34 verlangt darüber hinaus durch das Wort "verhindern" auch präventive Maßnahmen.[98] Die Staaten können dabei statistisch tätig werden, indem sie Informationen sammeln, um die Situation zu erfassen und die Erkenntnisse zu veröffentlichen. Sie können damit ein öffentliches Bewußtsein schaffen, die Bürger also durch Sensibilisierung für den Schutz des Kindes einspannen.[99] Hier werden vor allem Eltern, Lehrer und andere Betreuer von Kindern in die Pflicht genommen, damit sie Mißbrauch von Kindern frühzeitig erkennen und bekämpfen.[100] Die Staaten können auch juristische Personen für diesen Zweck einspannen, indem

[94] Wazir/Oudenhoven (Fn. 87).

[95] Kent (Fn. 87), 323 zu Kinderprostitution; Levesque (Fn. 87), S. 447.

[96] R. Wille (Fn. 93), S. 48.

[97] nach Wazir/Oudenhoven (Fn. 87), S. 14.

[98] Bundesrat Schweiz, *BBl* 146 (1994), S. 61; Levesque (Fn. 87), S. 450.

[99] Schweizer Bundesrat ebenda; Levesque, ebenda.

[100] Levesque (Fn. 87), S. 452.

sie Anreize schaffen, daß Unternehmen dem sexuellen Mißbrauch von Kindern entgegentreten. Schließlich können sie mittels Information der Kinder selbst tätig werden, sie also unterrichten, damit sie sich auch selbst gegen sexuellen Mißbrauch schützen können.[101] Es können auch Beratungsstellen für mißbrauchte Kinder eingerichtet werden, um diese möglichst frühzeitig und effektiv wieder in die Gesellschaft integrieren zu können.[102]

Schutz vor Ausbeutung durch Prostitution

Kinderprostitution ist ein in den vergangenen Jahren immer wieder öffentlich diskutiertes Problem. In diesem Zusammenhang wird auf zwei Problemkreise besonders hingewiesen. Das sind zum einen die Verschleppung von Kindern ins Ausland, um sie dort als Prostituierte einzusetzen, und zum anderen der viel zitierte Sextourismus.[103]

Die Verschleppung von Kindern ins Ausland kann auf verschiedenem Wege geschehen. Zum einen kann eine Art Adoptionsbetrug verübt werden. Eine Person im Ausland adoptiert ein Kind, das sie dann in die Prostitution führt.[104] Diese Art der Verschleppung wird auch durch die strengen Anforderungen an eine Auslandsadoption, die Art. 21 KRK festlegt, verhindert. Insofern ist also Art. 21 KRK im Lichte des Art. 34 KRK auszulegen: Im Rahmen von Art. 21 KRK soll vor allem auch darauf geachtet werden, daß das Kind nicht der Prostitution ausgeliefert wird.

Kinder können auch einfach von Eltern oder anderen Anverwandten an entsprechende Schlepperbanden verkauft werden, die das Kind dann ins Ausland bringen und dort an Zuhälter weitergeben, die das Kind dann zur Prostitution führen, oder aber Kinder im eigenen Land in die Prostitution führen.[105] Diese Art des Kinderhandels verbietet neben Art. 34 auch Art. 35 KRK. Beide verpflichten die Vertragsstaaten dazu, den Handel mit Kindern gar nicht erst aufkommen zu lassen. Dazu schließen sie nach beiden Vorschriften vor allem auch zwei- und mehrseitige Verträge ab.

Artikel 34 gilt aber nicht nur für die Verschleppung von Kindern zur Prostitution ins Ausland, sondern auch für Prostitution in ihrem Heimatland

---

101 Levesque ebenda.

102 Newell S. 131.

103 Kent (Fn. 82) S. 323; L.N. Robinson, "The Globalization of Female Child Protitution: A call For Reintegration and Recovery Measures Via Article 39 of the United Nations Convention on the Rights of the Child" in: *Global Leg.Studies J.* 5 (1997) 239 ff.

104 Kent (Fn. 82), S. 324.

105 Kent (Fn. 82), S. 326; Levesque (Fn. 87), S. 448.

durch Einheimische oder Fremde. Teilweise arbeiten auch Kinder für andere Kinder als Zuhälter im eigenen Land.[106]

Eine Form der Prostitution mit Fremden ist der Sextourismus. Eine andere ist vor allem auch die Prostitution in der Nähe ausländischer Militärstützpunkte.[107]

Für den Schutz der Kinder ist diese Unterscheidung grundsätzlich nicht maßgeblich. Vielmehr sind sie gegen jede Art der Prostitution zu schützen. Dazu wird international zur Bekämpfung von Sextourismus kooperiert.[108] Ein Teil der Aufgaben von Interpol ist die Bekämpfung der sexuellen Ausbeutung von Kindern. Dabei ist sie zwar in erster Linie bei der Verhinderung der Verschleppung von Kindern ins Ausland tätig, sie kann aber auch im Kampf gegen pädophile Straftäter eingesetzt werden.

Darüber hinaus haben inzwischen viele europäische und nordamerikanische Staaten Gesetze erlassen, mit denen sie ihre Jurisdiktion auf Straftaten im Bereich der Kinderprostitution ausdehnen, die von einem ihrer Staatsangehörigen im Ausland begangen wurden. Damit können pädophile Straftäter zur Verantwortung gezogen werden, über die bis dahin niemand Strafgewalt ausgeübt hat.[109]

Schutz vor Ausbeutung durch Pornographie

Nach Art. 34 lit. c KRK müssen Kinder insbesondere gegen Ausbeutung durch Pornographie geschützt werden. Die Vorschrift erwähnt selbst zwei Formen der Pornographie: die Darbietung und die Darstellung. Unter pornographische Darbietung fallen vor allem Shows mit Kindern oder Live-Übertragungen von sexuellem Mißbrauch von Kindern. Hier sind die Kindern nicht nur vor den sie unmittelbar Mißbrauchenden zu schützen, sondern auch vor den Hintermännern, die den Mißbrauch für die pornographische Darstellung veranlaßt haben.

Pornographische Darstellungen sind alle Veröffentlichungen, die mittels Medien aber nicht *live* in Umlauf gebracht werden können. Das sind also sowohl Fotos als auch Fernsehen, Videos, Zeitschriften und ähnliches, vor allem aber auch die Veröffentlichung mittels Internet.

In den meisten Bereichen der Medien reicht eine nationale Regelung aus, die die Verbreitung pornographischer Darstellungen von Kindern verbietet und sanktioniert. Häufig reicht auch eine Ermutigung der Betreiber der Massenme-

---

106 Kent (Fn. 82), S. 330.

107 vgl. dazu Kent (Fn. 82), S. 331 ff.

108 dazu Levesque (Fn. 87), S. 450 f.

109 Levesque (Fn. 87), S. 450; Robinson (Fn. 103), S. 255.

dien aus, wie sie Art. 17 Satz 2 lit. a KRK vorsieht, um diese dazu zu bewegen, von der Verbreitung pornographischer Darstellungen von Kindern Abstand zu nehmen.

Ein anderes Problem stellt dagegen die Verbreitung von Pornographie durch das Internet dar, die immer mehr zunimmt.[110] Bisher bewegt sich das Internet in weiten Teilen im rechtsfreien Raum und eine Verfolgung von Pornographie gestaltet sich rechtlich und technisch schwierig. Die technischen Schwierigkeiten bestehen vor allem darin, pornographische Darstellungen im Internet aufzufinden, um ihre Verbreitung ahnden zu können.[111] Rechtliche Schwierigkeiten bietet die Verfolgung solcher Darstellungen zum Schutz von Kindern. Soweit sich derjenige, der die Homepage betreibt, auf der eine pornographische Darstellung aufgenommen wurde, im Inland befindet, kann eine staatliche Behörde die Strafverfolgung dieser Person betreiben, wenn der entsprechende Staat zu diesem Zweck Gesetze erlassen hat. Er kann aber auf Betreiber von *Homepages* im Ausland nicht zugreifen, so daß eine Unterbindung pornographischer Darstellungen im Internet faktisch unmöglich wird. Daher ist auch in diesem Bereich ist eine internationale Zusammenarbeit der Staaten unerläßlich.[112] Diese Zusammenarbeit könnte mittels eines internationalen Kooperationsvertrags für die Verfolgung von Pornographie im Internet auf der Grundlage von Art. 34 KRK erfolgen, zu deren Standard sich alle Staaten der Welt mit Ausnahme der USA und Somalias verpflichtet haben. Allerdings wird man gerade die USA, als ein Hauptbetreiberland von Internetdiensten in einen solchen Vertrag einbeziehen müssen, um Kinder effektiv gegen Ausbeutung mittels Pornographie im Internet schützen zu können.

Zusatzprotokoll

Ende Mai 2000 hat die UN-Generalversammlung schließlich ein Zusatzprotokoll zur Kinderrechtskonvention verabschiedet, das sich mit dem Schutz des Kindes gegen Kinderpornographie beschäftigt.[113]

Ähnlich wie in der Frage der Kindersoldaten führte ständiges Engagement seitens der NGO dazu, daß ein Entwurf eines Zusatzprotokolls zur KRK zum Schutz des Kindes gegen sexuelle Ausbeutung, Kinderhandel und sexuel-

---

110 Levesque (Fn. 87), S. 448; D.A. Edick "Regulation of Pornography on the Internet in the US and the UK: A Comparative Analysis" *Boston College Int'l & Comp L. Rev.* XI (1998) S. 437 ff.

111 *Spiegel Netzwelt*, 24. 2. 1998 "Software - Noch eine Wunderwaffe".

112 so z.B. auch zu Art. 34 insgesamt Newell S. 131.

113 Bericht von UNICEF newsline http://www.unicef.org/newslin/00pr44.htm (am 5. 6. 2000).

len Mißbrauch entworfen wurde.[114] Ende Mai 2000 hat die UN-Generalversammlung dieses Zusatzprotokoll zur Kinderrechtskonvention verabschiedet.[115]

Darin werden zunächst die Begriffe des Kinderhandels, der Kinderprostitution und der Kinderpornographie definiert. Dann werden bestimmte Handlungen aufgeführt, die die Staaten in ihrer nationalen Rechtsordnung zu kriminalisieren haben. Das sind in erster Linie die sexuelle Ausbeutung des Kindes, der Transfer von kindlichen Organen zu Profitzwecken und Zwangsarbeit des Kindes.

Die Staaten können nach dem Protokoll ihre Jurisdiktion gegenüber Tätern ausüben, die ihre eigenen Staatsbürger sind und gegenüber Tätern, die eine der genannten Taten auf dem Territorium des betreffenden Staates verübt haben. Die Staaten müssen außerdem die Ausübung ihrer Jurisdiktion sicherstellen, wenn sich ein Täter auf ihrem Territorium befindet, den sie nicht ausliefern. Gleichzeitig definiert das Protokoll alle in ihm aufgeführten Taten als Taten, wegen derer auf der Grundlage eines bestehenden Auslieferungsabkommens ausgeliefert werden kann. Ausgeliefert werden kann auch, wenn die Auslieferung zwischen zwei Staaten nicht vom Bestehen eines Abkommens abhängig gemacht wird. Das Protokoll kann insofern nach seinem Wortlaut als Rechtsgrundlage für eine Auslieferung dienen.

Artikel 6 des Protokolls verpflichtet die Staaten zur gegenseitigen Hilfe (*greatest measure of assistance*) bei der Aufklärung und Auslieferung dieser Straftaten.

Schließlich stellt das Zusatzprotokoll klar, daß die Rechte und Interessen der betroffenen Kinder besonders zu schützen sind und listet Maßnahmen auf, die in diesem Zusammenhang besonders zu treffen sind.

Kinderheirat

Artikel 34 bezieht den Schutz des Kindes vor einer Kinderheirat nicht explizit mit ein. Die kontrovers diskutierte Frage der Kinderheirat steht aber im Sachzusammenhang mit der Frage der sexuellen Ausbeutung und des sexuellen Mißbrauchs von Kindern.[116]

Das Problem der Kinderheirat bewegt sich im Rahmen von zwei Vorschriften aus der Kinderrechtskonvention. Zum einen ist das Gewaltverbot des

---

114 F. Bruce "Child prostitution and pornography: The making of international law 1974-1995" *Int'l J Children's Rgts* 3 (1995) S. 469 ff.

115 In der Form des Draft zu finden auf der Homepage von UNICEF, http://www.unicef.org (am 8.8.2000).

116 Dorsch S. 227; Levesque (Fn. 87), S. 457.

Art. 19 KRK einschlägig. Dieses ist aber nur dann einschlägig, wenn man den Ehegatten - in der Regel wohl den Ehemann - als gesetzlichen Vertreter oder anderen Betreuer des Kindes ansieht. Denn nur in diesen Fällen wird das verheiratete Kind gegen sexuellen Mißbrauch von Art. 19 KRK geschützt. Es ist eine Frage des nationalen Rechts, ob der Ehemann auch der gesetzliche Vertreter seiner kindlichen Ehefrau ist. Man könnte aber argumentieren, daß ein Ehemann jedenfalls seine kindliche Ehefrau im Sinne des Art. 19 KRK betreut. Diese Argumentation ist aber deshalb schwach, weil Art. 19 KRK einen Zusammenhang zwischen Eltern, Eltern, Vormund und Betreuer herstellt. Hier wird also auf eine elternähnliche Beziehung abgestellt, die ein Ehemann zu seiner Ehefrau wohl unzweifelhaft nicht hat. Andererseits kann man für die Auslegung des Begriffs des Betreuers auch auf Art. 5 KRK rekurrieren, der alle Mitglieder der weiteren Familie als vom Begriff der Familie mitumfaßt ansieht, soweit das der Ortsbrauch vorsieht. In den Gebieten, in denen die Kinderheirat noch praktiziert wird, kann man in der Regel davon ausgehen, daß auch der Ehegatte des Kindes Teil der Familie nach dem betreffenden Ortsbrauch ist. Folglich kann auch er Betreuer im Sinne von Art. 19 KRK sein. Aus Art. 19 KRK ist aber in jedem Fall zu entnehmen, daß der Ehegatte nach dem nationalen Recht dazu fähig sein muß, ein Kind zu betreuen. Diese Fähigkeit wird in der Regel nur Volljährigen zugesprochen. Für eine Ehe von Kindern untereinander ist daher Art. 19 KRK nicht einschlägig.

Zum zweiten spielt bei der Kinderheirat die Frage der sexuellen Ausbeutung des Kindes hinein. Ein Kind, das zu dem Zweck verheiratet wird, daß seine Eltern davon finanzielle Vorteile -etwa in Form einer Mitgift - haben, wird wohl wirtschaftlich genutzt und damit ausgebeutet. Fraglich ist allerdings ob es damit im Sinne des Art. 34 KRK auch sexuell ausgebeutet wird. Zwar umfaßt der Begriff der sexuellen Ausbeutung auch die Fälle, in denen finanzieller Nutznießer der Ausbeutung ein Dritter und nicht derjenige ist, der unmittelbar sexuelle Handlungen an dem Kind vornimmt. Jedoch kommt den Beispielen in lit. a bis c eine gewisse Indizwirkung zu. Nach Art. 34 lit. a und b KRK sind vor allem rechtswidrige sexuelle Praktiken zu unterbinden. Die Kinderheirat ist aber in den Staaten, in denen sie praktiziert wird, gerade nicht rechtswidrig, sondern vom Gesetz vorgesehen. Folglich wird man auch aus Art. 34 KRK kein Verbot jeder Form der Kinderheirat schließen können.

Einen weiteren Ansatzpunkt für ein Gebot der Abschaffung der Kinderheirat ergibt sich aus Art. 24 Abs. 3 KRK. Die Kinderheirat ist eine Tradition ist, die gemäß Art. 24 Abs. 3 KRK abzuschaffen ist, wenn sie der Gesundheit des Kindes schadet. Aus der Wertung des Art. 34 KRK ergibt sich, daß grundsätzlich die Beteiligung eines Kindes an sexuellen Handlungen als sexueller

Mißbrauch einzuschätzen ist, der auch die geistige Gesundheit des Kindes beeinträchtigt.[117] Das wird auch aus der Entstehungsgeschichte zur KRK bestätigt, nach der sich die Staaten nur mit dem Zusatz "rechtswidrig" einverstanden er-klärten, weil sie das Sexualleben von Jugendlichen ab 16 Jahren nicht verbieten wollten. Folglich kann aber auch eine Heirat unter Kindern ab 16 Jahren jedenfalls nicht als gesundheitsschädlich im Sinne des Art. 24 Abs. 3 KRK gewertet werden. Auch Art. 24 Abs. 3 KRK erfaßt danach wohl nur die Fälle, in denen Kinder gegen ihren Willen oder ihr Verständnis mit jemandem verheiratet werden, der sie sexuell mißbraucht und dadurch jedenfalls in ihrer geistigen Gesundheit schädigt.

Zwar erfaßt also die KRK die Kinderheirat nicht ausdrücklich. Es bleibt damit den Staaten überlassen, ob sie diese Praxis für rechtmäßig erklären. Sie müssen sich aber dabei dennoch an die Vorgaben der Art. 24 Abs. 3 und 34 KRK halten.[118]

Qualifikation des Rechts und Zusammenhang mit anderen Vorschriften

Artikel 34 ist als kindspezifisches Schutzrecht (*Protection right*) zu qualifizieren.

Auf den Zusammenhang des Art. 34 KRK mit den Vorschriften aus Art. 11, 24, 32 und 35 KRK wurde oben schon hingewiesen. Daneben hat Art. 34 KRK einen sich teilweise mit Art. 19 überschneidenden Anwendungsbereich. Für den sexuellen Mißbrauch in der Familie sind nämlich sowohl Art. 34 als auch Art. 19 einschlägig. Art. 19 ist dabei in der Regel als speziellere Vorschrift der Vorrang einzuräumen.

Auch im Rahmen anderer Übereinkommen und internationaler Organisationen im Bereich der Menschenrechte werden Maßnahmen gegen Kindesmißbrauch getroffen. Im Rahmen des Europarats werden z.B. Konferenzen in der Nachfolge des Stockholmer Kongresses gegen sexuelle Ausbeutung von Kindern[119] abgehalten, die den Schutz des Kindes gegen sexuellen Mißbrauch weitertreiben sollen. Auf der letzten Konferenz wurde z.B. ein europäisches Register über Pädophile beim EGMR angeregt, zu dem nationale

---

[117] UNICEF Staff Working Papers, Evaluation, Policy and Planning Series, Number EPP-99-003 "Protection of Children from Sexual Exploitation" New York Sept. 1999, S. 82.

[118] dazu und zu Gegenstimmen Levesque (Fn. 87), S. 458.

[119] La Conference européenne de suivi du Congrès mondial de Stockholm contre l`exploitation sexuelle commerciale des enfants.

Gerichte, die über derartige Fragen zu entscheiden haben, Zugang haben sollen.[120]

Neben den zwischenstaatlichen Organisation wie die ILO, UNHCR und UNICEF[121] haben sich auch einige NGO dem Kampf gegen den Kindesmißbrauch und vor allem gegen Kinderprostitution zur Aufgabe gemacht.[122]

Umsetzung in Rußland

Die in Art. 34 KRK nicht abschließend geregelten Fragen konnten in der russischen Gesetzgebung geregelt werden. So wird in Art. 134 russ. StGB das Alter für sexuelle Mündigkeit auf 16 Jahre festgelegt. Danach sind nämlich sexuelle Handlungen eines Erwachsenen mit einem Minderjährigen unter 16 Jahren zu bestrafen. Hier wird die Annahme in Gesetzesform gegossen, daß Kinder bis 16 Jahren keine Einwilligung (*informed consent*) in eine sexuelle Handlung abgeben können. Damit ist auch die Frage der Kinderheirat vom Tisch, denn auch Kindfrauen können nicht sexuellen Handlungen ihrer erwachsenen Ehemänner ausgesetzt werden. Das wird auch von Art. 13 russ. FGB unterstützt, der das Heiratsalter für alle auf 18, in besonderen Fällen aus 16 Jahre, festlegt.

Ansonsten werden in der Russischen Föderation vornehmlich repressive Maßnahmen gegen sexuellen Mißbrauch und sexuelle Ausbeutung von Kindern getroffen. Art. 131 russ. StGB erklärt die Vergewaltigung für strafbar, dabei wird die Vergewaltigung eines abhängigen Minderjährigen als schwerer Fall eingestuft, die eines abhängigen Minderjährigen unter 14 Jahren als besonders schwerer Fall geahndet. Homosexuelle Handlungen unter Gewaltanwendung werden bestraft, auch hier ist der schwere Fall die Tat gegen einen abhängigen Minderjährigen und die Tatfolge der Ansteckung des Opfers mit HIV, Art. 132 russ. StGB. Wer ausschweifende Handlungen gegenüber einem Minderjährigen unter 14 Jahren begeht, macht sich gemäß Art. 135 russ. StGB schuldig. Unter den Begriff der ausschweifenden Handlungen fallen dabei alle Handlungen sexueller Art, die ohne Gewaltanwendung beim Täter oder beim Opfer den

---

120 Conseil de l'Europe, Konferenz v. 28. 4. 1998, L'Assemblé demande des mésures pour combattre la maltraitance des enfants; dazu auch *nzz-online*, vom 5.5.1998, "Europarat will Register für pädophile Straftäter".

121 Congreso Mundial contra la Explotación Sexual de los Ninos (World Congress on Commercial Sexual Exploitation of Children), 27. - 31. August 1996, Brochure, New York, 1996.

122 Zu einzelnen Beispielen von NGO: Robinson (Fn. 103), S. 255 f.

geschlechtlichen Instinkt wecken sollen.[123] Das ist zum Beispiel der Exhibitionismus.

Mit dem Problem der Prostitution befaßt sich Art. 240 russ. StGB, der die Führung in die Prostitution mittels Gewalt, Täuschung oder Erpressung unter Strafe stellt. Es wird allerdings in keiner Vorschrift allgemein das Führen von Kindern in die Prostitution verboten.[124] Auch das Führen eines Bordells ist gemäß Art. 241 russ. StGB strafbar. Das russische Recht enthält an keiner Stelle eine Legaldefinition von Prostitution oder Pornographie.[125] Jedoch sind diese Begriffe durch die Lehre definiert worden.[126] Prostitution bezeichnet die nicht nur einmalige Eintritt in sexuelle Handlungen mit einem anderen Menschen, der Vorschlag oder die Einwilligung dazu gegen Geld oder andere Entlohnung. Pornographische Materialien sind solche, die als Ganzes gesehen, darauf gerichtet sind, Geilheit hervorzurufen und wenn sie in offensichtlich schamloser, unschicklicher Form geschlechtliches Betragen eines Menschen darstellt und dabei keinen literarische, künstlerische oder wissenschaftlichen Wert hat.[127]

Artikel 242 russ. StGB ahndet die rechtswidrige Herstellung, Verbreitung und den rechtswidrigen Handel mit pornographischem Material. Ausdrücklich erfaßt sind vor allem Video- und Filmmaterial sowie Pressematerialien. Nicht unter Strafe gestellt wird das bloße Besitzen von pornographischem Material und Artikeln. Rechtswidrig ist die Handlung, wenn sie vorher nicht von einer Behörde genehmigt wurde oder den Regeln, die für eine solche Handlung aufgestellt wurden, zuwiderläuft.[128] Solche Regelungen finden sich z.B. im Gesetz über die Massenmedien[129], das eine besondere Kennzeichnung von pornographischem Material fordert.[130] Diese Regelungen werden aber unzureichend staatlich kontrolliert.[131] Für Pornographie im Internet gibt es bisher keine spezielle Regelung.

---

123 S. W. Borodin, Kommentar zu Art. 135 russ. StGB in: A.W. Naumow, *Kommentarij k Ugolownomu Kodeksu Rossijskoi Federazii*, Moskau 1997, S. 355.

124 Alternativer Staatenbericht Abs. VIII-27.

125 Committee on the Rights of the Child, Press Release vom 23. 9. 99, "Committee on the Rights of the Child Takes Up Report of the Russian Federation".

126 S.W. Polubinskaja, Kommentar zu Art. 240 und 242 russ. StBG in: A.W.Naumow (Fn. 123), S. 587, 590.

127 Polubinskaja ebenda.

128 Polubinskaja (Fn. 126), S. 591 f.

129 Sakon "O sredstwach massowoj informazii" vom 29. 12. 1991, No 2124-1, *VSNDRFiVSRF* 1992, No. 7, st. 300, S. 378 ff.

130 Zweiter Staatenbericht, Abs. 158.

131 Zweiter Staatenbericht a.a.O.

Präventive Maßnahmen sind bisher nur in geringem Maße vorgesehen. So gibt es z.B. bisher keine Verwaltungseinheit, die die Bekämpfung der Prostitution zur Aufgabe hat.[132]

Einige Arten von Betreuungsmaßnahmen sind inzwischen ergriffen worden. So gibt es ein Sorgentelefon für sexuell mißbrauchte Kinder, psychologisch-pädagogische Beratungsstellen und Häuser, in denen Frauen, die mißbraucht wurden, für einige Zeit wohnen können. Obwohl diese Möglichkeiten in den vergangenen Jahren ausgebaut wurden, kann nicht allen betroffenen Kindern mangels Kapazitäten geholfen werden.[133]

Zwei Gesetzesprojekte wurde inzwischen in die Staatsduma eingebracht, die den sexuellen Mißbrauch und die Ausbeutung sowie die Gewalt gegen Kinder in der Familie bekämpfen sollen.[134] Jedoch bleibt eins dieser Projekte bereits seit vier Jahren unbearbeitet und es ist nicht abzusehen, ob und wann ein solches Gesetz verabschiedet werden könnte.[135]

Art. 35 Maßnahmen gegen Kinderhandel

Artikel 35 KRK bildet den vierten Artikel zum Schutz des Kindes vor Ausbeutung nach Art. 32 bis 34. Während Art. 32 und 33 die wirtschaftliche und gesundheitliche Ausbeutung des Kindes abwehren, schützen Art. 34 und 35 das Kind vor körperlicher Ausbeutung. Eine Auffangsvorschrift für die in diesen vier Artikeln nicht geregelten Fälle findet sich in Art. 36, der die Staaten dazu verpflichtet, das Kind gegen jede Art dem Kindeswohl widersprechender Ausbeutung zu schützen.

Entstehungsgeschichte

Hinter der sehr kurzen Formulierung des Artikel 35 KRK verbirgt sich ein bereits jahrzehntelang andauernder Kampf gegen Sklaverei und Menschenhandel. Zwei der ersten Menschenrechtsdokumente wurden in den Jahren 1910 und 1921 in diesem Bereich erarbeitet.[136] Das sind das internationale Übereinkommen zur Bekämpfung des Mädchenhandels[137] und das Internationale

---

[132] Zweiter russ. Staatenbericht, Abs. 158.

[133] Zweiter russ. Staatenbericht Abs. 159.

[134] Projekt sakona "Ob ogranitschenii oborota produschtschii, uslug i srelischtschnych meroprijatij seksualnogo charaktera w Rossijskoj Federazii" und Projekt sakona "Ob osnowach sozialno-prawowoj saschtschity ot nasilija w semje", zweiter russ. Staatenbericht, Abs. 159.

[135] Alternativer Staatenbericht, Abs. VIII-25.

[136] Dazu Schweizer Bundesrat (Fn. 7), S. 62.

[137] Internationales Übereinkommen zur Bekämpfung des Mädchenhandels von 1910, *RGBl* 1913, S. 13 ff.

Übereinkommen zur Unterdrückung des Frauen- und Kinderhandels.[138] Artikel 8 IPbürR enthält das Verbot der Sklaverei. 1965 wurde ein Übereinkommen über die Abschaffung der Sklaverei und des Sklavenhandels[139] abgeschlossen, das den Kinderhandel mitumfaßt.

Bei den Vorarbeiten zur Kinderrechtskonvention war man sich schnell darüber einig, daß der Schutz des Kindes vor Entführung und Kinderhandel in die Konvention aufgenommen werden müsse. Lediglich um den Wortlaut des Art. 35 gab es Unstimmigkeiten, weil doch der Begriff *Abduction* in internationalen Übereinkommen in einem bestimmten Sinne gebraucht werde. Nur mit diesem Begriff konnte man aber dem Verschwinden von Kindern gerecht werden.[140]

Kinderhandel

Obwohl der Begriff der Sklaverei alt zu sein scheint, hat doch das Problem des Kinderhandels auch heute noch großes Gewicht. Er wird vor allem im Zusammenhang mit internationaler Adoption, Kinderprostitution und Organhandel aktuell.

Artikel 35 KRK verwendet drei verschiedene Begriffe, um das Kind zu schützen. Es ist nach dieser Norm gegen Entführung, Verkauf und den Handel mit Kindern zu schützen. Diese Worte werden gleichwertig nebeneinander verwendet, ohne daß eine Abstufung erkennbar wäre. Für die Kindesentführung ergibt sich ein Anhaltspunkt für die Interpretation aus Art. 11 KRK. Zwar verwendet diese Vorschrift den Begriff der Entführung (*Abduction*) nicht. Jedoch hat auch er die Zielrichtung das Kind davor zu schützen, aus seiner Umgebung herausgerissen zu werden. Entführung bezeichnet daher das rechtswidrige Verbringen von Kindern an einen anderen Ort oder ihre rechtswidrige Nichtrückgabe. Im Gegensatz zu Art. 11 KRK setzt Art. 35 keine Grenzüberschreitung voraus. Die Zusammenstellung der Begriffe in Art. 35 und auch die systematische Stellung zwischen Art. 34 und 36 KRK führt dazu, daß man im Rahmen von Art. 35 auch eine Ausbeutungskomponente fordern muß. Die Ausbeutung kann dabei auch darin liegen, daß durch die Entführung des Kindes zu einer Handlung oder zur Unterlassung einer Handlung veranlaßt werden soll.

Für den Begriff des Verkaufs von Kindern gibt das Zusatzprotokoll zwar keine im Rahmen von Art. 35 KRK verbindliche aber für den derzeitigen Kon-

---

138 Internationales Übereinkommen zur Bekämpfung des Frauen- und Kinderhandels von 1921, LNTS vol. 9 No. 2269 S. 415 ff; *RGBl* 1924 II S. 180 ff.

139 Zusatzübereinkommen über die Abschaffung der Sklaverei, des Sklavenhandels und sklavereiähnlicher Einrichtungen und Praktiken vom 7. 9. 1965, UNTS Bd. 66, S. 40.

140 E/CN.4/1987/25, Abs. 74, 80 ff.; Detrick S. 439 ff.; Dorsch, S. 167.

sens der Staaten indikative Definition. Danach meint der Verkauf von Kindern jeden Akt oder jede Transaktion, durch die ein Kind durch jede Person oder Gruppe an eine andere für ein Entgelt oder eine andere Gefälligkeit (*consideration*) weitergegeben wird.

Dem Kinderhandel (*Traffic in children*) ist dagegen ein Element der Fortsetzung immanent. Einen Handel betreibt nach allgemeinem Sprachgebrauch jemand, der eine bestimmte Art von Geschäften mehrfach betreibt. Folglich bedeutet Kinderhandel die Weitergabe von Kindern von einer Person oder Personengruppe an eine andere zum Zwecke der Gewinnerzielung.

Artikel 35 KRK a.E. bezieht in den Schutzbereich jeden Zweck und jede Form der Entführung, des Handels oder des Verkaufs ein. Daher gilt er auch im Bereich der internationalen Adoption, für die Art. 21 insofern eine spezielle Vorschrift zur Verfügung stellt.

Qualifikation des Rechts

Artikel 35 enthält damit ein bürgerliches Recht, ein Freiheitsrecht, das jedem Menschen zusteht. Es ist in der heutigen Zeit aber vor allem ein Recht, dessen Schutz Kinder mehr bedürfen als andere Menschen.

Umsetzung in Rußland

In Rußland ist die Umsetzung dieses Rechts in den vergangenen zehn Jahren zu einer besonderen Notwendigkeit geworden. In dieser Zeit sind nämlich vermehrt Fälle von Kinderhandel aufgetreten.[141] Das Recht ist neben der Gesetzgebung im Bereich der internationalen Adoption vor allem im Strafrecht umgesetzt. Art. 126 russ. StGB stellt die Entführung eines Menschen unter Strafe, dabei stellt die Entführung eines Minderjährigen einen besonders schweren Fall dar. Art. 127 russ. StGB bestraft den ungesetzlichen Freiheitsentzug, deren schwerer Fall auch die Tat in Bezug auf einen Minderjährigen ist. Der Kinderhandel und die Unterschiebung eines Kindes werden nach Art. 152, 153 russ. StGB mit Freiheitsstrafe von bis zu fünf Jahren bestraft. Hier ist vor allem auch als schwerer Fall die Tat mit dem Ziel aufgezählt, mit den Organen des Kindes Handel zu treiben. Dieser Fall wird mit drei bis zehn Jahren Freiheitsstrafe bestraft. Ein besonders schwerer Fall ist die fahrlässige Verursachung des Todes eines solchen Kindes .

Russische Föderation hat weder die Haager Konvention von 1980 über die zivilen Aspekte internationaler Kindesentführung noch die Haager Konven-

---

141 Committee on the Rights of the Child, Concluding Obsvervations: Russian Federation, CRC/C/Add. 110, vom 10. 11. 1999, Abs. 43 f.; vgl. dazu auch die Beschreibung in *Segodnja*, 14. 9. 1998, No 204, S. 7, "Vsroslije problemy detskogo bisnesa".

tion von 1993 über den Schutz von Kindern und die Kooperation auf dem Gebiet der zwischenstaatlichen Adoption bisher ratifiziert.[142]

Art. 36 Schutz vor Ausbeutung

Artikel 36 stellt kategorisch fest, daß die Staaten das Kind vor jeder weiteren Form der Ausbeutung zu schützen haben, die dem Wohlergehen des Kindes widersprechen. Artikel 36 ist damit als Auffangvorschrift zu den vorhergehenden Art. 32 bis 35 zu verstehen, die vor allem die wirtschaftliche und sexuelle Ausbeutung des Kindes zu verhindern suchen.

Entstehungsgeschichte

Während der Vorbereitung der Konvention wurde festgestellt, daß neben den bereits festgelegten Artikeln auch eine Auffangvorschrift zur Verhinderung der Ausbeutung von Kindern aufgenommen werden müsse. Die erste Version der Vorschrift umfaßte neben der Formulierung "alle anderen Formen der Ausbeutung" auch *degrading treatment and all acts prejudicial to moral, spiritual, mental or physical integrity of the child.*[143] Die entwürdigende Behandlung ist bereits von Art. 37 KRK erfaßt und mußte daher nicht aufgenommen werden. Auch eine Aufzählung der möglichen Schäden für das Kind wurde für unnötig gehalten. Andererseits war man sich einig, daß die Konvention nicht hinter dem Standard des Art. 10 Abs. 3 IPwirtR zurückbleiben sollte, der sowohl die wirtschaftliche als auch die soziale Ausbeutung eines Menschen umfaßt.[144] Eine kleinere Meinungsverschiedenheit gab es um den Begriff der Integrität, mit dem die Rechtssysteme einiger Staaten nicht vertraut waren. Man einigte sich auf den Begriff Wohlergehen nach der Teheraner Erklärung.[145]

Ausbeutung

Mit der Entstehungsgeschichte und im Zusammenhang mit Art. 32 bis 35 ist Art. 36 insofern weit auszulegen, als damit jede andere Art der Ausbeutung des Kindes vor allem auch körperlicher Art verhindert werden soll. Er gilt vor allem für Ausbeutungsarten, die man sich zur Zeit der Formulierung der Konvention noch nicht vorstellen konnte, und ist damit eine auf die Zukunft gerichtete Vorschrift. Den Vertragsstaaten wird viel Spielraum für eigene Interpretation gelassen.[146]

---

[142] Committee on the Rights of the Child, ebenda, Abs. 44.

[143] E/CN.4/1987/25, Abs. 90; Detrick S. 451; Dorsch S. 228.

[144] E/CN.4/1987/25, Abs. 91; Detrick S. 452, Dorsch S. 228, Schweizer Bundesrat, S. 62.

[145] dazu Dorsch, S. 229.

[146] Schweizer Bundesrat (Fn. 7).

Ein Problem ist die wirtschaftliche Ausbeutung des Kindes zur Ausübung von Verbrechen. Für solche Zwecke werden vor allem Straßenkinder oder andere ohne die Hilfe ihrer Eltern oder sonstiger Vertrauter dastehende Kinder gebraucht. Sofern solcher Mißbrauch von Kindern nicht schon von Art. 32 KRK abgedeckt ist, haben die Staaten ihre Kinder nach Art. 36 vor solchen Eingriffen zu schützen.

Ein weiterer Anwendungsbereich des Art. 36 KRK kann die Überbelastung des Kindes bei der Arbeit in der Familie werden.[147] Auch diese Arbeit kann in bestimmten Maße von Art. 32 KRK erfaßt sein. Sofern aber der Begriff der Arbeit in der Weise interpretiert wird, daß dazu ein wie auch immer gearteter Vertrag zugrunde liegen muß, so findet Art. 32 auf die Arbeit in der Familie keine Anwendung und das Kind muß vor möglichen Beeinträchtigungen seines körperlichen Wohlergehens und seiner geistigen Entwicklung und Bildung durch Art. 36 KRK evt. in Verbindung mit Art. 27, 28 oder 32 geschützt werden.

Beeinträchtigung des Wohls des Kindes

Im Gegensatz zu Art. 3, 18 und anderen Vorschriften in der Konvention verwendet Art. 36 KRK nicht den Begriff des Kindeswohls. Dem Begriff des Wohlergehens (*welfare*) ist eine konkretere Bedeutung beizumessen ist als dem Begriff des Kindeswohls (*best interests of the child*).[148] Er zielt nicht auf Beeinträchtigungen des Kindeswohls ab, sondern vielmehr vor allem auf das körperliche, moralische und geistige Wohlergehen des Kindes. Artikel 36 KRK hat damit einen engeren Anwendungsbereich als etwa Art. 3 Abs. 2 und 18 KRK.[149]

Medizinische Versuche mit Kindern

Scheinbar ausgeklammert aus den Regeln der KRK ist das Problem medizinischer Versuche mit Kindern.[150] Die Konvention trifft dazu in der Tat keine eindeutige Regelung. Dennoch lassen sich in der Konvention Regeln für die Teilnahme von Kindern in medizinischen Experimenten finden. Es ergibt sich aus Art. 24 KRK die Voraussetzung, daß die verwendeten Medikamente und neuesten Methoden entsprechend weitgehend untersucht worden sein müssen, damit alle mit anderen Methoden auszuschließenden Nebenwirkungen

---

147 Dorsch, S. 229.

148 Dorsch, S. 229 f., dazu unten Abschnitt 1 zu Art. 3 KRK.

149 Dorsch ebenda.

150 S. McLean "Medical Experimentation with Children" in: P.Alston/S.Parker/J. Seymour (Hrsg.) *Children, Rights and the Law*, Oxford 1992, 173 ff.

auch ausgeschlossen werden, denn dem Kind kann nicht wissentlich in seiner Gesundheit geschadet werden.

Die Grenze und den Maßstab für die Zulässigkeit von medizinischen Versuchen mit Kindern bieten Art. 16 und 19 KRK. Während Art. 16 vor Eingriffen in das Privatleben des Kindes schützt, verbietet Art. 19 KRK schlechte körperliche und geistige Behandlung des Kindes und der Staat hat es davor zu schützen, solange es sich in der Obhut einer Betreuungsperson befindet. Die KRK verbietet damit medizinische Experimente an Kindern, wenn sie eine schlechte Behandlung oder einen rechtswidrigen oder willkürlichen Eingriff in das Privatleben des Kindes darstellen. Solche Fälle sind vor allem dann gegeben, wenn bei Versuchen keine Erkenntnisse und keine Untersuchungen über schädliche Folgen bestehen. Bei der Zulässigkeit medizinischer Versuche an Kindern sind diese in zwei Gruppen einzuteilen.[151]

Es gibt die Gruppe der Versuche zu therapeutischen Zwecken, die unmittelbar der Bekämpfung einer Krankheit dienen und die zu anderen - nicht therapeutischen - Zwecken. Versuche zu therapeutischen Zwecken sind leichter zu rechtfertigen als solche zu nicht therapeutischen Zwecken. Dabei kann natürlich der Übergang im Einzelfall fließend sein. Bei der Prüfung der Zulässigkeit eines medizinischen Versuches an einem Kind ist auf Art. 12 und 3 KRK zurückzugreifen. Nach Art. 12 KRK kann, darf und sollte ein Kind mit seiner Meinung berücksichtigt werden. Ältere, ausreichend reife Kinder können häufig verstehen, welche Entscheidung sie treffen, wenn sie Versuchen zustimmen oder sie ablehnen. Die wichtigste Prüfung aber ist die anhand des Grundsatzes des Kindeswohls im Einzelfall. Das gilt zum einen für die Überprüfung einer Entscheidung eines Kindes für einen Versuch. Diese Entscheidung kann unbeachtlich sein, wenn der Versuch dem Kindeswohl widerspricht. Bei noch nicht entscheidungsfähigen Kindern ist die Frage des Kindeswohls die entscheidende Frage darüber, ob ein Versuch gegen Art. 16 und 19 KRK verstößt oder nicht. Das Problem medizinischer Versuche an Kinder ist damit anhand der KRK zu lösen.

Qualifikation des Rechts

Das Recht auf Schutz vor Ausbeutung ist damit ein Freiheits- und Schutzrecht. Es fordert vom Staat zum einen die Abstandnahme von jeder Art von Beeinträchtigung des Kindes. Zum anderen fordert es das Tätigwerden zugunsten des Kindes gegen andere Ausbeuter. Der Schutz vor Ausbeutung ist außerdem ein spezielles Kinderrecht, denn Kinder sind von Ausbeutung beson-

---

[151] Einteilung nach McLean (Fn. 150), S. 175 f.

ders bedroht und können sich dagegen selbst weniger wehren als andere Menschen. Als solches ist es auch schon in Art. 10 Abs. 3 IPwirtR festgelegt.

Umsetzung in der Russischen Föderation

In Rußland wurde bisher kaum die Notwendigkeit gesehen, über die Bestimmungen zur Umsetzung des Art. 35 KRK hinausgehende Vorschriften zu erlassen, die das Kind vor anderen Formen der Ausbeutung schützen. Es sind auch bisher in der Praxis keine Fälle von Ausbeutung von Kindern insbesondere im medizinischen Bereich bekannt.

Problematisch ist in diesem Bereich aber vor allem die Ausbeutung von Straßenkindern im Rahmen von Verbänden des organisierten Verbrechens. Inzwischen wird von einer bis vier Millionen Straßenkindern in Rußland gesprochen. Von diesen werden einige und zunehmend mehr[152] für Verbrechen ausgenutzt. Diese Kinder wollen essen und daher ist ihnen die Möglichkeit, auf diese Art Geld zu verdienen oft nicht unwillkommen. Nach Angaben der Moskauer Regierung ist vor allem die Zahl schwerer Verbrechen, die von Minderjährigen begangen werden, gestiegen. Diese minderjährigen Straftäter sind wohl z.T. auch drogenabhängig, aber zum Teil sind sie auch einfach Kinder in wirtschaftlicher Not, die die Gelegenheit wahrnehmen. Um diesem Problem zu begegnen wurde inzwischen ein Gesetz zur Bekämpfung von Obdachlosigkeit von Kindern und Kinderkriminalität erlassen, das dies Probleme zu regeln sucht.[153] Daneben werden vor allem auf der Ebene der Föderationssubjekte Programme zur Beratung und sofortigen Hilfe für solche Kinder durchgeführt.

---

[152] Prawitelstwo Moskwy, Komitet po delam cemi i molodjoschi, *Deti Uliz*, Moskau 1997.

[153] Fed. Sakon "Ob osnovach sistemy profilaktiki bjesnadsornosti i prawonaruschenii njesoverschtschennoletnich" Gesetz vom 24. 6. 1999, No. 120-FS, *SZRF* 1999, No. 26, st. 3177, dazu unten Abschnitt 8 zu Art. 20 KRK.

5. Bewaffnete Konflikte und Flüchtlinge

Kinder in bewaffneten Konflikten ist ein Thema, das in der Vergangenheit immer wieder diskutiert wurde und auch in der Gegenwart nichts von seiner Brisanz verloren hat. Dazu gehört das Problem der Kindersoldaten, das Gegenstand einer Resolution des UN-Sicherheitsrats im September 1999 war, und die Fragen von flüchtenden Kindern mit oder ohne Begleitung.

Die Konvention beschäftigt sich in einigen wenigen Artikeln konkret mit dem Problem. Sie regelt das Problem der Flüchtlingskinder in Art. 22 und das Problem der Kindersoldaten und des Schutzes von Kindern als Teil der Zivilbevölkerung in Art. 38 KRK. Daneben sind Kinder, die in irgendeiner Weise Opfer eines bewaffneten Konflikts geworden sind, auch durch andere Vorschriften geschützt. Zu erwähnen sind hier in erster Linie Art. 39, der die Rehabilitation von Kindern zum Gegenstand hat, Art. 7, der die Identität des Kindes schützt und Art. 10, der die Familienzusammenführung zu einem kindlichen Recht macht.

Art. 22 Kinder als Flüchtlinge

Artikel 22 KRK gewährt dem Flüchtlingskind angemessenen Schutz und humanitäre Hilfe bei der Wahrnehmung seiner Rechte, unabhängig davon, ob es sich in Begleitung seiner Eltern oder eines anderen gesetzlichen Vertreters befindet oder nicht. Absatz 2 gewährt dem unbegleiteten Kind einen besonderen Schutz, indem er ihm besondere Hilfe beim Auffinden von Eltern und anderen Familienangehörigen angedeihen läßt, um eine Familienzusammenführung zu erreichen.

Der nach Art. 43 KRK gebildete Kinderrechtsausschuß mißt Art. 22 KRK in seinen *Guidelines* besondere Bedeutung zu.[1] Das Kind ist nämlich in der Fluchtsituation in besonderer Weise Eingriffen in seine Rechte ausgesetzt und bedarf daher speziellen Schutzes.

Entstehungsgeschichte

Artikel 22 war bei seiner Formulierung umstritten. Den Vorschlag brachte Dänemark 1982 im Zusammenhang mit den Vorschriften über die

[1] H.J. Heintze, "Der Beitrag der UN-Kinderkonvention zum völkerrechtlichen Schutz des Flüchtlingskindes" *A.W.R. Bulletin* 33 (1995) 133 ff, 134, 139. Der Kinderrechtsausschuß legte schon in seiner dritten Sitzungsperiode einen Entwurf für ein Fakultativprotokoll zum Schutz von Kindern in bewaffneten Konflikten vor: UN Doc CRC/C/16 Abs. 176; T. Marauhn "Die Rechtsstellung von Kindern in bewaffneten Auseinandersetzungen" *Humanitäres Völkerrecht*, 1995 S. 64 ff., 64, 70 f.

Adoption ein.[2] Danach sollte Flüchtlingskindern jede mögliche Unterstützung gewährt werden, die Familienzusammenführung gefördert und das Kind möglichst innerhalb seiner eigenen kulturellen und sprachlichen Gruppe untergebracht werden. Das Kindeswohl wurde als tragendes Prinzip hervorgehoben.

Neben der Definition des Flüchtlingskindes[3] wurde die Frage des Begleiterkreises diskutiert.[4] Auf das zunächst formulierte Erfordernis, Kinder in einer ihrer Herkunft entsprechenden Gruppe unterzubringen, wurde verzichtet.[5]

Die UdSSR wollte den Zusatz erreichen, daß es *first and utmost duty* der Mitgliedsstaaten sei, Umstände herzustellen, die die Repatriation von Flüchtlingskindern favorisieren.[6] Dieser Vorschlag setzte sich aber nicht durch.

Im zweiten Absatz sollten zunächst UNICEF, UNHCR und das Internationale Komittee vom Roten Kreuz namentlich genannt werden. Man einigte sich aber auf einen pauschalen Hinweis auf internationale zwischenstaatliche und nichtstaatliche Organisationen.[7]

Die Frage der Bildung der Flüchtlingskinder wollte UNESCO zunächst geklärt wissen, zog diesen Antrag aber im späteren Verlauf der Verhandlungen wieder zurück.[8]

Definition des Flüchtlings

Artikel 22 KRK definiert den Begriff des Flüchtlingskindes nicht. Er umschreibt ihn vielmehr, indem er alle Kinder umfaßt, die die Rechtsstellung eines Flüchtlings begehren oder nach nationalem oder internationalem Recht als Flüchtling anzusehen ist.

Es ergibt sich eine Art Stufenverhältnis. Zunächst sind jedenfalls die Kinder erfaßt, die nach nationalem Recht als Flüchtlinge anerkannt sind. Darüber hinaus sind auch die Kinder erfaßt, die zwar nach nationalem Recht nicht anerkannt sind, aber nach diesem Recht anerkannt werden müßten. Zusätzlich sind auch die Kinder erfaßt, die nach den Regeln des Völkerrechts anzuerkennen sind. Diese Regeln können auf regionaler Basis bestehen, so z.B.

---

[2] E/CN.4/1982/12/Add.1 Abs. 91, Detrick S. 320, Dorsch S. 203 f.
[3] E/CN.4/12/Add. 1, Abs. 91, Detrick S. 324, Dorsch S. 203 f.
[4] Ebenda Abs. 91, 93, 99, Dorsch ebenda.
[5] E/CN.4/1982/L.41 Abs. 94; E/CN.4/1989/48 Abs. 394 f., Detrick S. 321, 328, Dorsch S. 205.
[6] E/1982/12/Add.1, C, S. 64, 68, Abs. 102, Detrick S. 323.
[7] E/CN.4/1989/48 Abs. 377, 395, Detrick S. 325 f., Dorsch S. 205.
[8] Ebenda Abs. 380- 382, Detrick S. 326; Dorsch S. 206.

auf der Ebene der GUS, die im Rahmen von Konferenzen und internationaler Abkommen Standards für die Anerkennung von Flüchtlingen schafft.[9]

Die auf der internationalen Ebene wohl wichtigsten Regeln des Völkerrechts finden sich dazu in der Genfer Flüchtlingskonvention[10] und den vier Genfer Rotkreuzabkommen[11] mit Zusatzprotokollen.[12]

Artikel 1 Genfer Flüchtlingskonvention definiert den Begriff des Flüchtlings als Person, die sich aus der begründeten Furcht vor Verfolgung wegen ihrer Rasse, Religion, Nationalität, Zugehörigkeit zu einer bestimmten sozialen Gruppe oder wegen ihrer politischen Überzeugung außerhalb des Landes befindet, dessen Staatsangehörigkeit sie besitzt, und den Schutz dieses Landes nicht in Anspruch nehmen kann oder wegen dieser Befürchtung nicht in Anspruch nehmen will. Erfaßt sind also Flüchtlinge, die von einem Staat in einen anderen flüchten, nicht aber sogenannte "Internally Displaced Persons", also Menschen, die innerhalb ihres Landes in eine andere Gegend ziehen.[13]

In Afrika, dem Kontinent, in dem in der Vergangenheit wohl die meisten und größten Flüchtlingsströme untergebracht und versorgt werden mußten, wird der Begriff des Flüchtlings weiter gefaßt als in der Genfer Flüchtlingskonvention. Danach ist Flüchtling jede Person, die wegen einer externen Aggression, Besetzung, ausländischen Übermacht oder anderer Ereignisse, die in besonderer Weise die öffentliche Ordnung in einem Teil ihres Heimatlandes oder im ganzen Land beeinträchtigt, gezwungen ist, ihren gewöhnlichen Aufenthalt zu verlassen und um Unterbringung in einem anderen Land nachzusuchen.[14] Die

---

[9] Z. B. Regional Conference to Address the Problems of Refugees, Displaced Persons, other Forms of Involuntary Displacement and Returnees in the Countries in the Commonwealth of Independent States and Relevant Neighbouring States, CISCONF/1996/5 11 June 1996, Genf.

[10] Abkommen über die Rechtsstellung der Flüchtlinge (Genfer Flüchtlingskonvention) vom 28. 7. 1951, UNTS vol. 189, S. 150, deutscher Text: *BGBl* 1953 II, 560.

[11] Hier vor allem das IV. Genfer Abkommen zum Schutze von Zivilpersonen in Kriegszeiten vom 12. 8. 1949, UNTS Bd. 75, S. 287; deutscher Text in: *BGBl* 1954 II 917, ber. 1956 II, 1586.

[12] Zusatzprotokoll zu den Genfer Abkommen vom 12. 8. 1949 über den Schutz der Opfer internationaler bewaffneter Konflikte (Protokoll I) vom 8. 6. 1977, UNTS Bd. 1125, S. 3; deutscher Text in: *BGBl* 1990 II, 1551, 1997 II, 1367; Zusatzprotokoll zu den Genfer Abkommen vom 12. 8. 1949 über den Schutz der Opfer nicht internationaler bewaffneter Konflikte (Protokoll II) vom 8. 6. 1977, UNTS Bd. 1125, S. 609, deutscher Text in: *BGBl* 1990 II, 1637.

[13] Heintze (Fn. 1), S. 138; W.N. Dodonow/W.P. Panow/O.G. Rumjanzew (Hrsg.), *Meschdunarodnoje Prawo, Slowar Sprawotschnik*, S. 20.

[14] "...every person, owing to external aggression, occupation, foreign domination or events seriously disturbing public order in either part or the whole of his country of origin or nationality, ist compelled to leave his place of habitual residence in order to seek refuge in another place outside his country of origin or nationality." Art. 1 Flüchtlingskonvention der

Staaten sind verpflichtet, alles ihnen Mögliche zu tun, um Flüchtlinge aufzunehmen und sie anzusiedeln. Damit ist die Definition des Flüchtlings und die Position der Vertriebenen nach dem geltenden regionalen Völkerrecht weiter ausgestaltet als auf weltweiter Basis.

Verfolgung

Der Begriff der Verfolgung ist in der Genfer Flüchtlingskonvention ohne nähere Beleuchtung verwendet. Sie wird in der Lehre definiert als der Eingriff in das Recht auf Leben, das Verbot der Todesstrafe, das Folterverbot, das Sklavereiverbot oder das Verbot der willkürlichen Bestrafung. Sie kann sich auch auf andere Menschenrechtsverletzungen gründen, jedoch ist nicht jede Menschenrechtsverletzung ein Akt der Verfolgung im Sinne der Genfer Flüchtlingskonvention. Ausschlaggebend ist die Intensität der Verfolgung.[15] Handlungen von Amtspersonen, gegen die im Land der Begehung ein Rechtsmittel gegeben sind, werden nicht als Verfolgung im Sinne der o.g. Flüchtlingsdefinition angesehen.[16] Verfolgung kann aber auch durch andere Personen als Amtspersonen erfolgen, etwa durch Mitbürger, andere Bevölkerungsgruppen oder eine Besatzungsmacht. Sie ist dann Verfolgung, die zur Anerkennung als Flüchtling berechtigt, wenn den Betroffenen von der Obrigkeit kein ausreichender Schutz geboten werden kann.[17] Dabei reicht die Gefahr der Verfolgung aus.

Die möglichen Verfolgungsgründe sind in der Genfer Flüchtlingskonvention aufgezählt. Das sind die Religion des Verfolgten, seine politische Einstellung, sein Rasse und Nationalität oder seine Zugehörigkeit zu einer sozialen Gruppe. Rasse und Nationalität bezeichnet die Hautfarbe, Herkunft, nationale und ethnische Abstammung, ähnlich wie es schon in Art. 2 KRK festgelegt ist. Die Verfolgung wegen Zugehörigkeit zu einer sozialen Gruppe ist ein Auffangtatbestand, der eingreift, wenn keins der anderen Merkmale einschlägig ist, aber die Verfolgung offensichtlich aus diskriminierenden Gründen erfolgt.[18]

Kinder können auch dann im Sinne der Verfolgung diskriminiert werden, wenn sie verfolgt werden, gerade weil sie Kinder sind. Dann sind gerade Kinder

---

OAU; dazu J. Alexander/N. Berkowitz, "Hospitality or hostility? Refugee Law in Africa" *Immigration & Nationality Law and Practice* 12 (1998), S. 48 ff.

[15] E. Elderman, *Orientatie in het vluchtelingenrecht*, Utrecht, 1997/98, S. 16.

[16] Elderman (Fn. 15), S. 18.

[17] Elderman (Fn. 15), S. 19.

[18] Elderman (Fn. 15), S. 20 ff.

als Flüchtlinge anzuerkennen.[19] Das ergibt sich schon daraus, daß Art. 22 KRK den Zweck verfolgt, Kinder in Verfolgungssituationen besonders zu schützen und dieser Schutz nur dann umfassend sein kann, wenn Kinder vor allem dann geschützt werden, wenn sie wegen ihres Lebensalters verfolgt werden.

Non-refoulement

Das Prinzip des *Non-Refoulement* ist eins der beiden tragenden Prinzipien im internationalen Flüchtlingsrecht. Es ist in Art. 33 Genfer Flüchtlingskonvention niedergelegt. Nach dem Prinzip des *Non-Refoulement* darf ein Flüchtling nicht in irgendeiner Form so aus- oder zurückgewiesen werden, daß er zwangsläufig über die Grenze zu solchen Gebieten kommen müßte, in denen sein Leben oder seine Freiheit wegen seiner Rasse, Religion, Staatsangehörigkeit, seiner Zugehörigkeit zu einer bestimmten sozialen Grupe oder wegen seiner politischen Überzeugung bedroht sein würde. Staaten dürfen also niemanden der lebens- oder freiheitsbedrohenden Verfolgung aussetzen. Das Prinzip findet zwar in Art. 22 KRK keine ausdrückliche Erwähnung. Es ist aber wegen der dadurch erfolgten Sicherstellung des Rechts aus Leben, Art. 6 KRK, und des Schutzes vor rechtswidrigem und willkürlichem Freiheitsentzug, Art. 37 lit. b KRK, sowie auf besonderen Schutz in der Flüchtlingssituation auch in diesem Rahmen anwendbar.

Durable Solution

Das zweite im Rahmen des Art. 22 KRK wichtige Prinzip des internationalen Flüchtlingsrechts ist das der *durable solution.* Danach soll im Rahmen der konkreten Situation diejenige Lösung für die Flüchtlinge gesucht werden, die für diese und den aufnehmenden Staat erträglich ist. Das Konzept stellt für das Kind erstens die Frage nach dem Verfahren und dem Status als Flüchtling und zweitens nach der Unterbringung und den Zukunfts- sowie Lebensaussichten des Kindes bei der jeweils vorgeschlagenen Lösung.[20]

Die richtige Lösung für die Unterbringung und Versorgung eines Kindes ist abhängig von der konkreten Situation des Kindes und des aufnehmenden Staates. Eine *Durable Solution* kann nur dann die richtige Lösung sein, wenn sie der KRK entspricht. *Durable Solutions* müssen zur Entwicklung und zum Überleben des Kindes beitragen, möglichst seine kulturellen und religiösen

---

[19] E.M. Reesla/N. Boothby/P.J. Steinbock (Hrsg.) *Unaccompanied Children*, New York 1998, Kap. 17, "Unaccompanied Children in the Law of Armed Conflict, Natural Disasters and Population Movement", S. 259.

[20] Dejonghe/Lammerant "Les candidats refugiés mineurs non accompagnés de lege lata et de lege ferenda" *Journal des tribunaux* 117 (1998) 241 ff., S. 250; so im Ergebnis Dodonow/Panow/Rumjanzew (Fn. 13), S. 20.

Wurzeln respektieren und das Kind gegen jede Form der Ausbeutung schützen, Art. 6, 30, 31 ff. KRK.[21]

Anwälte von Flüchtlingen erwähnen drei Gruppen möglicher *Durable Solutions*: die freiwillige Rückkehr ins Herkunftsland, die Integration in das Aufnahmeland und Wiederansiedlung in einem dritten Land.[22] Für Kinder heißt das im einzelnen, daß eine vernünftige Lösung (*durable solution*) darin bestehen kann, daß eine Familienzusammenführung veranlaßt wird, die im Staat des derzeitigen Aufenthalts des Kindes oder aber dem anderer Familienangehöriger stattfinden kann, Art. 10, 22 Abs. 2 KRK. Gerade bei unbegleiteten Flüchtlingskindern kann auch die Unterbringung in einer Pflegefamilie oder die Freigabe zur Adoption im Gastland die richtige Lösung sein. Der Staat darf aber nicht vorschnell zu Lösungen kommen, die den Grundprinzipien der Kinderrechtskonvention, den Rechten der Familie (Art. 5, 9, 10, 18 KRK) und dem Kindeswohl (Art. 3 KRK) widersprechen. Ein Staat gerät leicht in eine solche Situation, wenn er in großen Flüchtlingsströmen möglichst schnell vielen Kindern gerecht werden muß.[23]

Rechte aus diesem Übereinkommen

Die Staaten sind nach Art. 22 Abs. 1 KRK verpflichtet, Maßnahmen zu treffen, um dem Kind bei der Wahrnehmung seiner Rechte aus der Konvention zu helfen. Art. 22 KRK stellt mit diesem Verweis eine Verbindung zum Diskriminierungsverbot des Art. 2 KRK aber auch zum Prinzip des Kindeswohls aus Art. KRK her.[24]

Zum einen ergibt sich daraus eine Spezialisierung des Art. 2 KRK. Danach dürfen Flüchtlingskinder gerade aufgrund ihres Status als Flüchtling im Sinne der Kinderrechtskonvention nicht schlechter behandelt werden als andere Kinder.

Zum zweiten müssen sich Staaten bei der Anerkennung von Flüchtlingskindern vom Prinzip des Kindeswohls leiten lassen. Die Staaten treffen eine Abwägung zwischen einer effektiven Asylpolitik, dem Proportionalitätsprinzip und dem Prinzip des Kindeswohls.[25] Durch Art. 22 und 3 KRK gewinnt das Kindeswohl in dieser Abwägung eine besondere Bedeutung.

---

[21] G.S. Goodwin-Gill "Unaccompanied refugee minors" *Int'l J.Children's Rgts* 3 (1995) 405 ff.; S. 412.

[22] Goodwin-Gill (Fn. 21), S. 407.

[23] Goodwin- Gill (Fn. 21), S. 410, 415.

[24] B.V. Nylund, "International Law and the Child victim of armed conflict - Is the "First Call" for Children?", *Inter'l J Children's Rgts* 6 (1998), 23 ff., S. 36.

[25] Dejonghe/Lammerant (Fn. 20), S. 243; Heintze (Fn. 1), S. 135.

Zu beachten sind neben den allgemeinen Prinzipien der Konvention vor allem Art. 32, 34, 35 und 7 KRK. In Bezug auf den Kinderhandel besteht die Gefahr, daß Kinder, die sich nicht in Begleitung von Erwachsenen befinden, von Schlepperbanden an der Grenze oder schon davor aufgegriffen werden. Dagegen sind die Kinder, die den Status eines Flüchtlings begehren, nicht nur wegen Art. 22, sondern durch dessen Verweis auf die Rechte aus der Kinderrechtskonvention auch wegen der Vorschrift des Art. 35 KRK, besonders zu schützen. Kinder sind daneben innerhalb der Flüchtlingsgruppe gefährdet durch sexuelle Übergriffe oder sonstige Gewalt, Kinderkriminalität und Prostitution,[26] wie Art. 34 KRK zu verhindern sucht.

Im Rahmen der Anerkennung des Kindes als Flüchtling wird die Vorschrift des Art. 7 KRK relevant. Kinder, die ein Anrecht auf Registrierung haben, können auch im Fall der Flucht leichter identifiziert werden. Sie haben mit höherer Wahrscheinlichkeit Dokumente, die ihre Herkunft und ihr Alter bescheinigen. In der Folge ist eine schnellere Hilfe für die Kinder möglich und die Familienzusammenführung wird erheblich erleichtert. Sind keine Dokumente vorhanden, wird das Alter von Kindern mit Hilfe medizinischer Untersuchungen festgestellt.[27]

Bei der vorläufigen Unterbringung des Kindes bei seiner Einreise in ein Land und während des Verfahrens zu seiner Anerkennung als Flüchtling sind die in Art. 37 KRK niedergelegten Garantien bei Freiheitsentzug zu beachten. Das gilt vor allem in Staaten wie der Bundesrepublik Deutschland, in denen Flughafenverfahren eingeführt wurden, bei denen Flüchtlinge in vielen Fällen die Flughafengebäude de facto nicht verlassen können bis das Eilverfahren abgeschlossen wurde.[28]

Auf eine Vorschrift verweist Art. 22 KRK gesondert. Das ist Art. 20 KRK. Das Flüchtlingskind, insbesondere das unbegleitete Flüchtlingskind, soll die gleichen Recht wie alle anderen Kinder haben, außerhalb seiner Familie nach den Standards des Art. 20 KRK untergebracht zu werden. Dabei werden seine kulturellen und religiösen Wurzeln soweit das möglich ist und dem Wohl des Kindes entspricht berücksichtigt.[29]

---

26 Dejonghe/Lammerant (Fn. 20), S. 241; N. Whande "General Issues relating to Refugee Children" in: S. Asquith/M. Hill (Hrsg.) *Justice for Children*, S. 84 ff., 89.

27 Dejonghe/Lammerant (Fn. 20), S. 248; Whande (Fn. 26), S. 87.

28 § 18a Asylverfahrensgesetz.

29 Dazu ausführlich D.J. Steinbock "Unaccompanied Refugee Children in Host Country Foster Familiy" *Int'l J Refugee L* 8 (1996) S. 6 ff.; Goodwin-Gill (Fn. 21), S. 413.

Rechte aus anderen Menschenrechtsübereinkommen

Der Hinweis auf andere Menschenrechtsübereinkommen in Art. 22 KRK richtet sich in erster Linie auf die Genfer Flüchtlingskonvention, die neben den bereits genannten Definitionen und Prinzipien die Rechtsstellung von Flüchtlingen regelt (Kap. II, Art. 12-16), Bestimmungen für die Wohlfahrt gegenüber anerkannten Flüchtlingen trifft, Art. 20-24, und verwaltungsrechtliche Maßnahmen, wie z.B. die Erteilung von Reisedokumenten aber auch die Ausweisung unrechtmäßiger Flüchtlinge vorsieht, Art. 25 ff.

Der Hinweis richtet sich auch auf den IPbürR. Danach hat z.B. jeder ein Recht auf persönliche Freiheit und auf Achtung seiner Menschenwürde, Art. 9, 10 IPbürR. Auch der Schutz vor Ausweisung ist hier geregelt, Art. 13 IPbürR.

Daneben können auf regionaler Ebene weitere Dokumente angewendet werden, die die Rechtsstellung von Flüchtlingen im allgemeinen oder von Flüchtlingskindern im besonderen regeln.[30]

Rechte aus anderen humanitären Übereinkommen

Kinder stehen auch Rechte aus humanitären Übereinkommen zu. Alle Kinder haben grundsätzlich die Privilegien von Zivilpersonen unter den Rot-Kreuz-Abkommen von 1949[31], solange sie nicht als Kombattanten oder Teile der bewaffneten Truppen an den Kämpfen teilnehmen. Sie genießen darüber hinaus besonderen Schutz, Art. 77 f. 1. ZP zu den Genfer Rot-Kreuz-Abkommen. Dazu lassen sich die Vorschriften aus den Rotkreuzabkommen in vier Kategorien einteilen.[32] Die erste Kategorie bezweckt den Schutz aller Kinder. Dabei werden Neugeborene wie Verwundete behandelt, Art. 8 1. ZP zu den Genfer Rot-Kreuz-Abkommen. Kindern gebührt ein besonderer Respekt und zu ihnen muß Essen, Kleidung frei durchdringen können.[33] In der zweiten Gruppe von Vorschriften wird die Familienzusammenführung besonders gefördert. Dazu gehört unter anderem auch die freie Religionsausübung und die

---

30 Regionale Menschenrechtsdokumente regeln teilweise auch die Rechtsstellung von Flüchtlingen nicht explizit, haben aber durch die Vertragsorgane - wie etwa den EGMR - eine Auslegung erhalten, die Flüchtlingen einen gewissen Schutz vor Ausweisung gewährt. Zum Schutz vor Ausweisung und Abschiebung in Fällen der im Heimatland drohenden Folter (Art. 3 EMRK) vgl. die Rechtsprechung des EGMR in den Fällen Soering vs. UK, Urt. v. 7. 7. 1989, Series A vol. 161, Cruz Varas u. a. vs Schweden, Urt. v. 20. 3. 1991, Series A vol. 201, Chahal vs. UK, Ur. v. 15. 11. 1996, Reports of Judgements and Decisions 1996-V, S. 1353, jüngst: Jabari vs. Turkey, Urt. v. 11. 7. 2000, Applications No 40035/98, veröffentlicht auf der Homepage des EGMR im Internet unter: http://www.echr.coe.int (im September 2000).

31 Hier vor allem das vierte Rotkreuzabkommen von 1949 und die beiden Zusatzprotokolle von 1977, s. dazu unten zu Art. 38 KRK.

32 Reesla/Boothby/Steinbock (Fn. 19), S. 247.

33 Art. 23 ff. 4. Genfer Rot Kreuz Konvention.

Möglichkeit, seine Kultur und Tradition aufrecht zu erhalten. Drittens sehen die Rotkreuzkonventionen Maßnahmen zur Evakuierung, Trennung und Entfernung von Kindern vor. Diese erfolgen grundsätzlich nur durch den Heimatstaat des Kindes und nicht durch einen Drittstaat. Einzige Ausnahme bilden überwiegende Gründe der Gesundheit, medizinischen Versorgung und Sicherheit. In diesen Fällen können Kinder mit Zustimmung der für sie verantwortlichen Personen, die in einem ähnlichen Sinne wie in Art. 5 KRK bestimmt werden, von einem dritten Staat evakuiert werden, nachdem sie Dokumente zu ihrer Identifizierung bekommen haben (Art. 25 f. 4. Genfer Rot Kreuz Konvention, Art. 72 ff. 1.ZP zu den Genfer Rot-Kreuz-Abkommen).[34]

Die vierte Kategorie von Vorschriften regelt den besonderen Schutz von unbegleiteten Minderjährigen, Art. 24 4. Rot-Kreuz-Konvention. Sie bekommen besondere Unterstützung und Schutz, einschließlich der Fortsetzung ihrer Bildung, Religion und Kultur. Wenn keine Möglichkeit besteht, daß das Kind von seinen Anverwandten aufgenommen wird, werden Vorkehrungen getroffen, um das Kind bei Personen unterzubringen, die die gleiche Nationalität besitzen wie das Kind.[35]

Definition des unbegleiteten Flüchtlingskindes

Ein unbegleitetes Flüchtlingskind ist nach der Konzeption des Art. 22 KRK ein solches, das sich nicht in Begleitung seiner Eltern oder einer anderen Person befindet. Dies klingt zunächst so, als sei jede Begleitperson ausreichend. Das aber schon nach dem übrigen Wortlaut des Art. 22 KRK nicht gewollt. In Absatz zwei ist ja gerade die Rede von Eltern und Familienangehörigen und von Familienzusammenführung. Daraus zeigt sich, daß auch Art. 22 KRK nicht den besonderen Schutz der Familie unterbrechen will, indem er jede Begleitperson des Kindes ausreichend läßt. Schließlich verweist Art. 22 KRK pauschal auf die Rechte aus dem Übereinkommen. Diese Verweisung erfaßt auch Art. 5 KRK. Die Begleitung durch eine andere Person muß deshalb im Lichte des Art. 5 KRK dahingehend ausgelegt werden, daß Begleitpersonen nur die Eltern und die dort erwähnten Verwandten des Kindes sein können, sofern sie das Kind gesetzlich vertreten.[36]

Dieses Ergebnis wird unterstützt durch die Entstehungsgeschichte der KRK. Denn schon während der Vorarbeiten zur Konvention sollten zunächst nur die Eltern ausreichend sein, um das Kind als begleitet ansehen zu können. Im Verlauf der Verhandlungen wurde dann der Kreis weiter ausgedehnt und

---

34 Reesla/Boothby/Steinbock (Fn. 19), S. 250 f.

35 Reesla/Boothby/Steinbock (Fn. 19), S. 251.

36 Dejonghe/Lammerant (Fn. 20), S. 244.

schließlich wurden auch andere Personen einbezogen. Folgerichtig ist eine enge Auslegung des Begriffs der anderen Personen ausgehend von den Eltern vorzunehmen. Andere Personen sind danach diejenigen Personen, die für das Kind im Sinne des Art. 5 KRK verantwortlich sind.

Suche nach anderen Familienangehörigen, Familienzusammenführung

Artikel 22 Abs. 2 KRK verpflichtet die Staaten, dem unbegleiteten Flüchtlingskind Hilfe bei der Suche nach seinen Eltern und anderen Familienangehörigen zukommen zu lassen. Zu diesem Zweck muß der betroffene Staat das Kind zunächst identifizieren, um dann die Angehörigen suchen zu können.[37]

Bei dieser Suche können sich die Staaten der Hilfe internationaler Organisationen bedienen. Eine wichtige Rolle spielen Rotes Kreuz und Roter Halbmond, aber auch UNHCR und UNICEF.[38]

Es muß ein Ausgleich geschaffen werden zwischen dem Recht des Kindes auf Anerkennung als Flüchtling,[39] dem Recht des Kindes auf Familienzusammenführung und den berechtigen Interessen eines Staates, den Flüchtlingsstrom in vernünftigen Grenzen zu halten. Die Interessenabwägung läuft auf die Frage hinaus: Wann läuft die Durchsetzung der staatlichen Interessen den Interessen des Kindes, dem Kindeswohl, und Art. 22 KRK derart entgegen, daß eine Durchsetzung der Staatsinteressen unmöglich ist? Dabei spricht für eine Durchsetzung der Staatsinteressen und für die Rücksendung des Kindes in sein Heimatland in der Regel auch das Interesse des Kindes, mit seiner Familie zu leben und daher wieder zu ihr zurückzukehren. Doch dieses Interesse wird selten durchschlagend sein, weil in den Fällen des sog. Anker-Syndroms[40] oft die wirtschaftliche und soziale Situation der Familie nicht erlaubt, das Kind ausreichend zu ernähren, zu kleiden oder zu bilden. Dann wird dem Aufnahmestaat nichts anderes übrig bleiben, als die Familienzusammenführung bei sich oder in einem dritten Staat zu ermöglichen.

Besonderer Schutz des Unbegleiteten Flüchtlingskindes

Artikel 22 KRK schreibt nicht nur den Schutz des Flüchtlingskindes allgemein vor, sondern verstärkt diesen für unbegleitete Flüchtlingskinder.

---

37 Dejonghe/Lammerant (Fn. 20), S. 251.

38 Nylund (Fn. 24), 35 ff.

39 Soweit ihm ein solches nach Art. 22 iVm. dem innerstaatlichen Recht, dem humanitären Völkerrecht und insbesondere wegen Art. 3, 31 ff. nach der KRK zusteht.

40 Reesla/Boothby/Steinbock (Fn. 19), S. 255.

Kinder, die sich in Begleitung eines sie gesetzlich vertretenden Erwachsenen befinden, werden in der Regel als Flüchtlinge jedenfalls dann anerkannt, wenn der Begleiter als solcher anerkannt wird.[41] Daher kann der Begleiter für es sorgen und seine Angelegenheiten im Verfahren der Anerkennung vertreten und wird das in der Regel auch tun. Das Kind bedarf hier zunächst keiner weitergehenden Unterstützung. Anders ist das für das unbegleitete Flüchtlingskind, das keinen Erwachsenen an seiner Seite hat, der ihm hilft und für es sorgt. Es bedarf des besonderen Schutzes.[42]

Unbegleitete Kinder können auf verschiedene Arten Aufenthaltsrecht in einem Staat bekommen. Zum einen können sie wie jeder andere Flüchtling oder Asylant ein Verfahren zur Anerkennung des entsprechenden Status durchlaufen. Zum anderen können in den Staaten besondere Tatbestände geschaffen werden, nach denen Kinder besondere Behandlung erfahren. Das sind die Kinder, die als Teil einer solchen Gruppe ins Land kommen, die als Quotenflüchtlinge anerkannt wird. Einige Staaten nehmen unbegleitete Minderjährige als solche bevorzugt oder in besonderen vereinfachten Verfahren auf.[43]

Das Wohl des Kindes kann im Asylverfahren bedeuten, daß ihm ein Erwachsener zur Beratung und Betreuung zur Seite gestellt wird.[44] Kinder können daneben das Recht eingeräumt bekommen, selbst einen Asylantrag zu stellen.[45] Ein wichtiger Aspekt ist die besondere Betreuung des unbegleiteten Flüchtlingskindes in psychischer und physischer Hinsicht. Zum einen muß dafür gesorgt sein, daß das Kind ausreichend ernährt wird, daß es Kleidung und ähnliches hat.[46] Zum anderen kann schon im frühen Stadium eine psychische Betreuung notwendig sein. Diese kann in der Betreuung durch Pädagogen und Psychologen liegen,[47] sie kann aber auch in der schnellen Unterbringung in einer Pflegefamilie liegen, bis sich Eltern oder Verwandte des Kindes gefunden haben, die für es sorgen können. Gerade für unbegleitete Flüchtlingskinder

41 Reesla/Boothby/Steinbock (Fn. 19), S. 257.

42 Reesla/Boothby/Steinbock (Fn. 19), S. 246, Whande (Fn. 26), S.85.

43 So etwa im Vereinigten Königreich, in dem der sog. "exceptional leave to remain" jedoch eher als Umgehung des Art. 22 KRK zu qualifizieren ist, denn Kinder werden nicht als Flüchtlinge anerkannt und ihnen wird kein Recht auf Familienzusammenführung gewährt, Newell S. 82.

44 Sog. "adulte de référence" Dejonghe/Lammerant (Fn. 20), S. 244; so auch die Empfehlung des UNHCR in seinen guidelines. Heintze (Fn. 1), S. 135; Dorsch S. 206; Whande (Fn. 42).

45 So etwa in der Schweiz, Schweizer Bundesrat, *BBl* 146 (1994) S. 49.

46 Whande (Fn. 26), S. 86.

47 Whande (Fn. 26), S. 88.

verweist Art. 22 KRK auf die Notwendigkeit der Unterbringung von Kindern außerhalb der Familie nach den Grundsätzen des Art. 20 KRK.[48]

Die Tätigkeit, mit der besonders unbegleitete Flüchtlingskinder betreut werden, sollte dabei an der Situation und den Bedürfnissen des konkreten Kindes und den Gründen, warum es als unbegleitetes Flüchtlingskind ankommt, ausgerichtet sein, um den Kindeswohl Rechnung tragen zu können.[49]

Zusammenarbeit mit zwischenstaatlichen und nichtstaatlichen internationalen Organisationen

Sowohl zwischenstaatliche als auch nichtstaatliche internationale Organisationen beschäftigen sich mit dem Problem von Flüchtlingen allgemein und vor allem mit dem Problem der Flüchtlingskinder.

Als zwischenstaatliche Organisationen, mit denen die Staaten nach der Verpflichtung aus Art. 22 KRK zusammenarbeiten sollen, sind vor allem der UNHCR und UNICEF zu nennen. Die Kompetenz für Flüchtlinge, die sich außerhalb des eigenen Landes mit der begründeten Angst vor Verfolgung befinden und nicht zurückkehren können, hat auf internationaler, zwischenstaatlicher Ebene der UNHCR.[50] Der UNHCR hat Empfehlungen zur Prüfung von Asylanträgen Minderjähriger abgegeben, die nicht bindend sind, aber sich für ihre Gültigkeit auf die von Art. 22 KRK aufgestellten Regeln beziehen.[51] Der UNHCR schlägt darin vor, daß bei der Anerkennung eines Kindes als Flüchtling Experten für die Kindessorge und Menschen einbezogen werden sollen, die die Sprache des jeweiligen Kindes sprechen. Auch wird die Ernennung eines Betreuers empfohlen.[52] Die *Guidelines* beschäftigen sich außerdem mit der Frage der Familienzusammenführung und deren Durchsetzung. Daneben gibt es ein Handbuch des UNHCR, das das Verfahren und die Kriterien für die Anerkennung einer Person als Flüchtling näher ausgestaltet.[53]

Eine weitere Aufgabe des UNHCR und seiner Partner ist die Früherkennung von Traumata, von Bedarf an Grundnahrungsmitteln, Kleidung, sanitären Anlagen usw.[54]

---

48 Dazu unten Abschnitt 7.

49 Whande (Fn. 26), S. 89.

50 dazu Goodwin-Gill (Fn. 21), S. 407; Whande (Fn. 26), S. 85.

51 Dejonghe /Lammerant (Fn. 20), S. 244; Refugee Children - Guidelines on Protection and Care, Genf 1994; Guidelines on Policies and Procedures in Dealing with Unaccompanied Children Seeking Asylum, Genf, 1997.

52 Newell S. 84.

53 Handbook on Procedures and Criteria for Determining Refugee Status, HCR/IP/4/Eng/REV.1, Genf 1992. So auch Whande (Fn. 26), S. 85.

54 Whande (Fn. 26), S. 86.

Daneben beschäftigt sich das Rote Kreuz und ngo's mit dem Auffinden von Familienangehörigen und mit der Direktversorgung vor allem großer Flüchtlingsströme.[55]

Qualifikation des Rechts

Artikel 22 KRK enthält verschiedene Arten von Rechten. Zunächst enthält es das Recht auf Hilfe bei der Wahrnehmung der Rechte des Kindes aus der Konvention. Insofern ist ein Vorhaltungsrecht (*provision right*) anzunehmen. Durch die pauschale Verweisung von Art. 22 KRK auf die anderen Rechte aus der Konvention und aus anderen Menschenrechtsübereinkommen wird Art. 22 KRK insbesondere auch zu einem Gleichheitsrecht.

Artikel 22 KRK enthält insofern auch besondere Bedeutung, als er - ähnlich wie dann auch Art. 38 KRK - auf humanitäres Völkerrecht verweist und damit eine Verbindung zu diesem herstellt, die sonst nicht üblich ist.[56]

Umsetzung in Rußland

Grundlage für die Anerkennung eines Menschen als Flüchtling in der Russischen Föderation bildet neben der UN-Flüchtlingskonvention[57] Art. 63 russ. Verf. Danach gewährt die Russische Föderation Ausländern und Staatenlosen in Übereinstimmung mit den anerkannten Regeln des Völkerrechts politisches Asyl.[58] Die Russische Föderation liefert nicht an Staaten aus, in denen die Ausgelieferten politisch oder wegen Verbrechen verfolgt werden, die in Rußland nicht strafbar sind. Ansonsten erfolgt die Auslieferung in Übereinstimmung mit den internationalen Verträgen der Russischen Föderation.

Die Menschenrechtskommission des Präsidenten teilt Migranten in drei Kategorien ein:[59] (1) Staatsbürger der Russischen Föderation, die gezwungen waren, ihren Wohnort zu verlassen, (2) Staatsbürger der ehemaligen Sowjetunion, die außerhalb des Territoriums der Russischen Föderation gelebt haben und gezwungen waren, in das russische Territorium umzusiedeln, und (3)

---

55 Vgl zur Zusammenarbeit mit internationalen Organisationen Nylund (Fn. 24), S. 39 ff.

56 Das wurde auch immer wieder gerügt, vgl. dazu R. Brett, "Child soldiers: laws, politics and practice" *Int'l J Children's Rgts* 4 (1996) S. 115 ff., 125.

57 Konvenzija o statuse beschenzev, wstupila v silu 22. 4. 1954, dlja Rossii - 2. 5. 1993; Text in Auszügen abgedruckt in: *Sbornik vaschnjejschich dokumentow po meschdunarodnomu prawu*, tschast II, Moskau 1997, S. 43 ff.; A. Goboulev "Europäisierung des Flüchtlingsrechts in Rußland" *A.W.R.-Bulletin*, 37 (46.) (1999), S. 153 ff., 154.

58 Zur Vorschrift des Art. 63 russ. Verf.: W.E. Butler, *Russian Law*, Oxford 1999, S. 579.

59 President's Commission on Human Rights, Report of the President's Commission on Human Rights "On the Observance of Right of Man and the Citizens in the Russian Federation" 1994-95 im Internet unter: http://www.wdn.com/asf/herrep.htm.

ausländische Staatsbürger oder Staatenlose aus anderen Staaten, die gezwungen waren, auf russisches Staatsgebiet umzusiedeln. Alle diese Migranten müssen sich registrieren lassen.[60] Diese Registrierung soll nach Ansicht des Migrationsdienstes an dem Ort erfolgen, an dem der jeweilige Migrant seinen Aufenthalt genommen hat. Die lokalen Behörden legen diese Regel aber anders aus und meinen das sei der Ort, an dem die Migranten die sogenannte *Propiska* bekommen haben.[61] Die *Propiska* ist eine Registrierung, die nach altem russisch-sowjetischen Recht das Recht auf Aufenthalt und Wohnort gibt. Wer keine *Propiska* hat, wird in einigen Städten, darunter vor allem auch Moskau, nicht registriert, bekommt keine Dokumente, hat kein Recht auf Wohnraum und bekommt auch keine Arbeitserlaubnis oder Berechtigung zur Teilnahme am Schulunterricht. Zwar haben verschiedene Gerichte, darunter auch das Verfassungsgericht der Russischen Föderation, die Verfassungswidrigkeit dieser Regelung in Bezug auf das Recht auf Freizügigkeit aus Art. 27 russ. Verf. festgestellt, jedoch werden nach wie vor Möglichkeiten der Umgehung dieser Feststellung gefunden und praktiziert.[62] Die Folge ist, daß Flüchtlingen und anderen Migranten Wohnraum, Arbeit und der Zugang zu Schulen und anderen Einrichtungen sowie Sozialleistungen verweigert werden, sie keine Dokumente bekommen und teilweise in ständiger Angst vor der Konfrontation mit der Polizei leben, weil sie sich nicht ausweisen können.[63]

Das Grundrecht aus Art. 63 russ. Verf. und die Genfer Flüchtlingskonvention werden im einfachen russischen Recht ausgestaltet. Dabei wird differenziert zwischen solchen Menschen, die politisches Asyl suchen, und Flüchtlingen.[64] Politisches Asyl wird denjenigen gewährt, denen in ihrem Heimat- oder Aufenthaltsstaat Verfolgung aufgrund von politischen Aktivitäten oder Überzeugungen droht, die nicht demokratischen Prinzipien widersprechen. Politisches Asyl wird durch Erlaß des russischen Präsidenten gewährt.[65] Kein politisches Asyl bekommen Menschen, die aus Staaten ankommen, die einen entsprechenden Vertrag mit der Russischen Föderation abgeschlossen haben.

---

60 President's Commission on Human Rights (Fn. 59).

61 President's Commission on Human Rights (Fn. 59).

62 President's Commission (Fn. 59); zu der verfassungsgerichtlichen Rechtsprechung zum Propiska-System s. A. Nußberger, "Die Grundrechte in der Rechtsprechung des russischen Verfassungsgerichts", *EuGRZ* 1998, 105 ff., 117 ff.

63 President's Commission on Human Rights (Fn. 59); Alternativer Staatenbericht, Abs. VIII-2; Bericht von Amnesty International "Russian Federation - Denial of Access to Asylum" http://www.amnesty.org//aiweek/aiweek97//appeals/app.5.htm (am 5. 3. 1998).

64 Butler (Fn. 58), S. 580.

65 Butler (Fn. 58), S. 579.

Das sind im wesentlichen Mitgliedstaaten der GUS.[66] Keine politisches Asyl bekommen Menschen, die eine Tat begangen haben, die auch in Rußland als Straftat angesehen wird oder den Prinzipien der Vereinten Nationen zuwiderläuft.

Im Flüchtlingsgesetz wird derjenige als Flüchtling anerkannt, der auf dem Staatsgebiet der Russischen Föderation ankommt und dort zu bleiben wünscht, da er gezwungen war, das Land seines ständigen Aufenthalts zu verlassen, weil er Verfolgung und Gewalt zu befürchten hat.[67] Dabei wird der Begriff der Verfolgung in der gleichen Weise definiert wie bei Art. 1 Genfer Flüchtlingskonvention. Als Flüchtlinge werden solche Menschen nicht anerkannt, die Kriegsverbrechen oder Verbrechen gegen die Menschheit begangen haben.[68]

Das FlüchtlingsG erkennt das Prinzip der Familieneinheit an.[69] Danach sind auch Menschen als Flüchtlinge anzuerkennen, die das achtzehnte Lebensjahr vollendet haben, nicht die Voraussetzungen zur Anerkennung als Flüchtling erfüllen, aber mit ihrer Familie ankommen, bei der die Voraussetzungen erfüllt sind, Art. 3 Abs. 4 UAbs. 2 FlüchtlingsG. Mütter und Väter können ihre minderjährigen Kinder in ihren Aufnahmeantrag einschließen.[70] Als unbegleitete Minderjährige werden Kinder in Übereinstimmung mit dem Prinzip des Kindeswohls als Flüchtlinge anerkannt, wenn sie nicht in Begleitung ihrer Eltern oder einer anderen gesetzlich für sie verantwortlichen Personen ankommen. Unbegleitete Kinder bekommen einen mit der Erledigung ihrer Angelegenheiten beauftragten Vertreter und für die Bearbeitung ihrer Anträge wird besonders geschultes Personal eingesetzt.[71] Ihr Status wird allerdings erst dann bestimmt, wenn Information über Eltern oder Vormund vorliegt, Art. 3 Abs. 5 FlüchtlingsG. Auch der Status von Kindern, die von Flüchtlingen auf dem Territorium der Russischen Föderation geboren werden, bestimmt sich nach dem FlüchtlingsG. Flüchtlingskinder aus der ehemaligen Sowjetunion, die sich in russischen Kinderheimen befinden, bekommen Hilfe vom Roten Kreuz bei der Suche nach Verwandten.[72] Werden die Eltern nicht gefunden, so hat das Kind die gleichen Rechte auf Unterbringung außerhalb

---

66 Butler ebenda.

67 Art. 1 Gesetz über die Flüchtlinge, Gesetz der Russ. Föderation vom 28. 6. 1997, No. 95-FS; *SZRF* 1997, No. 26, st. 2956 (FlüchtlingsG); Dodonow/Panow/Rumjanzew (Fn. 13), S. 20 f.; A.I. Kovler, Kommentar zu Art. 63 in: B.N. Topornin (Hrsg.) *Kommentar zur russ. Verf.*, S. 383.

68 Kovler (Fn. 67), S. 382; Butler (Fn. 58), S. 580.

69 Zweiter russ. Staatenbericht, Abs. 119.

70 Zweiter russ. Staatenbericht ebenda.

71 Zweiter russ. Staatenbericht ebenda.

72 Zweiter russ. Staatenbericht Abs. 120 f.

seiner eigenen Familie wie ein russisches Kind, das des Schutzes seiner Eltern beraubt ist.[73]

Das Flüchtlingsgesetz regelt die Rechte und Pflichten eines Flüchtlings. Danach hat er das Recht auf die Dienste eines Übersetzers, auf Aufklärung über seine Rechte und Pflichten, auf Beistand beim Ausfüllen der für die Anerkennung als Flüchtling notwendigen Dokumente, auf Hilfe bei der Überführung seines Gepäcks an den von den Behörden bestimmten Aufenthaltsort innerhalb der Russischen Föderation, auf Erhalt und Benutzung kommunaler Dienste für die Zeit des Aufenthalts an dem durch die Behörde bestimmten Ort, auf Schutz und Sicherung durch die Organe des Innenministeriums der Russischen Föderation, auf Benutzung des zugeteilten Wohnraums, auf medizinische Hilfe, wie sie jeder russische Staatsbürger erhält, und auf soziale Sicherheit. Flüchtlinge haben das Recht auf Beistand bei der Einschulung ihrer Kinder, auf die Hilfe des Migrationsdienstes bei der Suche nach Verwandten, Ausreise in ein anderes Land und Rückkehr in das Herkunftsland, Art. 8 FlüchtlingsG. Artikel 18 FlüchtlingsG schreibt die internationale Zusammenarbeit auf dem Gebiet des Flüchtlingsrechts vor.

Für Flüchtlinge gilt das Prinzip des *Non-Refoulement*, Art. 8 MigrantenG[74], Art. 63 russ.Verf. Gerade für Migranten aus den Staaten der ehemaligen Sowjetunion ist das ein wichtiger Grundsatz.

Die Entscheidung über die Anerkennung als Flüchtling trifft der föderale Migrationsdienst oder die Konsulareinrichtung im Herkunftsland des Flüchtlings innerhalb von drei Monaten nach dem Antrag auf Anerkennung des Status als Flüchtling.[75] Der Föderale Migrationsdienst ist eine speziell für Flüchtlinge und *Internally Displaced Persons* eingerichtete Behörde, die sich auf föderaler Ebene mit allen Migranten beschäftigt, ihnen Wohnungen zuweist, Dokumente ausstellt und über ihren Aufenthaltsort bestimmt.[76] Die Behörde ist als Bundesbehörde ausschließlich zuständig.[77] Sie führt eine Datenbank über diejenigen

---

[73] Comittee on the Rights of the Child, Summary Records ot the 63rd meeting: Russian Federation, CRC/C/SR.63, 2. 8. 1993, Abs. 12; zur Unterbringung des Kindes außerhalb der eigenen Familie vgl. unten Abschnitt 8 zu Art. 20 KRK.

[74] Federalnij Sakon "O vynuschdenych pereseljenzach" Gesetz der Russ. Föderation in der Fassung v. 20. 12. 1995, No. 202-FS.

[75] Dodonow/Panow/Rumjanzew (Fn. 13), S. 21.

[76] Goloubev (Fn. 57), 154.

[77] Die Tätigkeit des Migrationsdienstes und die Amtshilfepflicht der Behörden auf Subjektebene werden durch Verordnungen der russischen Regierung näher ausgestaltet: "O merach po okasaniju pomoschtschi beschenzam i vynuschdjenym pereselenzam" Verordnung der Regierung der Russischen Föderation vom 3.3.1992, No. 135; "Poloschenije o porjadke raboty s innostrannymi graschdanami i lizami bjes graschdanstva, pribyvajuschtschimi i nachodjaschtschimisja w Rossii w poiskach ubescheschtschiza, opredelenija ich prawowogo

Flüchtlinge und Migranten, die als solche anerkannt sind.[78] Mit Hilfe dieser Daten arbeitet die Russische Föderation mit dem UNHCR zusammen[79], der ein Büro in Moskau betreibt.

Die Russische Föderation hat bilaterale Übereinkommen über die Frage der Behandlung von Übersiedlern mit Tadschikistan, Turkmenistan, Lettland, Estland, Georgien, Kirgistan, Weißrußland, Aserbaidschan sowie Armenien geschlossen und verhandelt darüber mit Kasachstan.

Auch im Rahmen der GUS wurden Verhandlungen geführt und Verträge geschlossen, die allerdings in der Praxis wenig Beachtung finden.[80]

Art. 38 Kriegsvölkerrecht; Militärdienst

Nach Angaben von ngo's sind mindestens 300 000 Kinder unter 18 Jahren derzeit weltweit an bewaffneten Konflikten beteiligt. Darunter auch kleine Kinder und junge Mädchen, die vor allem zu sexuellen "Diensten" herangezogen werden.[81] Damit ist das Problem des Schutzes von Kindern in internationalen bewaffneten Konflikten sicher eins der dringendsten, die die Konvention anspricht.

Weiter noch als Art. 22 KRK verbindet Art. 38 KRK Menschenrechte und humanitäres Völkerrecht. Er verweist erneut auf die Genfer Abkommen von 1949, in denen neben dem allgemeinen Schutz der Zivilbevölkerung Kinder insbesondere geschützt werden.[82]

In seinem zweiten und dritten Absatz spricht Art. 38 KRK das immer wieder diskutierte Verbot von Kindersoldaten an. Schon seit der Entstehung der Konvention ist diese Vorschrift eine der am meisten kritisierten. Sie sei nicht

---

statusa, wremennogo rasmeschtschenija i prebyvanija na Territorii R.F.", Verordnung der Regierung der Russischen Föderation v. 8.8.1994, no. 1021; Tipovoje Poloschenije "O zentre wremennogo rasmeschtschenija vynuschdjonnych pereselenzev" Verordnung der Regierung der Russischen Föderation vom 22. 1. 1997 No. 53; "Porjadok vyplaty kompensazij sa utratschenoje schiljo i/ili imuschtschestvo graschdanam, postadavschim w resultatje rasmeschenija krisisa v Tschetschenskoj Respublikje i pokinuvschim ejo beswoswratno", Verordnung der Regierung der Russischen Föderation vom 30. 4. 1997, No. 510.

78 Zweiter russ. Staatenbericht Abs. 120 f.

79 Zweiter russ. Staatenbericht Abs. 122.

80 Agreement on Aid to Refugees vom 24. 9. 1993, dazu President's Commission on Human Rights (Fn. 59); Regional Conference to address the problems of refugees, displaced persons, other forms of involuntary displacement and returnees in the countries of the Commonwealth of Independent States and relevant neighbouring countries, CISCONF/1996/5 11 June 1996, Genf 30.-31-. Mai 1996.

81 Save the Children: Coalition to Stop the Use of Child Soldiers, *Stop Using Child Soldiers*, London 1998, S. 1 ff.; Rädda Barnen, Children of War, Newsletter, 4/98, December 1998.

82 Insoweit wird auf die Ausführungen oben zu Art. 22 KRK verwiesen.

weitgehend genug, denn nicht nur Kinder unter 15 Jahren, sondern alle Kinder im Sinne des Art. 1 KRK müßten vom Militärdienst ausgenommen werden. Seither ist das Problem der Kindersoldaten immer wieder diskutiert und inzwischen auch Gegenstand einer Resolution des UN-Sicherheitsrats geworden.[83] Auch ein Fakultativprotokoll zur Konvention, das lange angeregt war, hat inzwischen den Weg durch die UN-Generalversammlung gefunden.[84]

Entstehungsgeschichte

Die Abfassung von Art. 38 KRK bereitete größte Schwierigkeiten und bedurfte mehrfacher Diskussion, auch nachdem man eigentlich meinte, sich bereits geeinigt zu haben. Der Vorsitzende der Arbeitsgruppe sah sich schließlich veranlaßt, darauf hinzuweisen, daß auch in der Menschenrechtskommission und in der Generalversammlung die Diskussion zu diesem Artikel erneut eröffnet werden könne, um wenigstens irgendeine Art von Konsens verabschieden zu können.[85]

Die erste Fassung von Art. 38 KRK wurde 1986 beraten und angenommen[86], 1987 wurde die Diskussion wieder aufgenommen,[87] um dann in erneuter Lesung 1989 ergänzt zu werden.[88] Absatz 1, der zur Einhaltung bereits bestehender Regelungen mahnt, wurde 1986 umgehend angenommen.[89]

Um den zweiten Absatz gab es die Diskussion, ob die Rekrutierung von Kindern allgemein oder mit einer Altersbegrenzung ausgeschlossen werden sollte.[90] Die Altersgrenze von 15 Jahren kam dann zur Annahme.[91]

Die Teilnahme von Kindern in Konflikten sollte nur in unmittelbarer Form ausgeschlossen werden, in indirekter Weise aber zulässig bleiben.[92]

---

[83] Resolution 1261 vom 25. 9. 1999.

[84] Das Protokoll ist - in der Form des Vorschlags, den die Generalversammlung angenommen hat - auf der Homepage von UNICEF zu finden: http://www.unicef.org (am 8. 8. 2000).

[85] E/CN.4/1989/48 Abs. 622; Dorsch S. 230; nachdem einige Staatenvertreter feststellten, daß eigentlich kein Konsens erzielt worden war, E/CN.4/1989/48 Abs. 612, 732; Detrick S. 515.

[86] E/CN.4/1986/39 Abs. 124 - 165; Detrick S. 504; Dorsch S. 231; F. Krill "The Protection of Children in Armed Conflicts" in: M. Freeman/P. Veerman *The Ideologies of Children's Rights*, Dordrecht 1992, 347 ff., 350 f.

[87] E/CN.4/1987/25 Abs. 160 - 165; Detrick S. 508 f.; Dorsch S. 231.

[88] E/CN.4/1989/48 Abs. 600 - 622; Detrick S. 512 ff.; Dorsch S. 231.

[89] E/CN.4/1986/39 Abs. 124 f., Detrick S. 504 f.; Dorsch S. 231.

[90] E/CN.4/1986/39 Abs. 124, Detrick S. 504 f.; Dorsch S. 231; I. Cohn "The Convention on the Rights of the Child: What it means for Children in War", *Int'l J. Refugee L.* 3 (1991) 100 ff., 102.

[91] Ebenda Abs. 136 ff., Detrick S. 500 f., Dorsch S. 231.

[92] Ebenda Abs. 136, Dorsch S. 232.

Von Schweden wurde schon im Jahre 1986 das Problem des Schutzes des Kindes als Teil der Zivilbevölkerung in die Diskussion eingebracht.[93] Man konnte sich aber nicht wie vorgeschlagen darauf einigen, daß den Staaten in Absatz zwei und vier aufgegeben werden sollte, alle notwendigen Maßnahmen zu treffen (*all necessary measures*), sondern lediglich alle praktisch durchführbaren Maßnahmen (*all feasible measures, tout ce qui est pratiquement possible*).[94] Letzteres ist vor allem auf das Argument zurückzuführen, daß es eine unerfüllbare Verpflichtung sei, alle notwendigen Maßnahmen zum Schutz des Kindes unter der Zivilbevölkerung treffen zu müssen.[95]

Dieses Ergebnis wurde im folgenden von vielen ngo's und auf der 25. Konferenz des Roten Kreuzes kritisiert und die Einhaltung der bis dahin international erreichten Standards angemahnt. Daraufhin unternahmen Schweden und die Schweiz den Versuch der Wiedereröffnung der Debatte.[96]

1988 wurde dann Absatz 3 eingefügt, nach dem unter Jugendlichen unter 18 Jahren erst die Älteren in die Streitkräfte eingezogen werden sollen.[97]

Noch nach der Annahme der Vorschrift im Konsens erklärten einige Staaten, daß sie sich dem Konsens nicht anschließen könnten. Dennoch erklärte der Vorsitzende den Konsens für nicht gebrochen.[98]

Auch nach der Annahme der Konvention in der heutigen Fassung wurde das Thema der Kindersoldaten weiterverfolgt. Kinder in bewaffneten Konflikten im allgemeinen und Kindersoldaten im besonderen waren Gegenstand von *General Discussion Days* und Initiativen von ngo's.[99] Schließlich wurde ein *draft optional protocol* ausgearbeitet. Dieses Zusatzprotokoll wurde inzwischen von der UN-Generalversammlung gebilligt.

Beachtung der Regeln des anwendbaren humanitären Völkerrechts

Artikel 38 Abs. 1 KRK bezieht sich unmittelbar auf das anwendbare humanitäre Völkerrecht und stellt die Einhaltung bestehender Pflichten durch die Staaten sicher. Das anwendbare humanitäre Völkerrecht ergibt sich vor allem aus den vier Genfer Abkommen von 1949 (GA) und den dazugehörigen Zusatzprotokollen von 1977. Die vier Genfer Abkommen sind inzwischen fast

93 Ebenda Abs. 141, Detrick S. 504, Dorsch S. 232; Krill a.a.O. S. 351.
94 Ebenda Abs. 145, Detrick S. 507; Dorsch S. 232.
95 E/CN.4/1989/48 Abs. 618, Detrick S. 516; Dorsch S. 234.
96 E/CN.4/1987/25, Abs. 163 f., Detrick S. 508, Dorsch S. 232; Krill (Fn. 86), S. 351.
97 E/CN.4/1988/28 Abs. 71 f., 78, Detrick S. 510, Dorsch S. 233.
98 E/CN.4/1989/48 Abs. 613, Detrick S. 514, Dorsch S. 234.
99 R. Brett, "Child Soldiers: law, politics and practice", *Int'l J Children's Rgts* 4 (1996) S. 115 ff., 118 ff.

universell ratifiziert. Außerdem werden sie dem Völkergewohnheitsrecht zugeordnet.[100] Die beiden Zusatzprotokolle haben weniger Staaten ratifiziert. Art. 38 Abs. 1 KRK ermahnt die Staaten dazu, die von ihnen ratifizierten Verträge des humanitären Völkerrechts und das Völkergewohnheitsrechts anzuwenden.

Die vier Genfer Abkommen, unter denen sich vor allem im vierten Regeln für den Schutz des Kindes in bewaffneten Konflikten finden, beziehen sich nach ihrem gemeinsamen Art. 2 auf internationale bewaffnete Konflikte.[101] Sie finden keine Anwendung auf die in den vergangenen Jahren zunehmenden innerstaatlichen ethnischen Konflikte.[102] Einen Mindeststandard bietet insofern jedoch der gemeinsame Art. 3 GA für alle Personen in nicht internationalen bewaffneten Konflikten.[103]

Kinder, die nicht als Soldaten an der bewaffneten Auseinandersetzung teilnehmen, genießen den besonderen Schutz, den die Genfer Abkommen der Zivilbevölkerung gewähren. Die speziell für Kinder anwendbaren Vorschriften in internationalen bewaffneten Konflikten finden sich in verschiedenen Artikeln des vierten Genfer Abkommens und in Art. 77 f. ZP I GA.

Einige Vorschriften schützen Kinder in konkreten Situationen.[104] Artikel 14 IV.GA schreibt Sanitäts- und Sicherheitszonen für Kinder unter 15 Jahren vor, Art. 17 IV.GA sieht die Evakuierung von Kindern aus belagerten oder eingeschlossenen Zonen vor, Art. 23 IV.GA gewährt Sendungen von unentbehrlichen Lebensmitteln, Kleidung, Stärkungsmitteln, die ausschließlich Kindern unter 15 Jahren vorbehalten sind, freien Durchlaß und Art. 24 IV. GA stellt sicher, daß Kinder nicht sich selbst überlassen bleiben. Art. 38 IV. GA gewährt Kindern den gleichen Schutz wie den Angehörigen des Staates, auf dessen Territorium sie sich befinden.[105]

Artikel 77 ZP I GA schützt allgemein Kinder in bewaffneten Konflikten. Artikel 77 Abs. 1 ZP I GA schreibt die besondere Schonung von Kindern in bewaffneten Konflikten vor. Absatz 2 regelt das eigentliche Hauptproblem, den

---

[100] Cohn (Fn. 90), S. 103.

[101] dazu Krill (Fn. 86), 347 ff.

[102] H.-J. Heintze, "Children Need More Protection under International Humanitarian Law - Recent Developments concerning Article 38 of the UN Child Convention as a Challenge to the International Red Cross and Red Crescent Movement" *Humanitäres Völkerrecht* 8 (1995), 200 ff., 200; Cohn (Fn. 90), S. 104.

[103] M.T. Dutli/A. Bouvier "Protection of children in armed conflict: the rules of international law and the role of the International Committee of the Red Cross" *Int'l J Children's Rgts* 4 (199&) S. 181 ff.

[104] Dazu ausführlich Marauhn (Fn. 1); Krill (Fn. 86).

[105] Marauhn (Fn. 1), S. 65 f.

Einsatz von Kindern als Soldaten und setzt das Mindestalter auf 15 Jahre fest. Auch hier werden die Staaten nur zu den praktisch durchführbaren Maßnahmen und dem Schutz des Kindes vor unmittelbarer Teilnahme an dem Konflikt verpflichtet. Die Staaten müssen auch zunächst die Älteren in der Gruppe der fünfzehn- bis achtzehnjährigen einziehen.

Wenn eine Konfliktpartei die Verpflichtungen aus den Genfer Abkommen und dem Zusatzprotokoll bricht und Kinder dennoch zu Kombattanten macht, werden Kinder, die als Kriegsgefangene in die Hände des Gegners fallen, durch Art. 77 Abs. 3 und 4 ZP I GA geschützt.[106] Artikel 77 Abs. 5 ZP I GA verbietet die Vollstreckung der Todesstrafe an Kindern. Artikel 78 ZP I GA regelt die Evakuierung von Kindern während eines bewaffneten Konflikts.

Neben dem Mindeststandard des gemeinsamen Art. 3 der Genfer Abkommen, greift bei ethnischen Konflikten das zweite Zusatzprotokoll ein. Dazu muß der Konflikt eine besondere Intensität erreicht haben und die bewaffnete Opposition folgende Voraussetzungen erfüllen: Sie muß unter einer verantwortlichen Führung stehen, einen Teil des Staatsgebiets dergestalt kontrollieren, daß sie anhaltende und koordinierte Kampfhandlungen durchführen kann, sowie dazu in der Lage sein, das zweite Zusatzprotokoll anzuwenden. Sofern interne Konflikte diese Schwelle nicht erreichen, bleibt nur der Mindeststandard des Art. 3 GA, der einen bewaffneten Konflikt, also ein gewisses Maß an Gewalt voraussetzt, oder die nicht derogierbaren international anerkannten Menschenrechte anwenden will.[107] Artikel 4 Abs. 3 ZP II GA ist die wichtigste Regelung für Kinder in nicht internationalen bewaffneten Konflikten. Auch diese Vorschrift enthält keine starre Altersgrenze, vielmehr spricht die besondere Erwähnung des Alters von 15 Jahren in lit. c und d dafür, daß Kinder allgemein, also auch solche über 15 Jahren erfaßt sind. Artikel 4 Abs. 3 ZP II GA beschränkt den Schutz des Kindes nicht auf die unmittelbare Teilnahme an Konflikten sondern verbietet schlechthin jede Teilnahme an Konflikten, also auch die mittelbare. Die Norm schreibt auch lapidar die besondere Pflege und Hilfe für Kinder vor, ohne dabei die Beschränkung auf praktisch durchführbare Maßnahmen auszusprechen.[108]

Artikel 4 Abs. 3 ZP II GA enthält damit einen sehr viel weitergehenden Schutz des Kindes in nicht internationalen bewaffneten Konflikten als Art. 77 f. ZP I GA für internationale bewaffnete Konflikte. Der Schwachpunkt des zweiten Zusatzprotokolls ist die Schwelle der Art. 1 und 96, die die Voraussetzungen aufstellen, die zur Anwendung des Protokolls erfüllt sein müssen.

---

106 Marauhn (Fn. 1), S. 68.

107 Dazu Marauhn (Fn. 1), S. 65.

108 Marauhn (Fn. 1), S. 68 f.

Die Standards des humanitären Völkerrechts sind immer wieder Gegenstand von Erklärungen und Resolutionen geworden.[109] Im August 1999 äußerte sich der UN-Sicherheitsrat in bemerkenswerter Klarheit zur Frage der Kindersoldaten.[110] Die neue ILO Konvention zum Schutz gegen die extremsten Formen der Kinderarbeit[111] schließt danach auch den Einsatz von Kindern in bewaffneten Konflikten ein. Unter Bezugnahme auf die in Art. 8 Abs. 2 lit c. UAbs. (vii) des Rom-Statuts des Internationalen Strafgerichtshofs, nach dem auch der Einsatz von Kindern durch den zu bildenden Internationalen Strafgerichtshof als Kriegsverbrechen geahndet werden kann, verurteilt der UN- Sicherheitsrat das Zielen auf Kinder in bewaffneten Konflikten einschließlich deren Einsatz als Soldaten in den Streitkräften der beteiligten Parteien. Er unterstützt außerdem die Arbeiten zu einem Fakultativprotokoll zur Kinderrechtskonvention über den Einsatz von Kindern in bewaffneten Konflikten und ermahnt die Staaten, Kinder in bewaffneten Konflikten besonders zu schützen und bei Friedensverhandlungen in die Überlegungen einzubeziehen. Er hebt die Notwendigkeit sog. *days of tranquillity* und den ungehinderten Zugang von humanitärem Personal zu Kindern hervor. Bei Maßnahmen nach Art. 41 UN-Charta müssen die Auswirkungen auf Kinder durch entsprechende humanitäre Ausnahmen berücksichtigt werden.

Keine unmittelbare Teilnahme an Feindseligkeiten

Artikel 38 Abs. 2 KRK verbietet die unmittelbare Teilnahme von Kindern unter 15 Jahren an Feindseligkeiten. Der Begriff der Feindseligkeit ist nach Sinn und Zweck des Art. 38 Abs. 2 KRK auszulegen, der darin liegt, das Kind auch in Konflikten so weit wie möglich zu schützen. Wegen des Hinweises auf die humanitären Abkommen im ersten Absatz kann man die Bestimmungen der Genfer Abkommen und ihrer Zusatzabkommen für eine Auslegung heranziehen und bei Vorliegen der Voraussetzungen entweder des gemeinsamen Art. 2 GA

---

109 1974 verabschiedete die UN-Generalversammlung eine Erklärung über den Schutz von Frauen und Kindern im Ausnahmezustand und bei bewaffneten Konflikten, Declaration on the Protection of Women and Children in Emergency and Armed Conflict; UN-General-Assembly Res. A/9631, 3318 (XXIX) vom 14.12. 1974. In seiner Agenda for Peace hat der UN-Generalsekretär Butros-Ghali 1995 das Problem der Kindersoldaten aufgegriffen. 1997 hat sich die UN-Generalversammlung bei der Diskussion um den Bericht des Dritten Komittee zum humanitären Völkerrecht geäußert, A/RES/51/77 20. 2. 1997 (on report of the Third Committee) Abschnitt II. Der Delegiertenkongreß des Roten Kreuz hat sich im Juli 1998 in einer Resolution mit "Peace, International Humanitarian Law and Human Rights" beschäftigt, Res. 8 des Kongresses vom Juli 1998.

110 UN Security Council, Res. 1261 (1999) UN Doc S/1999/911 vom 25. 8. 1999.

111 ILO- Convention No. 182, dazu oben zu Art. 32.

oder der Art. 1 Abs. 4 ZP I GA oder Art. 1 ZP II GA jedenfalls auch das Vorliegen einer Feindseligkeit im Sinne der Kinderrechtskonvention annehmen.

Artikel 38 KRK ist daher umfassend zu verstehen. Anders als etwa in den Genfer Abkommen sind hier nicht nur internationale bewaffnete Konflikte gemeint, sondern auch interne Feindseligkeiten, wie sie z.B. vom zweiten Zusatzprotokoll erfaßt sind. Da Art. 38 Abs. 2 KRK ausdrücklich nicht zwischen internationalen und internen Konflikten unterscheidet,[112] müssen vor allem auch ethnische Konflikte in seinen Anwendungsbereich gezählt werden.

Artikel 38 Abs. 2 KRK legt abweichend von Art. 1 KRK das Alter von 15 Jahren als relevantes Alter für die unmittelbare Teilnahme fest. Diese Festlegung ist einer der größten Kritikpunkte der Konvention. Das hat den Kinderrechtsausschuß dazu veranlaßt, in Zusammenarbeit mit ngo[113] ein Fakultativprotokoll zur Konvention auszuarbeiten.[114]

Artikel 38 Abs. 2 schließt nur die unmittelbare Teilnahme von Kindern an Feindseligkeiten aus. Ihre mittelbare Teilnahme bleibt dagegen möglich. Das birgt die Gefahr des Einsatzes von Kindern in mittelbarer Weise - etwa durch ihren Einsatz als Spione, als Träger von Militärmaterial oder auch als "Kanonenfutter".[115] Damit werden Kinder durchaus an Konflikten beteiligt und werden Gegenstand von Angriffen. Sogar kleine Kinder werden mit der Begründung getötet, daß sie gefährlich für die gegnerische Kriegspartei seien, da man nicht sagen könne, wer für den Gegner spioniere oder arbeite.[116]

Die Bestimmung bekommt durch den internationalen Strafgerichtshof eine neue Bedeutung, denn im Statut von Rom ist u.a. die Rekrutierung von Kindern unter 15 Jahren in nationale Streitkräfte als Kriegsverbrechen pönalisiert.[117]

Keine Einziehung in die Streitkräfte des Landes

Artikel 38 Abs. 3 KRK verpflichtet die Vertragsstaaten davon Abstand zu nehmen, Kinder unter 15 Jahren in ihre Streitkräfte einzuziehen und bei Per-

---

112 Schweizer Bundesrat *BBl* 146 (1994) S. 67.

113 Wie etwa Rädda Barnen, *Children of War*, Newsletter 1/98, March 1998 (dort ist auch der Vorschlag abgedruckt) und Save the Children: Coalition to Stop the Use of Child Soldiers, *Stop Using Child Soldiers*, London 1998, S. 13.

114 Comment on the report of the Working Group on a draft optional Protocol to the Convention on the Rights of the Child on involvement of children in armed conflicts, UN doc. E/CN.4/1996/WG.13/2 vom 23. 11. 1995; Marauhn a.a.O. S. 70 f.

115 Dazu Krill (Fn. 86), S. 353; Save The Children: Coalition to Stop the Use of Child Soldiers, *Stop Using Child Soldiers*, London 1998, 1 ff.

116 Save the Children: Coalition to Stop the Use of Child Soldiers (Fn. 113), S. 1 ff.

117 Rädda Barnen, Children of War, Newsletter, 3/98 September 1998.

sonen zwischen 15 und 18 Jahren möglichst die Älteren zu nehmen. Die Vorschrift benutzt den Wortlaut des Art. 77 Abs. 2 ZP I GA und kann im wesentlichen als auf dem Zusatzprotokoll aufbauender Kompromiß angesehen werden.[118]

Die Definition des Begriffs der Einziehung in die Streitkräfte eines Landes bedarf der Auslegung. Der Wortsinn des englischen Begriffs *Recruitment* knüpft lediglich an einen objektiven Vorgang an, stellt aber nicht auf subjektive Elemente ab.[119] Das entscheidende Moment ist die Eingliederung in die Streitkräfte an sich und nicht die Art und Weise der Heranziehung zum Militärdienst. Erfaßt wird also neben der zwangsweisen Verpflichtung zum Kriegsdienst auch der freiwillige Einsatz von Kindern unter 15 Jahren in den Streitkräften der Konfliktparteien.[120] Das ist auch eine logische Schlußfolgerung, denn im Einzelfall ist nicht auseinanderzuhalten, wer zur Teilnahme an einem Konflikt genötigt wurde und wer vollständig aus eigenem Entschluß gekommen ist.[121] Der Schutzzweck des Art. 38 Abs. 2 KRK ist vor allem die physische und psychische Integrität des Kindes und die ist nicht nur bei der zwangsweisen Verpflichtung sondern absolut schützenswert (Art. 24 KRK).

Maßnahmen, die die Staaten in diesem Zusammenhang zu treffen haben, betreffen etwa die Einführung geregelter Rekruitierungsverfahren, die Sicherung der Identitätsfeststellung von Jugendlichen durch deren Registrierung und Dokumente, die über ihr Alter Auskunft geben, und die Information der Eltern und Kinder über ihre Rechte (Art. 42 KRK).[122]

Die Einziehung der möglichst älteren Jugendlichen zwischen 15 und 18 Jahren ist ein Kompromiß, mit dem Jugendlichen in diesem Alter wenigstens ein Minimum an Schutz gewährt werden kann. Art. 38 Abs. 3 KRK ist jedoch eine bloße Absichtserklärung, nach der die Vertragsstaaten sich bemühen, vorrangig die älteren einzuziehen. Die Vorschrift ist ein wenig effektiver Kompromiß, da sie mit dem Fortschreiten eines Konflikts immer weniger wirkt, denn je länger ein Konflikt besteht, desto mehr werden auch jüngere Personen zu den Streitkräften herangezogen.

Schutz der Kinder, die nicht an bewaffneten Konflikten teilnehmen

Artikel 38 Abs. 4 schreibt den Schutz des Kindes als Teil der Zivilbevölkerung vor. Er ist parallel zu Art. 77 f. ZP I GA zu betrachten.[123] Die

---

118 Krill (Fn. 86), S. 353; I. Cohn (Fn. 90), 102.
119 Marauhn (Fn. 1), S. 67.
120 Marauhn (Fn. 1), S. 67.
121 Heintze (Fn. 102), S. 202.
122 Coalition to stop the Use of Child Soldiers (Fn. 113), S. 17 f.
123 Marauhn (Fn. 1), S. 69.

Vertragsstaaten müssen die darin vorgesehenen Maßnahmen treffen. Artikel 38 Abs. 4 KRK relativiert diese Verpflichtung allerdings dadurch, daß er die Maßnahmen auf die praktisch durchführbaren beschränkt. Der Schutz des Kindes als Teil der Zivilbevölkerung kann sich etwa durch *days of tranquillity, corridors of peace*[124] ausdrücken.

Es ergibt sich scheinbar ein Widerspruch zwischen Art. 2 KRK, der Kinder nur insoweit schützt, als sie der Hoheitsgewalt eines Staates unterstehen, und Art. 38 Abs. 4 KRK in Verbindung mit den entsprechenden Normen des humanitären Völkerrechts, die Kinder unterschiedslos schützt.[125] Jedoch ist dieser Widerspruch nur ein scheinbarer. Denn zum einen ist Art. 2 KRK weit auszulegen, so daß nicht nur Kinder erfaßt sind, die sich bereits auf dem Hoheitsgebiet eines Staates befinden, sondern auch Kinder, die in dieses Hoheitsgebiet einreisen wollen oder anders tatsächlich dem hoheitlichen Handeln eines Staates unterliegen.[126] Die Verpflichtung der Staaten, auch außerhalb ihres unmittelbaren Hoheitsbereichs Kinder bevorzugt zu behandeln, findet sich auch an anderer Stelle in der Konvention, nämlich in Art. 10 KRK. Auch hier müssen Staaten über Anträge von Kindern entscheiden, die bisher nicht ihrer Hoheitsgewalt unterstehen. Daher ist ein Widerspruch zu Art. 2 KRK zugunsten der spezielleren Regelung des Art. 38 KRK zu lösen.

Kritik an Art. 38 KRK

An Art. 38 KRK wird zum Teil heftig Kritik geübt. Staaten wie etwa die Schweiz[127] haben Erklärungen zu Art. 38 abgegeben, mit denen sie ihre Bereitschaft signalisiert haben, von der Möglichkeit, auch Menschen unter 18 Jahren zum Wehrdienst heranzuziehen, keinen Gebrauch zu machen, und darauf hinweisen, daß natürlich die günstigeren Vorschriften der Zusatzprotokolle und der GA den weniger günstigen Bestimmungen aus der KRK vorgehen.[128]

In der Literatur wird Art. 38 KRK in verschiedenen Punkten kritisiert, weil seine Bestimmungen der Notwendigkeit, gerade Kinder in bewaffneten Konflikten zu schützen, nicht gerecht würden.[129]

Zum ersten wird beanstandet, daß das Mindestalter für Soldaten auf 15 Jahre festgelegt wurde. Das Alter sei zu niedrig und hätte höher angesetzt wer-

---

124 Nylund (Fn. 24), S. 28.

125 Marauhn (Fn. 1), S. 69.

126 Dazu auch unten zu Art. 2 KRK.

127 Schweizer Bundesrat, *Bundesblatt* 146 (1994) S. 66 f.

128 Heintze (Fn. 102), S. 202; so auch die Bundesrepublik Deutschland *BGBl.* 1992 II S. 990, Abs. I, V.; Marauhn (Fn. 1), S. 70.

129 Heintze (Fn. 102), S. 201.

den müssen.[130] Für ein höheres Mindestalter war aber in der Vorbereitung der Konvention kein Konsens zu finden. Daher wird die Notwendigkeit eines Fakultativprotokolls zur Konvention betont.[131] Dem ist sicher zuzustimmen. Es ist in der Kinderrechtskonvention anerkannt, daß Kinder bis zum Alter von 18 Jahren nicht in der Lage sind, die Konsequenzen ihres Tuns bis ins Detail zu überblicken und dieser Erkenntnis zufolge zu handeln.[132] Daneben besteht bei Kindern noch mehr als bei Erwachsenen das Problem der Verarbeitung der erlebten Situationen. Daher wird z.B. im Anwendungsbereich des Art. 32 KRK durch die neue ILO-Konvention anerkannt, daß Kinder bis 18 Jahren nicht mit gefährlichem Material arbeiten sollen.[133] Sicher sind auch Waffen gefährliches Material, mit dem Kinder und Jugendliche sich und andere gefährden können und mit dem sie nicht umgehen können. Inwiefern sich diese Kritik nach Verabschiedung des Zusatzprotokolls zur KRK aufrechterhalten läßt, hängt vor allem davon ab, wie viele Staaten das Protokoll ratifizieren.

Als zweiter Kritikpunkt wird die mangelnde Einigung auf die Ergreifung von Maßnahmen über die praktisch durchführbaren (*feasible*) hinaus kritisiert.[134] Damit werde in Art. 38 eigentlich nur der bestehende Standard wiederholt ohne die Situation des Kindes wirklich zu verbessern.

Drittens wird kritisiert, daß das Kind nur vor der unmittelbaren Teilnahme an bewaffneten Konflikten geschützt werde.[135] Da die Konvention nicht zwischen internationalen und nicht internationalen bewaffneten Konflikten unterscheide, sei damit sogar der bestehende Standard für Kinder in nicht internationalen bewaffneten Konflikten unterschritten worden.[136] Diese werden nämlich durch Art. 4 Abs. 3 ZP II GA in nicht internationalen Konflikten nicht nur gegen die unmittelbare, sondern absolut gegen jede Teilnahme an bewaffneten Konflikten geschützt.

Jedoch ist auch Art. 4 Abs. 3 ZP II nur anwendbar, wenn die Parteien des Konflikts sich mit der Anwendung des Protokolls einverstanden erklären, Art. 96 Abs. 3 ZP II GA. Ansonsten bleibt es bei der Regelung des gemeinsamen

---

130 Marauhn (Fn. 1), S. 67; Heintze ebenda.
131 Marauhn (Fn. 1), S. 68.
132 Heintze (Fn. 102), S. 202.
133 Dazu oben zu Art. 32; Marauhn (Fn. 1), S. 68; Heintze (Fn. 102), S. 201, R. Brett "Child Soldiers - A Form of Child Labour" in: Rädda Barnen, Children of War, Newsletter No. 1/98, March 1998.
134 Krill (Fn. 86), S. 353.
135 Krill (Fn. 86), S. 353.
136 Marauhn (Fn. 1), S. 69, Cohn (Fn. 90), S. 102.

Art. 3 der Genfer Abkommen, der einen Mindestschutz für Menschen in allen bewaffneten Konflikten vorschreibt.

Zuzugeben ist, daß die Kinderrechtskonvention nur die Vertragsstaaten bindet. Jedoch kann man aufgrund der überwältigenden Ratifikation des Übereinkommens darüber nachdenken, ob es nicht auch inzwischen Völkergewohnheitsrecht konstituiert, das ohne Anerkennung anzuwenden ist.

Ein weiterer wichtiger Aspekt wird bei dieser Diskussion außer acht gelassen. Die Zusatzprotokolle zu den Genfer Abkommen haben nicht annähernd so viele Staaten unterzeichnet, wie die Genfer Abkommen selbst oder wie die Kinderrechtskonvention. Damit ist die Vorschrift des Art. 38 KRK auch in Staaten anwendbar, in denen der Standard etwa des Art. 77 ZP I GA und des Art. 4 Abs. 3 ZP II GA bisher nicht galt.[137] Folglich ist insofern durchaus eine Verbesserung eingetreten.

In den Staaten, die auch die Zusatzprotokolle zu den Genfer Abkommen ratifiziert haben, wird deren Anwendung wegen Art. 41 KRK nicht ausgeschlossen. Vielmehr ist der jeweils höhere Standard verbindlich.[138] Alle Staaten trifft die Verpflichtung zur Berichterstattung aus Art. 44 Abs. 1 und die Publizitätsverpflichtung aus Art. 44 Abs. 6 KRK.[139] Nach Art. 45 KRK können neben internationalen Organisationen wie UNICEF und UNHCR auch ngo ihre Sicht darlegen, die der Kinderrechtsausschuß bei seiner Bewertung der Situation in einem Staat verwenden kann,[140] so daß eine sehr viel weitgehendere Kontrolle möglich ist als unter den Genfer Abkommen.

Viertens und vor allem wird Art. 38 Abs. 4 KRK kritisiert. Er beziehe das Verbot des Angriffs auf Zivilisten und damit auf Kinder nicht ein.[141] Außerdem harmoniere er nicht mit Art. 2 KRK; ein Argument, das durch die Anerkennung des Art. 38 Abs. 4 KRK als *lex specialis* gegenüber Art. 2 KRK ausgeräumt wird. Artikel 38 Abs. 4 KRK sei ein Fremdkörper in einem Menschenrechtsdokument.[142]

Ein wichtiges Argument in dieser Diskussion ist die mangelnde Zuständigkeit der Arbeitsgruppe, die die Kinderrechtskonvention ausgearbeitet hat, und des Kinderrechtsausschusses für humanitäres Völkerrecht. Die Arbeitsgruppe habe - ebenso wie der Kinderrechtsausschuß - ausschließlich eine Kom-

---

137 Cohn (Fn. 90), S. 104.

138 Newell S. 141.

139 Nylund (Fn. 24), S. 47 ff.; Marauhn (Fn. 1), S. 70.

140 T. Hammarberg, "Justice for Children through the UN-Convention" in: S. Asquith/M. Hill (Hrsg.) *Justice for Children*, S. 59 ff., 70.

141 Krill (Fn. 86), S. 353 f.

142 Dorsch S. 239.

petenz zur Erarbeitung - bzw. Auslegung - eines Menschenrechtpaktes gehabt. Deshalb sei er für eine Kodifizierung von humanitärem Völkerrecht nicht zuständig gewesen. Damit wird eine strenge Trennung von humanitärem Völkerrecht und Menschenrechten verfolgt.[143]

Die Notwendigkeit dieser Trennung ist aber nicht ersichtlich. Auch humanitäres Völkerrecht sichert die Rechte der betroffenen Menschen. Zwar betrifft humanitäres Völkerrecht mehr die Interessen bestimmter Gruppen und schützt weniger das Individuum. Aber dieser Grundsatz verhindert nicht eine gemeinsame Regelung von Menschenrechten und humanitärem Völkerrecht in einem Übereinkommen. Vielmehr ist das gerade folgerichtig. Denn Kinder werden gerade von Art. 38 Abs. 2 und 3 KRK auch individuell gegen die Einziehung als Soldaten in bewaffneten Konflikten geschützt.[144] Das humanitäre Völkerrecht beinhaltet einen Mindeststandard für Menschen auch in Situationen des Staatsnotstandes, des bewaffneten Konflikts, des Krieges, wenn andere Menschenrechte ausgesetzt werden. Daher ist vielmehr das humanitäre Völkerrecht in vielen Fällen die Grundlage für Menschenrechte und den Wiederaufbau ihrer Umsetzung in einem Staat, der sich im Krieg befindet oder befunden hat. Gerade diese Grundlage muß auch in einem Menschenrechtsvertrag wie der Kinderrechtskonvention gesichert werden können. Insofern ist Art. 38 KRK eigentlich nur eine logische Folge des Mandats der Arbeitsgruppe eine Konvention zum Schutz der Rechte des Kindes auszuarbeiten und keineswegs außerhalb deren Kompetenz. Humanitäres Völkerrecht und Menschenrecht sind als "Tandem"[145] anzuwenden.

Ein weiteres Argument betreffend den Absatz vier ist nicht zu widerlegen: Durch seine generalklauselartige Formulierung ist nicht erkennbar, wie der Schutz des Kindes in concreto aussehen soll.[146] Dem Absatz ist eine gewisse Realitätsferne nicht abzusprechen, denn es ist sicher unmöglich, Kinder gesondert vom Rest der Zivilbevölkerung zu schützen, wie es Art. 38 Abs. 4 KRK offenbar vorsieht. Damit enthält Art. 38 Abs. 4 KRK wohl kaum eine Regelung, die im Einzelfall des bewaffneten Konflikts die Pflichten der Vertragsstaaten ausreichend konkretisiert, so daß man sie darauf "festnageln" könnte.

143 Dazu im einzelnen Dorsch S. 237 ff.

144 Dorsch S. 239.

145 Cohn (Fn. 90), S. 104: "advocates need to learn to use human rights and humanitarian law in tandem, if children in war are to receive the full benefit".

146 Dorsch S. 239; ähnlich auch der Schweizer Bundesrat *BBl* 146 (1994) S. 67.

Zusatzprotokoll

Ende Mai 2000 hat die Generalversammlung nach langen Diskussionen[147] ein Fakultativprotokoll zur Kinderrechtskonvention verabschiedet, das den Schutz von Kindersoldaten zum Inhalt hat[148] und versucht, die berechtigte Kritik an der Kinderrechtskonvention auszuräumen. In dem Fakultativprotokoll wird das Mindestalter für Kindersoldaten auf 18 Jahre angehoben. Allerdings gilt diese Grenze nicht für alle Soldaten, sondern nur für diejenigen, die von staatlicher Seite rekrutiert werden. Auf ein Mindestalter für diejenigen Kinder, die sich freiwillig zu den bewaffneten Truppen melden, konnten sich die Staaten nicht einigen. Das Protokoll sieht aber vor, daß Staaten, die eine freiwillige Teilnahme an den bewaffneten Truppen zulassen, bestimmte Sicherheiten festlegen müssen, wie etwa daß die Aufnahme in die Truppen wirklich freiwillig ist, daß die Eltern oder der Vormund des Kindes seine Zustimmung nach Information (*informed consent*) gegeben haben. Man konnte sich nicht darauf verständigen, Kinder von jeder Art der Teilnahme an bewaffneten Konflikten - sei es mittelbar, sei es unmittelbar - auszuschließen.

Eine spezielle Regelung hat die praktisch wichtige Frage der Rekrutierung durch nicht staatliche Truppen[149] gefunden. Diese dürfen unter gar keinen Umständen Personen unter 18 Jahren rekrutieren. Die Staaten verpflichten sich mit dem Protokoll alle möglichen (*feasible*) Maßnahmen zu treffen, um eine solche Rekrutierung zu verhindern.

Artikel 12 des Zusatzprotokolls ermöglicht den Staaten die Kündigung des Protokolls. Ausgeschlossen ist die Kündigung aber während eines bewaffneten Konflikts.

Anwendbarkeit der anderen Normen der Konvention in Kriegszeiten

Artikel 38 KRK stellt spezielle Normen für Kinder, die in einer Konfliktsituation leben, auf. Es stellt sich nun die Frage, ob neben Artikel 38 auch die anderen Vorschriften der Kinderrechtskonvention anwendbar sind. In der Regel finden sich in Menschenrechtspakten Derogationsklauseln für den Fall eines öffentlichen Notstandes, der das Leben der Nation bedroht. In diesen

---

147 Zur Entstehungsgeschichte des Zusatzprotokolls vgl. Brett (Fn. 99), S. 117 ff.; zur Rolle des IKRK vgl. Dutli/Bouvier (Fn. 103),S. 181 ff.

148 Der Vorschlag ist im Internet auf der Homepage von UNICEF zu finden: http://www.unicef.org (am 8. 8. 2000) Meldung von UNICEF Newsline http://www.unicef.org/crc/bg014.htm (am 2. 6. 2000), und http://www.unicef.org/newsline/00pr44.htm (am 5. 6. 2000).

149 Brett (Fn. 99), S. 123 f.

Fällen können die Vertragsstaaten die Rechte aus dem Vertrag, soweit es die Lage unbedingt erfordert, aussetzen.[150]

Eine solche Derogationsklausel gibt es in der Kinderrechtskonvention nicht. Da die Derogationsklausel fehlt, muß die gesamte Konvention grundsätzlich auch in Kriegszeiten Anwendung finden und Kinder durch ihre Vorschriften geschützt werden. Damit geht die Konvention sehr viel weiter als die Genfer Konventionen mit ihren Zusatzprotokollen in besonderen Fällen.

Ausnahmen von dieser Regel finden sich in einigen Vorschriften besonders geregelt. Das sind vor allem die politischen Rechte. So finden sich in Art. 13 und 15, aber auch in Art. 14 KRK Einschränkungen der dort umschriebenen Rechte. Sowohl die Meinungs- und Informationsfreiheit als auch die Vereinigungs- und Versammlungsfreiheit sowie die Freiheit, seine Weltanschauung zu bekunden, unterliegen der Einschränkung durch den Schutz der nationalen oder öffentlichen Sicherheit und der öffentlichen Ordnung. Damit können sie, wenn einem Staat ein bewaffneter Konflikt droht oder er sich in einem solchen befindet, eingeschränkt werden.[151] Diese Einschränkung kann bis hin zu einer vollständigen Aussetzung dieser Rechte führen. In den genannten Vorschriften finden sich also sozusagen spezielle Derogationsvorschriften, die aber nicht verallgemeinerungsfähig sind.

Anwendbar sind damit auch während Feindseligkeiten vor allem Vorschriften wie Art. 34 KRK zum Schutz von jungen Mädchen gegen sexuellen Mißbrauch in den "eigenen" und fremden Truppen und Art. 6 KRK zum Schutz kleiner Kinder gegen den Gebrauch als Probanden für mögliche Minenfelder.

Auch Art. 32 KRK ist anwendbar zum Schutz gegen eine zwangsweise Heranziehung zum Militärdienst.[152]

Anwendung von Art. 41 KRK in Bezug auf Art. 38 KRK

Die Vorschriften des humanitären Völkerrechts außerhalb der Konvention gehen teilweise weiter als die Bestimmungen in Art. 38 KRK. Wegen der Günstigkeitsklausel des Art. 41 KRK ist daher immer die Vorschrift anzuwenden, die dem Kind in der konkreten Situation am besten dient. Das ist für den Einzelfall zu bestimmen[153] und gilt vor allem in nicht internationalen bewaffneten Konflikten, in denen die KRK in Abweichung von Art. 4 Abs. 3 ZP II GA in zweierlei Hinsicht einen geringeren Standard bietet. Zum einen werden Kinder nicht durch alle Maßnahmen auch vor mittelbarer Teilnahme geschützt

[150] So z.B. Art. 4 IPbürR; dazu Nylund (Fn. 24), S. 25; Cohn (Fn. 90), S. 105 f.

[151] Cohn (Fn. 90), S. 105.

[152] Coalition to Stop the Use of Child Soldiers (Fn. 113), S. 9; Brett (Fn. 133).

[153] Cohn (Fn. 90), S. 105 ff. mit dem Anwendungsbeispiel von El Salvador.

und zum anderen bezieht sich die Konvention zunächst nur auf Vertragsstaaten und nicht auch auf andere am Konflikt beteiligte Parteien.[154] Selbst wenn keine der beiden Vorschriften zur Anwendung kommt, sind die übrigen Vorschriften der KRK anzuwenden.[155]

Umsetzung in Rußland

Die Umstände der immer wieder auftretenden Feindseligkeiten in Tschetschenien haben Zweifel an der Umsetzung der aus dem humanitären Völkerrecht resultierenden Pflichten der Russischen Föderation laut werden lassen. Erfüllt die Russische Föderation ihre Verpflichtungen aus Art. 38 KRK und den vier Genfer Abkommen einschließlich der Zusatzprotokolle?

Die Sowjetunion hat am 17. 4. 1954 das vierte Genfer Abkommen und 1989 das erste Zusatzprotokoll ratifiziert und die Russische Föderation ist als Nachfolgestaat der Sowjetunion in diese Verträge eingetreten.[156] Das Genfer Abkommen ist für den Krieg in Tschetschenien sicher nur in seinem Art. 3 als Mindestmaß an Schutz bei einem internen Konflikt anzuwenden. Das erste Zusatzprotokoll ist allenfalls über seinen Art. 1 Abs. 4 anwendbar. Dieser verlangt aber den Kampf um das Selbstbestimmungsrecht eines Volkes. Zwar behaupten einige tschetschenischen Gruppierungen hier gehe es nur um die Selbstbestimmung ihres Volkes und die Befreiung von Rußland als Kolonialmacht, jedoch trifft das wohl nicht auf den Konflikt zu. Vielmehr handelt es sich hier - nach russischer Meinung - um die Bekämpfung tschetschenischer Terroristen und nach allgemeiner Meinung jedenfalls nicht um einen Kolonialkrieg der Art, wie ihn Art. 1 Abs. 4 ZP I GA im Auge hat. Daher ist das erste Zusatzprotokoll nicht anwendbar. Auch das zweite Zusatzprotokoll hat die Russische Föderation ratifiziert,[157] so daß auch die Vorschrift des Art. 4 Abs. 3 ZP II GA einschlägig ist.

Es ergeben sich wenig Anhaltspunkte für eine mangelnde Umsetzung von Art. 38 Abs. 2 und 3 KRK. Gemäß Art. 19 des Gesetzes über die Militärpflicht

---

154 Selbst wenn man die Geltung der KRK als Völkergewohnheitsrecht bejaht, kann sie nicht notwendig jeder in einem Bürgerkrieg beteiligten Partei, die kein Völkerrechtssubjekt ist, entgegengehalten werden, anders als in den Fällen des Art. 96 Abs. 3 ZP II GA.

155 Cohn (Fn. 90), S. 105 ff.

156 Konvenzija o saschtschite graschdanskogo naselenija wo wremja wojny, ratifizierowana Presidiumom Verkhovnogo Sowjeta SSSR 17. 4. 1954g. Text in Auszügen abgedruckt in: *Sbornik vaschnejschich dokumentov po meschdunarodnomu pravu*, tschast' II, Moskau 1997, S. 419 ff.; Dopolnitelnij protokol k schenewskim konvenzijam ot 12. 8. 1949, ot 8.7.1977g., ratifizierovan SSSR 4. 8. 1989, Text in Auszügen abgedruckt ebenda S. 454 ff.

157 Ratifiziert am 29. 9. 1989, i.K. 29. 3. 1990, *BGBl* 1991 II, S. 968, 995.

und den Kriegsdienst der Russischen Föderation[158] kann die Entscheidung über die Heranziehung eines Menschen zum Kriegsdienst erst gefällt werden, wenn er das 18. Lebensjahr vollendet hat. Nur in einigen wenigen Fällen ist bisher bekannt geworden, daß Kinder mittelbar oder unmittelbar an dem Konflikt beteiligt waren. In diesen wenigen Fällen lag die Beteiligung der Kinder nicht auf Seiten des Staates Russische Föderation oder der tschetschenischen Republik, sondern vielmehr bei einzelnen illegalen Gruppierungen.[159]

Anders verhält es sich bei der Umsetzung von Art. 38 Abs. 1 und 4 KRK. Bei aller Unklarheit von Art. 38 Abs. 4 KRK ist jedenfalls klar, daß das Kind als Teil der Zivilbevölkerung zu schützen ist und nicht Beeinträchtigungen seines Lebens und seiner Gesundheit (Art. 6 und 24 KRK) ausgesetzt sein darf. Dieser Schutz besteht z.B. darin, daß die Zivilbevölkerung allgemein und Kinder im besonderen nicht in die bewaffneten Konflikte hineinzuziehen sind. Aus Art. 3 GA ist zu entnehmen, daß Personen, die nicht unmittelbar an den Feindseligkeiten teilnehmen, mit Menschlichkeit zu behandeln sind. Ob diese Verpflichtungen erfüllt sind, ist zumindest nach dem an die Zivilbevölkerung von Grosny gestellten Ultimatum zur Flucht aus Grosny fraglich. Für die Beurteilung dieser Frage wird es zumindest auf genauere Fakten ankommen, die bisher nicht vorliegen.[160]

Die Kommission des Präsidenten über Menschenrechte verurteilt das Vorgehen der Russischen Föderation im Konflikt von 1994 auf das Schärfste und bezeichnet es als einen tragischen Bruch der grundlegenden Menschenrechte auf beiden Seiten.[161]

Im ersten Tschetschenien-Konflikt wurde der Zivilbevölkerung nach offiziellen Angaben Gelegenheit gegeben, sich nach einer entsprechenden Warnung über einen bevorstehenden Angriff aus den Konfliktzonen zu entfernen. Ruhetage wurden an allgemeinen gesetzlichen Feiertagen eingehalten sowie

---

158 "O wojennoj objasannosti i wojennoj sluschbje", Gesetz der Staatsduma vom 11. 02. 1993, No. 4455-1 (WehrdienstG).

159 Zweiter russ. Staatenbericht Abs. 124 - 125.

160 Vgl. jedoch Berichte der Tagespresse und der tschetschenischen NGO "LAM" auf der Homepage der Andrej Sacharov Foundation http://www.wdn.com/asf/cgi/ASFdbs am 24. 1. 2000. Inzwischen wurde auch eine besondere Vertretung des Präsidenten für die Sicherung der Menschenrechte in Tschetschenien eingerichtet, Ukas Presidenta RF vom 17. 2. 2000, No. 364, "O spezialnom predstawitele Presidenta RF po obepetscheniju praw i swobod tscheloweka i graschdanina w Tschetschenskoj Respublike" *SZRF* vom 21. 2. 2000, No. 8 st. 937, S. 1955 f.

161 On the Observance of the Rights of Man and Citizen in the Russian Federation (1994-1995), Kap. 2: "Violation of Human Rights and International Humanitarian Law during Armed Conflict in the Chechen Republic", Bericht vom 5. 2. 1996.

humanitäre Korridore errichtet.[162] Ob diese Maßnahmen ausreichend waren, wird bestritten.[163] Sie wurden - wenn auch auf freiwilliger Basis und auf eigene Initiative der entsprechenden Personen[164] - von Menschenrechtsbeauftragten, Gruppen von Parlamentsabgeordneten, ngo's und dem Kriegsstaatsanwalt überprüft.[165] Es bestehen auch Gründe für die Annahme, daß die föderalen Truppen absichtlich zivile Ziele angegriffen haben.[166]

Zivilpersonen wurden ermordet und mißbraucht. Teilweise wurden ganze Gruppen von Menschen einer kollektiven Bestrafung unterworfen und es besteht auch Grund zu der Annahme, daß Folter und grausame Behandlung verübt wurde. Damit wurden im ersten Tschetschenien-Krieg von 1994/95 neben Art. 38 KRK auch Art. 37 KRK und Art. 3 GA verletzt.[167]

Humanitäre Hilfe wurden neben russischen ngo's vor allem durch das Rote Kreuz, Ärzte ohne Grenzen und einige russische Persönlichkeiten geleistet.

Schon im Dezember 1994 wurden Auffangzonen errichtet, in denen Kinder, die vor den Angriffen geflohen waren, medizinisch versorgt wurden. Nach Angaben der Russischen Föderation ist nach dem ersten Tschetschenien-Krieg alles daran gesetzt worden, Kinder wieder in die Schule zu schicken und sie mit den dazu notwendigen Materialien zu versorgen.[168] Seitdem werden immer wieder Aktionen des Russischen Kinderfonds durchgeführt, mit denen Kinder aus Tschetschenien rehabilitiert und reintegriert werden sollen.[169]

Als problematisch erwies sich allerdings die Tatsache, daß der Föderale Migrationsdienst auf der Rückkehr von Flüchtlingen in das zerstörte Gebiet bestand. Das hatte zur Folge, daß einige von ihnen von Banden getötet wurden und sie sich jetzt bei dem zweiten Konflikt wieder in Gefahr befinden.

Nachdem der zweite Tschetschenienkrieg 1998/99 bereits ausgebrochen war, äußerte der Kinderrechtsausschuß während er sich mit dem zweiten russischen Staatenbericht befaßte, seine Besorgnis über die Behandlung von Kin-

---

162 Zweiter russ. Staatenbericht, Abs. 124-125. Allerdings meinen die russ. ngo, daß diese Ruhetage und Warnungen vor Angriffen sehr selten gewesen seien und sicher nicht ausreichend für einen umfassenden Schutz von Kindern, alternativer Staatenbericht, Abs. VIII-3.

163 Das wurde aber bisher vom Kinderrechtsausschuß in seiner Diskussion um den zweiten Staatenbericht der Russischen Föderation nicht aufgegriffen. Committee on the Rights of the Child, Press Release 23. 9. 1999, Committee on the Rights of the Child Takes up Report of the Russian Federation.

164 Alternativer Staatenbericht a.a.O.

165 Zweiter russ. Staatenbericht a.a.O.

166 Bericht der Kommission für Menschenrechte des Russischen Präsidenten, ebenda.

167 Bericht der Kommission für Menschenrechte des Russischen Präsidenten.

168 Zweiter russischer Staatenbericht, Abs. 129-131 a.E.

169 Zweiter russ. Staatenbericht ebenda.

dern in Tschetschenien und Dagestan. Danach liegen Berichte vor, nach denen tschetschenische Gerichte die Todesstrafe oder körperliche Strafen über Kinder verhängt haben und Kollektivexekutionen stattgefunden haben. Kinder seien verschwunden, willkürlich festgehalten und gefoltert worden. Der Kinderrechtsausschuß äußert sich aber nicht darüber, ob diese Behandlung von russischen Truppen begangen wurde oder ob er die russische Föderation dazu anhalten will, die Kinder vor Übergriffen tschetschenischer Gruppierungen besser zu schützen.[170]

Erste Ansätze von Lösungsversuchen finden sich in Bezug auf obdachlose und elternlose Kinder in einer Regierungsverordnung vom 14. 2. 2000.[171] In Ausführung des Gesetzes über die Straßenkinder werden obdachlose Kinder und Waisen zwischen 14 und 16 Jahren als Schüler (*Vospitanniki*) in Militäreinheiten mit Zustimmung des Amts für Vormundschaft und Pflegschaft aufgenommen. Zur Aufnahme werden sie medizinisch untersucht. Es wird nicht ausdrücklich festgestellt, daß diese Kinder nicht zu den Streitkräften zählen, ihr tatsächlicher Status bleibt unklar. Eine Kontrollinstanz über eine mögliche Tätigkeit als Soldaten ist nicht vorgesehen.

Abschließend bleibt festzuhalten, daß im Moment eine konkrete Verletzung der Art. 22 und 38 KRK im zweiten Tschetschenien-Krieg nicht mit ausreichender Sicherheit festgestellt werden kann. Sicher sind Kinder als Teil der Zivilbevölkerung nicht immer nach den Grundsätzen der Art. 3 der Genfer Abkommen behandelt worden. Insofern ist auch die KRK verletzt. Andererseits ist die unmittelbare Teilnahme von Kindern an dem Konflikt bisher auch nicht aufgedeckt worden. Hier wird man wohl die endgültigen Feststellungen internationaler Beobachter und Kommissionen abwarten müssen.

Art. 39 Rehabilitation

Artikel 39 KRK regelt die Rehabilitation von Kindern, die Opfer von Gewalt und Vernachlässigung geworden sind. Er ergänzt damit eine Reihe von vorhergehenden Vorschriften. Er bezieht ausdrücklich sowohl Kinder ein, die Opfer der Gewalt und Vernachlässigung im Sinne des Art. 19 KRK geworden sind, sowie Kinder, die Opfer irgendeiner Form der Ausbeutung geworden sind, wie sie etwa in Art. 32, 33, 34, 35 und 36 KRK genannt sind, als auch Kinder, die Opfer von Folter oder unmenschlicher oder erniedrigender Behandlung im

170 Committee on the Rights of the Child, Concluding Observations: Russian Federation, CRC/C/Add. 110, vom 10. 11. 1999 Abs. 56.

171 Postanowlenie Prawitselstwa RF "Ob utverschdenii Poloschenija o satschislenii nesoverschennoletnich graschdan RF w katschestwe wospitannikov v woinckije tschasti i obespetschenii ich neobchodimymi vidami dowolstwija" No. 124, *SZRF* 21. 2. 2000, No. 8, st. 962.

Sinne des Art. 37 lit. a KRK geworden sind. Besonders bemerkenswert ist, daß auch Kinder einbezogen sind, die Opfer eines bewaffneten Konflikts geworden sind, also solche, die in Art. 22 und 38 geschützt sind. Die Vorschrift, die nicht auf ein Verschulden oder eine Verantwortlichkeit des Staates abstellt, ist insofern eine Neuerung und wird daher hier gerade im Zusammenhang mit den bewaffneten Konflikten behandelt.

Der zweite Satz der Vorschrift hebt die besondere Schutzbedürftigkeit des Kindes, das in den genannten schwierigen Lebenssituationen der Rehabilitation und Wiedereingliederung bedarf, hervor. Die Maßnahmen, die keines Antrags bedürfen, müssen der Gesundheit, der Selbstachtung und der Würde des Kindes entsprechen. Die Grenze für Maßnahmen bieten die Vorschrift des Art. 25 KRK und das Prinzip des Kindeswohls.

Entstehungsgeschichte

Artikel 39 KRK ist auf Vorschlag der ngo *ad hoc group*, den Norwegen übernahm, erst 1987/88 in die Diskussion gekommen.[172] Der einzige Punkt, um den eine Diskussion aufkam, war der Begriff der Rehabilitation, der keine fest umrissene Bedeutung in der englischen Sprache habe. Um Mißverständnisse zu vermeiden, wurde er durch die Begriffe Genesung und Wiedereingliederung (*recovery and reintegration*) ersetzt.[173]

In zweiter Lesung wurde der Kreis der möglichen Opfer auf Kinder erweitert, die Schaden bei kriegerischen Auseinandersetzungen erlitten haben.[174] Die Opfer ungerechtfertigter Inhaftierung wurden nicht gesondert aufgezählt, man sah sie bereits als erfaßt an.[175]

Rehabilitationssituationen

Artikel 39 KRK zählt die möglicherweise rehabilitationsbedürftigen Kinder auf. Er bezieht sich dabei auf einige der vorhergehenden Vorschriften der Konvention. Neben den offensichtlichen Fällen der Kinderprostitution[176] und der Kindersoldaten sind darunter etwa auch Kinder zu fassen, die bei einer Landminenexplosion verkrüppelt worden sind.[177] Schon aus der Diskussion in

---

172 Vorschlag der NGO ad hoc group: E/CN.4/1987/25, Abs. 157 f.; Norwegens Vorschlag: E/CN.4/1988/28, Abs. 66, Detrick S. 454; Dorsch S. 212.

173 E/CN.4/1988/28 Abs. 68, Detrick S. 455; Dorsch S. 213; Nylund a.a.O. S. 26 f.

174 E/CN.4/1989/48 Abs. 527 f., Detrick S. 456 f.; Dorsch S. 213; Nylund a.a.O. S. 27.

175 Ebenda Abs. 529, Detrick S. 457; Dorsch S. 213.

176 Dazu L.N. Robinson "The Globalization of Female Child Prostitution: A Call for Reintegration and Recovery Measures Via Article 39 of the United Nations Convention on the Rights of the Child" *Global Legal Studies Journal* 5 (1997), 239 ff.

177 Heintze (Fn. 102), 201; Nylund (Fn. 24), S. 23 ff., 43 ff.

den *Travaux Préparatoires* zeigt sich, daß auch Kinder erfaßt sind, die Opfer einer ungerechtfertigten Inhaftierung geworden sind. Kinder, bei denen der Versuch des Kinderhandels gemacht worden ist, die bei der Herstellung von Drogen mißbraucht und oft in ständiger Angst vor ihrem "Arbeitgeber" und der Polizei gelebt haben, oder Kinder, die durch Mißbrauch und Prostitution mit HIV infiziert worden sind, bedürfen der Rehabilitation. Beispiele ließen sich viele finden. Die hier vorgestellten sollen nur überblicksartig den weiten Anwendungsbereich des Art. 39 KRK aufzeigen.

Maßnahmen zur Rehabilitation

Der Gedanke des Ausgleichs erlittener Schäden ist nicht neu. Er findet sich bereits in anderen Konventionen, wie etwa in der Folterkonvention von 1984[178] und unter engeren Voraussetzungen in Art. 14 Abs. 6 IPbürR.[179] Artikel 39 KRK unterscheidet sich von diesen Entschädigungsvorschriften dadurch, daß hier keine Entschädigung in Geld vorgesehen ist, sondern Maßnahmen zur Genesung des Kindes und seiner Wiedereingliederung in die Gesellschaft. Artikel 39 KRK gibt den Staaten die Befugnis zu Maßnahmen aber auch die Pflicht, das Bedürfnis von solchen Maßnahmen nicht einfach zu übersehen.[180] So darf zum Beispiel die Verfolgung eines Täters, der Gewalt gegen Kinder verübt hat, nicht dazu führen, daß rehabilitative Maßnahmen verzögert werden.[181]

Art. 39 KRK erweitert den Anwendungsbereich von Entschädigungsregelungen auf Kinder, die Opfer eines bewaffneten Konflikts geworden sind.[182] Er läßt es auch nicht auf die Verantwortlichkeit des Staates für die erlittene Schädigung ankommen.[183] Vielmehr sind die Vertragsstaaten die Verpflichtung eingegangen, in jedem Fall Maßnahmen zu treffen, die die Genesung und Wiedereingliederung des Kindes zum Gegenstand haben.

Artikel 39 hat dabei zwei grundsätzliche Stoßrichtungen. Durch die Tatsache, daß er das Bedürfnis von Genesung und Wiedereingliederung von Kindern in den genannten Situationen anerkennt,[184] macht er die Opferstellung dieser Kinder erneut deutlich. Damit verhindert die Norm auch die Kriminali-

---

[178] Art. 14 Übereinkommen der Vereinten Nationen gegen Folter und andere grausame, unmenschliche oder erniedrigende Behandlung oder Strafe vom 10. 12. 1984, UNTS vol. 1465 No. 24841 S. 85 ff.; deutsche Übersetzung in: *BGBl* 1990 II S. 246.

[179] Dorsch S. 213.

[180] Robinson (Fn. 176), S. 258; Newell S. 144.

[181] Newell ebenda.

[182] Dorsch S. 213; dazu im einzelnen Nylund (Fn. 24), S. 28 ff.

[183] Dorsch S. 213.

[184] Robinson (Fn. 176), S. 257, Dorsch S. 212.

sierung dieser Kinder. Kinder, die sich etwa der Prostitution verschrieben haben, im Drogenhandel tätig sind oder in ausbeuterischen Arbeitsbeziehungen schaffen, dürfen nicht als Kriminelle abgestempelt werden, sondern müssen die Möglichkeit der Wiedereingliederung bekommen.[185]

Der so umschriebenen Rehabilitation gehen logisch mehrere andere Schritte voraus, zu denen die Staaten regelmäßig schon durch die jeweils einschlägige spezielle Vorschrift verpflichtet sind. Häufig wird es notwendig sein, das Kind aus der schädigenden Umgebung zu entfernen oder das schädigende Ereignis jedenfalls vom Kind fernzuhalten. Dann folgt eine Diagnose der erlittenen Leiden, der dann die Therapie und Rehabilitation folgen kann. Genesung und Reintegration können daher eigentlich nur gleichzeitig erfolgen.[186]

Ziel der Rehabilitation im Sinne der Genesung und Reintegration ist es, dem Kind zu helfen, über die Folgen seiner Ausbeutung, Gewalt oder Vernachlässigung hinweg zu kommen. Dazu können je nach Art und Häufigkeit der Akte der Gewalt oder Dauer der Vernachlässigung verschiedene Maßnahmen notwendig sein, um die Verpflichtung der Staaten aus Art. 39 KRK zu erfüllen.

Für Opfer von Ausbeutung aber auch für Opfer von bewaffneten Konflikten sind Maßnahmen in den folgenden drei Bereichen notwendig.[187] Zunächst sind physische Leiden zu mindern oder zu heilen. Hier fällt vor allem die Bekämpfung der Symptome von AIDS oder aber die Behandlung einer Drogenabhängigkeit, soweit sie nicht bereits unter Art. 24 und 33 KRK fallen, an.[188] Zum zweiten müssen die psychischen Traumata behandelt werden.[189] Das kann auf einer ambulanten Basis geschehen, es kann aber auch notwendig sein, das Kind endgültig aus seiner Umgebung herauszulösen und in einer anderen Umgebung nach Maßgabe des Art. 20 KRK unterzubringen. Zum dritten müssen besondere Maßnahmen zu einer sinnvollen Wiedereingliederung des Kindes in die es umgebende Gesellschaft ergriffen werden. Gerade bei ausgebeuteten, vernachlässigten oder geflüchteten Kindern wird ein Großteil dieser Wiedereingliederung in ihrer Ausbildung liegen.[190] Viele der betroffenen Kinder konnten nicht in die Schule gehen oder ihre Ausbildung ist vernachlässigt worden. Damit sie die Möglichkeit haben, sich selbst zu wehren, müssen

---

185 Robinson (Fn. 176), S. 257.

186 Nylund (Fn. 24), S. 29 ff., 39 f.

187 Robinson (Fn. 176), S. 257 ff. zum speziellen Fall der Rehabilitation von mißbrauchten Mädchen.

188 Robinson (Fn. 176), S. 258.

189 Auch hier für den speziellen Fall der Kinderprostituierten Robinson (Fn. 176), S. 259.

190 Nylund (Fn. 24), S. 33 ff.

sie eine Ausbildung bekommen.[191] Das schreibt zwar Art. 39 KRK nicht selbst ausdrücklich vor, es ergibt sich aber aus einem Blick auf das Recht auf Bildung aus Art. 28 KRK, deren Ziele Art. 29 lit. d KRK vorgibt.

Bei den Opfern bewaffneter Konflikte ist in der Regel die Berücksichtigung der Kinder in Friedens- oder Waffenstillstandsübereinkommen ein wichtiger Schritt zu deren Rehabilitation. Denn dann wird ihre Situation beachtet, Kindersoldaten werden demobilisiert und nach Hause gesandt, Flüchtlingskinder bekommen die ihnen zustehende Hilfe u.ä.[192]

Grenzen der Rehabilitation

Artikel 39 KRK enthält kein Antragserfordernis für Maßnahmen zur Rehabilitation des kindlichen Opfers. Damit stellt sich die Frage nach den Grenzen der Rehabilitationsmaßnahmen. Teilweise wird die Regelung gerade wegen der Tatsache kritisiert, daß sie keinen Antrag des Kindes vorsieht und damit auch zwangsweise Maßnahmen eingeleitet werden können.[193]

Diese Ansicht greift jedoch zu kurz. Denn würde man ein Antragserfordernis vorsehen, wäre der Möglichkeit der Staaten, dieses zum Nachteil des kindlichen Opfers auszugestalten, kaum Grenzen gesetzt. Gerade Kinder, die psychisch und physisch gelitten haben, werden Schwierigkeiten haben, die entsprechenden Anträge zu stellen.

Die Grenzen für Maßnahmen sind vielmehr im Rahmen der Konvention zu suchen. Zunächst zeigt mal Art. 39 S. 2 die Grenze. Maßnahmen dürfen nur insoweit ergriffen werden, als damit die Selbstachtung des Kindes, seine Gesundheit und die Würde des Kindes gefördert werden. Der Staat darf wegen Art. 37 lit. b bis d KRK gerade nicht über den Strafvollzug hinaus Zwangsmaßnahmen ergreifen. Eine Richtlinie geben hier Art. 25 und 29 KRK. Nach Art. 25 müssen Unterbringungsmaßnahmen regelmäßig überprüft werden. Das soll gerade willkürliche Maßnahmen für Kinder mit gesundheitlichen Problemen oder einer Behinderung verhindern. Die Achtung der Menschenwürde des Kindes spezifiziert in gewisser Weise Art. 29 KRK, nach dem bei der Bildung die Persönlichkeit und Begabung des Kindes zur Entfaltung zu bringen ist und das Kind zu einem verantwortungsbewußten Leben in der Gesellschaft erzogen werden soll. Diese Rechte stehen allen Kindern zu. Daher sind insbesondere im

---

191 Kinderprostituierte können z.B. mit einer entsprechenden Ausbildung eine Arbeit finden oder ihre Schulbildung beenden, Robinson (Fn. 176), S. 259.

192 So z.B. auch der UN-Generalsekretär in seiner Agenda for Peace; Nylund (Fn. 24), S. 23 ff., 42 f. Freilich wird es den Staaten schwerfallen, dieser Aufforderung nachzukommen, denn damit müßten sie ja zugeben, daß sie Kindersoldaten rekrutiert haben und damit gegen Völkerrecht verstoßen haben; dazu Heintze (Fn. 102), S. 200.

193 Dorsch S. 214.

Rahmen von Maßnahmen zur Reintegration des Kindes diese Vorgaben zu beachten.

Außerdem sind die allgemeinen Vorschriften der Konvention heranzuziehen. Die wichtigste Vorschrift in diesem Zusammenhang ist Art. 3 KRK.[194] Grundsätzlich geht die Konvention davon aus, daß Rehabilitationsmaßnahmen dem Wohl des Kindes entsprechen. Jedoch können sie nicht entgegen dem konventionsübergreifenden Prinzip des Kindeswohls durchgesetzt werden, denn dann wäre die Rehabilition paradox: Wiedereingliederung entgegen dem Wohl des Kindes dient weder dessen physischer Genesung noch einer tatsächlichen Wiederaufnahme in die Gesellschaft. Rehabilitation gegen das Kindeswohl ist keine Rehabilitation im Sinn der Art. 39, 3 KRK. Damit bildet das Prinzip des Kindeswohls die Grenze für Maßnahmen zur Rehabilitation des Kindes.

Umsetzung in Rußland

Die Rechtsweggarantie des Art. 52 russ. Verf. enthält in ihrem zweiten Satz ein Recht des Geschädigten eines Verbrechens auf Schadensersatz. Dieses Recht wird allerdings vor allem durch das Zivilrecht näher ausgestaltet und richtet sich dann gegen den Schädigenden nicht aber notwendigerweise gegen den Staat.[195]

Einige wenige gesetzliche Bestimmungen regeln das Recht des Kindes auf Rehabilitation. Art. 20 GesundheitsG[196] sieht vor, daß jeder Staatsbürger der Russischen Föderation ein Recht auf medizinische und soziale Hilfe hat. Das schließt Prophylaxe, Diagnose, Therapie, Rehabilitation und Hilfe sozialen Charakters ein. Nicht eingeschlossen von dieser Vorschrift sind aber Kinder, die nicht die Staatsangehörigkeit der Russischen Föderation besitzen, wie etwa Flüchtlingskinder.

Diese genießen allerdings den Schutz des Art. 15 des Gesetzes über die Grundgarantien der Kinderrechte in der R.F.[197] Danach stehen Kinder in schwierigen Lebenssituationen unter dem besonderen Schutz des Staates, der Behörden auf lokaler Ebene. Dazu werden spezielle Sozialdienste eingerichtet, die für jedes einzelne Kind individuelle Rehabilitationsprogramme ausarbeiten. Nichtstaatliche nationale und internationale Organisationen bekommen die Möglichkeit in diesem Bereich im Rahmen ihrer Aufgaben und der völker-

---

194 Nylund (Fn. 24), S. 30.

195 A.M. Larin, Kommentar zu Art. 52 russ. Verf. in: B.N. Topornin (Hrsg.) *Kommentar zur russ. Verf.*, Moskau 1997, S. 342 ff.

196 Osnowy sakonodatelstwa Rossijskoj Federazii ob ochranje sdorowja graschdan, Gesetz der Russischen Föderation vom 22. 7. 1993, No. 5487-1 (GesundheitsG).

197 Federalnij Sakon "Ob osnownych garantijach praw rebjonka w Rossijskoj Federazii" Gesetz vom 24. 7. 1998, No. 124-FS, *Rossijkaja Gaseta* v. 5. 8. 1998.

rechtlichen Verpflichtungen Rußlands mitzuwirken. Bei allen Entscheidungen hat das persönliche und soziale Wohl des Kindes Vorrang.

Neben dem Gesetz über den Wehrdienst regelt nur ein weiteres Gesetz die Frage der Kinder, die Opfer eines bewaffneten Konflikts geworden sind. Nach dem Gesetz über die Grundlagen der Sozialen Dienste an der Bevölkerung[198] kann Kindern, die sich in einer schwierigen Lebenssituation befinden, darunter auch Kindern, die Opfer psychischer oder physischer Gewalt in einem bewaffneten Konflikt geworden sind, zeitweise Unterkunft in Spezialeinrichtungen der sozialen Dienste gewährt werden.

Neben diesen formalgesetzlichen Regelungen finden sich in einer Verordnung der russischen Regierung Richtlinien für die Einrichtung von Institutionen für Kinder, die der sozialen Rehabilitation bedürfen.[199] Diese Einrichtungen gewähren zeitweise Wohnraum für Kinder in schwierigen Lebenssituationen. Sie geben umfassende medizinische Hilfe und arbeiten mit den Organen für Vormundschaft und Pflegschaft zusammen, während das Kind in einem Internat o.ä. untergebracht ist, Abs. 8 der Verordnung. Sie nehmen Kinder auf, die ohne die elterliche Sorge verblieben sind, Kinder, die einen besonderen Bedarf an sozialer Rehabilitation haben, solche die Kommunikationsprobleme mit Eltern und Verwandten haben und Kinder, die Opfer physischer oder psychischer Gewalt geworden sind, Abs. 13 Verordnung.

Nach offiziellen Angaben werden immer mehr dieser Einrichtungen eröffnet und geplant, um Kindern und Jugendlichen helfen zu können.[200] Diese Angaben werden aber der Realität nicht gerecht. Man schätzt heute, daß bis zu vier Millionen Straßenkinder in Rußland leben, die wegen Vernachlässigung oder Gewalt in ihrer Familie nicht mehr daheim wohnen oder dort nur noch zum Schlafen hingehen. Teilweise leben diese Kinder ausschließlich auf der Straße und sind dort Ausbeutung und Gewalt ausgesetzt, bekommen keine Schulbildung und bedürfen daher der Rehabilitation im Sinne des Art. 39 KRK. Für diese Kinder stehen wenige Einrichtungen zur Verfügung, die ihre Gesundheit, ihre Selbstachtung und ihre Würde durch Maßnahmen der Rehabilitation fördern.[201]

---

198 "Ob osnovach sozialnogo obsluschivanija naselenija v Rossijskoj Federazii" Gesetz der Russischen Föderation vom 10. 12. 1995, No. 195-FS.

199 Primernoje Poloschenije o spezialisierowannom utschreschdenii dlja nesowerschennoletnich, nuschdajuschtschichsja w sozialnoj reabilitazii, Verordnung der Regierung der Russischen Föderation vom 13. 9. 1996, No. 1092, *SZRF* 1996, No. 39, st. 4562.

200 Summary Record of the 62nd meeting of the Committee on the Rights of the Child: Russian Federation, 26. 1. 1993, CRC/C/SR.62, Abs. 36, zweiter russischer Staatenbericht, Abs. 89-91.

201 Alternativer Staatenbericht, Abs. V-12.

Eine Notwendigkeit der Rehabilitation besteht auch für Kinder, die Opfer der bewaffneten Konflikte in Tschetschenien geworden sind und fliehen oder aber unter fast unmenschlichen Bedingungen etwa in Grosny ausharren mußten. Das Ausmaß der Notwendigkeit solcher Rehabilitationsmaßnahmen ist wohl heute noch nicht abzuschätzen.

6. Eltern- und Familienrechte

Art. 5 Eltern- und Familienrechte

Artikel 5 KRK setzt den in der Präambel festgeschriebenden Schutz der Familie fort. Er erkennt den Vorrang der elterlichen oder familiären Erziehung und der elterlichen Leitung und Führung vor der staatlichen an.[1] Die Funktion der Familie als Kernzelle der Gemeinschaft wird anerkannt[2] und die Familienautonomie wird sichergestellt.[3] Die Familie ist der bevorzugte Ort für das Aufwachsen von Kindern.[4] Damit werden in Art. 5 KRK zwei Arten von Rechten zusammengefaßt. Zum einen die Rechte der Familie am Kind und zum anderen die Rechte des Kindes auf eine Familie. Letzteres ergibt sich aus einer Zusammenschau der Art. 5, 9, 10, 18, 20 und 21 mit Art. 3 KRK.[5]

Art. 5 ist die Grundnorm für die Einbeziehung der Eltern und der Familie in die Rechte aus der Konvention. Es wird die Eltern-Kind-Beziehung aber auch die Beziehung Eltern - Kind - Staat eingeführt und in ihren Bestandteilen beleuchtet. Artikel 5 KRK erweitert die Subjektstellung, die das Kind aus der Konvention gegenüber dem Staat hat, auf seine Stellung innerhalb der Familie.[6] Art. 5 KRK ist damit der Ansatzpunkt für eine Drittwirkung der Kinderrechte. Damit beispielsweise das Recht auf Bildung nicht leerläuft, müssen bestimmte Rechte den Eltern gegenüber durchgesetzt werden können.[7] Art. 29 KRK ist

---

[1] Dorsch S. 108, C.P. Grosman "Argentina - Children's Rights in Family Relationships: The gulf Between Law and Social Reality" in: M. Freeman, *Children's Rights*, S. 22, J. Sloth-Nielsen/B. van Heerden, "New Child Care and Protection Legislation for South Africa?" *Stellenbosch Law Review* 1997, 3, 261 ff., 269.

[2] Dorsch S. 110.

[3] Bethke S. 68 f.

[4] S.J. Toope "The Convention on the Rights of the Child: Implications for Canada", in: M. Freeman, *Children's Rights*, S. 48, L. Wilk/R Kränzl-Nagl "Kindsein in der Familie. Eine Analyse der Situation von Kindern in der Familie aus der Perspektive der Konvention über die Rechte des Kindes" in: Rauch-Kallat/Pichler, *Entwicklungen in den Rechten des Kindes im Hinblick auf das UN-Übereinkommen über die Rechte des Kindes*, S. 106; J. Sloth Nielsen/B. van Heerden "Proposed Amendments to the Child Care Act and Regulations in the Context of Constitutional Law and International Law Developments in South Africa", *SAJHR* 12 (1996) S. 247 ff, 264.

[5] L. P. Sacramento/A.M. Pessoa "Implementation of the Rights of the Child in the Mozambican Context" in: Freeman *Children's Rights*, S. 148, ähnlich H.M. Müller in: Verhellen/Spiesschaert/Catrijsse, *Rechten van kinderen*, S. 400.

[6] O. Khazova "The UN Convention on the Rights of the Child and Russian Family Law" in: Freeman, *Children's Rights*, S. 215.

[7] Dorsch S. 112.

daher eine Richtlinie für die Erziehung durch die Eltern.[8] Das gilt vor allem auch für das Kindeswohl aus Art. 3 KRK.

Das Kind wird durch den Staat vor der Familie geschützt, wenn diese nicht funktioniert, und es wird durch die Familie, nötigenfalls unterstützt oder ersetzt durch den Staat (*in loco parentis*)[9], vor den Folgen seiner verglichen mit Erwachsenen geistigen und körperlichen Unreife beschützt.[10] Die kindlichen Bedürfnisse sollen danach vorrangig in der Familie befriedigt werden, da diese ihm am nächsten steht.[11] Zu diesen Bedürfnissen gehören physiologische Bedürfnisse, Schutzbedürfnisse, solche nach Verständnis, nach körperlicher und seelischer Wertschätzung, nach Anregung, Spiel und Leistung, Selbstverwirklichung und Bewältigung der Lebensängste.[12] Dabei müssen die Eltern und die Familie im Einzelfall unterstützt werden (Art. 26, 27 KRK). Das gilt vor allem auch im ökonomischen Bereich oder durch außerfamiliäre Begleitung der Kinder in Krisensituationen,[13] da dem Kind gemäß Art. 27 ein angemessener Lebensstandard zusteht.[14]

Die Eltern werden auch in anderen Artikeln in der Konvention erwähnt.[15] Dabei wird der Kreis der Verantwortlichen abgestuft. Das wohl weiteste Konzept der Einbeziehung der Verwandten enthält Art. 5 selbst. Er bezieht neben den Eltern und dem Vormund auch die Mitglieder der weiteren Familie und der Gemeinschaft ein. Ein etwas engeres Konzept enthält Art. 3 Abs. 3 KRK, nach dem die Staaten verpflichtet sind, unter Berücksichtigung der Rechte und Pflichten der Eltern, des Vormunds und anderer gesetzlich für das Kind verantwortlicher Personen, für das Wohlergehen des Kindes zu sorgen.[16] Einen noch engeren Kreis enthalten Art. 9, 10 und 18 KRK, in denen die Trennung von den Eltern durch staatliche Eingriffe beschränkt, die Familienzusammenführung geregelt und die Erziehung des Kindes durch die Eltern näher ausgestaltet wird.[17]

---

8 Grosman (Fn. 1), S. 23.

9 M. Henaghan "New Zealand and the Convention: A Lack of Balance" in: Freeman, *Children's Rights*, S. 179.

10 Dorsch S. 112.

11 Henaghan (Fn. 9), S. 179 f.

12 Wilk/Kränzl-Nagl (Fn. 4), S. 106.

13 Wilk/Kränzl-Nagl (Fn. 4), S. 139.

14 Henaghan (Fn. 9), S. 181.

15 Dazu Dorsch S. 115, Verschraegen S. 24.

16 Vgl. dazu oben zu Art. 3.

17 Dazu unten zu Art. 9, 10 und 18, dazu auch Henaghan (Fn. 9), S. 179.

Entstehungsgeschichte

Artikel 5 spiegelt den Einfluß der sogenannten Entwicklungsländer bei den Vorarbeiten zur Konvention wider. Sie haben eine ausgeprägte Tradition der Familienverantwortlichkeit und Erziehung der Kinder durch die Gemeinschaft bewahrt.[18]

Während der Vorarbeiten zur Konvention stellte sich heraus, daß die Staaten darin übereinstimmten, daß der Schutz der Familie als Kernzelle der Gesellschaft in einer Konvention über die Rechte und zum Schutze des Kindes auch festgeschrieben sein muß.[19] Schon Art. 7 des Entwurfs (Art. 15 KRK) und Art. 15 des Entwurfs (Art. 28 KRK) enthielten Elternrechte und -pflichten, die den Delegierten aber nicht ausreichten. Vielmehr sollten die Elternrechte gesondert festgelegt werden.[20] Ein Teil der Delegierten meinte zwar, daß die Rechte der Eltern in einer Konvention über die Rechte des Kindes nichts verloren hätten,[21] ließen sich aber mit Blick auf die Kinderschutzfunktion der Konvention, die ohne Eltern und Familie nicht verwirklicht werden kann, davon überzeugen, daß die Festlegung des Rechts der Eltern und der Familie auf Teilnahme an der Führung und Leitung des Kindes notwendig sei. Um aber zu verhindern, daß die Eltern eine uneingeschränkte Herrschaft über ihre Kinder ausüben können, mußte eine Grenze festgelegt werden, mit der der Schutz der Familie in ein ausgewogenes Verhältnis zum Schutz des Kindes in der Familie gebracht werden kann.[22] Daher wurde eine Grenze in dem Wort "angemessen" aufgenommen. Damit ist dem Staat eine Möglichkeit offen gelassen, in die Familie zum Schutz des Kindes einzugreifen. Dem Kind wird die Teilnahme innerhalb und an der Familie gesichert.

Erst während der *technical review*, bevor der Entwurf der Generalversammlung der Vereinten Nationen vorgelegt wurde und nachdem sich auch die Entwicklungsländer in größerem Maße an den Verhandlungen beteiligt hatten, wurde der Personenkreis erweitert und die gesamte Familie einbezogen. Dies begegnete keinen größeren Einwänden.[23]

Bei der Abfassung dieses Artikels gab es also insofern wenig Probleme. Das liegt wohl auch daran, daß der Schutz der Familiensphäre keine große

---

[18] A. Armstrong "School and Sadza: Custody and the Best Interests of the Child in Zimbabwe", in: P. Alston *Best Interests of the Child* S. 155 ff., A Belembaogo ebenda, S. 209 ff.
[19] E/CN.4/1987/25, para. 101, 106, Detrick S. 158.
[20] Dorsch S. 112.
[21] E/CN.4/1988/29, Abs. 27, 29, 30, Detrick, S. 159 f., Dorsch S. 111.
[22] Vorschlag Kanadas; Dorsch S. 110; E/CN.4/1987/25, Abs. 101, 106, Detrick S. 158.
[23] E/CN.4/1989/48, Abs. 178-185, Detrick S. 161.

Neuerung darstellt, sondern der Vorrang ähnlich bereits in den internationalen Menschenrechtspakten (Art. 23 Abs. 1 IPbürR, Art. 10 IPwirtR) geregelt war.[24]

Personensorge und Vermögenssorge

Die Rechte der Eltern und anderen gesetzlich verantwortlichen Angehörigen werden in vielen nationalen Rechtsordnungen geteilt in die Personensorge und die Vermögenssorge des Kindes.[25] Dabei umfaßt die Vermögenssorge solche Entscheidungen, die das Eigentum und den Besitz des Kindes im weiteren Sinne umfassen. So können die Eltern z.B. eine Erbschaft des Kindes seitens dessen Großeltern zu verwalten haben. Sie haben die gesetzliche Vertretungsmacht für die nicht geschäftsfähigen Kinder.[26] Die Vermögenssorge ist innerhalb der KRK von Art. 27 erfaßt.

Die Personensorge umfaßt die persönlichen Dinge des Lebens. Dazu gehören die Erziehung des Kindes und Fragen wie die Entscheidung, welche Schule besucht werden soll, welcher Arzt im Falle der Krankheit konsultiert wird, welchen Wohnsitz ein Kind haben oder welchem Religionsunterricht es folgen soll. Insofern kann das Elternrecht auch als Grenze für die Rechte des Kindes wirken. Das findet sich auch in einzelnen Bestimmungen wieder. So hat das Kind gemäß Art. 14 KRK Gewissens- und Religionsfreiheit, die Eltern haben gemäß dessen Abs. 2 das Recht, das Kind bei der Ausübung dieses Rechts zu leiten. Auch im Bereich des Wohnsitzes haben die Eltern in der Regel nach nationalem Recht das letzte Wort.[27] Damit stellen die Elternrechte eine notwendige Grenze der Freiheit des Kindes dar, die sich vor allem aus dem Gedanken des Schutzes der Familie als unabdingbar erweist und dem Kindeswohl damit letzlich solange dient, wie die Familie funktioniert.[28]

Genetische, biologische und soziale Elternschaft

In der Praxis sind dabei einige Fragen offen geblieben.

So stellt sich die Frage, welche Elternschaft denn von Art. 5 KRK erfaßt ist. Zum einen besteht die Möglichkeit, daß nur die biologischen Eltern erfaßt sind. Es können aber auch die sozialen Eltern oder die genetischen Eltern sein, die nach neuesten medizinischen Methoden nicht mit den biologischen überein-

---

[24] Dorsch S. 112.

[25] So in Japan vgl. Y. Matsushima "Controversies and Dilemmas: Japan Confronts the Convention", in: Freeman *Children's Rights*, S. 129; in Deutschland: § 1626 Abs. 1 BGB.

[26] Dazu I. Mottl "Das Kind: Rechtssubjekt oder nur Spielball familiärer Auseinandersetzungen?" in: Rauch-Kallat/Pichler, (Fn. 4), S. 190.

[27] So z.B. nach § 8 BGB in Deutschland und Art. 54 iVm. 63 Abs. 1 FGB in Rußland.

[28] Dazu EGMR in Nielsen vs. Dänemark Entscheidung vom 28. 11. 1988, Publications ECHR, Series A vol. 144, Abs. 11.

stimmen müssen.[29] Dabei sind biologische Eltern diejenigen, die das Kind ausgetragen haben, genetische Eltern diejenigen Personen, deren Gene das Kind hat und soziale Eltern diejenigen, die die elterliche Verantwortung tatsächlich übernommen haben.[30] Art. 5 KRK enthält keine Definition des Begriffs der Eltern. Die Frage wird durch die Formulierung des Art. 5 KRK entschärft, nach dem alle gesetzlich für das Kind verantwortlichen Personen von diesem erfaßt werden. Hier wird das nationale Recht vor die Aufgabe gestellt festzulegen, welche Eltern im Einzelfall gesetzlich für das Kind verantwortlich sind und daher das Leitungs- und Führungsrecht innehaben. Diese Frage ist in vielen nationalen Gesetzen nicht geregelt. Sie wird aber in der Praxis selten ein Problem darstellen, da ein samenspendender Vater oder eine Spendermutter selten einen Anspruch auf das Kind erheben werden, sofern sie nicht die biologischen Eltern sind, also die Mutter das Kind z.B. auch austrägt.

Das Problem stellt sich aber bei der Differenzierung zwischen sozialen Eltern und biologischen Eltern. So kann der biologische Vater, der von Mutter und Kind getrennt lebt, Schwierigkeiten haben, ein Recht auf Erziehung des Kindes geltend zu machen, wenn dieses bereits faktisch durch den neuen Lebensgfährten der Mutter, den sozialen Vater angenommen worden ist. Im Einzelfall kann das Kind sogar den biologischen Vater nicht oder nur flüchtig kennen. Dieses Problem ist in den nationalen Gesetzen zu regeln. Dabei ist aber im einzelnen Art. 9 Abs. 3 KRK zu beachten, der das Recht des Kindes auf regelmäßige persönliche Beziehungen zu seinen Eltern regelt. Damit ist in jedem Fall das Recht des Kindes auf regelmäßigen persönlichen Kontakt zu dem nach einer Scheidung oder sonstigen Trennung der Eltern nicht sorgeberechtigten Elternteil festgelegt.[31] Es ist insofern von Vorteil, daß Art. 5 KRK selbst keine Definition des Elternbegriffs liefert, als damit je nach den staatlichen und gesellschaftlichen Traditionen und vor allem dem innerstaatlichen Umfeld der

---

[29] Dazu Dorsch S. 115 f., L. Nielsen/L. Frost, "The Danish Debate", in: Freeman, *Children's Rights*, S. 70, Verschraegen S. 23, 61, Diese Frage hat sich auch schon wiederholt vor dem Europäischen Gerichtshof für Menschenrechte gestellt. Dabei ging es vor allem um Samenspender und damit verbunden häufig trans-- oder homosexuelle Eltern. vgl. dazu die Übersicht über die Rechtsprechung des EGMR: J. Liddy, "Current Topic: The Concept of Family Life under the ECHR", *EHRLR* Issue 1, 1998, S. 15 ff.

[30] Zu den Problemen der künstlichen Befruchtung siehe für Österreich: Verfassungsgerichtshof, Erkenntnis vom 14. 10. 1999, Rechtssache G 91/98 - 13 und G 116/98 - 13.

[31] Vgl. dazu unten zu Art. 9.

Begriff verschieden ausgelegt werden kann. Damit kann dem Kindeswohl im Einzelfall besser Genüge getan werden.[32]

Einfluß von Traditionen auf die Elternrechte

Die Elternrechte stellen sich in verschiedenen Traditionen verschieden dar. Das ergibt sich auch schon aus der Formulierung des Art. 5 KRK. Dabei ist das Bild in Europa und Amerika eher durch die Idee der Kleinfamilie geprägt. Nur in bestimmten Fällen können auch andere Familienmitglieder Verantwortung für das Kind haben, z.B. wenn sie ihnen von den Eltern für den speziellen Fall übertragen worden sind. In den afrikanischen[33], arabischen[34] und in gewissem Maße auch in anderen asiatischen Staaten[35] herrscht eher die Vorstellung vor, daß Kinder nur im Schoße der gesamten Familie großgezogen werden können. Die kleinste Einheit sind hier die Mutter und die Kinder und nicht Vater-Mutter-Kind wie in Europa oder Amerika.[36] Daher gibt es in manchen afrikanischen Sprachen kein Wort das "Tante" umschreibt. Vielmehr werden sowohl die Mutter als auch die Schwestern des Vaters mit dem gleichen Wort bezeichnet.[37] Diese Sprachbesonderheit ist symptomatisch für das dortige Verständnis von Familie. Die Kinder werden sowohl von der Mutter als auch von anderen Frauen der Familie zunächst großgezogen und später an ihren Vater "übergeben", der vor allem die Jungen in den Dingen unterrichtet, die die Mutter nicht kann oder die nicht als Sache von Frauen angesehen werden.[38] In einigen Fällen ist sogar nicht der Vater allein für die weitere Erziehung der Kinder verantwortlich sondern auch der Großvater.[39] Hier wird die Unterscheidung zwischen biologischer und sozialer Elternschaft verwischt. Das ist wohl vor allem auf die Tradition der Naturreligion zurückzuführen, in der Männer mehrere Frauen hatten[40] und sich daher eine Vater-Mutter-Kind-Struktur, wie sie in Europa bekannt ist, nicht entwickeln konnte.

---

[32] Dorsch S. 115 f.; zur Bedeutung des Kindeswohls gegenüber den Rechten der Eltern vgl. auch Verfassungsgerichtshof Österreich a.a.O., der eine Beschränkung des Rechts der Privatsphäre der Eltern nach Art. 8 EMRK durch das Kindeswohl als gerechtfertigt ansieht.

[33] So z.B. in Zimbabwe: Armstrong (Fn. 18), S. 155, in Burkina Faso: A. Belembaogo "The Best Interests of the Child - A Case from Burkina Faso", in: P. Alston *Best Interests*, S. 209, in Südafrika: Sloth-Nielsen/van Heerden (Fn. 1), S. 269.

[34] Verschraegen S. 27.

[35] Für Indien: S. Goonesekere, "The Best Interests of the Child: A South Asian Perspective" in: P. Alston *Best Interests*, S. 125.

[36] Armstrong (Fn. 33).

[37] Armstrong (Fn. 18), S. 156.

[38] Belembaogo (Fn. 18), S. 210.

[39] Belembaogo (Fn. 33), S. 209 f.

[40] Armstrong (Fn. 18), S. 155.

Auch werden Kinder zu Onkel oder Großmutter geschickt, die vielleicht die Ressourcen haben, dem Kind den Schulbesuch zu ermöglichen.[41]

In den arabischen Ländern gilt die Scharia, die dem Vater das alleinige Sorgerecht über die Kinder gibt.[42] Aber auch hier erziehen die Mütter faktisch die Kinder und kommen damit dem in Art. 5 KRK festgelegten Recht auf Führung und Leitung des Kindes nach. Das Recht des Vaters aus der Scharia wird daher vor allem in den Fällen der Trennung der Eltern akut.[43]

Elternverantwortung

Elternrecht im Sinne des Art. 5 KRK meint Elternverantwortung wie sich bereits aus der Diskussion während der Travaux Préparatoires zeigt.[44] Elternrechte sind nicht absolut oder unqualifiziert, sondern werden den Eltern garantiert, um ihre Verantwortungen auszufüllen.[45] Es muß ein Ausgleich geschaffen werden zwischen der Freiheit der Eltern, das Kind zu erziehen, und dem Recht des Kindes auf Achtung seiner Würde.[46] Daher unterliegt das Recht der Eltern aus Art. 5 KRK auf Führung und Leitung ihrer Kinder Grenzen.

Die wichtigste Grenze der Elternrechte aus Art. 5 KRK ist in Art. 5 KRK selbst enthalten. Danach dürfen die Eltern das Kind nur in einer seiner Entwicklung angemessenen Weise leiten und führen. Dem Kind müssen also mit zunehmendem Alter und zunehmender Reife mehr Freiräume zugestanden werden. Eltern dürfen damit nicht alles alleine entscheiden, bis das Kind 18 Jahre alt wird und dann als erwachsen einzustufen ist, sondern müssen dem Kind Entscheidungen überlassen.

Damit ist in Art. 5 KRK ein Teilnahmerecht des Kindes enthalten. Dem Kind soll je nach seiner Reife und seinen Fähigkeiten mehr oder weniger Verantwortung zugestanden werden. Familie soll hier zum Forum zum Erlernen von Entscheidungen und zur Teilnahme an Entscheidungsprozessen werden.[47] Dabei soll die Erziehung der Eltern oder der Gemeinschaft Kindern die Möglichkeit geben zu erkennen, wo die Grenzen liegen und ihnen Richtlinien für das Benehmen in ihrem Umfeld zeigen,[48] um damit auch die Reifung des Kindes zu unterstützen. So kann einem Kind von fünf Jahren die Entscheidung

---

41 Vgl. dazu schon oben zu Art. 3.

42 Verschraegen S. 27.

43 Vgl. dazu unten zu Art. 9.

44 E/CN.4/1988/29, Abs. 27, 29, 30, Detrick S. 159 f., Dorsch S. 111.

45 So ein Entwurf der Scottish Law Commission, S. Newell S. 17.

46 Grosman (Fn. 1), S. 22.

47 Flekkøy/Kaufman, *The Participation Rights of the Child, Rights and Responsibilities in Family and Society*, London 1997, S. 104.

48 Grosman (Fn. 46), Schweizer Bundesrat *BBl* 146 (1994), S. 25.

darüber überlassen werden, ob es Brot oder *Kascha* (Brei) zum Frühstück essen will oder welche Farbe sein Bild haben soll. Es wird aber mit der Entscheidung überfordert sein, wann die Familie in Urlaub fahren soll. Ein sechzehnjähriger Teenager kann und soll dagegen durchaus ein Mitspracherecht bei der Urlaubsplanung haben. Dem Minderjährigen sollen schrittweise einzelne Entscheidungs- und Verantwortungsbereiche übertragen werden,[49] in die sich die Eltern weder durch Führung noch durch Überredung einmischen.[50] In jedem Fall müssen die Entscheidungen eines Kindes Beachtung finden und können nicht konstant übergangen werden. Das ist in dem Wort angemessen ausgedrückt und findet sich in Art. 12 KRK wieder, der die Grundnorm der Teilnahmerechte aus der Konvention ist[51] und nur ausgeübt werden kann, wenn er auch gegenüber den Eltern innerhalb der Familie durchgesetzt werden kann.[52]

Grenzen des Elternrechts

Eine weitere Grenze ergibt sich aus dem Sinn und Zweck des Art. 5 KRK. Dieser soll die Familie vor Eingriffen von Seiten des Staates schützen. Dem Staat wird aber nur die Achtung vor den Elternrechten abverlangt, wenn die Eltern das Kind in angemessener Weise leiten und führen.[53] An die Elternschaft wird die Pflicht zur Treuhänderschaft zum Wohle des Kindes gekoppelt.[54] Hier wird wieder das Konzept des Kindeswohls relevant, das die Eltern zu beachten haben, Art. 3 Abs. 2 KRK.[55] Wird die Grenze von den Eltern nicht beachtet, so kann der Staat zum Wohle des Kindes in die Familie eingreifen[56] und das Kind im äußersten Falle in staatlichen Einrichtungen oder in einer Pflegefamilie unterbringen (Art. 20 KRK).[57] Daß eine solche Trennung von Eltern und Kind nur im äußersten Fall möglich ist, ergibt sich aus der Grundkonzeption der KRK, nach der die Familie einen der höchsten Stellenwerte nach dem Kindeswohl hat, Abs. 6 der Präambel. Diese Grundkonzeption findet sich neben Art. 5 KRK auch in der Präambel, Art. 9 und 10 KRK. Es ist eine weitere Ausprägung dieses Grundsatzes, daß dem Kind aus Art. 5 KRK

---

49 Bethke S. 69.

50 Grosman (Fn. 1), S. 22 f., so z. B. auch das Schweizer ZGB, Art. 301.

51 siehe dazu unten zu Art. 12 KRK.

52 Toope (Fn. 4), S. 49.

53 Bethke S. 68, Dorsch S. 113, Newell S. 17.

54 Bethke S. 69.

55 Toope (Fn. 4), S. 48, Verschraegen, S. 93.

56 D. Hodgson, "The international human right to education and education concerning human rights", *Int'l J Children's Rights* 4 (1996), S. 237 ff., 260.

57 Auch in Pflegefamilien wirkt das Prinzip des Art. 5 KRK, indem dort die Familie sozusagen simuliert wird. Sloth-Nielsen/van Heerden (Fn. 1), 273.

auch ein Recht auf Familie zusteht. Das hat zur Folge, daß der Staat, wenn er regelnd eingreift nach Möglichkeit Familienzusammengehörigkeiten beachtet, also z.B. Geschwister soweit möglich in der gleichen Pflegefamilie unterbringt o.ä.

Andererseits hat sich der Staat mit Art. 3 und 5 KRK auch dazu verpflichtet, regelnd in die Beziehungen zwischen Familie und Kind einzugreifen, um das Kindeswohl zu sichern.[58]

Wann diese Grenze erreicht wird, wird aber in verschiedenen Staaten unterschiedlich ausgelegt.

Ein Extrembeispiel für staatliche Eingriffe bietet die Familienpolitik in China, die sicher nicht die Elternrechte gemäß Art. 5 KRK achtet. Diejenigen Eltern, die mehr als ein Kind zur Welt gebracht haben, werden bestraft, indem ihnen Sozialleistungen nicht gewährt werden, sie keine Arbeitsstelle bekommen, ihnen die "überzähligen" Kinder entzogen werden u.ä.[59]

Eine weitere Grenze der Elternrechte ergibt sich ebenfalls aus dem Sinn und Zweck des Art. 5 KRK. Danach können die Eltern die Sorge für das Kind nicht übernehmen, wenn ein Interessenkonflikt zwischen den Eltern und dem Kind besteht, denn dann ist eine angemessene Führung und Leitung nicht möglich. Damit wird ein Teil der Erziehung und damit der Führung der Kinder aus den Händen der Eltern in die eines Lehrers gelegt. Er tritt sozusagen *in loco parentis* auf.

Für die Führung und Leitung des Kindes im Bereich der Bildung wird schon durch die Konvention selbst der Lehrer eingesetzt. Gemäß Art. 28 lit. a KRK ist der Besuch der Grundschule Pflicht für alle Kinder. Die Bildungsziele ergeben sich aus Art. 29 KRK.

Insgesamt erkennt Art. 5 KRK die Familie als Kernzelle der Gesellschaft an und schützt sie demzufolge ähnlich wie das auch in den internationalen Pakten schon festgelegt war.

Dreierbeziehung Eltern-Kind-Staat

Der eigentliche Fortschritt des Artikels besteht jedoch darin, daß ausdrücklich die Dreierbeziehung Kind-Familie-Staat geregelt ist.[60] Das Kind wird auch vor seiner Familie und innerhalb seiner Familie vor sich selbst und den Folgen seiner Unreife geschützt, indem den Eltern die Verantwortung über-

---

58 Toope (Fn. 4).

59 T.J. Fitzgibbon, "The UN Convention on the Rights of the Child: Are Children Really Protected? - A Case Study of China's Implementation" *Loy.L.A. Intern'l & Comp. L. J.* 20 (1998), 325 ff.

60 Dorsch S. 112.

tragen wird, für das Kind zu sorgen. Der Staat unterstützt die Familie in dieser Aufgabe. Gleichzeitig begrenzt er dann die Rechte der Familie, wenn sie ihre Funktion mißbraucht.

Umsetzung in Rußland

In Rußland ist die Familie durch Art. 38 russ. Verf. geschützt. Danach stehen Mutterschaft und Familie unter dem Schutz des Staates und die Sorge um die Kinder und deren Erziehung sind das gleiche Recht und die gleiche Pflicht der Eltern.

Das Familienrecht ist in Rußland ein eigenes Rechtsgebiet.[61] Unter Fortentwicklung der russischen Tradition, angepaßt an die neuen Lebensbedingungen einschließlich der neuen Verfassung von 1993,[62] wird es abgelehnt, die durch Ehe und Familie begründeten Rechtsbeziehungen vermögensrechtlich zu verstehen.[63] Dem Kindschaftsrecht als solchem und vor allem den Rechten des Kindes ist ein Kapitel im Familiengesetzbuch gewidmet (Abteilung IV für das Kindschaftsrecht im allgemeinen und Kapitel 11, Art. 54 bis 60 für die Rechte des Kindes). Es orientiert sich in hohem Maße an den Regelungen der KRK.[64] Kinder werden rechtlich als besonders wichtig angesehen und stellen ein Scheidungshindernis für die Eltern dar,[65] Art. 19 FGB.[66]

Das Kind hat nach Art. 54 FGB das Recht, bis zu seiner Volljährigkeit bei seiner Familie zu leben und aufzuwachsen. Insofern ist in der russischen Gesetzgebung die Idee des Rechts des Kindes auf eine Familie aufgegriffen und umgesetzt.

Nach Art. 18, 52 des Gesetzes über die Ausbildung gelten die Eltern als die ersten Pädagogen im Leben eines Kindes und sind daher dafür verantwortlich, die Grundlagen für seine physische, moralische und intellektuelle Entwicklung zu legen.[67] Sie haben auch das Recht, den Weg der Ausbildung ihrer Kinder zu wählen oder ihm eine Ausbildung der Grundstufe selbst

---

61 Vgl die Unterscheidung in Art. 72 I lit k. russ. Verf.

62 Zur Anpassung des Familienrechts an die neuen Verhältnisse in Rußland vergleiche J. Lippott "Familienrecht und IPR in Rußland" *FamRZ* 11 (1998), S. 663 ff.

63 M. Burian, "Das russische Scheidungsrecht vor und nach Inkrafttreten des neuen Familiengesetzbuchs" *ROW* 1998, S. 88 f.

64 Lippott (Fn. 62), S . 663 ff.

65 Burian (Fn. 63).

66 Gesetz vom 29. 12. 1995, *SZFR* 1996, Nr. 1 Art. 16.

67 Gesetz des russischen Föderation vom 13. 01. 1996, Nr. 12-FS.

zu geben. Darüber hinaus haben sie das Recht, die Muttersprache ihres Kindes frei zu bestimmen.[68]

Das Prinzip von Elternrecht und Elternverantwortung wird im russischen Familiengesetzbuch aufgegriffen. Grundsätzlich sind die rechtlichen Vertreter eines Kindes seine Eltern, Art. 64 FGB RF, Art. 30 Abs. 2 VwVfG RF. Nach Art. 63 haben die Eltern das Recht, ihre Kinder aufzuziehen. Dem korrespondiert die Pflicht, deren Rechte und Interessen zu schützen sowie für deren physisches, psychisches, geistiges und sittliches Wohlergehen zu sorgen, Art. 63 Abs. 2, 64 FGB. Elternrechte dürfen den Rechten des Kindes nicht zuwiderlaufen, Art. 65 FBG. Die Frage nach der Art der Elternschaft, die das Familienrecht schützt ist zugunsten der biologischen Elternschaft insofern entschieden, als verheiratete Personen, die einer künstlichen Insemination oder der Implantation eines Embryos zustimmen, für den Fall der Geburt eines indes ihr schriftliches Einverständnis erklären müssen, daß sie als Eltern des Kindes im Geburtenregister eingetragen werden.[69]

In der Praxis ergeben sich Probleme, die bereits mit dem ersten Staatenbericht der russischen Föderation diskutiert wurden.[70] Seit dem Zusammenbruch der Sowjetunion und dem Wechsel von einer Plan- zu einer Marktwirtschaft brechen immer mehr Familien auseinander. Daher wurde ein Trainingsprogramm für Sozialarbeiter initiiert, um dadurch die Möglichkeit zu eröffnen, Familienkultur wieder herzustellen. Die Erfolge sind bisher wenig sichtbar.[71]

Verschärft wird die Situation dadurch, daß Rußland eine Vorschrift hat, nach der Mütter unehelicher Kinder diese in staatlichen Institutionen unterbringen können und sich damit jeglicher Verantwortung für sie entledigen können.[72]

Art. 9 Trennung von den Eltern

Artikel 9 KRK schützt das grundsätzliche Element des Familienlebens: die wechselseitige Freude von Eltern und Kind an der Gesellschaft des anderen.[73] Er konkretisiert den Familienschutz auf die staatlich veranlaßte Tren-

---

68 Gesetz der russischen Föderation vom 25. 10. 1991, Nr. 1807-1, "O jasikach narodow RSFSR", Art. 9.

69 W.E. Butler, *Russian Law*, Oxford 1999, S. 409.

70 Committee on the Rights of the Child, 64th meeting CRC/C/SR.64, 27. 1. 93 Abs. 13.

71 Committee on the Rights of the Child ebenda Abs. 22.

72 Khazova (Fn. 6), S. 215.

73 So der EGMR und die europ. Kommission MR Beschwerde Nr. 17 383/90, Abs. 76, 99 der Entscheidung; vgl. dazu I. Fahrenhorst, "Der Schutz elterlicher Rechte bei einer Trennung von Eltern und Kind und die Europäische Konvention zum Schutze der Menschenrechte und Grundfreiheiten", *FamRZ* 43 (1996), S. 454 ff., S. 457.

nung von Eltern und Kind, die nur in bestimmten Grenzen zulässig ist, und verbindet den Familienschutz mit dem Kindeswohl.[74] Er zeigt, daß die Familie nach dem Konzept der KRK grundsätzlich dem Kindeswohl dient, daß letzterem aber der Vorrang gebührt.

Daneben verbindet Artikel 9 KRK die Eltern- und Familienrechte mit anderen Bereichen der KRK. Abs. 1 schützt noch unmittelbar die Familie als solche. Die Beziehung des Kindes zu seinen Eltern soll gegen eine staatlich veranlaßte Trennung von Eltern und Kind geschützt werden. Dabei werden die Staaten weniger im Sinne von Art. 4 KRK verpflichtet tätig zu werden. Vielmehr gewährleistet Abs. 1 die Möglichkeit der Abwehr staatlicher Eingriffe in eine funktionierende Kontaktbeziehung zwischen Eltern und Kind.[75]

Abs. 2 erhält eine korrespondierende Verfahrensgarantie. In einem Verfahren der Trennung von mindestens einem Elternteil vom Kind muß jeder Beteiligte Gelegenheit zur Äußerung bekommen. Das gilt vor allem auch für das Kind selbst. Damit gehört Abs. 2 auch in den Bereich der Teilnahmerechte und ist im Zusammenhang mit Art. 12 zu sehen.[76]

Abs. 3 erfaßt die Situation, in dem die Familie schon nicht mehr funktioniert, die Eltern bereits getrennt sind. Der Schutz der regelmäßigen Kontakte des Kindes mit den getrennten Eltern dient der Möglichkeit von beiden Elternteilen zu profitieren. Absatz 3 versucht zu verhindern, daß das Kind ohne die elterliche Sorge verbleibt und anderweitig untergebracht werden muß. Insofern ist hier eine Verbindung mit Art. 20 und 25 KRK zu sehen.

Abs. 4 gehört auch zu den Verfahrensgarantien, wie sie etwa in Art. 37 und 40 KRK gewährt werden. Hier wird der Schutz der Familie auf die Fälle ausgedehnt, in denen das Kind aufgrund staatlicher Maßnahmen von den Eltern und übrigen Familienangehörigen getrennt wird. Die Trennung ist dabei nur eine unbeabsichtigte Nebenfolge.[77] In diesen Fällen muß Auskunft über den Verbleib von Kind und Eltern oder auch anderen Familienangehörigen erteilt werden.

Entstehungsgeschichte

Während der Vorarbeiten zu diesem Artikel ist eine kontinuierliche Stärkung des Trennungsschutzes von den Vorläuferdokumenten bis hin zur endgültigen Fassung der KRK zu beobachten.[78] So enthielten die Kinderrechts-

---

[74] Dorsch S. 157.
[75] Dorsch S. 160.
[76] Schweizer Bundesrat *Bundesblatt* 146 (1994), S. 31.
[77] Dorsch S. 261.
[78] Dorsch S. 155.

erklärungen nur wenige oder gar keine Erwähnung eines eventuellen Trennungsschutzes. Im zweiten polnischen Entwurf (*Second Polish Draft*) war ein solcher nur für Kinder im Vorschulalter vorgesehen.[79] Ein amerikanischer Vorschlag von 1981 vermied dann jede Altersbeschränkung.[80] Ein Vorschlag, einfach auf die Menschenrechtspakte von 1964 zu verweisen, drang nicht durch.[81]

Absatz 2 geht ebenfalls auf einen Vorschlag der USA zurück. Bezüglich dieses Absatzes kam in der Arbeitsgruppe keine Diskussion auf.[82]

1981 wurde ein Vorschlag eingebracht, nach dem das Band zwischen Eltern und Kind auch bei einer Trennung aufrechterhalten werden muß. Dabei stand jedoch noch diejenige Familie im Vordergrund, die vorübergehend getrennt war und eine Vereinigung an einem bestimmten Ort anstrebt. Nicht erfaßt waren solche Familien, die auch künftig getrennt leben wollten.[83] Ein französischer Vorschlag griff 1982 die Problematik gescheiterter gemischtnationaler Ehen auf.[84] Die australische Seite brachte eine Formulierung ein, die die Sicherstellung des Kontakts in allgemeiner Form beinhaltete. Sie fand uneingeschränkte Zustimmung in der Arbeitsgruppe.[85]

Absatz 4 war in einem Vorschlag Australiens enthalten, der aber der Kritik unterlag, daß kein Antragserfordernis für die Auskunftserteilung vorgesehen war und die Auskunftserteilung nicht vom Kindeswohl abhängig gemacht wurde.[86]

Bei Art. 9 KRK hatten vor allem die ngo Gelegenheit mitzuarbeiten und über die Staatenvertreter Vorschläge einzubringen sowie sich zu den verschiedenen Fragestellung zu äußern. Ihnen lag besonders das Problem grenzüberschreitender Trennung am Herzen,[87] das dann in Art. 10 KRK eine Regelung fand.

Im Zusammenhang mit Art. 9 KRK wurde auch die Möglichkeit erörtert, dem Kind ein Recht auf Freizügigkeit sowie ein solches auf Asyl einzuräumen.

---

79 E/CN.4/L1575, Abs. 65, 69, Detrick S. 163 und Considerations 1982 Working GroupE/1982/12/Add.1, C Abs. 10, Detrick S. 165, Dorsch S. 155.

80 E/1982/12/Add.1, C Abs. 25, Detrick S. 169, Dorsch S. 155.

81 E/CN.4/1983/62, S.4-8, Abs. 17, Detrick S. 197.

82 Dorsch S. 260.

83 Dorsch S. 158, Considerations 1981 Working Group a.a.O.

84 E/1982/12/add. 1 C Abs. 15, Detrick S. 167, Dorsch S. 159.

85 E/CN.4/1983/62 Abs. 19 a.E., 23, Detrick S. 175.

86 E/CN.4/1983/62 Abs. 23, Detrick S. 175, Dorsch S. 261.

87 E/1982/12/Add. 1 C Abs. 13,14, Detrick S. 166.

Dieses wurde aber mangels Konsensfähigkeit zwischen den Staaten abgelehnt.[88]

Entfernen des Kindes von den Eltern

Im einzelnen werden im Zusammenhang mit Abs. 1 staatliche Entscheidungen über die Entfernung des Kindes aus der Familie, die öffentliche Obhut und über den Entzug der Elternrechte, ein Umgangsverbots, im äußersten Falle die Adoptionsfreigabe, diskutiert. Im Bezug auf die Trennung oder Ehescheidung der Eltern betrifft die gerichtliche Entscheidung vor allem das Sorgerecht und Besuchs- und Informationsrechte des nicht sorgeberechtigten Elternteils.

Art. 9 Abs. 1 a.E. KRK enthält eine Ermächtigung an den Staat, Eltern ihre Kinder zwangsweise wegzunehmen. Hier wird die Grenze des Art. 5 KRK, daß der Staat die Rechte der Eltern nur dann anerkennen muß, wenn sie ihre Kinder angemessen führen und leiten, verschärft und ausgestaltet. Während Art. 5 KRK vorsieht, daß Kinder ihren Eltern entzogen werden können, sieht Art. 9 Abs. 1 KRK eine noch weitergehende Maßnahme vor. Während die Eltern bei einem Entzug nach Art. 5 KRK weiterhin Kontakt- und Besuchsrechte nach Art. 9 Abs. 1 oder 3 KRK haben[89], gibt Art. 9 Abs. 1 a.E. KRK dem Staat auch die Möglichkeit zum Wohle des Kindes jeglichen Kontakt zwischen Eltern und Kind zu unterbinden. Dies darf aber nur im Sinne des Kindeswohls geschehen und ist auf die äußersten Fälle beschränkt, in denen der Schutz der Familie, der in der Regel auch den Schutz des Kindeswohls enthält, durch das vorrangige Prinzip des Kindeswohls durchbrochen wird. Damit sanktioniert Art. 9 KRK nicht etwa diejenigen Eltern, die nicht würdig sind, Kinder zu haben o.ä., sondern das Kind selbst soll geschützt werden.[90]

Die Kriterien für die Entfernung des Kindes und die Unterbrechung des Kontakts müssen gegen den Grundsatz möglichst geringer Intervention abgewogen werden.[91] Artikel 9 KRK erkennt nämlich nur notwendige Eingriffe als rechtmäßig an. Auch Art. 5 KRK, der bei staatlichen Eingriffen nach Art. 9 KRK zu beachten ist, schreibt die möglichste Erhaltung der Beziehung zwischen Eltern und Kind und erlaubt damit letztlich nur verhältnismäßige Eingriffe. Dazu muß die Gefahr einer ernsthaften körperlichen oder seelischen Schädigung des Kindes festgestellt werden können. Was im Einzelfall eine sol-

---

88 Working Group a.a.O. Abs. 16, Detrick S. 168.

89 L.Nielsen/L. Frost "The Danish Debate" in: Freeman *Children's Rights*, S. 82

90 Sloth Nielsen/ van Heerden (Fn. 4), 258.

91 Sloth-Nielsen/van Heerden (Fn. 4), 260. Ähnlich auch die europäische Kommission im Falle A. Johansen gg. Norwegen a.a.O., dazu Fahrenhorst (Fn. 73).

che Schädigung beinhaltet und indiziert, ist der Regelung durch die Vertragsstaaten überlassen. Wo der Staat keine bessere Alternative hat, sollte das Kind nicht aus der Familie genommen werden.[92] Damit ergibt sich eine Ausrichtung der zwangsweisen Wegnahme des Kindes von seinen Eltern am Verhältnismäßigkeitsprinzip. Der geringste Eingriff ist das Stellen des Kindes unter öffentliche Obhut. Reicht das nicht aus, so kann der Staat das Sorgerecht entziehen. Wenn auch diese Maßnahme nicht genügt, um das Kindeswohl zu sichern, dann kann der Staat den Umgang der Eltern mit dem Kind versagen. Als allerletzte Maßnahme kann das Kind zur Adoption freigegeben werden.[93]

Trennung der Eltern

Ein Problem des Abs. 1 a. E. in Verbindung mit Abs. 3 sind vor allem die Sorgerechtsentscheidungen bei Trennung der Eltern. Teilweise wird aus Art. 5 i.V.m. Art. 9 und 18 KRK gefolgert, daß die Konvention ein gemeinsames Sorgerecht der Eltern fordert.[94] Dazu müßten die Vertragsstaaten aber bei Abschluß der Konvention darüber einig gewesen sein, daß eine solche Folgerung gezogen werden sollte. Das war aber nicht der Fall. Vielmehr waren die arabischen Staaten darauf bedacht, die Gesetze der Scharia nicht zu beeinträchtigen, wie sich aus dem Wortlaut des Art. 20 KRK zeigt, in dem die Kafala anerkannt wird. Diese erkennt das alleinige Sorgerecht des Vaters an.[95] Die afrikanischen Staaten wollten ihre Traditionen geschützt wissen, wie schon in der Präambel angelegt ist.[96] Auch dort wird dem Vater oft das vorrangige Sorgerecht zugestanden.[97] Auch in vielen europäischen Staaten war das Konzept eines gemeinsamen Sorgerechts bisher nicht vorgesehen.[98] Daraus ergibt sich, daß eine solche Konsequenz aus der KRK nicht gezogen werden kann. Das wird durch eine grammatische Auslegung des Abs. 3 des Art. 9 unterstützt, denn die Möglichkeit von Kontakt und persönlichen Beziehungen mit beiden Elternteilen schließt ja gerade die Möglichkeit ein, daß nicht beide Elternteile das Sor-

---

92 Sloth-Nielsen/van Heerden (Fn. 4), 260.

93 Dazu Fahrenhorst (Fn. 73), S. 457.

94 Schweizer Bundesrat (Fn. 76) S. 43.

95 Vgl dazu oben zu Art. 5 KRK.

96 Siehe dazu oben II 2 und Sloth-Nielsen/van Heerden (Fn. 1), 269.

97 Vgl. dazu Belembaogo (Fn. 35), S. 210, ähnlich nach traditionellem Recht auch in Indien: Goonesekere (Fn. 35), S. 125.

98 So ist z.B. das gemeinsame Sorgerecht erst jetzt mit § 1626 b BGB n.F. eingeführt. vgl. dazu B. Huber Geändertes Kindschaftsrecht und Ausländerrecht, *NVwZ* 1998, S. 713 f.; In Dänemark konnte bis Mitte der siebziger Jahre nur die Mutter das Sorgerecht über ihr uneheliches Kind innehaben, vgl. dazu Entscheidung des EGMR in der Sache Nielsen gg. Dänemark, Entscheidung vom 28. 11. 1988, Publications ECHR, Series A vol. 144, Abs. 11.

gerecht innehaben und darum in der Regel ohnehin Kontakt pflegen. Art. 9 Abs. 1 und 3 verlangen aber nur, daß die tatsächliche Möglichkeit besteht, daß das Kind Kontakt zu beiden Elternteilen pflegt, nicht aber das gemeinsame Sorgerecht.

Dennoch wurde mit Blick auf das Kontaktrecht des Kindes aus Art. 9 KRK in einigen Staaten die Möglichkeit des gemeinsamen Sorgerechts eingeführt.[99] In anderen Ländern wurden eine solche Notwendigkeit nicht gesehen. Vielmehr wird in vielen afrikanischen Ländern nach der Tradition das Sorgerecht regelmäßig dem Vater zugesprochen.[100] Ähnliches gilt auch in Südamerika[101]. Im Einzelfall wird häufig differenziert: Kinder, die jünger als fünf Jahre alt sind, kommen zur Mutter, ältere Kinder leben nach der Trennung in der Tendenz eher beim Vater. Der das Sorgerecht nicht ausübende Elternteil bekommt ein Besuchsrecht. Er hat damit in der Regel das Recht, sein Kind regelmäßig zu sehen und sich mit ihm auszutauschen, ohne dabei vom anderen Elternteil unterbrochen zu werden. Dem Besuchsrecht angegliedert ist oft ein Recht auf Information über das Kind gegenüber dem anderen Elternteil. Dabei geht es vor allem um den Bildungsweg des Kindes und ähnliche seine Zukunft betreffende Angelegenheiten.[102]

Im Bereich des Europarates wurde eine Konvention zur Anerkennung und Durchsetzung von Sorgerechtsentscheidungen unterzeichnet, mit deren Hilfe die Sorgerechtsentscheidungen aus den verschiedenen Ländern auch gerichtlich durchsetzbar werden.[103] Es werden dort Bestimmungen über zuständige Behörden, Grundsätze der Anerkennung und Durchsetzung von Sorgerechtsentscheidungen und Prozeßgrundsätze getroffen. Damit wird für die Kinder eine Kontinuität über die Landesgrenzen hinweg geschaffen.

Überprüfbarkeit der Entscheidung

Im Bezug sowohl auf Sorgerechtsentscheidungen als auch auf Entscheidungen über die zwangsweise Wegnahme des Kindes enthält Art. 9 Abs. 1 KRK eine Verfahrensgarantie. Die Trennung von Eltern und Kind ist nur zulässig, wenn die Behörden in gerichtlich nachprüfbarer Entscheidung feststel-

---

[99] So in Deutschland durch die Kindschaftsrechtsreform § 1626 a BGB n.F., dazu Huber (Fn. 98), S. 713 f. In Japan besteht die Möglichkeit das Sorgerecht für das Kind nach Personen- und Vermögenssorge zu trennen, vgl. Matsushima (Fn.25).

[100] Belembaogo (Fn. 33).

[101] Für Argentinien: Grosman (Fn. 1), S. 18.

[102] Grosman (Fn. 1) S. 19 für Argentinien.

[103] Europäische Konvention über die Anerkennung und Vollstreckung von Entscheidungen über Sorgerecht für Kinder und die Wiederherstellung der Kindessorge vom 20. 5. 1980, ETS No. 105.

len, daß die Trennung zum Wohle des Kindes notwendig ist. Das heißt, es muß eine Instanz gegeben sein, die die behördlichen Entscheidungen überprüfen kann. Ein Vergleich mit Art. 37 lit. d und Art. 40 KRK zeigt, daß hier nicht notwendig ein Gericht gegeben sein muß, sondern daß auch eine unabhängige, unparteiische Behörde mit der Überprüfung betraut werden kann.[104] Wenn nämlich schon ein Haftentscheid von einer Behörde überprüft werden kann, dann muß das erst recht für eine Trennungsentscheidung gelten, bei der das Kind nicht in seiner körperlichen Bewegungsfreiheit beschränkt wird. Es ist nicht näher bestimmt, wer die Überprüfung einleiten kann. Das ist der Regelung durch die Vertragsstaaten überlassen, die aber Art. 9 Abs. 2 KRK zu beachten haben.

Teilnahmerechte

Art. 9 Abs. 2 KRK enthält ein Recht auf Teilnahme im Prozeß der Trennung der Eltern untereinander und der Trennung des Kindes von den Eltern. Dazu verlangt dieser Absatz die Möglichkeit der Äußerung des Kindes. Die Form der Äußerung ist offen, jedoch läßt sich keine formelle Parteistellung und Prozeßlegitimation des Kindes aus dieser Vorschrift ableiten. Im Gegenteil kann ein Kind auch ohne formelle Parteistellung und Prozeßlegitimation Mitwirkungs- und Anhörungsrechte geltend machen.[105] Das Kind muß zwar beteiligt werden, es muß aber wegen Art. 12 Abs. 2 KRK nicht selbst gehört werden sondern kann auch durch einen Vertreter oder eine staatliche Stelle mittelbar beteiligt sein.[106] Damit wird Art. 9 Abs. 2 KRK eher zu einem mittelbaren Teilnahmerecht.[107] Hier wird zum einen ein erhöhter Schutz des Kindes gewährleistet, dem nicht die alleinige Entscheidung darüber aufgebürdet wird, welcher Elternteil für es sorgen soll. Andererseits wird ihm damit auch die Möglichkeit genommen, sich selbst vor dem Gericht zu äußern.

Kontakt- und Besuchsrechte

Art. 9 Abs. 3 KRK hat zwei Aspekte: Zum einen regelt er Besuchs- und Kontaktrechte des Kindes zu seinen Eltern. Zum anderen ist dieses Kontaktrecht ein Entscheidungsrecht. Das Problem der Besuchs- und Kontaktrechte stellt sich neben den oben angesprochenen Fällen der Scheidung der Eltern vor

---

104 Schweizer *Bundesblatt* 146 (1994) S. 31.; so ähnlich auch zu Art. 5 Abs. 1 und 6 Abs. 1 EMRK, EGMR a.a.O. Abs. 58 ff.

105 Schweizer *Bundesblatt* 146 (1994), S. 31. Damit geht Art. 9 Abs. 2 KRK über die Bestimmung des Art. 6 Abs. 1 EMRK hinaus.

106 Dorsch S. 261.

107 Newell S. 33 zur Umsetzung in England.

allem bei Kindern alleinerziehender Mütter und in seltenen Fällen alleinerziehender Väter.

Das Kind lebt in diesen Fällen getrennt von einem Elternteil im Sinne von Art. 9 Abs. 3 KRK. Daher ist auch hier die Frage nach persönlichen Kontakten mit dem anderen Elternteil zu stellen. Das Problem der Kontakte ist in erster Linie verbunden mit dem elterlichen Sorgerecht und elterlichen Besuchsrechten. Damit ist es im Grunde in ähnlicher Weise zu lösen wie in den Fällen der Trennung der Eltern. In der Regel hat ein Elternteil das Sorgerecht, der andere Besuchs- und Informationsrechte.[108]

Akut wird das Problem, wenn der eine Elternteil das Kind noch nie gesehen hat und erst nach einer Weile auf seine Besuchsrechte pocht oder in langen Gerichtsprozessen darum kämpft. Dann nämlich kann es dazu kommen, daß im Sinne des Kindeswohls entschieden wird, daß dem getrennten Elternteil mit der Begründung keine Rechte eingeräumt werden, daß das dem Kindeswohl zuwiderläuft und die Entwicklung des Kindes negativ beeinträchtigt. In diesen Fällen hat das Kindeswohl nach Art. 3 und auch nach Art. 9 Abs. 1 und 3 KRK den Vorrang vor elterlichen und kindlichen Umgangsrechten. Allerdings wird im Einzelfall sorgfältig zu überprüfen sein, ob solche Umgangsrechte wirklich dem Kindeswohl zuwiderlaufen.[109]

Diese Art von Fällen hatten die Europäische Kommission für Menschenrechte und der Europäische Gerichtshof für Menschenrechte im Rahmen von Art. 8 EMRK mehrfach zu entscheiden. In der Entscheidung W gegen das Vereinigte Königreich[110] gaben Eltern ihr Kind wegen ehelicher Schwierigkeiten und eines Alkoholproblems der Mutter in freiwillige Pflege. Währen der kommenden Jahre war das Kind immer wieder für einige Tage bei den leiblichen Eltern, bevor es freiwillig von den Eltern zurück zu den Pflegeeltern gebracht wurde. Als schließlich die leibliche Mutter ihre Alkoholsucht überwunden hatte, versuchte sie, das Kind wieder zu sich zu nehmen. Das wurde ihr von den Behörden mit Blick auf die Interessen des Kindes versagt. Der EGMR erkennt in seiner Entscheidung an, daß auch wenn Kinder nicht adoptiert werden, die Pflegschaft über sie dann irreversibel werden kann, wenn das Kind zu seinen Pflegeeltern eine neue Verbindung geknüpft hat, die durch die Rückgabe

---

[108] Z. B. zur Regelung des Rechts auf Bildung zum Beispiel in Dänemark vgl.: Nielsen/Frost (Fn. 89), S. 72.

[109] Die europäischen Organe gehen davon aus, daß Art. 8 EMRK, der das Recht auf Familienleben postuliert, auch Umgangsrechte der Eltern mit ihren Kindern gewährt. vgl statt vieler: EGMR, Nielsen gg. Dänemark, Entscheidung vom 28. 11. 1988, Publications ECHR, Series A, vol. 144.; Europäische Kommission A. Johansen gg. Norwegen, Beschwerde Nr. 17 383/90, dazu im einzelnen Fahrenhorst (Fn. 73), S. 454 ff.

[110] Urteil W. vs. UK vom 8.7.1987 series A vol. 121.

des Kindes an die leiblichen Eltern entgegen dem Wohl des Kindes zerstört würde. Dennoch nahm der EGMR auf die Beschwerde der Eltern hier eine Verletzung des Rechts auf Familienleben an, denn die Eltern waren von Anfang an nicht ausreichend in die Entscheidungsprozesse der Behörden einbezogen und konnten so die Irrevisibilität der Entscheidungen nicht zu einem Zeitpunkt beeinflussen, in dem dem Kind noch kein Schaden zugefügt worden wäre.

Im Fall A. Johansen gegen Norwegen wurde ein Kind nach der Geburt auf der Grundlage des norwegischen Kinderwohlfahrtsgesetzes seiner Mutter entzogen und zur Adoption freigegeben.[111] Die Mutter hatte bereits vorher ein Kind und vernachlässigte dieses. Schon während der Schwangerschaft hatte sie gesundheitliche Schwierigkeiten. Später konnte die Mutter ihre gesundheitlichen und sozialen Schwierigkeiten bewältigen und wollte ihr Kind zu sich nehmen, bevor es adoptiert werden konnte. Das verweigerten die Behörden. Die Kommission entschied - orientiert am Grundsatz der Verhältnismäßigkeit -, daß die von den Behörden geltend gemachten Umstände für einen derart endgültigen Schritt wie die Freigabe des Kindes zur Adoption vor dem Recht auf ein Familienleben nach Art. 8 KRK nicht ausreichten.[112] Der EGMR hielt diese Entscheidung in den wesentlichen Teilen.[113] Er hielt die Stellung des Kindes unter Pflege ohne die Mutter für gerechtfertigt. Sie seien *necessary in a democratic society*. Im Lichte des Art. 8 EMRK nicht gerechtfertigt waren nach dieser Entscheidung aber der Entzug des Sorge- und des Zugangsrechts zu dem Kind. Der EGMR war danach ebenso wie die Kommission bemüht gleichzeitig die Sicherheit und Entwicklungsmöglichkeiten des Kindes, das Kindeswohl, als auch das Recht der Mutter auf ein Familienleben mit dem Kind zu schützen.

In zwei neueren Entscheidungen hat der EGMR seine Rechtsprechung weitgehend bestätigt. Im Fall Nuutinen gegen Finnland[114] enthielt eine Mutter ihr uneheliches Kind von dessen Vater fern, der bereits wegen der Verursachung von Gefahr für andere vorbestraft war. Die Behörden gaben ihr zwar auf, ihm Besuche zu ermöglichen, sie machte aber geltend, daß sie Angst um ihr Kind habe und verweigerte die Besuchsrechte. Die Behörden überzeugten sie nicht, das Kind wenigstens zu überwachten Besuchen mit dem Vater zu bringen. Der Vater versuchte zunächst gerichtlich seine Vaterschaft anerkennen zu

---

[111] Zur Entscheidung der Europäischen Kommission für Menschenrechte Beschwerde Nr. 17383/90, vgl. die Darstellung bei Fahrenhorst (Fn. 109).

[112] Fahrenhorst (Fn. 73), S. 455 ff.

[113] Urteil des EGMR vom 7. 8. 1996, Reports 1996-III, im Internet zu finden unter http://www.dhcour.coe.fr/hudoc/ (am 30. 8. 2000).

[114] Nuutinen vs. Finland, Urteil vom 27. 6. 2000, veröffentlicht im Internet auf der Homepage des EGMR: http://www.dhcour.coe.fr/hudoc (am 30. 8. 2000).

lassen und Besuchsrechte zu erzwingen. Gerichtliche Ordnungsstrafen für die Weigerung, das Kind dem Vater zu präsentieren, brachten die Mutter nicht dazu, einem Besuch des Kindes zuzustimmen. Das nationale Gericht verweigerte dem Vater schließlich mit der Begründung, daß es nicht dem Kindeswohl entspreche, Besuchsrechte auszuüben. Auch hier erkennt der EGMR an, daß Entscheidungen der nationalen Behörden über Kontaktrechte von Eltern einen fairen Ausgleich (*fair balance*) zwischen den Rechten der Eltern und dem Kindeswohl schaffen müssen. Er fand keinen Grund, das Vorgehen der Behörden hier zu beanstanden, die das Kindeswohl beeinträchtigt sahen, wenn dem Vater, der immer wieder aggressiv verhalten hatte, Kontaktrechte eingeräumt wurden.

Im zweiten Fall[115] versuchte auch ein nichtehelicher Vater Zugang zu seinem Kind zu bekommen. Nachdem er kurz nach der Geburt die Vaterschaft anerkannt hatte und Unterhalt zahlte, brach der persönliche Kontakt ab. Im Alter von fünf Jahren verweigerte das Kind den weiteren Kontakt mit dem nichtehelichen Vater. Die deutschen Gerichte verweigerten eine Umgangsregelung mit Blick auf § 1711 BGB a.F. und unter Berufung auf das Wohl des Kindes. Der EGMR rekurriert auf seine frühere Rechtsprechung nach der eine fairer Ausgleich zwischen dem Kindeswohl und den Interessen der Eltern zu finden ist. Dabei ist das besondere Augenmerk auf das Kindeswohl zu richten. Er stellte eine Verletzung des Art. 8 EMRK mit der Begründung fest, daß der Vater in die Entscheidungsprozesse nicht ausreichend involviert war und deshalb nicht die Möglichkeit bekommen hatte, Kontakte zum Wohle des Kindes aufzubauen.

Aus diesen Entscheidungen zeigt sich eine Tendenz Kinder zu schützen, aber den Rechten der Eltern in dieser Entscheidung soweit wie möglich Raum zu lassen. Die Rechte der Eltern müssen dabei insbesondere schon in der Anfangsphase der Entscheidungen berücksichtigt und die Eltern einbezogen werden. Ihre Sicht spielt bei der Untersuchung, was dem Kindeswohl am besten entspricht eine wichtige Rolle.

Das ändert aber nichts daran, daß Art. 9 Abs. 3 KRK dem Kind das Recht gibt zu entscheiden, ob es Kontakt zu seinen Eltern pflegen will. Ein Recht zu haben, bedeutet auch, dieses Recht nicht ausüben wollen zu können. Das hat zur Folge, daß das Kind auch entscheiden kann, einen Elternteil nicht sehen zu wollen.[116] Die Grenze dieser Entscheidungsfreiheit bildet wie schon bei Art. 3 KRK angemerkt, die Erkenntnisfähigkeit des Kindes. Es kann wohl die

---

[115] Elsholz vs. Germany, Application no. 25735/94, Urteil v. 13. 7. 2000, zu finden auf der homepage des EGMR ebenda.

[116] Flekkøy/Kaufman (Fn. 47)S. 126, so auch Grosman (Fn. 1).

Scheidung seiner Eltern häufig nicht erfassen und begreifen und damit sind der Manipulation durch den sorgeberechtigten Elternteil Tür und Tor geöffnet.[117] Daher sollen Eltern dazu angehalten werden, auch im Falle ihrer Scheidung am Kindeswohl orientierte Entscheidung zu treffen, die die Möglichkeit einbeziehen, daß Kinder sich an der Scheidung ihrer Eltern schuldig fühlen.[118] Diese Entscheidung der Eltern kann im Sinne des Abs. 1 a.E. durch am Kindeswohl orientierte gerichtliche Umgangsregeln mit den Eltern gesichert werden.[119] Die Entscheidung des Kindes kann durch Information unterstützt werden.

Schwierigkeiten können sich im Zusammenhang mit dem Kontaktrecht vor allem bei gemischt nationalen Ehen ergeben, wie schon der Vorschlag Frankreichs während der *Travaux Préparatoires* andeutet.[120] Beide Elternteile wollen Kontakt mit den Kindern pflegen und keiner möchte Fakten schaffen, die ihn von den Kindern trennen könnten. Im Einzelfall kann das zwar in einer Kindesentführung im Sinne des Art. 11 KRK enden, aber in der Mehrzahl der Fälle stellt sich hier vor allem die Frage der tatsächlichen Möglichkeit eines Kontaktes mit beiden Elternteilen. Diese Probleme werden mittels multi- und bilateraler Verträge der Staaten zu klären sein.

Ausländerrechtliche Regelungen

Dabei stellt sich in der Folge die Frage, welche Schlußfolgerungen sich aus Art. 9 Abs. 3 KRK für die ausländerrechtlichen Regelungen eines Landes ziehen lassen. Wenn zum Wohle des Kindes der Umgang mit beiden Elternteilen gehört, müßte das - konsequent zu Ende gedacht - die Schlußfolgerung zulassen, daß eine effektive Möglichkeit der Wahrnehmung dieses Rechts auch eine entsprechende ausländerrechtliche Regelung nach sich ziehen muß.[121] Diesen Schritt wollten aber die Vertragsstaaten schon bei der Vorbereitung des Art. 3 KRK nicht gehen. Vielmehr wollten sie sichergestellt wissen, daß Art. 9 Abs. 3 KRK überhaupt keine Anwendung auf grenzüberschreitende Fälle haben soll. Die Frage ist ausschließlich anhand von Art. 10 KRK und anderer zwischenstaatlicher Verträge zu lösen.[122] Einige Staaten schlossen eine Wirkung

---

[117] Flekkøy/Kaufman ebenda.

[118] Ähnlich Flekkøy/kaufman (Fn. 47), S. 127.

[119] So z.B. in Indien, wo entgegen der Tradition, daß der Vater das vorrangige Sorgerecht hat, am Kindeswohl orientierte Sorgerechtsentscheidungen getroffen werden; Goonesekere (Fn. 35), S. 125.

[120] E/1982/12/add.1 C Abs. 15, Detrick S. 167, Dorsch S. 159.

[121] So für die deutsche Kindschaftsrechtsreform Huber (Fn. 98), S. 713 f.

[122] Arbeitsgruppe der UN-Menschenrechtskommission E/CN.4/1989/48, S. 37.

des Art. 9 Abs. 3 KRK auf ihre ausländerrechtlichen Regelungen darüber hinaus mittels Vorbehalt aus.[123]

Staatliche Maßnahmen mit Trennungsfolge

Absatz 4 dehnt das Kontaktrecht und die Sicherung der Eltern-Kind-Beziehung auf die Fälle aus, in denen die Trennung von Eltern und Kind Nebenfolge einer staatlichen Maßnahme ist. Das Kind und seine Angehörigen haben ein Recht auf Auskunft über respektive den Verbleib der Eltern oder des Kindes. Absatz 4 enthält auch eine dem Auskunftsrecht des Kindes und seiner Angehörigen korrespondierende Auskunftspflicht des Staates. Er legt aber keine Kriterien für Umfang, Mindestinhalt und Zweck der zu erteilenden Auskunft fest und fordert nicht die Unverzüglichkeit der Antwort auf ein Auskunftsbegehren.[124] Dieses ist der Regelung durch die Vertragsstaaten unterworfen und unterliegt wohl nur den Grenzen des Kindeswohls und der faktischen Unmöglichkeit einer Auskunft, wenn der Staat die Auskunftserteilung unendlich hinauszuzögern versucht. Das Essentielle dieses Rechts und der staatlichen Pflicht ist von den Vertragsstaaten aber bisher nicht anerkannt. So besteht in vielen Staaten noch keine gesetzliche Pflicht, Kinder über den Verbleib ihrer inhaftierten Eltern zu informieren.[125] Dagegen besteht inzwischen in vielen Ländern als Projekt oder bereits eingeführte Institution die Einrichtung von Kinderhorten in Frauengefängnissen. Dabei werden strafgefangene Mütter kleiner Kinder in Gefängnissen untergebracht, denen ein Kinderhort angeschlossen ist, so daß die Mütter im Gefängnis und auch die Väter außerhalb des Gefängnisses mit ihren Kindern regelmäßigen Kontakt pflegen können.

Qualifikation der Rechte

Insgesamt enthält Art. 9 KRK in den verschiedenen Ausformungen seiner Absätze den Schutz des Kindes in seinem Kontakt mit den Eltern gegen Interventionen des Staates.[126] *In loco parentis* wird dem Staat zwar in Einzelfällen erlaubt, in die gesellschaftliche Kernzelle Familie einzugreifen, er ist aber als solcher zu unförmig, um die Menschen zu ersetzen. Daher wird die Familie in jeder Hinsicht soweit wie möglich geschützt.

---

123 So z.B. die Bundesrepublik Deutschland in Abs. IV der Erklärung der Bundesrepublik Deutschland bei Hinterlegung der Ratifikationsurkunde, *BGBl* 1992 II, 990 und die Schweiz, Bundesrat, *BBl* 146 (1994) Bd. V., S. 1 ff., 73.

124 Dorsch S. 261.

125 So z.B. im Vereinigten Königreich: Newell S. 36.

126 Dazu: C. de Graaf "The Relevance of the Convention in Holland", in: Freeman *Children's Rights*, S. 115.

Die Absätze eins und drei enthalten kindspezifische Rechte, denen insofern keine allgemeinen Menschenrechte korrespondieren.[127] Die Absätze zwei und vier dagegen schützen jedermann. Sie konkretisieren allgemeine Menschenrechte auf die Situation der Beziehung zwischen minderjährigen Kindern und ihren Anverwandten.

Die Rechte aus allen vier Absätze des Art. 9 KRK werden ausdrücklich durch das Kindeswohl begrenzt.

Im Gegensatz zu Art. 5 KRK umfaßt Art. 9 KRK einen engeren Kreis von Verwandten. Er bezieht sich zunächst nur auf die Eltern-Kind-Beziehung (Abs. 1 bis 3). Absatz 4 dehnt den Schutz auf weitere Familienangehörige aus. Auch andere Verwandte müssen über den Verbleib von Eltern oder Kind informiert werden. Letzteres ist die logische Folge der Prämisse des Art. 5 KRK, nach der auch die Großfamilie für das Kind sorgt. Sind die Eltern durch eine staatliche Maßnahme von ihrem minderjährigen Kind getrennt, so springt die Großfamilie ein, um die Beziehungen wieder herstellen zu helfen oder selbst an die Stelle der Eltern zu treten.

Umsetzung in Rußland

In Rußland finden sich die wichtigsten gesetzlichen Regeln zur Umsetzung des Art. 9 Abs. 1 bis 3 im Familiengesetzbuch (FGB), zu Abs. 4 im Strafvollzugsgesetzbuch. Daneben gelten vereinzelte Bestimmungen aus anderen Gesetzen und Rechtsverordnungen.

Eine erste allgemeine Bestimmung trifft Art. 5 FGB, nach dem jedes Kind das Recht hat, in einer Familie zu wohnen und aufzuwachsen. Es hat das Recht auf Sorge und Pflege durch die Eltern, auf umfassende Entwicklung und auf die Achtung seiner Menschenwürde. Bei Verlust der elterlichen Sorgen tritt das Amt für Vormundschaft und Pflege an ihre Stelle, das auf lokaler Ebene existieren soll (Art. 5 Abs. 3, 121 ff. FGB).

Nach dem Recht der russischen Föderation können Kinder ihren Eltern nur in gerichtlichen Verfahren entzogen werden.[128] Dabei wird insbesondere auf das Kindeswohl abgestellt und die Meinung des Kindes ist zu hören.[129] Elternrechte können auf drei verschiedene Arten durch ein gerichtliches Verfahren beeinträchtigt werden. Zum einen natürlich durch die Sorgerechtsentscheidung bei der Scheidung oder Trennung der Eltern. Zweitens besteht die Möglichkeit der Beschränkung der Elternrechte durch das Gericht und schließlich räumt das FGB die Möglichkeit eines Entzugs der Elternrechte ein.

---

[127] Dorsch S. 261.

[128] Erster russ. Staatenbericht, Abs. 97, zweiter russ. Staatenbericht, Abs. 68.

[129] Zweiter russ. Staatenbericht a.a.O.

Artikel 66 FGB regelt die Verhältnisse von Kindern zu ihren getrennt lebenden Eltern. Danach hat auch der von seinem Kind getrennt lebende Elternteil das Recht, sich mit seinem Kind auszutauschen und an allen wichtigen Entscheidungen im Bereich von Erziehung und Ausbildung des Kindes mitzuwirken, Abs. 1. Er hat auch das Recht, über sein Kind und dessen Angelegenheiten informiert zu werden, Abs. 4. Der andere Elternteil darf das Kind nicht daran hindern, sich mit seinem von ihm getrennt lebenden Elternteil auszutauschen, sofern dadurch die geistige und körperliche Gesundheit des Kindes nicht beeinträchtigt wird. Zu diesen Zwecken können die Eltern vereinbaren, wie sie ihre Rechte gegenseitig ausüben wollen, Abs. 2. Die Grenze ist auch hier das Kindeswohl. Das Recht des Kindes auf Kontakt mit beiden Elternteilen wird durch die Scheidung nicht geändert (Art. 55 Abs. 1 S. 2 FGB). Vielmehr wird ihm vom russischen Recht ein Kontaktrecht auch über die Staatsgrenzen hinaus gewährt.[130]

Sorgerechtsentscheidungen über das Kind obliegen nach Art. 24 II FGB dem Richter, der das Kindeswohl vorrangig zu beachten hat,[131] sofern es den Eltern nicht gelingt, einverständlich eine Sorgerechtsentscheidung zu treffen.

Das Sorgerecht geht nur in den Fällen auf den anderen Elternteil oder auf das Amt für Vormundschaft und Pflege über, wenn ein Gericht dieses mit der Begründung entscheidet, daß der betreuende Elternteil seine Pflichten nicht erfüllt oder es böswillig unterläßt, eine Gerichtsentscheidung auszuführen.[132] Dabei ist auf die Kindesinteressen und auf die Meinung des Kindes Rücksicht zu nehmen (Art. 66 Abs. 3 FGB).

Im Bezug auf Dritte können Eltern nach Art. 68 FGB von jedem die Rückgabe des Kindes verlangen, der sich ihres Kindes ohne gesetzliche oder richterliche Anordnung oder Erlaubnis bemächtigt hat. Bei allen Gerichtsstreiten, in denen die Erziehung von Kindern betroffen ist, muß das Amt für Pflegschaft und Vormundschaft beteiligt werden, das die Lebensbedingungen des Kindes und derjenigen Personen, die einen Anspruch auf Erziehung des Kindes erheben, evaluiert, Art. 78 FGB.

Für die Fälle, daß das Kind aus anderen Gründen als durch die Trennung der Eltern von einem oder beiden Elternteilen getrennt in einer Pflegefamilie lebt, sieht die Verordnung über Pflegefamilien der Regierung der RF vor, daß

130 Zweiter russ. Staatenbericht a.a.O.

131 Burian (Fn. 63), S. 88 f.

132 Zweiter russ. Staatenbericht Abs. 68.

auch in diesen das Kind grundsätzlich das Recht auf Kontakt mit seinen blutsverwandten Eltern hat, sofern dies nicht dem Kindeswohl zuwiderläuft.[133]

Die Begrenzung der Elternrechte ist in Art. 73 ff. FGB geregelt. Als Begrenzung der Elternrechte ist in diesem Zusammenhang nach der Legaldefinition des Art. 73 Abs. 1 FGB der Entzug des Kindes ohne den Entzug der Elternrechte zu verstehen. Insofern entspricht die Beschränkung der Elternrechte im wesentlichen dem Stellen unter öffentliche Obhut. Als Gründe für einen Entzug der Elternrechte werden zwei genannt: Das Verbleiben des Kindes bei den Eltern ist für das Kind aufgrund der Lebensumstände gefährlich (psychische Gefährdung des Kindes) oder das Verbleiben des Kindes bei den Eltern kann sonst gefährliche Folgen für das Kind haben, die aber in diesem Stadium nicht ausreichen, um den Eltern die Elternrechte zu entziehen (physische Gefährdung). Die Elternrechte werden in einer gerichtlichen Entscheidung beschränkt, die durch Klage naher Angehöriger des Kindes, der Staatsanwaltschaft oder der für den Schutz der Rechte Minderjähriger verantwortlichen staatlichen Einrichtungen und Ämter sowie von Vorschuleinrichtungen und allgemeinbildenden Schulen herbeigeführt werden kann. Das Kind wird als Folge der gerichtlichen Entscheidung den Eltern entzogen und durch das Amt für Vormundschaft und Pflegschaft anderweitig untergebracht. Darauffolgend müssen sechs Monate vergehen, in denen die Eltern die Gelegenheit bekommen, ihr Verhalten zu ändern. Wenn sich das Verhalten nicht geändert hat, kann und muß das Amt für Vormundschaft und Pflege ein Verfahren zum Entzug der Elternrechte vor Gericht einleiten. Bis dahin kann das Amt ein solches Verfahren im Interesse des Kindeswohls nicht einleiten (Art. 73 FGB). Gemäß Art. 76 FGB besteht die Möglichkeit, auf eine Klage der Eltern hin die Entscheidung über die Beschränkung der Elternrechte abzuändern.

Art. 69 ff. FGB regeln dann die Möglichkeiten eines Entzugs der Elternrechte. Die Gründe für einen Entzug der Elternrechte sind in Art. 69 FGB abschließend genannt. Diese sind das Umgehen elterlicher Pflichten, insbesondere das Umgehen von Unterhaltszahlungen, unentschuldigtes Verweigern, das Kind aus der Geburtsstation, einer anderen Heilanstalt, einer Erziehungseinrichtung, einer Einrichtung der allgemeinen Sozialhilfe oder aus einer ähnlichen Einrichtung zu sich zu nehmen, der Mißbrauch der Elternrechte, grausamer Umgang mit den Kindern, insbesondere die Ausübung körperlicher Gewalt gegen das Kind oder Angriffe auf seine geschlechtliche Unversehrtheit, Drogen- oder Alkoholabhängigkeit und das Begehen einer Straftat gegen Leib oder Leben des Kindes oder des Ehegatten. Der Entzug der Elternrechte kann nur

---

[133] Punkt 28 der Verordnung über Pflegefamilien der Regierung der Russischen Föderation vom 17. 7. 1996, No. 829.

durch eine Gerichtsentscheidung nach einem ordentlichen Verfahren ausgesprochen werden. Antragsberechtigt sind neben dem anderen Elternteil die bereits oben erwähnten Personen (Art. 70 FGB). Folge der Entscheidung ist der Verlust aller Rechte auf Seiten der Eltern, so das Recht auf Unterstützung durch erwachsene Kinder, das Recht auf staatliche Vergünstigungen. Dagegen bleiben dem Kind sowohl das Recht auf Unterstützung durch die Eltern als auch eventuelle Erbrechte erhalten, Art. 71 FGB. Darüberhinaus kann das Kind sechs Monate nach der Entscheidung adoptiert werden.

Die einzige Möglichkeit, das Kind ohne eine gerichtliche Entscheidung den Eltern zu entziehen, besteht für das Amt für Vormundschaft und Pflegschaft aufgrund eines Verwaltungsaktes eines Organs der örtlichen Selbstverwaltung, wenn eine unmittelbare Gefahr für Leib oder Leben des Kindes besteht, Art. 77 FGB.

Mit diesen Regelungen wird das Recht des Kindes auf ein Familienleben und eine funktionierende Kontaktbeziehung mit den Eltern geschützt. Die Bestimmungen des FGB enthalten eine abschließende Liste, die sicherstellen soll, daß die Kontaktbeziehung nicht über die aufgezählten Fälle hinaus willkürlich unterbrochen werden kann. Zwar scheinen einige von den Punkten sehr weit gefaßt zu sein, doch ist immerhin ein Anfang gemacht, der in der Zukunft durch die Rechtsprechung auszuformen sein wird.

Darüberhinaus ist der Grundsatz der Verhältnismäßigkeit gewahrt. In den Fällen der Beschränkung der Elternrechte kann nicht unmittelbar ein Verfahren zum Entzug der Elternrechte eingeleitet werden. Damit wird versucht, das mildeste Mittel der Beschränkung der Elternrechte effektiv auszugestalten. Erst wenn die damit verbundenen Möglichkeiten ausgeschöpft sind, kann das sehr viel schwerer wiegende Mittel des Entzugs der Elternrechte eingesetzt werden.

In der Praxis der Russischen Föderation kommt es aber gerade in den vergangenen Jahren häufig zu Verfahren zum Entzug der Elternrechte.[134] Dabei werden vor allem zwei Gründe häufig für den Entzug verwandt. Das ist zum einen Alkoholabhängigkeit und zum anderen Mißhandlung und Vernachlässigung der Kinder.[135]

Für alle Verfahren, die die Trennung des Kindes von seinen Eltern betrifft, ist vorgesehen, daß das Kind angehört und seine Meinung in der Entscheidung in Erwägung gezogen wird.[136] Das gleiche gilt für andere Beteiligte,

---

134 Zweiter russ. Staatenbericht Abs. 68.

135 Zweiter russ. Staaten bericht a.a.O. Das damit zusammenhängende Problem der Straßenkinder wird unten im Abschnitt 8 zu Art. 20 KRK behandelt.

136 Zweiter russ. Staatenbericht Abs. 69.

zu denen im Einzelfall Eltern, Kinder, Kläger und das Amt für Vormundschaft und Pflegschaft zählen können.

In Bezug auf die Umsetzung von Abs. 4 des Art. 9 KRK besteht in Art. 55 Abs. 1 S. 1 FGB der Grundsatz, daß das Kind das Recht auf Kontakt zu seinen Verwandten allgemein hat. Abs. 2 desselben räumt dem inhaftierten oder sonst in einer staatlichen Einrichtung untergebrachten Kind das Recht ein, Kontakt mit Eltern und Verwandten zu pflegen. Eltern werden über den Aufenthaltsort ihres inhaftierten Kindes informiert.[137] Sie haben die Möglichkeit eines sogenannten kurzen Wiedersehens mit den Verwandten, das bis zu drei Stunden dauern kann (Art. 69, 89 StrafvollzGB RF). Grundsätzlich ist es zu Freiheitsstrafe Verurteilten erlaubt, auf eigene Kosten unbegrenzt Briefe und Telegramme zu verschicken, Telefongespräche sind bis zu vier je 15 Minuten im Jahr vorgesehen (Art. 91 f StrafvollzG RF).

Weibliche Strafgefangene, die mindestens im vierten Monat schwanger sind, können in Gefängnisse mit Kinderhort verlegt werden.[138]

In Rußland zeigen sich die praktischen Unzulänglichkeiten des Abs. 4 Art. 9 KRK. Erstens ist nichts über die Art und den Zeitraum der Informationsweitergabe an die Eltern vorgesehen. Zweitens ist umgekehrt auch kein Anspruch des Kindes oder seiner Angehörigen auf Information über den Verbleib seiner Eltern vorgesehen. Darüber hinaus gibt es immer noch viele Kinder, die in zur Ausbildung eingerichteten Strafkolonien untergebracht sind, die weit von ihren Eltern entfernt sind. Damit wird der Kontakt mit den Eltern praktisch unmöglich gemacht.

Insgesamt ist Art. 9 Abs. 1 bis 3 KRK in die Gesetzgebung der russischen Föderation vollständig umgesetzt. In der Praxis fehlt es oft an Rechtsprechung, die die gesetzlichen Bestimmungen konkretisiert und bisherige Verwaltungspraktiken ändern kann.

Die Umsetzung des vierten Absatzes krankt an der territorialen Größe der Föderation und an der Tradition, Strafgefangene nach Sibirien zu schicken.

Art. 10 Familienzusammenführung

Artikel 10 KRK stellt eine Ergänzung zu Art. 9 Abs. 1 und Abs. 3 dar. Der erste Absatz enthält eine prozessuale Vorschrift. Absatz 2 stellt vor allem das Recht des Kindes auf regelmäßigen Kontakt mit beiden Elternteilen aus Art. 9 Abs. 3 KRK sicher, indem es dieses Recht explizit auch auf Kinder anwendbar erklärt, deren Eltern in verschiedenen Staaten wohnen. Er enthält kein Ge-

137 Zweiter russ. Staatenbericht Abs. 72.

138 Erster russ. Staatenbericht, Abs. 99.

bot aktiver Förderung, sondern ein Verhinderungsverbot für die Staaten.[139] Der nachfolgende Art. 11 KRK, der das Verbot internationaler Kindesentführung zum Inhalt hat, verhindert, daß dieses Recht illegal genutzt wird.

Entstehungsgeschichte

Schon im Rahmen des Art. 9 Abs. 3 KRK wurde das Problem des Kontaktes zwischen Eltern und Kind über die Grenzen hinweg diskutiert. Artikel 10 KRK geht im einzelnen auf einen Vorschlag der USA zurück, der die allgemeine Ausreisefreiheit und Freizügigkeit im Blick hatte.[140] Gegen den Vorschlag stand die Meinung der Vertreter der UdSSR, die es zum einen als dem Zweck der KRK widersprechend ansahen, in die Konvention ein Recht der Eltern auf grenzüberschreitenden Kontakt aufzunehmen. Daneben sei es überflüssig, Artikel 12 Abs. 1 IPbürR in der Kinderrechtskonvention zu wiederholen.[141] Andererseits hatte man sich ja schon vorher im Rahmen der Diskussion zu Art. 9 KRK geeinigt, daß Kindern ein grenzüberschreitendes Kontaktrecht zustehen sollte.[142]

Materielle Voraussetzungen der Familienzusammenführung

Artikel 10 Abs. 1 KRK enthält eine Verfahrensvorschrift, die kein Recht auf Aufnahme oder Einreise in ein bestimmtes Land zum Inhalt hat. Er beinhaltet auch nicht unmittelbar materielle Voraussetzungen zur Anerkennung von Einreiseanträgen zur Familienzusammenführung. Solche materiellen Voraussetzungen ergeben sich aber aus Art. 9 KRK, auf den Art. 10 Abs. 2 KRK unmittelbar Bezug nimmt.[143] Artikel 9 enthält eine für die Kinderrechtskonvention scharfe Formulierung: "Die Vertragsstaaten stellen sicher". Damit ist eine Verpflichtung der Vertragsstaaten entstanden, nicht nur von Eingriffen in das Recht abzusehen und das Kind vor Eingriffen Dritter zu schützen, sondern auch Maßnahmen zu ergreifen, um dem Kind die Möglichkeit, seine Familie zu sehen, sicherzustellen. Eine Trennung von Eltern und Kind ist nur dann notwendig, wenn sie zum Wohl des Kindes erfolgt. Das heißt, in Art. 9 findet sich eine sehr viel weitergehende Formulierung als in Art. 3 KRK. Das Wohl des Kindes ist die einzig relevante Überlegung für eine Familientrennung und die Trennung der Familie muß die einzige Möglichkeit sein, das Ziel des

---

139 So auch Dorsch, S. 163; a.A. aber Schweizer Bundesrat *BBl* a.a.O. S. 33.

140 E/CN.4/1982/L-41, Abs. 181; Dorsch, S. 161.

141 E/CN.4/1983/62 Abs. 32; Dorsch S. 162; E/CN.4/1986/39, S. 5-8, Abs. 23 ff., 25, 30, Detrick S. 199 ff.

142 E/CN.4/1983/62, Abs. 41, Detrick S. 197 f., Dorsch S. 162.

143 E.F. Abram, "The Child's Right to Family Unity in International Immigration Law" in: *Law & Policy* 17 (1995), S. 397 ff.

Kindeswohls zu erreichen.[144] Politische und wirtschaftliche Überlegungen dürfen im Rahmen von Art. 9 KRK keine Rolle spielen.[145]

Artikel 9 Abs. 4 KRK dehnt das Recht des Kindes, Kontakt mit seiner Familie zu pflegen, auch auf die Fälle aus, in denen ein Teil der Familie aus dem Aufenthaltsstaat des Kindes ausgewiesen wird und die unbeabsichtigte Folge dieser Ausweisung die Trennung der Familie ist. Es werden also nicht nur beabsichtigte sondern auch unbeabsichtigte Trennungsentscheidungen von Art. 9 KRK erfaßt. Absatz 4 fördert den Zweck des Art. 9 Abs. 1 bis 3, indem es dem Kind und seinen Eltern mittels Information die Möglichkeit gibt, auch bei einer Ausweisung die Familie wieder zusammenzuführen. Aus dem Vorgesagten ergibt sich, daß - da das Kindeswohl der einzige relevante Grund für eine Familientrennung ist - die Ausweisung eines Teils der Familie nur dann erfolgen kann, wenn es dem Rest der Familie vernünftigerweise zugemutet werden kann, sich mit dem ausgewiesenen Teil im Ausland wieder zu vereinigen oder wenn eine dauerhafte Trennung allein dem Kindeswohl entsprechen kann.[146]

Antrag auf Familienzusammenführung

Die Situation des Art. 10 KRK entspricht der Situation nach Ausweisung eines Familienteils. Entweder sind die Eltern in einem Land und das Kind in einem anderen oder ein Elternteil mit Kind ist in einem Land und der andere Elternteil hält sich in einem anderen Land auf. Artikel 10 KRK bestätigt nun das sich aus Art. 12 IPbürR ergebende Recht auf Freizügigkeit für die Familienzusammenführung. Insofern haben Eltern und Kind den gleichen rechtlichen Status: sowohl die Eltern als auch das Kind können Antragsteller sein, um sich mit dem anderen Teil in dessen Aufenthaltsstaat zu vereinigen. Beider Teile Anträge müssen nach Art. 10 KRK wohlwollend, human und beschleunigt entsprechend der Verpflichtung nach Art. 9 Abs. 1 KRK bearbeitet werden. Dabei bezeichnet das Wort "wohlwollend" eine Art von Vorurteil zugunsten des Antragsstellers.[147] Der Verweis auf Art. 9 Abs. 1 KRK zeigt, daß auch hier das Kindeswohl einen wichtigen Stellenwert haben muß. Das heißt, auch hier muß entweder das Kindeswohl der Grund für die Trennung sein oder die Familienzusammenführung muß auch in dem Aufenthaltsstaat des anderen Familienteils oder in einem Drittstaat vernünftigerweise möglich sein.[148]

---

[144] Abram (Fn. 143) S. 418 f.

[145] Abram ebenda.

[146] Abram (Fn. 143) S,. 420.

[147] Abram (Fn. 143), S. 423.

[148] Abram ebenda.

Im Ergebnis wird den Staaten durch Art. 10 KRK die Verpflichtung auferlegt, bei der Bearbeitung von Anträgen auf Einreise zu prüfen, ob eine Versagung des Antrages dazu führt, daß eine Familienzusammenführung damit vernünftigerweise unmöglich gemacht wird und wenn das der Fall ist, ob eine Trennung die einzige Möglichkeit ist, dem Kindeswohl zu dienen. Vorbehalte, die die Staaten gegen Art. 9 und 10 KRK wegen ihrer Immigrationsgesetze erklärt haben, zeigen, daß die Staaten eine solche Auslegung des Art. 10 KRK durchaus gesehen haben und sich davor schützen wollten.[149] Damit kann man eine Auslegung des Art. 10 Abs.1 KRK im Lichte der gesamten Konvention dazu führen, daß Kindern oder Elternteilen im Ergebnis die Einreise in ein bestimmtes Land gestattet werden muß.

Örtlicher Anwendungsbereich des Art. 10 KRK

Problematisch ist dieses Ergebnis allerdings im Hinblick Art. 2 KRK. Danach gilt nämlich die Konvention nur für die der Hoheitsgewalt eines Staates unterstehenden Kinder. Im Rahmen einer Gesamtbetrachtung der Konvention ist der Begriff des Unterstehens unter die Hoheitsgewalt weit auszulegen. Danach unterstehen alle Kinder der Hoheitsgewalt eines Staates, wenn sie von einer Entscheidung dieses Staates abhängig sind.[150] Bei einer anderen Auslegung dieser Vorschrift würde die Regelung des Art. 10 KRK *ad absurdum* geführt. Denn wenn die Konvention nicht für Kinder gälte, die einen Antrag auf Einreise zum Zwecke der Familienzusammenführung stellen, so kann Art. 10 KRK ja in der Regel keinen Anwendungsbereich haben. Wenn aber Art. 10 KRK auch für Kinder anwendbar ist, die einen Antrag auf Familienzusammenführung stellen, dann hat der Staat im Einzelfall zu entscheiden, ob die Möglichkeit einer Familienzusammenführung in einem anderen Staat besteht. Das wird sicher nicht der Fall sein, wenn der andere Staat einen ähnlichen Antrag schon abschlägig beschieden hat. In anderen Fällen wird der Staat eine Prüfung dahingehend durchführen müssen, ob es dem auf seinem Gebiet lebenden Teil der Familie zumutbar ist, auf das Gebiet eines anderen Staates auszuweichen, um sich mit dem Rest der Familie zu vereinen.[151]

Hier zeigt sich die hohe Brisanz des Rechts aus Art. 10 KRK. Die einzelnen Staaten schützen ihre Staatsgrenzen vor Einwanderern oder Umsiedlern.

---

149 So auch die Auslegungserklärung der Bundesrepublik Deutschland, Bundesministerium für Familie, Senioren, Frauen und Jugend, Übereinkommen über die Rechte des Kindes, UN-Kinderkonvention im Wortlaut mit Materialien, 5. Aufl. Bonn Dezember 1996, S. 70, Abs. IV; Schweizer BRat *BBl* 146 (1994) S. 34; Vereinigtes Königreich: Abram (Fn. 143), S. 424.

150 Abram (Fn. 143), S. 416.

151 Eine solche Auslegung legt etwa auch Art. 22 KRK nahe, dazu oben Abschnitt 6 zu Art. 22 KRK.

Hier muß Art. 10 KRK vor allem auch in einen Zusammenhang mit Art. 22 KRK gestellt werden. Dieser schreibt vor, daß die Staaten Flüchtlingskindern Hilfe bei der Wahrnehmung der in der KRK anerkannten Rechte gewähren. Zu diesen Rechten zählt auch und vor allem das Recht auf eine Familie und damit die Notwendigkeit der Familienzusammenführung gemäß Art. 10 KRK.

Rechte aus anderen Verträgen

Ein Recht auf Aufnahme und eine entsprechende Aufnahmeverpflichtung der Staaten kann sich auch aus dem IPbürR ergeben. Artikel 12 IPbürR beinhaltet das Recht auf Freizügigkeit. Danach hat jeder das Recht, aus jedem Land auszureisen und in sein eigenes Land einzureisen. Dieses Recht kann durch das Verbot der Folter und unmenschlichen Behandlung (Art. 7 IPbürR) aber auch des Schutzes der Familie (Art. 23 IPbürR) so auszulegen sein, daß der einzelne zum Zwecke der Familienzusammenführung ein Recht auf Einreise haben kann.[152]

Auf regionaler Ebene kann auch das Recht auf Achtung von Privat- und Familienleben aus Art. 8 EMRK zum Ergebnis haben, daß ein Kind oder ein Elternteil in ein Land einreisen kann, um eine Familie zusammenzuführen.[153] Anhand mehrerer Entscheidungen vor Kommission und Gerichtshof hat sich für Art. 8 EMRK eine Kasuistik entwickelt, nach der das Recht auf Familienleben im Einzelfall dazu führen kann, daß ein Teil der Familie ein Recht auf eine dauernde Aufenthaltsgenehmigung hat, um Kontakt mit seiner Familie pflegen zu können.[154] Im Gegensatz zu Art. 10 KRK gibt es im Bereich des Art. 8 EMRK weitgehende Möglichkeiten, das Recht auf Familienleben gesetzlich einzuschränken mit dem Zweck, etwa den ordre public zu schützen oder die Prävention von Verbrechen zu fördern. Diese Einschränkung wird dann im Einzelfall einer Verhältnismäßigkeitsprüfung unterzogen.

Aus der Vorschrift des Art. 8 EMRK kann sich damit, wenn auch nicht im Grundsatz so doch im Einzelfall ähnlich wie nach Art. 10 KRK ein Anspruch auf Aufnahme oder Einreise in ein bestimmtes Land ergeben.

---

152 R. Wolfrum, "The Progressive Development of Human Rights: A Critical Appraisal of Recent UN Efforts", in: J. Jekewitz u.a. (Hrsg.) *Des Menschen Recht zwischen Freiheit und Verantwortung, FS für K.J. Partsch*, Berlin 1989, S. 67 ff., S. 82; ähnlich auch Abram (Fn. 143), S. 409 f.

153 So Schweizer *Bundesblatt*, S. 34; im einzelnen zum Konzept des Familienlebens unter der EMRK J. Liddy (Fn. 29), S. 15 ff.

154 EGMR, Urteil Nr. 3/1987/126/177 vom 21. Juni 1988, Fall Berrehab gegen die Niederlande, EuGRZ 1993, S. 547; EGMR, Urteil Nr. 31/1989/191/291* vom 18. Februar 1991, Fall Moustaquim gegen Belgien; EGMR Urteil Nr. 55/1990/246/317* vom 26. März 1992, Fall Beldjoudi gegen Frankreich; vgl. auch zur Kasuistik: Abram a.a.O., S. 410 ff.

Qualifikation des Rechts

Artikel 10 KRK kann man zwei Gruppen von Rechten aus der Konvention zuordnen. Zum einen handelt es sich in Absatz 1 um ein Verfahrensrecht, das im Zusammenhang mit Art. 22 KRK als individuelles Schutzrecht des Kindes eingeordnet werden kann. Es steht speziell dem Kind zu, das dem Schutz seiner Familie ganz oder teilweise beraubt ist. Absatz 2 beinhaltet ein Recht auf Freizügigkeit und ist damit als Freiheitsrecht des Kindes zu qualifizieren. Es ist, vor allem weil es in den Zusammenhang des Art. 9 Abs. 3 KRK gestellt wird, als kindspezifisches Recht zu qualifizieren. Es steht dem Kind zum Zwecke der Inanspruchnahme des Schutzes beider Elternteile zu und ist damit auch ein Schutzrecht (*protection right*).

Umsetzung in Rußland

In der russischen Föderation bildet Art. 27 russ. Verf. die Grundlage für die freie Ein- und Ausreise sowie die Niederlassungsfreiheit innerhalb des Staates. Nach Art. 27 Abs. 2 russ. Verf. kann jeder frei aus der russischen Föderation ausreisen und kein russischer Staatsbürger kann daran gehindert werden, nach Rußland zurückzukehren.

Die Verfassung wird durch ein föderales Gesetz ausgestaltet.[155] Danach können minderjährige Staatsbürger nur entweder in Begleitung eines Elternteils oder einer entsprechenden Person aus dem Staatsgebiet der russischen Föderation ausreisen oder sie müssen bei der Ausreise eine von einem Notar ausgestellte Bescheinigung bei sich führen, daß die Eltern mit der Ausreise einverstanden sind. Bei einer geplanten Abwesenheit von mehr als drei Monaten muß außerdem das Amt für Vormundschaft und Pflegschaft zustimmen.[156] Sofern ein Elternteil sich nicht einverstanden erklärt, muß eine Entscheidung auf gerichtlichem Wege herbeigeführt werden.[157]

Mit dieser Regelung soll die Notwendigkeit einer grenzüberschreitenden Familienzusammenführung unterdrückt werden.

Eine positive Regelung ist in der russischen Gesetzgebung auch getroffen. So haben Eltern, die in verschiedenen Staaten wohnen, gesetzlich das gleiche Recht, mit dem Kind Kontakt zu pflegen.[158] Kinder haben das Recht mit beiden Elternteilen Kontakt zu pflegen, auch wenn diese in verschiedenen Staaten leben, unabhängig davon ob sie ehelich oder unehelich geboren sind

---

155 "O porjadke wyjesda is Rossijskoj Federazii" Gesetz der Russischen Föderation vom 15. 8. 1996, No. 114-FS.

156 Art. 20 des Gesetzes; dazu auch zweiter russ. Staatenbericht, Abs. 73.

157 Art. 21 des Gesetzes.

158 Erster russ. Staatenbericht, Abs. 96; zweiter russ. Staatenbericht, Abs. 75.

(Art. 54 FGB).[159] Dieses Recht ist aber im einzelnen in den Einreisebestimmungen Rußlands nicht näher ausgestaltet. Vielmehr gibt es kein besonderes Antragsverfahren für Anträge, die auf eine Familienzusammenführung gerichtet sind.

Im Rahmen der Gemeinschaft Unabhängiger Staaten besteht ein Abkommen zur Vermeidung mangelnder Beaufsichtigung von Kindern.[160] Vor allem in Moskau gibt es viele Straßenkinder, die aus den Ländern der früheren Sowjetunion in die "Hauptstadt" gereist sind, in der Hoffnung, dort besser zu überleben.[161] Diese sollen in ihren Heimatstaaten wieder mit ihren Eltern oder sonstigen Familienmitgliedern vereint werden.

Art. 11 Internationale Kindesentführung

In Ergänzung zu Art. 10 KRK verbietet Art. 11 KRK die ungesetzliche Verbringung von Kindern ins Ausland. Zwar sollen Kinder und Eltern in Übereinstimmung mit Art. 9 Abs. 3 und 10 KRK das Recht haben, auch nach der Trennung der Eltern miteinander Kontakt zu pflegen. Aber dieser Kontakt soll, wenn er länderübergreifend stattfinden muß, nicht entgegen den Interessen des Kindes von den Eltern oder anderen Personen mit Gewalt erzwungen werden können. Zu diesem Zweck verpflichten sich die Staaten, den Abschluß von neuen und den Beitritt zu bestehenden internationalen Übereinkommen zu fördern. Auf internationaler Ebene ist hier vor allem das Haager Übereinkommen über die zivilrechtlichen Aspekte internationaler Kindesentführungen[162] zu nennen. Auf europäischer Ebene wurde bereits im Jahre 1980 das Europäische Übereinkommen über die Anerkennung und Vollstreckung von Entscheidungen über das Sorgerecht für Kinder und Wiederherstellung des Sorgerechts[163] abgeschlossen.

Entstehungsgeschichte und Qualifikation der Vorschrift

Artikel 11 KRK erschien bei der Vorbereitung der Konvention im Zusammenhang mit dem von Frankreich eingebrachten Vorschlag, den grenz-

---

159 A.M. Netschajewa, *Semejnoje Prawo*, S. 230.

160 Abkommen vom September 1993; Zweiter russ. Staatenbericht, Abs. 77.

161 Dazu Bericht *Argumenti i Fakti Moskwa* No. 32 (981) v. 11. 8. 99, S. 17, "Opjat v podrjatach".

162 Haager Übereinkommen vom 25. 10 1980 über die zivilrechtlichen Aspekte internationaler Kindesentführungen 1343 UNTS 89-112.

163 Europäisches Übereinkommen vom 20. 5. 1980 über die Anerkennung und Vollstreckung von Entscheidungen über das Sorgerecht für Kinder und die Wiederherstellung des Sorgerechts, European Convention on Recognition and Enforcement of Decisions concerning Custody of Children and on Restoration of Custody of Children, ETS No. 105.

überschreitenden Kontakt von Familien in die Konvention aufzunehmen. Der Vorschlag, zu diesem Zweck regelmäßige Konsultationen einzuführen, wurde als überflüssig abgelehnt, das sei schon von anderen Übereinkommen abgedeckt.[164] Auch der Vorschlag der UdSSR, eine Klausel mit Hinweis auf das Recht auf Freizügigkeit gemäß Art. 12 IPbürR einzufügen,[165] fand keine Zustimmung.

Damit bleibt Art. 11 KRK als bloße Verpflichtung der Staaten hinter der Möglichkeit der Festschreibung eines Schutzrechts zurück. Vielmehr ist er mehr eine Verweisung auf andere Übereinkommen. Diese werden auch nicht als solche in die Konvention einbezogen. Artikel 11 erkennt vielmehr die Notwendigkeit internationaler Zusammenarbeit an, ohne selbst konkrete Regelungen zu treffen.

Anwendungsbereich

Artikel 11 KRK ist im engen Zusammenhang und als Konkretisierung von Art. 16 KRK, dem Schutz der Privatsphäre des Kindes zu sehen.[166] Eine Kindesentführung oder Verbringung des Kindes ins Ausland entgegen einer Sorgerechtsentscheidung im ursprünglichen Aufenthaltsstaat des Kindes ist ein Eingriff in seine Privatsphäre und sein Zuhause und dementsprechend neben Art. 11 auch durch Art. 16 KRK geschützt.

Artikel 11 KRK konkretisiert und erweitert Art. 4 KRK, indem er die internationale Zusammenarbeit insbesondere im Bereich der internationalen Kindesentführung für notwendig erklärt. Und tatsächlich gibt es heute kaum Möglichkeiten gegen die Entführung eines Kindes in einen Staat vorzugehen, der nicht Mitglied eines der oben genannten Übereinkommen ist.[167] Diese geben vor allem die Möglichkeit der Amtshilfe in solchen Fällen und die gerichtliche und verwaltungsrechtliche Anerkennung von Sorgerechtsentscheidungen. Das Problem ist etwa, daß die europäische Konvention zur Anerkennung und Vollstreckung von Sorgerechtsentscheidungen das aus Art. 3 KRK folgende Prinzip des Kindeswohls nur in geringem Maße berücksichtigt.[168] Daher haben die Verwaltungseinheiten und Gerichte im konkreten Einzelfall die Normen dieser Konvention im Lichte der Kinderrechtskonvention auszulegen, um dem Wohl des Kindes zu entsprechen.

---

[164] E/CN.4/1983/62, Abs. 19; Detrick S. 216 f., Dorsch, S. 164.
[165] E/CN.4/1983/62, S. 4-12, Abs. 17, 34, Detrick, S. 216, 219.
[166] Dorsch S. 164.
[167] Schweizer Bundesrat, a.a.O. S. 37.
[168] Newell S. 42.

Der Wortlaut des Art. 11 KRK scheint zunächst darauf hinzuweisen, daß er für jede Art von Verbringung von Kinder ins Ausland, einschließlich der Entführung durch fremde Personen, anwendbar ist. Jedoch bietet für diese Fälle Art. 35 KRK eine speziellere Norm. Er verpflichtet die Vertragsstaaten Kindesentführung und Kinderhandel zu bekämpfen. Er gilt vor allem auch für Fälle innerhalb eines Landes. Für die Fälle, in denen eine Kindesentführung über die Staatsgrenzen hinausgeht und nicht von einem Elternteil oder im Auftrag eines Elternteils ausgeführt wird, sind wohl Art. 35 und 11 KRK in Verbindung anwendbar.

Umsetzung in Rußland

Die russische Verfassung sieht in ihrem Art. 61 das Verbot der Auslieferung von russischen Staatsbürgern ins Ausland vor. Der russische Staat ist dazu verpflichtet, seinen Staatsbürgern im Ausland Hilfe zu leisten. Daraus folgt, daß der Staat jeden Inländer wieder einreisen lassen muß.[169] Es kann und wird umgekehrt geschlossen, daß natürlich erst recht keinem Staatsbürger, der illegal und ohne ein Verbrechen begangen zu haben ins Ausland verbracht wird, die Hilfe des russischen Staates verweigert werden kann.[170]

Art. 152 russ StGB bedroht den Kinderhandel mit Strafe.

Die strengen Regeln zur Ausreise von Minderjährigen sollen die Kindesentführung verhindern.[171]

Art. 16 Schutz der Privatsphäre

Artikel 16 KRK verbietet bestimmte Eingriffe in die Unantastbarkeit der Persönlichkeit des Kindes. Das Privat- und Familienleben des Kindes, und dabei insbesondere Wohnung, Schriftverkehr, sowie seine Ehre und sein Ruf sind geschützt. Dabei wird der Schutz nicht allein durch ein Abwehrrecht gegen den Staat erreicht, sondern auch durch einen Anspruch des Kindes auf rechtlichen Schutz gegen Eingriffe.

Ehre und guter Ruf des Kindes sind Teil seiner Menschen- und Personenwürde. Durch ihren Schutz wird der Intention der Konvention Ausdruck verliehen, das Kind zu einem Rechtssubjekt und nicht nur zu einem Rechtsobjekt zu machen.[172] Als Rechtssubjekt ist das Kind in seinem inneren Bereich zu schützen. Dieser Schutz wird mittels der Unantastbarkeit der kindlichen Ehre

---

[169] S.W. Tschernitschenko, Kommentar zu Art. 61 russ. Verf. in: B.N. Topornin, *Kommentar zur Russischen Verfassung*, Moskau 1997, S. 374.

[170] Für den Fall, daß eine ausländische Staatsmacht tätig wird vgl. Tschernitschenko (Fn. 169), S. 375.

[171] Dazu oben zu Art. 10 KRK.

[172] Grosman (Fn. 1), S. 21.

und des guten Rufes sowie dem Schutz seines Privatlebens verwirklicht. Dabei bezeichnen Ehre und guter Ruf die Erscheinung des Kindes nach außen und die damit verbundenen negativen und positiven Einflüsse und Eindrücke auf das Kind, die durch die Achtung seiner Mitmenschen hervorgerufen werden. Das Recht auf Schutz seiner Ehre kann dem Kind alleine zukommen, es kann aber auch die Familienehre zu schützen sein. Mit dem Privatleben sind die Intimsphäre des Kindes und sein privater Kontakt mit seinen Mitmenschen geschützt. Dazu gehört zum Beispiel das Geheimnis seines Schriftverkehrs mit anderen, aber auch die Unantastbarkeit seiner Tagebuchaufzeichnungen. Das Privatleben des Kindes ist erst mal unabhängig vom Schutz seines Familienlebens geschützt.

Schutz des Privatlebens in staatlichen Institutionen

Der Schutz des Privatlebens wird vor allem bei Kindern relevant, die aus verschiedenen Gründen nicht in der Familie sondern in staatlichen oder gesellschaftlichen Institutionen aufwachsen oder erzogen werden. Dazu gehören etwa Waisen in Kinderheimen, behinderte Kinder, deren Erziehung nicht durch die Eltern erfolgen kann, jugendliche Straftäter in Besserungsanstalten, aber auch Schulkinder in Internaten. In solchen Institutionen ist eine Privatsphäre für das Kind häufig schwer zu finden.[173] Die Kinder sind in der Regel mit mehreren anderen in einem Raum untergebracht. Nicht selten gibt es nur gemeinsame Waschräume oder in manchen Fällen sogar nur gemeinsame Schränke, so daß es im Einzelfall schwierig werden kann, ein Eckchen für sich zu finden, in dem ein Kind seine kleinen Geheimnisse, wie Briefe oder ähnliches verstecken kann.

Ein Teil der Privatsphäre des Kindes in der Schule ist der Schutz vor körperlichen Strafen.[174] Die Unverletzlichkeit seines Körpers ist unabdingbarer Bestandteil der Privatsphäre und als solcher besonders geschützt. Dieser Schutz ist durch Art. 19 KRK für die Extremfälle der Gewalt gegen Kinder in die Konvention eingeführt worden. Ob alle Arten von körperlichen Strafen dem Kindeswohl widersprechen und damit unter der KRK verboten sind, ist unter Experten streitig.[175] Allenfalls leichte körperliche Strafen können unter der KRK zulässig sein. Übermäßige körperliche Strafen können unter Art. 19 und Art. 16 KRK sowie Art. 28 Abs. 3 KRK abgewehrt werden.

---

173 Dazu M. Freeman, "The Convention: An English Perspective" in: Freeman (Fn. 1),S. 103.

174 So auch der EGMR in der Entscheidung Castello-Roberts gg. UK.

175 Vgl. dazu Text zu Art. 19.

Schutz persönlicher Daten

Wichtiger Bestandteil des Privatlebens eines Kindes ist der Schutz persönlicher Daten über das Kind. Zu solchen persönlichen Daten gehören z.B. seine Herkunft, seine bisherigen Krankheiten u.ä. Gegen dieses Recht verstößt deshalb die in der Praxis häufig ohne Zustimmung des Kindes durchgeführte Inserierung seiner Daten zum Zwecke seiner Adoption in einer Zeitung.[176] Das Recht auf ein Privatleben verhindert auch, daß Zeugnisse des Kindes veröffentlicht werden oder anderen ohne Zustimmung des Kindes oder seiner Erziehungsberechtigten zugänglich gemacht werden können.[177] Im Bezug auf den Datenschutz ist das Recht auf Privatleben damit auch ein Teilnahmerecht: Das Kind muß um Zustimmung gefragt werden, bevor durch Datensammlung und Veröffentlichung in seine Privatsphäre eingegriffen werden kann (Art. 16 i.V.m. 12 KRK).

Schutz des Familienlebens

Die Familie ist im Rahmen der KRK als Kern der Gesellschaft und als für die Erziehung und das Kindeswohl am besten geeignetes Umfeld anerkannt. Das Kind kann hier seine Meinung äußern, sich auf das Leben als Erwachsener vorbereiten, sich im Kleinen behaupten lernen. Die Familie ist quasi das Schutzschild vor dem Kind und seinem Privatleben. Als solches wird das Familienleben gegen Eingriffe von außen geschützt und das Kind hat ein Abwehrrecht, das ihm diesen Schutz erhält. Eine spezielle Norm enthält insofern Art. 9 KRK, der das Kind vor der Trennung von seinen Eltern schützt.[178] Er ist vor Art. 16 KRK anzuwenden.

Eine allgemein gültige Definition des Familienlebens ist kaum möglich. Die Feststellung des Bestehens eines Familienlebens ist vor allem von der Einzelsituation abhängig. Dabei spielt die Art eines drohenden Eingriffs eine Rolle. Sicher vom Schutz des Familienlebens erfaßt ist die Beziehung des Kindes zu seinen Eltern, seinen Geschwistern und wohl auch zu seinen Großeltern nach Art. 5 KRK. Für die Auslegung ist in diesem Zusammenhang vor allem das Kindeswohl nach Art. 3 KRK heranzuziehen.

Bei der Durchsetzung des Schutzes des Privat- und Familienlebens unterstützen die Eltern das Kind als seine gesetzlichen Vertreter.

---

[176] Freeman (Fn. 173).

[177] Newell S.60.

[178] S. dazu i.e. oben

Gegensatz von Privat- und Familienleben

Artikel 16 KRK enthält zwei Aspekte, die einander im Einzelfall widersprechen können. Zum einen wird das Privatleben des Kindes geschützt. Auf der anderen Seite schützt der Artikel das Familienleben des Kindes und dabei vor allem auch die Wohnung des Kindes. Das Privatleben des Kindes wird nach der Konzeption der KRK als Teil der Familie angesehen.

Artikel 16 KRK entspricht seinem Wortlaut nach dem Art. 17 IPbürR. Mit Hinblick auf diesen Artikel ist er auch in die Konvention aufgenommen worden. Der Schutzgedanke des Art. 17 Abs. 2 IPbürR wurde in Art. 16 Abs. 2 KRK eingefügt. Wenn die Privatsphäre der Eltern vor dem Staat geschützt sei, so müsse auch die des Kindes vor den Eltern geschützt werden.[179]

Das Kind soll soweit wie möglich in der Familie leben und in ihr aufgezogen werden. Innerhalb der Familie wird der Grad des möglichen Privatlebens des Kindes vor allem von seinen Eltern bestimmt.[180] Sie legen die Regeln im Hause fest und sie erziehen das Kind. Diese Erziehung kann dem Kind gegenüber mit Kontrollen verbunden sein, die etwa seinen Schriftverkehr, seine Telefongespräche oder die Auswahl seiner Freunde betreffen.

Absatz 2 weitet nach Absicht der Verfasser den Anwendungsbereich des Schutzes des kindlichen Privatlebens auch auf das Verhältnis zu anderen Privatpersonen und darunter natürlich zu den Eltern des Kindes aus.[181] Die Staaten werden durch Absatz 2 verpflichtet, gesetzgeberische Maßnahmen zu treffen, um dem Kind die Möglichkeit zu geben, Rechtsschutz gegen Eingriffe Dritter in sein Privatleben zu erlangen. Damit steht Art. 16 KRK in einem gewissen Spannungsverhältnis zu dem elterlichen Erziehungsrecht aus Art. 5 und 18 KRK.[182] Dieses Spannungsverhältnis wird aber auch durch die genannten Normen gleich geregelt. Artikel 16 KRK verbietet nur solche Eingriffe in Privat- und Familienleben des Kindes, die widerrechtlich und willkürlich sind. Halten sich die Eltern im Rahmen der Art. 5 und 18 KRK an das Gebot des Kindeswohls und berücksichtigen sie Alter und Entwicklungsstand des Kindes, so kann ihre Erziehung nicht als widerrechtlich einzustufen sein und damit nicht nach Art. 16 KRK abzuwehren sein.[183]

---

179 E/CN.4/1988/28, Abs. 38, 55, Detrick S. 260, Dorsch S. 142.

180 Dazu Newell S. 103.

181 E/CN.4/1988/28, Abs. 38, 55; Detrick S. 260, Dorsch S. 142 f.

182 Schweizer Bundesrat (Fn. 76), S. 41.

183 Dorsch S. 143; so im Ergebnis auch Grosman (Fn. 1), S. 21.

Abwehr von Eingriffen

Grundsätzlich ist es Sache der Eltern oder gesetzlichen Vertreter, das Kind vor Eingriffen durch den Staat oder Dritte zu schützen oder sie bei der Durchsetzung ihres Rechts aus Art. 16 KRK zu unterstützen. Sind die Eltern aus irgendeinem Grunde verhindert oder sind sie selber diejenigen, die widerrechtlich in die Privatsphäre des Kindes eingreifen, so muß der Staat selbst an die Stelle der Eltern treten. Das kann er entweder in Form eines Kinderbeauftragten, der entsprechenden Behörden oder aber durch ein Recht des Kindes, sich an ein Gericht oder einen staatlich bestellten Vertreter seiner Rechte zu wenden. Ein solches Recht kann sich im Einzelfall auch aus der KRK ergeben. So kann sich ein Kind im Rahmen der regelmäßigen Überprüfung einer Unterbringungsmaßnahme nach Art. 25 KRK an die Behörden wenden und nach Art. 37 lit. d KRK hat das Kind ein Recht auf einen rechtskundigen Beistand bei Freiheitsentzug, an den es sich auch für den Schutz seiner Privatsphäre wenden kann. Auch in Zusammenhang mit Art. 12 KRK kann dem Kind die Möglichkeit eingeräumt sein, sich um Unterstützung beim Schutz seiner Privatsphäre an den Staat zu wenden.

Qualifikation des Rechts

Art. 16 KRK ist sowohl Teilnahmerecht des Kindes als auch Abwehrrecht, also ein Vorkehrungsrecht (*Provision Right*). Ein Teilnahmerecht gewährt er insofern als das Kind seine Privatsphäre selbst bestimmen kann und dabei die Familie als kleinster Teil der Gesellschaft, in dem das Kind teilnehmen kann, geschützt ist.[184]

Umsetzung in Rußland

Grundlage für den Schutz des Privatlebens in der russischen Föderation bilden Art. 21, 23 und 25 russ. Verf. Das Familienleben steht nach Art. 38 russ. Verf., der in Art. 1 FGB wiederholt wird, unter dem Schutz des Staates.

Artikel 21 russ. Verf. schützt die Ehre und den guten Ruf des einzelnen. Unter Ehre wird die wirkliche moralische Reputation eines Menschen, seine Anerkennung und Achtung begriffen.[185] Der gute Name eines Menschen wird so lange gesschützt, bis sich im gesetzlich vorgesehenen Verfahren ergibt, daß eine eventuelle schlechte Reputation der Wahrheit entspricht.[186]

---

[184] Flekkøy/Kaufman (Fn. 47), S. 34 f.

[185] I.L.Petruchin Kommentar zu Art. 21 russ. Verf., in: Topornin, *Kommentar zur russ. Verfassung*, S. 188.

[186] Petruchin (Fn. 185), zu Art. 23, S. 207.

Einfachgesetzlich wird dieses Recht durch die Normen des Strafrechts geschützt. Art. 129 russ. StGB stellt die Verleumdung, d.h. die Verbreitung offensichtlich unwahrer Tatsachenbehauptungen, die die Ehre und Würde eines anderen beeinträchtigen und seine Reputation stören, unter Strafe. Beleidigung ist durch Art. 130 russ. StGB verboten. Darunter ist der Ausdruck der Mißachtung der Ehre und Würde eines anderen in unhöflicher Form zu verstehen, Art. 130 russ.StGB.

Artikel 23 russ. Verf. verbietet Eingriffe in das Privat- und Familienleben, insbesondere in Schriftverkehr und Wohnung. Zum Privatleben gehören alle Tätigkeiten des Bürgers im Bereich seiner familiären, beruflichen, persönlichen und intimen Beziehungen. Als Subjekt dieses Rechts wird in der Literatur vor allem auch der Minderjährige anerkannt.[187] Das Recht auf Privatleben kann aufgrund eines Gesetzes eingeschränkt werden. Das gilt vor allem im Bezug auf Personen, die sich in Untersuchungs- oder Strafhaft befinden, die an einer schweren ansteckenden Krankheit leiden und einige andere Gruppen von Menschen. Das Verfassungsgericht hat in einer jüngeren Entscheidung im Bereich des Strafprozesses entschieden, daß die Möglichkeit der Einschränkung des Rechts auf Privatleben den Behörden im Strafprozeß nicht die Möglichkeit gibt, Beschuldigten Daten vorzuenthalten, die ihr Privatleben und ihre Ehre betreffen.[188]

Bestimmte Berufsgruppen, wie z.B. Ärzte, Anwälte und Priester, werden für die Weitergabe eines persönlichen oder familiären Geheimnisse, das ihnen in ihrer beruflichen Eigenschaft anvertraut wurde, strafrechtlich verfolgt.[189]

Nach der Verfassung ist eine gerichtliche Entscheidung für jede Art der Einschränkung des Brief-, Post-, Fernmeldegeheimnisses und ähnlicher Mitteilungen notwendig.[190] Der Eingriff in das Geheimnis des Schriftverkehrs wird nach Art. 138 russ. StGB bestraft.

Im russischen Rechtsraum ist im Grundsatz anerkannt, daß der Datenschutz einer der wichtigsten Teile des Schutzes des Privatlebens ist.[191] Der Schutz der persönlichen Daten findet vor allem auf der Ebene des Strafrechts statt. Artikel 137 russ. StGB sieht eine Bestrafung des widerrechtlichen Sammelns und Verbreitens von Daten vor, die das persönliche oder familiäre Geheimnis eines anderen bilden, wenn der Täter an der Veröffentlichung dieser

---

[187] Petruchin (Fn. 185), zu Art. 23, S. 202.

[188] Entscheidung des russischen Verfassungsgerichts im Fall Kechmann vom 18. 2. 2000, Nr. 3-P, zu finden im Internet unter: http://ww.akdi.ru/ks/post/32.htm (am 30. 8. 2000).

[189] Petruchin (Fn. 185), S. 202.

[190] Petruchin (Fn. 185), S. 206.

[191] Russisches Verfassungsgericht im Fall Kechmann (Fn. 188), Abs. 4; Petruchin (Fn. 185), S. 203 f.

Daten ein persönliches Interesse hat oder die gesetzlichen Rechte und Interessen des Opfers beeinträchtigt werden. In besonderer Weise wird der Täter bestraft, der die Tat in seiner Eigenschaft als Amtsperson begeht, Art. 137 Abs. 3 russ. StGB. Neben dieser allgemeinen Bestimmung finden sich weitere, spezielle Vorschriften zum Geheimnisschutz. Die Verbreitung des Adoptionsgeheimnisses, d.h. des Geheimnisses der Adoptiveltern, daß ihr Kind adoptiert ist, wird nach Art. 155 russ. StGB bestraft. Ein Verstoß gegen das Geheimnis der Daten einer polizeilichen oder staatsanwaltschaftlichen Ermittlung wird durch Art. 310 StPO RSFSR geahndet. Doch diese Bestimmungen spiegeln nicht die ganze Wirklichkeit in der russischen Föderation wider. So werden z.B. auch hier Daten und Fotos von Kindern, die zur Adoption frei gegeben sind, in der Zeitung oder in Zeitschriften veröffentlicht.[192]

Die Unantastbarkeit der Wohnung wird durch Art. 25 russ.Verf. und seine Umsetzungsgesetze geschützt. Danach hat niemand das Recht ohne gesetzliche Grundlage und gegen den Willen der Bewohner in eine Wohnung einzudringen, Art. 12 StPGB RSFSR.[193] Der Hausfriedensbruch wird strafrechtlich geahndet, Art. 139 russ.StGB. Ein verbotenes Eindringen liegt nicht nur dann vor, wenn sich jemand widerrechtlich in den Räumen eines anderen aufhält, sondern auch in den Fällen, in denen jemand sich widerrechtliche Informationen und Daten darüber verschafft, was in den Räumen vor sich geht.[194] Damit wird das Familienleben räumlich geschützt. Das Recht auf Wohnung des einzelnen Kindes sichert die Privatisierungsgesetzgebung.[195] Bei der Übergabe einer Wohnung in das Eigentum eines oder aller Bewohner, müssen Volljährige und Minderjährige ab 15 Jahren um ihre Zustimmung zu dem Übergang des Eigentums gefragt werden.[196] Bei jüngeren Kinder müssen die Eltern oder gesetzlichen Vertreter die Zustimmung erteilen. Wenn ein Kind in einer staatlichen Einrichtung untergebracht wird, sind seine Eltern oder seine sonstigen gesetzlichen Vertreter dazu verpflichtet, innerhalb von sechs Monaten alle gesetzlichen Schritte zu unternehmen, um die Rechte des Kindes an dem Wohnraum, in dem es vor der Unterbringung gewohnt bzw. Rechte genossen hat, zu sichern. Eine Wohnung kann nicht privatisiert werden, ohne die darin

---

192 Z.B. Juriditscheskij Mir 1997, No. 8, S. 22 f.

193 Zweiter Staatenbericht, Abs. 56.

194 Petruchin (Fn. 185), S. 216.

195 Fed. Sakon "O privatisazii schilischtschnogo fonda w Rossijskoj Federazii" Gesetz der Russischen Föderation vom 4. 7. 1991, No. 1541-1; vgl. dazu Ju. Bespalow, "Obespetschenije Prawa Rebjonka na schilischtsche" *Rossijskaja Justizija* 12 (1997), S. 45 f.

196 Art. 2 des Gesetzes "O privatisazii schilischtschnogo fonda w Rossijskoj Federazii" Gesetz der Russischen Föderation vom 4.7.1991, No. 1541-1, im folgenden: Privatisierungsgesetz.

wohnenden oder registrierten Minderjährigen in die Privatisierung einzubeziehen, Art. 7 Privatisierungsgesetz. Bei Verträgen über den Verkauf von privatisiertem Wohnraum, in dem Kinder wohnen oder gewohnt haben und weiterhin Rechte geltend machen können - wie z.B. Kinder, die in einem Heim untergebracht werden mußten, - muß das Amt für Vormundschaft und Pflegschaft seine vorherige Zustimmung erteilen. Durch diese Regelung soll verhindert werden, daß erstens Eltern in finanziellen Notsituationen ihre Wohnungen verkaufen können und dabei die Kinder auf der Straße landen und zweitens Kinder, die in staatlichen Einrichtungen untergebracht werden, nicht mit Erreichen des achtzehnten Lebensjahres auf der Straße stehen. Trotz dieser Vorkehrungen gibt es nach heutigen Schätzungen in der russischen Föderation zwischen einer und vier Millionen Straßenkinder.

Schon in den Zeiten der Sowjetunion wurde der knappe Wohnraum nach Zahl der Kinder verteilt. Dabei wurde für ein Kind zusätzlicher Wohnraum zugestanden. Für weitere Kinder wurde nur dann Wohnraum zugestanden, wenn das nächste Kind anderen Geschlechts war als das erste. Diesem Prinzip folgend wurden Wohnungen privatisiert. Heute haben zwar viele Familien eigene Wohnungen, teilweise auch zwei, aber diese Wohnungen werden zumindest in den großen Städten als einzige oder zusätzliche Einkommensquelle vermietet, um die Familie zu ernähren. Damit ist in den Wohnungen der einzelnen Familie wenig Raum für Privatleben von Kindern und Eltern.

Der Schutz der Rechte und gesetzlichen Interessen des einzelnen Kindes obliegt den Eltern, Art. 56 Abs. 1 FGB. Diese werden in ihrer Aufgabe unterstützt durch die Behörden für Vormundschaft und Pflegschaft, die Staatsanwaltschaft und das Gericht.[197] Das Kind kann sich immer an die Behörde wenden, wenn es Hilfe braucht. Vor allem in den Fällen der Gewalt gegen das Kind durch seine Eltern ist es gesetzlich vorgesehen, daß das Kind sich auch direkt an das Gericht oder das Amt für Vormundschaft und Pflegschaft wenden kann, Art. 56 Abs. 2 S. FGB.

Art. 18 Erziehung durch die Eltern

Artikel 18 KRK ergänzt die vorhergehenden Artikel zu den Rechten der Familie und auf eine Familie. Dabei gliedert er sich in zwei Teile. Absatz 1 betrifft vor allem die Eltern. Danach sind beide Eltern in der Erziehung ihrer Kinder gleichberechtigt. Ihre Verantwortung für die Erziehung des Kindes und vor allem die Sicherung des Kindeswohls wird betont.

In Absatz 2 und 3 wird die Unterstützung des Staates für die Eltern in dieser Aufgabe geregelt.

---

197 Zweiter Staatenbericht, Abs. 56.

Gleiche elterliche Verantwortung

Artikel 18 Abs. 1 KRK liegt der Grundsatz der Gleichheit von Mann und Frau zugrunde, wie er bereits in Art. 23 Abs. 4 IPbürR und Art. 5 lit. b FDK geregelt ist.[198] Beide Eltern sollen die gleiche Verantwortung bei der Erziehung ihrer Kinder haben. Artikel 18 Abs. 1 spricht insofern nicht von den gleichen Rechten bei der Erziehung der Kinder.[199] Die Diskussion bei den *Travaux Préparatoires* ging dahin auch in Art. 18 KRK die Gleichheit auf eine Gleichheit der Rechte der Eltern zu beschränken.[200] Es wurde aber bewußt der weitergehende Begriff der gleichen Verantwortung der Eltern benutzt. Damit sind von Art. 18 KRK nicht nur Rechte der Eltern, sondern auch deren Pflichten umfaßt.

Die Frage der Verteilung der Elternpflichten zwischen den beiden Elternteilen ist eine Frage, die im Rahmen des Art. 18 Abs. 1 KRK nicht abschließend geklärt ist und auch nicht abschließend geklärt werden sollte. Diese Frage ist grundsätzlich den Eltern selbst überlassen.[201]

Wie die elterliche Verantwortung im Einzelfalle zwischen den beiden Elternteilen zu verteilen ist, entscheiden die Eltern gemeinsam. Dabei kann die Verantwortung, die mit dem Aufenthalt des Kindes bei einem Elternteil verbunden ist, durch die Trennungsentscheidung einer Behörde nach Art. 9 Abs. 1 KRK einem Elternteil zugesprochen werden. Können sich die Eltern im Einzelfall nicht über die Aufteilung der Rechte und Pflichten einigen, so stehen ihnen beiden die gleichen Rechte und Pflichten zu.

Bei der Ausübung der elterlichen Verantwortung ist gemäß Art. 18 Abs. 1 S. 3 KRK das Wohl des Kindes das elterliche Grundanliegen. Bedenken gegen diesen Satz ergeben sich daraus, daß die Eltern damit einer Verpflichtung unterworfen werden.

Diese Bedenken wurden auch schon im Rahmen der *Travaux Préparatoires* geäußert. Es könnten doch nicht in einem internationalen Abkommen Pflichten für einzelne geschaffen werden, obwohl nur Staaten Vertragspartner sein sollen.[202] Diese Bedenken wurden aber von anderen Staaten nicht geteilt.[203] Dies ist auch im Hinblick auf die Konzeption des Art. 18 Abs. 1 KRK richtig. Die Kinderrechtskonvention erkennt die Rechte der Eltern gegenüber ihren Kindern und gegenüber dem Staat auf die Kinder an. Diese

---

198 Schweizer Bundesrat (Fn. 76), S. 42.

199 Im Gegensatz etwa zu Art. 16 FDK, der nur die rechtliche Gleichheit von Frau und Mann einbezieht. Dorsch S. 109.

200 E/CN.4/L. 1575 Abs. 87, Derrick S. 264, Dorsch S. 100.

201 Dorsch S. 109 f.

202 Bedenken der USA gegen die Formulierung des Art. 18 KRK, E/CN.4/1989/48 Abs. 311, Detrick S. 270, Dorsch S. 110.

203 E/CN.4/1989/48 Abs. 311, Detrick S. 270, Dorsch S. 110.

Anerkennung wird in Art. 18 Abs. 1 S. 3 KRK auf die Ausübung zum Wohle des Kindes beschränkt. Damit ist dieser Satz nicht eine alleinstehende Verpflichtung der Eltern, sondern vielmehr eine Begrenzung der durch die Konvention anerkannten Rechte der Eltern.

Recht des Staates, in das Familienleben einzugreifen

Fraglich ist, ob Art. 18 Abs. 1 S. 3 KRK den staatlichen Behörden im Einzelfall das Recht gibt, in das Familienleben einzugreifen. Das könnte man daraus folgern, daß Art. 18 Abs. 1 S. 2 KRK das Recht der Eltern, für die Erziehung und Entwicklung des Kindes zu sorgen, gegenüber staatlichen Behörden schützt.[204] Danach wäre Art. 18 Abs. 1 S. 3 KRK die Eingriffsbefugnis der Behörden für den Fall, daß die Eltern das Kindeswohl bei der Ausübung der elterlichen Pflichten nicht als Grundanliegen ausreichend berücksichtigen. Das ist aber sicher in Bezug auf eine Trennung des Kindes von der Familie nicht der Fall. Dieser Fall ist in Art. 9 KRK abschließend geregelt. Andere Arten der Eingriffe sind Beratung der Familie, gesundheitliche Pflege des Kindes oder der Eltern u.ä. Alle diese Arten staatlicher Einmischung sind als Hilfe und Unterstützung anzusehen und damit unter Art. 18 Abs. 2 KRK zu subsumieren.

Unterstützung der Eltern durch den Staat

Artikel 18 Abs. 2 und 3 KRK regeln die Unterstützung der Eltern durch den Staat bei der Ausübung ihrer elterlichen Verantwortung gegenüber ihren Kindern. Dabei findet sich in Art. 18 Abs. 2 in erster Linie ein Programmsatz, während Absatz 3 ein Recht enthält.[205] Nach Art. 18 Abs. 2 unterstützen die Staaten die Eltern in ihrer Erziehungsaufgabe. Diese Unterstützung erfolgt insbesondere auch durch den Ausbau von Institutionen, Einrichtungen und Diensten für die Betreuung von Kindern. Schon bei der Diskussion um die Formulierung dieses Artikels wurden Bedenken laut, daß der Staat unerwünschte Hilfe leisten könnte und sich so in das Familienleben einmischen könnte.[206] Gegen solche unerwünschte Hilfeleistung, die eine Einmischung in das Familienleben darstellen könnte, gibt aber Art. 16 Abs. 1 KRK i.V.m. Art. 5 KRK ein Abwehrrecht gegen den Staat. Daher kann die von Art. 18 KRK vorgesehene Unterstützung nur materieller, finanzieller und beratender Art sein.[207] Der Staat kann also z. B. im Bereich der Sozialversicherung und des Arbeitsrechts

[204] Schweizer Bundesrat (Fn. 76), S. 43.

[205] Dorsch S. 198.

[206] E/CN.4/1981/L.1575, Abs. 98, Detrick S. 265 f., Dorsch S. 196; zum Extrembeispiel Chinas Fitzgibbon (Fn. 59), 345 ff.

[207] So einigte man sich auch in der damaligen Diskussion, E/CN.4/1981/L.1575, Abs. 98, Dorsch S. 196 f.

tätigwerden. So kann eine Lohnfortzahlung für den Krankheitsfall des Kindes vorgesehen werden.[208] Er kann auch Beratungsstellen pädagogischer oder psychologischer Art für Eltern und Kinder einrichten. In der Regel werden höhere finanzielle oder materielle Zuwendungen für Eltern mit behinderten Kindern notwendig sein, um diese in ihrer Erziehungsaufgabe zu unterstützen, da diese höhere Ausgaben für ihr Kind haben.[209]

Insbesondere sorgt der Staat für die Bereitstellung der in Absatz 2 a.E. vorgesehenen Dienste, Einrichtungen und Institutionen zur Betreuung des Kindes. Die Betreuung kann in Form von Kindergärten, Vorschulen, Kindertagesstätten, Ganztagsschulen, öffentlich gemeinnütziger Jugendhilfe o.ä. bereitgestellt werden. In vielen Ländern werden solche Einrichtungen durch nichtstaatliche Organisation, kommerzielle Anbieter oder ähnlichen Einrichtungen bereitgestellt. Das wurde bei den Vorarbeiten zu Art. 18 Abs. 2 KRK berücksichtigt,[210] indem dieser Absatz so formuliert wurde, daß nicht dem Staat selbst eine Verpflichtung auferlegt wurde, sondern daß der Staat nur für das Vorhandensein dieser Einrichtungen zu sorgen hat, den Ausbau aber nicht notwendig in eigener Regie ausführen muß.

Die Formulierung des Art. 18 Abs. 2 KRK läßt aber nicht den Schluß darauf zu, daß der Staat verpflichtet ist, für alle Kinder eine außerfamiliäre Betreuungsmöglichkeit zu schaffen. Nicht mal für alle Kinder berufstätiger Eltern ist auf eine solche Pflicht zu schließen. Denn nach Absatz 2 hat der Staat lediglich für den Ausbau der Einrichtungen zu sorgen und Absatz 3 bezieht das Recht auch nur auf die Nutzung vorhandener Einrichtungen.[211]

Nutzung vorhandener Einrichtungen

Absatz 3 verpflichtet die Staaten, Kindern berufstätiger Eltern das Recht zu geben, vorhandene Kinderbetreuungsdienste zu nutzen. Während Absatz 2 also eine weite Aufgabe der Staaten zur Bereitstellung von Unterstützung und Hilfe für alle Eltern beinhaltet, erklärt der sehr viel engere Absatz 3 das Recht zur Nutzung bereits eingerichter Kinderbetreuung. Dabei beschränkt sich Absatz 3 nicht auf staatliche Dienste und Einrichtungen, sondern umschließt nach dem Wortlaut auch nichtstaatlich eingerichtete Kinderbetreuung. Insofern ist der Staat gesetzgeberischen Maßnahmen zur Sicherstellung der Nutzungsmöglichkeit privater Einrichtungen verpflichtet. Das gilt insbesondere dann,

---

208 Bundesrat Schweiz (Fn. 76), S. 44.

209 Zum Gebot positiver Diskriminierung behinderter Kinder, s. Text zu Art. 23 KRK. So auch Newell S. 65 f.

210 Ebenda (Fn. 207), sowie: E/CN.4/1989/48 Abs. 304, 34, Dorsch S. 197.

211 So auch Dorsch, S. 198.

wenn private Anbieter den Staat in diesem Bereich verdrängt haben. Dabei kann der Staat in der Regel die Entscheidungsbefugnis und die Aufnahmekriterien der einzelnen Institutionen nicht verkürzen,[212] sondern kann allenfalls Richtlinien herausgeben und muß dafür sorgen - notfalls durch ergänzende eigene Einrichtungen - daß keine Bevölkerungsgruppen diskriminiert werden, Art. 2 KRK. Eine immanente und daher zulässige Bevorzugung enthält aber schon Art. 18 Abs. 3 selbst, der das Recht auf Nutzung von Betreuungseinrichtungen auf die Kinder berufstätiger Eltern beschränkt. Eine ursprünglich vorgesehene zeitliche Begrenzung, etwa bis zum Erreichen des Schulalters wurde während der Vorarbeiten zur Konvention verworfen.[213]

Qualifikation des Rechts

Die zwei Teile des Art. 18 KRK lassen sich nach dem vorhergesagten in folgender Weise qualifizieren: Artikel 18 Abs. 1 KRK bestätigt den allgemeinen Grundsatz, daß beide Eltern bei der Kindererziehung gleichberechtigt sind. Insofern wiederholt er ein Prinzip, das in anderen Übereinkommen als Recht ausgestaltet ist und ist nicht als eigenes Recht zu qualifizieren. Die elterliche Verantwortung wird durch Satz zwei gegenüber dem Staat geschützt. Damit gibt dieser Teil den Eltern in Verbindung mit Art. 5 KRK ein Abwehrrecht gegen den Staat, der in ihre Verantwortung und damit in ihr Familienleben eingreifen will. Satz 3 stellt lediglich eine Grenze der elterlichen Rechte dar.

Absatz 2 enthält kein eigenes Recht sondern vielmehr einen Programmsatz. Absatz 3 enthält ein Teilhaberecht an bestehenden Betreuungseinrichtungen. Er beinhaltet damit ein kindspezifisches soziales Recht. Das Recht ist außerdem ähnlich etwa dem Art. 23 KRK ein spezielles Recht für Kinder berufstätiger Eltern. Nach der Aufteilung nach *participation, protection* und *provision rights*, fällt es unter die *provision rights*.

Umsetzung in Rußland

Auch die Umsetzung des Art. 18 KRK in der russischen Föderation ist in zwei Teile zu unterteilen. Der Grundsatz der Gleichberechtigung beider Elternteile und die Begrenzung der elterlichen Rechte aus Absatz 1 ist in Rußland in weitem Maße umgesetzt. Bei der Umsetzung der Absätze 2 und 3 treten Schwierigkeiten auf.

---

212 Dorsch a.a.O.

213 E/CN.4/1981/L.1575, Abs. 82; Detrick S. 263 f., Dorsch S. 197.

Grundlage für die Umsetzung des ersten Absatzes bildet Art. 38 russ. Verf. Danach ist die Sorge für die Kinder und der Schutz der Familie das gleiche Recht und die gleiche Pflicht der Eltern.[214]

Den Grundsatz der Gleichberechtigung der Eltern wiederholt Art. 61 FGB.[215] Als Gegenstück hat das Kind nach Art. 55 FGB das Recht, mit beiden Eltern Kontakt zu pflegen, unabhängig davon, ob eine Ehe zwischen den Eltern besteht oder nicht. Die nachfolgenden Artikel des FGB gestalten den Grundsatz weiter aus. Nach Art. 63 FGB sind die Eltern dazu verpflichtet, für die Gesundheit und die körperliche, geistige, geistliche und moralische Entwicklung ihrer Kinder zu sorgen. Dazu haben sie außerdem die Verpflichtung, den Kindern Zugang zu allgemeiner Grundschulbildung zu verschaffen. Eltern, die sich nach der Ehescheidung nicht über die Ausübung der elterlichen Rechte und Pflichten einigen können, können eine gerichtliche Entscheidung über die Frage herbeiführen.[216]

Die Umsetzung des Art. 18 Abs. 1 S. 2 KRK erfolgt durch Art. 68 FGB. Danach können die Eltern ihr Kind von jedem herausverlangen, der es rechtswidrig festhält. Satz 3 des Art. 18 Abs. 1 KRK findet seinen Niederschlag in Art. 64 FGB. Eltern können ihre Kinder rechtlich nicht vertreten, wenn ihre Interessen denen des Kindes widersprechen. Einen solchen Widerspruch stellt das Amt für Vormundschaft und Pflegschaft fest.

Die Eltern werden in ihrer Verantwortung für ihre Kinder auf verschiedenen Ebenen unterstützt. Das Arbeitsrecht[217] sieht für Frauen allgemein eine Beschränkung der Nachtarbeit vor,[218] schwangeren Frauen und Frauen mit kleinen Kindern sind Nachtarbeit und Überstunden verboten, Art. 162 Gesetzbuch Arbeitsgesetze (GBAG)[219], und Frauen mit Kindern zwischen drei und vierzehn Jahren können nur mit ihrer Zustimmung auf eine längere Dienstreise geschickt werden, Art. 163 GBAG. Diese Rechte gehen auf den Vater über, wenn er das Kind alleine erzieht, Art. 172^1 GBAG. Frauen können wegen der Nichtangabe einer Schwangerschaft nicht entlassen werden. Weiterhin sieht das Gesetzbuch der Arbeitsgesetze die Möglichkeit eines Urlaubs einer der beiden Eltern oder eines Großelternteils vor, um für ein bis zu dreijähriges Kind zu sorgen. Während dieser Zeit wird dem entsprechenden Eltern- oder Großeltern-

214 Erster russ. Staatenbericht Abs. 93.

215 Dazu Lippott (Fn. 62), S. 664, Butler (Fn. 69), S. 408.

216 Zweiter Staatenbericht, Abs. 65.

217 Vgl. dazu auch die kurze Aufstellung im zweiten Staatenbericht, Abs. 66.

218 Art. 161 des Gesetzbuches über die Arbeitsgesetze, Kodeks Sakonkow o trudje Rossijskoj Federazii.

219 Kodeks sakonow o trudje, *VVSRSFSR* 1971 No. 50, st. 1007, i.d.F. des Änderungsgesetzes vom 27. 1. 1995, No. 10-FS, *Rossijskaja Gaseta* vom 2. 2. 1995.

teil gesetzlich auch die Möglichkeit der Heimarbeit eingeräumt, Art. 167. Das gleiche gilt für 70 Tage nach der Adoption eines Kindes und für den Vormund eines Kindes, Art. 167 f. Die sich in vielen anderen Ländern aus dieser gesetzlichen Bevorzugung von Frauen im Krankheitsfall der Kinder ergebende Benachteiligung von Frauen bei der Einstellung ist in Rußland bisher nicht als großes Problem hervorgetreten.

Betreuungseinrichtungen für Kinder sind in Rußland traditionell gut ausgebaut. Nach Art. 18 Abs. 2 Bildungsgesetz garantiert der Staat den Zugang zu Vorschuleinrichtungen. Sie bestehen in Kindergärten und anderen Vorschuleinrichtungen, Einrichtungen für behinderte Kinder, Betreuung der Kinder nach der Schule sowie verbilligte Sommerlager für Kinder.[220]

Nach den Arbeitsgesetzen werden Unternehmen mit einer hohen Quote weiblicher Arbeitnehmer dazu verpflichtet, Kinderhorte und Kindergärten einzurichten, Art. 172 GBAG. Ein vorrangiges Recht von Vorschuleinrichtungen Gebrauch zu machen, haben Familien mit vielen Kindern, behinderten Kindern und alleinerziehende Eltern. Zwar ist es teilweise gelungen, diese Vorschuleinrichtungen zu erhalten. Doch ist die Zahl der Plätze verringert worden. Das wird damit begründet, daß die Nachfrage gesunken sei.[221] Das aber hängt damit zusammen, daß diese Einrichtungen Geld kosten und sie damit gerade für Eltern mit vielen Kinder, mit behinderten Kindern und alleinerziehende Eltern unerschwinglich sind. Darüber hinaus sind auf dem Lande deutlich weniger Plätze eingerichtet worden als in den Städten[222], so daß hier eine gewisse Diskriminierung zu verzeichnen ist.

Insgesamt ist Art. 18 KRK in der russischen Gesetzgebung weitgehend umgesetzt. Nur die Praxis kann mit dem Ideal der Gesetzgebung nicht Schritt halten. Es fehlen finanzielle Ressourcen, um eine Verwirklichung tatsächlich zu garantieren. Insofern ist die russische Föderation auf die in Art. 4 KRK vorgesehene internationale Zusammenarbeit angewiesen.

Art. 21 Adoption

Artikel 21 KRK beschäftigt sich mit der Adoption eines Kindes, enthält aber kein Recht des Kindes, adoptiert zu werden. Dem Kind kann in Übereinstimmung mit Art. 21 KRK die Möglichkeit einer neuen Familie geboten werden, wenn seine eigene Familie - aus welchen Gründen auch immer - nicht mehr existiert. Bei der Aufnahme in eine neue Familie muß das Kind aber geschützt werden, um Mißbrauch des Kindes und Hemnisse für seine normale

---

220 Zweiter Staatenbericht, Abs. 66.

221 Zweiter Staatenbericht, Abs. 101.

222 Zweiter Staatenbericht a.a.O.

Entwicklung zu verhindern. Zu diesem Zweck wird am Anfang des Artikels das konventionsübergreifende Prinzip des Kindeswohls noch verstärkt. Ihm wird die höchste Bedeutung zugemessen (*paramount consideration*). Artikel 21 KRK hat nur unter lit. a sowohl die inner- als auch die interstaatliche Adoption im Auge und regelt in den übrigen Absätzen vor allem die internationale, im Sinne einer grenzüberschreitenden Adoption. Innerstaatlich wird das Kind dabei vor allem dadurch geschützt, daß nur die zuständigen Behörden die Entscheidung darüber treffen können, ob das Kind adoptiert werden kann oder nicht. Daneben besteht die Notwendigkeit, daß die betroffenen Personen in Kenntnis der Sachlage zustimmen. Das Kind soll in konsequenter Fortführung des Art. 20 KRK möglichst in seinem sozialen Umfeld bleiben können. Daher bezeichnet Art. 21 KRK die internationale Adoption als subsidiär gegenüber der innerstaatlichen. Das Kind kommt dabei in den Genuß der innerstaatlichen Schutzvorschriften und unstatthafte Vermögensvorteile müssen vermieden werden.[223]

Adressaten sind dabei nur die Staaten, die die Adoption als Rechtsinstitut überhaupt zulassen. Damit bleiben vor allem die arabischen-islamischen Staaten mit ihrem Rechtsinstitut der *Kafalah* außen vor.[224]

Entstehungsgeschichte

Artikel 21 KRK spiegelt die Dikussion bei den Vorarbeiten zur Konvention wider. Schon der Second Polish Draft sah die Adoption als Teil der in der Konvention zu regelnden Rechtsgebiete vor. Zwar meldeten einige Staatenvertreter Bedenken an, da das Konzept der Vormundschaft von Land zu Land unterschiedlich sei, daher das Problem in der nationalen Gesetzgebung geregelt werden sollte und in der Konvention nur die Möglichkeit multi- und bilateraler Verträge erwähnt werden könne.[225] Diese Bedenken konnten aber zerstreut werden. Man war sich einig, daß eine Förderung der Adoption als solche gegen die Überzeugung der arabischen Staaten nicht intendiert sein sollte.[226] Vielmehr wollte man das Kind in den Ländern schützen, in denen die Adoption bereits zugelassen ist. Dabei wurde die internationale Adoption unter dem Aspekt der Gefahr des Kindeshandels diskutiert. Als Ergänzung zu Art. 11 und 35

---

223 Zur Unterscheidung in den Staaten von "open" und "closed adoption" vgl. Flekkøy/Kaufman (Fn. 47), S. 129 f.

224 F. Monéger "La Jurisprudence Française en matière d'adoption internationale au regard de la Convention des Nations Unies relatives aux droits de l'enfant" in: J. Rubbelin-Devichi/R. Frank *L'enfant et les conventions internationales*, Lyon 1996, S. 115 ff., 118 f.

225 Paper Submitted by the Permanent Representative of Bangladesh, E/CN.4/1986/39 Annex IV, S. 3, Abs. 127, Detrick S. 378.

226 Dorsch S. 266.

KRK wurde überlegt, die internationale Adoption ganz zu untersagen, da ihre Möglichkeit den internationalen Kinderhandel noch anrege.[227] Diese Diskussion brachten vor allem die vornehmlich südamerikanischen und afrikanischen Staaten auf, aus denen Kinder gehandelt oder illegal adoptiert werden.[228] Statt eines Verbotes legte man die Voraussetzungen für zwischenstaatliche Adoptionen fest, da es in vielen Fällen für die adoptierten Kinder eine Chance ist, ins Ausland adoptiert zu werden, die ihnen in ihrem Land nicht geboten werden kann. Kinderhandel sollte vermieden werden, indem man die Voraussetzungen so hoch ansetzte wie möglich und die internationale Adoption nur als ultima ratio Lösung anerkannte.[229] Adoptionsvermittlern sollte der Weg zur Ausnützung von Armut und Unwissenheit von Eltern abgeschnitten werden,[230] indem ungerechtfertigte finanzielle Vorteile bei der internationalen Adoption verboten wurden. Darüber hinaus sieht Art. 21 lit. e KRK zusätzliche bi- und multilaterale Vereinbarungen vor.

Zustimmung zur Adoption

Buchstabe a des Artikel 21 KRK schreibt die Zustimmung der betroffenen Personen zur Adoption vor. Die Konvention selbst erwähnt Eltern, Vormund und Verwandte. Aus einer Zusammenschau mit Art. 12 KRK ergibt sich außerdem die Notwendigkeit einer Beteiligung des Kindes.[231] In vielen Ländern wird diese Bestimmung durch die Festlegung eines bestimmten Alters, ab dem die Zustimmung des Kindes zur Adoption erlangt werden muß, umgesetzt.[232] Jüngere Kinder werden in der Regel im Prozeß um ihre Meinung gefragt, aber ihre Meinung wird nicht als verbindlich angesehen. Darüber hinaus wird unter Buchstabe a davon ausgegangen, daß die betroffenen Personen über die Konsequenzen einer Adoption informiert werden, damit sie eine verantwortungsbewußte Entscheidung treffen können. Dementsprechend verpflichten einige Staaten ihre Behörden, vor allem das Kind über Bedeutung und Konsequenzen der Adoption aufzuklären.[233]

Die Konvention enthält keine Normen für ein vorheriges Zusammenleben oder auch nur eine vorherige Zusammenkunft von zukünftigen Adoptiveltern

227 Bundesrat Schweiz (Fn. 76), 46; E/CN.4/1989/48, Abs. 356, Detrick S. 315 ff.
228 Dorsch S. 267.
229 Dorsch a.a.O.
230 Bundesrat Schweiz (Fn. 227).
231 Flekkøy/Kaufman (Fn. 223).
232 für Schottland und England: Newell S. 79 f., Freeman (Fn. 173), S. 105; für die Schweiz: Bundesrat (Fn. 227).
233 So Dänemark, Nielsen/Frost (Fn. 89), S. 87 f.

und künftigem Adoptivkind, wie es in einigen Staaten der Fall ist.[234] Die Voraussetzung einer gewissen Zeitspanne des Zusammenlebens von künftigen Eltern und Kind würde auch gerade bei der internationalen Adoption gewisse nicht nur pädagogische und psychische sondern auch rechtliche Schwierigkeiten in sich bergen. So muß geklärt werden, ob ein Kind, bei dem die Adoption durch ein ausländisches Paar nicht zustande gekommen ist, abgeschoben werden kann und muß oder ob es ein Recht auf privilegierten Erwerb der entsprechenden Staatsbürgerschaft erhält. Es muß sicher in einer staatlichen Institution oder in einer Pflegefamilie untergebracht werden können.

Versuch, Kinderhandel zu unterbinden

Ein wichtiger Faktor bei dem Versuch Kinderhandel zu Adoptionszwecken zu unterbinden, ist die Kontrolle über Adoptionsvermittler. In einigen Ländern ist Adoptionsvermittlung nur über staatliche Stellen erlaubt oder faktisch möglich.[235] Andere Länder führen eine strenge Kontrolle über die Adoptionsvermittlung durch. Adoptionsvermittler können in der Regel nur mit Bewilligung operieren. Dabei dürfen nach Art. 21 lit. d KRK weder der Vermittler noch die Eltern des Kindes einen unstatthaften Vermögensvorteil erlangen.

Zusätzlich wird die Anerkennung einer ausländischen Adoption verweigert, wenn sie gegen den nationalen ordre public verstößt.[236] Andere Staaten verbieten die internationale Adoption völlig, um den Kinderhandel zu unterbinden.[237] Diese haben dann einen Vorbehalt zu Art. 21 KRK gemacht.

Bevor ein Kind in einem Land adoptiert werden kann, werden in der Regel neben den Dokumenten, die für eine Adoption innerhalb des Landes notwendig sind, noch eine Reihe anderer Dokumenten verlangt, die die Möglichkeit der Kandidaten ein Kind nach den Gesetzen ihres Landes zu adoptieren beweisen und sicherstellen, daß das Kind auch eine Aufenthaltsgenehmigung bekommt. Auf der anderen Seite werden ausländische Adoptionen mit dem Ziel der Verhinderung von Kinderhandel nur dann anerkannt, wenn Dokumente eingereicht werden, die die Herkunft des Kindes etablieren und seine Freigabe zur Adoption durch die staatlichen Behörden

---

234 So z.B. in der Schweiz, Schweizer Bundesrat (Fn. 76), S.46; in Rußland: Beschluß des Obersten Gerichtshof vom 12. 1. 1999, *Bulletin Verchovnogo Suda RF* 1999, Nr. 7.

235 Neuseeland: Henaghan (Fn. 9), S. 188, England: Newell, S. 80; so auch in Rußland s.u.

236 Z.B. Schweiz, (Fn. 76), 46 ff.

237 So z.B. Argentinien, das freilich eben dieses Problem auch innerhalb des eigenen Landes hat. Grosman (Fn. 1), S. 25 ff.

seines Herkunftslandes aufzeigen.[238] In anderen Ländern wird allerdings auch mit anderer Tendenz entschieden. Das gilt vor allem in den Ländern, in denen Kinder aus islamisch-arabischen Ländern adoptiert werden, die in den Bereich der *Kafalah* fallen und daher eigentlich nicht adoptiert werden können. Zwar heißt das für die betroffenen Kinder grundsätzlich, daß ihre Adoption nicht anerkannt werden kann, doch hat z.B. der französische *Cour de Cassation* entschieden, daß nicht notwendig - wenn auch in aller Regel - ein Adoptionsverbot im Personalstatut des Adoptierten ipso facto zu einer Verweigerung der Adoption in Frankreich führen muß. Es gibt darüber hinaus z.B. in Frankreich die Tendenz, aus Gründen des Kindeswohls die "*Kafalah judiciare*" als andere Form der Unterbringung des Kindes anzuerkennen.[239]

Zwei- und mehrseitige Übereinkünfte

Artikel 21 KRK legt damit zum ersten Mal international verbindliche Regeln für zwischenstaatliche Adoptionen fest. Darauf aufbauend sind inzwischen andere Konventionen erlassen und internationale Erklärungen verabschiedet worden. Da ist vor allem die Haager Konvention über den Schutz von Kindern und die Zusammenarbeit auf dem Gebiet der ausländischen Adoption von 1996[240] zu nennen. Sie stellt die Voraussetzungen für eine staatenübergreifende Adoption auf, legt Regeln für die kompetenten Organe in den Staaten fest und schreibt prozessuale Voraussetzungen für die internationale Adoption vor. Regeln über die Anerkennung einer Adoption in anderen Staaten ergänzen diese Normen.

1986 wurde von der Generalversammlung der Vereinten Nationen eine Erklärung über die rechtlichen Prinzipien zum nationalen und internationalen Schutz und Wohlergehen von Kindern, insbesondere in Pflegefamilien und bei der Adoption verabschiedet.[241] Darin wird vor allem die Vorrangigkeit des Kindeswohls betont und als Ziel eine dauerhafte Familie für das Kind genannt. Adoption darf keinen ungerechtfertigten finanziellen Vorteil bringen. Interna-

---

238 So in der Schweiz, Bundesrat, (Fn. 76), 46 ff.; in England: Newell S. 79 f.; in Frankreich: Monéger (Fn. 224).

239 Dazu Monéger (Fn. 224), 115, 119.

240 Haager Konvention über den Schutz von Kindern und die Zusammenarbeit auf dem Gebiet der ausländischen Adoption, 1996, ILM vol 35 (1996) S. 1396-1405, dazu M. Roth/V. Döring "Das Haager Übereinkommen über den Schutz von Kindern" *Juristische Blätter* 121 (1999) S. 758 ff.; Monéger (Fn. 224), S. 120.

241 Declaration on Social and Legal principles relating to the Protection and Welfare of Children, with Special Reference to Foster Placement and Adoption Nationally and Internationally vom 3. 12. 1986, UNGA Official Records, 41st session, Supplement No 53 (A/41/53) NY 1987, Declaration 41/85.

tionale Adoption wird auch hier als subsidiär eingestuft. Sie kann über spezielle Agenten erfolgen, deren Akkreditierung und Arbeit mit besonderer Vorsicht anerkannt werden soll. Keine zwischenstaatliche Adoption soll in Betracht gezogen werden, bevor nicht sicher festgestellt ist, daß das Kind zur Adoption freigegeben ist.

Die im Rahmen des Europarates verabschiedete europäische Konvention über die Adoption von Kindern[242] stellt auf regionalem Niveau Voraussetzungen für die Adoption von Kindern. In weiten Teilen entsprechen ihre Vorschriften denen der Deklaration und der KRK. Die europäische Konvention schreibt vor allem auch die Notwendigkeit des Einverständnisses des Mutters, bei Ehepaaren auch des Vaters, sowie die Anstrengung der Mitgliedstaaten vor, dem Kind die Möglichkeit zu geben, die Nationalität der Adoptiveltern zu erlangen. Es ist Amtshilfe für Auskünfte über das Kind und deren Vorfahren vorgesehen.

Qualifikation des Rechts

Buchstabe a des Artikel 21 KRK sieht die Beteiligung aller betroffenen Personen, darunter sicher auch des Kindes, vor. Damit ist dieser Absatz zu den Teilnahmerechten (*participation rights*) zu zählen. Die Buchstaben b bis e des Artikels haben vor allem den Schutz des Kindes in der internationalen Adoption im Auge. Sie sind Schutzvorschriften und enthalten nicht unbedingt Rechte des Kindes. Dabei enthält lit. b kein Recht sondern stellt viel mehr eine Ergänzung zu Art. 20 Abs. 3 dar, der die Betreuung des Kindes außerhalb seiner eigenen Familie regelt und die Unterbringung des Kindes in einer anderen Familie bevorzugt. Die Adoption wird als Mittel zur Unterbringung des Kindes in einer Familie und zum Schutz des Privatlebens im Sinne von Art. 16 KRK anerkannt.[243] Er steht daneben im Zusammenhang mit Art. 30 KRK, der die kulturelle Identität des Kindes schützt. Soweit wie möglich soll das Kind in seinem Kulturkreis aufwachsen. Buchstabe c und d sind als Ergänzung zu Art. 35 zu sehen, der Maßnahmen gegen Kinderhandel vorsieht. Absatz e ist eine nähere Ausgestaltung des Gebots der internationalen Zusammenarbeit aus Art. 4 KRK. In diesem Zusammenhang ist auch Art. 11 KRK zu beachten, der die internationale Kindesentführung verbietet.

---

242 Council of Europe, European Convention on the Adoption of Children, 24. IV. 1967, ETS/58.

243 Monéger (Fn. 224), S. 117.

Umsetzung in der Russischen Föderation

Die Adoption ist in der Russischen Föderation in Art. 124 ff, 165 FGB geregelt. Danach ist die Familie die bevorzugte Art der Unterbringung eines Kindes, das ohne elterliche Aufsicht verblieben ist. Als Grund dafür wird die Tatsache angesehen, daß die Familie dem Kindeswohl, d.h. den Interessen des Kindes in materieller wie in ideeller und persönlicher Hinsicht,[244] am besten gerecht werden kann. Die Adoption wird in einem geheimen Verfahren durchgeführt und das Adoptionsgeheimnis wird durch die zivilrechtliche Möglichkeit der Änderung von Familien-, Vaters- und Vornamen des Kindes, sofern das Kind noch kein Jahr alt ist, auch des Geburtsorts und des Geburtstags bis zu drei Monaten (Art. 134 f., 140 ff. FGB), sowie durch strafrechtliche Normen geschützt, Art. 154 f. russ. StGB. Die Adoption findet vor den Gerichten in geschlossener Sitzung statt, Art. 125 FGB, Art. 263 f. Zivilprozeßgesetzbuch (ZPGB) der RSFSR.

In Rußland wurde ein System zentralisierter Datenbanken über Kinder, die zur Adoption frei sind, und Kandidaten, die ein Kind adoptieren wollen, eingeführt. Es hat zum Ziel, die Kinder möglichst nahe bei ihrem ursprünglichen Wohnort unterzubringen und sie damit möglichst nicht aus der ihnen bekannten Umgebung zu reißen.[245] Das System ist so angelegt, daß die Daten über Kinder, die ohne ihre Eltern verblieben sind, auf lokaler Ebene in die Bank aufgenommen werden. Können innerhalb eines Monats keine Adoptiveltern für das Kind gefunden werden, so werden die Daten weiter an die Datendank auf der Ebene der Subjekte der Russischen Föderation, d.h. auf regionaler Ebene, gegeben. Auch hier stehen sie für einen Monat. Nach diesem Zeitraum werden sie in die Datenbank auf föderaler Ebene aufgenommen. Nach frühestens drei Monaten können die Kinder, deren Daten auf der föderalen Datenbank stehen, zur Adoption durch Ausländer freigegeben werden. Einzige Ausnahme sind dabei ausländische Verwandte des Kindes. Die verschiedenen Datenbanken sind mittels e-mail miteinander verbunden.[246]

Menschen, die ein Kind adoptieren wollen, müssen die entsprechenden Dokumente den Behörden für Vormundschaft und Pflegschaft oder in die Datenbank auf föderaler Ebene einreichen.[247] Ein Spezialist für den Schutz von Kindern untersucht die Motive für den Wunsch der Kanditaten, ein Kind zu

---

244 Tschernitschenko (Fn. 169) zu Art. 61, S. 375.

245 Entscheidung des Obersten Gerichtshofs der Russischen Föderation vom 12. 1. 1999, *Bjulleten Verchovnogo Suda Rossijskoj Federazii*, No. 7, 1999.

246 Dazu Netschajewa (Fn. 159), S. 285; A.Z. Dsugajewa, "Prawowoje regulirowanie usynowlenija (udotscherenija) detej" *Juriditscheskij Mir* 1997 No. 7, S. 15-22.

247 Dazu welche Dokumente einzureichen sind, vgl. Dzugajewa (Fn. 246), Netschajewa (Fn. 246).

adoptieren, und deren Möglichkeiten, ein Kind zu unterhalten und aufzuziehen. Er stellt außerdem fest, ob der Adoption nicht gewichtige Gründe oder ein Verbot gegenüberstehen.[248] Zu diesem Zweck besucht er verpflichtend die Wohnung der Kandidaten. Der Experte schreibt einen Bericht über seine Erkenntnisse, der dem Gericht bei der Verhandlung über die Adoption vorliegt.[249] Verbote gegen Adoption bestehen vor allem bei beschränkter Geschäftsfähigkeit oder Geschäftsunfähigkeit eines der Kandidaten, bei Personen, denen gerichtlich ihre Elternrechte entzogen wurden, die bestimmte Krankheiten haben u.ä.[250] Die künftigen Adoptiveltern sind verpflichtet, sich im vorhinein mit dem medizinischen Bericht über das Kind bekannt zu machen.[251]

Der Prozeß der Adoption erfordert grundsätzlich die Zustimmung der biologischen Eltern des Kindes, bzw. dessen Vormundes oder des Leiters des Kinderheimes, in dem es untergebracht ist, Art. 130 f. FGB. Das Kind selbst muß ab dem Alter von 10 Jahren der Adoption durch die vorgesehenen Eltern zustimmen, Art. 132 FGB. Seine Meinung wird auch in anderen Fällen in Betracht gezogen.[252] Die Trennung von Geschwistern ist bis auf seltene Ausnahmen untersagt, Art. 124 Abs. 2 FGB.[253]

Die Behörden sind verpflichtet, Kandidaten für die Adoption über deren Folgen zu beraten.[254] Das russische Recht enthält allerdings keine Vorschrift über eine Beratung des Kindes über die Bedeutung und Folgen einer Adoption.

Damit entspricht die nationale Gesetzgebung der Russischen Föderation in fast allen Teilen den Vorschriften des Art. 21 lit.a KRK. Das Kindeswohl wird durch die Behörden für Vormundschaft und Pflegschaft, den Leiter des Kinderheimes, in dem sich das Kind befindet, bzw. seinen Vormund oder seine Eltern, gewahrt.

Die internationale Adoption ist in Art. 165 FGB gesondert geregelt. Danach ist auch in der Russischen Föderation die Adoption in andere Staaten

---

248 Art. 15 der Rechtsverordnung der Regierung der RF "Verordnung über die Übergabe Kinder, die Staatsbürger der Russischen Föderation sind, zur Adoption an Staatsbürger der Russischen Föderation und an ausländische Staatsbürger und (oder) an Staatenlose" vom 15. 9. 1995.

249 Vgl. dazu Ju. Bespalow, "Usynowljenije kak sposob sudebnoj saschtschiti praw rebjonka" *Rossijskaja Justitzija* Moskau 1997 No. 7 S. 39-41, 40.

250 Über die Krankheiten, die ein Hindernis bilden, Adoptiveltern zu werden, s. Dzugajewa (Fn. 246).

251 Dzugajewa (Fn. 246).

252 Summary Record of the 63rd meeting of the Comittee on the Rights of the Child, CRC/C/SR.63, Abs. 53.

253 Dazu Dzugajewa (Fn. 246), Netschajewa (Fn. 246), Bespalow (Fn. 249).

254 Summary Record of the 62nd meeting of the Committee on the Rights of the Child: Russian Federation, 26/1/93, CRC/C/SR.62, Abs. 50.

subsidiär und erfolgt nur, wenn die Unterbringung des Kindes in einer Pflege- oder Adoptionsfamilie in Rußland nicht möglich ist, Art. 124, 165 FGB. Die Behörden müssen zunächst alle Möglichkeiten der Unterbringung in einer Familie in Rußland ausschöpfen. Eine solche Familie kann auch ausländischer Nationalität sein, aber ihren ständigen Wohnsitz in der Russischen Föderation haben. Die einzige Ausnahme betrifft die Möglichkeit, Kinder bei Verwandten unterzubringen, selbst wenn diese Ausländer sind. Diese Verpflichtung zur Unterbringung in Rußland wird dadurch gesichert, daß Daten über die Kinder, die der Betreuung durch ihre Eltern beraubt sind, faktisch erst fünf Monate in der zentralisierten Datenbank sein müssen, bevor die Kinder zur internationalen Adoption freigegeben werden, Art. 122 FGB. Dieses System führt dazu, daß auch wirklich nur die Kinder von Ausländern adoptiert werden können, die in Rußland niemand "nehmen wollte". Das sind häufig Kinder aus großen Familien, bei denen niemand die Verantwortung für die gesamte Geschwisterschar übernehmen wollte, behinderte Kinder oder Kinder, die eine komplizierte Operation benötigen.[255]

Für die Adoption eines russischen Kindes müssen Ausländer, neben den allgemein verlangten, besondere Dokumente einreichen. Darunter vor allem die Versicherung der in ihrem Heimatland zuständigen Behörde oder Organisation, daß die Kandidaten ein Kind adoptieren dürfen, daß mit der Übernahme der Staatsangehörigkeit der Eltern durch das Kind keine Hindernisse entgegenstehen, und daß die zuständige Behörde die weitere Kontrolle über die Lebensumstände und die Entwicklung des Kindes übernimmt.[256]

Diese Regelung ist inzwischen auch höchstrichterlich überprüft. Der Oberste Zivilgerichtshof der Russischen Föderation hatte in einer Entscheidung aus dem Jahre 1999[257] die Frage zu entscheiden, ob ein US-amerikanisches Ehepaar ein russisches Kind adoptieren durfte, obwohl die Daten über das Kind falsch und zu spät auf der regionalen und föderalen Datenbank gemeldet worden waren. Unter Berufung auf Art. 21 KRK und das Prinzip des Kindeswohls verneint das Gericht diese Möglichkeit. Das Ehepaar hatte das Kind, bevor es es zu sich nahm, nur über Fotografien gekannt und sich wegen der Unrichtigkeit der Daten auch kein verläßliches Bild von der Gesundheit und der Möglichkeit zu dem Kind eine elterliche Beziehung aufzubauen machen können. Die Behörden hätten deshalb bei der Frage der Adoption das Kindeswohl nicht ausreichend geprüft und vor allem entgegen Art. 21 KRK nicht sichergestellt, daß

255 Dsugajewa (Fn. 246).

256 Netschajewa (Fn. 246), Zweiter Staatenbericht, Abs. 85.

257 Oberstes Gericht der Russischen Föderation in bürgerlichen Angelegenheiten vom 12. 1. 1999, *Bulletin Verchovnogo Suda RF* 1999, Nr. 7.

keine russische Familie das Kind adoptieren wollte. Dem Ehepaar wurde die Adoption jedenfalls im jetzigen Zeitpunkt versagt.

Nachdem einige Fälle auftraten, bei denen ein Kind von seinen ausländischen Adoptiveltern geschlagen wurde[258] und auch immer wieder Fälle von Kinderhandel und illegaler Adoption auftraten,[259] wurde ein Ergänzungsgesetz zum FGB verabschiedet, das die internationale Adoption neu regelt. Das Gesetz trat zum 1. 9. 1999 in Kraft. Zunächst sollte die Adoption durch Ausländer ausschließlich davon abhängig gemacht werden, ob zwischen Rußland und dem Herkunftsland des jeweiligen Kandidaten ein bilaterales Abkommen über die Adoption besteht. Dieses Vorhaben wurde aber auf Protest aus dem Ausland und nicht staatlicher Organisationen in Rußland aufgegeben. Das neue Gesetz konkretisiert das FGB in folgender Weise. Die bisher die Adoption durch Ausländer vermittelnden Agenturen müssen jetzt in Rußland auf der Grundlage internationaler Abkommen oder auf der Basis von Gegenseitigkeit akkreditiert sein.[260] Ausländer, die ein russisches Kind adoptiert haben, müssen sich nicht später als einen Monat nach ihrer Rückkehr in ihr Heimatland bei einer Konsulareinrichtung der Russischen Föderation registrieren lassen. Besondere Mitarbeiter der Konsulareinrichtungen kontrollieren die Lebensumstände des adoptierten Kindes in ihren neuen Familien zweimal im ersten Jahr nach der Adoption und in den darauf folgenden drei Jahren einmal jährlich.[261]

Es fragt sich, wie diese neue russische Regelung in den Empfängerstaaten der Kinder aufgenommen werden wird. Die Kontrolle der russischen Beamten in Ländern wie den USA, Kanada und Schweden, aus denen ein Großteil der

---

258 *Isvestija* vom 16. 5. 1998, "Deputati ulutschschajut Semejnij Kodeks strani" und vom 27. 1. 1998 "Spaseniju ne podleschat".

259 Committee on the Rights of the Child, Concluding Observations: Russian Federation vom 10. 11. 1999, CRC/C/Add. 110, Abs. 43; *Segodnja* vom 14. 9. 1998, No. 204, S. 7 "Wyroslije Problemi 'djetskogo bisnesa'", *Sowjetskaja Belorussia* 10. 12. 1997 No 257 "Jurist roddoma prodala 55 djetjej".

260 Diese Vorschrift wird ausgestaltet duch eine neue Verordnung der Regierung der Russischen Föderation vom 28. 3. 2000, Postanovlenije "O dejatelnosti organow i organisazii inostrannych gosudarstw po usynowleniju (udotschereniju) detej na territorii Rossijskoj Federazii i kontrole sa ejo osuschtschestwlenijem" No. 268, *SZRF* No. 14, 3. 4. 2000, st. 1501.

261 Verordnung der Regierung der Russischen Föderation vom 29. 3. 2000 No. 275 "Prawila peredatschi detej na usynowlenie (udotscherenije) i osuschtschestwlenija kontroly sa uslowijam ich schisni i wospitanija w semjach usynowitelej na territorii RF" und "Prawila postanovki na utschot konsulskimi utschreschdenijami RF detej, jawljajuschtschichsjy graschdanami RF i usynovljonnych inostrannymi graschdanami i lizami bes graschdanstwa"; *SZRF* No 15 vom 10.4. 2000, st. 1590.

Adoptiveltern für russische Kinder stammt[262], kann als Einmischung in deren innere Angelegenheiten gewertet werden. Das gilt vor allem dann, wenn das Kind Staatsbürger des entsprechenden Staates wird. Es bleibt abzuwarten, ob sich diese Frage mittels zwei- oder mehrseitiger Abkommen regeln läßt.

Somit entsprechen auch die Regeln zur internationalen Adoption in Rußland weitestgehend den Regelungen der KRK. Fraglich bleibt lediglich, ob die neue Regelung in diesem Gebiet nicht faktisch einem Verbot der zwischenstaatlichen Adoption gleichkommt, das dem Art. 21 KRK nicht entspricht.

262 Netschajewa (Fn. 246), Summary Records of the 63rd meeting of the Comittee on the Rights of the Child: Russian Federation, CRC/C/SR.63, Abs. 52.

7. Identität des Kindes

Die Konvention schützt die Entwicklung des Kindes auf der Grundlage des Art. 6 KRK. Ein wichtiger Aspekt dieser Entwicklung ist die Möglichkeit des Kindes, eine eigene Identität zu haben und nicht lediglich als Objekt, Wertanlage oder ähnliches betrachtet zu werden.[1] Zu diesem Zweck gibt die Konvention dem Kind das Recht auf eine eigene Identität, die in Art. 8 KRK ausdrücklich genannt, in anderen Vorschriften aber auch in ihren Einzelheiten geschützt wird.

Art. 7 Registrierung; Name; Staatsangehörigkeit und Art. 8 Staatliche Fürsorgepflicht

Artikel 7 KRK als Grundlage der Rechte des Kindes auf eine eigene Identität enthält fünf Rechte des Kindes. Er schreibt erstens die Eintragung des Kindes in ein Register unmittelbar nach der Geburt vor. Zweitens gewährt er das Recht auf einen Namen. Drittens sieht Art. 7 KRK das Recht auf eine Staatsangehörigkeit vor. Viertens hat das Kind das Recht auf Kenntnis seiner Eltern und schließlich hat es fünftens das Recht auf Betreuung durch seine Eltern.

Diese Rechte haben die Vertragsstaaten nach Absatz zwei der Vorschrift im Einklang mit dem innerstaatlichen Recht und ihren internationalen Verpflichtungen sicherzustellen. Dabei wird dem Schutz des Kindes vor Staatenlosigkeit besondere Bedeutung beigemessen.

Artikel 8 KRK ist demgegenüber eine Auffangvorschrift für die Fälle, die nicht von Art. 7 KRK und den übrigen, die Identität des Kindes sichernden Vorschriften erfaßt sind. Artikel 8 KRK stellt klar, daß Staatsangehörigkeit, Name und Familienbeziehungen Teil der Identität des Kindes sind, von der sich die Staaten mit rechtswidrigen Eingriffen fernzuhalten haben. Nach Art. 8 Abs. 2 KRK sind die Staaten verpflichtet, Kindern, denen in diesem Sinne Teile ihrer Identität genommen wurden, Beistand bei der Wiederherstellung zu gewähren.

Entstehungsgeschichte

Das Recht des Kindes auf Registrierung, Name und Staatsangehörigkeit ist bereits in Art. 24 Abs. 2 und 3 IPbürR normiert sowie in der KRE 1959 erwähnt. Auf dieser Grundlage fand auch die Diskussion um diese Rechte statt. Im zweiten polnischen Entwurf war darüber hinaus zur Verhinderung der Staatenlosigkeit eines Kindes die hilfsweise Geltung des *jus-soli*-Prinzips

[1] T.J. Fitzgibbon, "The UN Convention on the Rights of the Child: Are Children Really Protected? A Case Study of China's Implementation" *Loy. L.A. Int'l & Comp. LJ* 20 (1998) 325 ff., 338.

vorgesehen.[2] Die Vertreter der Vereinigten Staaten wollten den Zusatz, daß die Staatsangehörigkeit nur in Übereinstimmung mit den nationalen Gesetzen erworben werden kann,[3] konnten sich aber mit diesem Einwand im Rahmen des ersten Absatzes nicht durchsetzen. In der Diskussion um die Staatsangehörigkeit kam die Frage nach der Aufnahme eines Hinweises auf die Staatenlosigkeitskonvention auf. Diese Diskussion wurde aber mit Hinweis auf die Nichtumsetzung durch viele Staaten nicht weiter verfolgt.[4] Auch die hilfsweise Geltung des *jus-soli*-Prinzips wurde in der weiteren Diskussion nicht mehr in Betracht gezogen.[5]

Das Recht, in ein Register eingetragen zu werden, wurde in der zweiten Lesung ohne jeglichen Widerstand eingeführt.[6]

Neben dem Recht auf einen Namen, auf Eintragung in ein Register und auf Erwerb einer Staatsangehörigkeit sollten auch andere Voraussetzungen für die psychologische Stabilität des Kindes in einer Vorschrift geregelt werden.[7] Diese Voraussetzungen sind die Kenntnis der eigenen Eltern und die Betreuung durch diese Eltern. Mehrere Staaten hatten das Institut des Adoptionsgeheimnisses und sahen es als nicht vereinbar mit dem Recht auf Kenntnis der eigenen Eltern an.[8] Daher wurde der Zusatz "soweit wie möglich" eingeführt.[9]

Die Verpflichtung zur Umsetzung dieser Rechte wurde in Absatz zwei auf den Einklang mit dem innerstaatlichen Recht beschränkt. Damit wurde Bedenken Rechnung getragen, daß etwa staatenlose Kinder mit Einreise in ein Land auch gleich dessen Staatsangehörigkeit beanspruchen könnten.[10]

Artikel 8 beruht auf einem Vorschlag Argentiniens.[11] Argentinien stand dabei unter dem Eindruck des gewaltsamen Entzuges von Kindern von Regimegegnern, die dann in anderen Familien untergebracht wurden, und hielt die Unterscheidung zwischen *true and genuine origin* und *his or her legal one* für be-

---

[2] E/CN.4/1349*, S. 2; Detrick S. 123 f., Dorsch S. 130.
[3] E/CN.4/1542 bs. 37, Detrick S. 124, Dorsch S. 130; Schweizer Bundesrat *BBl* 146 (1994), S. 27 f.
[4] Working Group E/CN.4/1989/48, S. 18-22 Abs. 102, Detrick, S. 128.
[5] E/CN.4/1989/48 Abs. 101, Detrick S. 128, Dorsch S. 131.
[6] E/CN.4/1989/48, Abs. 106 f.; Detrick S. 128 f., Dorsch S. 131.
[7] E/CN.4/1989/48, Abs. 93, Detrick S. 127, Dorsch S. 152.
[8] So vor allem die damalige UdSSR, DDR und das Vereinigte Königreich, ebenda Abs. 96, Detrick S. 127, Dorsch S. 152.
[9] Ebenda Abs. 104, Detrick S. 127, Dorsch S. 152.
[10] So vor allem die Bedenken der USA, E/CN.4/1542 Abs. 37, Dorsch S. 130.
[11] Ankündigung: E/CN.4/1985/64 Annex II, S. 1, Detrick 291 f.; Vorschlag und Diskussion: E/CN.4/1986/39 Abs. 33 ff., Detrick S. 292; Dorsch, S. 153, Schweizer Bundesrat *BBl* 146 (1994) S. 29.

sonders wichtig.[12] Diese Unterscheidung kam aber in der Endfassung nicht mehr zum Ausdruck.

Identität des Kindes

Das Recht auf Identität ist ein neues Konzept und findet sich in keinem anderen Übereinkommen zum Schutz der Menschenrechte.[13] Die Identität des Kindes ist ein Teil seiner Menschenwürde. Es entspricht der Intention der Konvention, das Kind nicht mehr nur als Objekt, sondern auch als Subjekt von Rechten anzuerkennen. Ein wichtiger Teil dieses Anliegens ist es, Kindern auch eine eigene Identität zuzuerkennen. Diese Aufgabe erfüllen Art. 7 und 8 KRK.

Der Begriff der Identität des Kindes ist jedoch schwer zu fassen.[14] Gerade in Anbetracht der Tatsache, daß die Zusätze *true and genuine* und *legal* nicht Eingang in Art. 8 KRK gefunden haben, läßt die Vorschrift auf den ersten Blick gegenüber Art. 7 KRK, der konkrete Rechte aufstellt, inhaltslos werden.

Artikel 8 KRK stellt zwar klar, daß Teil der Identität Staatsangehörigkeit, Name und Familienbeziehungen sind. Artikel 16 KRK schützt das Privat- und Familienleben, Art. 30 KRK erweitert den Begriff der Identität auf die kulturelle Identität des Kindes. Darüber hinaus bleibt nur noch ein kleiner denkbarer Anwendungsbereich der Vorschrift. Zum einen ist Art. 8 KRK als Antwort auf Zwangsadoptionen in Argentinien zu sehen,[15] die aber auch in anderen Staaten stattgefunden haben.[16] Zum zweiten ergibt sich aus dem Zweck des Art. 8 KRK, dem Kind Subjektstellung zu Rechten zu sichern, daß das Recht auf Identität das Recht auf Zugang zu seinen persönlichen Daten beinhaltet.[17] Kinder bekommen damit Zugang zu Berichten und Zeugnissen, die andere über sie ausgestellt haben. Staaten haben nicht das Recht ohne besondere

[12] Ebenda, Detrick S. 292, Dorsch S. 153.

[13] N. Cantwell, in: Detrick, *Travaux Préparatoires,* S. 28; Schweizer Bundesrat *BBl* 146 (1994) S. 29.

[14] D.J. Steinbock "Unaccompanied Children in Host Country Foster Families" *Int'l J Refugee L.* 8 (1996) S. 6 ff., 24 f.

[15] Dazu C.P. Grosman "Argentina - Children's Rights in Family Relationships" in: M. Freeman (Hrsg.) *Children's Rights: A Comparative Perspective*, S. 16; Schweizer Bundesrat (Fn. 3).

[16] So im Rahmen der sog. Pro Juventute gegen das Volk der Jenischen in der Schweiz, Schweizer Bundesrat *BBl* 146 (1994) S. 30, oder der Stolen Generation der Aboriginees in Australien, Federal Court of Australia im Fall Lorna Cubillo and Peter Gunner gegen das Commonwealth of Australia, Actions Nos 14 and 21 of 1996, Entscheidung vom 11. 8. 2000, im Internet unter: http://www.austlii.edu.au/au/cases/cth/federal_ct/2000/1084.html (am 30. 8. 2000).

[17] Newell S. 29.

Rechtfertigung, Kindern die Möglichkeit vorzuenthalten, Details ihrer Identität zu suchen und zu sichern.[18] Die Grenze bildet hier das Kindeswohl.

Zum dritten beinhaltet Art. 8 KRK die Pflicht der Staaten, dem Kind Beistand und Schutz bei der Wiederherstellung seiner Identität zu gewähren, Kinder zu rehabilitieren, die von anderen eine sog. Gehirnwäsche erfahren haben, also durch Folter oder andere Methoden derart etwa von opposititionellen Gruppen beeinflußt wurden, daß sie ihre eigene Identität verloren haben.[19] Artikel 8 und 39 KRK ergänzen sich insoweit.

Die Identität des Kindes ist nicht absolut geschützt. Familienbeziehungen etwa sind nur im gesetzlich anerkannten Rahmen geschützt. Damit schützt Art. 8 KRK je nach Lage der nationalen Gesetze gerade nicht die Beziehung zu den leiblichen Eltern des Kindes. Vielmehr kann gerade die gesetzlich anerkannte Familienbande im Gegensatz zur wahren und echten Identität des Kindes stehen.[20]

Registrierung bei der Geburt

Das Recht auf Registrierung bei der Geburt ist eins der elementarsten Rechte aus der Konvention. Es ist nicht nur allein in sich wichtig, sondern die Registrierung bei der Geburt ist Grundlage für die Gewährung der meisten anderen Rechte aus der Konvention.

In der Regel wird eine Person, die nicht registriert ist, von den Staaten als nicht existent betrachtet. Die Geburtsurkunde ist Grundlage für medizinische Betreuung, Zugang zu Schulunterricht oder Impfschutzprogrammen.[21] Oft sind Kinder, die nicht registriert sind, in erhöhtem Maße der Gefahr der sexuellen, wirtschaftlichen Ausbeutung und des Mißbrauchs ausgesetzt.[22]

Staaten planen Programme für Kinder in der Regel auf der Grundlage ihrer Register. Kinder, die nicht eingetragen sind, werden bei der Planung nicht berücksichtigt und demzufolge werden auch keine Plätze für sie eingeplant.[23]

Die Registrierung eines Kindes ist oft auch Grundlage für den Erwerb der Staatsangehörigkeit eines Staates.[24] Bei der Registrierung werden in der Regel

---

18 So auch der EGMR im Fall Gaskin gg. UK Series A, vol 160, dazu Newell S. 30 f.; Nielsen/Frost "The Danish Debate" in: M. Freeman *Children's Rights*, S. 75

19 Z.B. L.F. Sacramento/A.M. Pesoa "Implementation of the Rights of the Child in Mozambique"" in: M. Freeman (Hrsg.) *Children's Rights: A Comparative Perspective*, S. 156 f.

20 Dorsch S. 155.

21 UNICEF, *Progress of Nations 1998*, New York 1998, S. 5 ff., dazu *Neue Züricher Zeitung*, 9.7.1998, S. 48, "UNICEF fordert Registrierung aller Neugeborenen"; UNHCR, *State of the World's Refugees* 1997, Box 6.4, "Stateless and unregistered children".

22 UNICEF, *Progress of Nations 1996*, "The Right to a Name and a Nationality", Genf 1996.

23 UNICEF, Progress of Nations 1996 ebenda.

die Eltern des Kindes registriert, so daß die Registrierung auch die Grundlage für die Kenntnis der Eltern sein kann.

Jährlich werden fast ein Drittel aller neugeborenen Kinder in der Welt nicht registriert.[25] Nach Angaben von UNICEF[26] und UNHCR[27] ist der Grad der Geburtenregistrierung dabei in hohem Maße politisch bedingt und wenig vom Wohlstand eines Landes abhängig. Die Unterlassung der Registrierung wird zur Ausgrenzung von Minderheiten verwandt. Andererseits versuchen auch Angehörige verfolgter Minderheiten die Registrierung und damit eine Kontrolle des Staates über sie zu verhindern.[28]

Besonders schwierig gestaltet sich die Registrierung und Dokumentation bei Flüchtlingsgruppen.

In vielen Staaten herrscht die Praxis, bei der Registrierung festzuhalten, ob das Kind ehelich oder unehelich ist. UNICEF versucht dieser Praxis entgegenzuwirken, denn sie birgt die Gefahr der Diskriminierung unehelicher Kinder unter Verstoß gegen Art. 2 KRK.[29]

Recht auf Erwerb einer Staatsangehörigkeit

Der Erwerb der Staatsangehörigkeit eines Landes beruht entweder auf dem Ort der Geburt eines Kindes (*jus-soli*-Prinzip) oder auf der Abstammung des Kindes (*jus-sanguinis*-Prinzip).[30] Das Prinzip des *jus soli* wird vor allem in den amerikanischen Staaten angewandt, während *jus sanguinis* vor allem in Asien verbreitet ist.[31] Diese unterschiedlichen Regelungen haben zur Folge, daß ein Kind, das in einem Land, mit *jus-soli*-Prinzip registriert wird, in der Regel ein Recht auf Erwerb der entsprechenden Staatsangehörigkeit hat, während das in Ländern unter dem Regime des *jus-sanguinis*-Prinzips nicht der Fall ist.

Die Staatsangehörigkeit ist in der Regel die Basis für den Schutz des Kindes durch den Staat. Es wird sogar die Ansicht vertreten, der Anwendungsbereich der Kinderrechtskonvention sei nur für Staatsangehörige eröffnet, denn Art. 2 KRK beziehe die Schutzpflicht des Staates aus der Konvention auf jedes der ihrer Hoheitsgewalt unterstehenden Kinder und damit

---

24 UNHCR (Fn. 21).
25 NZZ (Fn. 21).
26 *Progress of Nations 1998*, New York 1998, S. 5 ff.
27 UNHCR (Fn. 21).
28 UNICEF *Progress of Nations 1998*, (Fn. 26).
29 UNICEF ebenda.
30 V.N. Dodonov/V.P. Panov/O.G. Rumjanzev, *Meschdunarodnoje Prawo, Slowar-sprawotschnik*, S. 239 ff.; K. Hailbronner in: W. Graf Vitzhum (Hrsg.) *Völkerrecht*, Berlin 1997, Abschnitt III, Rn 24.
31 UNHCR (Fn. 21).

nicht auf fremde Kinder. Artikel 2 KRK ist aber weit auszulegen und meint alle Kinder, in deren Rechte ein Staat aufgrund seiner hoheitlichen Gewalt eingreifen kann, also auch Kinder, die nicht Staatsangehörige des Staates sind.[32]

Allerdings besteht etwa ein Recht des Kindes auf diplomatischen Schutz durch seinen Heimatstaat nur für Staatsangehörige.[33] Daher ist die Staatenlosigkeit eines Kindes vielfach gleichbedeutend mit der Gefahr einer Schutzlosigkeit des Kindes. Artikel 7 Abs. 1 und 2 KRK stellen klar, daß die Konvention diese Gefahr auch sieht und das Recht auf Erwerb einer Staatsangehörigkeit bezweckt, das Kind vor Staatenlosigkeit zu schützen. Die Gefahr besteht vor allem dann, wenn die Eltern des Kindes im Ausland leben oder Staatenlose sind. Dann ist vor allem in Ländern mit dem *jus-sanguinis*-Prinzip die Gefahr gegeben, daß diese Kinder staatenlos werden. Andererseits kann diese Gefahr auch in Länder mit dem *jus-soli*-Prinzip bestehen, wenn diese sich weigern, Kinder von unerwünschten Ausländern oder Staatenlosen zu registrieren.[34]

Dieser Gefahr wirkt Art. 7 Abs. 2 KRK entgegen, indem er als Grundlage der Umsetzung der Rechte aus Art. 7 KRK die Verhinderung der Staatenlosigkeit des Kindes festschreibt. Zwar ist ein Hinweis auf die Staatenlosigkeitskonvention[35] nicht zustande gekommen, hier klingen aber deren Prinzipien durch.

Recht auf einen Namen

Das Recht des Kindes auf einen Namen wird in der Literatur wenig diskutiert. Es ist die Grundlage für die Ausbildung einer eigenen Identität für das Kind und damit Grundlage auch für seine psychologische Entwicklung. Der Name ist auch Teil der Würde und Ehre eines Menschen. Daher wird der Name in den meisten Rechtsordnungen gegen unbefugten Gebrauch geschützt.[36]

Der Name wird von Geburt an geschützt. Das heißt, das Kind hat ein Recht auf einen Namen unmittelbar nach der Geburt. Dieser Zusatz hat wegen

---

32 Dazu im einzelnen oben Abschnitt 6 zu Art. 10 KRK und Abschnitt 1 zu Art. 2 KRK.

33 Artikel 4 Wiener Konsularrechtskonvention vom 24. 9. 1963, UNTS Bd. 596, S. 261; Art. 3 lit. b Wiener Diplomatenrechtskonvention vom 18. 4. 1961 UNTS Bd. 500, S. 95.

34 UNHCR (Fn. 21).

35 Konvention über die Rechtsstellung der Staatenlosen, deutsche Version in *BGBl* 1976 II 473; Konvention zur Verminderung der Staatenlosigkeit, *BGBl* 1977 II, S. 598, ergänzt auch durch die Europäische Abkommen über Staatsangehörigkeit vom 6. 11. 1997, zu finden im österreichischen *BGBl* III Nr. 39/2000.

36 So z.B. in der Bundesrepublik Deutschland durch Art. 2 Abs. 1 und 1 Abs. 1 GG, BVerfGE 78, 38, 49 für den Schutz des Geburtsnamens, und in der Russischen Föderation, M.N. Maleina "Pravo na imja" *Gosudarstwo i prawo* 71 (1998), S. 99 ff.

Art. 1 KRK eigentlich nur klarstellende Funktion[37], macht aber klar, daß das Kind von Geburt an nicht als Objekt, Wertanlage oder ähnliches angesehen werden darf, sondern eine eigene Persönlichkeit zuerkannt bekommen muß. Das schützt das Kind davor, als Nummer geführt zu werden.

Artikel 7 KRK trifft keine Regelung, wer dem Kind den Namen zu geben hat. Jedoch ist auch Art. 7 KRK im Lichte der anderen Vorschriften aus der Konvention auszulegen. Hier ist insbesondere Art. 5 KRK heranzuziehen. Danach haben wohl in erster Linie die Eltern und - sofern das den örtlichen Gepflogenheiten entspricht - die Verwandten das Recht und die Pflicht dem Kind zu einen Namen zu geben. Grenze dieses elterlichen Rechts bildet auch hier das Prinzip des Kindeswohls und damit letztlich die Menschenwürde des Kindes, die in dem Namen und der damit verbundenen Individualisierung des Kindes zum Ausdruck kommt. Der Name des Kindes darf nicht so gewählt sein, daß es durch ihn in seiner Menschenwürde verletzt wird.

Der Name wird in der Regel mit der Registrierung des Kindes fixiert, ist aber natürlich nicht von dieser abhängig.

Das Recht auf einen Namen birgt auch das Recht, seinen Namen zu ändern.[38] Das ist ein Ausfluß aus den Beteiligungsrechten des Kindes, v. a. aus Art. 12 KRK.

Recht auf Kenntnis der Eltern

Das Recht auf Kenntnis der Eltern ist eine wichtige Komponente der Identität des Kindes. Es ist faktisch ein Recht auf Kenntnis seiner Wurzeln. Zwar beinhaltet die Kinderrechtskonvention keine Definition des Elternbegriffs.[39] Vielmehr überläßt sie die Definition der Interpretation durch die Staaten. In den Vorschriften über die Eltern- und Familienrechte kann - mit Ausnahme von Art. 21 KRK - immer sowohl die biologische als auch die soziale Elternschaft gemeint sein. Artikel 9 KRK enthält beispielsweise das Verbot auf, daß ein Kind nicht gegen den Willen seiner Eltern von diesen getrennt werden darf, es sei denn es besteht eine Notwendigkeit dazu. Diese Vorschrift läßt ihrem Wortlaut nach die Möglichkeit offen, nicht nur die leiblichen Eltern, sondern auch Pflegeeltern darunter zu subsumieren, und die Beziehung des Kindes zu diesen zu schützen. Auch Art. 20 Abs. 1 KRK, der auf den ersten unbedarften Blick eindeutig auf die Beziehung zur leiblichen Familien abstellt, kann nach seinem Wortlaut weiter ausgelegt werden und auch ein Kind schützen, das bereits von einer Pflege- oder Adoptionsfamilie aufgenommen war und aus die-

---

37 Dorsch S. 132.

38 M.N. Maleina (Fn. 36), S. 100.

39 Dazu oben Kap. 7 zu Art. 5 KRK.

ser herausgelöst wird. Ein Blick auf Absatz drei, der speziell die Kontinuität in der Erziehung als Sinn und Zweck des Art. 20 KRK hinstellt, zeigt, daß gerade das auch von Art. 20 KRK gemeint ist.

Wie Art. 20 differenziert auch Art. 7 KRK nicht explizit zwischen sozialen und biologischen Eltern. Sein Kontext zeigt aber einen anderen Sinn und Zweck als der des Art. 20 KRK. Die ersten beiden Rechte aus Art. 7 KRK stellen speziell auf den Zeitpunkt unmittelbar nach der Geburt ab. Auch die Staatsangehörigkeit soll möglichst bald nach der Geburt, wenn nicht unmittelbar mit der Geburt, erworben werden können. Daraus folgt, daß auch die Kenntnis der gebärenden - also der biologischen - Eltern gemeint sein muß. Das auf das Recht auf Kenntnis Eltern folgende Recht auf Betreuung durch die Eltern wäre unsinnig, wenn damit auch soziale Eltern gemeint wären, denn die Beziehung zu sozialen Eltern wird ja bereits durch Art. 9 ff. hinreichend geschützt. Diese Interpretation wird gestützt durch einen Blick auf die Entstehungsgeschichte des Art. 7 KRK. Die verfasser hatten vor allem die Problematik geheim oder zwangsweise adoptierter Kinder im Auge, die Information über ihre leiblichen Eltern zu beschaffen suchen.

Nicht ausdrücklich bedacht wurde die Situation, in der biologische und genetische Elternschaft auseinanderfallen. Das sind Fälle der künstlichen Befruchtung oder der Implantation eines fremden Fötus. hier wird man vom Sinn und Zweck der Vorschrift des Art. 7 KRK ausgehen müssen. Zweck der Vorschrift ist ees dem Kindes Identität, die sich neben seinem Namen auch in seinen Familienbeziehungen (vgl. Art. 8 Abs. 1 KRK) und in den Umständen seiner Geburt ausdrückt, zu sichern. Die Kenntnis der eigenen Abstammung ist ebenfalls Teil der identität des Kindes. Sie hilft dem Kind eigene Verhaltensweisen zu verstehen und fremden gegenüberzutreten. Dadurch können seine Persönlichkeit und Begabung sowie seine geistigen und körperlichen Fähigkeiten im Sinne des Art. 29 Abs. 1 lit. a KRK voll zu Entfaltung gebracht werden, wie es nach Abs. 6 der Präambel die Intention der Konvention ist. Aus diesen Überlegungen heraus ist Art. 7 Abs. 1 Fall 4 KRK so auszulegen, daß auch das Recht auf Kenntnis der genetischen Herkunft erfaßt ist.

Fraglich ist jedoch, wieweit hier die Pflicht der Vertragsstaaten geht. Teilweise wird angenommen, daß nach Art. 7 Abs. 1 KRK das Kind das Recht auf jede Information hat, die möglicherweise gesammelt werden kann.[40] Die meisten Staaten lassen jedoch insofern das Interesse des Spenders an der Geheimhaltung den Interessen des Kindes an Kenntnis seiner Abstammung vorge-

[40] Newell S. 27.

hen.[41] Andere wollen hier die gleichen Maßstäbe gelten lassen wie bei der Adoption.[42] In diesen Fällen werden die Interessen der Eltern an Geheimhaltung mit denen des Kindes an Kenntnis seiner genetischen Abstammung im Rahmen der innerstaatlichen Gesetze abgewogen.[43]

Die Abwägung dieser Interessen überläßt Art. 7 KRK dem innerstaatlichen Recht. Die einzigen Grenzen, die dieser Abwägung gesetzt sind, ergeben sich aus dem Prinzip des Kindeswohls aus Art. 3 KRK und dem Diskriminierungsverbot aus Art. 2 KRK.

Recht auf Betreuung durch die Eltern

Artikel 7 KRK schützt ähnlich wie Art. 9 und 20 KRK die Beziehung zu den Eltern. Im Gegensatz zu diesen Vorschriften verfolgt aber Art. 7 KRK einen anderen Ansatz. Während Art. 9 und auch Art. 20 KRK bestehende Beziehungen zwischen Eltern und Kind absichern sollen, ermöglicht Art. 7 KRK den Aufbau einer Eltern-Kind-Beziehung zu den leiblichen Eltern. Art. 7 KRK stellt insgesamt auf die Geburt ab und zeigt damit die grundsätzliche Wertung der Konvention, daß die Betreuung des Kindes am besten die leiblichen Eltern durchführen können.

Durch Anerkennung des Rechts auf Betreuung durch die Eltern erkennt die Kinderrechtskonvention den Vorrang der Eltern bei der Erziehung des Kindes, wie er auch in Art. 3 Abs. 2, 18 Abs. 1 und 5 KRK zum Ausdruck kommt, als allgemeines Prinzip an. Dabei sind hier die biologischen Eltern gemeint, nicht aber notwendigerweise die genetischen, denn es kann wohl kaum Sinn des Art. 7 Abs. 1 Fall 5 KRK sein, die Staaten dazu zu verpflichten, Samen- und Eispendern die Sorge über die von anderen ausgetragenen Kindern zu übertragen. Er schützt das Kind aber durchaus davor, unmittelbar nach der Geburt kraft staatlichen Akts gegen den Willen der Eltern zur Adoption freizugeben. Es liegt auch hier eine dahingehende Auslegung nicht fern, die dem Kind aus Art. 7 Abs. 1 Fall 5 KRK das Recht auf Kenntnis und Betreuung durch beide Elternteile, insbesondere auch durch einen unehelichen Vater gewährt.

---

[41] So z. B. Dänemark, Nielsen/Frost (Fn. 28); Großbritannien, Newell S. 29 f., Argentinien, Grosman (Fn. 15).

[42] M. Freeman "The new birth right?" *Inter'l J. Children's Rgts*, 4 (1996) 273 ff.; Nielsen/Frost (Fn. 28), S. 73 ff.

[43] Zur Abwägung z.B. im österreichischen Recht vgl. Entscheidung des österreichischen Verfassungsgerichtshofs vom 14. 10. 1999, G 91/98 - 13, G 116/98 - 13, veröffentlicht im Internet unter http://www.vfgh.gv.at/vfgh/presse/G91-98.Html; im englischen Recht Newell S. 24, Freeman (Fn. 42).

Gegen diese Auslegung haben sich allerdings eine Reihe von Staaten durch Erklärung bei der Ratifikation gewehrt.[44]

Artikel 7 Abs. 1 KRK in Verbindung mit Art. 27 KRK gibt den Staaten die Verpflichtung zur Förderung von Familien auf, im Notfall durch die Gewährung von Sozialhilfe.

Schutz der gesetzlich anerkannten Familienbeziehungen

Anders als Art. 7 schützt Art. 8 KRK nicht nur die Beziehungen zu den Eltern, sondern die Familienbeziehungen allgemein. Daraus folgt, daß das Kind zwar den Eltern entzogen werden kann, wie Art. 9 Abs. 1 und 2 KRK es vorsehen. Es kann aber grundsätzlich nicht von seinen Geschwistern getrennt werden,[45] die mit ihm zusammen Familienbande geknüpft haben. Eine Vorschrift zur Trennung der Geschwister findet sich nämlich in der Konvention nicht.

Allerdings schützt Art. 8 KRK dieses Recht nicht absolut, denn er schützt nur die gesetzlich anerkannten Familienbande. Ein Kind, das etwa schon unmittelbar nach der Geburt adoptiert wurde, hat in der Regel keine gesetzlich anerkannten Familienbande mit seinen leiblichen Geschwistern. Dennoch ist das Kind gegen Trennungen von seinen mit ihm zusammenlebenden Geschwistern nicht nur durch Art. 16 KRK, sondern auch durch sein Recht auf Identität aus Art. 8 KRK geschützt.

Qualifikation des Rechts

Die Rechte des Kindes aus Art. 7 Abs. 1 und 8 Abs. 1 KRK sind als Freiheitsrechte des Kindes einzustufen. Sie sichern die Entwicklung des Kindes und sind damit *Provision Rights*.[46]

Umsetzung in Rußland

Nach Art. 56 russ. FGB hat das Kind allgemein das Recht auf Schutz seiner Rechte und Interessen. Diesen Schutz gewähren in der Regel die Eltern, wenn diese nicht verfügbar sind, das Amt für Vormundschaft und Pflegschaft, die Staatsanwaltschaft und das Gericht.

Die fünf Rechte aus Art. 7 KRK und das Recht auf Identität aus Art. 8 KRK sind im übrigen in der Russischen Föderation in verschiedenen Gesetzen umgesetzt.

---

44 So etwa die Bundesrepublik in ihrer Erklärung bei der Hinterlegung der Ratifikatiosurkunde, Abs. II, der sich allerding in erster Linie auf Art. 18 KRK bezieht, *BGBl* 1992 II S. 990.

45 Newell S. 29.

46 Fitzgibbon (Fn. 1), S. 337.

Registrierung

Auch in Rußland ist die Registrierung eines Kindes Grundlage für seine Teilnahme an Impfschutzprogrammen,[47] seinen Zugang zur Schule und zu medizinischer Versorgung. Nach dem Gesetz über die Akte des staatsbürgerlichen Standes, das die Tätigkeit der Standesämter regelt, müssen Kinder spätestens einen Monat nach der Geburt registriert werden.[48] Grundlage der Registrierung bilden die ärztlichen Aufzeichnungen über die Geburt.

Neben Vorname, Vatersname, Familienname und Geburtsort und -zeit des Kindes werden auch die Namen der Eltern eingetragen. Dabei gilt bei einer verheirateten Mutter die Vermutung der Vaterschaft des Ehemannes auch wenn die Ehe bis zu 300 Tage vor der Niederkunft geschieden oder für nichtig erklärt worden ist, Art. 17 f. des Gesetzes. Bei der Registrierung eines Kindes unbekannter Eltern wird der Fundort und die Zeit des Fundes und auch ein Name eingetragen, Art. 19 Personenstandsgesetz.[49]

Wird das Kind nicht innerhalb eines Monats nach der Geburt registriert, so können die Eltern oder das achtzehnjährige Kind unter Vorlage der Dokumente über seine Geburt auch später noch die Eintragung bewirken, Art. 21 Personenstandsgesetz. Sind keine Dokumente über die Geburt vorhanden, so erfolgt die Eintragung aufgrund einer gerichtlichen Entscheidung. Im Falle der künstlichen Befruchtung werden die biologischen Eltern vor der Befruchtung ihr Einverständnis zu ihrer Eintragung als Eltern des Kindes im Geburtenregister verpflichtet. Wenn eine Leihmutter eingeschaltet war, können die Paare, die diesen Weg beschritten haben, nur mit Zustimmung der Leihmutter als Eltern im Geburtenregister eingetragen werden.[50]

Die Eintragung einer Adoption eines Kindes erfolgt spätestens einen Monat nach der Gerichtsentscheidung mit der die Adoption ausgesprochen wurde auf Antrag der Adoptionseltern. Dabei ist auf deren Wunsch die Änderung des Geburtsortes und des Geburtsdatums des Kindes bis zu drei Monaten möglich, Art. 41 ff. des Gesetzes und Art. 134 ff. russ. FGB.

Staatsangehörigkeit

Grundlage für das im Lichte der ungeklärten Frage, ob die Russische Föderation tatsächlich alleiniger Nachfolger der UdSSR geworden, schwierige

---

47 UNICEF, *Progress of Nations 1998*, New York 1998, S. 13 ff., *nzz* vom 9.7.1998, S. 48.

48 Sakon "Ob aktach graschdanskogo sostojanija", Gesetz der Russischen Föderation vom 15. 11. 1997, No. 143-FS, Art. 21 (im folgenden: Personenstandsgesetz); zweiter russ. Staatenbericht, Abs. 49-50.

49 Maleina (Fn. 36), S. 100.

50 W.E. Butler, *Russian Law*, Oxford 1999, S. 409.

russische Staatsangehörigkeitsrecht sind Art. 6 Abs. 3 russ. Verf., der den Entzug der Staatsangehörigkeit eines russischen Staatsangehörigen verbietet, und Art. 62 russ. Verf., der russischen Staatsbürgern die Möglichkeit einer doppelten Staatsangehörigkeit einräumt, auf denen aufbauend die Russische Föderation ein Gesetz über die Staatsangehörigkeit erlassen hat.[51]

Das erste Mal in der Geschichte Rußlands wird in Art. 6 Abs. 3 russ. Verf. der Entzug der Staatsangehörigkeit als inhumaner Akt anerkannt und verboten. Damit wurde das in der Sowjetunion anerkannte Institut des Entzugs der Staatsangehörigkeit abgeschafft.[52]

Das russische Staatsangehörigkeitsrecht erfüllt zwei Funktionen. Zum einen regelt es den Erwerb und Verlust der russischen Staatsangehörigkeit in Standardsituationen, zum anderen regelt es die Staatsangehörigkeit in der Nachfolge der ehemaligen UdSSR.[53]

In der Nachfolge der UdSSR regelte das Staatsangehörigkeitsgesetz die Staatsangehörigkeit wie folgt: die Staatsangehörigkeit durch Anerkennung haben alle Personen, die am 6. 2. 1992 ihren ständigen Aufenthalt auf dem Territorium der Russischen Föderation hatten, Art. 13 Staatsangehörigkeitsgesetz, sowie alle Personen, die ihren gewöhnlichen Aufenthalt grundsätzlich in der Russischen Föderation hatten, aber zu dieser Zeit wegen Wahrnehmung von Tätigkeits- oder Dienstverhältnissen, Studium, Ausbildung, medizinischer Versorgung oder Privatangelegenheiten weggezogen und später wieder zurückgekehrt sind.[54]

Daneben konnten alle Personen die Staatsangehörigkeit bis zum Ablauf des Jahres 2000 unter Vorlage einiger Dokumente erlangen, die sich nicht zu diesem Zeitpunkt auf dem Territorium der Russischen Föderation aufhielten.

---

51 Gesetz der RSFSR vom 28. 11. 1991 "O graschdanstve Rossijskoj Federazii" in der Fassung der Änderung vom 17. 6. 1993, *Rossijkaja Gaseta* vom 6.2.1992, geändert durch Gesetz vom 17. 6. 1993, *Rossijkaja Gaseta* v. 14. 7. 1993, Gesetz vom 15. 2. 1995, *VSNDRFiVSRF*vom 13. 2. 1995 No. 7 st. 496, (im folgenden Staatsangehörigkeitsgesetz) ergänzend: Verordnung des obersten Sowjets zur Einführung der Änderung vom 17. 6. 1993, *Rossijkaja Gaseta* vom 14. 7. 1993, Erlaß des Präsidenten vom 27. 12. 1993, *Rossijkaja Gaseta* vom 22. 1. 1994.

52 Ju.L. Schulschenko, Kommentar zu Art. 6 russ.Verf. in: B.N. Topornin (Hrsg.) *Kommentar zur russ. Verf.*, Moskau 1997, S. 113 ff., 121; S.W. Tschernitschenko, Kommentar zu Art. 61 russ. Verf. ebenda, S. 374..

53 Zur Erläuterung des russ. Staatsangehörigkeitsrechts vgl. Schulschenko (Fn. 52), S. 114 ff.; ausführlich vor allem mit Blick auf die Frage der Staatennachfolge nach der UdSSR, H. von Mangoldt "Das Staatsangehörigkeitsrecht der Russischen Föderation im Lichte ihrer völkerrechtlichen Verpflichtungen" in: D. Blumenwitz/S. Spieler (Hrsg.) *Rußlands Reform auf dem Prüfstand*, Bonn 1997, S. 11 ff.

54 Verordnung des obersten Sowjets vom17. 6. 1993.

Diese Differenzierung ist zwischenzeitlich wegen Verstoßes gegen Art. 6 Abs. 3 russ. Verf. und das Gleichheitsrecht aus Art. 19 russ. Verf. vom russ. Verfassungsgericht für verfassungswidrig erklärt worden, denn der Wohnort sei ein willkürliches Unterscheidungskriterium, das nicht zum Verlust der Staatsangehörigkeit führen könne.[55] Daher regelt das Gesetz inzwischen die Staatsangehörigkeit in der Nachfolge der UdSSR so, daß jeder Staatsbürger der UdSSR ein Staatsbürger der Russischen Föderation wird, der nicht seinen Wunsch zum Ausdruck gebracht hat, die Staatsangehörigkeit der Russischen Föderation zu beenden und nicht die Staatsangehörigkeit eines anderen Staates angenommen hat.[56]

Für den Erwerb der Staatsangehörigkeit in Standardsituationen knüpft das russische Recht an das Prinzip des *jus sanguinis* an, Art. 14 Staatsangehörigkeitsgesetz. Dabei kann die Staatsangehörigkeit von beiden Elternteilen abgeleitet werden, Art. 15 Abs. 2 Staatsangehörigkeitsgesetz.[57] Wenn nur ein Elternteil russischer Staatsangehöriger ist, wird das Kind durch Einigung der Eltern oder mangels Einigung bei Geburt auf russischem Territorium russischer Staatsbürger, Art. 15 Staatsangehörigengesetz. Ein Kind unbekannter Eltern, das sich auf russischem Territorium befindet, wird Russe, Art. 16 Staatsangehörigkeitsgesetz. Ein in Rußland geborenes Kind ausländischer oder staatenloser Eltern wird dann Russe, wenn die Staaten der Eltern dem Kind ihre Staatsangehörigkeit nicht gewähren.

Die Staatsangehörigkeit eines Kindes unter 14 Jahren folgt grundsätzlich der Staatsangehörigkeit der Eltern,[58] Kinder haben aber bei daraus folgendem Verlust der russischen Staatsangehörigkeit die Option die russische Staatsangehörigkeit bis zu fünf Jahre nach Erreichung des achtzehnten Lebensjahrs wiederzuerlangen, Art. 20 ff. Staatsangehörigkeitsgesetz.

Ein adoptiertes russisches Kind bleibt russischer Staatsangehöriger bis es die Staatsangehörigkeit der Adoptiveltern annimmt, ausländische Adoptivkinder werden wie ihre russischen Adoptiveltern russische Staatsangehörige, Art. 29 Staatsangehörigkeitsgesetz.

Flüchtlinge werden bevorzugt eingebürgert, Art. 19 Abs. 2 und 3 Staatsangehörigkeitsgesetz.

---

[55] Entscheidung des russ. Verfassungsgerichts vom 16. 5. 1996, *SZRF* 1996, Nr. 21, st. 2579, Übersetzung in *EuGRZ* 24 (1997), 410 ff., dazu A. Nußberger "Die Grundrechte in der Rechtsprechung des russischen Verfassungsgerichts", *EuGRZ* 25 (1998), 105 ff., 117; M.V. Baglaj, *Konstituzionnoe Prawo Rossijskoj Federazii*, Moskau 1998, S. 271.

[56] Baglaj (Fn. 55), S. 271 f.

[57] Von Mangoldt (Fn. 53), S. 35 ff.

[58] Erster russ. Staatenbericht S. 69.

Damit setzt die russische Gesetzgebung das Recht auf Staatsangehörigkeit nach Art. 7 Abs. 1 KRK vorbildlich um und verhindert die Staatenlosigkeit eines Kindes.

Was jedoch in der Theorie vorbildlich ist, birgt in der Praxis Probleme in sich. In der Praxis kommt es immer wieder vor, daß ausländischen oder staatenlosen Eltern die Registrierung ihrer Kinder von den russischen Behörden verweigert wird, damit diese Kinder nicht nach den o.g. Grundsätzen die russische Staatsangehörigkeit erlangen können. Das hat zur Folge, daß sie nicht nur staatenlos werden, sondern auch keinen Zugang zu Impfprogrammen, medizinischer Versorgung und Schulbildung haben.[59]

Recht auf einen Namen

Nach Art. 58 russ. FGB, 19 und 150 russ. ZGB[60] hat das Kind das Recht auf einen Vornamen, Vatersnamen und Familiennamen. Diese werden mit der Geburt des Kindes beim Standesamt eingetragen.[61]

Nach der russischen Literatur beinhaltet das Recht auf einen Namen zwei Komponenten: das Recht unter diesem Namen genannt und amtlich geführt zu werden und das Recht seinen Namen zu ändern. Das Recht beim Namen genannt zu werden, beinhaltet auch ein Ausschlußrecht, nämlich das Recht anonym aufzutreten und anderen entgeltlich oder unentgeltlich die Benutzung des Namens zu erlauben. Das beinhaltet auch das Recht, den Namen an Kinder und Adoptivkinder weiterzugeben.[62] Teilweise wird auch das Recht auf Schutz der Unterschrift unter das Recht auf einen Namen subsumiert.[63]

Die Registrierung des Namens nimmt das Standesamt vor.[64] Artikel 58 Standesamtgesetz und Art. 59 russ. FGB regeln die Änderung des Namens eines Kindes. Bis zu 14 Jahren kann der Name eines Kindes auf Antrag der Eltern geändert werden, Art. 59 russ. FGB. Jede Person über 14 Jahren kann ihren Vornamen und ihren Familiennamen ändern, Minderjährige bis 18 Jahren aber nur mit Zustimmung der Eltern, Art. 58 Standesamtgesetz. Diese Namensänderung wird dann auch in allen standesamtlichen Dokumenten eingetragen,

---

59 UNHCR *The State of the World's Refugees 1997*, Box 6.4, "Stateless and Unregistered children".

60 Zum Recht auf einen Namen nach Art. 19 russ. ZGB vgl. M.G. Masevitsch, Kommentar zu Art. 19 russ. ZGB, in: O.N.Sadikov, *Kommentar zu Teil 1 des russ. ZGB*, Moskau 1998, S. 64 f.

61 Zweiter russ. Staatenbericht Abs. 51.

62 Maleina (Fn. 36), S. 99, 102.

63 Maleina (Fn. 36), S. 99.

64 Maleina (Fn. 36), S. 100.

Art. 63 Standesamtgesetz.[65] Von dieser Regelung wird vor allem bei Trennung der Eltern Gebrauch gemacht, wenn das Kind den Familiennamen des Elternteils annehmen soll oder will, bei dem es lebt.[66]

Bei der Adoption bleibt dem Kind sein Name (Vorname, Vatersname und Familienname) grundsätzlich erhalten. Die Adoptiveltern können den Namen aber ändern, Art. 134 russ. FGB. Ab dem Altern von 10 Jahren ist dazu die Zustimmung des Kindes erforderlich.

Kenntnis der Eltern und Betreuung durch die Eltern

Artikel 48 ff. russ. FGB ermöglichen die Feststellung der Herkunft eines Kindes in Bezug auf seine biologischen, plazentaren Eltern. Die Mutter wird danach durch die Dokumente über die Geburt festgestellt, als Vater wird der Ehemann, mit dem die Mutter bis mindestens 300 Tage vor der Geburt verheiratet war, eingetragen. Ist die Mutter nicht verheiratet, wird als Vater derjenige in die Geburtsurkunde eingetragen, den die Mutter angibt und der Vater bestätigt. Ist die Mutter nicht in der Lage einen Vater anzugeben, weil sie etwa gestorben oder nicht geschäftsfähig ist, so reicht die Erklärung des Vaters über seine Vaterschaft.[67]

Artikel 48 - 57 Standesamtgesetz regeln die sonst geltenden Grundlagen für eine Anerkennung der Vaterschaft durch einen nicht ehelichen Vater.

Artikel 153 russ. StGB sichert das Recht des Kindes auf Kenntnis seiner Abstammung, indem er die Unterschiebung eines Kindes unter Strafe stellt. Art. 154 russ. StGB sanktioniert die rechtswidrige Adoption.[68]

Nach Art. 47 Personenstandsgesetz, Art. 155 russ. StGB und Art. 137 russ. FGB ist das Adoptionsgeheimnis geschützt, so daß dem Kind insofern das Recht auf Kenntnis seiner Abstammung nicht zusteht.[69] Die Russische Föderation hat wie vor ihr die UdSSR von der Möglichkeit des Art. 7 Abs. 1 und 2 KRK Gebrauch gemacht, den Interessen am Adoptionsgeheimnis den Vorrang gegenüber den Interessen des Kindes auf Kenntnis seiner Abstammung zu gewähren. Das hindert nach den innerstaatlichen Gesetzen natürlich die Adoptiveltern nicht daran, das Kind über seine Herkunft aufzuklären. Dieses Recht steht allerdings den leiblichen Eltern grundsätzlich nicht zu, Art. 155 russ. StGB.

---

65 Maleina (Fn. 36), S. 102.

66 Maleina (Fn. 36), S. 100.

67 Butler (Fn. 50), S. 408.

68 Zweiter russ. Staatenbericht Abs. 54.

69 Zweiter russ. Statenbericht Abs. 54.

Das Recht des Kindes bei seiner Familie zu leben und aufzuwachsen, wird in Art. 54 f. russ. FGB wiederholt. Als Grenze dieses Rechts ist das widersprechende Interesse des Kindes anerkannt.[70]

Ein Problem ergibt sich in diesem Zusammenhang aus der Möglichkeit den Eltern ihre Rechte zu entziehen. Diese Möglichkeit sehen Art. 70 ff. russ. FGB in Übereinstimmung mit Art. 9 Abs. 1 und 2 KRK vor.[71] Es gibt jedoch immer wieder Stimmen - vor allem nichtstaatlicher Organisationen - die dem russischen Staat einen vorschnellen Entzug der Elternrechte vorwerfen, statt den Eltern zu helfen mit ihren finanziellen Problemen fertig zu werden.[72]

Schutz der Familienbeziehungen

Das russ. FGB schützt nicht nur das Recht das Kindes, in seiner Familie aufzuwachsen, sondern das Kind hat nach Art. 59 russ. FGB auch das Recht, sich mit seinen Großeltern und Geschwistern auszutauschen. Bei der Adoption gilt der Grundsatz, daß Geschwister nicht in verschiedenen Familien untergebracht werden dürfen, Art. 124 Abs. 2 FGB.

Art. 20 Betreuung außerhalb der Familie

Artikel 20 KRK über die Betreuung des Kindes außerhalb der Familie stellt das Kind, das seiner familiären Umgebung beraubt ist, wie in der Tradition der Kinderrechtserklärungen von 1924 und 1959 vorgesehen, unter den besonderen Schutz des Staates. Hier kommt der Gedanke des *Parens Patriae* zum Ausdruck. Wenn die Eltern nicht in der Lage sind, für ihr Kind zu sorgen, tritt der Staat für eine richtige Betreuung ein, die er nach Absatz zwei und drei auch an andere delegieren kann und muß.

Absatz drei zählt mögliche Formen der Betreuung auf, von denen nur die Betreuung in einer staatlichen Einrichtung als subsidiär eingestuft wird.

Der zweite Satz dieses Absatzes stellt zwei Kriterien auf, die bei der Wahl der richtigen Betreuungsform beachtet werden müssen: die Kontinuität der Erziehung des Kindes und seine Herkunft, vor allem in religiöser, ethnischer und kultureller Hinsicht.

Entstehungsgeschichte

Die ersten beiden Absätze wurden schon früh und ohne größere Diskussionen in den Entwurf aufgenommen.[73] Engere Formulierungen wie etwa "der

---

70 Zweiter russ. Staatenbericht Abs. 52.

71 Dazu oben Abschnitt 7 zu Art. 9 KRK.

72 Alternativer Staatenbericht Abs. V-1.

73 E/1982/12/Add. 1C Abs. 42 - 59, Detrick S. 298 ff., Dorsch S. 199.

elterlichen Pflege beraubt" oder "der biologischen Familie" konnten sich nicht durchsetzen.[74] In zweiter Lesung wurde Absatz zwei dann durch den Hinweis auf das innerstaatliche Recht eingegrenzt.[75]

Die Formulierung des dritten Absatzes gestaltete sich etwas schwieriger. Zunächst war man sich nicht einig, ob eine abschließende Aufzählung zu wählen sei. Ein Vorschlag sah die Pflegefamilie und die Adoption, ein anderer die Vormundschaft vor.[76] Die nicht abschließende Aufzählung einschließlich der Heimunterbringung erwies sich als einzig konsensfähig.[77] Ein Vorschlag der sowjetischen Delegation, das Prinzip des Kindeswohls aufzunehmen,[78] wurde zwar nicht angenommen, man einigte sich aber darauf, die Wahrung des Kindeswohls als obersten Grundsatz anzusehen.[79]

Herauslösung aus der familiären Umgebung

Voraussetzung der Betreuung des Kindes ist seine Herauslöung aus seiner familiären Umgebung. Der authentische englische Text des Art. 20 KRK lautet *deprived of his or her family environment*. Der russische Text hat eine ähnliche Formulierung. Der französische Text lautet *privé de son milieu familial*. Damit wird nicht ganz klar, ob davon auch der Fall erfaßt ist, wenn Kinder selbst von ihrer Familie weglaufen.[80] Einen Anhaltspunkt gibt der zweite Teil des Satzes, der auch Kinder einbezieht, die zu ihrem eigenen Besten nicht mehr in ihrer Familie bleiben können. Damit wird klar, daß damit nicht nur Fälle erfaßt sein sollen, in denen es die Eltern einfach nicht mehr gibt, sondern auch Fälle, in denen die Eltern oder die Familie nicht mehr in der Lage sind, das Kind angemessen zu betreuen. Dazu gehören auch Familien, deren Kinder zu Straßenkindern werden.[81] Denn auch hier war es der Familie nicht möglich, das Kind so zu betreuen, daß es die Notwendigkeit nicht gesehen hätte, auf der Straße zu leben. Diese Kinder sind besonders schutzwürdig und es widerspräche dem

---

[74] "Deprived of parental care" oder "of his biological family", ebenda Abs. 49 f., Dorsch S. 199.

[75] E/CN.4/1989/48, Abs. 339, Detrick S. 303, Dorsch S. 199.

[76] E/CN.4/1349* S. 4 Art. 11, Abs. 3, Detrick S. 297, Dorsch S. 200.

[77] Da das islamische Recht die Adoption verbietet, wurde in die Aufzählung in zweiter Lesung auch die Kafala einbezogen, E/CN.4/1989/48 Abs. 340, Detrick S. 303; Dorsch S. 200.

[78] E/CN.4/1987/25, S. 7-9, Abs. 25 f., Detrick S. 301 f., E/CN.4/1989/49, S. 55 f., Abs. 339, Detrick S. 303.

[79] E/CN.4/1987/25 Abs. 27, Detrick S. 302, Dorsch S. 200.

[80] Dorsch S. 202; zum Problem der Straßenkinder Kommentar in UNICEF, *Progress of Nations* 1998, New York 1998, S. 29 ff.

[81] Dazu das Beispiel von Mozambique: A.M. Loforte "Street Children in Mozambique" *Int'l J Children's Rgts* 2 (1994) S. 149 ff.

Grundanliegen der Konvention, sie aus dem Schutz auszunehmen.[82] Dies wird dann auch in der deutschen Übersetzung deutlich, die "deprived" mit herausgelöst übersetzt und nicht etwa mit beraubt oder ähnlichen engen Formulierungen.

Damit ist Art. 20 KRK die wichtigste Norm zum Schutz von Straßenkindern.[83] Die Notwendigkeit des besonderen Schutzes von Straßenkindern durch die einzelnen Staaten heben auch die Deklaration über Überleben, Schutz und Entwicklung des Kindes[84] und die Resolution der UN-Generalversammlung über die Rechte des Kindes von 1997 hervor.[85]

Pflegefamilie, *Kafalah* und Adoption

Die drei in Art. 20 Abs. 3 S. 1 KRK aufgezählten Betreuungsformen stehen gleichwertig nebeneinander. Neben den im zweiten Satz angeführten Kriterien sind für die Wahl der richtigen Form keine weiteren Kriterien aufgestellt.[86] Insbesondere wird der Adoption als der Form der weitgehendsten Integration des Kindes in eine andere Familie nicht der Vorrang eingeräumt.[87]

Die Pflegefamilie bezeichnet dabei die Übernahme der Betreuung des Kindes durch eine Familie, ohne daß das Kind so rechtlich als Teil der Familie angesehen wird, daß es gleiche Rechte hat wie die leiblichen Kinder der Pflegeeltern. Die Ausgestaltung des Rechtsverhältnisses zwischen Pflegefamilie und Kind überläßt die Kinderrechtskonvention den einzelnen Staaten, Art. 20 Abs. 2 KRK.

Die *Kafalah* ist die Betreuung eines Kindes durch eine verbindliche Betreuungszusage.[88] Sie ist im islamischen Recht vorgeschrieben. Das Kind wird nicht Teil der Familie in dem Sinne, daß es über die schlichte Betreuung hinaus Rechte wie etwa das Erbrecht bekommt. Vielmehr verpflichtet sich eine Familie, die Betreuung des Kindes zu übernehmen bis es erwachsen ist. Damit ist zwar die Unsicherheit einer Pflegefamilie, aus der das Kind auch wieder

---

[82] Dorsch S. 202 f.

[83] Schweizer Bundesrat *BBl* 146 (1994) S. 46, UNICEF *Progress of Nations* 1998, a.a.O.

[84] World Declaration on the Survival, Protection and Development of Children and Plan of Action, Annex zu Doc. A/45/625 Vereinten Nationen, Abs. 20.

[85] Resolution adopted by the General Assembly (on the report of the Third Committee) A/RES/51/77 Abs. VI.

[86] Dorsch S. 198 f.

[87] Dorsch S. 201.

[88] M. Ende "Kulturelle Identität als notwendige Ergänzung des gemeinschaftsrechtlichen Gleichheitssatzes - Die UN-Kinderkonvention im Kontext der Unionsbürgerschaft" *IPRax* 1998, 244 ff.

herausgelöst werden kann, beseitigt, es kommt aber nicht zu einer vollständigen Annahme an Kindes statt wie bei der Adoption.

Die Adoption bezeichnet die Annahme des Kindes wie ein leibliches Kind und seine vollständige Integration in die Familie der Adoptierenden. Die Adoption ist nach islamischem Recht verboten.

Andere Formen der Betreuung

Neben Pflegeeltern, *Kafalah* und Adoption sind noch andere Formen der Betreuung des Kindes denkbar. Zum einen ist da natürlich die Unterbringung des Kindes in einem Heim. Diese Möglichkeit wird aber von Art. 20 Abs. 3 S. 1 KRK ausdrücklich als subsidiär eingestuft. Damit wird die institutionelle Pflege in Fortführung des Vorrangs der Familie nach Art. 5, 9, 10, 18 KRK als weniger wünschenswert bezeichnet.[89]

Zum zweiten kann ein Kind auch unter Vormundschaft gestellt werden. Häufig beinhaltet die Vormundschaft dann aber vor allem die Vermögenssorge des Kindes und weniger die Personensorge, auf die Art. 20 KRK vor allem in Verbindung mit Art. 3 KRK vorrangig abstellt.[90] Jedoch ist es denkbar, daß das Institut der Vormundschaft in einer Weise ausgestaltet wird, daß es ähnlich wie die *Kafalah* rechtliche und tatsächliche Beziehungen begründet, die Elemente von Pflegschaft und Adoption miteinander verbindet.[91]

Weitere Formen der Unterbringung von Kindern sind Kinderheime, die der Situation von Kindern in einer Pflegefamilie angenähert sind. Dazu gehören etwa SOS-Kinderdörfer oder Familienkinderheime.

Kontinuität der Erziehung und Kindeswohl

Artikel 20 Abs. 3 S. 2 KRK stellt nur zwei Kriterien auf, die bei der Wahl der richtigen Art der Betreuung des Kindes gebührend zu berücksichtigen sind. Die Kontinuität der Erziehung des Kindes wird als erwünscht bezeichnet und bei der Wahl sind die ethnische, religiöse, kulturelle und sprachliche Herkunft des Kindes zu berücksichtigen. Diesen beiden Kriterien liegt ein drittes zugrunde, das ebenfalls bei der Wahl der Betreuung des Kindes zu berücksichtigen ist: das Prinzip des Kindeswohls, das die ganze Konvention als Leitbild

---

[89] So auch die UN-Declaration on Social and Legal Principles Relating to the Protection and Welfare of Children with Special Reference to Foster Placement and Adoption Nationally and Internationally vom 3. 10. 1986, UNGA Res. 41/85, 26 ILM art. 4 f.; Newell S. 75; Dorsch S. 201.

[90] Zur Unterscheidung von Personen- und Vermögenssorge schon oben zu Art. 5 KRK.

[91] So etwa in Rußland, wo der Vormund verpflichtet ist, bei dem Kind zu leben und für es persönlich und auch für sein Vermögen zu sorgen. Art. 145-150 russ. FGB.

durchzieht.[92] Gerade dem Kind, das nicht mehr durch seine Familie geschützt werden kann, gebührt der besondere Schutz durch dieses Prinzip. Das bedeutet umgekehrt, daß Art. 20 KRK hier die Konzeption der Art. 5 und 18 KRK bestätigt, nach denen das Kind möglichst bei seiner Familie verbleiben und nicht alternativ untergebracht werden soll. Auch im Rahmen von Art. 20 KRK steht die Unterstützung der Familie vorrangig vor der Unterbringung des Kindes in einer alternativen Unterbringungsmaßnahme.[93]

Wie die gebührende Berücksichtigung dieser Kriterien aussehen soll, läßt Art. 20 Abs. 3 S. 2 KRK offen. Er läßt insbesondere offen, welchen Stellenwert diese Kriterien neben anderen Kriterien haben sollen.[94] Einige Anhaltspunkte finden sich aber in anderen Artikeln in der Konvention. So soll das Kind möglichst innerhalb seines Landes adoptiert werden, die interstaatliche Adoption ist subsidiär, Art. 21 KRK. Artikel 29 lit. c und 30 KRK streichen die kulturelle Identität des Kindes als wichtiges Kriterium heraus und Art. 8 KRK sichert die Identität des Kindes, die vor allem auch durch seine Herkunft bestimmt wird.[95] Die Herkunft des Kindes wird also von der Konvention als wichtiges Moment eingestuft.[96]

Das Kriterium der Kontinuität der Erziehung des Kindes ist zum einen ein Auffangkriterium für die Beachtung der Herkunft des Kindes. Denn selbst wenn keins der nachstehenden Merkmale entgegensteht, kann eines bestimmte Betreuungsart der Kontinuität der Erziehung des Kindes zuwiderlaufen, wenn sie die anderweitige Herkunft des Kindes nicht ausreichend berücksichtigt. Zum andern meint der Wunsch nach Kontinuität der Erziehung des Kindes auch, daß ein Kind etwa nicht von einer Pflegefamilie in die nächste geschoben werden darf und daß ein Kind, das sich seit Jahren in einer gut funktionierenden Pflegefamilie befindet, nicht gegen den Willen der Pflegeeltern von Fremden adoptiert werden kann,[97] wenn nicht das Kindeswohl einem Verbleib des Kindes in der Pflegefamilie nachhaltig widerspricht.

Herkunft des Kindes

Die Herkunft des Kindes ist nach Art. 20 Abs. 3 S. 2 KRK im Bezug auf ethnische, religiöse, kulturelle und sprachliche Zusammenhänge zu berücksichtigen.

---

92 Steinbock (Fn. 14), 31.
93 Grosman (Fn. 15), S. 17.
94 Steinbock (Fn. 14), 29 f.
95 Dorsch S. 201.
96 Steinbock (Fn. 94).
97 Dazu z.B. P. Finger "§1632 Abs. 4 BGB - Zuordnungskonflikte bei Pflegekindern; Anträge bei Pflegeeltern im gerichtlichen Verfahren" *Familie und Recht* 1998, S. 37 ff.

Die Religion eines Kindes wird nach Art. 14 KRK zunächst durch die Eltern des Kindes bestimmt. Sie leiten das Kind in der Ausübung seiner Religion. Diese Leitung der Eltern soll in der Betreuung des Kindes fortgeführt werden.

Die Ethnizität eines Kindes ist kein eindeutiges Konzept, wie sich in Ländern des ehemaligen Jugoslawien erkennen läßt. Selbst wenn man davon ausgeht, daß ethnische Unterschiede meßbar sind, werden sie verwischt durch Heirat zwischen den Völkern, und es gibt gewisse Grauzonen.[98]

Das Kriterium der Kultur des Kindes scheint als eigenes Kriterium neben Religion und Sprache ausgestaltet zu sein, obwohl nach wohl allgemeiner Meinung Religion und Sprache wichtige Elemente der Kultur eines Menschen sind.[99] Daher wird man hier davon ausgehen können, daß Kultur ein Auffangtatbestand gegenüber Sprache und Religion ist. Es werden neben den besonders herausgehobenen Elementen Sprache und Religion auch alle anderen Elemente der kulturellen Herkunft des Kindes berücksichtigt. Artikel 20 Abs. 3 KRK definiert den Begriff der Kultur ebensowenig wie Art. 30 KRK. Sie ist aber als eine Erfahrung zu bezeichnen, die schwierig zu definieren ist, die aber als Gesamtheit der Möglichkeiten angesehen wird, mit denen Menschen ihr Leben gestalten.[100]

Die Wahlkriterien haben nicht zur Folge, daß ein Kind im Heim untergebracht werden muß, wenn sich keine familiäre Unterbringung für das Kind finden läßt, die seiner ethnischen, religiösen, sprachlichen und sonstigen kulturellen Herkunft entspricht. Vielmehr muß zwischen mehreren möglichen Familien diejenige gewählt werden, die den genannten Kriterien am meisten entspricht. Gibt es keine, die den Kriterien entspricht, so müssen andere Familien gefunden werden, die einen Teil der Kriterien verwirklichen oder sich dazu bereit erklären, mit dem Kind in eine andere Kirche, in den Tempel zu gehen oder ihm einen entsprechenden Lehrer suchen.

Ein Problem stellt sich bei unbegleiteten Flüchtlingskindern. Nicht selten kommt es vor, daß diese Kinder spontan von einer Familie im Aufenthaltsstaat angenommen werden.[101] Selbst wenn die Familie das Kind wirklich betreut und es nicht lediglich als billige Arbeitskraft mißbraucht,[102] ist das Kriterium der Herkunft des Kindes nicht gewahrt, das innerhalb der geflüchteten Bevölke-

---

98 Steinbock (Fn. 14), S. 30.

99 Steinbock (Fn. 14), S. 30.

100 Steinbock (Fn. 14), S. 31.

101 Ausführlich zu diesem Problemkomplex Steinbock (Fn. 100).

102 Dazu Steinbock (Fn. 14), S. 17 ff.

rung leichter zu sichern wäre. Wahrt man dieses Kriterium und läßt das Kind bei andere Flüchtlingen leben, wird aber das Kind den seinem Wohl in der Regel wohl nicht zuträglichen Bedingungen von Flüchtlingslagern ausgesetzt. Auch das Kriterium der Kontinuität der Erziehung des Kindes kann hier problematisch werden. Zwar war die Betreuung des Kindes vorübergehend unmöglich. Jedoch besteht immer die Chance, daß die Eltern noch leben und das Kind wieder betreuen können.[103] Hier streitet dann das Kriterium der Herkunft des Kindes mit dem der Kontinuität der Erziehung. Die Herkunft des Kindes findet sich als wichtiges Kriterium in mehreren Vorschriften in der Konvention wie etwa in Art. 22 und 30 KRK und nicht zuletzt liegt es auch dem Art. 5 KRK zugrunde. Die Kontinuität der Erziehung ist in erster Linie ein Aspekt des Kindeswohls. Welchem der beiden Kriterien der Vorrang zu geben ist, wird auf den Einzelfall ankommen, in dem die Entscheidung vor allem am Wohl des Kindes zu orientieren ist.

Qualifikation des Rechts

Art. 20 KRK hat einen doppelten Charakter. Zum einen ist es ein Vorkehrungsrecht (*Provision Right*). Es ist aber auch ein Teilnahmerecht. Es sieht nämlich die Teilnahme des Kindes in Fragen der Adoption vor. Es ist in der Terminologie der Pakte ein kindspezifisches soziales und kulturelles Recht. Art. 20 KRK ist als Konkretisierung des Schutzes aus Art. 10 Abs. 3 und 24 Abs. 1 IPwirtR anzusehen.[104]

Umsetzung in Rußland

Artikel 20 KRK hat in Rußland auf der Grundlage des Art. 38 russ. Verf. (Schutz von Kindheit und Familie) im Familiengesetzbuch eine Regelung gefunden.

Das russ. FGB sieht vor, daß ein Kind, dessen Eltern sich nicht ausreichend um es kümmern können, diesen entzogen und anderweitig untergebracht werden kann, Art. 70 ff. FGB.

Unter der Obhut des Amtes für Vormundschaft und Pflegschaft wird eine Unterbringung für das Kind gesucht. Kinder, gegenüber deren Eltern ein Verfahren zur Beschränkung der Elternrechte eingeleitet wurde, werden in sogenannten Obdachheimen untergebracht, die Kinder für eine Dauer bis zu sechs Monaten betreuen können. In den anderen Fällen bestehen grundsätzlich vier gesetzliche Möglichkeiten das Kind unterzubringen, Art. 121 - 123 russ. FGB. Kinder können unter Vormundschaft oder Pflegschaft gestellt werden,

---

103 Steinbock (Fn. 14), S.15 f.

104 Dorsch S. 201.

zwei Institute, die sich nur im Alter der betroffenen Kinder, nicht aber in ihren Konsequenzen unterscheiden, sie können in einer Pflegefamilie untergebracht werden oder sie können zur Adoption freigegeben werden. Darüber hinaus können Kinder in staatlichen Einrichtungen untergebracht werden, eine Möglichkeit, die Art. 123 russ. FGB nur für den Fall vorsieht, daß die Unterbringung in einer Familie nicht möglich ist.[105]

Das Institut der Pflegefamilie ist nach Art. 151 bis 155 russ. FGB besonders ausgestaltet.[106] Sie werden auch als Familienkinderheime bezeichnet.[107] Auf Initiative der zukünftigen Pflegeeltern oder der Verwaltung wird ein Vertrag geschlossen.[108] In diesem wird die Anzahl der Kinder geregelt, die eine Pflegefamilie aufnimmt, es werden die Bedingungen von Unterhalt, Erziehung und Ausbildung des Kindes und die Pflichten der Pflegeeltern und der Verwaltung geregelt. Den Pflegeeltern werden vertraglich und gesetzlich staatliche Vergünstigungen, wie etwa die Verfügung über eine oder mehrere Wohnungen, eingeräumt. Die Pflegeeltern erhalten für jedes Kind, das sie betreuen einen Zuschuß, der nach der gesetzlichen Konzeption so hoch ist, daß die Familie davon leben kann.

Das Institut der Vormundschaft ist in Art. 31 - 34, 36 und 145 - 150 russ. FGB geregelt.[109] Danach kann ein Kind der Vormundschaft eines Erwachsenen unterstellt werden, ohne daß dieser es adoptiert. Der Vormund hat dann persönlich für das Kind zu sorgen und nimmt insofern alle Rechte des Kindes und Pflichten gegenüber dem Kind wahr. Das Kind tritt aber nicht in eine verwandtschaftliche Beziehung zu dem Vormund. Der Vormund ist verpflichtet beim Kind zu wohnen.

Die Adoption hat ihre Regelung in Art. 124 bis 144 russ. FGB gefunden. Sie ist Übernahme an Kindes statt und an besondere Voraussetzungen geknüpft, die bereits oben erläutert wurden.[110]

---

105 Zweiter russischen Staatenbericht, Abs. 80. So auch Art. 4 Abs. 2 S. 2 des Gesetzes über die grundlegenden Garantien der Rechte des Kindes in der Russischen Föderation, *Rossijskaja Gaseta* 5. 8. 1998.

106 Dazu I. Slanowa "Kommentirujet Jurist: Semja: Sakon i prawo" *Severnaja Ossetija*, g. Vladikavkas, 4.4.1996, No. 64, zum Familienkinderheim erster russ. Staatenbericht Abs. 106.

107 Sie sind inzwischen auch im FGB als solche benannt. Art. 123 russ. FGB i.F. der Änderung vom 2. 1. 2000, *Rossijskaja Gaseta* 6. 1. 2000.

108 Verordnung der Regierung der Russischen Föderation vom 17. 7. 1996, No. 829, "Poloschenije o primjomnoj semje" Abs. 15.

109 Die von Verordnungen ergänzt werden, z.B. Prikas des Bildungsministeriums vom 15. 2. 1993, No. 50 "Poloschenije o porjadkje wyplat deneschnykh sredstw na detej, nachodjaschtschichsja pod opekom (popetschitelstwom)".

110 S.o. Abschnitt 7 a. E. zu Art. 21.

Die Unterbringung in Heimen ist entgegen der Konzeption des Art. 20 KRK und des Art. 123 russ. FGB nach wie vor die häufigste Art der Unterbringung von Kindern.[111] Dabei sind Kinderheime in drei Gruppen unterteilt. Zum einen gibt es die Kinderheime für kleine Kinder bis zu drei Jahren. Das sind die sogenannten Kindeshäuser. Daneben gibt es die allgemeinen Kinderheime für Kinder zwischen vier und 18 Jahren und spezielle Heime für behinderte Kinder. In nicht wenigen Extremfällen ist kein Geld für Essen, Kleidung, Schuhe und ähnliche lebensnotwendige Dinge vorhanden. Staatliche Zuschüsse aber auch die Alimente der Eltern, auf die die Kinder rechtlich einen Anspruch haben (Art. 80 ff. russ. FGB) werden häufig nicht gezahlt.[112] Immer wieder kommt es zu sexuellem Mißbrauch und zur Mißhandlung von Kindern in diesen Heimen.[113]

Mit der Umsetzung des Art. 20 KRK in Rußland ist eins der derzeit drängensten Probleme in der Russischen Föderation angesprochen: das Problem der Straßenkinder.[114] Unabhängige Schätzungen gehen von zwei bis vier Millionen Kindern aus, die ganz oder zumindest die meiste Zeit auf der Straße, in Kellern, auf Dachböden oder in U-Bahnschächten leben.[115] Schätzungen gehen weiterhin davon aus, daß zwei Drittel dieser Kinder in den beiden Hauptstädten Moskau und St. Petersburg leben und sogar dorthin fahren, in der Hoffnung dort mehr Überlebenschancen zu haben. Die Zahlen dieser Kinder haben sich in den vergangenen Jahren vervielfacht.[116]

111 Alternativer Staatenbericht Abs. V-1 ff.

112 Bericht über einen Bericht der russ. Staatsanwaltschaft, *Obschtschaja Gaseta*, No. 21 (251) 28.5.- 3.6.1998 "Vanku Schukova nigdje nje schdut"; *Tribuna* vom 6.5.1998, No 84, "Po prijutam ja s detstva skitalsja...". Zur Situation in Kindeshäusern: *kommersant daily* No. 219, 19. 12. 1997, S. 2, "Moratorij na stschastje"; auch: Alternativer Staatenbericht, Abs. V-7.

113 Alternativer Staatenbericht, Abs. V-7.

114 Committee on the Rights of the Child, Concluding Observations: Russian Federation, CRC/C/Add. 110 vom 10. 11. 1999, Abs. 12, 51.

115 Moscow Times vom 20. 11. 1998; Organisation Prawa Rebjonka in: I.I. Linnikowa *O naruschenii praw tscheloweka*, Moskau 1998, S. 238 ff.; Selbst offizielle Stellen geben diese Zahlen inzwischen zu: Bericht des Bevollmächtigten der Russischen Föderation für Menschenrechte für das Jahr 1999, *Rossijskaja Gazeta* 5.4.2000, S. 6; Yu. Sokolnikow, "Dwa papy dlja detdoma" *Rossijskaja Gaseta* vom 2. 6. 2000, No. 106 (2470) No. 22, S. 6.

116 Committee on the Rights of the Child, Press Release: Committee Takes Up Report of the Russian Federation, http://www.unog.ch/news2/documents/newsen/crc/9941e.html am 23. 9. 1999.

Diese Kinder sind der Gefahr der Ausbeutung durch Drogenkonsum - viele von ihnen schnüffeln Kleber oder sind Alkoholiker[117] -, durch Kinderarbeit und Ausbeutung vor allem im Bereich der kriminellen Handlungen[118] aber auch Gesundheitsgefahren allein durch Kälte im Winter ausgesetzt. Sie bekommen keine Ausbildung, denn sie gehen oft auch dann nicht in die Schule, wenn sie wenigstens bei ihren Eltern übernachten und nur tagsüber auf der Straße leben.[119]

In der russischen Gesetzgebung finden sich zwei Formen der Bekämpfung des Problems der Straßenkinder. Zum einen ist das die Sorge für Straßenkinder und zum anderen die Vorbeugung gegen das Dasein als Straßenkind. Die Sorge für Straßenkinder ist eine Frage ihrer Betreuung und deshalb Art. 20 KRK unterzuordnen. Die Prävention gegen das Phänomen ist eigentlich dem Schutz des Lebensstandards nach Art. 27 KRK und dem Recht auf soziale Sicherheit aus Art. 26 KRK näher, soll aber dennoch wegen des sachlichen Zusammenhangs hier mit dargestellt werden.

Eltern, deren Kinder weglaufen, obwohl die Eltern in der Lage sind, sie zu betreuen und zu erziehen, haben die Möglichkeit, sich an sogenannte Familienzentren zu wenden und dort um Hilfe nachzusuchen. Die einzige Möglichkeit ein Kind, das droht in die Obdachlosigkeit abzudriften, zu schützen, ist die Meldung an das Amt für Vormundschaft und Pflegschaft. Diese Behörde kann das Kind aus seiner Familie zunächst vorübergehend entfernen und anderweitig unterbringen, die Eltern in ihren Elternrechten beschränken und ihnen dann später in einem gerichtlichen Verfahren ihre Elternrechte entziehen, Art. 70 ff. russ. FGB.[120]

Seit Juni 1999 gibt es außerdem ein Gesetz über die Prophylaxe von Obdachlosigkeit und Kriminalität von Kindern.[121] Das Gesetz setzt den Rahmen für die Arbeit mit und für Straßenkinder fest. Es bezieht sich ausdrücklich auf die Kinderrechtskonvention (Art. 8 des Gesetzes), garantiert dem Kind die darin festgelegten Rechte und verpflichtet die mit Straßenkindern arbeitenden Behörden, also vornehmlich das Amt für Vormundschaft und Pflegschaft, das auf kommunaler Ebene eingerichtet wurde, die Polizei, die Staatsanwaltschaft und die nach diesem Gesetz einzurichtenden Kommissionen für die Angelegen-

---

117 Prawitelstwo Moskwy, Komitet für die Angelegenheiten von Familie und Jugend, Programma Deti uliz, Informazionno-konsultatiwnyj vestnik, 1. Aufl. Moskau 1997 mit Einzelheiten für die Situation in Moskau.

118 Programma Deti uliz (Fn. 117).

119 Alternativer Staatenbericht Abs. V-12.

120 Dazu schon unten Abschnitt 7 zu Art. 9 KRK.

121 Federalnyj Sakon vom 24. 6. 1999, No. 120-FS "Ob osnowach sistemy profilaktiki besnadsornosti i prawonaruschenij njesowerschtschennoletnich".

heiten Minderjähriger und den Schutz ihrer Rechte (Art. 9 Abs. 2, Art. 10 Abs. 3, 11 ff. des Gesetzes), diese Rechte zu sichern.

Die genannten Kommissionen haben die Funktion, Kinder, die, nachdem sie auf der Straße aufgelesen wurden, in einer Anstalt untergebracht wurden, wieder in die Gesellschaft zu integrieren, Art. 11 Abs. 2 des Gesetzes. Sie haben also neben der Funktion der Prävention des Rückfalls vor allem die Funktion der Reintegration der Kinder in die Gesellschaft.

Die eigentliche Prävention leisten die Organe des sozialen Bereichs, indem sie die Aufgabe haben, mit Eltern und Kindern zu arbeiten und damit die Obdachlosigkeit von Kindern zu verhindern, (Art. 12 des Gesetzes) und die Bildungseinrichtungen, die die Aufgabe haben, die Rechte des Kindes zu achten und besondere Einrichtungen für Kinder zu schaffen, die ansonsten ihre Freizeit unbeaufsichtigt verbringen müßten, Art. 14 f. des Gesetzes über Straßenkinder.

Für die Betreuung von Straßenkindern sieht das neue Gesetz mehrere spezielle Einrichtungen vor. Es gibt sogenannte soziale Rehabilitationszentren, die in schwierigen Lebenssituationen Hilfe leisten (Art. 13 Abs. 1 (1) des Gesetzes, Art. 15 Gesetz über die Rechte des Kindes), Obdachheime für Kinder (Art. 13 Abs. 1 (2) des Gesetzes über Straßenkinder), und Zentren für die Hilfe für Kinder, die ohne elterliche Sorge verblieben sind, Art. 13 Abs. 1 (3) des Gesetzes über Straßenkinder. Neben diesen unmittelbaren Maßnahmen werden Materialien über die Obdachlosigkeit von Kindern gesammelt und ausgewertet, Art. 25 ff. Gesetz über Straßenkinder.[122]

Art. 25 Unterbringungsmaßnahmen

Artikel 25 KRK erkennt das Recht des Kindes, das in einer staatlichen Einrichtung untergebracht ist, auf Überprüfung der Unterbringungsmaßnahme an. Er gesteht dieses Recht vor allem denjenigen Kindern zu, die wegen einer geistigen oder körperlichen Erkrankung zur Betreuung, zum Schutz der Gesundheit oder zur Behandlung untergebracht sind.

Untergebrachte Kinder

Schon während der Diskussion um die Fassung dieses Artikels war der einzige Streitpunkt, ob auch Kinder erfaßt sein sollten, die auf Betreiben der Eltern oder sonstiger Erziehungsberechtigter untergebracht werden.[123] Man

---

122 In Ergänzung zu diesem Gesetz kann auch das Gesetz "O dopolnitelnych garantijach po sozialnoj saschtschitje detej-sirot i detej, ostawschikhsja bes popetschenija roditjelej" vom 21. 12. 1996, No. 159-FS, *SZRF* 1996, No. 52, st. 5880, herangezogen werden.

123 So ein Vorschlag Kanadas E/CN.4/1986/39 Abs. 52, Detrick S. 360, Dorsch, S. 268 f.

einigte sich schließlich auf die vorliegende Version ohne eine bestimmte Ausschlußklausel.[124]

Damit erfaßt Art. 25 KRK jedenfalls solche Kinder, die aufgrund einer behördlichen Maßnahme untergebracht werden.[125] Das schließt aber nicht aus, daß die Eltern oder sonstige Personen zu einer solchen Unterbringung in einer staatlichen Anstalt einen Antrag auf Aufnahme in die entsprechende Anstalt gestellt haben. Damit werden faktisch häufig alle Kinder erfaßt sein, die in den entsprechenden Einrichtungen untergebracht sind, denn meistens müssen Eltern oder Erziehungsberechtigte einen Antrag stellen, damit ein Kind aufgenommen wird, sofern die Unterbringung nicht durch staatlichen Akt erfolgt.

Artikel 25 KRK beinhaltet ein besonderes Recht solcher Kinder, die wegen einer körperlichen oder geistigen Erkrankung untergebracht sind. Damit läuft Art. 25 KRK zum Teil parallel zu Art. 23 KRK. Denn insbesondere die Kinder, die in dieser Vorschrift geschützt sind, werden häufig zu ihrer Betreuung und zur Unterstützung ihrer Entwicklung in Anstalten untergebracht.

Andererseits läuft Art. 25 KRK auch teilweise parallel zu den Garantien bei Freiheitsentzug aus Art. 37 KRK.[126] Denn Kinder können auch als Maßnahme der Sicherung und Betreuung psychischer Defekte, die sie zu einer Straftat verleitet haben, untergebracht sein.

Kinder können auch im Rahmen einer Rehabilitationsmaßnahme im Sinne des Art. 39 KRK untergebracht sein. Zwar beinhaltet der Begriff der Rehabilitation im Sinne des Art. 39 KRK schon die regelmäßige Überprüfung der Maßnahme daraufhin, ob das Kind wieder selbständig am Leben in der Gesellschaft teilnehmen kann, dieser Befund wird aber durch die Pflicht der Staaten zur Überprüfung der Maßnahme aus Art. 25 KRK noch unterstützt.

Diese Arten der Unterbringung sind aber nicht die einzigen, die von Art. 25 KRK erfaßt sind. Vielmehr formuliert Art. 25 KRK umfassend. Der Staat hat jede Unterbringung des Kindes aus den genannten Gründen zu überprüfen. Das schließt nicht nur die Unterbringung in staatlichen Institutionen, sondern auch bei Vormunden oder anderen Familien u.ä. ein. Jede Unterbringung, bei der das Kind dem Schutz seiner eigenen Familie entzogen wird, birgt nämlich die Gefahr der Vernachlässigung der Rechte und Interessen des Kindes.

Artikel 25 KRK schützt das Kind vor Verlust seiner Identität und Menschenwürde durch zu lange und möglicherweise falsche Unterbringung und Betreuung außerhalb seines gewohnten, familiären oder sonstigen Umfelds. Der Gefahr der Gewalt gegen das Kind, der sexuellen Ausbeutung oder des sexuel-

---

124 Ebenda Abs. 56, Detrick S. 360, Dorsch S. 269.

125 Dorsch S. 269.

126 Dorsch S. 269; Newell S. 100.

len Mißbrauch aber auch der wirtschaftlichen Ausbeutung des Kindes soll durch die regelmäßige Überprüfung vorgebeugt werden.

Überprüfung der Unterbringung

Artikel 25 KRK qualifiziert die Überprüfung einzig durch das Adjektiv "regelmäßig". Damit kommt zum Ausdruck, daß die Zeiträume zwischen den Überprüfungen nicht willkürlich lang gewählt werden dürfen.

Artikel 25 KRK sieht dagegen keinen Antrag auf Überprüfung vor. Im Gegensatz zu Art. 37 KRK werden auch nicht spezielle Garantien wie etwa das Recht auf einen Beistand oder die gerichtliche Überprüfung der Rechtmäßigkeit der Maßnahme vorgesehen.[127]

Ein Blick auf Art. 10 und 23 Abs. 2 KRK, in denen das Erfordernis eines Antrags gesondert festgehalten wird, zeigt, daß im Rahmen von Art. 25 KRK gerade kein Antrag auf Überprüfung erforderlich sein soll.[128] Die Staaten haben die Maßnahmen von Amts wegen zu überprüfen. Damit trägt die Konvention der Überlegung Rechnung, daß ein Kind, das wegen einer geistigen oder körperlichen Erkrankung untergebracht wurde, in aller Regel nicht die Initiative aufbringen wird, eine Überprüfung seiner Unterbringung zu beantragen. Sofern die Eltern oder Erziehungsberechtigten an der Unterbringung beteiligt waren, werden auch sie keinen Antrag auf Überprüfung der Unterbringungsmaßnahme stellen. Daher hat die Überprüfung regelmäßig und auf eigene Initiative des Staates zu erfolgen.[129]

Keine Aussage trifft Art. 25 KRK darüber, wer innerhalb eines Staates die Unterbringung des Kindes zu überprüfen hat. Er stellt z.B. nicht wie in Art. 37 KRK die Forderung nach gerichtlicher Überprüfung der Maßnahme auf. Damit kann die Unterbringung auch durch eine behördliche Instanz erfolgen. Es ist auch nicht vorgesehen, daß die Überprüfung durch ein unabhängiges Gremium erfolgen muß. Vielmehr kann die Überprüfung einer Unterbringung nach dem Wortlaut des Art. 25 KRK auch durch die gleichen Personen erfolgen, die die Unterbringung des Kindes schon veranlaßt haben. Damit ist die Gefahr einer unsorgfältigen oder sogar mißbräuchlichen Überprüfung nicht ausgeschlossen.

Hier trifft die Staaten gemäß Art. 3 Abs. 3 KRK die Verpflichtung, die für die Fürsorge und den Schutz des Kindes verantwortlichen Dienste und Einrichtungen ausreichend zu beaufsichtigen. Damit wird von der Konvention eine Aufsicht vorausgesetzt, die staatliche Maßnahmen überprüft. Das bedeutet zwar

127 Dorsch S. 269.
128 Dorsch S. 269 f.
129 Dorsch S. 269 f.

nicht, daß die Aufsicht unabhängig sein muß oder daß damit jeglicher Mißbrauch ausgeschlossen ist, aber die Gefahr wird verringert.

Artikel 25 KRK sieht kein Recht des Kindes auf Teilnahme oder Gehör bei der Überprüfung seiner Unterbringung vor.[130] Ein solches kann sich im Einzelfall nur aus Art. 12 KRK ergeben.

Qualifikation des Rechts

Artikel 25 KRK ist ein kindspezifisches Recht. Es schützt das Kind vor dem Entzug seiner Identität und vor Ausbeutung und Mißbrauch in und durch staatliche Maßnahmen (*Protection Right*). Nur in Verbindung mit Art. 12 KRK ist es als *Participation Right* zu qualifizieren.

Umsetzung in Rußland

In der russischen Föderation sind für die Überprüfung der Unterbringung eines Kindes drei verschiedene Behörden zuständig.

Eine grundsätzliche Zuständigkeit zur Überprüfung der Gesetzmäßigkeit der Ausführung der Gesetze hat die Staatsanwaltschaft.[131] Sie überprüft die Ausführung der Gesetze durch föderale Ministerien und die föderale Verwaltung unabhängig von einem konkreten Verdacht der Gesetzesübertretung. Dazu hat sie die Kompetenz, unangekündigt Einrichtungen zu betreten und zu überprüfen, Art. 22 ProkuraturaG. Nach der Überprüfung kann sie bei den jeweiligen Behörden Protest einlegen oder den Gerichtsweg beschreiten. Der Protest muß innerhalb von 10 Tagen behandelt werden und innerhalb von einem Monat müssen Maßnahmen zur Beseitigung der Gesetzwidrigkeit ergriffen werden und ein Bericht darüber an die Staatsanwaltschaft geschickt werden, Art. 23 ff. ProkuraturaG. Zu diesen Einrichtungen zählen auch Einrichtungen zur Betreuung von Kindern.

Die allgemeine Zuständigkeit zur Überprüfung der Unterbringung von einzelnen Kindern z.B. bei Vormunden oder Pflegefamilien aber auch in Einrichtungen für elternlose Kinder trifft das Amt für Vormundschaft und Pflegschaft, Art. 121 ff. russ. FGB.[132] Es kann sie vor allem auch in Bezug auf den körperlichen Zustand der untergebrachten Kinder überprüfen.

Die Unterbringung von Kindern in Heimen und Internaten für Behinderte wird durch eine Kommission überprüft, die aus Psychiatern und Ärzten

---

130 Schweizer Bundesrat *BBl* 146 (1994) S. 52.

131 Art. 21 ff. des Gesetzes über die Staatsanwaltschaft (Prokuratura) (im folgenden ProkuraturaG), Sakon "O prokurature Rossijskoj Federazii", dazu M.N. Marschunov, *Kommentar zum Gesetz über die Staatsanwaltschaft,* Moskau 1998, S. 54 ff; erster russ. Staatenbericht Abs. 112.

132 Zweiter russ. Staatenbericht Abs. 86.

besteht.[133] In ihnen sind faktisch nur die Psychiater und Ärzte vertreten, die auch die Einweisung des Kindes in die entsprechende Anstalt zu verantworten haben.[134]

Für die Einweisung von Kindern in staatliche Behindertenheime und für die Überprüfung der Fortdauer der Maßnahme wurde keine wirkliche Kontrollinstanz geschaffen wurde. Die Ärzte und Psychiater, die diese Maßnahmen bewirken, werden nicht überprüft. Das führt nach Untersuchungen unabhängiger Institutionen dazu, daß bis zu 70 % der Kinder in Internaten und Heimen für Behinderte nicht dahin gehören, sondern lediglich kleinere, leicht und ohne Unterbringung außerhalb der Familie zu therapierende Entwicklungsstörungen haben.[135] Schon bei der Diskussion des ersten russischen Staatenberichts wurde deshalb die Befürchtung geäußert, daß Kinder dadurch ausgegrenzt werden und faktisch keine Möglichkeit bekommen, sich wieder in die Gesellschaft zu integrieren und in ihr zu leben.[136] Diese Kritik äußert der Kinderrechtsausschuß auch in seinen abschließenden Erwägungen über den zweiten russischen Staatenbericht.[137]

Art. 30 Kulturelle Identität

Artikel 30 schützt die kulturelle Identität des Kindes. Er stellt damit eine Spezialnorm zu Art. 8 KRK dar, der allgemein die Identität des Kindes zum Gegenstand hat. Damit ist Grundlage des Art. 30 KRK ebenso wie des Art. 8 KRK die Menschenwürde des Kindes.[138]

Nach Art. 30 KRK hat das Kind, das Teil einer Minderheit in der Bevölkerung oder ein Ureinwohner ist, die Freiheit, die seiner Minderheit gemeinsame Kultur zu pflegen, die gemeinsame Religion auszuüben und die gemeinsame Minderheitensprache zu verwenden.

---

133 Poloschenije ob ekspertnoj medizinskoj kommissii organa uprawlenija sdrawoochranenija subjekta Rossijkoj Federazii, Verordnung der Regierung der Russ. Föderation und des Gesundheitsministeriums, dazu zweiter Russ. Staatenbericht, Abs. 87.

134 Organisation Prawa Rebjonka in: I.I. Linnikowa *O naruschenii praw tscheloweka*, Moskau 1998, S. 240 f.

135 O. Khazova "The Convention and Russian Family Law" in: M. Freeman (Hrsg.) *Children's Rights: A Comparative Perspective*, S. 218 f.; Alternativer Staatenbericht Abs. VI-5.

136 Diese Befürchtung äußerte schon bei der Diskussion des ersten russ. Staatenberichts Mr. Gomes da Costa, Comittee on the Rights of the Child, Summary Record of the 64 th meeting: Russian Federation, 27/01(93, CRC/C/SR.64, Abs. 41.

137 Committee on the Rights of the Child, Concluding Observations: Russian Federation, CRC/C/Add. 110 vom 10. 11. 1999, Abs. 40 ff.

138 Kultur als Teil der Würde des Menschen, vgl. Ende (Fn. 88), S. 244 ff.

Entstehungsgeschichte

Der Schutz des Kindes, das einer Minderheit oder der Urbevölkerung angehört, wurde durch den Vertreter einer NGO in die Diskussion eingebracht.[139] Auf Anregung Australiens wurde der Schutz von Ureinwohnern zum Diskussionsgegenstand.[140] Ein eng an den IPbürR angelehnter Vorschlag Norwegens, der auch den Unterricht in der eigenen Sprache enthielt,[141] konnte sich nicht durchsetzen. Schließlich kam es nach Nichtannahme eines Vorschlags einer *Drafting Group* zur Annahme des norwegischen Textes.[142] Der Vertreter der Vereinigten Staaten erklärte daraufhin, daß nur eine Verpflichtung sich nicht einzumischen normiert sei, nicht aber eine Verpflichtung, materielle staatliche Unterstützung zu gewähren.

In zweiter Lesung wurde der Vorschlag eingebracht, nationale Minderheiten zu schützen, die Ausübung der Religion und die Unterrichtung in der eigenen Sprache in die Vorschrift aufzunehmen.[143] Dieser Vorschlag fand aber keine Mehrheit.[144]

Als dann schließlich die vorliegende Fassung verabschiedet war, verlangte Venezuela die Streichung der Vorschrift mit der Begründung, schon die Hervorhebung dieser Kinder sei diskriminierend, diesem Verlangen wurde aber nicht nachgekommen.[145]

Kulturelle Identität

Auch im Rahmen von Art. 30 KRK gibt die Konvention keine Definition des Begriffs der Kultur. Aber hier zeigt sich, daß Elemente der Kultur Religion, Sprache und ethnische Herkunft sind.

Ein Teil dieser Elemente ist bereits von anderen Vorschriften der Konvention erfaßt. So wird die Ausübung der Religion schon von Art. 14 KRK abgedeckt, die Verwendung der Sprache im Familienkreis ist schon von Art. 16 KRK mit dem Schutz des Familienlebens geschützt. Das Recht auf Versammlung aus Art. 15 KRK erfaßt auch die Versammlung zur Pflege der Tradi-

---

139 E/CN.4/1986/36, Abs. 65, Detrick S. 408 f., Dorsch S. 143.

140 E/CN.4/1987/25 Abs. 54, Detrick S. 409, Dorsch S. 144.

141 Ebenda Abs. 55, Dorsch S. 144.

142 Ebenda Abs. 61, 68.

143 Vorschlag Jugoslawiens; dazu das Kopenhagener Abschlußdokument der KSZE, abgedruckt in EuGRZ 17 (1990), S. 239, 245.

144 E/CN.4/1989/48, Abs. 492-502, Detrick S. 412 ff., Dorsch S. 145.

145 Ebenda Abs. 502, Dorsch S. 145.

tionen.[146] Artikel 30 KRK verbindet diese Rechte zu einem speziellen Recht der Mitglieder von Minderheiten.[147]

Fraglich ist insofern, ob Art. 30 KRK ein individuelles Recht des Kindes ist oder ein kollektives Recht der gesamten Gruppe. Die Lösung dieser Frage, die im Rahmen des Art. 27 IPbürR streitig ist,[148] ergibt sich aus einem Vergleich des Art. 27 IPbürR mit Art. 30 KRK. Während in Art. 27 IPbürR von "Angehörigen einer Minderheit" in der Mehrzahl spricht, sagt Art. 30 KRK aus, daß "einem Kind" das Recht nicht vorenthalten werden darf. Damit muß selbst für diejenigen, die ein allein kollektives Recht aus Art. 27 IPbürR folgern, Art. 30 KRK jedenfalls auch ein individuelles Recht des Kindes enthalten. Dieses Ergebnis wird bestätigt durch Art. 29 Abs. 1 lit. c KRK, der als Erziehungsziel die Achtung des Kindes vor seiner kulturellen Identität nennt.

Minderheit

Ebensowenig wie für den Begriff der Kultur liefert Art. 30 KRK eine Definition des Begriffs der Minderheit.[149] Die Definition ist bis heute unklar.[150] Minderheiten sind aber nach dem allgemeinen Sprachverständnis nach objektiven und subjektiven Elementen zu bestimmen. Objektiv gesehen unterscheiden sie sich in Bezug auf ihre ethnische Herkunft[151], ihre Sprache und/oder Religion von anderen Teilen der Bevölkerung. Sie haben gegenüber der Gesamtbevölkerung eines Staates keine dominante Position. Subjektiv verbindet die Mitglieder einer Minderheit ein Gefühl der Solidarität miteinander.[152]

---

146 Schweizer Bundesrat *BBl* 146 (1994), S. 57.

147 Schweizer Bundesrat (Fn. 146).

148 J. Pejic, "Minority Rights in International Law" *Human Rights Quarterly* 19 (1997), S. 470, 474.

149 Schweizer Bundesrat (Fn. 146) S. 57 f. J. Packer "On the Definition of Minorities" in: J. Packer/K. Myatti (Hrsg.) *The Protection of Ethnic and Linguistic Minorities in Europe* Abo 1993, S. 23 ff.

150 Vgl. zur Definition des Begriffs ausführlich Pejic (Fn. 148), S. 466 f.; R. Wolfrum "The Emergence of "New Minorities" as a Result of Migration" in: C. Brölmann u.a. (Hrsg.), *Peoples and Minorities in International Law*, 1993, S. 153 ff., 155, 160; zur Verdeutlichung der Schwierigkeiten vgl. das Beispiel der Deaf-World-Bewegung bei D.S. Davis "The Child´s Right to an Open Future: Yoder and Beyond" *Capital Univ.LJ* 26 (1997) 93 ff., 101.

151 Zum Begriff der ethnischen Herkunft vgl. Pejic (Fn. 148), S. 473.

152 Pejic (Fn. 148), S. 471, der eine Studie des Special Rapporteur der Kommission zur Verhinderung der Diskriminierung und zum Schutz von Minderheiten zitiert: F. Capotorti, Special Rapporteur of the Sub-Commission on Prevention of Discrimination and Protection of Minorities, Study on the Rights of Persons Belonging to Ethnic, Religious and Linguistic Minorities, UN Doc. E/CN.4/Sub.2/384/Rev.1, UN Sales No. F 78.XIV.1(1979).

Die ausdrückliche Einbeziehung der Ureinwohner hat da gegenüber Art. 27 IPbürR nur klarstellenden Charakter.[153] Denn schon im Rahmen von Art. 27 Abs. 1 IPbürR ist es gängige Praxis des Menschenrechtsausschusses auch Ureinwohner als Minderheit anzuerkennen und ihnen ein Abwehrrecht gegen staatliche Eingriffe zuzugestehen.[154]

Durch die Klarstellung des Art. 30 KRK, daß Ureinwohner als Minderheit anzusehen sind, kann ein Staat nicht die Anerkennung von Ureinwohnern als Minderheit verweigern.

Weiterhin bleibt aus Art. 30 KRK unklar, ob Minderheiten im Sinne der Vorschrift nur Staatsangehörige des jeweiligen Staates sein können oder ob unter diese Vorschrift auch andere Gruppierungen fallen. Artikel 30 KRK differenziert nicht zwischen staatsangehörigen Kindern und anderen. Zur Lösung dieser Frage ist der Anwendungsbereich der Konvention nach Art. 2 KRK heranzuziehen. Danach ist die Konvention auf alle der Hoheitsgewalt eines Staates unterstehenden Kinder anwendbar. Das können auch Kinder sein, die nicht Staatsangehörige sind, sondern bloß tatsächlich der Hoheitsgewalt des Staates unterstehen.[155]

Fraglich bleibt aber auch dann, welche Anforderungen an eine Gruppierung zu stellen sind, um sie als Minderheit in einem Staat anzuerkennen. Allein die Tatsache, daß mehrere Menschen sich zusammenfinden, macht sie noch nicht zu einer Minderheit in einem Staat. Man könnte den Begriff der Minderheit dahingehend einschränken, daß nur solche Gruppen erfaßt sind, die sich mit einer gewissen Dauer in einem Land aufhalten,[156] etwa weil das Territorium, auf dem sie leben, in der Folge eines Krieges o.ä. von einem anderen Staat übernommen wurde. Man kann die Anerkennung von Minderheiten auch dahingehend einschränken, daß nur solche Gruppen erfaßt sind, die als Gruppe in ein Land gekommen sind.[157] Die Auslegung, daß nur Gruppen erfaßt sind, die bereits als Gruppe existierten, legt das Nebeneinander von Ureinwohnern und Minderheiten in Art. 30 KRK da. Ureinwohner existierten schon immer als Gruppe. Folglich - so könnte man argumentieren - muß auch eine Minderheit

---

[153] A.A. Dorsch S. 146, die in Art. 30 KRK die Gefahr begründet sieht, daß der Bedeutungsumfang des Art. 27 IPbürR in Frage gestellt wird.

[154] Dorsch a.a.O; F. Capotorti, "Minderheiten" in: R. Wolfrum (Hrsg.) Handbuch Vereinte Nationen, 2. Aufl. München 1991, S. 606, Rn. 28 f. zum Fall Lovelace.

[155] So auch Wolfrum (Fn. 150), S. 161 zu Art. 27 IPbürR; dazu schon oben zu Art. 2 KRK.

[156] Schweizer Bundesrat *BBl* 146 (1994) S. 58 wirft die Frage auf, ob auch Gastarbeiter und deren Familien von Art. 30 KRK erfaßt sind.

[157] Vgl. die Darstellung bei Wolfrum (Fn. 150), S. 161 ff.

eine Gruppe sein, die wenigstens schon eine längere Zeit als Gruppe existiert und schon immer eine Gruppe war.

Artikel 30, der in seiner Formulierung an Art. 27 IPbürR angelehnt ist, trägt aber auch eine andere Auslegung. Mit der Gegenüberstellung von Ureinwohnern und Minderheiten wird einerseits klargestellt, daß auch Ureinwohner eine Minderheit darstellen können. Es zeigt aber auch, daß der Begriff der Minderheit weitergehend sein muß und nicht in seinen Einzelheiten wie der Begriff der Ureinwohner ausgelegt werden muß. Ähnlich wie auch Art. 27 IPbürR ist er formuliert: "in denen es ethnische, religiöse oder sprachliche Minderheiten (...) gibt". Wer eine Gruppe als Minderheit festlegt, wird aber nicht klargestellt. Es kann also auch reichen, daß eine Gruppe sich bildet, die dann von sich behauptet, eine Minderheit zu sein. Das kann vor allem auf Gruppen von Gastarbeitern oder Immigranten zutreffen.[158] Auch eine solche Gruppe, die sich erst im Laufe der Zeit herausbildet, kann ethnische, religiöse und sprachliche Eigenheiten aufweisen und von einem Solidaritätssinn geprägt sind.[159]

Welcher Auslegung des Art. 30 KRK der Vorzug zu geben ist, kann aus der Konvention nicht abschließend beantwortet werden und bleibt deshalb den Staaten vorbehalten. Einerseits spricht Art. 29 lit. c KRK dafür, den Begriff weit auszulegen, denn die Achtung vor der kulturellen Identität des Kindes ist diesem umfassend nahezubringen und nicht nur, wenn es einer fest etablierten Gruppe angehört, die als Gruppe gekommen ist oder schon lange Zeit besteht. Andererseits kann die Beziehung des Kindes zu seiner kulturellen Herkunft, Sprache und Religion auch von Art. 20, 14 KRK geschützt sein, ohne daß die gesamte Gruppe als Minderheit anerkannt werden muß.

Letzlich bleibt es deshalb auch den Staaten überlassen zu erklären, ob es auf ihrem Territorium Minderheiten gibt.[160] Damit bleibt es den Staaten die Möglichkeit zu definieren, was sie als Minderheit ansehen wollen.

Staatenverpflichtung

Artikel 30 KRK formuliert negativ. Es werden keine positiven Leistungspflichten der Staaten normiert, sondern vielmehr dem Staat nur ein Eingriffsverbot auferlegt. Dem Kind wird nur ein Abwehrrecht gewährt nicht aber ein Recht auf Schutz seiner kulturellen Identität durch den Staat oder materielle Unterstützung als Teil einer Minderheit.[161]

---

158 Wolfrum (Fn. 157), der diese Gruppen als "New Minorities" bezeichnet.

159 Wolfrum (Fn. 150), S. 163.

160 Pejic (Fn. 148), S. 469.

161 Schweizer Bundesrat (Fn. 156), S. 57 f.; Dorsch S. 145.; a.A. offensichtlich Newell S. 119, der mit dem Geist von Art. 30 und Art. 2 KRK argumentiert und den Staaten eine Pflicht zur Förderung von Minderheitensprachen, -kulturen und -religionen verpflichten will.

Ein Recht im Rahmen der eigenen Kultur kann sich aus Art. 29 lit. c und d KRK ergeben. Danach ist Ziel der Bildung, die Art. 28 KRK garantiert, auch das Bemühen um Verständigung zwischen Mehrheit und Minderheit. Eine solche läßt sich wohl nur durch Unterstützung der entsprechenden Minderheit erreichen.[162]

Qualifikation des Rechts

Artikel 30 KRK beinhaltet ein Freiheitsrecht. Es beschreibt die Freiheit des Kindes, das einer Minderheit angehört, vom Staat und staatlichen Eingriffen. Es ist damit ein *Provision Right.*

Es ist aber auch ein Teilnahmerecht, denn dem Kind wird das Recht auf Teilnahme an der Kultur des Volkes seiner Herkunft gewährt.

Schließlich beinhaltet Art. 30 KRK in Konkretisierung des Art. 2 KRK ein Gleichheitsrecht.[163] Es gibt dem Kind, das einer Minderheit angehört, das Recht, in gleicher Weise seine Kultur auszuüben wie die Kinder der mehrheitlichen Bevölkerung eines Landes.

Umsetzung in Rußland

Das Recht auf kulturelle Identität findet sich an mehreren Stellen in der russischen Verfassung. Grundlage ist die Präambel der Verfassung, in der die Russische Föderation als ein Vielvölkerstaat (*mnogonazional'nyj narod*) bezeichnet wird. Nach Art. 5 Abs. 3 russ. Verf. sind die Völker (*narody*) der Russischen Föderation gleichberechtigt.[164]

Die Formulierung der Präambel "*My, mnogonazional'nyj narod Rossijskoj Federazii*" (wörtlich: "Wir, das vielnationale Volk der Russischen Föderation") umfaßt nach der russischen Literatur die Gesamtheit aller Staatsbürger Rußlands und bezeichnet die Vereinigung alle die Russische Föderation bewohnender Völker im Sinne von *ethnos* und anderer ethnischer Gemeinschaften.[165] Die Verfassung differenziert im folgenden dann zwischen dem Begriff "Volk", der im Grundsatz das Staatsvolk Rußlands umfaßt.[166] Eine Nation, wie sie etwa in Art. 26 Abs. 1 russ. Verf. auftaucht, wird dagegen als die

---

162 Dazu G. van Geertrut "Recht op onderwijs: een recht voor alle kinderen?" in: E. Verhellen/F. Spiesschaert/L. Cartrijsse (Hrsg.), *Rechten van kinderen*, Arnhem, Antwerpen 1989, S. 289 ff.

163 Ende (Fn. 88), S. 244.

164 Dazu Ju.L. Schulschdenko, Kommentar zu Art. 5 russ. Verf. in: Topornin (Hrsg.) *Kommentar zur Russischen Verfassung*, Moskau 1997, S. 111.

165 L.S. Mamun, Kommentar zur Präambel der russischen Verfassung in: B.N. Topornin (Hrsg.), *Kommentar zur russischen Verfassung*, Moskau 1997, S. 89.

166 W.W. Tumanov, *Slowar, Konstituzija Rossijskoj Federazii*, Moskau 1998, S. 155.

Gemeinsamkeit einer großen Gruppe von Leuten auf einer ethnischen Grundlage bezeichnet. In Rußland werden mehr als 100 verschiedene Nationen und Völkerschaften sowie ethnische Gruppen anerkannt.[167] Diese Differenzierung wird allerdings von der Verfassung selbst nicht konsequent verfolgt, denn in Art. 69 russ. Verf. werden die Rechte geringzähliger (*malotschislennykh*) Urvölker in Übereinstimmung mit den Grundsätzen des Völkerrechts geschützt. Zu diesen Urvölkern zählen die Völker in unabhängigen Staaten, die Nachfahren derjenigen sind, die das Territorium des heutigen Rußlands bevölkerten als dieses erobert bzw. das Land Rußland gegründet wurde, und die - unabhängig von ihrem rechtlichen Status einige oder alle von deren sozialen, wirtschaftlichen, kulturellen oder politischen Einrichtungen erhalten haben.[168] Geringzählige Völker im Sinne des Art. 69 sind solche, die auf dem Gebiet leben, auf dem traditionell auch ihre Vorfahren gelebt haben, einen eigenständigen Lebensstil haben, in Rußland weniger als 50 000 Mitglieder zählen und sich als eigenständige ethnische Gemeinschaft ansehen.[169]

Art. 19 russ. Verf. normiert die Gleichheit aller Staatsbürger in Bezug auf die Rechte aus der Verfassung. Nach Art. 19 russ. Verf. stehen allen Menschen die Rechte zu, die nicht als staatsbürgerliche Rechte formuliert sind. Artikel 14 Abs. 2 russ. Verf. garantiert die Gleichheit aller religiösen Vereinigungen und Art. 28 Abs. 2 russ. Verf. gewährt die Religions- und Weltanschauungsfreiheit einschließlich deren Ausübung.

Nach Art. 26 Abs. 2 russ. Verf. hat jeder das Recht, seine Muttersprache zu verwenden[170], seine Umgangssprache, Unterrichts-, Studien- und Arbeitssprache frei zu wählen.

Artikel 44 Abs. 2 russ. Verf. schließlich gibt jedem das Recht auf Teilnahme am kulturellen Leben und auf Benutzung kultureller Einrichtungen, sowie auf Zugang zu kulturellen Werten (*zennosti*).

Die Umsetzung dieser Rechte liegt sowohl in föderaler Zuständigkeit als auch in der Kompetenz der Subjekte der Föderation.[171]

Die verfassungsrechtlichen Bestimmungen werden im Gesetz über die Sprachen der Völker der RSFSR[172], im Grundlagengesetz über die Kultur[173],

---

167 Tumanov (Fn. 166).

168 T.A. Wasiljewa, Kommentar zu Art. 69 russ. Verf. in: Topornin (Fn. 165), S. 404.

169 Wasiljewa (Fn. 168), S. 405.

170 Dabei meint Muttersprache, "*rodnoj jasyk*", die Sprache, mit der das Kind geboren und aufgewachsen ist, also seine eigene Sprache im Sinne des Art. 30 KRK. Zu Art. 26 russ. Verf. i.e. Wassiljewa (Fn. 168), S. 221.

171 Thirteenth periodic report of States parties to the Committee ont the Elimination of Racial Discrimination: Russian Federation. 20/11/95. CERD/C/263/Add. 9.

im Bildungsgesetz[174] sowie im Gesetz über die national-kulturellen Autonomien[175] auf föderaler Ebene geregelt.

Das Grundlagengesetz über die Kultur erkennt die gleiche Wertigkeit, die gleiche Würde aller Kulturen der Völker und ethnischen Gemeinschaften der Russischen Föderation sowie ihre Rechte und Freiheiten im kulturellen Bereich an, Art. 6 GrdlGKultur. Zu diesen Rechten zählt das Gesetz vor allem das Recht auf Erhaltung und Entwicklung der kulturell-nationalen Selbständigkeit der Völker und anderer ethnischer Gemeinschaften, sowie das Recht auf national-kulturelle Autonomie, Art. 20 f. GrdlGKultur.[176] Nach Art. 23 GrdlGKultur protektioniert der Staat die Kultur geringzähliger Völker.[177]

Das Recht auf national-kulturelle Autonomie wird durch das Gesetz über die national-kulturellen Autonomien weiter ausgestaltet. Danach sind national-kulturelle Autonomien gesellschaftliche Vereinigungen von Bürgern der Russischen Föderation, die zu einer bestimmten ethnischen Gemeinschaft gehören und sich zum Zwecke der selbständigen Entscheidung von Fragen der Erhaltung der Eigenart, der Entwicklung der Sprache, der Bildung und nationalen Kultur zusammengefunden haben, Art. 1 NKAG. Das NKAG sichert das Recht auf Muttersprache, Kap. III des Gesetzes, das Recht auf Entwicklung und Erhaltung der nationalen Kultur und regelt die finanziellen Grundlagen der national-kulturellen Autonomien. Mit diesen Gesetzen ist das Recht auf Kultur in der Russischen Föderation vor allem kollektiv und nicht - wie es Art. 30 KRK vorsieht - als individuelles Recht ausgestaltet.

Nicht sehr viel konkreter erklärt Art. 2 BildungsG, daß die russische Bildungspolitik unter anderem auch den Schutz und die Entwicklung eines Bildungssystems der nationalen Kulturen, der regionalen kulturellen Traditionen und der Besonderheiten der Bedingungen eines Vielvölkerstaats umfaßt. Diese Bestimmung wird aber offensichtlich von offizieller Seite so ausgelegt, daß damit nationalen Minderheiten das Recht auf Benutzung ihrer Muttersprache eingeräumt wird.[178]

---

[172] Sakon "O jasykach narodow RSFSR" Gesetz der RSFSR vom 25. 1. 1991, No. 1807-1 (im folgenden Sprachengesetz).

[173] Osnowy sakonodatelstva Rossijskoj Federazii o kulture, Gesetz der Russischen Föderation vom 9. 10. 1992, No. 3612 - 1. (im folgenden GrdlGKultur).

[174] Sakon "Ob obrasovanije" vom 13. 1. 1996, No. 12 - FS (im folgenden Bildungsgesetz).

[175] Gesetz über die national-kulturelle Autonomie vom 17. 6. 1996, Nr. 74-FS *Rossijskaja Gaseta* v. 25. 6. 1996 (im folgenden NKAG).

[176] Thirteenth Report to the Committee on the Elimination of Racial Discrimination a.a.O.

[177] Zweiter russischer Staatenbericht Abs. 165 -168.

[178] Thirteenth Report to the Committee on the Elimination of Racial Discrimination a.a.O.

Auch das Gesetz über die Sprachen der Völker der RSFSR gestaltet das Recht auf Nutzung der eigenen Sprache vor allem als kollektives Recht der Minderheit aus. Nach dessen Art. 2 Abs. 2 wird auf dem Territorium der RSFSR die sprachliche Souveränität jedes Volkes unabhängig von seiner Zahl und rechtlichen Stellung, aber auch die sprachliche Souveränität des einzelnen unabhängig von seiner Herkunft, sozialen und eigentumsmäßigen Bedingungen, seiner Rasse, Nationalität, seines Geschlechts, seiner Ausbildung und seiner Beziehung zur Religion, Wohnort usw. geschützt. In Regionen, in denen geringzählige Völker zusammen wohnen, das heißt eine Gemeinschaft bilden, haben sie ein Recht auf Nutzung der eigenen Sprache im Verkehr mit Behörden, neben den offiziellen Amtssprachen des jeweiligen Subjekts der Russischen Föderation. Die Amtssprache eines Subjekts der Russischen Föderation kann neben russisch auch andere Sprachen, die innerhalb des Territoriums des Subjekts gesprochen werden, umfassen. Die lokalen Behörden trifft im Einzelfall die Pflicht, Schulen einzurichten, in denen die Minderheitensprache unterrichtet wird. Derzeit wird nach offiziellen Angaben in der Russischen Föderation in 66 Sprachen unterrichtet.[179]

Bisher ist der Russischen Föderation nicht gelungen, auf Bundesebene ein umfassende Konzept zum Minderheitenschutz zu entwickeln.[180] Dennoch wird das Recht des Kindes auf kulturelle Identität in der Russischen Föderation praktisch weitgehend verwirklicht. Im Föderalen Zielprogramm "Kinder des Nordens", das Teil des Programms des Präsidenten "Kinder Rußlands" ist, werden seit 1994 30 verschiedene sogenannte geringzählige Völker im Norden des Landes mit dem Ziel der Sicherung einer normalen, physischen, psychischen und kulturellen Entwicklung der Kinder dieser Völker unterstützt.[181] Sie bekommen unter anderem Hilfe mit Unterrichtsmaterial in ihrer Sprache und ethno-kulturelle Zentren zur Bewahrung der Kultur der Minderheitenvölker für Kinder und Jugendliche sind eingerichtet worden.[182] Die Kinder werden zum Schutz ihrer Gesundheit teilweise positiv diskriminiert, bekommen also besondere Behandlung.[183] Zeitungen in Minderheitensprachen werden herausgegeben.[184]

---

179 Comittee on the Rights of the Child, Summary Records of the 63rd Meeting: Russian Federation, 02/08/93, CRC/C/SR.63 (Summary Records) Abs. 17.

180 Thirteenth Report to the Committee on the Elimination of Racial Discrimination a.a.O.

181 Zweiter russ. Staatenbericht Abs. 165-168.

182 Zweiter russ. Staatenbericht Abs. 165-168, Fourteenth periodic report to the Committee on the Elimination of Racial Discrimination: Russian Federation, CERD/D/299/Add.15 vom 28. 7. 1997, Abs. 55.

183 Zweiter russ. Staatenbericht Abs. 165-168, Fourteenth Report to the Committee on the Elimination of Racial Discrimination (Fn. 182), Abs. 59; Der Kinderrechtsausschuß dagegen

Im Rahmen der Gesetzgebung der einzelnen Subjekte der Föderation werden die Rechte der Minderheitenvölker - meist auch hier eher als Kollektiv- denn als Individualrechte ausgestaltet - differenzierter geregelt. So werden in der Verfassung der Republik Sakha (Jakutien) eine Reihe von Rechten kleiner nationaler Gruppen - wie etwa das Recht auf Eigentum an Land und Rohstoffen - geregelt.[185] Die Verfassung der Republik Bashkortostan legt auch Individualrechte fest. So kann niemand gezwungen werden seine Nationszugehörigkeit preiszugeben. Nach der o.g. Definition ist das ähnlich der ethnischen Zugehörigkeit zu interpretieren. Jeder hat danach auch das Recht, seine Kommunikationssprache frei zu wählen.[186]

äußert seine Sorge um den Gesundheitszustand der Kinder des Nordens, Committee on the Rights of the Child, Concluding Observations: Russian Federation, CRC/C/Add.110 vom 10. 11. 1999, Abs. 65 f.

184 Fourteenth report to the Committee on the Elimination of Racial Discrimination (Fn. 182), Abs. 52.

185 Thirteenth Report to the Committee on the Elminination of Racial Discrimination (Fn. 182).

186 Thirteenth Report to the Committee on the Elmination of Racial Discrimination (Fn. 182).

8. Physische und mentale Entwicklung des Kindes

Art. 27 Entwicklung des Kindes

Nach Art. 27 KRK sind die Grundlagen zu legen, um die Entwicklung des Kindes in allen Beziehungen zu sichern. Das Recht des Kindes auf einen seiner Entwicklung angemessenen Lebensstandard wird anerkannt.

Art. 27 legt fest, daß in erster Linie die Eltern die Verantwortung für das Wohlergehen ihrer Kinder tragen. Die Grenze bilden die Fähigkeiten und finanziellen Mittel der Eltern oder sonst für das Kind verantwortlicher Personen. Der Staat hat demgegenüber eine unterstützende Rolle. Er hilft und tritt ein, wenn die genannten Fähigkeiten der Eltern oder sonst verantwortlicher Personen nicht ausreichen, um den Lebensstandard des Kindes ausreichend sicherzustellen. Ergänzend wirkt insofern die Verpflichtung des Staates, die Familienzusammenführung zu unterstützen, aus Art. 9 Abs. 2 und 4 und Art. 10 KRK.[1]

Artikel 27 Abs. 4 KRK enthält eine Verpflichtung internationale Verträge abzuschließen, um dem Kind seine Unterhaltsansprüche gegen die nach dem zweiten Absatz verantwortlichen Personen auch staatenübergreifend zu sichern.

Entstehungsgeschichte

Beratungsgrundlage für Art. 27 KRK war der Vorschlag der ngo-*ad-hoc-group*, der von Kanada übernommen wurde.[2] Dieser Vorschlag wurde 1985 in der Arbeitsgruppe mit wenigen Änderungen angenommen. Erst 1987 setzte sich Australien für einen zusätzlichen vierten Absatz ein, den die ngo´s erarbeitet hatten und der das Fortbestehen der Pflichten aus Absatz zwei für den Fall des Getrenntlebens der Eltern zum Gegenstand hatte.[3] Da aber national große Unterschiede in der Regelung der elterlichen Verantwortung und Fürsorgepflicht bestanden und bestehen, konnte dieser Vorschlag nicht umgesetzt werden.[4] 1988 wurde schließlich ein überarbeiteter Vorschlag Finnlands zur Durchsetzung von Unterhaltsforderungen auch im Ausland angenommen.[5]

Angemessener Lebensstandard

Artikel 27 Abs. 1 KRK gibt dem Kind das Recht auf einen seiner Entwicklung angemessenen Lebensstandard. Fraglich bleibt aber, wie der Lebensstandard eines Kindes zu bestimmen und welcher Lebensstandard ange-

---

[1] Flekkøy/Kaufman, S. 58.
[2] E/CN.4/1985/64/Abs. 41, Detrick S. 373 f., Dorsch S. 176.
[3] E/CN.4/1987/25, Abs. 119, Detrick S. 377; Dorsch S. 177.
[4] Ebenda Abs. 121 ff., Detrick S. 377, Dorsch S. 177.
[5] E/CN.4/1988/28 Abs. 63 ff., Detrick 378 f., Dorsch S. 177.

messen ist. Insofern enthält Art. 27 KRK eine offene, programmatische Formulierung, die den Staaten Raum zu seiner Ausgestaltung läßt.[6] Dennoch ergeben sich aus Art. 27 KRK Grundsätze, die die Staaten bei ihrer Umsetzung zu beachten haben.

Für die Bemessung des Lebensstandards gibt Art. 27 Abs. 3 KRK einen Anhaltspunkt. Danach muß der Staat vor allem Ernährung, Kleidung und Wohnung sicherstellen. D.h. diese Dinge müssen Teil eines angemessenen Lebensstandards sein. Sie werden dann auch als Faktoren für die Bemessung des Lebensstandards eingestellt.

Vergleichsgrundlage ist in der Regel das Existenzminimum, das von den Staaten für ihre Bevölkerung bestimmt wird und sich aus Kosten für Nahrung, Trinkwasser und Kleidung sowie Wohnung errechnet, die für jeden Menschen lebensnotwendig sind.

Aus Art. 27 Abs. 2 KRK ergibt sich außerdem, daß mit Sicherstellung der notwendigen Lebensbedingungen ein angemessener Lebensstandard erreicht ist.[7] Der Staat hat die Vorrangstellung der Eltern zu achten. Würde man nicht den angemessenen Lebensstandard mit der Sicherstellung der notwendigen Lebensbedingungen gleichstellen, so wäre dem Staat die Möglichkeit eingeräumt in die Familie einzugreifen.[8] Die Kinderrechtskonvention verfolgt aber das Konzept der Unverletzlichkeit der Familie, Art. 5, 16, 18 KRK. Nur in Ausnahmefällen soll der Staat in die Familie eingreifen können, Art. 9 Abs. 1, 19 KRK. Dieses Konzept würde ausgehebelt, wenn man dem Staat über Art. 27 KRK die Möglichkeit einräumen würde etwa durch Sozialleistungen oder sonstige Maßnahmen zur Sicherung des angemessenen Lebensstandards in die Familie einzugreifen. Eine solche Zielsetzung verfolgt Art. 27 KRK nicht.[9] Daher sind die notwendigen Lebensbedingungen nach Absatz zwei mit dem angemessenen Lebensstandard nach dem ersten Absatz gleichzusetzen.[10]

Ein Kriterium für die Angemessenheit des Lebensstandards eines Kindes ist seine Entwicklung. Nicht ganz klar ist, in welche Richtung sich die Entwicklung des Kindes auswirken soll. Hat ein Kind, das etwa im Gegensatz zu seinen Altersgenossen mental oder körperlich weniger weit entwickelt ist, einen Anspruch auf einen geringeren oder auf einen höheren Lebensstandard? Für behinderte Kinder geben Art. 2 und 23 KRK eine Antwort auf diese Frage. Behinderte Kind sind positiv zu diskriminieren. Sie haben also, obwohl sie in

[6] Schweizer Bundesrat *BBl* 146 (1994), 53.
[7] Dorsch S. 178.
[8] Dorsch S. 178.
[9] Dorsch ebenda.
[10] Dorsch S. 178.

der Regel gegenüber ihren Altersgenossen mental oder physisch weniger weit entwickelt sind, einen Anspruch auf Gleichstellung mit ihnen, also auch auf den gleichen Lebensstandard.

Im übrigen stellt Art. 27 KRK nicht allein auf die mentale und physische Entwicklung eines Kindes, sondern auf eine Gesamtschau der körperlichen, geistigen, seelischen, sittlichen und sozialen Entwicklung des Kindes ab. Damit sind die Standards angesprochen, die andere Vorschriften der Konvention setzen.[11] Die körperliche Entwicklung des Kindes muß dem von Art. 23 und 24 KRK gesetzten Standard entsprechen, die geistige wird von Art. 28 f. berührt, die seelische von Art. 14 aber auch 32 ff. KRK ebenso wie die sittliche. Die soziale Entwicklung des Kindes bestimmt sich anhand von Art. 15, 17, 26 und 30 KRK. Über Art. 27 KRK werden die Voraussetzungen für diese Standards sicher gestellt. Ein angemessener Lebensstandard nach Art. 27 muß damit die Gesundheit des Kindes nach Art. 24 KRK sicherstellen, ihm eine ausreichende Ausbildung gewähren, die Möglichkeit der Ausübung seiner Religion gestatten, es vor Ausbeutung schützen und die Möglichkeit geben, sich in seiner kulturellen und gesellschaftlichen Umgebung gleichwertig mit anderen zu bewegen.

Eintrittspflicht des Staates

Artikel 27 Abs. 3 KRK nimmt den Gedanken des Parens Patriae wieder auf. Als Parens Patriae hat der Staat die Pflicht übernommen, die Rechte des Kindes zu schützen.[12] Als solcher trifft ihn auch die Eintrittspflicht aus Art. 27 Abs. 3 KRK, wenn die Eltern oder sonst eintrittspflichtigen Personen nicht die notwendigen Bedingungen für einen angemessenen Lebensstandard des Kindes schaffen können. Die Eintrittspflicht des Staates ist nach Art. 27 Abs. 3 KRK nicht so ausgestaltet, daß der Staat das Kind aus der Familie nehmen könnte oder ausschließlich das Kind unterstützen könnte. Vielmehr muß der Staat den Eltern helfen, Abs. 5 der Präambel. Diese Hilfe besteht vor allem in Hilfs- und Unterstützungsprogrammen. Diese Unterstützungsprogramme können die Form von Sozialleistungen im eigentlich Sinne, wie etwa Sozialhilfe oder Kindergeld

---

[11] So i.E. auch C. Bellamy "The Roll of the Dice" in: UNICEF, *Progress of Nations* 1999, S. 1 ff.; S. Ramphal "Debt has a Child's Face" ebenda, S. 27 ff.; T.J. Fitzgibbon, "The United Nations Convention on the Rights of the Child: Are Children Really Protected? A Case Study of China's Implementation", *Loyola of L.A. International & Comparative Law Journal* 20 (1998) 325 ff., 347 f.; Newell S. 106.

[12] D.S. Davis "The Child's Right to an Open Future: Yoder and Beyond" *Capital Univ.LJ* 26 (1997) 93 ff., 95.

haben, sie können aber auch etwa in der Subventionierung von Kinder- und Babynahrung oder -kleidung liegen.[13]

Ähnlich wie in Art. 11 IPwirtR wird dabei insbesondere die Ernährung und Bekleidung des Kindes und die Sicherung der Wohnung in den Vordergrund gestellt. Damit wird Art. 27 KRK neben Art. 20 KRK die wichtigste Norm zur Bekämpfung der kindlichen Armut, vor allem des Problems der Straßenkinder.[14] Die Staaten sollen nämlich nach dieser Norm die Wohnung für diese Kinder sicherstellen.

Artikel 27 Abs. 3 KRK gibt den Staaten aber Ausfluchtmöglichkeiten.[15] Sie müssen nämlich die Hilfe für Familien nur gemäß ihrer innerstaatlichen Verhältnisse und im Rahmen ihrer Mittel bereitstellen. Gerade wegen dieser Fluchtklauseln wird Art. 27 KRK kritisiert.[16] Er stelle gegenüber Art. 11 IPwirtR und 23 IPbürR einen Rückschritt dar, da diese einen Schutzanspruch der Familie ohne Fluchtklauseln enthalten.

Gerade in ärmeren Ländern, in denen die finanziellen Mittel häufig entweder für die Rückzahlung von Darlehen reicherer Länder oder aber zu Rüstungs- und ähnlichen Zwecken ausgegeben werden, bleiben oft keine Mittel für die Unterstützung von Kindern übrig. In diesen Staaten stellt schon die Sicherung der Trinkwasserversorgung und ausreichender Ernährung zur Gesundheitserhaltung gemäß Art. 24 KRK eine kaum zu überwindende Schwierigkeit dar.

Ein anderes Problem sind in diesem Zusammenhang auch Flüchtlinge und Asylanten in reicheren Ländern, denen kein dem Land entsprechender Lebensstandard gewährt wird oder werden kann.[17]

Internationale Zusammenarbeit

Artikel 27 Abs. 4 KRK streift das Problem der internationalen Zusammenarbeit. Die Staaten sind verpflichtet, die Geltendmachung von Unterhaltsansprüchen auch im Ausland sicherzustellen. Dazu müssen die Staaten aber nicht etwa Alimente vorschießen, wenn im Ausland befindliche Eltern nicht rechtzeitig zahlen.[18] Vielmehr haben sie den Kindern Schutz und Hilfe bei der Geltendmachung gegenüber den Eltern und deren Aufenthaltsstaaten zu gewähren. Die wohl effektivste und wichtigste Möglichkeit der Förderung der

[13] L.F. Sacramento/A.M. Pesoa "Implementation of the Rights of the Child in Mozambique" in: M. Freeman *Children's Rights - A Comparative Perspective*, S. 157 f.

[14] Newell S. 107.

[15] Dorsch S. 178.

[16] Dorsch S. 179, Wolfrum in FS Partsch, S. 86.

[17] O. Guillod "Swiss Law and the Convention" in: M. Freeman, *Children's Rights*, S. 233.

[18] Schweizer Bundesrat *BBl* 146 (1994) S. 54.

Geltendmachtung ist der Beitritt zu internationalen Übereinkünften. Internationale Regelungen trifft das New Yorker UN-Übereinkommen über die Geltendmachung von Unterhaltsansprüchen im Ausland.[19]

Im europäischen Rahmen wurde 1990 das Übereinkommen über die Vereinfachung der Verfahren zur Geltendmachung von Unterhaltsansprüchen geschlossen.[20]

Artikel 26 ff. der Minsker Konvention über Rechtshilfe regeln die Zusammenarbeit in Familienrechtsfragen zwischen den Staaten der GUS.[21]

Interessanterweise enthält Art. 27 im Gegensatz zu etwa Art. 11 IPwirtR in dessen zweitem Absatz keinen Teil, der die Vertragsstaaten bei der Sicherung des Lebensstandards zur Zusammenarbeit anhält.[22] Es bleibt hier fraglich, ob Absatz vier Art. 4 KRK ausschließen wollte oder vielmehr ergänzend zur allgemeinen Verpflichtung des Art. 4 KRK wirken soll. Artikel 27 Abs. 4 KRK selbst sagt wenig zu seinem Verhältnis zu Art. 4 KRK. Aus dem Wortlaut der beiden Vorschriften ergibt sich aber eine unterschiedliche Zielrichtung. Artikel 27 Abs. 4 KRK zielt vor allem auf die rechtliche Zusammenarbeit. Die Vertragsstaaten sollen Völkerrecht durch den Abschluß von Verträgen schaffen. Artikel 4 KRK dagegen zielt vor allem auf die finanzielle Zusammenarbeit. Die Vertragsstaaten schöpfen die eigenen Mittel aus, um die wirtschaftlichen, sozialen und kulturellen Rechte des Kindes innerstaatlich umzusetzen. Sofern sie die Rechte dann nicht ausreichend umsetzen können, sind sie zu internationaler Zusammenarbeit aufgefordert. Artikel 4 KRK wäre fast inhaltsleer, wenn er nicht auch und gerade das Recht des Kindes auf einen angemessenen Lebensstandard aus Art. 27 KRK erfassen würde. Das Recht des Kindes auf einen angemessenen Lebensstandard ist nach der Einteilung des Art. 4 KRK das grundlegendste der sozialen Rechte. Ohne einen angemessenen Lebensstandard ist es nicht möglich, dem Kind Rechte wie das Recht auf Bildung und Bildungsgleichheit oder das Recht auf Schutz vor Ausbeutung durch Kinderarbeit zu garantieren. Das aber ist gerade der Wille von Art. 4 und 27 KRK. Daher sind sie als einander ergänzende Vorschriften zu sehen. Artikel 27 Abs. 4 KRK

---

19 Übereinkommen vom 20. 6. 1956, BGBl 1959 II, 150; E. Jayme/R. Hausmann *Internationales Privat- und Verfahrensrecht*, 8. Aufl. 1996, Nr. 112; Schweizer Bundesrat (Fn. 18), S. 54.

20 Römisches EWG-Übereinkommen über die Vereinfachung der Verfahren zur Geltendmachung von Unterhaltsansprüchen vom 6. 11. 1990, Jayme/Hausmann Nr. 113.

21 Konvention über die Rechtshilfe und die Rechtsverhältnisse in Zivil-, Familien- und Strafsachen, Minsk, 22. 1. 1993, Bjulleten' mezhdunarodnykh dogovorov 1995, Nr. 2, S. 3 ff.; deutsche Übersetzung in VSO, GUS Nr. 4.3.a.

22 Schweizer Bundesrat, *BBl* 146 (1994) S. 53.

verpflichtet die Vertragsstaaten zum Abschluß von Verträgen auf dem speziellen Gebiet der Unterhaltsansprüche gegen Dritte, Artikel 4 KRK verpflichtet dagegen die Staaten zur gegenseitigen finanziellen und materiellen Unterstützung für die Sicherung des kindlichen Lebensstandards.

Verhältnis zu anderen Vorschriften in der Konvention

Artikel 27 ff. KRK sichern das Recht des Kindes auf physische und mentale Entwicklung. Sie sichern damit auch das Recht des Kindes auf eine offene Zukunft. Dem Kind sollen soweit wie möglich alle Wege geöffnet bleiben, damit es - wie es in Art. 29 Abs. 1 lit. d KRK ausgedrückt ist - ein verantwortungsbewußtes Leben in einer freien Gesellschaft im Geist der Verständigung, des Friedens und der Toleranz (...) führen kann. Die Frage ist, wo hier eine Grenze zu ziehen ist.[23] Wann sollte der Staat eingreifen, um das Recht des Kindes auf eine offene Zukunft gegen die Interessen der Eltern zu sichern?[24] Hier kann sich ein gewisses Spannungsverhältnis zwischen der Verpflichtung der Staaten dafür zu sorgen, daß dem Kind die Zukunft nicht verbaut wird und der Verpflichtung des Staates, sich nicht in den elterlichen Verantwortungs- und Bestimmungsbereich einzumischen ergeben. Es ergibt sich eine Spannung zwischen Art. 14, 16 und 18 aber auch Art. 30 KRK einerseits und Art. 27 ff. KRK andererseits. Dieses Spannungsverhältnis wird sich nicht durch generelle Überlegungen lösen lassen. Die Kinderrechtskonvention gebietet aber eine Orientierung an den Interessen des Kindes, also am Kindeswohl. So wird man das Spannungsverhältnis grundsätzlich daran orientiert lösen müssen.

Sowohl Art. 27 als auch Art. 26 KRK regeln staatliche Unterstützung des Kindes. Der Unterschied zwischen diesen beiden Normen besteht darin, daß Art. 27 KRK kein unmittelbares Recht des Kindes gegen den Staat zum Inhalt hat. Hier verpflichten sich die Staaten lediglich, die Eltern zu unterstützen. Im Rahmen von Art. 26 KRK erkennen die Staaten dagegen ausdrücklich das Recht des Kindes auf Leistungen der sozialen Sicherheit an. Artikel 27 KRK wirkt also nur mittelbar, indem die Eltern oder sonst verantwortlichen Personen Unterstützung und Hilfe durch den Staat genießen, Art. 26 KRK dagegen unmittelbar.

Auch das Verhältnis von Art. 27 zu Art. 32 KRK kann sich schwierig gestalten. In vielen Fällen ist nämlich die Argumentation nicht von der Hand zu weisen, daß dem Kind nur dann ein angemessener Lebensstandard zu sichern ist, wenn es arbeitet. Jedoch findet sich für dieses Problem eine eindeutige

---

[23] Dazu Davis (Fn. 12), 95.
[24] Davis (Fn. 23).

Lösung in Art. 32 KRK. Nach diesem ist das Kind nur vor ausbeuterischen, gefährlichen oder seine Entwicklung schädigenden Formen der Kinderarbeit zu schützen. Damit ist es dem Kind nicht grundsätzlich verwehrt, Geld zu verdienen, sondern lediglich den Arbeitgebern untersagt, das Kind auszubeuten. Die Staaten dagegen haben die Verpflichtung, Wege zu finden, Kindern einen angemessenen Lebensstandard zu sichern und ihnen gleichzeitig den Weg zu einer Ausbildung zu eröffnen, Art. 28 KRK.

Qualifikation des Rechts

Artikel 27 KRK enthält ein soziales Recht des Kindes. Das Recht auf einen angemessenen Lebensstandard ist ein allgemeines Menschenrecht, wie es auch im IPwirtR geregelt ist. In Art. 27 KRK wird dieses Recht kindspezifisch ausgestaltet. Artikel 27 KRK ist sowohl als *survival-* als auch als *protection right* zu qualifizieren. Als Teil des Rechts auf Überleben im Sinne des Art. 6 KRK ist es ein *survival right.* Als Recht auf besonderen Schutz durch den Staat, wenn der Schutz durch die Eltern nicht ausreicht, ist es *protection right.*

Umsetzung in Rußland

Die Russische Föderation erkennt das Recht auf einen angemessenen Lebensstandard nach eigenen Angaben an, so wie Art. 27 KRK es festlegt.[25]

Die Grundlage für die Sicherung des Lebensstandards und der Entwicklung des Kindes in der Russischen Föderation findet sich in einigen ihrer Aspekte in der russischen Verfassung.[26] So stellt Art. 38 russ. Verf. Mutterschaft, Kindheit und Familie unter den Schutz des Staates, Art. 43 russ. Verf. gewährt das Recht auf Bildung, Art. 41 russ. Verf. gibt ein Recht auf Schutz der Gesundheit des Kindes, Art. 40 russ. Verf. enthält das Recht jedes Menschen auf Wohnung. Die soziale Sicherheit des Kindes ist geschützt, Art. 39 russ. Verf., und es hat das Recht auf Teilnahme am kulturellen Leben und Zugang zu kulturellen Werten, Art. 44 Abs. 2 russ. Verf.

Diese Grundrechte werden in zahlreichen Normativakten der Russischen Föderation zur Sicherung des angemessenen Lebensstandards des Kindes umgesetzt.[27] Die wichtigsten sind neben Art. 15 des Gesetzes über die grundlegenden Garantien der Kinderrechte, der die Hilfe für Kinder in besonderen, schwierigen Lebenssituationen regelt, Art. 54 ff., 80 ff. FGB, das Gesetz über

---

[25] Zweiter russ. Staatenbericht Abs. 103; erster russ. Staatenbericht, Abs. 134.

[26] Zweiter russ. Staatenbericht Abs. 103.

[27] Zweiter russ. Staatenbericht Abs. 103.

die staatlichen Gelder für Staatsbürger mit Kindern (KindergeldG),[28] das Gesetz über die zusätzlichen Maßnahmen zum Schutz von Mutterschaft und Kindheit (MutterschaftszusatzG),[29] das Grundlagengesetz Gesundheit[30] sowie die Erlässe des Präsidenten vom 2.7.1992,[31] vom 5.11.1992[32] und die Verordnung der Regierung über monatliche Zahlungen an einige Gruppen von Staatsbürgern vom 3. 11. 1994.[33]

Nach diesen Bestimmungen ist es in erster Linie Sache der Eltern, das Kind zu versorgen, Art. 54, 56, 61 FGB.[34] Sie sind verpflichtet für die Gesundheit des Kindes und seine physische, psychische, geistige und moralische Entwicklung zu sorgen, Art. 63 FGB. Die Eltern stellen den Lebensunterhalt des Kindes sicher, Art. 60, 80 FGB, und zahlen im Falle der Trennung Alimente, Art. 81 ff. FGB. Die verspätete Zahlung von Alimenten führt zu einer Schadensersatzverpflichtung des säumigen Elternteils, Art. 115 FGB RF.

Der Staat unterstützt Familien mit Kindern und übernimmt die gesamte Verantwortung für Kinder, die ohne die Hilfe der Eltern verblieben sind, Art. 121 ff. FGB.[35]

Die Familien werden durch die Möglichkeit des Sonderurlaubs für den Fall der Krankheit des Kindes, für Kinder bis zu drei Jahren und für die Betreuung eines behinderten Kindes unterstützt. Außerdem haben Eltern mit Kindern ein Recht auf Kindergeld (KindergeldG) und Familien mit vielen Kindern bekommen Sondervergünstigungen, wie etwa kostenlose Nahrungsmittel, kostenlosen öffentlichen Nahverkehr und Bustransfer zur Schule.[36]

Ergänzend haben Kinder ein Schadensersatzrecht gegen den Schädiger bei Tötung desjenigen, der ihren Lebensunterhalt sicherstellt, in Form einer

---

28 Federalnij Sakon "O gosudarstvennych posobijach graschdanam, imejuschtschim detej", v. 19.5. 1995, No. 81-FS, abgedruckt in *Juriditscheskaja Gaseta* No. 18-19 (235-236) 1996, S. 8 ff.

29 Sakon R.F. "O dopolnitjelnych merach po ochranje materinstva i detstva" v. 4.4.1992, No. 2660-1.

30 Dazu schon oben Abschnitt 4 zu Art. 24 KRK.

31 Ukas Presidenta R.F. No. 723 "O merach po sozialnoj poderschkje graschdan, poterjavschich rabotu i sarabatok (dochod) i prisnannych v ustanovlennom porjadkje besrabotnymi".

32 Ukas Presidenta RF vom 5. 11. 1992, No 1335, abgedruckt in Auszügen in: *Juriditscheskaja Gaseta* ebenda, S. 16.

33 Postanowlenije Prawitelstwa RF vom 3.11. 1994 "Porjadok nasnatschenija i vyplaty eschemesjatschnych kompensazionniych vyplat otdelnym kategoriam graschdan".

34 Zweiter russ. Staatenbericht Abs. 103, erster russ. Staatenbericht, Abs. 136.

35 Zweiter russ. Staatenbericht Abs. 103.

36 Erlaß des Präsidenten der R.F. vom 5. 5. 1992, "O merach po sozial'noj saschtschitje mnogodetnych semjej" No. 431, *VSNDRFi SRF* 1992 No. 19, st. 1044.

Rente bis zur Vollendung des 18. Lebensjahrs, Art. 1088 ff. russ. ZGB, bzw. bis zur Herstellung ihrer Arbeitsfähigkeit, wenn diese wegen körperlicher oder geistiger Schäden beeinträchtigt ist.

Familien mit Kindern und alleinerziehende Mütter haben ein vorrangiges Recht auf eine Wohnung, Art. 36 WohnG.[37]

Der Lebensstandard wird durch eine Bewertung der durchschnittlichen Pro-Kopf-Einkommen und der durchschnittlichen Ausgaben pro Kopf der Familie bemessen. Dieser wird mit dem staatlich errechneten Existenzminimum verglichen. Die Berechnung des Existenzminimums geschieht auf der Grundlage einer Methode, die das Arbeitsministerium im Jahre 1992 standardisiert hat.[38] Dazu werden vor allem die Alterstruktur in der Bevölkerung, Ausgaben für Nahrungsmittel nach ihrer notwendigen Mindestmenge, notwendige Waren und Dienste, Steuern und Abgaben einbezogen. Durch einen Vergleich zwischen Existenzminimum und tatsächlichem Einkommen einer Familie werden sozial schlechter gestellte Familien herausgefiltert, die Sozialleistungen erhalten.[39] Dabei wird die Tatsache, daß es innerhalb der Russischen Föderation erhebliche regionale Unterschiede in den Lebenshaltungskosten gibt, mit in die Berechnung einbezogen.[40] Diese Standards wurden in einem Gesetz über das Existenzminimum festgehalten.[41]

Die internationale Zusammenarbeit in Unterhaltssachen findet aufgrund der Minsker Konvention und verschiedener bilateraler Verträge statt.[42] Die Russische Föderation gewährt Kindern, die in der Russischen Föderation leben, bei finanziellen Problemen materielle Unterstützung.[43]
Inzwischen reicht diese Maßnahme in der Folge einer massiven Abwertung des Rubels in der zweiten Jahreshälfte 1998 nicht mehr zur Sicherung des Lebensstandards aus.[44]

1994 wurde zur Sicherung der familiären Lebensgrundlage ein neues System des Kindesgeldes eingeführt, das Familien zwei bis zweieinhalb mal

---

[37] Schilischtschnyj Kodeks RSFSR vom 24. 6. 1983 in der Fassung vom 1.4.1998.

[38] Zweiter russ. Staatenbericht, Abs. 103.

[39] Zweiter russ. Staatenbericht Abs. 103.

[40] Zweiter russ. Staatenbericht Abs. 103.

[41] Federalnij Sakon "O proschitotschnom minimumje" vom 24. 10. 1997, No. 134-FS; zweiter russ. Staatenbericht Abs. 104.

[42] Z.B. ein Vertrag mit China über rechtliche Hilfe in bürgerlichen und strafrechtlichen Dingen, zweiter russ. Staatenbericht Abs. 79.

[43] Zweiter russ. Staatenbericht Abs. 79.

[44] Bericht des Bevollmächtigten der Russischen Föderation für Menschenrechte für das Jahr 1999, *Rossijkaja Gaseta* 6.4. 2000, S. 6.

soviel Kindergeld zusicherte.[45] Die Arbeitslöhne wurden indexiert, um zu verhindern, daß Eltern ein zu geringes Einkommen hatten, um ihre Kinder unterhalten zu können. Zunächst erleichterten diese Maßnahmen die Situation von Familien mit Kinder ein wenig.[46]

Art. 23 Fürsorge für behinderte Kinder

Artikel 23 KRK sieht die positive Diskriminierung Behinderter vor. Die Konvention differenziert nicht nach der Ursache der Behinderung, sondern unterscheidet nach Art der Behinderung lediglich geistige und körperliche Behinderung (Art. 23 Abs. 1 KRK)[47], ohne daran unmittelbar Konsequenzen zu knüpfen. Es wird daraus aber deutlich, daß es im Bereich des Art. 23 und auch des Art. 2 KRK unerheblich ist, welcher Art eine Behinderung ist, um die Rechte aus der Konvention zu genießen.

Artikel 23 Abs. 1 KRK enthält programmatische Zielvorgaben, die durch die in den nächsten beiden Absätzen festgelegten konkreten Rechte umgesetzt werden sollen. Ziel im Umgang mit behinderten Kindern ist nicht nur die Heilung physischer Probleme, sondern vielmehr auch jeden Menschen in seiner Eigenart und Würde zu akzeptieren. Die Selbständigkeit behinderter Kinder soll gefördert werden und sie sollen in die Gemeinschaft integriert werden.

Zu diesem Zweck werden ihnen in den beiden folgenden Absätze besondere Rechte zugestanden. Dazu gehört zuerst das Recht auf Achtung der ihrer besonderen Bedürfnisse. Es wird ihnen dazu auch das Recht auf Unterstützung und besondere Betreuung gewährt.

Artikel 23 Abs. 4 KRK unterstellt den Informationsaustausch als besondere Form der internationalen Zusammenarbeit nach Art. 4 KRK der Förderung durch die Staaten.

Entstehungsgeschichte

Schon in der Kinderrechtserklärung von 1959 waren die Rechte des behinderten Kindes angesprochen (Punkt 5 KRE 1959). Diesem Ansatz folgten zwei UN-Deklarationen zu Behinderten aus den 70er Jahren, die den Grundsatz der Integration Behinderter in die Gesellschaft und die Förderung ihrer Selbständigkeit zum Inhalt haben.[48] Diese drei Dokumente ebneten den Weg

---

[45] Zweiter russ. Staatenbericht Abs. 79.

[46] Zweiter russ. Staatenbericht Abs. 104.

[47] K. Müller in Rauch-Kallat/Pichler S. 157.

[48] Declaration on the Rights of Mentally Retarded Persons A/RES/2856 (XXVI) vom 20. 12. 1971, Declaration on the Rights of Disabled Persons A/RES/3447 (XXX) vom 9. 12. 1975.

für den polnischen Vorschlag (*Second Polish Draft*), den Grundsatz der besonderen Betreuung behinderter Kinder in die Konvention aufzunehmen.[49]

Die Formulierung des Vorschlags wurde ergänzt durch die grundsätzlichen Vorstellungen der beiden UN-Deklarationen, denen damit Verbindlichkeit verliehen wurde.[50]

Keinen Erfolg hatte ein weiterer Vorschlag des Vereinigten Königreichs, auch den Fortbestand der Familie als weiteres Ziel in den Absatz aufzunehmen.[51] Auch die Erwägung, Art. 23 ausdrücklich so zu formulieren, daß behinderten Kinder im Prinzip die gleichen Rechte eingeräumt werden wie normalen Kinder, wurde mit der Argumentation abgelehnt, daß Prämisse für eine solche Regelung sei, daß behinderte Kinder nicht normal seien und damit die Konvention nicht auf sie ziele. Das wollten aber die Staaten gerade vermeiden.[52] Vielmehr reicht das Diskriminierungsverbot des Art. 2 KRK aus, um klarzustellen daß die Konvention auch auf behinderte Kinder anzuwenden ist.

Im Rahmen der Absätze 2 und 3 war vor allem das Problem staatlicher Leistungen umstritten. Nach der jetzigen Fassung haben die Eltern die vorrangige Verantwortung. Sie müssen im Rahmen ihrer finanziellen Möglichkeiten für ihr behindertes Kind sorgen. Staatliche Hilfe wird nur auf Antrag gewährt und orientiert sich an den Lebensumständen der Eltern. Der Staat hat aber eine Mitverantwortung. Er hat grundsätzlich - wenn auch mit Fluchtklausel ("soweit irgend möglich") - unentgeltliche Unterstützung zu leisten.[53]

Die Förderung der internationalen Zusammenarbeit in Absatz 4 wurde durch die iranische Delegation unter dem Gedanken eingebracht, daß die Behandlung behinderter Kinder durch Informationsaustausch auf internationaler Ebene verbessert werden könne.[54] Absatz 4 a.E. spiegelt wiederum die Rolle der Entwicklungsländer und deren Bedenken während der Verhandlungen über die KRK wider. Auf ihre Bedürfnisse ist besonders Rücksicht zu nehmen.

Gleichstellung mit anderen Kindern

Artikel 2 Abs. 1 KRK verbietet die Diskriminierung von Kindern aufgrund einer Behinderung. Danach hat das behinderte Kind die gleichen Rechte wie jedes andere Kind, unabhängig davon, ob man das eine oder andere nun als normal bezeichnet oder nicht. Es kann ebenso ein Recht auf Bildung oder ein

---

49 Dorsch S. 209.

50 Dorsch S. 209, 211, E/1982/12, Add. 1, Abs. 106-115, abgedruckt bei Detrick S. 331 ff.

51 Ebenda, Abs. 110; Detrick S. 332.

52 Dorsch S. 209 f.; E/CN.4/1989/48 Abs. 398 f.; Detrick S. 340 f.

53 Dorsch S. 210.

54 E/CN.4/1983/62, Abs., 62; Detrick S. 333, Dorsch S. 211.

Recht auf Sicherung eines angemessenen Lebensstandards (Art. 27 ff. KRK) geltend machen wie alle anderen.

Daraus ergibt sich eine grundsätzliche Wertung der Konvention dahingehend, daß behinderte Kinder nicht ausgegrenzt, nicht "weggesperrt", werden sollen.[55] Sie haben vielmehr genau wie jedes andere Kind Subjektstellung gegenüber den Rechten aus der Konvention und sollen genau wie diese zu vollwertigen Mitgliedern der Gesellschaft heranwachsen. Das können sie nur, wenn ihnen genau wie anderen Kindern ihre Menschenwürde gesichert wird.

Positive Diskriminierung

Diesen Gedanken nimmt Art. 23 KRK auf und spinnt ihn weiter. Ein behindertes Kind, das zu einem vollwertigen Mitglied der Gesellschaft heranwachsen soll, muß in seiner Entwicklung noch weitergehend unterstützt werden als andere Kinder. Es bedarf der Unterstützung in vielen Verrichtungen, die für das tägliche Leben wichtig sind und anderen Kindern schon früh wie selbstverständlich von der Hand gehen.

Dazu gehören kleine Dinge wie Essen oder Anziehen, aber auch Dinge wie Laufen, Sprechen, Lesen u.ä.

Nach Art. 23 Abs. 1 KRK erkennen die Vertragsstaaten an, daß das behinderte Kind ein menschenwürdiges selbständiges Leben führen lernen und aktiv an der Gesellschaft teilnehmen soll.

Abgesehen von dem bereits oben erwähnten Verbot des "Wegsperrens" von behinderten Kindern ist hier ein Gebot enthalten, behinderten Kindern auch tatsächlich die Möglichkeit zu geben, sich in die gesellschaftlichen Strukturen einzubringen. Das bedeutet zwar nicht, daß der Staat verpflichtet ist, in allen gesellschaftlichen Bereichen, besondere Programme für behinderte Kinder vorzusehen, es bedeutet aber, daß behinderte Kinder auch an Programmen teilnehmen können müssen, die nicht speziell für sie angelegt sind.

Die Erleichterung der Beteiligung an der Gemeinschaft kann dabei in so banalen Dingen liegen, wie ein rollstuhlgerechter Eingang zu einem Veranstaltungsort, aber auch in Dingen wie besonderen Erklärungen, die auch behinderten Kindern zugänglich sind.

Verantwortlichkeit der Eltern und Unterstützung durch den Staat

Wie Art. 27 KRK sieht auch Art. 23 KRK eine vorrangige Verantwortlichkeit der Eltern vor. Das bedeutet, daß in erster Linie die Eltern die Betreuung des Kindes übernehmen. Übernahme der Betreuung meint dabei nicht nur die finanzielle Seite der Betreuung eines behinderten Kindes. Würde

---

[55] Dorsch S. 211 f.

man davon ausgehen, so käme man schnell wieder zu der Möglichkeit, das Kind an andere abzugeben, um sich nicht mehr um es kümmern zu müssen, es geradezu abzuschieben. Das kann aber nicht im Sinne der Gesamtkonzeption der Konvention sein, die ja gerade die Betreuung durch die Familie als grundlegendes Prinzip anerkennt.

Andererseits kann auch den Eltern oder sonst für das Kind Verantwortlichen nicht um jeden Preis die Betreuung des Kindes aufgebürdet werden. Vielmehr verpflichten sich die Staaten den genannten Personen eine dem Zustand und den Lebensumständen des Kindes angemessene Unterstützung zuteil werden zu lassen.

Daraus ergibt sich eine zweiseitige Bedingung für die staatliche Unterstützung. Zum einen ist sie vom Zustand des Kindes abhängig. Das ist nur folgerichtig, wenn man bedenkt, daß in diesem Absatz das Recht des Kindes auf besondere Betreuung anerkannt wird und nicht jedes behinderte Kind im gleichen Maße besonderer Betreuung bedarf, um ein menschenwürdiges Leben führen zu können und aktiv an der Gemeinschaft teilzunehmen. So werden körperlich behinderte Kinder mehr medizinischer und physiotherapeutischer Unterstützung bedürfen, während geistig behinderte Kinder in der Regel vor allem im Bereich der Ausbildung unterstützt werden müssen.

Zum anderen wird auf die Lebensumstände der Eltern abgestellt. Damit ist einerseits die finanzielle Situation der Eltern gemeint, die eine besondere Betreuung des Kindes durch Spezialisten mehr oder weniger unterstützen kann. Andererseits meint das aber auch die tatsächlichen Möglichkeiten der Eltern. Nicht alle Eltern können etwa das Kind selbst rund um die Uhr betreuen. So muß auch Eltern, die etwa beide berufstätig sind, über den Rahmen des Art. 18 Abs. 3 KRK hinaus, Unterstützung in Form von Kinderbetreuungsdiensten gewährleistet werden. Auch sind nicht alle Eltern psychisch gleich geeignet, sich mit ihrem behinderten Kind auseinanderzusetzen und ihm Möglichkeiten zu geben. Daher kann die staatliche Unterstützung auch hier ansetzen und etwa den Eltern spezielle Kurse für den Umgang und die Förderung ihrer behinderten Kindern anbieten.

Dabei darf der Staat sich - wie im Rahmen anderer Vorschriften der Konvention auch - nicht einmischen. Vielmehr besteht ein Antragserfordernis. Allerdings sagt Art. 23 Abs. 2 KRK nichts darüber aus, wer einen entsprechenden Antrag stellen kann.[56] Zustehen wird er aber jedenfalls den für die Betreuung des Kindes verantwortlichen Personen und dem Kind selbst, soweit es im Sinne des Art. 12 KRK in seiner Entwicklung soweit fortgeschritten ist, daß es einen solchen Antrag vernünftigerweise stellen kann. Die Möglichkeit, daß Eltern aus

---

[56] Dorsch S. 211 f.

Scham über ein behindertes Kind keinen Antrag stellen, wird von Art. 23 Abs. 2 KRK im Interesse der Sicherung der Familie vor staatlichen Eingriffen in Kauf genommen.[57]

Betroffene Lebensbereiche

Artikel 23 Abs. 3 KRK spricht einige Lebensbereiche an, in denen behinderten Kindern Unterstützung gewährt werden muß, ohne umfassend zu sein. Vielmehr spricht er die Bereiche an, die insbesondere sichern sollen, daß das Kind ein menschenwürdiges Leben führen kann und sozial integriert wird. Das sind Bereiche, die der Staat traditionell zum großen Teil in eigener Regie durchführt.

Der wohl wichtigste Bereich ist in diesem Zusammenhang die Bildung. Diesen Aspekt spricht Art. 23 Abs. 3 KRK in drei Varianten an. Das behinderte Kind soll so früh wie möglich zu einem Leben in der Gemeinschaft erzogen werden, indem ihm das richtige Benehmen in der Gesellschaft beigebracht wird. Die Ausbildung des behinderten Kindes durch schulische und berufsvorbereitende Bildung soll sichergestellt werden. Sofern es für das einzelne behinderte Kind möglich ist, soll es die Gelegenheit bekommen, die gleiche Ausbildung wie andere Kinder zu haben, um sich so in kultureller und sozialer Hinsicht besser integrieren zu können.[58] Die dritte Variante der Bildung ist die Vorbereitung auf den Beruf. Während bei anderen Kindern in der Regel eine einfache Berufsausbildung als ausreichend angesehen wird, besteht bei behinderten Kindern ein besonderer Bedarf, sie im Erlernen der erforderlichen Fähigkeiten zusätzlich zu unterstützen. Das kann auch eine Unterstützung etwa in Form von Behindertenwerkstätten sein.

Neben der Bildung spricht Art. 23 Abs. 3 KRK einen weiteren wichtigen Bereich der Unterstützung behinderter Kinder an. Das sind spezielle Gesundheitsdienste und Rehabilitationsdienste. Während Gesundheitsdienste vor allem die Primärbetreuung etwa in Form der Verabreichung von Medikamenten oder der Durchführung notwendiger Operationen im Auge hat, meint das Wort Rehabilitationsdienste Dienste, die den Versuch machen, die Behinderung durch Übungen und ähnliches zu beseitigen oder zu verringern.

Schließlich müssen dem behinderten Kind Erholungsmöglichkeiten zugänglich sein. Diese dienen in der Regel der Rehabilitation. Sie dienen aber auch etwa der Erholung von Umwelteinflüssen oder sozialen Schwierigkeiten.

---

[57] Dorsch S. 212.

[58] Beispiele für die Schweiz: Bundesrat *BBl* 146 (1994) S. 50., für England: Newell S. 85 ff., für Ungarn Gesetz XXVI/1998 "Über die Rechte behinderter Personen und die Garantie der Chancengleichheit" Zusammenfassung in *ROW* 42 (1998), S. 182.

Alle diese Varianten müssen behinderten Kindern tatsächlich zugänglich gemacht werden. Das schließt aus, daß sie zu Preisen angeboten werden, die sich nur ein Bruchteil der Eltern behinderter Kindern leisten kann.[59]

Sie müssen zudem der vollständigen sozialen Integration und der individuellen Entfaltung des Kindes dienlich sein.[60] Hier sind wieder zwei der wichtigsten Prinzipien der Konvention angesprochen. Zum einen wird dem Kind seine Menschenwürde gesichert. Zum anderen ist es ein Subjekt von Rechten und als solche in seiner individuellen Entwicklung zu schützen.

Internationale Zusammenarbeit

Nach Art. 23 Abs. 4 KRK fördern die Vertragsstaaten den Austausch sachdienlicher Informationen im Rahmen der internationalen Zusammenarbeit. Dieser Absatz hat die Dynamik der Wissenschafts- und Rechtsentwicklung im Blick.

Art. 23 Abs. 4 KRK wird weltweit vor allem mittels internationaler Organisationen umgesetzt. So beschäftigen sich neben UNICEF und UNESCO sowie der WHO vor allem auch nichtstaatliche Organisationen mit dem Sammeln und Verbreiten von Informationen über die Umsetzung von Behindertenrechten und über die Therapie, Ausbildung und Integration von Behinderten.[61] In einzelnen Ländern sind Behindertenräte gegründet worden, die die Legislative bei Gesetzesvorhaben beraten, die die Rechte von Behinderten betreffen, und Expertenmeinungen austauschen.[62]

Die so gesammelten Erfahrungen und Fähigkeiten sollen in der weiteren Anwendung der Konvention zum Tragen kommen.

Qualifikation des Rechts

Bei Art. 23 KRK handelt es sich um ein kindspezifisches Recht, das den wirtschaftlichen, sozialen und kulturellen Rechten angehört. Er verlangt nämlich von den Staaten Anstrengungen, um die allgemeinen Rechte der KRK mittels Verwirklichung der besonderen Rechte aus Art. 23 KRK auch für die

---

[59] Das kann etwa in Form von Invalidenversicherungen sein; so in der Schweiz, Schweizer Bundesrat (Fn. 6) S. 50. Das kann aber auch darin bestehen, daß der Staat entsprechende Einrichtungen kostenlos oder kostengünstig zur Verfügung stellt, so in England, Newell S. 85 ff.; in den Niederlanden Broekart/Royeaerd "Van 'De rechten van de gehandicapt' naar 'Mijn rechten als gehandicapt kind'"in: Verhellen/Spiesschaert/Cartrijsse, *Rechten van kinderen*, S. 279 ff., 282.

[60] Dorsch S. 208.

[61] Dazu *Disabled Persons Bulletin* 1997 No. 1.

[62] So z.B. in Ungarn, vgl. Gesetz über die Rechte behinderter Personen (Fn. 58).

benachteiligte Gruppe der behinderten Kinder Wirklichkeit werden zu lassen.[63] Er ist zunächst recht vage formuliert und enthält programmatische Grundsätze.[64] Die Bestimmungen stellen weitgehend auf Vorgänge ab (Integration, Entfaltung, Entwicklung, Förderung),[65] die eine große Bandbreite von Interpretationsmöglichkeiten offen lassen. Im Zusammenhang mit Art. 2 KRK werden diese aber etwas deutlicher.[66] Kinder dürfen nicht aufgrund ihrer Behinderung diskriminiert werden, sie müssen vielmehr in Bezug auf alle Rechte aus der Konvention unterstützt werden.

Umsetzung in Rußland

In der Russischen Föderation leben nach staatlichen Angaben 5 Millionen behinderte Menschen, das entpricht ungefähr 3, 5 % der Bevölkerung.[67] Darunter sind 400 000 Kinder registriert. Experten glauben, daß es tatsächlich mehr als 8 Millionen behinderte Menschen in Rußland gibt, darunter ungefähr eine Million Kinder. In der Regel ist der Lebensstandard behinderter Menschen hier niedriger als derjenige anderer Menschen.[68] Bisher bestand eine Tendenz, behinderte Kinder als eine Last und oft auch als eine Schuld zu sehen, die man besser versteckt oder in staatliche Kinderheime und Internate abschiebt.

Grundnorm für die Behandlung behinderter Menschen in der russischen Föderation ist Art. 7 russ. Verf. Danach ist die russische Föderation ein Sozialstaat, der in seiner Politik die Menschenwürde beachtet und sicherstellt. Der Staat muß dafür sorgen, daß die Voraussetzungen für ein menschenwürdiges Leben und eine freie Entwicklung des einzelnen in ihm gegeben sind. Dabei bedeutet der Terminus "menschenwürdiges Leben" vor allem materielle Sicherheit auf dem Niveau der jeweiligen Entwicklung der russischen Gesellschaft und der Terminus "freie Entwicklung" bezieht sich auf die körperliche, geistige und sittliche Vervollkommnung des Menschen.[69] Der Sozialstaat hat vor allem für die sozial Schwachen zu sorgen und ihnen das Existenzminimum zu sichern. Er hat für den Schutz von Bildung, Kultur, Familie und Gesundheitsversorgung

---

63 Schweizer Bundesrat *Bundesblatt* 146 (1994), S. 5.

64 K. Müller (Fn. 47), S. 157.

65 Müller (Fn. 47), S. 158.

66 Müller (Fn. 65).

67 Die Zahl bezieht sich auf diejenigen, die im Jahre 1996 eine Invalidenrente bezogen haben. Zahlen nach B. Dolotin, "W Interessach inwalidow" in: *Tschelowek i Sakon*, Moskau, 1996 Nr. 3, S. 48 ff., 48.

68 Dolotin (Fn. 67), S. 49.

69 J. P. Urjas zu Art. 7 in: B.N. Topornin (Hrsg.) *Kommentar zur russ. Verfassung*, Moskau 1997 S. 122 ff., 123.

Rechnung zu tragen.[70] Dazu wurden mehrere Gesetze erlassen: Grundlagen der Gesetzgebung der Russischen Föderation über den Gesundheitsschutz des Staatsbürgers[71], Gesetz über die Bildung[72], Kodex der Arbeitsgesetze der Russischen Föderation[73], Föderales Gesetz über die soziale Sicherung Behinderter in der Russischen Föderation[74], Föderales Gesetz über die sozialen Dienste für ältere Staatsbürger und Behinderte.[75] In 65 der 89 Regionen der russischen Föderation werden inzwischen Zielprogramme für behinderte Kinder realisiert.[76]

Die Gesetze der russischen Föderation sehen sowohl die Pflichten der Eltern vor, für ihre Kinder zu sorgen (Art. 63 FGB), als auch Maßnahmen staatlicher Unterstützung dazu. Zunächst bekommen Eltern und andere für das Kind sorgende Personen bis zu vier freie Tage im Monat, um für das Kind zu sorgen (Art. 27 Gesetz über die Grundsätze der Gesundheitsgesetzgebung, Art. 163 Kodex der Arbeitsgesetze der Russischen Föderation). Das gilt für die behinderten Kinder ebenso wie für alle anderen.

Staatliche soziale Unterstützung ist in verschiedenen Formen vorgesehen. Zum einen gewährt der Staat Geldleistungen, zum anderen Vergünstigungen in verschiedenen Lebensbereichen. Zum dritten verpflichtet er sich, technische und architektonische Vorrichtungen zu schaffen, um Behinderten die freie Fortbewegung zu gewährleisten.

Eltern erhalten für ihre behinderten Kinder Kindergeld wie für alle anderen Kinder. Darüber hinaus haben behinderte Kinder ein Recht auf eine Invalidenrente. Eltern, die wegen eines behinderten Kindes nicht arbeiten, können, erhalten vom Staat einen Ersatz für ihren Verdienstausfall.[77] Problematisch ist allerdings die Tatsache, daß im Staatshaushalt 2500 Rubel pro behindertes Kind und Monat vorgesehen sind. Diese werden den staatlichen Einrichtungen behinderter Kinder zur Verfügung gestellt. Wenn das Kind allerdings in

---

70 Dazu im einzelnen M. W. Baglaj, *Konstituzionnoe Prawo Rossijskoj Federazii*, Moskau 1998, S. 118 ff.

71 Gesetz vom 22. 7. 1993, No 5487-1.

72 Gesetz über die Bildung vom 13. 1. 1996, Nr. 12-F3.

73 Kodex der Arbeitsgesetze der russischen Föderation vom 9. 12. 1971.

74 Gesetz der Russischen Föderation vom 24. 11. 1995, Nr. 181-FS, *SZRF* 1995, No. 48, st. 4563 i.d.F. der Änderung vom 27. 5. 2000, *VFSRF* vom 1. 6. 2000, No. 16 (213) st. 672.

75 Gesetz über die sozialen Dienste für ältere Staatsbürger und Behinderte, Gesetz der Russischen Föderation vom 2. 8. 1995, No. 122-F3.

76 Zweiter russ. Staatenbericht Abs. 92.

77 Zweiter russ. Staatenbericht Abs. 92.

der Familie erzogen wird, bekommen die Eltern davon tatsächlich nur 300 Rubel pro Monat.[78]

Die elterliche Verantwortlichkeit kann im Rahmen dieser Gesetze auf das erforderliche Mindestmaß reduziert werden. Die Eltern können nämlich faktisch wählen, ob sie ihr behindertes Kind in der Familie aufziehen wollen oder es in staatlichen Institutionen untergebracht werden soll (Art. 24 Abs. 3 Gesetz über die Grundsätze der Gesetzgebung im Bereich des Gesundheitsschutzes).[79] Das gilt vor allem für solche Kinder, die nicht alleine zurechtkommen und nicht längere Zeit allein gelassen werden können.[80]

In der Praxis wird diese Entscheidung der Eltern beeinflußt. Zum einen ist es oft schwierig, behinderte Kinder medizinisch ausreichend zu versorgen.[81] Darüber hinaus muß ein Elternteil faktisch aufhören zu arbeiten, wenn ein behindertes Kind im Haus ist, da es keine Einrichtungen gibt, die dem Kind und seinen Eltern die notwendige Hilfe medizinischer, pädagogischer und psychologischer Art gewähren. Von offiziellen Stellen - angefangen vom Geburtshelfer bis hin zu den Beamten in den Sozialämtern - wird den Eltern eines behinderten Kindes empfohlen, dieses in einem staatlichen Kinderheim unterzubringen.[82] Das führt zu einem sozialen Druck, dem viele Eltern vor allem unter schwierigen wirtschaftlichen Bedingungen.

Diese Kinderheime bestehen in Form spezieller Kinderheime, in denen nur behinderte Kinder leben. Dort werden die Kinder bis zum Alter von 5 Jahren versorgt. Nachfolgend werden sie in Internaten untergebracht.[83] Bei dem Versuch, die Folgen des staatlichen Systems zu mildern und den Eltern zu ermöglichen, das Kind daheim aufzuziehen, spielen vor allem ngo's eine große Rolle. So gibt es beispielsweise ein Zentrum für Heilpädagogik in Moskau, das behinderte Kinder mit verschiedenen Arten von Behinderungen gemeinsam unterrichtet, auf die Schule vorbereitet und inzwischen auch Abkommen mit einzelnen Schulen getroffen hat, die diese Kinder nach der Erziehung im Zentrum oder kompensativ unterrichten.

Art. 18 GrldGGesundheit enthält eine besondere Vorschrift für behinderte Kinder. Danach haben diese ein Recht auf Erziehung und Ausbildung nach den allgemeinen Schulstandards der russischen Föderation. Das Recht wird in Art. 19 vor allem auf die Berufsbildung und eventuelle Umschulungsmaßnahmen

78 Alternativer Staatenbericht, S. 12.

79 Concluding Observations of the Committee on the Rights of the Child, CRC/C/SR.64, Abs. 26.

80 In dem Sinne ist wohl der zweite russ. Staatenbericht, Abs. 92, zu interpretieren.

81 Concluding Observations (Fn. 79).

82 Alternativer Staatenbericht, S. 12.

83 Alternativer Staatenbericht S. 11.

ausgedehnt. Das Gesetz über die Bildung[84] sieht besondere Bildungseinrichtungen, Klassen und Gruppen vor, in denen behinderte Kinder behandelt, erzogen, gelehrt und für ihre Integration in die Gesellschaft vorbereitet werden sollen. Daneben besteht die Möglichkeit einer Erziehung von behinderten Kindern, die wegen ihrer Verfassung auch nicht in eine Spezialschule gehen können, mit staatlichen Mitteln zu Hause.[85] Behinderte Kinder sollen nach dem Bildungsgesetz, soweit ihre Entwicklung es zuläßt, zur Selbständigkeit erzogen werden, und ihnen wird beigebracht, wie sie sich in der Welt der "normalen" Leute verhalten sollen und können.[86] Der Staat gibt seinen Bürgern damit die Möglichkeit, Korrektur von Entwicklungsstörungen und Erziehung zu sozialer Anpassung zu empfangen (Art. 5 Bildungsgesetz). Die speziellen Einrichtungen sind nach ihrer Konzeption finanziell besser ausgestattet als normale Bildungseinrichtungen.[87] Sie gliedern sich nach verschiedenen Arten, die nach den allgemeinen Bildungsstandards der Russischen Föderation arbeiten, welche an die besonderen Bedürfnisse Behinderter anzupassen sind (Art. 18, 19 Gesetz über die soziale Sicherheit Behinderter). Zum einen gibt es Spezialklassen in den allgemeinen Schulen und Vorschuleinrichtungen. Zum anderen gibt es Sonderschulen für behinderte Kinder, in denen die Kinder nach Art ihrer Behinderung aufgeteilt werden (Art. 50 Bildungsgesetz).[88] Diese Schulen sind häufig in Form von Internatsschulen und Internaten organisiert. In Internatsschulen sind die Kinder unter der Woche untergebracht und verbringen die Wochenenden mit ihren Eltern. In Internaten sind die Kinder für die gesamte Schulzeit untergebracht, ohne persönlichen Kontakt mit ihren Eltern oder Geschwistern zu pflegen. So gibt es z.B. ein Netzwerk von Spezialinternaten für Kinder mit schweren Behinderungen und Erbfehlern, in denen die Kinder auf Staatskosten untergebracht werden. Die Internate sind in der Regel für unabhängige Externe gesperrt und können nicht auf Mißbrauch kontrolliert werden.[89] Die Internate

---

84 Gesetz über die Bildung, Gesetz der Russischen Föderation vom 13. 1. 1996, Nr. 12-FS.
85 Punkt 5, 8 der Verordnung der Regierung der Russischen Föderation vom 18. 7. 1996, Nr. 861, "Ordnung der Erziehung und Bildung behinderter Kinder zu Hause und in nicht staatlichen Bildungseinrichtungen, sowie Größe der Kompensation der Ausgaben der Eltern für diese Zwecke". Dort ist außerdem der Ersatz der von den Eltern zu diesem Zweck ausgegebenen Mittel in einer von den Kommunalbehörden zu bestimmenden Größe vorgesehen.
86 Erster russ. Staatenbericht, Abs. 129.
87 Erster russ. Staatenbericht, Abs. 126.
88 Concluding Observations of the Committee on the Rights of the Child, CRC/C/SR.63, Abs. 43; zu den genauen Zahlen der in den jeweiligen Schul- und Institutstypen lernenden Kinder vgl. zweiter russ. Staatenbericht Abs. 92.
89 Alternativer Staatenbericht S. 11.

sind mit 200 bis 300 Kindern pro Internat[90] und nur einer Schwester für 50 oft schwerkranke Kinder und wenig oder gar keinem weiteren qualifizierten Personal überfüllt und unterbesetzt.[91] Kinder und Jugendliche werden in diese Einrichtungen nur mit Zustimmung der Eltern geschickt, entweder nachdem eine Untersuchung durch eine Kommission von Psychologen und Pädagogen die Notwendigkeit festgestellt hat (Art. 50 Bildungsgesetz), oder als weitere Bildungsstation nach den Kinderheimen für behinderte Kinder. Der Druck, die Kinder dort unterzubringen, wurde bereits oben beschrieben.[92] Allgemeine Schemata für die Integration behinderter Kinder in allgemeine Schulen sind noch nicht ausgearbeitet bzw. funktionieren bisher nur in geringem Maße.[93] Vielmehr verfolgt die russische Föderation die Konzeption getrennter Schulen nach Art der Behinderungen.

Im Bereich der Berufsbildung können behinderte Jugendliche entweder am Unterricht der allgemeinen Berufsbildungsstätten oder in speziell für sie eingerichteten Institutionen teilnehmen.

Heilprophylaktische Einrichtungen garantieren behinderten Kindern ebenso wie allen anderen Kindern in Rußland medizinische Hilfe. Behinderten Kindern wird darüber hinaus das Recht auf Rehabilitation, Sicherstellung von Medikation, Prothesen und Mittel der Fortbewegung und wenn nötig häusliche Pflege gewährt (Art. 27 des Gesetzes über die Grundsätze der Gesetzgebung der Russischen Föderation über den Gesundheitsschutz, Art. 13 Gesetz über die soziale Sicherheit Behinderter in der Russischen Föderation). Darüber hinaus gibt es spezialisierte Institutionen, die medizinische Hilfe für Kinder mit besonderen Krankheiten bereitstellen.[94] Seit dem ersten Staatenbericht wurde das System der Prophylaxe und Früherkennung von Behinderten ausgebaut. So wurde die pränatale und medizinisch-genetische Diagnostik ausgedehnt und Rehabilitations- und Intensivpflegeeinheiten in den Geburtsstationen der Krankenhäuser installiert. Die Zahl der schwangeren Frauen, die vorgeburtlich zur Früherkennung von Behinderungen der Leibesfrucht mit Ultraschall unter-

---

90 157 Internate enthielten nach staatlichen Angaben 1996 35000 Plätze, die von 30 700 Kindern besetzt waren. zweiter russ. Staatenbericht Abs. 92.

91 Concluding Observations of the Committee on the Rights of the Child, CRC/C/SR.64 Abs. 29, alternativer Staatenbericht S. 11.

92 1991/92 waren 295 300 behinderte Kinder in Spezialschulen und Internaten, 77 400 in Spezialklassen allgemeiner Schulen und 206 900 Kinder im Kindergartenalter in speziellen Gruppen oder Vorschuleinrichtungen. Erster russ. Staatenbericht Abs. 128.

93 Concluding Observations of the Committee on the Rights of the Child, CRC/C/SR.62, Abs. 58; zweiter russ. Staatenbericht Abs. 92.

94 Zweiter russ. Staatenbericht, Abs. 92.

sucht wurden, war 1996 dreimal so hoch wie 1990.[95] Das gleiche gilt für die Ultraschalluntersuchung bei Neugeborenen.[96] Behinderten Kindern bzw. deren Familie stehen kostenlose Medikation und kostenlose sanatorisch-kurative Heilungsmethoden zu. Dabei wird auf die Fahrt zum jeweiligen Sanatorium o.ä. 50 % Erlaß auf die Fahrtkosten für Kind und Begleiter gewährt.[97]

Im Jahre 1995 wurde ein föderales Gesetz über die soziale Sicherheit Behinderter in der Russischen Föderation verabschiedet und in Kraft gesetzt.[98] Danach sollen spezielle Staatsdienste für Behinderte eingesetzt werden. Deren gibt es zwei Arten: medizinisch-soziale Rehabilitationsdienste. Ihre Aufgaben sind die Untersuchung der Gründe für Invalidität und der Bedürfnisse Behinderter.[99] Allerdings ist die Ausbildung von Sozialarbeitern und anderem qualifiziertem Personal noch in den Kinderschuhen. Damit wurde erstmals im Jahre 1992 begonnen.[100] In Ergänzung dazu ist in Art. 5 des Gesetzes über die sozialen Dienste für ältere Menschen und Behinderte für Kinder, die sich nicht selbst mit den Lebensnotwendigkeiten versorgen können, ein Recht auf soziale Dienste auf dem staatlichen, kommunalen und nichtstaatlichen Sektor vorgesehen. Weiterhin schreibt das Gesetz über die soziale Sicherheit Behinderter vor, daß Familien mit behinderten Kindern 50 % Rabatt auf Miete und Nebenkosten für eine staatliche oder kommunale Wohnung gegeben wird.[101] Behinderten wird das Recht eingeräumt, Zugang zu jeder Art von sozialer Infrastruktur zu haben. Behinderte Kinder und deren Eltern fahren kostenlos mit allen Mitteln des öffentlichen Nahverkehrs und Fernverkehrs mit Ausnahme von Taxis.

Im Bereich der Erholung und Kultur werden mehr und mehr Festivals, Ausstellungen und Sportevents für Behinderte organisiert. Traditionell ist Erholung für russische Staatsbürger ein wichtiger Bestandteil des Staats- und Ge-

---

[95] Zweiter russ. Staatenbericht, Abs. 92.

[96] 68 % der Neugeborenen wurden mit Ultraschall untersucht. Zweiter russ. Staatenbericht Abs. 92.

[97] Verordnung des Präsidenten der Russischen Föderation "Über die Verwaltungsmaßnahmen zur staatlichen Unterstützung Behinderter" vom 2. 10. 1992, No. 1157

[98] Föderales Gesetz über die soziale Sicherheit Behinderter in der Russischen Föderation vom 2.12. 1995, Nr. 122-FS, in der Fassung der Änderung vom 27. 5. 2000, No. 78-FS, VFSRF vom 1. 6. 2000, No. 16 (213) st. 672.

[99] Dazu im Einzelnen Dolotin (Fn. 67), 49 f.

[100] Concluding Observations of the Committee on the Rights of the Child, CRC/C/SR.62, Abs. 59.

[101] Vgl. auch die Verordnung der Regierung der Russischen Föderation vom 27. 7. 1996, Nr. 901 "Regeln zur Zurverfügungstellung von Vergünstigungen für Behinderte und Familien mit behinderten Kindern zur Sicherstellung deren Wohnung, Mietzahlung und Nebenkostenzahlung", Punkt 13.

sellschaftslebens. Daher funktionieren spezielle Ferienlager für und mit behinderten Kindern in der Regel sehr gut.

Für die weitere Rechtsentwicklung hat der Präsident der Russischen Föderation sich einen Berater für Behindertenfragen ernannt und ein Koordinationskommittee für Fragen Behinderter gegründet.[102] Der Informationsaustausch auf innerstaatlicher Ebene gestaltet sich dennoch schwierig. Denn die verschiedenen Institutionen für die Unterbringung und Versorgung behinderter Kinder sind verschiedenen Ministerien unterstellt. Diese hüten ihre Ressorts und haben Schwierigkeiten zusammenzuarbeiten, weil es häufig Abgrenzungsschwierigkeiten gibt und die Ministerien keine Experten für andere Ministerien abstellen wollen. Daher ist es faktisch sehr schwierig, angemessene Rahmenbedingungen für den Umgang mit Behinderten zu schaffen.[103]

Damit sind in der Russischen Föderation zwar auf allen Gebieten der Behindertenrechte Gesetze erlassen worden. Sie entsprechen jedoch in Konzeption und Durchsetzung nicht ausnahmslos dem Art. 23 KRK. Probleme ergeben sich vor allem im Bereich der sozialen Unterstützung und der Bildung. Die soziale Unterstützung in Form von Geldleistungen wirkt faktisch diskriminatorisch gegen Eltern, die ihre Kinder daheim erziehen wollen und sie nicht in eine staatliche Institution geben wollen. Damit wird die Konzeption der elterlichen Verantwortung zwar gesetzlich, nicht aber faktisch umgesetzt. Es zeigt sich in der Russischen Föderation heute, daß die Aufnahme des Fortbestands der Familie als Ziel des Umgangs mit Behinderten in die Konvention ein Signal hätte setzen können, um der Tendenz, behinderte Kinder in Kinderheime oder Internate abzuschieben, entgegenzuwirken.

Im Bereich der Bildung herrscht noch das Konzept getrennter Bildungsstätten für Behinderte vor. Statt behinderte Kinder von Anfang in Schulen und Kindergärten zu integrieren, werden sie isoliert, ja sogar für Externe unzugänglich hinter verschlossenen Türen "verwahrt".[104] Aber es gibt erste Tendenzen, behinderte Kinder auch in allgemeinen Kinderheimen und Schulen unterzubringen.

Medizinische Versorgung und Rehabilitation funktioniert so gut wie für den Rest der Bevölkerung. Besonderen Bedürfnissen behinderter Kinder wird Rechnung getragen.

Das gleiche gilt für das Recht auf Erholung.

---

102 Concluding Observations of the Committee of the Rights of the Child, CRC/C/SR.64 Abs. 25.

103 Alternativer Staatenbericht S. 12.

104 Diese Bedenken äußert auch der Kinderrechtsausschuß, Committee on the Rights of the Child, Concluding Observations: Russian Federation, CRC/C/Add. 110 vom 10. 11. 1999, Abs. 40 ff.

Der nationale und internationale Informationsaustausch hat begonnen, trifft aber auf Schwierigkeiten, die mit lange "erprobten" Strukturen zusammenhängen.[105]

Art. 28 Recht auf Bildung und Art. 29 Bildungsziele

Artikel 28 KRK legt das Recht des Kind auf Bildung fest. Dabei wird die Grundschulpflicht und deren Schulgeldfreiheit festgelegt. Die Staaten sollen auch die Entwicklung der verschiedenen Formen weiterführender Schulbildung und deren Schulgeldfreiheit bzw. die finanzielle Unterstützung von Schülern fördern. Der Zugang zu höherer Schulbildung wird von der Begabung des einzelnen Kindes abhängig gemacht. Weiterhin werden Maßnahmen gefordert, die einen regelmäßigen Schulbesuch der Kinder anregen sollen. Absatz zwei stellt sicher, daß Schuldisziplin nur mit Hilfe der Menschenwürde des Kindes entsprechenden Mitteln hergestellt wird und Absatz drei betont die Notwendigkeit internationaler Kooperation auf diesem Gebiet.

Bildung ist Teil der Menschenwürde,[106] sie vermittelt unter anderem die Werte der Gemeinschaft.[107] Diesen Gedanken legt Art. 28 im Anschluß an Art. 13 f. IPwirtR fest. Er schreibt eine fortschreitende Entwicklung der Bildung vor, läßt aber die dazu notwendigen konkreten Handlungen offen.

Art. 29 KRK gibt eine Auswahl der von den Staaten als notwendig angesehenen Bildungsziele, die als Grundlage für die Ausbildung von Kindern in der ganzen Welt dienen sollten. Darunter sollen die Talente und geistigen und körperlichen Möglichkeiten des Kindes gefördert werden, dessen Achtung für die Menschenrechte, seine Eltern, seine kulturelle Identität, Sprache und nationalen Werte und die es umgebende Umwelt gelehrt werden. Das Kind soll für ein verantwortungsbewußtes Leben in einer freien Gesellschaft vorbereitet werden.

Entstehungsgeschichte

Während der Vorarbeiten zur Konvention stellte sich vor allem die Kostenfrage als Problem heraus. Der *Second Polish Draft*, nach dem die Schule ab sofort und vollständig kostenfrei sein sollte, erwies sich als nicht konsensfähig.[108] Andererseits wäre eine völlige Streichung der Schulgeldfreiheit auch

---

105 Auch der Kinderrechtsausschuß regt an, die internationale Cooperation zu forcieren, Committee on the Rights of the Child (Fn. 104) Abs. 42.

106 D. Hodgson, "The international human right to education and education concerning human rights" *Int'l J Children's Rgts* 4 (1996), S. 237.

107 UNICEF, *The State of the World's Children 1999*, New York 1999, S. 7 ff.

108 Dorsch, S. 179; E/CN.4/1985/64, Abs. 59.

für die Grundschule ein Rückschritt gegenüber Art. 13 IPwirtR gewesen.[109] Schließlich war die allmähliche Einführung der Schulgeldfreiheit nur für die Grundschule konsensfähig, für weiterführende Schulen wird sie als ein Mittel neben anderen, wie z.B. der finanziellen Unterstützung der Schüler genannt.[110] Ein Absatz zum Schutz der Rechte der Eltern bei der Ausbildung der Kinder wurde gestrichen. Artikel 5 KRK wurde insofern als ausreichend angesehen.[111]

Ein Vorschlag in Art. 29 KRK neben der Achtung der Menschenrechte auch die Achtung der Rechte eines Volkes (*peoples' rights*) einzuschließen fand keine Mehrheit.[112]

Begriff der Bildung

Bildung im weiteren Sinne umfaßt alle Aktivitäten, durch die eine Gruppe Menschen ihren Nachfahren Wissen, Erfahrungen und moralische Regeln weitergibt, die dieser Gruppe ermöglichen, weiterhin zu existieren.[113]

Die UNESCO definiert den Begriff der Bildung als den gesamten Prozeß im Sozialleben, durch den Individuen und soziale Gruppen lernen, innerhalb und für die nationale und internationale Gemeinschaft, die Gesamtheit ihrer persönlichen Kapazitäten, Einstellungen, Begabungen und ihres Wissens zu entwickeln.[114] Dieser Bildungsbegriff ist sehr weit gefaßt und schließt Bildung in der Familie als kleinste Einheit der Gesellschaft[115] und die Entwicklung persönlicher Fähigkeiten ein. Hier liegt ein etwas größeres Gewicht auf der Entwicklung des einzelnen und weniger auf der bloßen Weitergabe von Wissen. Es wird mehr auf den einzelnen abgestellt als auf die Gruppe oder die Gesellschaft.

Bildung im engeren Sinne umfaßt die formelle und professionelle Anleitung, die innerhalb eines privaten oder öffentlichen, nationalen, regionalen oder lokalen Bildungssystems vermittelt wird.[116] Diese wird eingeteilt in Vorschul-, Grundschul-, mittlere und höhere Bildung sowie in Erwachsenenbildung. Diese enge Definition entspricht damit am ehesten dem allgemeinen Sprachgebrauch, nach dem Bildung vor allem Schul-, Hochschul- und Berufsbildung bezeichnet.

---

109 E/CN.4/1985/64, S. 11-15, Abs. 60, Detrick S. 384.
110 E/CN.4/1985/64 Abs. 73, Detrick S. 386; Dorsch, S. 180.
111 E/CN.4/1989/48 Abs. 472; Detrick S. 394; Dorsch, S. 182.
112 E/CN.4/1985/64 Abs. 96, Detrick S. 399; Dorsch, S. 186.
113 Hodgson (Fn. 106), S. 237.
114 Hodgson (Fn. 106), S. 237 f.
115 Art. 16 Punkt 3 AllgEMR.
116 Hodgson (Fn. 114).

Aufgabe der Eltern in der Bildung des Kindes

Artikel 28 und 29 KRK lehnen sich damit im hohen Maße an Art. 13 und 14 IPwirtR an, weichen aber auch von diesen ab. Artikel 13 IPwirtR führt neben dem kostenlosen Grundschulunterricht auch die Kostenfreiheit der weiterführenden Schulen als Regel ein, während dieses nach Art. 28 KRK nur eine unter anderen möglichen Maßnahmen darstellt.

Im Gegensatz zu Art. 13 und 14 IPwirtR enthalten Art. 28 und 29 KRK keine Festlegung des Rechts der Eltern, eine Schule für ihr Kind auszuwählen, die ihren weltanschaulichen Überzeugungen entspricht.

Gewisse Rechte gewähren in diesem Zusammenhang Art. 5 und 14 KRK den Eltern. Zwar spricht Art. 5 KRK die weltanschaulichen Überzeugungen der Eltern nicht an, sondern stellt vielmehr auf die sich entwickelnden Fähigkeiten des Kindes ab. Einen Anhaltspunkt innerhalb der Kinderrechtskonvention gibt aber Art. 14 Abs. 2, in dem die Achtung vor dem Recht und der Pflicht der Eltern, das Kind in der Ausübung seiner Religionsfreiheit in einer seiner Entwicklung entsprechenden Weise zu leiten, festgelegt wird. Damit geht die Kinderrechtskonvention weniger weit als Art. 13 Abs. 3 IPwirtR.[117] Das Kind kann nur seinem Alter und seiner Reife entsprechend geleitet werden und auch nur insofern können die Eltern die Bildung des Kindes bestimmen. Es ergibt sich daraus in Verbindung mit der Vorschrift des Art. 12 KRK ein Recht des Jugendlichen, sich von keiner Seite einschließlich der Eltern in der Wahl seiner Bildungsstätte drängen zu lassen, wenn er nicht möchte und die notwendige Reife hat, eine eigene Entscheidung zu treffen.[118] Das wird von Art. 29 KRK bestätigt, der als Bildungsziel die Entwicklung der Fähigkeit nennt, ein verantwortungsbewußtes Leben in einer freien Gesellschaft zu führen.

Damit enthält Art. 28 insofern einen gewissen Fortschritt, als er mehr auf die Unabhängigkeit des Jugendlichen abstellt, indem er das Recht des Jugendlichen anerkennt, seine eigene Art der Bildung zu wählen.

Ziele staatlicher Maßnahmen und Bildungsziele

Sowohl Art. 28 als auch Art. 29 KRK sehen Ziele der staatlichen Bildungspolitik und staatlicher Bildungsmaßnahmen vor. Während Art. 28 KRK vorwiegend die Regelung der Bildungsinstitutionen im Blickfeld hat, beschäftigt sich Art. 29 KRK mit Bildungsinhalten.

Artikel 28 KRK hat verpflichtenden Charakter, der sich darin ausdrückt, daß ein individuelles Kind die darin festgelegten Maßnahmen einfordern kann, während Art. 29 KRK mehr Zielvorgaben enthält.

---

[117] Dorsch S. 184.

[118] Dorsch S. 185.

Artikel 28 lit. a KRK sieht vor, daß die Staaten den Grundschulunterricht für alle zur Pflicht machen. Eine Definition des Begriffs der Grundschule enthält die KRK nicht. Es wird aber aus den nachstehenden Buchstaben klar, daß damit eine Grundausbildung gemeint ist, die die elementaren Fertigkeiten lehrt, wie Lesen, Schreiben und Rechnen.

Artikel 28 lit. b KRK regelt dann die Bildung in weiterführenden Schulen. Eine Unentgeltlichkeit ist hier aber nicht mehr zwingend sondern nur als Ziel vorgesehen. Weiterführende Schulen sollen unmittelbar an die Grundschule anschließen. Sie können eine spezielle Ausbildung hin zu einem bestimmten Beruf oder aber eine allgemeine Ausbildung vermitteln. Wenn deren Unentgeltlichkeit nicht verwirklicht werden kann, so soll wenigstens finanzielle Unterstützung bei Bedürftigkeit vorgesehen werden.

Artikel 28 lit. c KRK beschäftigt sich mit dem Zugang zu Hochschulen. Hochschulen bezeichnen dabei Bildungseinrichtungen für eine akademische Bildung. Nach der Konzeption der Konvention soll der Zugang zu diesen von den Fähigkeiten des jeweiligen Kindes, nicht dagegen ausschließlich von den finanziellen Fähigkeiten der Eltern abhängen. Unentgeltlichkeit oder finanzielle Unterstützung bedürftiger Kinder für die Hochschulbildung ist umgekehrt aber nicht vorgesehen. Es bleibt damit den Staaten überlassen, die Talentbezogenheit des Hochschulzugangs auszugestalten.

Artikel 28 lit. d und e und 29 KRK sehen als Ziel staatlicher Maßnahmen die Zugangsmöglichkeit zu Beratungseinrichtungen für Kinder und die Förderung des regelmäßigen Schulbesuchs und die Verringerung des Anteils derjenigen, die die Schule vorzeitig verlassen, vor. Hierin zeigt sich, daß die Konvention die Bildung als eins der wichtigsten Rechte des Kindes einstuft. Erst Bildung führt dazu, daß ein Kind und in der Folge ein Erwachsener sich in der Gesellschaft behaupten und gegen fremde Übergriffe etwa durch Ausbeutung schützen kann. Daher muß das Kind davor geschützt werden, daß es durch Einflüsse von außen um die Bildung gebracht wird.[119]

Diese Grundkonzeption kommt auch in den in Art. 29 KRK formulierten Bildungszielen zum Ausdruck. Während Art. 29 lit. a KRK noch die Entwicklung des Kindes allgemein zum Gegenstand hat, erklärt Buchstabe b die Achtung der Menschenrechte und Grundfreiheiten zu den wichtigsten Zielen von Bildung. Das heißt zum einen, daß das Kind über Menschenrechte und Grundfreiheiten informiert werden muß. Zum anderen darf diese Information nicht so

---

119 L.P. Scherer/S.N. Hart "Reporting to the UN-Committee on the Rights of the Child - analyses of the first 49 State Party Reports on the education articles of the Convention on the Rights of the Child and a proposition for an experimental reporting system for education" *Int'l J Children's Rgts* 7 (1999) S. 349 ff.

erfolgen, daß die Menschenrechte dem Kind als nachrangig oder sogar verachtenswert dargestellt werden. Das Kind soll in der Folge der Bildung die Menschenrechte und Grundfreiheiten achten und die Grundsätze der Charta der Vereinten Nationen anerkennen. Der Begriff der Grundsätze der Charta der Vereinten Nationen bezieht sich auf die in Art. 2 UNO niedergelegten.

Auch Art. 29 lit. c KRK spiegelt einen der Grundsätze der Konvention, den Vorrang der Familie, vor allem der Eltern, vor dem Staat wider. Danach soll Ziel der Bildung sein, daß die Eltern geachtet werden. In Fortführung von Art. 30 KRK ist auch die kulturelle Identität des Kindes diesem in einer Weise näherzubringen, die ihm Achtung im Bewußtsein des Kindes verschafft. Artikel 29 und 30 KRK haben die Wahrung und Achtung der kulturellen Identität des Kindes im Blick. Diese ist nicht nur Bildungsziel, sondern sie ist auch ein Prinzip der Bildung als solche.[120] Das ergibt sich aus Art. 29 lit. c, nach dem es nicht nur das Ziel der Bildung ist, dem Kind seine kulturelle Identität zu erhalten, sondern auch ihm die nationalen Werte des Landes, in dem es lebt, nahezubringen. Es wird damit eine gegenseitige Achtung der Kulturen vorgesehen. Soweit das möglich ist, soll dem Kind einer Minderheit oder von Wanderarbeitnehmern die Möglichkeit gegeben werden, die Kultur seiner Vorfahren erfahren und behalten zu können.[121] Kinder vor allem von Wanderarbeitnehmern haben dabei häufig Integrationsschwierigkeiten, die auf kulturelle und sprachliche Unterschiede zurückzuführen sind und besondere Aufmerksamkeit von Pädagogen erfordern, um diesen Kindern gleiche Chancen wie anderen Kindern zu geben.[122]

Artikel 29 lit. d KRK zählt einige der Grundsätze der Charta der Vereinten Nationen noch einmal gesondert auf. Er erklärt die Wahrung des Friedens und die Entwicklung des Kindes zu einem verantwortungsbewußten Erwachsenen zu Zielen der Bildung des Kindes.

Einen neueren Gedanken enthält schließlich Art. 29 lit. e KRK. Danach ist auch die Achtung vor der natürlichen Umwelt eins der Bildungsziele der Konvention.

---

120 A.A. wohl Hodgson (Fn. 106), S. 258.

121 Dieses ist auch in anderen internationalen und supranationalen Rechtsakten festgehalten. vgl. z.B. Richtlinie des Rates vom 25. 7. 1977 über die schulische Betreuung von Wanderarbeitnehmern, (77/486/EWG) Abl EG L199/32. Das Problem stellt sich z.B. auch in Bezug auf sich illegal im Lande aufhaltende Kinder in der Schweiz, vgl. Bundesrat (Fn. 6), S. 56.

122 Dazu G. van Geertruyt, "Recht op onderwijs: een recht voor alle kinderen?" in: E.Verhellen/F. Spiesschaert/L. Cartrijsse (Hrsg.) *Rechten van kinderen*, S. 289 ff.

Bildungsgleichheit

Ein besonders wichtiger Aspekt des Rechts auf Bildung ist das Zusammenspiel mit dem Diskriminierungsverbot aus Art. 2 KRK. Das Recht auf Bildung ist auch und vor allem ein Gleichheitsrecht. Jedes Kind soll durch die Bildung die gleichen Möglichkeiten erhalten. Das gilt zum einen für arm und reich, zum anderen aber auch und vor allem für Mädchen und Jungen. Das Recht auf Bildung ist auch ein Recht auf Chancengleichheit durch Bildung und beim Zugang zu Bildung.

In diesem Zusammenhang hat die dritte Kommission der Vereinten Nationen im Jahre 1993 die UN-Generalversammlung zu einer Resolution zur Bekämpfung des Analphabethentums aufgefordert, die vor allem auch die Ausbildung von Mädchen im Blick hat.[123] Die Ausbildung vor allem von Mädchen hat eine wichtige Bedeutung im Bereich der Bekämpfung ausbeuterischer Kinderarbeit. Nur ausgebildete Mädchen haben eine Chance auf ein besseres Leben für sich und ihre Kinder. Vor allem haben sie die Chance sich gegen Ausbeutung durch Kinderarbeit zu wehren.[124]

Sofern das Kind die Möglichkeit bekommt, kostenfrei in die Schule zu gehen und dort möglicherweise auch ernährt wird, besteht weniger Möglichkeit und Notwendigkeit für es zu arbeiten. Umgekehrt soll das Verbot der Kinderarbeit in Art. 32 KRK die freie Zeit bei den Kindern schaffen, damit sie in die Schule gehen können. Zu diesem Zweck haben die Staaten sich in Art. 32 Abs. 2 dazu verpflichtet, Arbeitszeiten für Kinder und Mindestlöhne zu regeln.

Ein Gleichheitsrecht enthält Art. 28 auch in Bezug auf - vor allem körperlich - behinderte Kinder. Diese haben auch ein Recht auf Chancengleichheit.[125] Insofern stellt allerdings Art. 23 KRK die konkretere Norm dar, die auch das Recht des behinderten Kindes auf geistige Entwicklung und damit auf Ausbildung enthält.

Disziplin in der Schule

Artikel 28 Abs. 2 KRK spricht sich für Formen der Disziplin in der Schule aus, die der Würde des Kindes entsprechen. Damit ist zum einen die Frage der Möglichkeit von Körperstrafen, zum anderen die Frage anderer - vor allem mentaler - Strafen angesprochen, die gegen die Würde des Kindes verstoßen.

In Bezug auf körperliche Strafen in der Schule ist Art. 28 KRK auch im Zusammenhang mit dem Recht auf Schutz des Privatlebens aus Art. 16 KRK zu

---

123 GA UN Press Release GA/SHC/3438; s.a. A/C.3/52/L.24, A/C.3/52/L.25.

124 UNICEF *State of the World's Children 1999*, S. 9 ff.; *State of the World's Children 1997*.

125 Dazu Newell, S. 110.

sehen. Artikel 28 Abs. 2 KRK sieht vor, daß die Disziplin in der Schule nur mit Hilfe von der Menschenwürde des Kindes entsprechenden Mitteln verwirklicht werden darf. Dies schließt nach nahezu allgemeiner Meinung ein Verbot körperlicher Strafen in der Schule ein.[126] Das gilt zum einen natürlich für entwürdigende Strafen und folterähnliche Handlungen, die schon unter Art. 37 lit. a KRK und als Gewalt durch Art. 19 KRK untersagt sind. Unterstützt wird diese Meinung aber auch für leichtere Strafen durch Art. 16 KRK, denn das Privatleben eines Kindes schließt auch dessen moralische und körperliche Integrität ein.[127]

Durch Art. 28 Abs. 2 KRK werden diese Vorschriften auf den Bereich von Schulen ausgedehnt. Die Staaten müssen diese Grundsätze etwa auch in privaten Schulen sicherstellen.

Grenze staatlicher Regelung

Eine ausdrückliche Grenze staatlicher Regelung sowohl für die Bestimmungen des Art. 28 als auch für die des Art. 29 KRK sieht Art. 29 Abs. 2 KRK vor. Danach dürfen die Vorschriften der Art. 28 und 29 KRK nicht so ausgelegt werden, daß Privatpersonen davon abgehalten werden, Bildungseinrichtungen zu schaffen.

Aus dieser Vorschrift ergibt sich eine Art gegenseitige Begrenzung. Der Staat darf einerseits in keinem Bereich der Bildung Privatpersonen davon abhalten, Bildungseinrichtungen zu schaffen. Er darf sie auch nicht davon abhalten, für die Teilnahme am Unterricht Geld zu verlangen. Er darf sich aber andererseits im Bereich der Grundschulbildung und der weiterführenden Schulen nicht damit aus der Verantwortung stehlen, daß er auf private Schulen verweist, wenn diese kostenpflichtig sind.

Internationale Zusammenarbeit

Artikel 28 Abs. 3 und Art. 4 stehen im engen Verhältnis zueinander. Während Art. 4 KRK allgemein die Zusammenarbeit der Staaten im Bereich der Kinderrechte vorschreibt und damit vor allem die Entwicklungshilfe im Blick hat, konkretisiert Art. 28 Abs. 3 KRK diese Verpflichtung. Die Staaten sollen einander im Bezug auf Ausbildung der Kinder Hilfe leisten, mit dem Ziel die Analphabethenrate in der Welt zu senken. Leider waren die Staaten sich bei der Formulierung der Konvention darüber einig, daß sie die Staatskosten gering halten wollten. Das drückt sich vor allem schon darin aus, daß die Grundschule

---

[126] So. z.B. Newell S. 112; Schweizer Bundesrat (Fn. 6), S. 56.

[127] So für Art. 8 EMRK, EGMR in Costello-Roberts vs. UK, v. 25. 3. 1993, *ECHR Series* A, vol. 247-C, Abs. 33 ff.

zwar schuldgeld- aber nicht ganz kostenfrei sein soll. Unter Umständen können die Kosten, die für Bücher, Hefte, Schuluniformen o.ä. entstehen[128], das Budget einer Familie schnell übersteigen. Damit bleibt den Kindern dieser - häufig kinderreichen - Familien der Zugang zur Schule versperrt. Das gilt umso mehr für die weiterführenden Schulen, in denen die Kostenfreiheit als solche nur eine unter vielen Möglichkeiten ist. Daher bleibt weiterhin kritisch abzuwarten, ob die Analphetenrate auf diese Weise gesenkt werden kann.[129]

Die UNESCO hat zur Verwirklichung der in Art. 29 KRK erwähnten Ziele Projektschulen eingerichtet, in denen unter anderem Projekte zu neuen Methoden der Umwelterziehung und der Erziehung zu Menschenrechten und Toleranz durchgeführt werden.[130]

1990 fand eine erste Weltkonferenz in Thailand unter dem Titel "Bildung für alle" statt.[131]

Recht auf Bildung in anderen internationalen Übereinkommen

Auch in anderen internationalen und regionalen Übereinkommen wird das Recht auf Bildung festgelegt. Artikel 13 und 14 IPwirtR dienten als Grundlage für Art. 28 und 29 KRK. Auch Art. 26 AllgEMR enthält das Recht auf soweit wie möglich kostenlose Bildung mit dem Ziel der vollständigen Entwicklung der menschlichen Persönlichkeit und der Achtung der Menschenrechte und Grundfreiheiten. Die Eltern haben Priorität bei der Wahl des Ausbildungsweges ihrer Kinder.

Artikel 5 b der UNESCO Konvention gegen Diskriminierung im Unterrichtswesen[132] enthält wie Art. 13 Abs. 3 IPwirtR das Recht der Eltern, das Kind nach ihrer eigenen Überzeugung zu erziehen.

Zusammenarbeit mit nichtstaatlichen Organisationen

Artikel 29 KRK fordert und ermöglicht in hohem Maße eine Zusammenarbeit von Staat und nichtstaatlichen Organisationen. Häufig ist es bisher der Fall, daß nichtstaatliche Organisationen sich mit dem Umweltschutz oder auch mit dem internationalen Menschenrechtsschutz befaßt haben. Sie haben selbst Jugendorganisationen und daher Erfahrungen damit, Kindern Werte von Menschenrechten und Umweltschutz näherzubringen. Daraus ergibt sich die

---

128 Dazu Newell S. 111.

129 So auch Dorsch S. 183.

130 M. Näder "Erziehung zu Menschenrechten und Toleranz" *UNESCO heute* Nr. 4/1997, S.20, unesco-Projektschulen.

131 Hodgson (Fn. 106), S. 249.

132 UNTS Bd.429, S. 93; B8GBl. 1968 II, S. 385.

Möglichkeit einer Zusammenarbeit zwischen diesen Organisationen und dem Staat als ganzem oder mit einzelnen Schulen.

Qualifikation des Rechts

Artikel 28 enthält damit ein soziales und kulturelles Recht, das im Grunde schon in anderen Menschenrechtspakten anerkannt war. Er beinhaltet dabei vor allem auch ein Gleichheitsrecht.

Artikel 29 enthält Zielvorgaben, die als solche kein unmittelbares Recht des Kindes enthalten. Im Zusammenhang mit Art. 28 KRK bildet Art. 29 ein *provision right* des Kindes.

Umsetzung in Rußland

Im Gegensatz zum deutschen Grundgesetz sieht die russische Verfassung das Recht auf Bildung ausdrücklich vor. Art. 43 russ. Verf. erkennt das Recht auf eine Grundausbildung an. Vorschule, Grund- und Hauptschulbildung, mittlere Berufsbildung in staatlichen oder kommunalen Einrichtungen ist allgemein zugänglich und unentgeltlich (Art. 43 Abs. 2 russ. Verf). Dabei besteht eine Schulpflicht für die allgemeine Grund- und Hauptschule.

Höhere Bildung an staatlichen oder kommunalen Einrichtungen ist auch unentgeltlich, der Zugang funktioniert nach dem Leistungsprinzip (Art. 43 Abs. 3 Verf RF). Darüber hinaus haben Bürger die Möglichkeit in kommerziellen und privaten Instituten an einem Studiengang teilzunehmen.[133]

Zwar ist die verwaltungsrechtliche Kontrolle Aufgabe der Organe der örtlichen Selbstverwaltung und damit dezentralisiert, die Behörden der russischen Föderation legen jedoch Bildungsstandards fest, die sowohl für staatliche und kommunale als auch für private Lehranstalten verbindlich sind. Sie dienen der staatlichen Kontrolle über die Qualität der Bildung in Ausführung des Verfassungsauftrags des Art. 43 Abs. 5 russ. Verf. und werden unterstützt durch die Notwendigkeit der Akkreditierung einer privaten Hochschule.[134] Die staatlichen Organe entwickeln auch Programme zur Unterstützung der Bildung.[135]

Art. 43 russ. Verf. umfaßt auch das Recht auf Weiterbildung und damit das Recht auf ein lebenslanges Lernen.

In der russischen Literatur zu Art. 43 russ. Verf. wird Bildung als einer der wichtigsten Faktoren der wirtschaftlichen, sozialen und kulturellen

---

[133] vgl. dazu Baglaj (Fn. 70), S. 242 ff.

[134] Russ. Verfassungsgericht, Entscheidung vom 21. 10. 1999, Nr. 13-P, zu finden im Internet unter http://www.akdi.ru/ks/post/18.htm (am 3. 2. 2000).

[135] Federal'nyj Sakon "Ob utwerschdenii Federalnoj programmy rasvitija obrasovanija" vom 10. 4. 2000, No. 51-FS, *SZRF* No. 16 vom 17. 4. 2000, st. 1639.

Entwicklung der Gesellschaft bezeichnet.[136] Sie sei außerdem notwendig für Entwicklung, Kultur und Wohlergehen jedes einzelnen und ziele auf die grundsätzliche Befriedigung des menschlichen Informations- und unmittelbaren Bildungsbedürfnisses.[137] Dabei soll das Hauptaugenmerk der Bildungspolitik des Staates darauf gerichtet sein, daß die Bürger selbst an Bildung interessiert sind und dann zu der für sie interessanten Bildung eine reelle Möglichkeit erhalten.[138]

Auch die Bildungsgleichheit ist durch die russische Verfassung gewährleistet. Das ergibt sich aus der Tatsache, daß Grundschulbildung Pflicht ist, zusätzlich wird sichergestellt, daß Grundschulbildung allgemein zugänglich ist und der Zugang zu staatlichen Einrichtungen des höheren Bildungsweges nur vom Leistungsprinzip abhängig gemacht wird. Art. 19 russ. Verf enthält ein allgemeines Diskriminierungsverbot, das zur Interpretation des Art. 43 russ. Verf. heranzuziehen ist.[139] Artikel 43 in Verbindung mit Art. 19 russ. Verf. gibt nach der Rechtsprechung des russischen Verfassungsgerichts jedem Staatsbürger das Recht auf Chancengleichheit in der Bildung.[140]

Zur Ergänzung ist für das Recht auf Bildung Art. 15 Abs. 4 und Art. 17 Abs. 1 russ. Verf heranzuziehen, der die internationalen Verträge der Russischen Föderation als inneren Bestandteil ihres Rechtssystems geltend betrachtet.[141] Damit werden das Recht auf Bildung und die damit im IPwirtR und in der Kinderrechtskonvention anerkannte Bildungsgleichheit Teil des russischen Rechtssystems.

Art. 43 russ. Verf. wird im wesentlichen durch zwei Gesetze konkretisiert. Das Gesetz über die Bildung[142] regelt die Vorschul- und Schulbildung bis hin zur Hochschule. Das Gesetz über die höhere berufliche Bildung und die Bildung nach der Hochschule[143] regelt die Weiterbildung.

---

[136] Baglaj (Fn. 70), S. 242 ff., W. I. Schkatulla, "Prawo na Obrasowanije", *Gosudarstva i Prawo* 1997, Nr. 7, S. 5-13.

[137] Schkatulla (Fn. 136).

[138] Baglaj (Fn. 70), S. 242 ff.

[139] Zu Art. 19 Verf RF vgl. S. W. Polenina, in: B.N. Topornin (Hrsg.), *Kommentar zur russ. Verfassung*, Moskau 1997, S. 176 ff.

[140] Russ. Verfassungsgericht Entscheidung vom 21. 10. 1999, No. 13-P (Fn. 134).

[141] Schkatulla (Fn. 136), S. 12.

[142] Gesetz der Russischen Föderation vom 10. 7. 1992 in der Fassung vom 13. 1. 1996, "Über die Ausbildung", Nr. 12-FS.

[143] Gesetz der Russischen Föderation vom 22. 8. 1996, "O wysschem professionalnom i poslewusowskom obrasovanii".

Das Gesetz über die Bildung[144] definiert Bildung als zielgerichteten Prozeß der Erziehung und Lehre im Interesse der Menschen, der Gesellschaft und des Staates zur Sicherstellung der Menschenwürde, die vom Staat auf dem Bildungswege zur Verfügung gestellt wird.[145] Damit folgt es im wesentlichen dem bereits festgestellten Begriff der Bildung und betont die beiden Aspekte der Bildung. Weiterhin bezeichnet es die Ziele und die Richtung der staatlichen Bildungspolitik. Ausbildung muß allgemein zugänglich sein[146], hat weltlichen, demokratischen und staatlich-gesellschaftlichen Charakter, abgesehen von religiösen privaten Bildungsstätten und ist der Freiheit und dem Pluralismus in der Ausbildung verschrieben.

Der Staat soll sich nicht in die weltanschaulichen und religiösen Fragen einmischen[147], denn die Entscheidung über die weltanschauliche Erziehung ist Sache der Eltern. Der Staat soll aber seine Bürger zu verantwortungsbewußten Mitgliedern der staatlichen Gemeinschaft erziehen, damit diese als solche bestehen bleiben und weiterentwickelt werden kann. Eine Einheitsausbildung ohne Rücksicht auf die verschiedenen existierenden Kulturen soll nicht wieder als Propagandamittel ge- und mißbraucht werden können.

Das BildungsG erkennt das Prinzip der Bildungsgleichheit an (Art. 5 BG)[148] und jeder Staatsbürger der Russischen Föderation hat das Recht auf Bildung in seiner Muttersprache und das Recht auf Wahl der Unterrichtssprache im Rahmen des Möglichen.[149] Es werden also auch die Gemeinschaft der verschiedenen Völker und ihre Sprache und Kultur abgesichert.

Der Staat soll nicht weniger als 10 Prozent seiner Staatsausgaben auf Bildung verwenden. Auch das sichert die soziale und gesellschaftliche Funktion der Bildung: Kapital, das in Bildung investiert wird, ist eine Investition in die Zukunft des Landes.

Diese Prinzipien werden in einem Bildungssystem realisiert, das aus acht Typen von staatlichen Bildungsinstitutionen besteht[150]: Vorschulen, Elementarschulen, allgemeinbildende Grundschulen, Mittelschulen, berufsbildende, mittlere berufsbildende sowie höhere berufsbildende Einrichtungen und Institute für die Weiterbildung nach der Hochschulbildung.

---

144 Im folgenden BildungsG; vgl. zu den Bestimmungen des Bildungsgesetzes im einzelnen: Samischtschewa, in: B. Topornin (Hrsg.), *Kommentar zur russ. Verfassung*, S. 301 ff., Schkatulla (Fn. 136), S. 12.

145 Samischtschewa (Fn. 144), S. 301.

146 Art. 2, 5 Abs. 3 BildungsG, Schkatulla (Fn. 136), S. 5.

147 Die Russische Föderation ist gemäß Art. 14 russ. Verf ein weltlicher Staat.

148 Schkatulla (Fn. 136), S. 7.

149 Samischtschewa (Fn. 144), S. 302.

150 Samischtschewa (Fn. 144), S. 302.

Neben diesen staatlichen und kommunalen Einrichtungen bestehen private Schulen und Schulen gesellschaftlicher und religiöser Vereinigungen.[151] Diese führen oft Bezeichnungen nach westlichem Vorbild wie z. B. *Lycée* oder Gymnasium, ohne damit ein einheitliches System zu verbinden.

Darüber hinaus können Schüler können als Externe die Schule besuchen, d.h. sie können Lehrmaterialien ähnlich wie in einer Fernuniversität zu Hause bearbeiten. Diese Möglichkeiten sind mit periodischen staatlichen Leistungskontrollen verbunden.[152]

Staatliche Bildungsstandards sind in dem BildungsG vorgesehen. Sie legen den Mindestinhalt der grundlegenden Ausbildungsprogramme, den maximalen zeitlichen Umfang und die Anforderungen an das Niveau der höheren Bildung fest. Diese Standards werden im einzelnen konkretisiert durch Rechtsverordnungen der Regierung der Russischen Föderation.[153]

Das Gesetz über die höhere berufliche Bildung und die Weiterbildung unterstellt diesen Bildungsweg ähnlichen Prinzipien wie die allgemeinen und berufsbildenden Einrichtungen.

Damit ist das Recht auf Bildung in der russischen Verfassung anerkannt und durch das einfache Recht ausgestaltet. Es umfaßt vor allem die Bildung im staatlichen und kommunalen Bildungssystem, schließt aber die private Ausbildung nicht aus. Diese wird aber nicht vom Recht als solches umfaßt.

Das Prinzip der Bildungsgleichheit wird in Gesetz und Rechtsverordnungen durch Mindeststandards bzw. durch die Vorgabe periodischer staatlicher Leistungskontrollen gesichert.

Die Bildungsziele des Art. 29 KRK finden sich neben den schon beschriebenen allgemeinen in verschiedenen speziellen Bestimmungen wieder. Vor allem das Ziel der Achtung der kulturellen Identität ist im Vielvölkerstaat Rußland von großer Bedeutung. Daher sieht Art. 6 BildungsG vor, daß jeder Staatsbürger der Russischen Föderation ein Recht darauf hat, Grundschulbildung in seiner Muttersprache zu erhalten und im Rahmen der Möglichkeiten des Bildungssystems die Unterrichtssprache auszuwählen. Damit ist allerdings die Frage der Wanderarbeitnehmer, vor allem auch aus anderen Teilen der GUS nicht geklärt. Weitere Bildungsziele sind in Art. 14 BildungsG niedergelegt. Danach ist Bildung darauf gerichtet, das Selbstverständnis des einzelnen und der Gesellschaft zu entwickeln sowie den Rechtsstaat sicherzustellen und zu

---

[151] Samischtschewa (Fn. 144), S. 304.

[152] Samischtschewa (Fn. 144), S. 304 f.

[153] Samischtschewa (Fn. 144), S. 304, 306.

vervollständigen. Weder die Bildungsziele noch die Bildungsstandards enthalten aber bisher die Ausbildung im Bereich der Menschenrechte.[154]

Daneben enthält das BildungsG eine Reihe von sozialen Garantien für die Lernenden, einschließlich ihres Gesundheitsschutzes und Vergünstigungen für Arbeitende, die gleichzeitig in einer Lehrinstitution eingeschrieben sind (auch Art. 189 Kodex der Gesetze über der Arbeit der Russischen Föderation).

Als Problem stellt sich unter dem Gesichtspunkt der Bildung die hohe Zahl der Kinder dar, die die Schule ohne Abschluß verlassen. Die Russische Föderation hat bisher keinen zuverlässigen Weg gefunden, diese Kinder zu erfassen und das vorzeitige Verlassen zu verhindern.[155]

---

[154] Committee on the Rights of the Child, Concluding Observations: Russian Federation, CRC/C/Add. 110 vom 10. 11. 1999, Abs. 50.

[155] Committee on the Rights of the Child a.a.O. Abs. 49 f.

9. Soziale Entwicklung des Kindes

Die Rechte, die die soziale Entwicklung des Kindes betreffen, umfassen nicht nur die Rechte, die das Kind in einer bestimmten Gruppe hat, sondern auch diejenigen, die ihm zur Entwicklung in der Gesellschaft dienen. Dazu gehören die Informationsfreiheit, die dem Kind die Möglichkeit gibt, seine Umwelt zu verstehen und einschätzen zu lernen, die Religionsfreiheit, die dem Kind die Möglichkeit der geistigen Entwicklung in der Religionsgemeinschaft gibt, Versammlungs- und Vereinigungsfreiheit, als Rechte, die von ihrer Natur her in der Gemeinschaft erfüllt werden, und das Recht auf soziale Sicherheit als Grundlage für eine Entwicklung des Kindes. Die Meinungsfreiheit gehört nur in einem weiten Sinne dazu, wird aber wegen des Regelungszusammenhangs in der Konvention hier ebenfalls behandelt.

Art. 13 Meinungs- und Informationsfreiheit und Art. 17 Auftrag der Medien

Artikel 13 KRK garantiert die Meinungsäußerungsfreiheit des Kindes einschließlich seiner Informationsfreiheit. Sie kann gesetzlich vorgesehenen Einschränkungen unterworfen sein, die auf die Wahrung der Rechte und des Rufes anderer oder auf den Schutz der nationalen Sicherheit, des *Ordre public*, der Volksgesundheit oder der öffentlichen Sittlichkeit gerichtet sind.

Artikel 17 KRK konkretisiert die Informationsfreiheit des Kindes. Das Kind soll danach Zugang zu Informationen und Material aus einer Vielfalt internationaler Quellen haben. Dazu sind insbesondere solche zu zählen, die seinem Wohlergehen und seiner körperlichen und geistigen Gesundheit dienlich sind. Die Vertragsstaaten verpflichten sich dazu zu einer Reihe von Maßnahmen.

Entstehungsgeschichte

Die Grundlagen für Art. 17 KRK wurden schon im zweiten polnischen Entwurf gelegt, der in einem Artikel den Schutz der geistigen und moralischen Entwicklung des Kindes vor schädlichen Einflüssen durch die Massenmedien zum Inhalt hatte. Diese Wertung stieß auf Widerstand, weil man die Massenmedien grundsätzlich positiv bewertet sehen wollte.[1]

1982 wurde der Vorschlag eingebracht, daß der Inhalt der Information, der Erziehung des Kindes nach den Grundsätzen der Kinderrechtskonvention dienlich sein sollte und die Staaten die Eltern beim Schutz der Kinder unter-

---

[1] E/CN.4/L. 1575 Abs. 116 f., Detrick S. 279, Dorsch S. 193.

stützen sollten.[2] 1983 brachten die USA einen Formulierungsvorschlag ein, der zwar 1984 diskutiert wurde,[3] aber dann zugunsten eines Vorschlags einer *drafting group* 1984 aufgegeben wurde. Der so verabschiedete Artikel wurde dann in zweiter Lesung erneut diskutiert, Vorschläge, wie etwa den Katalog des Art. 17 lit. a bis e wegzustreichen oder die Möglichkeit der Untersagung von Informationen, die der Entwicklung des Kindes abträglich sind, einzubeziehen, wurden nicht in die Formulierung aufgenommen.[4]

Erst 1988 brachten die USA den Vorschlag ein, auch bürgerliche und politische Rechte des Kindes in der Konvention zu regeln.[5] Dabei sollte das Erziehungsrecht der Eltern unangetastet bleiben. Dieser Vorschlag stieß auf breite Zustimmung. Art. 12 und 13 sollten zunächst der heutigen Fassung in einer Norm zusammengefaßt werden. Jedoch einigte man sich schließlich darauf, die Vorschriften getrennt zu lassen, um die bereits abgeschlossenen Beratungen über Art. 12 KRK nicht erneut aufnehmen zu müssen und keinen Präzedenzfall zu schaffen.[6] Zunächst sollte auch in Art. 13 ein Passus aufgenommen werden, der das Recht auf diejenigen Kinder beschränkte, die fähig sind, sich eine eigene Meinung zu bilden. Das wurde aber gerade mit Blick auf die passive Informationsfreiheit als unangemessen zurückgewiesen.[7]

Meinungsfreiheit

Artikel 13 Abs. 1 KRK garantiert die Freiheit des Kindes, seine Meinung zu äußern und ist damit als lex generalis zu Art. 12 KRK zu werten.

Er garantiert aber nicht ausdrücklich auch die Meinungsbildungsfreiheit. Damit scheint der Möglichkeit staatlicher Indoktrination Tür und Tor geöffnet. Jedoch ist Art. 13 KRK in Verbindung mit Art. 5 und 16 sowie Art. 12 KRK zu lesen.

Nach Art. 5 haben die Eltern das Recht, das Kind zu leiten. Dabei haben sie die Entwicklung des Kindes angemessen zu berücksichtigen. Zwar hat dieser Grundsatz im Gegensatz zu Art. 14 KRK keinen ausdrücklichen Eingang in Art. 13 KRK gefunden, jedoch ist Art. 5 KRK eine allgemeine Vorschrift, die auch hier anzuwenden ist.[8] Das hat im Zusammenhang mit Art. 16 KRK zur

---

[2] E/1982/12/Add.1, C, S. 64, 68, Abs. 102; sowie E/CN.4/1983/L.41 Abs. 36 ff., Detrick S. 323, Dorsch S. 194.

[3] E/CN.4/1983/62 Annex II, S. 2, Detrick S. 281, Dorsch S. 194.

[4] E/CN.4/1989/48 Abs. 320 ff., Detrick S. 288 ff., Dorsch S. 194 f.

[5] E/CN.4/1988/28 Abs. 35-46; Detrick S. 232 ff., Dorsch S. 133.

[6] Ebenda Abs. 43, Detrick S. 234, Dorsch S. 133.

[7] Ebenda Abs. 43 ff., Detrick S. 234; Dorsch S. 133.

[8] Newell S. 49, deutscher Staatenbericht S. 20 f..

Folge, daß sich der Staat nicht Erziehungsmöglichkeiten der Eltern anmaßen kann.

Die Kinderrechtskonvention geht außerdem in Art. 12 und 13 KRK davon aus, daß das Kind sich erst eine Meinung bilden können muß, bevor es sie äußert. Das setzt aber auch voraus, daß dem Kind die Freiheit der Meinungsbildung zusteht. Darüber hinaus wäre auch die Informationsfreiheit des Art. 13 und 17 KRK nutz- und sinnlos, wenn sich daraus nicht auch die Freiheit ableiten ließe, sich eine eigene Meinung zu bilden und eine eigene Meinung zu haben.

Auch hat die Formulierung des Art. 13 Abs. 1 KRK keinen abschließenden Charakter. Zwar sieht er vor, daß die Meinungsäußerungsfreiheit die Informationsfreiheit und die Freiheit des Zugangs zu Gedankengut aus nationalen und internationalen Quellen einschließt. Damit sind aber andere Facetten der Meinungsfreiheit nicht ausgeschlossen.[9] Insofern wurde zwar die ausdrückliche Festlegung der Meinungsbildungsfreiheit im Gegensatz zu Art. 19 IPbürR ausgelassen, sie ergibt sich aber implizit aus den in Art. 13 KRK ausdrücklich geregelten Rechten.

Die Meinungsfreiheit aus Art. 13 iVm. Art. 2 KRK hat auch ein Gleichheitselement. Alle Kinder haben in gleicher Weise die Freiheit, ihre Meinung zu äußern.[10]

Die Meinungsäußerungsfreiheit kann in Worten, aber auch in Taten ausgeübt werden. Etwa kann ein Kind, seine Meinung über den Lehrplan in der Schule mündlich gegenüber dem Lehrer oder schriftlich gegenüber dem Schulleiter äußern. Es kann aber auch seine Meinung über die Schule oder das System dadurch äußern, daß es sich weigert, eine Schuluniform zu tragen.[11]

Grenzen der Meinungsfreiheit nach Art. 13 Abs. 2

Die Vorschriften in der Konvention zur sozialen Entwicklung des Kindes gehören zu den einzigen Regeln, die ausdrücklich einen Gesetzesvorbehalt normieren. Das liegt zum einen daran, daß gerade für Art. 13, 14 und 15 KRK in besonderem Maße die Vorschriften der IPbürgR zum Vorbild genommen wurden. Daneben werden diese Rechte auch als die Grundlage einer demokratischen Gesellschaft aufgefaßt, bei denen es einer genaueren Regelung der

---

[9] So i.E. auch M. Freeman "The Convention: An English Pertspective" in: derselbe *Children's Rights,* S. 101.

[10] Newell S. 49.

[11] Beispiel nach Freeman (Fn. 9), Newell S. 51.

Grenzen bedarf, die den Staaten keinen zu großen eigenen Spielraum für eine Einschränkung der Rechte läßt.[12]

Staaten dürfen auch bei der Einschränkung der Rechte des Kindes keinen zu großen Spielraum haben, denn diese sind zwar nicht vom Kleinkindalter an in der Lage, eine fundierte Meinung zu bilden und zu äußern, haben aber mit zunehmender Entwicklung und Reife diese Möglichkeit und sollen sie nutzen. Auch hier kommt der Grundgedanke der Konvention zum Tragen, nach dem das Kind auf das Leben als Erwachsener vorbereitet werden soll. Ein wichtiges Element dieser Vorbereitung ist die Meinungsäußerung.

Artikel 13 Abs. 2 KRK gibt den Staaten die Möglichkeit, die Freiheit der Meinungsäußerung einzuschränken. Dazu müssen die Staaten Gesetze erlassen haben, die die Grundlage für eine solche Einschränkung bieten können. Die Gesetze müssen erforderlich sein, um einen der in Art. 13 Abs. 2 lit. a und b KRK genannten Zwecke zu erreichen. Die genannten Zwecke lassen sich dazu in drei Gruppen einteilen. Das sind zum einen Aspekte der Sicherheit und Ordnung des Staates (nationale Sicherheit und *ordre public*), zum zweiten die Sicherheit der Bevölkerung im Sinne der Gesundheit und Sittlichkeit jedes einzelnen in der Gesellschaft eines Staates und schließlich die Rechte eines anderen Individuums, insbesondere dessen Ruf. Im Gegensatz etwa zu Art. 10 EMRK[13] nennt Art. 13 KRK die Funktionsfähigkeit der Rechtsprechung als Grenze der Meinungsfreiheit. Der Begriff der nationalen Sicherheit ist zwar etwas vage,[14] zielt aber zum Beispiel auf die Verhinderung von Kriegen und Bürgerkriegen. Der Begriff des *Ordre public* schützt die grundlegenden Wertungen der Rechtsordnung eines Staates. Die Regelung der Volksgesundheit im Rahmen der Meinungsäußerungsfreiheit ist schwer vorstellbar, er umfaßt aber wohl vor allem Bereiche, in denen jemand seine Meinung nicht in Worten, sondern in Taten ausdrücken möchte und ihm das nicht gestattet werden kann, um die Gesundheit Dritter nicht zu gefährden. Der Begriff der öffentlichen Sittlichkeit gibt den Staaten etwa das Recht, Pornographie in den Massenmedien zum Schutz von Kindern ganz oder zumindest zu bestimmten Zeiten zu verbieten.

Die Rechte anderer ergeben sich z.B. aus den einschlägigen Vorschriften internationaler Menschenrechtspakte. Hier muß auch das Erziehungsrecht der Eltern, das sich aus Art. 5 KRK ergibt, aber in Art. 13 nicht erneut ausdrücklich erwähnt wird, Berücksichtigung finden. Die Eltern können das Kind bei seiner

---

[12] E. Konstantinov "Protection of Freedom of Expression in Eastern Europe Through Constitutional and Strasbourg Law" *Journal of Constitutional Law in Eastern and Central Europe* 2 (1995) 237 ff.

[13] dazu Konstantinov (Fn. 12), S. 243 ff.

[14] Flekkøy/Kaufman S. 33.

Meinungsäußerung leiten und führen, solange sie die zunehmende Reife des Kindes dabei berücksichtigen.

Die gesetzliche Regelung muß erforderlich sein, um das entsprechende Ziel zu erreichen. Hier spielt ein Element der Verhältnismäßigkeit hinein, das den Staaten verbietet, eins der genannten Ziele unter völliger Aufgabe der Meinungsfreiheit des Kindes zu verfolgen. Vielmehr muß hier eine Abwägung stattfinden zwischen dem zu erreichenden Ziel und der Meinungsfreiheit des Kindes.

Informationsfreiheit

Artikel 13 Abs. 1 KRK stellt als besondere Ausprägung der Meinungsfreiheit die Informationsfreiheit des Kindes in den Vordergrund. Artikel 17 KRK gestaltet dieses Recht weiter aus. Er hat Ergänzungsfunktion gegenüber Art. 13 KRK.[15]

Örtlich erstreckt sich die Informationsfreiheit auf nationale und internationale Quellen. Sie besteht ungeachtet der Staatsgrenzen. Auch auf Information, die nicht im Inland produziert wird, darf das Kind zugreifen. Die Grenzen ergeben sich aus Art. 13 Abs. 2 und 17 KRK.

Die Informationsmittel können verschiedene sein. Sie werden in Art. 13 Abs. 1 KRK aufgezählt. Die Aufzählung ist aber nicht abschließend. Sie enthält die Möglichkeit, die Information durch Worte zu empfangen, zu beschaffen und weiterzugeben. Das kann durch Radio oder Fernsehen oder auch durch persönliche Weitergabe geschehen. Dann sind ergänzend die Versammlungsfreiheit des Art. 15 KRK und das Recht auf Bildung aus Art. 28 KRK heranzuziehen. Weiterhin hat das Kind das Recht, sich Information zu beschaffen, sie zu empfangen und weiterzugeben, indem es Druckerzeugnisse oder auch Briefe liest, Kunstwerke betrachtet. Die Kinderrechtskonvention läßt auch andere Mittel zu. Es gibt zum Beispiel auch die Freiheit des Zugangs zum Internet oder anderen neueren Medien, ohne daß es einer ausführlichen Qualifikation dieses Kommunikationsmittels unter eine der Alternativen des Artikels bedarf.[16]

Grenzen der Informationsfreiheit

Auch für die Informationsfreiheit gelten die Grenzen des Art. 13 Abs. 2 KRK. Im Rahmen des Art. 13 Abs. 2 lit. a KRK könnte man die Frage stellen,

---

[15] Dorsch S. 195.

[16] Die Qualifizierung dieses Mediums zum Zwecke seiner Regelung vor allem im Bezug auf den Schutz des Kindes gegen schädliche Informationen gestaltet sich aber bei der Umsetzung der Art. 13 und 17 KRK in den Staaten zum Problem, vgl. dazu D.A. Edick "Regulation of Pronography on the Internet in the United States and the United Kingdom: A Comparative Analysis" *Boston Coll. Int'l &Comp. LRev.* XXI (1998) No. 2, S. 437 ff., 439 f.

ob die Rechte anderer auch die eigenen Rechte des Kindes sein können. Hier kommt das Kindeswohl in Frage, das etwa den Zugang des Kindes zu gewaltverherrlichenden Fernsehprogrammen begrenzen könnte.

Artikel 17 KRK enthält die Antwort auf dieses Fragen mit einer Wertung zugunsten des Kindeswohls. Obwohl dieser Vorschrift nach der späteren Einfügung des Art. 13 KRK kein abschließender, sondern vielmehr ergänzender Charakter zukommt,[17] ist sie für die Bestimmung der Grenzen der Informationsfreiheit des Kindes von großer Bedeutung. Der erste Satz der Vorschrift schreibt die Sicherung des Wohlergehens des Kindes und seiner körperlichen und geistigen Gesundheit vor. Daraus ergibt sich, daß das Kindeswohl in diesem Sinne den Vorrang vor der Informationsfreiheit des Kindes genießen kann.

Artikel 17 KRK konkretisiert die Informationsfreiheit des Kindes aber auch in anderer Weise. Er unterstützt vor allem die Informationsfreiheit des Kindes für solche Medien und Programme, die dem sozialen, seelischen und sittlichen Wohlergehen des Kindes und seiner geistigen und körperlichen Gesundheit dienlich sind, deren Förderung zum Ziel haben. Umgekehrt ergibt sich daraus, daß das Kind auch Zugang zu anderen Informationsquellen haben kann, diese aber nicht von der Konvention als besonders förderungswürdig angesehen werden. Ihre Beschränkung im Rahmen des Art. 13 Abs. 2 KRK unterliegt damit einer weniger strengen Verhältnismäßigkeitskontrolle.

Andererseits begrenzt Art. 17 KRK auch die Möglichkeit der Staaten, die Massenmedien zum Schutz des Kindes zu kontrollieren. Denn nach Art. 17 S. 1 KRK erkennen die Vertragsstaaten die wichtige Rolle der Massenmedien an. Daraus ergibt sich, daß Art. 17 KRK keineswegs die Möglichkeit einer Zensur zum Schutz des Kindes einräumen will, sondern lediglich die Staaten im Rahmen der im zweiten Satz genannten besonderen Regelungsaufträge eingreifen dürfen. Hier wird das Gleichgewicht zwischen der wichtigen Rolle der Massenmedien, der Presse- und Medienfreiheit und dem Schutz des Kindes vor schädlicher Information gesucht.

Besonderer Regelungsauftrag

Artikel 17 S. 2 KRK gibt den Staaten einen besonderen Regelungsauftrag in bestimmten Teilbereichen der Medien. Sie haben teilweise die Ausgestaltung der Informationsfreiheit, teilweise eine Ausgestaltung des Schutz des Kindes vor schädlicher Information zum Gegenstand. Artikel 17 geht von einer grundsätzlich positiven Rolle der Medien aus und hat deshalb in hohem Maße programmatischen Charakter.[18] Dennoch ist Art. 17 grundsätzlich nicht lediglich

[17] Dorsch S. 195.

[18] Schweizer Bundesrat *BBl* 146 (1994) S. 41.

auf eine Überwachung der Medien sondern auf eine positive Förderung der Medien durch die Staaten gerichtet.[19]

Buchstabe a gibt den Staaten auf, die Massenmedien zu ermutigen, dem Kind sozial und kulturell nützliche Information weiterzugeben. Damit sind etwa Kinderzeitschriften und -zeitungen, Kinderbücher, Kindersendungen u.ä. gemeint. Die Information soll dem Geist des Art. 29 KRK entsprechen, also möglichst die dort normierten Erziehungsziele verfolgen oder ihnen jedenfalls nicht zuwiderlaufen. Mögliche Maßnahmen der Beeinflussung der Medien in diesem Sinne sind finanzielle Anreize, kostenlose Werbung in staatlichen Einrichtungen, aber auch Verbote etwa sog. erotischer Sendungen zu bestimmten Tageszeiten. Es kann aber auch eine freiwillige Selbstkontrolle der Medien ohne Zutun des Staates dahingehend entwickelt werden, etwa gewaltverherrlichende Übertragungen zu unterlassen. Dann besteht der Auftrag des Art. 17 lit. a KRK jedenfalls darin, nicht zum Nachteil der darin genannten Ziele einzugreifen. Ein wichtiger Bereich für diese Art von Maßnahmen ist das Internet, in dessen Bereich sich eine repressive Gesetzgebung wegen seines grenzüberschreitenden Charakters kaum realisieren lassen wird. Jedoch kann durch finanzielle Anreize und ähnliches möglicherweise verhindert werden, daß für ein Kind schädliche Informationen durch das Internet verfügbar gemacht werden.[20]

Unter Art. 17 lit. b KRK soll die internationale Zusammenarbeit im Bereich der Herstellung, Verbreitung und dem Austausch von Information gefördert werden. Diese Förderung kann im staatlichen Abschluß völkerrechtlicher Verträge, aber auch in der Unterstützung des Abschlusses von Verträgen zwischen Privatleuten, etwa zwischen Redaktionen oder zwischen Presseagenturen liegen. Art. 3 EKAusübungKR und Art. 6 EKAusübungKR etwa setzen als internationale Norm dieses Recht durch, indem sie Behörden dazu verpflichten zu überprüfen, ob die Kinder genügend informiert worden sind. Auch im Rahmen der Europäischen Union werden hier Normen erlassen, so etwa eine EG-Richtlinie zu Fernsehtätigkeit.[21]

Die Herstellung und Verbreitung von Kinderbüchern ist von lit. c erfaßt. Die Verbreitung kann etwa auch in Form der Verfügbarkeit in öffentlichen Bibliotheken erfolgen.

---

19 Newell S. 62; Dorsch S. 195.

20 Zum Problem im ganzen vgl. Edick (Fn. 16), S. 437 ff.

21 Richtlinie des Rates vom 3.10.1989 zur Koordinierung bestimmter Rechts- und Verwaltungsvorschriften der Mitgliedsstaaten über die Ausübung der Fernsehtätigkeit (89/552 EWG) ABl. L 298/23, dazu Verschraegen S. 64.

Nach lit. d sollen die Massenmedien ermutigt werden, den sprachlichen Bedürfnissen der Kinder, die einer Minderheit oder der Urbevölkerung angehören, Rechnung zu tragen. Diese Vorschrift ist eine Ergänzung des Rechts des Kindes, das einer Minderheit angehört, seine eigene Sprache zu benutzen, Art. 30 KRK und die dazu notwendigen Maßnahmen können somit durch private Medienträger ergänzt werden.

Buchstabe e sieht zunächst so aus, als gebe er den Staaten das Recht, eine Zensur zum Schutz des Kindes einzuführen. Jedoch zeigt der Hinweis auf Art. 13 und 18 KRK, daß das gerade nicht der Zweck der Vorschrift ist. Vielmehr ist es in erster Linie Sache der Eltern (Art. 18 KRK) für das Wohl des Kindes zu sorgen. Das schließt auch die Auswahl der Information ein. Auch soll die Informationsfreiheit des Kindes nicht unangemessen beschränkt werden können, vielmehr wird ihr der Vorrang eingeräumt. Damit können Informationen nicht endgültig aus dem Verkehr gezogen werden, sondern es können lediglich Richtlinien erarbeitet werden, die den Zugang des Kindes zu solchen Informationen begrenzen.

Qualifikation des Rechts

Art. 13 KRK ist eines der wichtigsten Teilnahmerechte des Kindes. Es sichert ihm die Teilnahme an der Gesellschaft und deren demokratischen Prozessen. Es gehört der Gruppe der politischen und bürgerlichen Rechte an und ist kein spezielles Kinderrecht, sondern ein allgemeines Menschenrecht. Die Informationsfreiheit wird durch Art. 17 KRK kindspezifisch konkretisiert.

Umsetzung in Rußland

Auch die Meinungsfreiheit des Kindes findet ihre Grundlage in der russischen Verfassung. Dessen Art. 29 sieht die Freiheit von Wort und Gedanken vor.[22] Nach Absatz zwei ist Propaganda, Agitation und das Schüren von sozialem, rassistischem, nationalem und religiösem Haß oder Feindschaft und die Propanganda von sozialer, rassischer, nationaler, religiöser oder sprachlicher Überlegenheit verboten. Absatz drei sieht das Verbot vor, jemanden zu zwingen, seine Meinung zu äußern oder von ihr Abstand zu nehmen. Absatz vier gibt jedermann das Recht mit allen gesetzlich zulässigen Mitteln frei Information zu suchen, zu erhalten, weiterzugeben, zu produzieren und zu verbreiten. Die Informationsfreiheit findet eine besondere Ausprägung in dem Recht, Daten zu erfahren, die geeignet sind, die eigenen Rechte und Freiheiten zu beeinträchtigen. Dieses Recht hat das russische Verfassungsgericht in der Sache

---

22 Erster russ. Staatenbericht Abs. 72; P. Hübner *Pressefreiheit in Rußland - Das Recht auf freien Zugang zu Informationen*, Köln 1997, S. 7 f.

Kechman[23] aus der Gedanken und Wortfreiheit des Art. 29 in Verbindung mit dem Recht auf Privatleben und Privatgeheimnis aus Art. 23 und 24 russ. Verf. hergeleitet. In diesem Fall hatte die Staatsanwaltschaft dem Beschwerdeführer aufgrund des Gesetzes über die Staatsanwaltschaft einen Antrag abschlägig beschieden, mit dem dieser Einsicht in die Daten über ein Ermittlungsverfahren gegen sich begehrte. Mit der Beschwerde wendet sich der Beschwerdeführer gegen die entsprechende gesetzliche Bestimmung. Das Recht bejaht einen Eingriff in die so bestimmte Informationsfreiheit und untersucht dann das Gesetz als Schranke für diese Informationsfreiheit. Es kommt zu dem Schluß, daß das Gesetz zwar grundsätzlich geeignet sei das Recht einzuschränken, Einsicht in Daten zu nehmen, die eigene Rechte und Freiheiten beeinträchtigen können. Jedoch widerspreche es dem in Art. 55 Abs. 3 russ. Verf. angelegten Bestimmtheitsgebot, weil es keine Voraussetzungen für die Verweigerung einer solchen Einsicht festlege. Das Gericht erklärte die zugrundeliegende Norm deshalb insofern für verfassungswidrig, während es die Norm soweit für verfassungsgemäß hielt als damit verhindert werde, daß die Staatsanwaltschaft gezwungen sei jegliche Daten über ein Ermittlungsverfahren herauszugeben. Das russische Verfassungsgericht zeigt damit, daß die Funktionsfähigkeit der Ermittlungsbehörden und ihr Geheimhaltungsbedürfnis mehr als eine nur untergeordnete Rolle bei der Frage spielen, wie die Informationsfreiheit des einzelnen in Bezug auf personenbezogene Daten eingeschränkt werden kann.

Eine Auflistung von Daten, die ein Staatsgeheimnis darstellen, wird durch ein föderales Gesetz bestimmt. Eine allgemeine Zensur ist im russischen Recht nicht vorgesehen.[24]

Nach Art. 44 russ. Verf. ist jedermann die Freiheit von Literatur, Kunst, Wissenschaft, Technik und anderen Arten von Werktätigkeit und Lehre garantiert. Jedermann hat das Recht auf Teilnahme am kulturellen Leben und auf Nutzung kultureller Einrichtungen sowie auf Zugang zu kulturellen Werten.

Das Recht auf Informationsfreiheit wird in mehreren einfachen Bundesgesetzen ausgestaltet.

Das Gesetz über Information, Informierung und den Schutz von Informationen (InformationsG)[25] sieht in seinem Art. 12 ein Gleichheitsrecht aller Benutzer auf Zugang zu staatlichen Informationsquellen vor. Das Ansinnen auf Erteilung von Information muß danach nicht begründet werden. Eine Ausnahme

---

[23] Urt. des Russischen Verfassungsgericht in der Sache Kechman vom 18. 2. 2000, No 3-P, zu finden im Internet unter http://www.akdi.ru/ks/pot/32.htm (am 30. 8. 2000).

[24] A. Schäfer, "TV und andere Medien in Rußland" Osteuropa 48 (1998) S. 710 ff., 714.

[25] Sakon Rossijskoj Federazii "Ob informazii, informatisazii i saschtischtje informazii" vom 20. 2. 1995, No. 24-FS; *SZRF* 1995, No. 8, st. 609, S. 1213-1225, Hübner (Fn. 22), S. 15 f.

bildet diejenige Information, zu der nur beschränkt Zugang besteht. Der Zugang zu offener Information kann gerichtlich eingeklagt werden. Ebenso kann die wissentliche Weitergabe unzuverlässiger Information gerichtlich geltend gemacht werden.

Artikel 140 russ. StGB schützt den Zugang, indem er die widerrechtliche Verweigerung einer Amtsperson, im gesetzlich festgelegten Verfahren gesammelte Dokumente und Materialien zur Verfügung zu stellen, die unmittelbar die Rechte und rechtlichen Interessen eines Staatsbürgers betreffen, und die Zurverfügungstellung unvollständiger oder wissentlich falscher Information bestraft, wenn dadurch Rechte oder gesetzliche Interessen eines Bürgers Schaden genommen haben.

Die wichtigsten Regelungen finden sich aber im Gesetz über die Massenmedien (MassenmedienG).[26] Nach dessen Art. 1 genießen die Massenmedien Freiheit. Diese Freiheit umfaßt die Suche, den Erhalt, die Produktion, Verbreitung von Masseninformationen, die Einrichtung von Massenmedien etc. Sie unterliegen keinen Beschränkungen außer denen im MassenmedienG vorgesehenen. Nach Art. 38 MassenmedienG hat jeder Bürger ein Recht auf vertrauenswürdige Information durch die Massenmedien über die Tätigkeit der Staatsorgane und staatlichen Organisationen, gesellschaftlicher Vereinigungen und von deren Angestellten sowie Amtspersonen. Zu diesem Zweck geben die genannten Organe und Vereinigungen Daten über ihre Tätigkeit auf Antrag der Redaktion weiter. Das kann individuell oder bei Pressekonferenzen, Ausgabe von Aufstellungen, statistischen Materialien oder in anderen Formen geschehen.

Artikel 4 MassenmedienG begrenzt diese Freiheit. Er verbietet den Mißbrauch der Freiheit der Massenmedien. Mißbrauch bezeichnet dabei den Gebrauch der erlangten Information zum Zweck der Begehung einer Straftat, zur Aufdeckung von Staatsgeheimnissen oder sonst staatlich geschützter Daten, zur gewaltsamen Machtübernahme, zur gewaltsamen Änderung der Grundlagen des Staatsaufbaus wie sie in Art. 1 bis 17 russ. Verf. beschrieben sind, oder der Einheit des Staates, zum Schüren von nationalem, sozialem, religiösen oder Klassenhaß und Zwist sowie zur Kriegspropaganda. Folgerichtig stellt Art. 282 russ. StGB Taten, die darauf gerichtet sind, nationalen, rassistischen, religiösen Haß zu erregen, die Würde einer Nation herabzusetzen und die Propaganda der Ausschließlichkeit, Überlegenheit oder Unvollwertigkeit von Staatsbürgern wegen ihrer Religion, nationalen und Rassenzugehörigkeit unter Strafe, wenn die Tat öffentlich oder unter Verwendung von Massenmedien begangen wurde.

---

26 Sakon Rossijskoj Federazii "O sredstvach massowoj informazii" vom 29. 12. 1991, No 2124-1, *VSNDRFiVSRF* 1992, No. 7, st. 300, S. 378 ff., Hübner (Fn. 22), S. 8ff.

Nach Art. 354 russ. StGB wird der öffentliche Aufruf zum Ausbruch eines Angriffskriegs bestraft.

Die Freiheit der Medien und die daraus folgende Informationsfreiheit des Kindes, die dieses im gleichen Maße innehat wie ein Erwachsener, scheint damit sehr weitgehend zu sein und nur enge Grenzen zu haben. Aus den allgemeinen Gesetzen zeigt sich aber nicht, daß Normen wie der Art. 140 russ. StGB nur in den seltensten Fällen praktische Anwendung finden.[27]

Die Gesetze zeigen auch nicht, daß eine Vielzahl von Daten und Informationen auf einer Liste der Staatsgeheimnisse oder privater Geheimnisse, die nicht der Veröffentlichung unterliegen,[28] stehen und deshalb weder Journalisten noch der Öffentlichkeit zugänglich sind.[29] Nicht nur militärische Geheimnisse, sondern auch Informationen über die Wirtschaft, Wissenschaft und Technologie in der Russischen Föderation werden als Geheimnisse qualifiziert und dem öffentlichen Zugriff entzogen.[30]

Den Regelungsaufträgen des Art. 17 KRK ist die Russische Föderation in verschiedenen Gesetzen, aber auch durch tatsächliche Tätigkeit, nachgekommen.

Artikel 53 MassenmedienG sieht die zwischenstaatliche Zusammenarbeit im Bereich der Massenmedien auf der Grundlage von Verträgen der Russischen Föderation vor. Redaktionen können nach Art. 53 Abs. 2 MassenmedienG auch auf privater Ebene Abkommen mit ausländischen natürlichen und juristischen Personen abschließen. Artikel 54 MassenmedienG ergänzt diese Möglichkeit durch eine Garantie des ungehinderten Zugangs zu ausländischen Massenmedien, der nur durch oder aufgrund eines zwischenstaatlichen Vertrags begrenzt werden kann. Für die Verbreitung ausländischer Presseerzeugnisse ist eine Genehmigung des Ministeriums für Presse und Information der Russischen Föderation zwingend erforderlich, sofern die Verbreitung nicht schon in einem völkerrechtlichen Vertrag geregelt ist. Ergänzt wird diese Vorschrift allgemein

[27] Nach Informationen der President's Commission on Human Rights On the Observance of the Rights of Man and the Citizen in the Russian Federation (1994-95), Kap. 3 "Freedom of expression and Access to Information" im Internet unter http://www.wdn.com/asf/hrrep3.htm (am 18. 5. 1998) wurde die Vorschrift sowohl 1994 als auch 1995 nur ein einziges Mal angewandt.

[28] So etwa Informationen über das Vermögen der KPRF, President's Commission on Human Rights (Fn. 27).

[29] Diese Listen werden aufgrund des Gesetzes über die Staatsgeheimnisse vom 21. 9. 1993 (*Rossijskaja Gaseta* vom 21. 9. 1993) und Art. 10 InformationsG geführt, President's Commission (Fn. 27), Schäfer (Fn. 24), S. 714.

[30] President's Commission (Fn. 27).

durch das Gesetz über die Teilnahme am internationalen Informationsaustausch.[31]

Nach Art. 20 des Gesetzes über die Sprachen in der Russischen Föderation (SprachenG)[32] werden gesamtrussische Zeitungen und Zeitschriften entweder auf russisch als der Staatssprache oder in einer anderen in der Russischen Föderation (damals RSFSR) gesprochenen Sprache hergestellt und verbreitet. In den Regionen können auch die Staatssprachen der jeweiligen Republik oder Minderheitensprachen verwendet werden. Die Übersetzung von Filmen und ähnlichem findet in die russische Sprache oder eine der Staatssprachen der Republiken statt. Artikel 50 Abs. 4 Bildungsgesetz gibt den Lernenden aller Fachrichtungen das Recht auf Unterricht nach den staatlichen Standards, innerhalb dessen sie nach individuellem Lehrplan unterrichtet werden sollen. Dabei haben sie ein Recht auf kostenlose Benutzung der Ressourcen der Bibliotheken und auf Erhalt zusätzlicher (auch kostenpflichtiger) Dienste. Sie haben das Recht auf freie Meinungsäußerung und Information. Tatsächlich scheint es in den vergangenen Jahren auch zunehmend spezielle Zeitungen und Zeitschriften für Kinder zu geben.[33] Gerade für die Völker des sog. Norden, das sind vor allem sibirische und fernöstliche Völker, wurden Bücher in deren Sprachen herausgegeben.[34]

Sowohl staatliche als auch überregionale private Sender bringen Programme für und mit Kindern, die auf regionaler Ebene auch in den Minderheitensprachen ausgestrahlt werden.

Artikel 37 MassenmedienG beschränkt Radio- und Fernsehprogramme mit erotischem Charakter auf die Zeit zwischen 23.00 und 4.00 Uhr, sofern der entsprechende Sender nicht kodiert ausgestrahlt wird. Andere Erzeugnisse mit erotischem Charakter dürfen nur in einer entsprechenden Verpackung und nur an von der örtlichen Verwaltung bestimmten Orten verkauft werden. Unterstützend stellt Art. 242 russ. StGB die ungesetzliche Herstellung zum Zwecke der Verbreitung oder Werbung und die Verbreitung oder Werbung pornographischer Materialien oder Gegenstände ebenso unter Strafe wie den ungesetzlichen Handel mit Presseerzeugnissen, Filmen, Videos, Bildern und anderen Gegenständen pornographischen Charakters.

---

[31] Sakon Rossijskoj Federazii "Ob utschastii w meschdunarodnom informazionnom obmene" vom 4.7.1996, No. 85-FS, *Rossijskaja Gaseta* vom 11. 7. 1996, Hübner (Fn. 22), S. 11.

[32] Sakon RSFSR "O jasykach narodow RSFSR" vom 25. 10. 1991, No. 1807-1.

[33] Erster russ. Staatenbericht Abs. 73.

[34] Zweiter russ. Staatenbericht Abs. 60.

Art. 14 Gewissens- und Religionsfreiheit

Artikel 14 KRK erkennt in Anlehnung an Art. 18 IPbürR, der dieser Vorschrift Pate gestanden hat, die Gedanken-, Gewissens- und Religionsfreiheit des Kindes an. Er bekräftigt außerdem die Rolle von Eltern und Vormund in der Ausübung dieses Rechts und verweist damit auf Art. 5 KRK. Artikel 14 KRK hat wie Art. 13 KRK einen ausdrücklichen Gesetzesvorbehalt. Danach kann die Freiheit der Bekundung von Religion oder Weltanschauung gesetzlich vorgesehenen Einschränkungen unterworfen werden, die die aufgezählten Ziele verfolgen.

Entstehungsgeschichte

Die Vorarbeiten zu diesem Artikel gestalteten sich schwierig in Anbetracht der Tatsache, daß die Frage der Religionsfreiheit die kulturellen Unterschiede zwischen den Staaten zum Vorschein kommen läßt.[35] Schon in den Beratungen 1982 versuchten die USA eine entsprechende Vorschrift in die Diskussion einzubringen.[36] Jedoch wurde der Vorschlag erst 1983 in die Diskussion aufgenommen.[37] Dazu wurde Art. 18 Abs. 1 bis 3 IPbürR faktisch kopiert und im vierten Absatz Konkretisierungen der Religionsfreiheit des Kindes angefügt. Über diesen Text konnte aber kein Konsens erzielt werden. Vielmehr schlug man vor, Anleihen bei der Internationalen Deklaration über die Beseitigung jeglicher Form religiöser Diskriminierung[38] vorzunehmen.[39] 1984 wurde eine Version der Vorschrift im Konsenswege angenommen.[40] Kanada und einige andere Staaten brachten dazu noch den Vorschlag ein, die Elternrechte zu integrieren und dabei die Berücksichtigung der zunehmenden Entwicklung des Kindes und die abnehmende Bedeutung der Elternrechte zum Ausdruck zu bringen.[41]

Zu Beginn der zweiten Lesung stellte sich heraus, daß die im Konsenswege angenommene Fassung des Art. 14 KRK nicht mit den Rechtsordnungen einiger Staaten vereinbar war. Es wurde eine neue Arbeitsgruppe eingesetzt, die

---

[35] Dorsch S. 135.

[36] E/1982/12/Add.1 Teil C, Abs. 118, Detrick S. 238, Dorsch, S. 135.

[37] E/CN.4/1983/62 Abs. 52, Detrick S. 239, Dorsch, S. 135.

[38] A/RES/36/55 vom 25. 11. 1981= GAOR 36th sess., suppl 51, S. 171; dazu R. Wolfrum "The Progressive Development of Human Rights: A Critical Appraisal of Recent U.N. Efforts" in: J.Jekewitz u.a. (Hrsg.) *Des Menschen Recht zwischen Freiheit und Verantwortung*, Festschrift für K.J. Partsch, Berlin 1989, S. 67 ff., S. 86 f.

[39] E/CN.4/1983/62 Abs. 52, Detrick S. 239, Dorsch S. 135 f.

[40] E/CN.4/1984/71 Abs. 13 ff., Detrick S. 240 ff., Dorsch S. 136.

[41] Ebenda Abs. 17, Detrick S. 241, Dorsch S. 136.

aber keine Einigkeit erzielen konnte.[42] Schließlich strich man die Formulierung der Freiheit des Kindes, eine Religion anzunehmen und verzichtete auf ein absolutes elterliches Bestimmungsrecht. Im übrigen wurden die vorherigen Vorschläge zu einem gemeinsamen zusammengefaßt, der in der vorliegenden Fassung angenommen wurde.[43]

Umfang der Religions-, Gewissens- und Gedankenfreiheit des Kindes

Artikel 14 KRK schützt pauschal das Recht des Kindes auf Gedanken-, Gewissens- und Religionsfreiheit. Während die Gedankenfreiheit schon alleine durch Nichteingreifen des Staates geschützt werden kann, etwa indem der Staat davon Abstand nimmt, das Kind durch eine sog. Gehirnwäsche zu indoktrinieren oder es zu zwingen, von bestimmten Gedanken Abstand zu nehmen, bedürfen Gewissens- und Religionsfreiheit auch eines gewissen Umfeldes, innerhalb dessen sich Religion und Gewissen entwickeln können.[44]

Artikel 14 KRK gibt anders als etwa Art. 18 Abs. 1 IPbürR oder auch Art. 9 EMRK[45] keine nähere Bestimmung des Umfangs der Religionsfreiheit ab. Insbesondere sagt Art. 14 KRK nichts zur Frage der Religions- und Gewissensausübungsfreiheit. Nur Art. 14 Abs. 2 KRK gibt einen Anhaltspunkt dafür, daß auch die Ausübung der Religionsfreiheit von Art. 14 Abs. 1 KRK geschützt wird. Nach dem zweiten Absatz haben nämlich die Eltern das Recht, das Kind bei der Ausübung seiner Religion angemessen leiten. Daraus ergibt sich, daß auch die Ausübung der Religion des Kindes von der pauschalen Formulierung des Art. 14 Abs. 1 KRK erfaßt ist. Die Grenzen des Art. 14 Abs. 3 KRK gelten nur für die Bekundung einer Religion. Daraus ergibt sich für den ersten Absatz, daß auch die Bekundung der Religion geschützt ist.

Im übrigen ist jedenfalls für Kinder, die einer Minderheit angehören, ergänzend Art. 30 KRK heranzuziehen. Dieser schützt das Bekenntnis und die Ausübung der eigenen Religion des Kindes. Im Umkehrschluß ergibt sich, daß auch Kinder, die keiner Minderheit angehören, das Recht haben, ihre Religion auszuüben und zu bekennen. Wäre das nicht der Fall, so würden Kinder, die der Mehrheit angehören entgegen Art. 2 Abs. 1 KRK diskriminiert. Artikel 14 Abs. 1 KRK erfaßt also auch die Religionsausübungsfreiheit des Kindes.

---

[42] Ebenda Abs. 16 Detrick S. 241.

[43] E/CN.4/1989/48 Abs. 288, Detrick S. 248, Dorsch S. 137.

[44] S. Day O`Connor "Religious Freedom: America´s Quest For Principles", *NIrelandLQ.* 48 (1997) 1 ff., 3.

[45] Zur Rechtsprechung des Europäischen Gerichtshofs für Menschenrechte zum Inhalt des Art. 9 EMRK vgl. M.G. Belgiorno de Stefano "Religious Freedom in the Decisions of the European Court of Human Rights", *Yearbook* 2 (1989) 239 ff.

Aus diesem Recht des Kindes ergibt sich etwa ein Recht des muslimischen Kindes, am Freitag in der Schule zu beten, oder ein Recht des jüdischen Kindes, am Samstag nicht in die Schule gehen zu müssen.[46]

Weiterhin sagt Art. 14 Abs. 1 auch nichts darüber aus, ob das Kind seine Religion wechseln darf. Dieses Recht wurde bei den Vorarbeiten zur Konvention ausdrücklich ausgestrichen und läßt sich wohl auch nicht generell aus anderen Vorschriften der Konvention folgern.[47] Im Gegenteil zeigt Art. 20 Abs. 3 KRK, daß die Konvention um Kontinuität in der Religion des Kindes bemüht ist. Denn bei der Suche nach einer Unterbringung des Kindes soll auf die religiöse Herkunft des Kindes Rücksicht genommen werden. Umgekehrt ergibt sich daraus aber nicht das Recht des Staates, repressive Maßnahmen zu ergreifen, wenn das Kind seine Religion ändert. Denn die Änderung der Religion kann jedenfalls eine Meinung des Kindes zum Ausdruck bringen und daher von Art. 12 und 13 KRK geschützt sein. Die Änderung der Religion des Kindes ist also dann geschützt, wenn darin eine Meinung im Sinne des Art. 12 und 13 KRK zum Ausdruck kommt.

Die Religionsfreiheit des Kindes kann in verschiedenen Bereichen relevant werden. Ein solcher Bereich ist der schon angesprochene Bereich der Aufrechterhaltung der Kultur einer Minderheit. Ein weiterer Bereich ist die schulische Bildung. Auch hier hat das Kind ein Recht darauf, daß der Staat nicht durch die schulische Bildung die Religionsfreiheit beschränkt. Eine solche Beschränkung ist allerdings nicht schon dann anzunehmen, wenn in einigen Fächern zum Beispiel eine christlich- abendländische Tradition zugrunde gelegt ist. Sie liegt aber dann vor, wenn ein Kind nur an einer Art des Religionsunterrichts teilnehmen und nicht von ihm fernbleiben kann.[48]

Aus diesen Überlegungen ergeben sich einige grundlegende Prinzipien des Rechts des Kindes auf Religionsfreiheit.[49] Das ist erstens die Freiheit des Kindes von Eingriffen in seine religiöse Privatsphäre, Art. 14 iVm. 16 KRK, zweitens das Recht des Kindes auf religiöse Selbstbestimmung, Art. 14 iVm. 12 KRK, und drittens die Freiheit von Diskriminierung aufgrund von Religion, Art. 14 und 2 KRK.

Rolle der Eltern

Artikel 14 Abs. 2 KRK sieht Rechte und Pflichten der Eltern vor, das Kind in der Ausübung seiner Religions-, Gewissens- und Gedankenfreiheit

---

[46] Freeman (Fn. 9), S. 102.
[47] Schweizer Bundesrat *BBl* 146 (1994) S. 40.
[48] Belgiorno de Stefano (Fn. 45), S. 241 f., Newell S. 55.
[49] Die Prinzipien sind angelehnt an Day O'Connor (Fn. 44), S. 1 ff.

angemessen zu leiten. Er trägt damit zum einen den Elternrechten Rechnung, wie sie in Art. 5 KRK festgelegt sind. Zum anderen wird damit die tatsächliche Einflußnahme der Eltern auf die Religion des Kindes anerkannt.[50]

Art. 18 Abs. 4 IPbürR gibt den Vertragsstaaten im Unterschied zu Art. 14 Abs. 2 KRK auf, die Freiheit der Eltern zu achten, die religiöse und sittliche Erziehung des Kindes nach ihren eigenen Überzeugungen sicherzustellen.

Einerseits geht Art. 14 Abs. 2 KRK damit weiter als Art. 18 IPbürR, andererseits bleibt er in der Rolle der Eltern hinter diesem zurück. Artikel 18 Abs. 4 IPbürR hat die Erziehung des Kindes innerhalb der Familie im Auge. Eltern haben das Recht, das Leben innerhalb der Familie nach ihrem Glauben und ihrer Überzeugung zu gestalten[51] und so das Kind zu erziehen. Artikel 14 Abs. 2 KRK gibt in Übereinstimmung mit der allgemeinen Vorschrift des Art. 5 KRK den Eltern die Möglichkeit und das Recht, das Kind in der Ausübung seiner Religion, seiner Gewissens- und Gedankenfreiheit absolut zu lenken. Das ist ein Recht, aber auch eine Pflicht, die sich nicht nur im familiären Bereich abspielt, sondern auch in anderen Bereichen des Kindes. Eine solcher Bereich ist etwa die Schule und die Freizeitgestaltung des Kindes.

Auf der anderen Seite gibt Art. 18 Abs. 4 IPbürR den Eltern das Recht die religiöse Erziehung des Kindes sicherzustellen, während Art. 14 Abs. 2 KRK den Eltern lediglich das Recht und die Pflicht zur Leitung des Kindes gibt. Aus Art. 14 Abs. 2 KRK ergibt sich, entsprechend der Intention der Konvention, ein weiterer Freiheitsbereich des Kindes als aus Art. 18 Abs. 4 IPbürR, denn Leitung bedeutet im Rahmen des Art. 14 KRK genau wie im Rahmen des Art. 5 KRK die angemessene Führung des Kindes unter Berücksichtigung von dessen Entwicklungsstand und eigener Meinung. Folglich ist das Recht der Eltern gegenüber dem Kind in Art. 18 Abs. 4 IPbürR absoluter als in Art. 14 Abs. 2 KRK. Sie dürfen - unabhängig von der Meinung, Überzeugung und Entwicklung des Kindes - dessen religiöse Erziehung nach ihren eigenen Vorstellungen sicherstellen. Eltern dürfen im Rahmen des Art. 14 Abs. 2 KRK zwar auch ihre eigenen religiösen Überzeugungen an das Kind herantragen, die Gedanken, das Gewissen und die religiöse Überzeugung des Kindes aber nicht einfach ignorieren oder durch Erziehung zu unterminieren versuchen. Das hat zur Folge, daß das Kind unabhängig von seinen Eltern eine andere Religion haben kann, ohne daß dem Staat die Möglichkeit gegeben wäre, es in die Richtung der Religion etwa seiner Eltern zu drängen.[52]

---

[50] S. van Praagh "Religion, Custody and a Child's Identity" *Osgoode Hall L.J.* 35 (1997) 309 ff., 311.

[51] Wolfrum (Fn. 38), S. 87.

[52] So im Ergebnis auch Newell S. 54.

Artikel 14 Abs. 2 KRK schützt damit nur den altersgerechten und damit begrenzten Einfluß der Eltern.[53] Daraus ergibt sich etwa das Gebot, nicht nur den Eltern das Recht zu geben, das Kind aus dem Religionsunterricht in der Schule zu nehmen, sondern auch dem reifen Kind die Möglichkeit zu geben, vom Religionsunterricht fernzubleiben.[54] Das kann etwa durch die Festlegung eines grundsätzlichen Alters der Religionsmündigkeit des Kindes geschehen.

Artikel 14 Abs. 2 KRK iVm. Art. 16 Abs. 1 KRK ergibt auch die Wertung, daß Staaten sich grundsätzlich einer Einflußnahme auf die religiöse Gestaltung des Familienlebens zu enthalten habe. Dieser Grundsatz findet dann ein Ende, wenn die Eltern sich um das Sorgerecht für das Kind streiten. Zwar hat das Kind nach Art. 9 KRK ein Recht auf Kontakt zu beiden Elternteilen. Jedoch kann es von entscheidendem Einfluß auf die Religion des Kindes sein, bei welchem Elternteil ein Kind lebt. Insofern hat der Staat hier eine Möglichkeit der Einflußnahme auf die Religion des Kindes. Wenn nämlich staatliche Gerichte den Streit zu entscheiden haben, so müssen dann Aspekte der Religion in die Erwägungen einbezogen werden, wenn diese einen Einfluß auf das Kindeswohl haben oder das Kind im Rahmen seines Mitspracherechts nach Art. 12 KRK im allgemeinen und Art. 9 Abs. 2 KRK im besonderen beeinflussen.[55]

Grenzen der Freiheiten

Artikel 14 Abs. 3 KRK legt ausdrücklich die Grenzen der Bekundung einer Religion oder Weltanschauung fest. Keine Grenzen enthält Art. 14 Abs. 3 KRK dagegen für die Ausübung und Angehörigkeit zu einer Religion oder Weltanschauung. Grenzen gibt es auch nicht für die Gedanken- und Gewissensfreiheit.

Es sind nur solche Eingriffe in diese Freiheit möglich, die auf einem Gesetz beruhen. Damit ist schon die Möglichkeit rein administrativer Maßnahmen, die nicht die Anwendung eines entsprechenden Gesetzes zum Inhalt haben, ausgeschlossen.

Weiter qualifiziert Art. 14 Abs. 3 KRK das Gesetz. Es darf nur den Schutz der öffentlichen Sicherheit, Ordnung, Gesundheit und Sittlichkeit oder der Grundrechte und -freiheiten anderer zum Ziel haben und muß zur Erreichung dieses Ziels erforderlich sein. Damit stimmt Art. 14 Abs. 3 KRK mit Art. 18 Abs. 3 IPbürR überein.

Eine weitere Grenze, die in der letzten Variante des Art. 14 Abs. 3 KRK anklingt, formuliert Art. 24 Abs. 3 KRK. Danach treffen die Staaten alle

---

53 Dorsch S. 139.

54 Freeman (Fn. 9), S. 102.

55 Ausführlich zu dieser Problematik: van Praagh (Fn. 50), S. 309 ff.

geeigneten Maßnahmen, um gesundheitsschädliche Bräuche abzuschaffen. Damit war vor allem die Beschneidung junger Mädchen gemeint. Die Vorschrift trifft aber auch für die Beschneidung kleiner Jungen im Rahmen der Vorschriften des Islam zu, sofern diese Praxis für den Jungen schädlich ausgübt wird. Art. 24 Abs. 3 KRK kann damit als konventionsimmanente Schranke gewertet werden, die sich als Schranke für die Religionsfreiheit eines Kindes, aber auch als Schranke für das Bestimmungsrecht der Eltern nach Art. 14 Abs. 2 KRK auswirken kann. Insofern wirken die Rechte des Kindes auf Gesundheit und die Religionsfreiheit gegensätzlich und Art. 24 Abs. 3 KRK entscheidet diesen Gegensatz zugunsten der Gesundheit des Kindes.

Innerhalb der Grenzen des Art. 14 Abs. 3 KRK bleibt ein Auslegungsspielraum für die Staaten. Denn nicht in allen Staaten wird die Frage der Erforderlichkeit von Gesetzen zur Erreichung der genannten Ziele gleich beantwortet. Der Grundsatz der Erforderlichkeit setzt eine Verhältnismäßigkeitsüberprüfung voraus, die die Religionsbekundungsfreiheit des Kindes mit den gesetzlich vorgesehenen Einschränkungen abwägt. Diese Abwägung wird in den einzelnen Staaten je nach Wertung der betroffenen Rechtsgüter unterschiedlich ausfallen. So kann z.B. in den USA, die zwar die Kinderrechtskonvention nicht ratifiziert haben, wohl aber einer der Staaten der Welt sind, die die Religionsfreiheit weitestgehend gewähren, dem Rechtsgut der öffentlichen Sicherheit ein geringeres Gewicht in der Abwägung eingeräumt werden als der Religionsfreiheit. Das hat zur Folge, daß im US-amerikanischen System häufig der Religionsfreiheit der Vorrang eingeräumt werden wird. In anderen Staaten wie etwa der VR China wird der öffentlichen Sicherheit und Ordnung mehr Gewicht beigemessen, mit der Folge, daß die Religionsfreiheit weichen muß.[56] Zwar nimmt Art. 14 Abs. 3 KRK diese Unterschiede in den verschiedenen Staaten in Kauf. In der Formulierung kommt aber auch zum Ausdruck, daß die Unterschiede nicht zu einer völligen Aushebelung des Rechts des Kindes auf Bekundung seiner Religion führen dürfen. Denn erforderlich kann nur sein, was nicht dem anderen Rechtsgut den uneingeschränkten Vorrang vor der Religionsfreiheit einräumt.[57]

---

56 Dazu T.J. Fitzgibbon, "The United Nations Convention on the Rights of the Child: Are Children Really Protected? A Case Study of China´s Implementation" *Loy. L.A. Int'l & Comp. L.J.* 20 (1998) 323 ff., 348 f. Ein ähnliche Tendenz findet sich auch in Usbekistan, wo in einem im Jahre 1998 verabschiedeten Gesetz die Missionstätigkeit religiöser Organisationen verboten wurde und die Möglichkeit der Einflußnahme des Staates auf die religiöse Erziehung von Kindern vorgesehen ist.

57 Daher ist die in der VR China herrschende Praxis wohl nicht mit Art. 14 KRK zu vereinbaren, Fitzgibbon (Fn. 56).

Qualifikation des Rechts

Die Religionsfreiheit ist ein Teilnahmerecht. Sie gibt dem Kind die Möglichkeit in einem Teil der Gesellschaft mitzuwirken, der häufig Gegenstand erbitterten Streits ist.[58] Dabei wird es von den Eltern geleitet aber nicht festgelegt.

Es ist ein Freiheitsrecht, das den bürgerlichen und politischen Rechten zuzurechnen ist. Zwar ist die Religionsfreiheit ein allgemeines Menschenrecht, sie wird aber durch die Rolle der Eltern kindspezifisch ausgestaltet.

Umsetzung in Rußland

Die Religionsfreiheit wird von Art. 28 russ. Verf. geschützt. Danach hat jedermann das Recht auf Glaubens- und Gewissensfreiheit. Das schließt das Recht ein, den Glauben alleine oder in Gemeinschaft mit anderen zu bekennen. Es schließt auch das Recht ein, gar keine Religion zu bekennen und die eigene Religion oder Weltanschauung frei zu wählen, eine zu haben, zu verbreiten und ihr zufolge zu handeln. Ergänzend sieht Art. 14 russ. Verf. vor, daß die Russische Föderation ein weltlicher Staat ist und daß keine Religion staatlich oder verpflichtend sein darf. Religiöse Vereinigungen sind vom Staat getrennt und vor dem Gesetz gleich, Art. 14 Abs. 2 russ. Verf.

Auch die vorhergehenden russischen und sowjetischen Verfassungen enthielten diese Freiheit, sie wurde aber erst Ende der achtziger Jahre umgesetzt.[59]

Im Jahre 1990 wurde in der RSFSR ein Gesetz über die Religionsfreiheit verabschiedet,[60] das 1997 durch das Gesetz über die Gewissensfreiheit und religiöse Vereinigungen (ReligionsG) ersetzt wurde.[61] Dieses Gesetz von 1997 war national und international äußerst umstritten. Man sah darin eine unzulässige Beschränkung der Freiheit religiöser Vereinigungen und eine unzulässige Diskriminierung einzelner religiöser Gruppierungen. Das Gesetz sieht nämlich zwei verschiedene Formen religiöser Gruppierungen vor. Diejenigen, die seit mindestens 15 Jahren auf gesetzlicher Grundlage in Rußland registriert waren, bekommen den Status einer religiösen Vereinigung. Diese sind juristische Per-

---

58 Flekkøy/Kaufman S. 33.

59 W.W. Tumanov *Konstituzija Rossijskoj Federazii -- Enziklopeditscheskij Slowar*, Moskau 1997, S. 259 f.; G. Stricker "Das neue Religionsgesetz in Rußland" *Osteuropa* 48 (1998) 689 ff.; Ju.A. Rosenbaum, Kommentar zu Art. 28 russ. Verf. in: B.N. Topornin, *Kommentar zur russ. Verf.*, Moskau 1997, S. 228.

60 Dazu Rosenbaum (Fn. 59), S. 229, Stricker (Fn. 59), S. 691 ff.

61 Gesetz über Gewissensfreiheit und religiöse Vereinigungen, Federalnij Zakon "O swobode sowesti i o religioznych obedinenijach" *SZRF* Nr. 39 29. 9. 1997, No. 4465, S. 7666 ff., deutsche Übersetzung abgedruckt in *Osteuropa-Archiv* 48 (1998) A 274 ff.

sonen und haben das Recht, eigene Schulen zu gründen, Geistliche in Gefängnisse zu entsenden u.ä.[62] Alle anderen religiösen Gruppierungen mit mindestens zehn Mitgliedern sind religiöse Gruppen, die diese Rechte nicht genießen. Sie können zwar Räume zur Religionsausübung besitzen und ihre Existenz bei den staatlichen oder lokalen Behörden anmelden, haben aber nicht das Recht, eigene Schulen zu gründen, Geistliche in Gefängnisse zu entsenden oder religiöse Veranstaltungen mit oder ohne ausländische Geistliche in Krankenhäusern oder Kinderheimen durchzuführen. Sie können jedoch nach einer registrierten Übergangszeit von 15 Jahren den Status einer religiösen Vereinigung erlangen. Grund für diese Regelung war der Wunsch, Sekten, die das Wohl des Volkes und vor allem von Kindern und Jugendlichen gefährden, überwachen und nötigenfalls verbieten zu können.[63]

Das russische Verfassungsgericht hat sich in einer Entscheidung aus dem Jahre 1999 mit diesen Bestimmungen auseinandergesetzt.[64] Die Gruppe der Zeugen Jehovas in der Stadt Jaroslawl hatte gegen die Bestimmungen geklagt und vorgebracht, damit sei die in Art. 14 Abs. 2 russ. Verf. niedergelegte Gleichheit aller religiöser Vereinigungen vor dem Gesetz, die Religionsausübungsfreiheit aus Art. 28 russ. Verf., die Freiheit des Wortes aus Art. 29 russ. Verf., die Vereinigungsfreiheit und das Recht auf Bildung verletzt. Es seien auch nicht die in Art. 17 Abs. 1 russ. Verf. in Bezug genommenen Prinzipien und Normen des Völkerrechts beobachtet. Das russische Verfassungsgericht hat die Bestimmungen des Religionsgesetzes dann für verfassungsgemäß erklärt, wenn die Notwendigkeit der fünfzehnjährigen Registrierungszeit dann nicht eingreift, wenn sich eine religiöse Gruppierung einer anderen anschließt, die bereits den Status der juristischen Person erlangt hat. Unter Bezugnahme auf Art. 18 IPbürR und 9 EMRK legt das russische Verfassungsgericht in dieser Entscheidung Art. 28 russ. Verf. dahingehend aus, daß die Religionsfreiheit die Freiheit einschließe religiöse Vereinigungen zu gründen und ihre Tätigkeit auf der Grundlage juristischer Gleichheit auszuüben. Der Gesetzgeber habe das Recht, die Tätigkeit zu regulieren. Diese Gesetzgebung dürfe aber nicht dazu führen, daß die Religionsausübung unmöglich gemacht werde. Andererseits könne der Gesetzgeber Schranken der Religionsfreiheit festlegen, die im Interesse der öffentlichen Sicherheit, der öffentlichen Ordnung, der Gesundheit und Moral und der Rechte und Freiheiten anderer geboten

---

62 Zweiter russ. Staatenbericht Abs. 56.

63 Stricker (Fn. 59), zweiter russ. Staatenbericht Abs. 57.

64 Entscheidung des russischen Verfassungsgerichts im Fall der Zeugen Jehovas in der Stadt Jaroslawl und der Christlichen Kirchen der Verherrlichung (Proslavlenija) vom 23. 11. 1999, No. 16-P, *SZRF* 1999, No. 51 vom 20. 12. 1999, St. 6363.

sind. Damit sei dem Gesetzgeber die Ermächtigung eingeräumt, nicht schlechthin jede Vereinigung als religiöse anerzuerkennen, sondern die Legalisierung von Sekten zu verhindern, die Menschenrechte verletzen und deren Missionierungsarbeit nicht der Freiheit des Wortes, des Gewissens und der Religion anderer vereinbar ist. Der Gesetzgeber sei auch ermächtigt, zu verhindern, daß die Armut oder eine psychologische Zwangslage von Menschen ausgenutzt wird, um sie eine Sekte zu ziehen, die ihnen Schaden zufügen kann. Für diese Wertung nimmt der Gerichtshof Bezug auf eine Entscheidung des Eurpäischen Parlaments von 1996 "Über die Sekten in Europa" und eine Empfehlung des Europarats von 1992 über Sekten und neue religiöse Bewegungen. Das Gericht legt sodann die gesetzlichen Bestimmungen des Religionsgesetzes aus und kommt zu dem Schluß, daß die Beschränkung der Registrierung einer religiösen Gruppe als religiöse Organisation auf die Zeit nach ihrer mindestens fünfzehnjährigen Existenz nicht für solche Gruppierungen gilt, die sich einer anderen, bereits registrierten, zentralisierten religiösen Organisation anschließen. Das Gesetz konkretisiere die Religionsausübungsfreiheit des einzelnen. Schließlich kommt das Verfassungsgericht zur Verfassungsmäßigkeit der angegriffenen Normen des Gesetzes mit der Begründung, daß das Gesetz von 1990 den bestehenden religiösen Organisationen bereits das Recht eingeräumt gehabt habe, als religiöse Organisation zu bestehen, dieses Recht habe das neue Gesetz den Organisationen nicht mehr aberkennen können. Daraus könnten neuere Gruppierungen jedoch keine Rechte für sich herleiten. In dieser Entscheidung zitiert zwar das russische Verfassungsgericht die einschlägigen Bestimmungen der Verfassung und internationaler Menschenrechtspakte und stellt damit klar, daß diese die Grundlage für das Religionsgesetz bilden sollen. Es subsumiert aber nicht unter sie, nimmt nicht Stellung zu der Frage, ob die Grenzen der Art. 18 IPbürR, 9 EMRK und 55 Abs. 3 russ. Verf. eingehalten sind. Damit bleibt auch weiterhin offen, ob das russische Verfassungsgericht das Religionsgesetz die Religionsfreiheit des einzelnen entgegen diesen Bestimmungen für verletzt ansieht. Über diese Frage hatte es vorliegend nach seiner Ansicht nicht zu entscheiden. Die Ausführungen zu den Schranken der Religionsfreiheit lassen aber vermuten, daß das Gericht insofern dem Gesetzgeber folgt und das Gesetz unter dem Gesichtspunkt des Schutzes des einzelnen, insbesondere des Kindes, vor Sekten für gerechtfertigt hält.

Im Anschluß an diese Entscheidung hat das Gericht 2000 in einer weiteren Entscheidung[65] eine Verfassungsbeschwerde gegen die Anwendung des Gesetzes nicht zur Entscheidung angenommen. Die russischen Organisation

[65] Entscheidung in der Sache der Unabhängigen Russischen Region der Gemeinschaft Jesu vom 13. 4. 2000, No. 46-O, *SZRF* 2000, No. 19, st. 2101.

der Jesuiten hatte Verfassungsbeschwerde gegen die Bestimmungen im Religionsgesetz erhoben, aufgrund derer ihnen verweigert wurde, ihre staatliche Registrierung zu ändern. Das Gericht stellt erneut fest, daß religiösen Organisationen, die bereits nach alten Recht registriert waren, ihr Status nicht mehr genommen werden kann. Das gilt auch für diejenigen Organisationen, die nach neuen Recht eigentlich nicht registriert werden dürften, etwa weil Ausländer an der Gründung und der Organisation beteiligt waren oder weil nach dem neuen Recht die bereits geführte Bezeichnung "russische" Region nicht mehr zulässig ist. Folglich dürfe einer solchen Organisation auch nicht die Umregistrierung in eine Organisation nach neuem Recht auf dieser Grundlage verweigert werden. Da das Gericht aber diese Grundsätze durch das Gesetz eingehalten sah, hat es die Beschwerde nicht zur Entscheidung angenommen, denn das russische Verfassungsgericht kann nur Verfassungsbeschwerde gegen Gesetze, nicht aber gegen die Gesetzesanwendung entscheiden. Das Gericht bleibt also seiner Wertung in der ersten Entscheidung treu. Es erkennt eine Art Bestandschutz für religiöse Vereinigungen an, steht aber der Zulassung neuer Gruppierungen - ebenso wie der Gesetzgeber - kritisch gegenüber. Es billigt damit die Wertung des Gesetzgebers, daß die Religionsfreiheit des einzelnen durch eine restriktive Anerkennung von religiösen Gruppierungen nicht verletzt wird.

Das Gesetz enthält außer seinen allgemeinen Regelungen drei speziell für das Kind relevante Regelungen. Nach Art. 3 Abs. 5 S. 2 ReligionsG ist die Einbeziehung von Minderjährigen in religiöse Vereinigungen und ebenso der Religionsunterricht von Minderjährigen gegen ihren Willen und ohne Zustimmung ihrer Eltern oder von Personen, die sie vertreten, verboten. Artikel 5 ReligionsG regelt die religiöse Ausbildung. Jedermann ist danach berechtigt, religiösen Unterricht nach seiner Wahl individuell oder gemeinsam mit anderen zu erhalten. Erziehung und Unterricht von Kindern werden durch deren Eltern unter Berücksichtigung des Rechts des Kindes auf Gewissensfreiheit und Freiheit des Glaubensbekenntnisses vorgenommen. Auf Antrag der Eltern kann die Verwaltung staatlicher Einrichtungen religiösen Vereinigungen - d.h. juristischen Personen - das Recht einräumen, Kinder außerhalb des staatlichen Ausbildungsprogramms in Religion zu unterrichten. Das Gesetz sagt weder etwas darüber aus, welcher Art der Religionsunterricht sein kann, noch darüber wie Art. 3 Abs. 5 im konkreten Fall auszuüben ist. Die Vorschriften bleiben insofern schwammig und wenig bestimmt.

Artikel 14 ReligionsG regelt schließlich die Möglichkeit der Auflösung einer religiösen Organisation und das Verbot der Tätigkeit einer religiösen Gruppierung. Gründe für eine Auflösung oder das Verbot, die durch Gerichtsbeschluß erfolgen müssen, sind unter anderem der durch die Vereinigung ausgeübte Zwang zur Zerstörung einer Familie, die Verletzung der Persönlichkeit und der Rechte und Freiheiten der Bürger, die gesetzwidrige Schädigung von Moral und Gesundheit der Bürger insbesondere durch Verwendung von Rauschmitteln, die Verleitung zum Selbstmord oder die Verweigerung medizinischer Hilfe aus religiösen Gründen für Personen, die sich in einer lebens- oder gesundheitsbedrohenden Situation befinden, sowie die Verhinderung zur Ausübung der vorgeschriebenen Schulpflicht, Art. 14 Abs. 2 ReligionsG.[66] Mit dieser Vorschrift wird der in der russischen Öffentlichkeit empfundenen Gefahr, die von Sekten ausgeht, entgegengewirkt. Auf diese Weise kann vor allem das Recht des Kindes, seine Religion gemäß Art. 30 iVm. Art. 2 Abs. 1 KRK mit anderen zu bekennen, eingeschränkt werden. Es zeigt sich eine starke Gewichtung der öffentlichen Sicherheit, Ordnung und Gesundheit, die bei extensiver Auslegung des Gesetzes zu einer unzulässigen Einschränkung der Religionsfreiheit des Kindes führen kann. Eine solche extensive Auslegung ist aber der bisherigen Rechtsprechung des russisschen Verfassungsgerichts nicht zu entnehmen. Soweit es dazu Ausführungen macht, hat es deutlich darauf hingewiesen, daß die Grundsätze des Art. 18 IPbürR und Art. 9 EMRK eingehalten werden sollen. In seiner Bezugnahme auf diese Dokumente wird deutlich, daß das Gericht die dazu entwickelten Grundsätze anwenden will. Ob damit auch im Einzelfall der Religionsfreiheit des Kindes Genüge getan werden wird, bleibt abzuwarten.

Die Tätigkeit religiöser Vereinigungen wird auch durch Art. 148 russ. StGB geschützt. Danach wird die gesetzwidrige Untersagung der Tätigkeit religiöser Vereinigungen oder religiöser Zeremonien unter Strafe gestellt.

Insgesamt ergibt sich aus dieser Gesetzeslage eine wenig konkrete Umsetzung des Rechts des Kindes auf Gedanken-, Gewissens- und Religionsfreiheit. Das Recht ist vornehmlich in Prinzipien und Grundsätzen genannt, die wenige praktische Durchsetzungskraft entfalten werden. Es bleibt zu hoffen, daß Religionen von Minderheiten aufgrund der Rechte der Minderheiten bestehen können.[67] Die Vorschriften des Religionsgesetzes schießen über ihr Ziel hinaus und geben die Möglichkeit, die Religionsfreiheit unzulässig einzuschränken. Jedoch scheinen sie eher eine enge Auslegung durch das Verfassungsgericht zu erfahren, so daß damit nicht übermäßig in die Bekenntnisfreiheit eingegriffen wird.

Für die Rolle der Eltern in der Ausübung der Religionsfreiheit kann nur auf die allgemeinen Bestimmungen zurückgegriffen werden, die auch im Rahmen des Art. 5 KRK gelten. Das ist vor allem Art. 63 FGB, nach dem die Eltern

---

66 Zweiter russ. Staatenbericht Abs. 57.

67 Dazu oben zu Art. 30 KRK.

berechtigt und verpflichtet sind, das Kind zu erziehen sowie die Verantwortung für die Erziehung und Entwicklung ihrer Kinder tragen. Die Eltern sind insbesondere auch verpflichtet für die geistliche Entwicklung des Kindes Sorge zu tragen.

Art. 15 Vereinigungs- und Versammlungsfreiheit

Artikel 15 KRK faßt das Recht des Kindes auf Vereinigungsfreiheit und auf Versammlungsfreiheit in einer Vorschrift zusammen. Er sieht aber kein besonderes Recht des Kindes vor, Gewerkschaften zu bilden. Die Grenzen des Rechts sind ähnliche wie die der Religionsfreiheit, wenn sie auch ein wenig anders formuliert werden.

Entstehungsgeschichte

Artikel 15 KRK ist während der Vorarbeiten zur Konvention lange diskutiert worden. 1985 wurde ein diesbezüglicher Vorschlag der USA zur Diskussion gestellt,[68] der jedoch wegen Zeitmangels erst 1986 in einer neuen Fassung eingehender berücksichtigt wurde.[69] Mehrere Staaten hatten Vorbehalte gegen einen solchen Artikel, da das Recht auf Vereinigung und Versammlung doch mehr auf Erwachsene angelegt sei.[70] Auch 1987 fand man keinen Konsens, da in der Formulierung des Art. 15 kein Bezug auf die geistigen Fähigkeiten des Kindes enthalten war.[71] 1988 wurde ein Gegenvorschlag Chinas diskutiert, der das Recht auf Vereinigungs- und Versammlungsfreiheit mit Alter und Reife des Kindes verknüpfte.[72] Schließlich erreichte man einen Konsens in der vorliegenden Fassung, der Gewerkschaftsrechte ausnahm, weil diese vornehmlich auf Erwachsene zielten. Wegen der Vorschrift des Art. 5 KRK wurde auf einen Hinweis auf die Funktion der Eltern zur Leitung des Kindes verzichtet.[73] Wegen der Günstigkeitsklausel des Art. 41 KRK wurde auch auf eine Einbeziehung des Art. 22 Abs. 3 IPbürR verzichtet.[74]

Inhalt und Grenzen des Rechts

Die Vereinigungs- und Versammlungsfreiheit des Kindes ist wohl eine der am wenigsten diskutierten Vorschriften der Konvention. Das mag zum einen daran liegen, daß man sich nicht so ganz sicher ist, ob die Vereinigungs-

---

68 E/CN.4/1985/64 Annex II S. 3, Detrick S. 249, Dorsch S. 139.

69 E/CN.4/1986/39 Abs. 84, Detrick S. 249, Dorsch S. 139.

70 Ebenda Abs. 85, Detrick S. 240, Dorsch S. 140.

71 E/CN.4/1987/25, Abs. 114, Detrick S. 251, Dorsch S. 140.

72 E/CN.4/1988/28 Abs. 47-54, Detrick S. 252 ff., Dorsch S. 140.

73 Ebenda Abs. 35, Detrick S. 252, Dorsch S. 140.

74 E/CN.4/1989/48 Abs. 292 - 295, Detrick S. 254 f., Dorsch S. 140.

und die Versammlungsfreiheit überhaupt für Kinder zutrifft. Hier kommt die Frage auf, ob dieses Recht, das vielleicht von kleinen Kindern nicht ausgeübt werden kann, diesen überhaupt zustehen soll.[75] Jedoch geht man davon aus, daß die Berechtigung eines Menschen zu einem Recht nicht davon abhängen kann, inwiefern er es aktiv ausüben wird.

Ein weiterer Anhaltspunkt dafür, daß Art. 15 KRK in der Kinderrechtskonvention eine notwendige Vorschrift ist, ergibt sich aus Art. 29 KRK. In dessen ersten Absatz unter Buchstabe d wird als Bildungsziel die Vorbereitung des Kindes auf ein verantwortungsbewußtes Leben in einer freien Gesellschaft im Geist der Verständigung genannt. Vereinigungen und Versammlungen schon im Kindesalter sind eine wichtige Möglichkeit der Vorbereitung des Kindes auf jede Art politischer oder gesellschaftlicher Betätigung.[76] Insofern dient Art. 15 KRK der sozialen Entwicklung des Kindes.

Außerdem kommt in Art. 15 KRK eine der Grundregeln der Konvention zum Ausdruck. Das Kind soll danach lernen, Mitglied der Gesellschaft zu werden. Der erste Schritt in diese Richtung ist die Familie als kleinste Zelle der Gesellschaft. Ein weiterer Schritt ist die Teilnahme an Versammlungen und die Mitgliedschaft in Vereinigungen. Aus diesen Erwägungen ist gerade auch behinderten Kindern das Recht auf Versammlung und Vereinigung untereinander und mit anderen Kindern einzuräumen, Art. 15 iVm. Art. 2 KRK.[77]

Die beiden Schritte hin zu einem vollwertigen Mitglied der Gesellschaft ergänzen und begrenzen einander. Die Rechte der Eltern, das Kind zu leiten, Art. 5 KRK, können eine Grenze für die Freiheit des Kindes sein, an Versammlungen teilzunehmen oder Mitglied in einer Vereinigung zu werden. Die Eltern können das Kind von diesen Tätigkeiten abhalten, sofern sie seiner Reife nicht entsprechen. Andererseits ist auch die Versammlungsfreiheit und die Vereinigungsfreiheit eine Grenze für die Einflußnahme der Eltern. Denn ein Kind, das an solchen Versammlungen oder Vereinigungen teilnimmt, ist außerhalb der Familie anderen Einflüssen ausgesetzt, auf die die Eltern keinen Einfluß haben und haben sollen. Artikel 15 ist ein Ausdruck des Rechts des Kindes seine Meinung zu äußern, wie es in Art. 12 und 13 KRK festgelegt ist. Insofern ist es eben ein weiterer Schritt in Richtung selbstständigen Lebens in einer freien Gesellschaft im Sinne des Art. 29 Abs. 1 lit. d KRK.

Die in Art. 15 KRK garantierten Freiheiten haben einen wichtigen Anwendungsbereich für Kinder, die in staatlichen Institutionen untergebracht sind.

---

75 Dorsch S. 141.
76 Dorsch S. 141.
77 Newell S. 57.

Gerade Versammlungen der Kinder in diesen Institutionen untereinander sind ein wichtiges Mittel zur Durchsetzung ihrer Rechte.[78]

Die Versammlungsfreiheit gilt nur für friedliche Versammlungen, nicht aber für jede Art der Versammlung. Versammlungen, die mit Waffen abgehalten werden, sind nicht friedlich und daher a priori nicht von Art. 15 KRK geschützt.

Die im zweiten Absatz des Art. 15 KRK festgelegten Grenzen entsprechen denen des Art. 14 KRK. Auch hier ist ein Gesetz erforderlich, das zum Schutz der aufgezählten Rechtsgüter eine Einschränkung der Vereinigungs- oder der Versammlungsfreiheit des Kindes zuläßt. Die Einschränkung muß in einer demokratischen Gesellschaft notwendig sein. Damit sollen willkürliche Eingriffe verhindert werden, die in Staaten, die nicht auf demokratischer Grundlage beruhen, gegen Versammlungen und Vereinigungen von Kindern vorgenommen werden. Das sind etwa gewaltsame Auflösungen von Versammlungen, die entgegen dem Gewaltverbot des Art. 19 KRK Kinder zu Schaden kommen lassen.

Qualifikation des Rechts

Die Vereinigungs- und Versammlungsfreiheit stellen Teilnahmerechte dar. Sie geben dem Kind die Gelegenheit in die gesellschaftlichen Prozesse einzugreifen oder jedenfalls diese in ihren Taktiken und Verfahren zu erlernen.[79]

Sowohl Vereinigungs- als auch Versammlungsfreiheit sind allgemeine Menschenrechte, die den bürgerlichen und politischen Rechten zuzuordnen sind.

Umsetzung in Rußland

Auch die Vereinigungsfreiheit und die Versammlungsfreiheit finden ihre Grundlagen in der russischen Verfassung. Während die Vereinigungsfreiheit in Art. 30 russ. Verf. als allgemeines Menschenrecht ausgestaltet ist, wird die Versammlungsfreiheit in Art. 31 russ. Verf. als Bürgerrecht gewährt. Artikel 30 russ. Verf. gibt jedermann das Recht auf Vereinigung einschließlich der Mitgliedschaft in Gewerkschaften. Der zweite Absatz der Verfassungsvorschrift spricht das Verbot aus, jemanden zu zwingen, Mitglied in einer Vereinigung zu werden oder zu bleiben. Alle gesellschaftlichen Vereinigungen sind vor dem Gesetz gleich, Art. 13 russ. Verf.[80] Das Recht auf Vereinigung aus der rus-

---

[78] Newell S. 57.

[79] Flekkøy/Kaufman S. 53.

[80] Dazu Tumanov (Fn. 59), S. 169 f.

sischen Verfassung schließt auch die Freiheit der inneren Organisation ein. Vereinigungen können verschiedene Organisationsformen annehmen,[81] sie können sich ihre eigene Satzung geben.[82]

Nach Art. 31 russ. Verf. hat jeder Staatsbürger das Recht auf friedliche Versammlung ohne Waffen. Das Recht bezieht sich ausdrücklich darauf, Versammlungen, Treffen, Demonstrationen, Umzüge und Streiks abzuhalten. Dabei bezeichnet der Begriff der Versammlung das Zusammentreffen mehrerer Staatsbürger an einem zuvor bestimmten Platz zum Austausch über irgendwelche Fragen, der Begriff des Treffens die organisierte Äußerung der gesellschaftlichen Meinung, die gemeinsame Unterstützung von Forderungen u.ä. Eine Demonstration ist demgegenüber die organisierte Äußerung einer kollektiven oder individuellen Meinung über eine Frage des gesellschaftlichen oder staatlichen Lebens. Umzüge sind Demonstrationen, die mit einem Element der Bewegung verbunden sind.[83]

Die Grenzen der Vereinigungs- und der Versammlungsfreiheit ergeben sich aus Art. 55 Abs. 3 russ. Verf., der einen allgemeinen Bundesgesetzesvorbehalt für alle Rechte und Freiheiten aus der Verfassung formuliert und die Ziele einer solchen Gesetzgebung auf die Sicherung der Verfassungsordnung (Art. 1 - 16 russ. Verf.), der Sittlichkeit, der Gesundheit und der Rechte und gesetzlichen Interessen anderer Menschen sowie der Sicherung der Verteidigung des Landes und der Sicherheit des Staates festlegt. Außerdem unterliegen sowohl Vereinigungs- als auch Versammlungsfreiheit der Beschränkung in Notstandslagen nach Art. 56 russ. Verf.[84]

Während die Vereinigungsfreiheit ausführlich in allgemeinen und besonderen Parlamentsgesetzen ausgestaltet ist, findet sich zum Schutz der Versammlungsfreiheit lediglich eine Vorschrift im russ. StGB und ein Erlaß des Präsidenten.[85] Nach Art. 149 russ. StGB wird die ungesetzliche Untersagung der Durchführung von Versammlungen, Treffen, Demonstrationen, Streiks oder der Teilnahme an ihnen oder der Zwang zur Teilnahme an ihnen dann bestraft, wenn die Tat durch eine Amtsperson in Ausübung ihrer amtlichen Tätigkeit oder unter Anwendung von Gewalt oder unter Androhung von Gewalt verübt wird. Gesetzmäßig ist die Untersagung dann, wenn die Versammlung darauf

---

81 Tumanov (Fn. 59), S. 169.

82 D.B. Schumko, Kommentar zu Art. 30 russ. Verf. in: B.N. Topornin, *Kommentar zur russ. Verf.*, Moskau 1997, S. 240.

83 Schumko, Kommentar zu Art. 31 russ. Verf. ebenda, S. 244.

84 Schumko (Fn. 83).

85 Erlaß des Präsidenten vom 25. 5. 1992 "O porjadkje organisazii i prowedenija mitingov, ulitschnych schetsbij, demonstrazij i piketirovanija", *VSNDRFiVSRF* vom 4. 6. 1992, No. 22, st. 1216.

abzielt, die Grundlagen der Verfassungsordnung gewaltsam zu ändern, die Rechte und Freiheiten anderer zu verletzen oder Rassen-, Klassen-, religiösen oder nationalen Haß zu schüren, Punkt 1 des Präsidentenerlasses.[86] Während der Versammlung haben die Teilnehmer die Gesetze und die öffentliche Ordnung zu achten und dürfen keine Waffen oder sonstigen Werkzeuge bei sich tragen, die dazu geeignet sind, gegen Gesundheit und Leben anderer vorzugehen. Bei Verstoß gegen diese Regeln und bei mangelnder Anmeldung einer öffentlichen Versammlung kann diese aufgelöst werden.[87]

Die Regelungen der Vereinigungsfreiheit finden sich im Gesetz über die gesellschaftlichen Vereinigungen (VereinigungsG)[88] und im Gesetz über die staatliche Unterstützung von Kinder- und Jugendorganisationen (JugendorganisationsG).[89]

Artikel 3 VereinigungsG legt den Anwendungsbereich der Vereinigungsfreiheit nach der Verfassung aus. Danach schließt das Recht des Staatsbürgers auf Vereinigung das Recht ein, freiwillig gesellschaftliche Organisationen zum Schutz allgemeiner Interessen und zur Erreichung gemeinsamer Ziele zu gründen. Es schließt auch das Recht ein, in bestehende Vereinigungen einzutreten, von ihnen wegzubleiben oder aus ihnen ungehindert auszutreten. Für die Gründung von Vereinigungen ist keine behördliche Genehmigung notwendig, die Registrierung von gesellschaftlichen Organisationen ist aber konstitutiv.[90]

Die Grenze des Rechts auf Gründung von und Tätigkeit in gesellschaftlichen Vereinigungen bildet die demokratische Grundordnung. Daher sind Vereinigungen unzulässig, deren Ziel die gewaltsame Änderung der Grundlagen des Staatsaufbaus und die Zerstörung der Gesamtheit (Einheit) der Russischen Föderation, die Schädigung der Sicherheit des Staates, die Gründung bewaffneter Einheiten und das Schüren von sozialem, nationalem, religiösem oder Rassenhaß ist, Art. 16 VereinigungsG. In diesen Fällen können gesamtrussische und internationale Organisationen durch Gerichtsbeschluß aufgelöst werden.[91] Artikel 17 VereinigungsG verbietet den Eingriff des Staates, staatlicher Organe und von Amtspersonen in die Tätigkeit gesellschaftlicher Vereinigungen und

[86] Schumko (Fn. 83), S. 245.
[87] Schumko (Fn. 83), S. 246.
[88] Sakon "Ob obschtschestvennych obedinenijach" Gesetz der Russischen Föderation vom 19. 5. 1995 No. 82-FS.
[89] Sakon "O gosudarstvennoj poderschkje mologjoschniych i detskich obschtschestvennych obedinenij", Gesetz der Russischen Föderation vom 28. 6. 1995, No. 98-FS, *SZRF* 1995 No. 27 st. 2503 S. 4777 ff.
[90] Tumanov (Fn. 59), S. 170.
[91] Schumko (Fn. 83), S. 242.

den Eingriff gesellschaftlicher Vereinigungen in staatliche Tätigkeiten. Artikel 17 VereinigungsG stellt allerdings nicht klar, welche staatliche Tätigkeit hier gemeint ist. Jedoch wird man die Vorschrift eng auslegen müssen, so daß nicht jeglicher Eingriff in jegliche staatliche Tätigkeit erfaßt ist, denn sonst könnte unter Umständen schon die bloße negative Meinungsäußerung oder die gesellschaftliche Kontrolle von Kinderheimen durch Besuche von Mitgliedern von Vereinen durch diese Vorschrift verboten sein.

Im Gesetz über die staatliche Unterstützung von Jugendorganisationen werden die Grundsätze dieser staatlichen Unterstützung festgelegt. Nach Art. 3 JugendorganisationG haben humane Werte Priorität, alle Vereinigungen, die den Voraussetzungen des Gesetzes entsprechen, werden gleichbehandelt. Die Eigenständigkeit von Jugend- und Kinderorganisationen wird geachtet und die staatlichen Organe arbeiten mit nichtstaatlichen Organisationen zusammen, um auch eine nichtstaatliche Unterstützung von Kinder- und Jugendorganisationen zu etablieren. Die staatliche Unterstützung besteht in der Versorgung der entsprechenden Organisationen mit Information, der Bereitstellung von Vergünstigungen für sie, in der Ausarbeitung von staatlichen und interregionalen Programmen für Kinder- und Jugendorganisationen und in der staatlichen Unterstützung der Projekte der Organisationen, Art. 6 - 10 JugendorganisationG. Unterstützt werden nach Art. 4 JugendorganisationG Jugendorganisationen und Kinderorganisationen. Jugendorganisationen sind solche, deren Mitglieder Staatsbürger bis 30 Jahren sind und die aufgrund gemeinsamer Interessen gegründet wurden. Sie sind gerichtet auf die Befriedigung geistlicher oder anderer immaterieller Bedürfnisse, auf Sicherung des sozialen Werdegangs, der Entwicklung der Mitglieder und zum Schutz ihrer eigenen Rechte und Freiheiten. Kinderorganisationen haben Mitglieder bis zum Alter von 18 Jahren und Erwachsene, die sich zusammengefunden haben, um gemeinsam die Interessen der Mitglieder, deren werkliche Fähigkeiten und sozialen Werdegang zu verwirklichen und deren eigene Rechte und Freiheiten zu sichern. Das JugendorganisationG ist das erste Gesetz in der Geschichte Rußlands, das eine juristische Basis für die Tätigkeit von Kinderorganisationen schafft.[92] Die Kinderorganisationen können an der Erfüllung der staatlichen Aufgabe zur Schaffung sozialer Dienste, von Informations- und Innovationszentren, Freizeitzentren, bei der Ausarbeitung von Sozialarbeitsprojekten und ähnlichem mehr teilnehmen.[93]

---

92 Zweiter russ. Staatenbericht Abs. 58.

93 Zweiter russ. Staatenbericht Abs. 58, Committee on the Rights of the Child, Summary Records of the 64th meeting: Russian Federation. 27/01/93, CRC/C/SR.64. Abs. 48.

Tatsächlich haben sich auch in diesem und anderen Bereichen inzwischen Kinder- und Jugendorganisationen gebildet.[94] Sie sind im gesellschaftlich-politischen Bereich, als Pfadfinder, im Pressewesen und auch explizit für die Rechte des Kindes tätig. Sie werden vom Komittee für die Angelegenheiten Jugendlicher der Russischen Föderation unterstützt. In einem nationalen Rat für Jugendorganisationen in der Russischen Föderation sind sie zusammengeschlossen.[95] Soweit ersichtlich können auch viele dieser Organisationen ihre Tätigkeit unabhängig und ohne Einmischung des Staates erfüllen. Allerdings ist die Öffentlichkeitsarbeit und der Bekanntheitsgrad dieser Organisationen oft mangels finanzieller Mittel schwierig.

Nach dem Gesetz über die gesellschaftlichen Vereinigungen findet die Interessenvertretung des Kindes in gesellschaftlichen Organisationen und im Rahmen der lokalen Selbstverwaltung statt.[96]

Auf regionaler Ebene haben sich außerdem Kinderparlamente, Kinderkammern bei Parlamenten und eine Kinderduma gebildet.[97]

Art. 26 Soziale Sicherheit

Artikel 26 KRK sichert das Recht des Kindes auf Leistungen der sozialen Sicherheit. Er schließt ausdrücklich die Sozialversicherung ein. Das Recht wird im Rahmen der innerstaatlichen Regelungen gewährt. Das Ob und die Höhe der Leistungen richtet sich nach der Situation des Kindes. Artikel 26 Abs. 2 KRK sieht außerdem eine Beantragung der sozialen Leistungen vor.

Entstehungsgeschichte

Schon der polnische Entwurf enthielt einen Artikel zur Thematik der sozialen Sicherheit des Kindes.[98] 1984 wurde dieser Vorschlag durch einen Vorschlag der ILO ersetzt, der größere Ähnlichkeit mit Art. 9 IPwirtR hatte.[99] Gegenüber diesem Vorschlag setzten sich die Stimmen durch, die eine Anpassung des rechtlichen Inhalts der Vorschrift an die tatsächlichen Gegebenheiten forderten und die soziale Sicherung des Kindes als ein Ziel ansahen, dessen Verwirklichung schrittweise erfolgt.[100]

---

94 Aufstellung der wichtigsten Kinder- und Jugendorganisationen, die sich vorrangig mit den Rechten von Kindern beschäftigen bei J.K. Schneckendorf, *Putevoditel po Konvenzii o prawach rebjonka*, Moskau 1997, S. 215 ff.; erster russ. Staatenbericht Abs. 83.

95 Schneckendorf (Fn. 94).

96 Zweiter russ. Staatenbericht Abs. 45.

97 Zweiter russ. Staatenbericht Abs. 45.

98 E/CN.4/1349* S. 4, Detrick S. 369, Dorsch S. 173.

99 E/CN.4/1984/71 Abs. 87 Detrick S. 365 f., Dorsch S. 174.

100 Ebenda Abs. 85 ff., Detrick a.a.O., Dorsch a.a.O.

Der zweite Absatz wurde von Australien und den Niederlanden initiiert. Es sollte vor allem klargestellt werden, daß auch Kinder Empfänger der Leistung sein können.[101] In der zweiten Lesung machte der Vertreter der UdSSR den Einwand geltend, daß Art. 26 Regelungen treffe, die schon in anderen Vorschriften der Konvention getroffen worden seien, daher sei ein gesonderter Artikel über soziale Sicherheit unnötig.[102] Dieser Einwand setzte sich aber nicht durch. Auch in zweiter Lesung kam der Zusatz "in Übereinstimmung mit dem innerstaatlichen Recht" im ersten Absatz hinzu.[103]

Soziale Sicherheit

Artikel 26 KRK definiert den Begriff der sozialen Sicherheit nicht. Auch in anderen internationalen Übereinkünften, die das Recht auf soziale Sicherheit anerkennen, findet sich keine Definition. So gewährt Art. 9 IPwirtR das Recht auf soziale Sicherheit, ohne genauer zu spezifizieren, was soziale Sicherheit ist. Lediglich die Tatsache, daß die Sozialversicherung Teil der sozialen Sicherheit ist, wird festgestellt.

Auf regionaler Ebene gibt zumindest Art. 12 Europäische Sozialcharta einen Überblick darüber, was bei der Frage der sozialen Sicherheit zu beachten ist. Er spricht von einem System der sozialen Sicherheit. Außerdem verweist er auf die Standards der ILO-Convention Nr. 102,[104] die Mindestnormen für die soziale Sicherheit eines Landes festlegt.

Artikel 25 Nr. 2 AllgEMR formuliert ein besonderes Recht von Mutter und Kind auf Hilfe und Unterstützung und ein Gleichheitsrecht auf sozialen Schutz.

Sowohl aus der Norm des Art. 25 Nr. 2 AllgEMR als auch aus Art. 12 Europäische Sozialcharta lassen sich Schlüsse auf die Auslegung des Art. 26 KRK ziehen. Artikel 12 Europäische Sozialcharta setzt ein System der sozialen Sicherheit voraus. Ein solches impliziert Art. 26 KRK in der Formulierung "in Übereinstimmung mit dem innerstaatlichen Recht". Denn soziale Sicherheit kann nicht gewährt werden, wenn sie im innerstaatlichen Recht nicht auf die eine oder andere Weise geregelt ist. Überhaupt keine soziale Sicherheit ist nach Art. 26 KRK nicht zulässig, denn damit würde ja das Recht des Kindes auf soziale Sicherheit leerlaufen. Damit schreibt Art. 26 KRK den Staaten vor, ein System der sozialen Sicherheit, und seien es nur minimale Standards, sicher-

---

101 Ebenda Abs. 89, 93, Detrick S. 366 f., Dorsch S. 174.

102 E/CN.4/1989/46, S. 75-78, Abs. 439, Detrick S. 368.

103 E/CN.4/1989/48 Abs. 440 ff., Detrick S. 469 ff., Dorsch S. 174.

104 Übereinkommen der Internationalen Arbeitsorganisation über die Mindestnormen der Sozialen Sicherheit, Nr. 102, vom 28. 5. 1952, UNTS vol. 210 S. 131 ff.

zustellen. Zu diesen Mindeststandards gehören Gesundheit, Ernährung, Bekleidung und Wohnung (Art. 24 und 27 KRK).

Weiterhin enthält Art. 26 KRK ähnlich wie Art. 25 Nr. 2 allgEMR ein Gleichheitsrecht. Das ergibt sich zum einen aus dem allgemeinen Diskriminierungsverbot des Art. 2 KRK, das auch auf Art. 26 KRK anzuwenden ist. Danach ist Gleiches gleich und Ungleiches ungleich zu behandeln. Angewandt auf Art. 26 Abs. 2 KRK bedeutet das, daß Kinder, die einen Bedarf an sozialer Sicherheit haben, ihn bekommen müssen, Kinder, die keinen Bedarf haben, weil sie anderweitig ausreichend abgesichert sind, brauchen keine Leistungen der sozialen Sicherheit. Nach Art. 26 Abs. 1 und 2 KRK in Verbindung müssen also alle in Bezug auf soziale Sicherheit nach ihrem Bedarf gleich behandelt werden. Eine Möglichkeit der Ungleichbehandlung sehen lediglich Art. 2 Abs. 2 und 23 KRK vor. Danach können behinderte Kinder positiv nicht aber negativ diskriminiert werden, um ihre entwicklungsbedingten Nachteile auszugleichen. Das gilt auch und vor allem im Bereich der sozialen Sicherheit.[105]

Im übrigen überläßt Art. 26 KRK den Staaten die Auslegung und Ausgestaltung des Begriffs der sozialen Sicherheit.[106] Insbesondere schreibt er nicht vor, daß das System der sozialen Sicherheit ein staatliches sein muß. Vielmehr kann es auch in privater Form organisiert sein, solange die Gleichheit in der sozialen Sicherheit gewährleistet ist.

Auch welche Leistungen zur sozialen Sicherheit und innerhalb der sozialen Sicherheit zu den Sozialversicherungen zu zählen sind, sieht Art. 26 selbst nicht vor. Gewisse Mindeststandards ergeben sich aus anderen Vorschriften der Konvention. Artikel 24 KRK stellt das Recht des Kindes auf das erreichbare Höchstmaß an Gesundheit fest. Dem Kind darf der Zugang zu Gesundheitsdiensten nicht vorenthalten werden. Damit ist sicherzustellen, daß dem Kind, das nicht von anderer Seite die notwendigen Mittel bekommt, im Wege der Sozialversicherung - etwa einer Krankenversicherung - oder anderer Formen der sozialen Sicherheit der Weg zu Gesundheitsdiensten zu eröffnen ist.

Die Zielrichtung der sozialen Sicherheit ergibt sich aus Art. 27 Abs. 1 KRK. Danach hat das Kind das Recht auf einen angemessenen Lebensstandard. Ziel der Leistungen der sozialen Sicherheit muß es also sein, dem Kind diesen angemessenen Lebensstandard zur Verfügung zu stellen.[107] Grundlage des angemessenen Lebensstandards sind Ernährung, Bekleidung und Wohnung,

---

105 Newell S. 103.

106 Bericht der Bundesrepublik Deutschland, S. 33 f.; Schweizer Bundesrat, *BBl* 146 (1994) S. 52.

107 Newell S. 103.

Art. 27 Abs. 3 KRK a.E. Neben Art. 27 KRK hat aber Art. 26 KRK einen anderen Anwendungsbereich, da er dem Kind selbst ein eigenes Recht gewährt, während Art. 27 Abs. 3 KRK die Staaten nur zur Unterstützung der Eltern in ihrer Aufgabe auffordert. Diese Unterscheidung wird allerdings durch Art. 26 Abs. 2 KRK weitestgehend bedeutungslos, da danach die wirtschaftlichen Verhältnisse des Kindes und des Unterhaltspflichtigen bei der Gewährung von sozialer Sicherheit zu berücksichtigen sind. Da in den meisten Rechtsordnung die Eltern und andere für das Kind verantwortliche Personen identisch sind mit den Unterhaltspflichtigen, kommt man bei der Auslegung von Art. 26 Abs. 2 und Art. 27 Abs. 3 KRK zu einem praktisch identischen Ergebnis. Unterschiede sind lediglich dann denkbar, wenn das Kind selbst - nicht aber die Eltern - Vermögen hat oder wenn die gesetzlich für das Kind verantwortlichen Personen nicht identisch sind mit den Untershaltspflichtigen nach Art. 26 Abs. 2 KRK. Letzteres ist insbesondere denkbar in den Fällen des Entzugs der Elternrechte, in denen das Kind weiterhin unterhaltsberechtigt bleibt, für es aber andere Personen sorgen und die gesetzliche Verantwortung tragen.

Artikel 26 KRK sieht keine Möglichkeit des Schutzes des Kindes vor, wenn in der Familie zwar ausreichend Mittel vorhanden sind, diese aber nicht so in der Familie verteilt werden, daß ein angemessener Lebensstandard gesichert ist. Einen solchen Schutz können und müssen die Staaten aber im Rahmen der Umsetzung von Art. 27 KRK sicherstellen. Für eine solche Sicherstellung reicht es oft, wenn staatliches Geld ausdrücklich etwa als Kindergeld deklariert wird.[108] In anderen Fällen müssen andere Vorkehrungen zur Mittelverteilung in der Familie, etwa über das Unterhaltsrecht getroffen werden.

Artikelimmanente Grenzen

Artikel 26 KRK selbst enthält einige Grenzen für das Recht des Kindes auf soziale Sicherheit. Zunächst wird das Recht in Übereinstimmung mit dem innerstaatlichen Recht gewährt. Diese Klausel scheint zunächst eine überflüssige Klarstellung zu sein, denn der Begriff der sozialen Sicherheit bedarf ja ohnehin trotz seiner Erwähnung und teilweisen Definition in anderen Übereinkommen im Rahmen der Kinderrechtskonvention der Ausgestaltung durch die innerstaatlichen Gesetze und Maßnahmen. Außerdem gibt auch Art. 4 KRK den Staaten das Recht nur im Rahmen ihrer verfügbaren Mittel soziale Recht wie das aus Art. 26 KRK zu verwirklichen.

Es stellt sich jedoch die Frage, ob die Fluchtklausel des Art. 26 Abs. 1 KRK nicht noch weiter geht und den Staaten die Möglichkeit gibt, auch Garantien der sozialen Sicherheit innerstaatlich abzubauen. Das könnte sich daraus

108 Newell S. 101.

ergeben, daß Art. 26 Abs. 1 KRK von Übereinstimmung mit dem innerstaatlichen Recht spricht. Wenn das innerstaatliche Recht eine Art Systemwechsel vollzieht oder in das innerstaatliche Recht zwischenstaatliche Kriterien wie etwa die Kriterien für die Teilnahme am Europäischen Währungssystem im Rahmen der Europäischen Union aufgenommen und zu diesem Zweck das System geändert werden muß, um Ausgaben zu sparen, kann das eine faktische Reduktion sozialer Sicherheit nach sich ziehen. Eine Antwort gibt Art. 26 Abs. 1 KRK selbst. Er stellt nämlich klar, daß das Recht aus Art. 26 Abs. 1 KRK zwar in Übereinstimmung mit dem innerstaatlichen Recht zu verwirklichen ist. Es ist aber dabei die Zielrichtung, nämlich die volle Verwirklichung des Rechts festgelegt. Die Konvention schreibt deshalb eine dynamische Umsetzung vor. Daher kann ein Abbau sozialer Sicherheit in der Regel nicht von der Fluchtklausel des Art. 26 Abs. 1 KRK gedeckt sein.

Artikel 26 Abs. 2 KRK sieht implizit eine weitere Grenze des Zugangs zu sozialer Sicherheit vor. Dort ist nämlich die Beantragung von Sozialleistungen angesprochen und als selbstverständlich angenommen. Aus der Formulierung läßt sich zwar kein unbedingtes Antragserfordernis herleiten. Es zeigt sich aber, daß die Konvention von der Notwendigkeit einer Beantragung von Sozialleistungen ausgeht. Das ist die notwendige Schlußfolgerung des Grundgedankens des Vorrangs der Familie in der Konvention. Könnte der Staat ohne Antrag Sozialleistungen gewähren, wäre ihm so die Möglichkeit eröffnet, entgegen Art. 9, 16 und 18 KRK in die Familie einzugreifen. Das versucht die KRK in verschiedenen Vorschriften, wie etwa in Art. 27 Abs. 3 zu verhindern. In diesem Sinne ist auch Art. 26 Abs. 2 KRK auszulegen. Der Staat darf nicht durch Leistungen der sozialen Sicherheit in das Familienleben eingreifen. Daher unterliegen Leistungen der sozialen Sicherheit in der Regel einer Antragspflicht.

Qualifikation des Rechts

Artikel 26 KRK enthält ein typisches soziales Recht. Es ist nicht kindspezifisch, denn es findet sich als allgemeines Menschenrecht auch in Art. 9 IPwirtR und Art. 12 Europäische Sozialcharta. Artikel 26 KRK sichert die Lebensgrundlage des Kindes und ist damit den *Provision Rights* zuzurechnen.

Umsetzung in Rußland

Ähnlich wie Art. 9 IPwirtR und Art. 26 KRK gewährt Art. 39 Abs. 1 russ. Verf. jedermann die Garantie der sozialen Sicherheit entsprechend seinem Alter, für den Fall der Krankheit, Invalidität, Verlust des Ernährers und für die Erziehung von Kindern. Aus der Tatsache, daß die Erziehung von Kindern als besonderer Grund für die Gewährung von Leistungen sozialer Sicherheit genannt ist, ist nicht zu schließen, daß ein Kind aus Art. 39 russ. Verf. keine Rechte herleiten kann. Im Gegenteil, gerade die Alternative des Verlustes des Ernährers ist speziell auf Kinder angelegt.

Das russische Verfassungsgericht leitet aus dieser Vorschrift die Verfassungswidrigkeit von Regelungen ab, die arbeitsunfähige Mitglieder der Gesellschaft, wie etwa Kinder, völlig ohne Hilfe lassen.[109] Daraus ergibt sich im Umkehrschluß implizit die Forderung nach Gewährung eines Existenzminimums nach der russischen Verfassung.[110]

Nach Art. 39 Abs. 2 russ. Verf. werden staatliche Pensionen und soziale Zuwendungen durch den Gesetzgeber bestimmt. Dem dritten Absatz gemäß werden freiwillige Sozialversicherungen und die Gründung zusätzlicher Formen der sozialen Sicherheit und Wohltätigkeit gefördert.

Diese Vorschrift der russischen Verfassung und die Vorschrift des Art. 26 KRK werden in der einfachen Gesetzgebung der Russischen Föderation im wesentlichen in fünf Gesetzen umgesetzt.[111] Diese sind das Gesetz über die staatlichen Pensionen (PensionsG)[112], das Gesetz über die staatlichen Zuwendungen für Staatsbürger mit Kindern (ZuwendungsG)[113], das Gesetz über die Grundlagen der sozialen Leistungen an die Bevölkerung (SozialGrdlG)[114], das Gesetz über die soziale Sicherung von Behinderten in der Russischen Föderation[115] und das Gesetz über die medizinische Versicherung der Staatsbürger der Russischen Föderation[116].

Das Pensionsgesetz zählt nach seinem Art. 50 zu den Berechtigten einer staatlichen Rente die Kinder, Geschwister, Nichten und Neffen eines Verstorbenen, sofern sie das achtzehnte Lebensjahr noch nicht überschritten haben oder vor Überschreitung des achtzehnten Lebensjahrs invalide geworden sind. Für Geschwister, Nichten und Neffen gilt das nur, sofern sie keine arbeitsfähigen Eltern haben. Stiefsohn und Stieftochter werden den leiblichen Kindern gleich-

---

109 Entscheidung des russ. Verfassungsgerichts vom 16. 10. 1995, *SZRF* 1995 Nr. 43, st. 4110.

110 A. Nußberger, "Die Grundrechte in der Rechtsprechung des russischen Verfassungsgerichts" *EuGRZ* 25 (1998) 105 ff., 115 f.

111 Zweiter russ. Staatenbericht Abs. 99.

112 Sakon RSFSR "O gosudarstewennych pensijach w RSFSR" Gesetz vom 20. 11. 1990, No. 340-1, *VSND RSFSR i VS RSFSR* 1990, No. 27, st. 352.

113 Sakon RF "O gosudarstvennych posobijach graschdanam, imejuschtschim detej" Gesetz der Russischen Föderation vom 19. 5. 1995, No. 81-FS, *SZRF* 1995 No. 21, st. 1929, No 48 st. 4566; 1996, Nr. 49, st. 5489; 1997 No 1 st.3.

114 Sakon RF "Ob osnovach sozialnogo obsluschivanija naselenija w Rossijskoj Federazii" Gesetz der Russischen Föderation vom 10.12.1995, No. 195-FS; *SZRF* 1995, No. 50, st. 4872.

115 Vgl. dazu oben Kap. 8 zu Art. 23 KRK.

116 Dazu oben Kap. 4 zu Art. 24 KRK.

gestellt, Art. 52 PensionsG. Minderjährige Kinder behalten ihren Rentenanspruch, wenn sie adoptiert werden, Art. 55 PensionsG.

Die Rente beträgt 30 % des mittleren Arbeitseinkommens des Verstorbenen für jedes arbeitsunfähige Familienmitglied.[117] Zusätzlich bekommen Kinder, die beide Elternteile oder eine alleinerziehende Mutter verloren haben, die Hälfte der gesetzlichen Mindestaltersrente, Art. 62 PensionsG. Diese Rente wird Kindern, die in staatlichen Einrichtungen untergebracht sind, zur Hälfte ausgezahlt, wenn sie beide Elternteile verloren haben, und zu einem Viertel in allen anderen Fällen, Art. 73 PensionsG.

Familien mit Kindern stehen nach dem Zuwendungsgesetz in verschiedenen Situationen einmalige und monatliche Zuwendungen zu, Art. 3 ZuwendungsG. Eine Zuwendung an die Mutter ist für die Zeit der Schwangerschaft und der Geburt vorgesehen, Art. 3, 8 ZuwendungsG[118]. Diese bestimmt sich für Frauen, die staatlich sozialversichert sind, nach dem gemittelten Arbeitseinkommen. Frauen, die aus einem liquidierten Unternehmen ausgestiegen sind, bekommen den staatlichen Mindestlohn bis zu 12 Monate nach Anerkennung ihrer Arbeitslosigkeit und Frauen in der Berufsausbildung bekommen ein Stipendium.

Bei der Geburt des Kindes wird eine einmalige Zuwendung in Höhe des zehnfachen staatlichen Mindestlohns gewährt, Art. 12 ZuwendungsG. Während der ersten anderthalb Lebensjahre des Kindes kann eine monatliche Zuwendung in Höhe des staatlichen Mindestlohns unabhängig von der Zahl der Kinder gewährt werden, wenn die Mutter oder der Vater zu Hause bleibt, um für das Kind zu sorgen, Art. 15 ZuwendungsG. Bis zum Alter von 16, bei allgemeinbildende Schulen besuchenden Kinder bis zum Alter von 18 Jahren wird ein monatliches Kindergeld in Höhe von 70 % des staatlichen Mindestlohns gezahlt, das für alleinerziehende Mütter um 50 % erhöht wird, Art. 17 ZuwendungsG.[119]

Nach dem Gesetz über die Grundlagen der Sozialhilfe für die Bevölkerung wird Staatsbürgern materielle Hilfe gewährt, die sich in einer schwierigen Lebenssituation befinden. Ergänzend gibt das Gesetz über das Existenzminimum[120] die notwendigen Kriterien an die Hand. Danach ist das Existenzmini-

---

117 Die Arbeitsfähigkeit von Kindern bestimmt sich nach den gesetzlichen Vorschriften über das Mindestalter zur Arbeit. Dazu oben Kap. 5 zu Art. 32 KRK.

118 Dazu D. Tubolev/O. Pavlenko "Posobija na beremennosti i rodam" *Prawda Burjatii*, 6.9.1996, No. 170; Beitrag in der *Utro Rossii*, g. Wladiwostok, 17. 12. 1995, No. 254, "Posobija na detej".

119 Zweiter russ. Staatenbericht Abs. 100.

120 Sakon "O proschitotschnom minimume w Rossijskoj Federazii" Gesetz der Russischen Föderation vom 24. 10. 1997, No. 134-FS.

mum, das von den Föderationssubjekten für ihre Territorien festgelegt wird, Grundlage für die Berechnung staatlicher Zuwendungen, Art. 5 ExistenzminimumG. Eine Familie, die weniger als das so festgesetzte Existenzminimum hat, wird als geringbesitzend angesehen und hat ein Recht auf Sozialhilfe, Art. 6 ExistenzminimumG. Die Hilfe wird in Form von Geld, Nahrungsmitteln, sanitären und Hygieneartikeln, Mitteln zur Kindessorge, Kleidung, Schuhen und anderen vorrangig notwendigen Dingen, Heizstoffen, speziellen Transportmitteln und technischen Hilfsmitteln für Behinderte gewährt, Art. 8 SozialGrdlG. Darüber hinaus werden vor allem Minderjährigen kostenlose Leistungen der Sozialversicherung gewährt, Art. 16 SozialGrdlG.

Neben diesen allgemeinen Gesetzen werden auch in einzelnen für das Kind relevanten Bereichen Vergünstigungen und Zuwendungen gewährt. Nach der Verordnung der Regierung der russischen Föderation über Pflegefamilien[121] ist das Amt für Vormundschaft und Pflegschaft dazu verpflichtet, der Pflegefamilie die Mittel auszuzahlen, die sie braucht, um das Kind mit Essen, Kleidung, Spielzeug, Büchern u.ä. auszustatten.

Nach der Verordnung der Regierung der russischen Föderation vom 20.6.1992, Nr. 409, über unaufschiebbare Maßnahmen zum sozialen Schutz von Waisen und Kindern, die auf andere Weise ohne die Fürsorge ihrer Eltern verblieben sind richtet der Staat für diese spezielle Anstalten ein. Kinder, die während ihrer Ausbildung ihre Eltern verlieren, werden vom Staat finanziell unterstützt, Abs. 5 der Verordnung.

Auf der Ebene der Subjekte der Föderation werden Zielprogramme für die Sozialhilfe für Familien und Kinder durchgeführt.[122]

---

121 Postanovlenije Prawitel'stwa R.F. "O prijomnykh semjach" vom 17.7.1996, No. 829.
122 Zweiter russ. Staatenbericht Abs. 100.

10. Die materiellen Rechte aus der Konvention und deren Umsetzung in Rußland

Die materiellen Rechte sind in der Konvention unsystematisch angeordnet. Dennoch haben sie eine Systematik, die nicht an ihrer Reihenfolge sondern aus dem Inhalt der Artikel abzuleiten ist. Die Konvention wird durch die einführenden Vorschriften in Verbindung mit der Präambel eine umfassende Anwendbarkeit für Kinder im Sinne des Art. 1 KRK verliehen. Sie enthält Prinzipien, die die gesamte Konvention durchziehen und bei ihrer Auslegung eine maßgebliche Rolle spielen. Schließlich legt die Konvention für jede Art von Rechten eine Grundnorm fest, die in den übrigen materiellen Rechten der Konvention ausgestaltet werden.

Die ersten vier Artikel aus der Konvention haben nicht nur einführenden Charakter, indem sie den persönlichen (Art. 1 KRK), sachlichen und örtlichen (Art. 2 KRK) Anwendungsbereich der Konvention regeln. Sie geben der Konvention auch ihren umfassenden Charakter. Artikel 2 KRK zeigt durch seine Formulierung "im Hoheitsbereich" eines Staates, daß die Rechte aus der Konvention allen Kindern zustehen sollen. Es kann keine Kinder geben, die nicht dem tatsächlichen Hoheitsbereich wenigstens eines Staates unterstehen. Sofern der Staat die Kinderrechtskonvention ratifiziert hat oder das entsprechende Recht Teil des Völkergewohnheitsrechts ist, kann sich ein Staat nicht aus der Verantwortung für den Schutz der Kinderrechte entlassen. Zwar wird diese umfassende Verpflichtung durch die begrenzte Umsetzungspflicht für wirtschaftliche, soziale und kulturelle Rechte aufgeweicht. Die Begrenzung auf die verfügbaren Mittel wirkt sich aber nicht auf die Berichtspflicht nach Art. 44 KRK aus, denn hier müssen die Staaten zumindest erklären, warum sie bestimmte Recht nicht umsetzen. Auch Art. 4 S. 2 KRK zeigt, daß damit nicht der umfassende Charakter der Kinderrechtskonvention beeinträchtigt werden soll, sondern nur ein Tribut an die Staaten gemacht werden soll, die nicht so gut mit finanziellen Mitteln ausgestattet sind.

Die ersten Artikel aus der Konvention legen auch die grundlegenden Prinzipien der Konvention fest. Diese Prinzipien sind Grundlage für die Auslegung und Anwendung durch die Staaten und den Kinderrechtsausschuß. Ihre Anwendung kann nicht durch Vorbehalte ausgeschlossen werden. Artikel 1 KRK bezeichnet das Kind als Menschen. Darin kommt zum Ausdruck, daß das Kind durch die Konvention zum Subjekt von Rechten gemacht werden soll und nicht zum Objekt von Rechten Dritter. Ihm steht als Mensch die Achtung seiner Menschenwürde zu (Absatz 2 Präambel). Artikel 2 KRK verbietet die Diskriminierung aufgrund der dort aufgezählten Merkmale und gebietet den Schutz des Kindes vor Diskriminierung. Artikel 2 Abs. 2 und 3 Abs. 3 KRK zeigen, daß Sinn der Konvention die Sicherung des Kindes in seiner besonderen Schutzbedürftigkeit ist. Diese ist als Leitbild bei der Auslegung der übrigen Vorschriften anzuwenden. Artikel 3 KRK erhebt das Prinzip des Kindeswohls zur Grundlage der Konvention. Danach ist das Wohl des Kindes vorrangig zu berücksichtigen. Dieser geringe Standard findet sich aber in anderen Vorschriften der Konvention ausdrücklich in stärkerer Ausprägung wieder. Artikel 3 Abs. 2 KRK bezieht die Eltern des Kindes in den Schutzbereich der Konvention ein. Er ist Grundlage für eine dreidimensionale Schutzrichtung der Konvention, in der nicht nur die Beziehung zwischen Kind und Staat, sondern auch die Beziehung zwischen Kind und Eltern sowie zwischen Eltern und Staat Regelung gefunden haben.

Diese Grundprinzipien finden in einigen Basisrechten in der Konvention ihren Niederschlag. Zu diesen Basisrechten gehört zunächst das in Art. 6 KRK geregelte Recht auf Leben. Es umfaßt das Recht auf Überleben, das Art. 6 Abs. 2 und in den Vorschriften über den Gesundheitsschutz und die Kindersterblichkeit sowie über die Rechte des Kindes in bewaffneten Konflikten ausgestaltet wird. Es umfaßt das Recht auf ein menschenwürdiges Leben, das sich in den Vorschriften über das Gewalt- und Folterverbot und den Ausbeutungsschutz wiederfindet. Das Recht auf Überleben führt zu einem Recht auf individuelle Entwicklung, die das Überleben in der Zukunft sichert. Es ist in Art. 6 Abs. 2 KRK geregelt und wird durch die Vorschriften über die mentale, physische aber auch die soziale Entwicklung des Kindes ausgestaltet.

Eng mit dem Recht auf ein menschenwürdiges Leben verbunden ist das Recht auf eine eigene Identität, das seine Grundlage in Art. 8 KRK findet. Gerade dieses Recht sichert die Subjektstellung des Kindes, seine Menschenwürde. Es wird ausgestaltet durch Art. 7, 20, 25 und 30 KRK.

Zu den Basisrechten aus der Konvention zählt weiterhin das Recht auf Betreuung durch die Eltern aus Art. 7 KRK, das einem Elternrecht auf Erziehung des Kindes korrespondiert, Art. 5 KRK. Das Recht auf Betreuung durch die Eltern wird ausgestaltet in dem Leitungsrecht der Eltern nach Art. 14 Abs. 2 und den Kontaktrechten aus Art. 9, 10, 11 und 18 KRK. Die Sicherung des Privat- und Familienlebens im eigenen Kulturkreis (Art. 16, 20, 21 KRK) runden den Schutz ab.

Schließlich ist auch das Recht auf Gleichbehandlung ein Basisrecht aus der Konvention. Artikel 2 KRK hat insofern einen dreifachen Charakter. Er ist Einführungsvorschrift, Ausdruck der Prinzipien der Konvention und gibt dem Kind ein konkretes Recht. Das Recht auf Gleichbehandlung ist bei allen Rechten aus der Konvention zu beachten. Es ist aber besonders in der Verpflichtung zur Einrichtung einer allgemeinen Grundschulpflicht in Art. 28 und im besonderen Schutz des behinderten Kindes in Art. 23 KRK ausgedrückt.

Aufgrund dieser Basisrechte ist die Konvention in die oben behandelten Gruppen von materiellen Rechten einzuteilen.

Das Recht auf Leben und den Schutz vor Gewalt regeln neben Art. 6 KRK die Art. 19 und 37 lit. a KRK. Das Recht auf Leben umfaßt den Schutz vor Landminen, vor Waffen, vor Infektion mit HIV und vor Kindersterblichkeit. Der Schutz vor Gewalt nach Art. 19 KRK sichert das Kind in erster Linie vor innerfamiliärer Gewalt und vor Gewalt in Betreuungseinrichtungen. Nach Art. 37 lit. a KRK ist der Schutz vor Gewalt durch staatliche Organe oder mit Billigung von Amtspersonen ausgedehnt.

Den Gesundheitsschutz sichern Art. 24 und 33 KRK. Während Art. 24 den Gesundheitsschutz umfassend regelt und dabei durch die Aufzählung in seinem zweiten Absatz ausgestaltet wird, betrifft Art. 33 KRK nur einen kleinen Teil des Gesundheitsschutzes, nämlich den besonderen Schutz des Kindes vor Ausbeutung im Bereich der "harten" Drogen. Das Kind darf weder zum eigenen Drogenkonsum verleitet noch als Drogenkurier und damit zum Verleiten anderer zu Drogen mißbraucht werden. Eine Neuheit bildet im Bereich des Gesundheitsschutzes der Art. 24 Abs. 3 KRK, der die Staaten zur Abschaffung bestimmter Bräuche verpflichtet.

Ungewöhnlich für die Kinderrechtskonvention ist die zusammenhängende Anordnung der Vorschriften über den Schutz vor Ausbeutung. Grundlage sind Art. 31 und 36 KRK. Artikel 31 behandelt die Prämisse des Ausbeutungsschutzes, daß nämlich jedes Kind ein Recht auf Ruhe, Freizeit und Erholung hat. Artikel 36 KRK verbietet die Ausbeutung des Kindes allgemein und ist damit ein Auffangrecht für den Fall, daß die spezielleren Normen der Art. 32 ff. KRK nicht eingreifen. Artikel 32 ff. KRK haben teilweise überschneidende Anwendungsbereiche. So ist z.B. Art. 34 KRK insofern *lex specialis* zu Art. 32 KRK als beide die wirtschaftliche Ausbeutung des Kindes durch Kinderpornographie und Kinderprostitution erfassen. Die Vorschriften zur Ausbeutung unterliegen besonders der Kritik, weil sie weit gefaßt sind. Sie haben aber bereits durch die Staaten und den Kinderrechtsausschuß ein hohes Maß an Konkretisierung gefunden, das durch das Zusatzprotokoll zur Konvention unterstützt wird.

Die Konvention enthält über die Rechte des Kindes in bewaffneten Konflikten in Art. 22 und 38, zu deren Ergänzung Art. 39 dient, eine eher rudimentäre Regelung. Das liegt zum einen daran, daß vor allem Art. 38 KRK den Charakter von humanitärem Völkerrecht hat und daher in einem Menschenrechtsdokument ungewöhnlich ist. Es erweist sich aber zur Ergänzung des besonderen Schutzes des Kindes im Fall von Feindseligkeiten als sinnvolle Ergänzung zu den übrigen Menschenrechten aus der Konvention, die mangels allgemeiner Derogationsklausel grundsätzlich auch in bewaffneten Konflikten anzuwenden sind. Die Vorschriften für bewaffnete Konflikte sind inzwischen durch das Zusatzprotokoll ergänzt worden.

Die Rechte auf Eltern und Familie sind in erster Linie als Kontakt- und Umgangsrechte ausgestaltet. Sie betreffen den Fall einer intakten Beziehung zwischen den Elternteilen in Art. 9, 16 und 18 ebenso wie den Fall einer zerbrochenen Beziehung der Eltern in Art. 9, 10 und 11 und den Fall, daß die Familie zu existieren aufgehört hat, Art. 21 KRK.

Neben Art. 8 KRK ist das Recht, das die Identität als erstes sichert das Recht auf Registrierung bei der Geburt nach Art. 7 KRK. In der innerstaatlichen Realität ist die Registrierung bei der Geburt Grundlage für die Gewährung anderer Identitätsrechte im speziellen und Konventionsrechte, wie etwa des Rechts auf Bildung und Gesundheit, im allgemeinen.

Die mentale und physische Entwicklung des Kindes und damit sein Überleben in der Zukunft wird durch Art. 27 ff., 23 KRK geregelt. Artikel 27 sichert den Lebensstandard und einige notwendige Lebensbedingungen des Kindes. Er enthält aber auch eine Fluchtklausel für die Staaten, derzufolge sie nach den Eltern nur innerhalb der innerstaatlichen Verhältnisse und im Rahmen ihrer Mittel einzutreten haben. Artikel 27 KRK bleibt damit hinter dem Standard der Art. 11 IPwirtR und 23 Abs. 1 IPbürR zurück. Artikel 28 KRK enthält ebenso wie Art. 23 KRK als *lex specialis* zu Art. 27 ein Teilnahme- und ein Gleichheitsrecht. Das Recht auf Bildung ist gleichzeitig Hilfe zur Umsetzung der Art. 32 ff., indem es die Möglichkeit der Aufklärung über Möglichkeiten der Selbsthilfe gibt. Insofern findet sich auch ein Überschneidungsbereich mit Art. 24 Abs. 2 lit. e und f KRK.

Die Rechte über die soziale Entwicklung des Kindes in Art. 13, 14, 15, 17 und 26 KRK werfen die Frage auf, inwiefern für die Inhaberschaft eines Rechts eine gewisse Reife notwendig ist. Die Konvention hat in Art. 13, 14 und 15 KRK die Grundentscheidung getroffen, daß Kindern unabhängig von der Möglichkeit ihrer aktuellen Ausübung diese Rechte zustehen. Es besteht allerdings nach Art. 14 Abs. 2 die Möglichkeit der Unterstützung durch die Eltern und nach Art. 17 KRK die Pflicht zu Sicherung und Schutz vor schädlichen Einflüssen durch den Staat.

Die grundlegenden Prinzipien der Konvention und auch die Basisrechte aus der Konvention haben in Rußland implizit oder explizit Eingang in die Verfassung gefunden. Die Subjektstellung des Kindes sichert Art. 18 russ. Verf. der jedem Menschen die Grundrechte und -freiheiten von der Geburt an zugesteht. Ein Diskriminierungsverbot und Gleichbehandlungsgebot findet sich in Art. 19 russ. Verf. Die besondere Schutzbedürftigkeit eines Kindes hat in Art. 38 russ. Verf., der die Kindheit und die Familie unter den besonderen Schutz des Staates stellt, eine Regelung gefunden. Darin ist implizit auch das Prinzip des Kindeswohls enthalten, mit dessen Hilfe Kinder am besten zu schützen sind. Artikel 38 Abs. 2 KRK sichert das Recht und die Pflicht der Eltern, für das Kind zu sorgen und es zu erziehen.

Das Recht auf Leben findet sich in Art. 20 russ. Verf. Die Achtung der Menschenwürde wird in ihren Teilbereichen ausgestaltet, liegt aber der russischen Verfassung und dem russischen Staat nach Art. 2 russ. Verf. zugrunde. Artikel 38 russ. Verf. regelt nicht nur ein Prinzip sondern gibt den Eltern und dem Kind auch das konkrete Recht auf eine Beziehung zueinander. Auch das Diskriminierungsverbot und das Gleichbehandlungsgebot des Art. 19 KRK sind als Recht ausgestaltet.

Auch die speziellen Vorschriften der Konvention sind in der russischen Verfassung und den russischen Gesetzen fast überall vorbildlich umgesetzt. Die Effektivität der Umsetzung verlangt aber auch die Anwendung der erlassenen Gesetze. Hier wird teilweise vom Vorbehalt der begrenzten Mittel des Art. 4 S. 2 Gebrauch gemacht. Teilweise sind die Probleme in der Russischen Föderation neu und bisher ist es nicht gelungen, effektive Konzepte zu schaffen. Andererseits hat die Russische Föderation in einigen Bereichen einen fast vorbildlich zu nennenden Schutz erlangt.

Das Recht auf Leben ist vor allem durch eine faktisch allgemeine Abschaffung der Todesstrafe auch in der Praxis umgesetzt. Das Problem von Selbstmord unter Jugendlichen und HIV ist in Rußland neu. Ebenso wie der Schutz vor Gewalt bereitet er Schwierigkeiten. Erst in jüngerer Zeit wurde damit begonnen, Daten über Selbstmorde, HIV und innerfamiliäre Gewalt aber auch Gewalt durch Amtspersonen zu erheben und einen Versuch zu unternehmen, diese Problem auch durch Verwaltungs- und Sozialmaßnahmen zu lösen.

Die Russische Föderation hat ein System staatlichen Gesundheitsschutzes, das nach eigenen Angaben infolge der wirtschaftlichen Krisen der vergangenen Jahre nicht mehr mit ausreichenden Mitteln ausgestattet ist, um einen effektiven Gesundheitsschutz zu sichern.

Der Schutz des Kindes vor wirtschaftlicher Ausbeutung ist bisher in Rußland gesichert. Im Rahmen der körperlichen Ausbeutung, Art. 34 und 35 KRK, taucht im Tatsächlichen das Problem der Verschleppung von jungen

Mädchen ins Ausland auf. Dem ist Rußland durch rigorose Gesetzgebung zur Ausreise von Minderjährigen begegnet, die mit Hilfe der bereits bestehenden Grenzkontrollen umgesetzt wird.

Durch Einrichtung eines Föderalen Migrationsdienstes wird versucht, den Schutz des Flüchtlingskindes, der bisher zwar gesetzlich geregelt war, dessen Umsetzung durch die Verwaltung aber nur wenig gesichert war, zu verbessern.

Die Eltern- und Familienrechte sind in Rußland im Familiengesetzbuch umgesetzt. Die Kontakt- und Umgangsrechte begegnen in der Verwaltungs- und Rechtsprechungspraxis nur wenigen Problemen.

Die Identität des Kindes ist insofern praktisch nicht umgesetzt als die Unterbringung außerhalb der Familie im Falle des Entzugs der Elternrechte durch die Verwaltung nicht dem Prinzip der vorrangigen Unterbringung in einer Familie gehorcht. Kinder werden vor allem in staatlichen Institutionen untergebracht. Eine beinahe vorbildliche Umsetzung scheint dagegen das Recht auf kulturelle Identität zu finden. Der Vielvölkerstaat Rußland legt in seiner Verwaltung und Gesetzgebung besonderen Wert auf die Wahrung der Vielfalt des Staatsvolks.

Für die Umsetzung des Rechts auf Entwicklung hat die Russische Föderation von der Fluchtklausel des Art. 27 KRK tatsächlich Gebrauch gemacht. Sie hat zwar nach dem Gesetz die Pflicht an die Stelle der Eltern zur Sicherung der Lebensgrundlagen zu treten. Für die Erfüllung dieser Pflicht fehlen aber die finanziellen Ressourcen. Die Umsetzung des Art. 23 KRK ist weder in Gesetzgebung noch in der Verwaltung effektiv. Kinder werden auf Druck der Verwaltung oder der (staatlich angestellten) Kinderärzte in Heime abgeschoben, in denen ihre Entwicklung nicht gemäß Art. 23 KRK gefördert wird. Artikel 28 und 29 KRK sind dagegen im hohen Maße umgesetzt. Es besteht eine Grundschulpflicht und der Zugang zu staatlichen Schulen ist gesetzlich festgelegt und gesichert.

Die Rechte auf soziale Entwicklung sind nur teilweise praktisch ausreichend umgesetzt. Die Informationsfreiheit wird durch eine fast willkürliche Handhabung des Instruments des Staatsgeheimnisses beeinträchtigt. Der Schutz des Kindes vor schädlichen Informationen ist dagegen ausreichend umgesetzt. Die Gesetze über die Versammlungs- und Vereinigungsfreiheit setzen Art. 15 KRK dem Wortlaut getreu um. Einschränkungen ergeben sich in der Praxis allenfalls daraus, daß Kinder sich die Teilnahme an Vereinigungen nicht leisten können. Die Umsetzung des Art. 26 KRK führt nicht zu einer Hilfe, denn der Russischen Föderation fehlen auch insofern die finanziellen Mittel.

11. Rechte im Verfahren

Neben den bisher behandelten materiellen Rechten enthält die Konvention auch einige Rechte, die als Verfahrensrechte ausgestaltet sind. Artikel 12 KRK ist insofern das grundlegende Recht, das dem Kind ein Mitspracherecht im Verfahren und das Recht auf rechtliches Gehör gewährt. Artikel 37 lit. b bis d KRK enthält gleichzeitig Rechte im Verfahren und das materielle Abwehrrecht gegen willkürlichen Freiheitsentzug. Artikel 40 KRK schließlich schützt das Kind im Strafverfahren.

Art. 12 Mitspracherecht, rechtliches Gehör

Artikel 12 KRK sichert das Recht des Kindes, sich eine Meinung zu bilden und diese Meinung zu äußern. Das Recht ist aber nicht absolut gewährleistet, sondern nur für das Kind, das sich eine eigene Meinung bilden kann und nur in den das Kind berührenden Angelegenheiten.

Die geäußerte Meinung ist angemessen zu berücksichtigen.

Der zweite Absatz sichert das Recht des Kindes auf rechtliches Gehör vor Verwaltung und Gerichten. Das Kind muß nicht selbst gehört werden, sondern es kann auch durch einen Vertreter gehört werden.

Mit der Formulierung dieses Rechts geht die Konvention weiter als vorhergehende internationale Dokumente, indem sie das erste Dokument ist, das explizit das Recht des Kindes nennt, auf sein Leben einzuwirken.[1] Artikel 12 KRK bringt damit eine der wichtigsten Grundgedanken der Konvention zum Ausdruck: Das Kind wird von einem Objekt von Rechten anderer zum Subjekt eigener Rechte, die es mit Hilfe des in Art. 12 KRK normierten Mitspracherechts ausüben kann.[2]

Das Mitspracherecht des Art. 12 KRK wird in anderen Normen der Konvention in Form eines Teilnahmerechts ausgestaltet, in Art. 31, 23 KRK ausdrücklich und in Art. 15, 30 und 40 Abs. 1 KRK implizit.[3]

---

[1] M. Freeman, "The Convention: An English Perspective" in: M. Freeman (Hrsg.) *Children's Rights*, S. 96; Dorsch S. 259.

[2] Freeman (Fn. 1); M.F. Lücker-Babel "The right of the child to express views and to be heard: An attempt to interpret Article 12 of the UN Convention on the Rights of the Child" *Int'l J Children's Rgts* 3 (1995) 391 ff., 392; Newell S. 44; Schweizer Bundesrat, *BBl* 146 (1994) S. 37; J. Sloth-Nielsen/B. van Heerden "Proposed Amendments to the Child Care Act and Regulations in the Context of Constitutional and International Law Development in South Africa" *SAJHR* 12 (1996) 247 ff., 250; Grosman "Argentina - Children's Rights in Family Relationships" in: Freeman ebenda, S. 21.

[3] Lücker-Babel (Fn. 2), S. 392.

Entstehungsgeschichte

Schon der zweite polnische Entwurf sah ein Äußerungsrecht des Kindes in bestimmten Angelegenheiten vor,[4] das dann von einem Vorschlag der USA auf religiöse, politische, soziale, kulturelle und künstlerische Aspekte sowie im Bereich der Gewissensfreiheit, der freien Wahl des Arbeitsplatzes, einer Reise und des eigenen Aufenthaltsorts erweitert wurde.[5] Diese Aufzählung wurde später durch die Formulierung "in allen (...) Angelegenheiten" ersetzt.[6] Auch die bloße Möglichkeit, die Meinung zu äußern, wurde nicht als ausreichend angesehen, so daß eine Erweiterung auf eine Pflicht zur tatsächlichen Berücksichtigung der Meinung des Kindes aufgenommen wurde.[7]

Fähigkeit, sich eine eigene Meinung zu bilden

Artikel 12 Abs. 1 KRK stellt das Recht, seine Meinung zu äußern, vom Zeitpunkt der Fähigkeit sich eine eigene Meinung zu bilden an, fest. Er fordert dazu nicht die volle Entwicklung des Kindes, denn nach Art. 12 Abs. 1 a.E. ist die Meinung des Kindes nach seinem Alter und seiner Reife zu berücksichtigen.

Das Kind muß danach zunächst einen gewissen Überblick über die zur Entscheidung stehende Frage haben, ohne jedoch jedes Detail erfassen können zu müssen.[8]

Die Fähigkeit des Kindes, sich eine eigene Meinung zu bilden, ist abhängig von seiner Reife und seinem Alter. Das ergibt sich zum einen aus dem zweiten Halbsatz des Art. 12 Abs. 1 KRK, nach dem das Alter und die Reife des Kindes in die Beachtung der Meinung einbezogen werden. Zum anderen ergibt sich das aus dem möglichen Bereich der das Kind berührenden Angelegenheiten. Solche können nach Absatz 2 im Bereich gerichtlicher und behördlicher Verfahren liegen. Sie sind aber gerade auch im familiären Bereich zu finden. Für diesen Bereich gibt Art. 5 KRK für die Fähigkeit, sich eine eigene Meinung zu bilden, einen Anhaltspunkt.[9] Die Eltern haben nämlich das Kind in einer seiner Entwicklung angemessenen Weise zu führen und zu leiten. Auch hier wird also die Entwicklung des Kindes als wesentlicher Maßstab genommen. Die Entwicklung des Kindes bedeutet seine geistige Reife und seine Fähigkeit Zusammenhänge zu erkennen und zu verstehen. Diese Entwicklung ist dann auch für die Frage der Fähigkeit, sich eine eigene Meinung zu bilden, maßgeb-

---

[4] E/CN.4/1349* S. 3.Detrick S. 224; Dorsch S. 157.

[5] E/CN.4/L.1575 Abs. 73, 76; Detrick S. 224 f., Dorsch S. 257 f.

[6] E/CN.4/1989/48 Abs. 246; Detrick S. 227, Dorsch S. 258.

[7] E/CN.4/L.1575 Abs. 80, Detrick S. 225, Dorsch a.a.O.

[8] Lücker-Babel (Fn. 2), S. 397.

[9] L. Nielsen/L. Frost "The Danish Debate" in: M. Freeman (Hrsg.) *Children's Rights*, S. 85; Lücker-Babel (Fn. 2), S. 396.

lich. Je weiter das Kind in seiner Entwicklung fortgeschritten ist, desto eher kann es sich eine eigene Meinung bilden. Artikel 12 KRK ist damit ein dynamisches Recht. Es entwickelt sich mit dem Kind weiter und gibt ihm immer mehr Einflußmöglichkeiten.[10]

Artikel 12 KRK erfordert eine weite Auslegung. Denn die Tatsache ist in die Überlegung einzubeziehen, daß Art. 12 KRK insbesondere die Intention der Konvention widerspiegelt, das Kind zum Subjekt von eigenen Rechten und nicht lediglich zum Objekt der Rechte anderer zu machen. Artikel 12 KRK soll dem Kind einen eigenen Spielraum geben, in dem es seine eigene Meinung, seine eigenen Gefühle als Persönlichkeit ausdrücken kann und ihnen Beachtung geschenkt wird. In diesem Sinne liegt Art. 12 KRK in einem gewissen Spannungsverhältnis mit Art. 3 KRK. Während das Kindeswohl eine Einschätzung eines Erwachsenen notwendig voraussetzt, die von den gesamten Umständen ausgeht und dabei nicht allein die Meinung des Kindes, sondern andere Faktoren einstellt, hat Art. 12 KRK zum Ziel, der Meinung des Kindes zum Durchbruch zu verhelfen, die nicht notwendig mit dem von einem Erwachsenen festgestellten Kindeswohl im Einklang steht.[11] Damit stellt sich das Spannungsverhältnis zwischen Art. 3 und Art. 12 KRK wie folgt dar: Die Vorschriften stellen die Rolle der Eltern und Erzieher auf die eine Seite, die zunehmende Autonomie des Kindes auf die andere. Das Interesse des Kindes, sein Wohl, kann nur durch eine Balance der Entscheidung der Erzieher oder Eltern mit der Meinung des Kindes erreicht werden.[12]

Das Kindeswohl kann dabei der Beachtung der Meinung des Kindes entgegenstehen, nie aber der Äußerung einer Meinung auf eigenen Wunsch des Kindes. Das Kindeswohl wird zur Grenze der Beachtung der Meinung des Kindes, aber die Meinung des Kindes, wie es sie geäußert hat, ist als ein wichtiger Faktor in die Feststellung des Kindeswohls einzustellen. Damit ergibt sich ein Zusammenspiel von Art. 3 und 12 KRK, in dem dem Kind zwar eine Subjektstellung gewährt wird, das Kind aber nicht des speziellen Schutzes, das das Prinzip des Kindeswohls ihm bietet, beraubt wird. Die Eltern und andere gesetzlich für das Kind verantwortliche Personen sollen nicht durch Art. 12 KRK ihrer Verantwortung für das Kind enthoben werden.[13]

---

[10] Lücker-Babel (Fn. 2), S. 394.
[11] Lücker-Babel (Fn. 2), S. 393 f. zum Verhältnis von Art. 12 zu Art. 3 KRK.
[12] Lücker-Babel (Fn. 2), S. 394.
[13] Lücker-Babel (Fn. 2), S. 399.

Das Kind berührende Angelegenheiten

Das Kind berührende Angelegenheiten sind alle jene, die das Kind in seiner unmittelbaren Umgebung betreffen. Dazu gehören vor allem innerfamiliäre Angelegenheiten, in deren Bereich die Eltern dem Kind angemessene Führung und Leitung zukommen lassen und ihm damit auch die Möglichkeit geben müssen, sich auf das Leben in der Gesellschaft vorzubereiten.[14] Das Kind muß eigene Entscheidungsbereiche zuerkannt bekommen. Zu diesem Zweck können die Staaten vor allem Maßnahmen in Gesetzesform erlassen, die den Eltern die Verpflichtung auferlegen, dem Kind bestimmte Entscheidungsspielräume zu geben und mit zunehmendem Alter und Reife auszudehnen.[15]

Das Kind berührende Angelegenheiten sind auch die im zweiten Absatz genannten gerichtlichen und behördlichen Verfahren. Diese können auch den innerfamiliären Bereich betreffen, wenn etwa die Ehe der Eltern geschieden wird oder die Eltern sich trennen oder auch bei der Diskussion um die Herausnahme des Kindes aus der Familie nach Art. 9 Abs. 1 KRK a.E.[16] Ein sehr wichtiger Bereich ist in diesem Zusammenhang die Frage der Adoption, in der dem Kind ein Recht auf Äußerung seiner Meinung zugestanden wird,[17] die Immigration, Fragen der sozialen Sicherung und ähnliche von der Konvention erfaßte Bereiche.[18]

Darüber hinaus sind selbstverständlich auch andere von der Konvention nicht unmittelbar erfaßte Bereiche gemeint, in denen das Kind seine Meinung äußern kann. In Abgrenzung zu Art. 13, demgegenüber Art. 12 KRK als *lex specialis* anzusehen ist,[19] sind aber nur solche Bereiche gemeint, in denen das individuelle Kind oder jedenfalls eine individualisierbare Gruppe von Kindern unmittelbar betroffen ist.[20] Darunter fallen z.B. nicht die Frage der Regelung des öffentlichen Verkehrs oder die Ladenöffnungszeiten. Fragen biomedizinischer Experimente an konkreten Kindern oder Fragen der Schulverwaltung an einer konkreten Schule sind durchaus vom Anwendungsbereich des Art. 12 KRK erfaßt.[21]

---

[14] Vgl. dazu oben Kap. 7 zu Art. 5.
[15] Newell S. 45 f.
[16] Für das Beispiel Dänemarks: Nielsen/Frost (Fn. 9), S. 84 f.
[17] Nielsen/Frost (Fn. 9), S. 87.
[18] Newell S. 48; Schweizer Bundesrat (Fn. 2), S. 38.
[19] Lücker-Babel (Fn. 2), S. 394.
[20] Lücker-Babel (Fn. 2), S. 396.
[21] Freeman (Fn. 1), S. 96 ff., Lücker-Babel (Fn. 2), S. 395 f.

Recht auf Beachtung der kindlichen Meinung

Artikel 12 KRK gibt dem Kind das Recht, seine eigene Meinung zu bilden und zu äußern. Es gibt ihm aber auch das Recht, daß diese Meinung beachtet und geachtet wird.[22]

Die Beachtung erfolgt unter Berücksichtigung von Alter und Reife des Kindes. Darin kommt zum einen der Entwicklungsstand des Kindes für die Bildung der Meinung zum Ausdruck. Zum anderen ist auch zu bedenken, daß das Kind gerade im Bereich familiärer Angelegenheiten Einflüssen anderer ausgesetzt ist.[23]

Die Meinung des Kindes ist angemessen zu berücksichtigen ("*due weight*"). Der Begriff der Angemessenheit impliziert eine gewisse Proportionalität: Je wichtiger die zu treffende Entscheidung für das Leben und die Zukunft des Kindes, desto mehr Gewicht muß auch der vom Kind geäußerten Meinung zugemessen werden.[24] Als Beispiel kann in diesem Zusammenhang die Adoption des Kindes dienen. Eine Adoption verändert das Leben eines Kindes und seine Zukunft nachhaltig. Daher muß das Kind eine Entscheidung selbst kundtun können, sobald es seinem Alter nach versteht, was die Entscheidung für es bedeutet. Kindern kann im Einzelfall sogar ein echtes Vetorecht gegen die Adoption einzuräumen sein.[25]

Ein weiterer wesentlicher Bestandteil der Frage der Beachtung der Entscheidung des Kindes ist diejenige nach der Information des Kindes. Zunächst muß das Kind Kenntnis von seinem Recht auf Meinungsäußerung haben.[26] Ein Kind, das vorher nicht über die Bedeutung der Entscheidung und die Umstände, die bei der Entscheidung maßgeblich werden können, informiert worden ist, kann sich keine fundierte Meinung bilden, die in eine Entscheidung über die Angelegenheiten des Kindes eingestellt werden kann. Damit ist - ähnlich wie bei Art. 13 KRK, der das Recht ausdrücklich vorsieht - aus dem Recht des Kindes auf Beachtung seiner Meinung auch ein Recht auf Information über die maßgeblichen Umstände abzuleiten, um die Effektivität dieses Rechts zu sichern.

---

22 N. Cantwell, in: Detrick *Travaux Préparatoires*, S. 28.

23 Lücker-Babel (Fn. 2), S. 398.

24 Lücker-Babel (Fn. 2), S. 399.

25 Lücker-Babel (Fn. 2), S. 400; Nielsen/Frost (Fn. 9), S. 87.

26 So im Ergebnis auch E. Ochaíta/M.A.Espinosa "Children's participation in family and school life: A psychological and developmental approach" *Int'l J Children's Rgts* 5 (1997) 279 ff., 281, die aus Art. 12 KRK darüber hinaus ein Recht auf Erziehung in der Autonomie eigener Entscheidungen herleiten, das aber explizit in Art. 29 lit. a KRK als Erziehungsziel genannt ist.

Eine Frage der Beachtung der Meinung des Kindes ist auch die Entscheidung, wer der Kundgabe der Meinung eines Kindes zuhört.[27] In innerfamiliären Beziehungen sind das die Eltern oder die Geschwister und anderen Angehörigen des Kindes. Sie sind nach der Konzeption der Konvention auch diejenigen, die am besten dazu geeignet sind. In anderen Fällen sind es aber Institutionen, Behörden oder Gerichte. Die allgemeinen Gerichte sind oft nicht in der Lage, die Meinung des Kindes ausreichend zu würdigen, weil sie nicht in der Lage sind, das Kind zu verstehen und seine Meinung als informiert und fundiert zu erkennen. Daher ist an diese Institutionen die Anforderung einer Qualifikation zu stellen. Ihre Fähigkeiten, mit Kindern umzugehen, sind zu schulen und zu fördern, um die Beachtung der kindlichen Meinung zu sichern.[28]

Rechtliches Gehör

Der zweite Absatz des Art. 12 KRK gewährt dem Kind ein Recht auf rechtliches Gehör. Dieses Recht steht dem Kind in Bezug auf die Voraussetzungen des ersten Absatzes zu. Das folgt aus der Formulierung "zu diesem Zweck". Das Kind darf also in den es berührenden Angelegenheiten seine Meinung vor Gericht äußern. Die Gerichte und Behörden werden nach Art. 12 Abs. 2 KRK dazu verpflichtet, eine solche Anhörung herbeizuführen und die darin geäußerte Meinung des Kindes im oben genannten Rahmen bei ihrer Entscheidung zu berücksichtigen. Für den Bereich der Trennung des Kindes von einem oder beiden Elternteilen ist Art. 9 Abs. 2 KRK zu beachten, der eine Spezialvorschrift zu Art. 12 KRK darstellt. Danach ist in der Entscheidung über den Aufenthaltsort eines Kindes bei Trennung der Eltern oder von den Eltern dem Kind Gelegenheit zur Äußerung seiner Meinung und zur Beteiligung am Verfahren zu geben.[29]

Artikel 12 KRK richtet sich nicht nur an den Gesetzgeber, sondern vor allem auch an die entsprechenden Behörden, so daß Art. 12 KRK in den Staaten, die die unmittelbare Anwendbarkeit der Konvention im Grundsatz anerkennen, direkt den Behörden und Gerichten entgegengehalten werden kann.[30]

Die Formulierung "zu diesem Zweck" beinhaltet auch ein Recht des Kindes und eine korrespondierende Pflicht der Behörden und Gerichte, das

---

[27] Lücker-Babel (Fn. 2), S. 398 ff.

[28] Lücker-Babel (Fn. 2), S. 402; Nielsen/Frost (Fn. 9), S. 89; Ochaíta/Espinosa (Fn. 26), S. 284.

[29] Schweizer Bundesrat *BBl* 146 (1994) S. 38; O. Guillod "Swiss Law and the Convention" in: M. Freeman *Children's Rights*, S. 234.

[30] So z.B. in der Schweiz, Schweizer Bundesgericht, Urteil vom 22.12. 1997, BGE 124 III S. 90 ff.; Lücker-Babel (Fn. 2), S. 395.

Recht des Kindes auf rechtliches Gehör zu beachten, denn zum Zwecke der nach Abs. 1 vorgeschriebenen Beachtung der Meinung des Kindes wird das rechtliche Gehör im zweiten Absatz gewährt.

Artikel 12 Abs. 2 KRK gibt dem Kind nicht das Recht auf unmittelbares rechtliches Gehör. Vielmehr kann das Gehör unmittelbar dem Kind oder aber dessen Vertreter gewährt werden. Damit beinhaltet der zweite Absatz eine gewisse Abschwächung gegenüber dem ersten Absatz,[31] die historisch mit dem Problem der Beeinflussung von Kindern in einer Anhörung zu erklären ist. Artikel 12 Abs. 2 KRK überläßt es der Auslegung und Umsetzung durch die Staaten, festzulegen wann einem Kind unmittelbar rechtliches Gehör zu gewähren ist und wann das durch einen Vertreter geschehen kann sowie wer als Vertreter befugt ist.[32] Anhaltspunkt ist dabei nach der Wertung des ersten Absatzes die Entwicklung des Kindes. Einen Anhaltspunkt für die Vertretungsbefugnis bietet das Elternrecht aus Art. 5 KRK.

Teilweise wird aus Art. 16 KRK gefolgert, daß bei Anhörungen des Kindes vor Gericht in Verfahren, in denen es als Zeuge aussagt und vor allem in Verfahren um das Sorgerecht für das Kind sowie in Strafverfahren gegen das Kind, die Öffentlichkeit ausgeschlossen werden muß. Es wird argumentiert, daß das kindliche Recht auf Privatleben das vorschreibt. Darüber hinaus gebe ein Kind kein zufriedenstellendes Zeugnis ab, wenn es durch die Öffentlichkeit verunsichert werde.[33] Das ist aber wohl eine zu weite Ausdehnung des Begriffs des Privatlebens im Sinne des Art. 16 KRK. Artikel 16 KRK schützt zwar das kindliche Privatleben. Die Formulierung des Art. 16 KRK unterscheidet sich aber nicht von der anderer Menschenrechtsverträgt. Daher kann aus ihr nicht gefolgert werden, daß der Schutz des Privatlebens des Kindes so weit gehen muß. Vielmehr ist der Grundsatz des Kindeswohls heranzuziehen, um den Ausschluß der Öffentlichkeit in solchen Verfahren zu begründen. Dazu bedarf es nach Art. 3 KRK einer Einzelfallprüfung.

Auf Europäischer Ebene regelt die Europäische Konvention zur Ausübung der Rechte des Kindes[34] von 1996 das rechtliche Gehör des Kindes. Nach deren Art. 3 hat das Kind das Recht, in gerichtlichen Verfahren alle relevanten Informationen zu erhalten, seine Meinung zu äußern und über die Konsequenzen der Beachtung dieser Meinung informiert zu werden. Artikel 5 lit. a gibt dem Kind das Recht den Beistand einer geeigneten Person seiner Wahl zu

---

[31] Dorsch S. 259.

[32] Schweizer Bundesrat (Fn. 2), S. 37.

[33] Dazu J. Michael "A Child's Right to Privacy or Open Justice?" in: G. Douglas/L. Sobba (Hrsg.), *Children's Rights and Traditional Values*, Dartmouth 1998, S. 194 ff.

[34] European Convention on the Exercise of Children's Rights, 25. 1. 1996, ETS Nr. 160.

beantragen, die ihm bei der Äußerung seiner Meinung hilft. Artikel 6 lit. b dritter Spiegelstrich gibt dem Gericht auf, dem Kind die Gelegenheit zu geben, seine Meinung zu äußern und nach Buchstabe c muß es der geäußerten Meinung angemessene Beachtung schenken.

Qualifikation des Rechts

Art. 12 KRK stellt das Herz der Teilnahmerechte (*Participation Rights*) dar.[35] Danach ist das Kind dazu berechtigt, in allen es betreffenden Entscheidungen seine Meinung zu bilden und frei zu äußern. Insbesondere ist bemerkenswert, daß sich der entscheidende Erwachsene nicht über die kundgetane Meinung des Kindes ohne weiteres hinwegsetzen kann, sondern diese angemessen zu berücksichtigen hat. Dabei ist das Kind und seine Meinung nach seinem Alter und seiner Reife zu gewichten. Diese Bestimmung enthält den Grundstein, aufgrund dessen die Teilnahmerechte des Kindes, die sich in anderen Bestimmungen der KRK finden, ausgelegt werden können.[36]

Umsetzung in Rußland

Die Grundlage für die Umsetzung des Mitspracherechts aus Art. 12 KRK in Rußland bieten Art. 29, 45 und 46 russ. Verf. Nach Art. 29 russ. Verf. hat jedermann das Recht auf Freiheit von Wort und Gedanken und niemand darf gezwungen werden, eine Meinung zu äußern oder von ihr abzugehen. Artikel 45 russ. Verf. garantiert den staatlichen Schutz der Rechte und Freiheiten und gibt in Absatz zwei jedermann das Recht, seine eigenen Rechte und Freiheiten mit allen gesetzlichen Mitteln durchzusetzen. Artikel 46 russ. Verf. garantiert den gerichtlichen Schutz der Rechte und Freiheiten des Menschen und des Staatsbürgers. Diese Vorschriften der russ. Verf. haben bisher vor allem im Strafprozeß Anlaß zu gerichtlichen Entscheidungen gegeben.[37] Dabei wird aus Art. 46 russ. Verf. vor allem ein Gebot effektiven Rechtsschutzes gefolgert, das darin besteht, daß (Straf-) Verfahren nicht über Gebühr lange ausgedehnt werden dürfen, daß mindestens eine Kassationsinstanz geschaffen werden muß.[38]

---

[35] Flekkøy/Kaufman S. 32; Lücker-Babel, (Fn. 2), S. 391.

[36] Flekkøy/Kaufman S. 32.

[37] Russ. Verfassungsgericht, Entscheidung vom 20. 4. 1999, Nr. 7-P, zu finden im Internet unter: http://www.akdi.ru/ks/post/11.htm (30. 11. 2000); Urteil in Sachen Kechman vom 18. 2. 2000, No. 3-P, im Internet ebenda .../32.htm; in Sachen Maslow, Entscheidung vom 27. 6. 2000, Nr. 11-P, *SZRF* 2000, No. 27, st. 2882.

[38] Russ. Verfassungsgericht, Entscheidung vom 20.4.1999 a.a.O. Abs. 6.

Die Gericht sind verpflichtet im (Straf-) Prozeß eine gerechte und unvoreingenommene Entscheidung zu fällen.[39]

Die Umsetzung des Rechtes des Kindes, innerhalb der Familie seine Meinung zu äußern, sichert Art. 57 FGB.[40] Danach hat das Kind das Recht, in der Familie bei jeder es berührenden Angelegenheit seine Meinung zu äußern. Es hat nach dieser Vorschrift auch das Recht, in gerichtlichen und administrativen Verfahren gehört zu werden.

Die Beachtung der Meinung des Kindes ab zehn Jahren ist nach diesen Vorschriften Pflicht, sofern sie nicht dem Interesse des Kindes widerspricht. In den gesetzlich vorgesehenen Fällen kann ein Gericht eine Entscheidung nur mit Zustimmung des mindestens zehnjährigen Kindes fällen. Das sind die Änderung des Namens des Kindes, Art. 59 FGB, die Wiederherstellung entzogener oder beschränkter Elternrechte, Art. 72 FGB, die Adoption, Art. 132 FGB, die Änderung des Namens bei der Adoption, Art. 134 FGB, die Eintragung der Adoptiveltern als Eltern des Kindes ins Personenstandsregister, Art. 136 FGB und die Übergabe des Kindes zur Betreuung in eine andere Familie, Art. 154 FGB.[41]

Nach dem Bildungsgesetz hat das Kind auch das Recht auf Achtung seiner Menschenwürde und Äußerung seiner Meinung.[42] Eine weitergehende Teilnahme an der Verwaltung einer schulischen Einrichtung kann in der Satzung der entsprechenden Einrichtung vorgesehen werden. Eine solche Teilnahme findet z.B. statt im Rahmen der Schulvollversammlungen und durch Unterorganisationen für die Interessen des Kindes, wie z.B. einen Pädagogenrat, einen Elternrat oder den Rat der Schule.[43]

Die Ausbildung von Kinderspezialisten, wie etwa Ärzten und Sozialarbeitern, beinhaltet inzwischen die Information über die Kinderrechtskonvention und enthält Recht als verpflichtendes Lehrfach.[44] Auf diese Weise sollen die entsprechenden Personen in Ausübung ihres Berufes den Rechten des Kindes, insbesondere seinem Recht auf Äußerung und Beachtung seiner Meinung, Rechnung tragen können.

In den Schulen werden spezielle - nicht notwendigerweise verpflichtende - Kurse über Menschenrechte angeboten.[45]

---

[39] Russ. Verfassungsgericht in Sachen Smirnova, Urt. vom 14. 1. 2000, Nr. 1-P, zu finden im Internet unter: http://www.akdi.ru/ks/post/29.htm (am 30. 8. 2000), Abs. 3.

[40] Zweiter russ. Staatenbericht Abs. 43-44.

[41] Zweiter russ. Staatenbericht Abs. 43-44.

[42] Erster russ. Staatenbericht Abs. 66.

[43] Zweiter russ. Staatenbericht Abs. 45.

[44] Zweiter russ. Staatenbericht Abs. 46.

[45] Zweiter russ. Staatenbericht Abs. 46.

Die gerichtliche Geltendmachung eigener Rechte und Ansprüche sieht das Zivilprozeßgesetzbuch[46] in seinem Art. 32 in vollem Umfang erst ab der Volljährigkeit, also derzeit ab 18 Jahren vor. Zwischen 15 und 18 Jahren werden Rechte grundsätzlich durch die Eltern, in Arbeitsbeziehungen und in Familien- und Verwandtenbeziehungen auch durch den Minderjährigen selbst geltend gemacht. Unter 15 Jahren können nur die gesetzlichen Vertreter die Rechte des Kindes geltend machen und müssen es damit im Prozeß vertreten.

Art. 37 Garantien bei Freiheitsentzug

Artikel 37 schützt die Rechte des Kindes, dessen Freiheit entzogen zu werden droht oder bereits entzogen worden ist. Buchstabe b schützt das Kind vor rechtswidrigem und willkürlichem Freiheitsentzug und stellt fest, daß auch der rechtmäßige Freiheitsentzug nur als letztes Mittel angewandt werden darf.

Unter Buchstabe c stellt die Kinderrechtskonvention klar, daß ein Kind, das im Rahmen des Freiheitsentzugs dem Staat ausgesetzt ist, in seiner Würde zu schützen ist und seine Bedürfnisse dem Alter entsprechend zu achten sind. Ein Teil des Schutzes seiner Würde und der Sicherung des Kindeswohls ist die Trennung von den Erwachsenen und die Möglichkeit mit seinen Eltern und seiner Familie in Verbindung zu bleiben.

Der letzte Abschnitt sichert das Recht des Kindes auf Zugang zu rechtlichen Mitteln zur Überprüfung des Freiheitsentzugs. Es hat das Recht auf Zugang zu einem rechtskundigen Beistand und zu einer unparteiischen Instanz, die den Schutz der Rechte aus Abschnitt b und c überprüfen kann.

Entstehungsgeschichte

Artikel 37 lit. b KRK wurde in zweiter Lesung in Anlehnung an Art. 9 Abs. 1 S. 2 IPbürR und an die *Beijing Rules* von 1985[47] in die Konvention eingeführt.[48] Die Formulierung, daß Freiheitsentzug nur als letztes mögliches Mittel angewandt werden soll, begegnete einer Reihe von Bedenken. Sie sei eine Detailregelung des Jugendstrafrechts und als solche in der Konvention deplaziert und es sei zumindest fraglich, ob die kürzest mögliche Dauer einer Freiheitsstrafe auch die beste Lösung sei. Das wurde in Hinblick auf die erforderliche Rehabilitationsdauer bezweifelt.[49] Man einigte sich aber dennoch auf

---

[46] Zivilprozeßgesetzbuch von 1964, *VVSRSFSR* 1964, No. 24, st. 407.

[47] Standard Minimum Rules for the Administration of Juvenile Justice vom 29.11.1985 UNGA Supplement No. 53 (A/40/53), res. 40/33.

[48] E/CN.4/1989/48 Abs. 535, Detrick S. 472, Dorsch S. 243.

[49] Ebenda Abs. 549, Dorsch S. 243.

dieses Prinzip, denn es war bereits in den *Beijing Rules* enthalten und damit in der UN-Generalversammlung anerkannt.

Das Recht auf menschenwürdige Behandlung wurde ohne größere Diskussionen in Anlehnung an Art. 10 IPbürR in den Artikel aufgenommen.[50] Ebenso verhielt es sich mit dem Recht auf Familienkontakt.[51] Die Trennung von Erwachsenen wurde als absoluter Grundsatz mit der Begründung abgelehnt, daß auch Fälle denkbar seien, in denen ein Kind wie ein Erwachsener zu behandeln sei.[52] Schließlich einigte man sich darauf, daß letztlich das Kindeswohl maßgebend sein müsse.[53] Der letzte Abschnitt des Art. 37 wurde in zweiter Lesung eingeführt.[54]

Festnahme, Freiheitsentziehung, Freiheitsstrafe

Artikel 37 KRK schützt das Recht des Kindes auf seine persönliche Freiheit. Dabei meint Freiheit in diesem Zusammenhang in erster Linie die körperliche Bewegungsfreiheit.[55] Das Kind hat das Recht, sich frei fortzubewegen, entweder im Rahmen seiner eigenen Entscheidungsbefugnisse oder im Rahmen derer seiner Eltern. Der Staat darf in diese Freiheit nur innerhalb der Grundsätze des Art. 37 KRK durch Unterbringung in staatlichen Einrichtungen eingreifen, die das Kind daran hindern, bei seinen Eltern oder sonstigen für es verantwortlichen Personen zu sein. Er darf auch nicht in diese Freiheit eingreifen, wenn das Kind ohne Familie verblieben ist (Art. 20 KRK).

Unter Art. 37 lit. b S. 2 differenziert die Konvention zwischen Festnahme, Freiheitsentziehung und Freiheitsstrafe. Damit wird klar gemacht, daß von Art. 37 lit. b KRK im ganzen zwar vor allem das Kind im Strafverfahren geschützt werden soll. Freiheitsentziehung als Oberbegriff der drei Begriffe ist so weit, daß jede Form der Beschränkung der körperlichen Bewegungsfreiheit erfaßt ist. Festnahme meint in diesem Rahmen den vorläufigen Entzug der Freiheit, während Freiheitsstrafe den Entzug der Freiheit als Sanktion für eine Tat des betroffenen Kindes bedeutet.

Das Strafverfahren ist nicht der einzige Bereich, in dem das Kind vor Freiheitsentzug geschützt ist. Vielmehr werden alle Formen des Freiheitsentzugs auch zu Erziehungszwecken oder im Rahmen des Entzugs von Alkohol

---

[50] E/CN.4/1989/48 Abs. 561, Detrick S. 477, Dorsch S. 245.

[51] E/CN.4/1989/48 Abs. 99, 121, 122, Detrick S. 464, 467, Dorsch S. 247.

[52] E/CN.4/1986/39 Abs. 116, Detrick S. 467, Dorsch S. 246.

[53] Ebenda Abs. 119, E/CN.4/1989/48 Abs. 556, 562, Detrick S. 477, Dorsch a.a.O.

[54] E/CN.4/1989/48 Abs. 536, 563, Detrick S. 473, 477 f., Dorsch S. 248.

[55] R. Wolfrum "The Progressive Development of Human Rights - A Critical Appraisal of Recent UN Efforts" in: J. Jekewitz u.a. *Des Menschen Recht zwischen Freiheit und Verantwortung*, FS Partsch, Berlin 1989, S. 67 ff., 78 ff. zu Art. 9 IPbürR.

oder Drogen geregelt.[56] Dazu gehören auch Fälle des Freiheitsentzugs z. B. im Rahmen der Unterbringung in Kinderheimen oder Internaten etwa zu gesundheitlichen oder erzieherischen Zwecken.[57] Die Notwendigkeit, auch diesen Bereich zu erfassen, ergibt sich aus Art. 25 KRK, der dem Kind, das zu Betreuung und Behandlung untergebracht ist, das Recht auf regelmäßige Überprüfung der gewährten Behandlung zuerkennt. Ergänzend muß gerade dieses Kind das Recht darauf haben, nicht willkürlich in der entsprechenden Anstalt untergebracht zu werden und nicht mehr zu seinen Eltern oder dorthin zurückkehren zu können, wo es hergekommen ist.

Willkür stellt in diesem Zusammenhang einen Spezialfall der rechtswidrigen Freiheitsentziehung dar. Willkür ist dann gegeben, wenn die gesetzlichen Voraussetzungen nicht erfüllt sind oder wenn ein Kind eingesperrt wird, ohne mit dem Grund vertraut gemacht zu werden und ohne eine Möglichkeit der gerichtlichen Überprüfung zu haben.[58] Eine willkürliche Freiheitsentziehung muß notwendigerweise auch rechtswidrig sein. Artikel 37 lit. b S. 2 KRK schreibt nämlich vor, daß die Freiheitsentziehung nur im Einklang mit dem Gesetz erfolgen und als letztes Mittel angewendet werden darf. Schreibt das Gesetz, wie es Art. 37 KRK vorsieht, aber Voraussetzungen für eine Freiheitsentziehung vor, so kann eine willkürliche Freiheitsentziehung diese Voraussetzungen nicht erfüllen und ist damit rechtswidrig.

Entzug der Freiheit als *ultima ratio*

Der Entzug der Freiheit ist die *ultima ratio*. Das gilt nicht nur für eine endgültige Freiheitsentziehung in Form der Freiheitsstrafe, sondern auch für vorläufigen Freiheitsentzug in Form der Festnahme.

Folge dieser Regelung ist, daß die Vertragsstaaten in ihren Strafrechtssystemen Alternativen zur Freiheitsstrafe und zur Festnahme eines Kindes oder Jugendlichen finden müssen.[59] Das betrifft in aller Regel Jugendliche, die das gemäß Art. 40 Abs. 3 lit. a KRK festzulegende Strafmündigkeitsalter erreicht haben, aber noch Kind im Sinne des Art. 1 KRK sind.[60]

---

56 Dorsch S. 244.

57 So auch Abs. 11 lit. b United Nations Rules for the Protection of Juveniles Deprived of Their Liberty, UNGA A/RES/45/113, vom 14. 12. 1990.

58 So z.B. in China T.J. Fitzgibbon "The United Nations Convention on the Rights of the Child: Are Children Really Protected? A Case Study of China's Implementation" *Loy. L.A. Int'l & Comp. L.J.* 20 (1998) S. 325 ff., S. 353.

59 N. Zaal/A. Skelton "Providing Effective Representation for Children in a New Constitutional Era: Lawyers in the Criminal and Children's Court" *SAJHR* 14 (1998) 539 ff., 548.

60 Vgl. zu den Alternativen zur Freiheitsentziehung unten zu Art. 40 KRK.

Achtung der Menschenwürde des Kindes

Artikel 37 lit. c KRK schreibt vor, daß bei allen freiheitsentziehenden Maßnahmen die Menschenwürde des Kindes geachtet werden muß. Das Kind wird als Person anerkannt. Damit wird hier vor allem wieder die Idee der Konvention klargestellt, das Kind zum Subjekt eigener Rechte zu machen und nicht lediglich zum Objekt von Rechten anderer.

Die wichtigsten Aspekte der Menschenwürde stellt die Konvention selbst dar. Das ist zum einen die Berücksichtigung der Bedürfnisse des Kindes bei der Freiheitsentziehung.[61] Das können einfache Bedürfnisse sein, wie etwa ein seinem Alter entsprechendes höheres Maß an zwischenmenschlichem Kontakt, das sich in einem Verbot der Einzelhaft für Kinder niederschlagen kann.[62] Das sind auch die Bedürfnisse, die in den speziellen Kinderrechten der Konvention zum Ausdruck kommen, z.B. ein besonderes Bedürfnis nach Erholung, Freizeit und Spiel, wie es in Art. 31 KRK niedergelegt ist. Danach kann der Freiheitsentzug nicht dazu führen, daß vor allem jüngeren Kindern die Möglichkeit zum Spielen und zur Bewegung entzogen wird. Die mit der Freiheitsentziehung in der Regel verbundene Trennung von Eltern und anderen Anverwandten, die im Grundsatz von Art. 5, 9 und 18 KRK abgewehrt wird, muß eventuell weiter als nur mit einer brieflichen Verbindung mit der Familie unter Mitarbeit von Psychologen und Pädagogen überbrückt werden.[63] Kinder bedürfen noch mehr als erwachsene Straftäter der Reintegration in die Gesellschaft und der Vorbereitung dieser Reintegration durch und während der Freiheitsentziehung.

Trennung von Erwachsenen

Einen zweiten Aspekt des Schutzes der kindlichen Menschenwürde sieht Art. 37 lit. c in der Trennung des Kindes von erwachsenen Mitgefangenen. Das Kind soll danach nicht gemeinsam mit Erwachsenen untergebracht werden und den negativen Einflüssen von erwachsenen Mitinsassen entzogen werden. Damit ist nämlich einerseits der Gefahr des Mißbrauchs durch erwachsene Mitinsassen vorgebeugt. Dieser Mißbrauch würde dann in einer Mißachtung der Menschenwürde des Kindes resultieren, der die für die jeweilige Anstalt zuständigen Behörden und Amtsträger kaum entgegenwirken können.[64]

Andererseits wird damit vor allem im Freiheitsentzug der bekannten Gefahr vorgebeugt, daß Kinder, die sich in Strafhaft befinden oder festgenommen

[61] So i.E auch Dorsch S. 245.

[62] Die Einzelhaft für Kinder wird aber in der Regel schon gegen das Folterverbot des Art. 37 lit. a KRK verstoßen, Dorsch S. 247.

[63] Auch dieser Grundsatz findet sich in den Beijing-Rules a.E.

[64] So auch der Kommentar zu Grs. 13.4, 26.3 der Beijing-Rules.

wurden, durch erwachsene Straftäter "angesteckt" werden.[65] In Strafvollzugsanstalten und Untersuchungsgefängnissen ist es nämlich oftmals der Fall, daß Insassen ihre Erfahrungen austauschen und andere Insassen zu neuen Straftaten anregen, nachdem diese entlassen wurden. Die in der Anstalt geknüpften Verbindungen bleiben bestehen und führen zu einem Druck, Straftaten zu begehen.[66]

Die Grenze des Postulats, Kinder von Erwachsenen getrennt unterzubringen, bildet ausdrücklich das Wohl des Kindes. Allerdings wird es nur wenige Fälle geben, in denen es das Wohl des Kindes gebietet, es zusammen mit Erwachsenen unterzubringen.[67] Nicht ausreichend ist jedenfalls das Argument, daß die Kapazitäten in Jugendgefängnissen und -einrichtungen nicht ausreichen.[68] Denkbar ist das in den Fällen, in denen das Kind mit Familienmitgliedern untergebracht wird und die gemeinsame Unterbringung nicht die Besserung der Situation gefährdet.

Eine weitere Fallgruppe kann in flächenmäßig großen Ländern mit geringen Bevölkerungszahlen auftreten. Dann können Kinder nur in einigen wenigen Anstalten getrennt von Erwachsenen untergebracht werden, mit der Folge, daß das Kind effektiv von seinen Eltern getrennt leben muß und aufgrund der weiten Wege keinen oder kaum persönlichen Kontakt zu ihnen pflegen kann.[69] In diesen Fällen streitet das Recht des Kindes, von Erwachsenen getrennt untergebracht zu werden, mit dem, Kontakt zu seinen Eltern pflegen zu dürfen. Es wird dann oft in Ansehung der Wertung der Art. 5, 9, 18 KRK und der Notwendigkeit der Einbeziehung der Eltern in die Reintegration des Kindes nach Art. 39 KRK mehr dem Kindeswohl entsprechen, gemeinsam mit Erwachsenen aber in der Nähe seiner Eltern untergebracht zu werden. Dann wird man die negativen Effekte, die die Unterbringung mit Erwachsenen mit sich bringt, anderweitig verhindern müssen. Das kann durch pädagogische und psychologische Betreuung des Kindes erfolgen.

Verbindung mit der Familie

Das Recht des Kindes auf Aufrechterhaltung der Verbindung mit seiner Familie ist die notwendige Ergänzung zu Art. 9 Abs. 4 KRK, in dem das Recht

---

65 Dorsch S. 244; L. Sobba "Juvenile Justice Policy: Mapping the Criteria" in. M. Freeman/P. Veerman (Hrsg.) *Ideologies of Children's Rights* Dordrecht 1992, S. 237 ff., 245.

66 Sobba (Fn. 65).

67 C. de Graaf "The Relevance of the Convention in Holland" in: Freeman, *Children's Rights,* S. 120.

68 So im Ergebnis in China, Fitzgibbon (Fn. 58), S. 353.

69 So in Norwegen, das aus diesem Grund einen Vorbehalt zu Art. 37 KRK erklärt hat; Flekkøy/Kaufman S. 135.

des Kindes auf Auskunft über den Verbleib seiner Eltern und auf Unterrichtung der Eltern über seinen Verbleib auch im Falle einer freiheitsentziehenden Maßnahme geregelt ist. Artikel 37 lit. c KRK gewährt dem Kind der Auskunft folgend auch das Recht, den Kontakt aufrecht zu erhalten. Gegenüber dem Gebot der menschlichen Behandlung des Kindes hat dieses Recht den Charakter einer deklaratorischen Erweiterung.[70]

Das Recht ist unbeschränkt gewährt. Damit ist eine zahlenmäßige Beschränkung von Briefen und persönlichem Kontakt mit den Eltern und nahen Anverwandten allenfalls zum Zwecke der Aufrechterhaltung der Funktionsfähigkeit der entsprechenden Anstalt und in den in Art. 37 lit. c KRK a.E. genannten außergewöhnlichen Umständen möglich.

Solche außergewöhnlichen Umstände sind zum einen solche, die die Bevölkerung als ganzes gefährden können, also der Fall der Unterbringung wegen der Ansteckung mit einer Seuche. Dann kann der persönliche Kontakt zwischen Eltern und Kind bis zum Ende der Ansteckungsgefahr beschränkt und eingestellt werden. Andererseits sind das die Fälle, in denen es dem Wohl des Kindes in besonderer Weise widerspricht, mit den Eltern oder der Familie Kontakt zu pflegen. Das sind dann vor allem die Fälle, in denen die Voraussetzungen vorliegen, das Kind aus seiner Familie zu entfernen und das Umgangsrecht zu beschränken, Art. 9 Abs. 1 bis 3 KRK.

Zugang zu einem Beistand

Das Kind hat das Recht auf einen Beistand. Zwar erwähnt Art. 37 lit. d KRK in erster Linie den rechtskundigen Beistand, läßt aber einen anderen Beistand genügen. Dieses Recht steht dem Kind von dem Augenblick an zu, in dem seine Freiheit entzogen wird.[71]

Zum Zwecke der Vertretung des Kindes in rechtlichen Dingen - wie z.B. das Vorgehen gegen die freiheitsentziehende Maßnahme als solche - wird es in der Regel eines rechtskundigen Beistands bedürfen. Die Eignung für ein konkretes Problem ist jedoch in erster Linie nach dem Prinzip des Kindeswohls und der Sicherung der tatsächlichen Durchsetzung der kindlichen Rechte[72] zu bestimmen. Daher ist auch an den rechtskundigen Beistand nach Art. 37 lit. d KRK die Anforderung zu stellen, daß er zu dem Zweck, das Kind zu vertreten, geeignet ist. Er muß also mit seiner Vertretung der Interessen des Kindes das Kindeswohl im Auge haben. Das heißt im konkreten Fall, daß der Beistand mit dem Kind Gespräche führen können muß. Er muß die Interessen und das Wohl

---

70 Dorsch S. 248.

71 Zaal/Skelton (Fn. 59), S. 548.

72 Dorsch S. 249; Zaal/Skelton (Fn. 59), S. 543.

des Kindes herausfinden können und der Meinung des Kindes selbst Rechnung tragen und ihr Gehör verschaffen, Art. 12 KRK. Zu diesem Zweck ist in einigen Staaten die Institution des Kinderanwalts gesetzlich oder tatsächlich geschaffen worden, der Kinder vertritt und zu diesem Zweck ausgebildet wird. Die Tätigkeit des Anwalts gehorcht zur Sicherung des Kindeswohls dem Grundsatz der Kontinuität.[73]

Neben dem rechtskundigen Beistand sind auch andere Arten von Beistand möglich. Das können Pädagogen, Psychologen oder Ärzte sein, die das Wohl des Kindes vertreten und sichern sollen. Je nach der konkreten Situation ist zu bestimmen, welche Art von Beistand dem Wohl des Kindes am besten dient. Dabei ist auf die Meinung des Kindes nach Maßgabe des Art. 12 KRK und auf die Lebensumstände des Kindes Rücksicht zu nehmen. Oft kann bei Kindern in der Situation des Strafverfahrens nicht erwartet werden, daß die Eltern des Kindes zu seinem Schutze auftreten. Daher wird deren Schutz durch einen entsprechenden Beistand gesichert werden müssen.[74]

Recht auf Überprüfung

Das Kind hat nicht nur Anspruch auf einen rechtskundigen Beistand, sondern auch das Recht auf Überprüfung der Freiheitsentziehung. Die Überprüfung erfolgt entweder durch ein Gericht oder eine Behörde.

Für das Gericht enthält Art. 37 lit. d KRK keine Rechtswegsgarantie wie etwa Art. 40 Abs. 2 UAbs. (v) KRK. Es kann also auch das Gericht die Freiheitsentziehung überprüfen, das sie zuerst angeordnet hatte. Damit geht die Konvention in Art. 37 davon aus, daß ein Gericht in jedem Fall das Vorliegen der gesetzlichen Voraussetzungen der Freiheitsentziehung gewissenhaft prüft.[75] Eine weitergehende Garantie, den Entzug der Freiheit etwa durch ein übergeordnetes Gericht überprüfen zu lassen, ist in Art. 37 lit. d nicht vorgesehen. Diese kann sich allenfalls im Rahmen des Strafverfahrens aus Art. 40 Abs. 2 UAbs. (v) KRK ergeben.

Die Überprüfung von Gerichtsentscheidungen als solche ist auch nicht das Primärziel des Art. 37 lit. d KRK. Vielmehr sichert Art. 37 lit. d KRK das Recht des Kindes darauf, daß ihm die Freiheit nicht willkürlich durch andere Staatsorgane entzogen wird, Art. 37 lit. b KRK. Eine weitere Sicherung dieses Rechts wird dadurch geschaffen, daß Art. 37 lit. d a.E. vorschreibt, daß die Ent-

---

[73] Für Frankreich: M. Allaix, "Les Règles de Beijing et les Art. 37 et 40 de la Convention Internationale Relative Aux Droits de l'Enfant" in: J. Rubellin-Devichi/R. Frank (Hsrg.) *L'enfant et les convention internationales*, Lyon 1996, S. 123 ff., 126; für Südafrika: Zaal/Skelton (Fn. 59).

[74] Dorsch S. 249 f.

[75] Anders dagegen Art. 40 Abs. 2 UAbs. v KRK, dazu unten zu Art. 40.

scheidung in einem solchen Verfahren der Überprüfung alsbald zu erfolgen hat.[76] Über die Freiheitsentziehung des Kindes muß also innerhalb weniger Tage eine Entscheidung getroffen werden.

Neben einem Gericht kann auch eine Behörde die freiheitsentziehende Maßnahme überprüfen. An diese Behörde stellt aber Art. 37 lit. d besondere Anforderungen. Sie muß zuständig, unabhängig und unparteiisch sein; Voraussetzungen, die die Kinderrechtskonvention als bei einem Gericht grundsätzlich gegeben erachtet.

Die Voraussetzung der Zuständigkeit meint eine vorher bestimmte Zuständigkeit der entsprechenden Behörde. Damit wird die Rechtssicherheit für das Kind sichergestellt. Es soll vorher bestimmt sein, an wen sich das Kind gegen die Freiheitsentziehung wenden kann. Darüber hinaus kann die entsprechende Behörde spezialisiert werden und den Interessen des Kindes besser Rechnung getragen werden. Ein solche Spezialisierung der Behörde schreibt Art. 37 lit. d KRK allerdings nicht vor.

Die Behörde muß weiterhin unabhängig sein. Sie darf also nicht an die Weisungen des Freiheitsentziehenden gebunden sein, sondern muß sich an den gesetzlichen Voraussetzungen, an die der Entzug der Freiheit im entsprechenden Staat gebunden ist, orientieren und deren Vorliegen überprüfen.

Schließlich muß die Behörde unparteiisch sein. Die Unparteilichkeit der Behörde hat eine ähnliche Stoßrichtung wie die Unabhängigkeit. Die Behörde darf nicht von vornherein für die Position desjenigen eingenommen sein, der die Freiheitsentziehung veranlaßt hat. Damit würde die Durchsetzung des Rechts des Kindes auf Überprüfung der Freiheitsentziehung uneffektiv und faktisch unmöglich gemacht.

Durch diese Anforderungen an die Überprüfungsbehörde wird den Vertragsstaaten aufgegeben, ein entsprechendes System von Behörden zu schaffen, die voneinander unabhängig und deshalb geeignet sind, das Wohl des Kindes und sein Recht auf persönliche Freiheit umzusetzen.

Regeln über den Schutz Minderjähriger, denen die Freiheit entzogen wurde

Im Dezember 1990 hat die Generalversammlung der Vereinten Nationen in einer Resolution Regeln zum Schutz Jugendlicher, denen ihre Freiheit entzogen wurde, verabschiedet.[77]

---

[76] Schweizer Bundesrat *BBl.* 146 (1994) S. 62.

[77] United Nations Rules for the Protection of Juveniles Deprived of their Liberty, General Assembly, 68th plenary meeting, 14. 12. 1990, A/RES/45/113.

Diese Regeln gelten für den Freiheitsentzug im Rahmen des Strafverfahrens, also für Festnahme, Untersuchungshaft und Strafhaft.

Sie betonen die Geltung der Menschenrechte auch im Freiheitsentzug und stellen noch einmal fest, daß der Freiheitsentzug das letzte Mittel ist, und bestimmen die Geltung der *Beijing Rules*.[78] Ziel jeglicher Unterbringung eines jugendlichen Straftäters soll Integration des Jugendlichen in die Gesellschaft ohne Diskriminierung nach Rasse, Hautfarbe u.ä. sein.

Im Freiheitsentzug muß Jugendlichen die Möglichkeit gewährt werden, sinnvolle Tätigkeiten auszuüben, die ihre Selbstachtung und ihr Verantwortungsbewußtsein sowie ihre Integration als vollwertiges Mitglied der Gesellschaft fördern. Jugendliche sollten nur in äußersten Fällen in Untersuchungshaft genommen werden und darin von verurteilten Straftätern getrennt werden. Sie haben in der Untersuchungshaft das Recht auf einen rechtlichen Beistand und das Recht auf Bildung, Privatleben und die Möglichkeit einer bezahlten Arbeit nachzugehen sowie das Recht auf Spiel und Freizeit.

Über Jugendliche in Strafanstalten müssen Akten geführt werden, die über die Zeit, die Form, den Inhalt und die Details der Behandlung des Jugendlichen sowie über den Akt, aufgrund dessen er untergebracht wird, Auskunft geben. Diese Akten sind vertraulich zu führen, jedoch muß es ein Verfahren der Akteneinsicht Dritter geben, um dem Jugendlichen die Möglichkeit zu geben, gegen unfundierte oder falsche Eintragungen in den Akten vorzugehen. Solche Akten müssen in jeder Einrichtung, in der der Jugendliche untergebracht wird, getrennt geführt werden. Der Jugendliche darf nicht willkürlich von einer Einrichtung in eine andere verlegt werden.

Eltern, Vormund oder engste Verwandte des Jugendlichen müssen von der Tatsache des Freiheitsentzugs so schnell wie möglich Kenntnis erlangen und von einer eventuellen Krankheit oder dem Tod des Jugendlichen unterrichtet werden. Der Jugendliche muß bei Aufnahme in die entsprechende Einrichtung mit den Regeln der Einrichtung und seinen Rechten und Pflichten daraus in einer ihm verständlichen Sprache bekannt gemacht werden.

Neben geschlossenen Strafanstalten müssen offene Anstalten geschaffen werden, die wenige oder gar keine Sicherheitsmaßnahmen haben. Sie sollten dezentralisiert angelegt sein, damit dem Jugendlichen der Kontakt mit seiner Familie erhalten bleibt.

Strafeinrichtungen müssen in medizinischer, sanitärer und hygienischer Sicht den Bedürfnissen der Jugendlichen entsprechen. Die Religionsausübungsfreiheit muß gewährleistet sein. Medizinische Experimente mit Insas-

---

78 United Nations Standard Minimum Rules for the Administration of Juvenile Justice, dazu unten zu Art. 40.

sen solcher Anstalten sind verboten. Jeder Jugendliche im Schulalter hat das Recht auf Bildung innerhalb der Einrichtung und soweit wie möglich in einer Schule außerhalb der Einrichtung. Ältere Kinder und Jugendliche sollen die Möglichkeit entgeltlicher Arbeit nach ihrer Wahl und in Übereinstimmung mit den Regeln über die Kinderarbeit bekommen. Diese Arbeit soll soweit wie möglich in der lokalen Gesellschaft - also außerhalb der Anstalt - sein. Auch sonst ist der Kontakt mit der Gesellschaft außerhalb der Einrichtung zu fördern.

Gewaltanwendung als Disziplinierungsmaßnahme ebenso wie Einzelhaft ist nur in engen Grenzen zulässig. Disziplinierungsmaßnahmen dürfen nicht erniedrigend oder grausam sein und sollen dazu dienen, ein Gefühl der Gerechtigkeit unter den Insassen zu fördern. Dazu muß dem Jugendlichen der Grund für die Sanktion genannt werden. Als Disziplinierungsmaßnahmen darf nicht die Beschränkung des Essens dienen. Auch dürfen keine kollektiven Sanktionen verhängt werden.

Einrichtungen zur Unterbringung Jugendlicher müssen der Kontrolle durch Inspektoren unterliegen, die freien Zugang zu allen Arbeitnehmern der Einrichtung und zu allen Jugendlichen haben. Sie kontrollieren alle Aspekte des Anstaltslebens einschließlich der Verpflegung und Unterbringung und verfassen Berichte über ihre Erkenntnisse. Es sollen Stellen von Ombudsmen geschaffen werden, die Beschwerden von Jugendlichen nachzugehen haben.

Anstalten sollen von Spezialisten geführt werden, die auf die Bedürfnisse und das Wohl des Kindes bestmöglichst eingehen können und die Reintegration des Kindes in die Gesellschaft fördern.

Qualifikation des Rechts

Artikel 37 KRK beinhaltet das Recht auf Freiheit, das vor allem ein allgemeines Menschenrecht ist. Es ist durch die besondere Formulierung, die auf das Wohl des Kindes abzielt kindspezifisch ausgestaltet. Es dient in lit. b und c dem Schutz des Kindes und ist damit als *protection right* einzustufen. Artikel 37 lit. d gibt dem Kind ein Recht auf Überprüfung und ein Recht, mit seiner Meinung gehört zu werden, und beinhaltet als solches ein *participation right*.[79]

Als Recht auf Freiheit beinhaltet Art. 37 KRK eins der grundlegendsten der bürgerlichen und politischen Rechte.

---

[79] Flekkøy/Kaufman S. 135.

Umsetzung in Rußland

In den vergangenen Jahren wurde immer wieder an verschiedenen Stellen in Presse[80] und Fernsehen aber auch von offizieller Seite[81] von verheerenden Zuständen in russischen Strafkolonien und Gefängnissen berichtet. In vielen von ihnen reicht der Platz für alle Strafgefangenen nicht aus, so daß ein Gefangener mit 0,9 qm auskommen muß.[82] Teilweise kann nur abwechselnd in den Betten geschlafen werden. Das leistet nicht nur Gewalttätigkeit in den Strafanstalten, sondern auch Krankheiten Vorschub. Viele der Insassen von russischen Gefängnissen sind an Tuberkulose erkrankt und können mangels sanitärer und hygienischer Mittel, aber auch mangels medizinischer Hilfe nicht behandelt werden. Neben diesen oft unmenschlichen Zuständen kommt es auch zu Mißhandlungen durch Beamte.[83] In dieser Situation ist die Wahrung der Rechte des Kindes im Freiheitsentzug eine umso dringlichere Aufgabe.

Verfassungsrechtliche Grundlagen

Grundlage für die Umsetzung der Rechte des Kindes aus Art. 37 lit. b bis d KRK ist das Recht auf Freiheit und persönliche Unversehrtheit aus Art. 22 russ. Verf. Das Recht auf Freiheit nach Art. 22 russ. Verf. wird umfassend verstanden. Es bezeichnet das Recht, jegliche gesetzlich zulässige Handlung auszuführen.[84] Das Recht auf persönliche Unversehrtheit beschreibt das Recht, von niemanden zu einer Handlung gezwungen zu werden. Artikel 22 russ. Verf. gibt jedem das Recht, seinen Lebensweg soweit wie möglich selbst zu wählen.[85]

Artikel 22 Abs. 2 russ. Verf. bestimmt einen Richtervorbehalt für Verhaftung, Untersuchungshaft und Freiheitsstrafe. Ein Festgenommener muß innerhalb von 48 Stunden der richterlichen Entscheidung zugeführt werden.

Letztere Grundentscheidung der Verfassung wird durch das Einführungsgesetz zur Verfassung untergraben, das bis zur Verabschiedung einer neuen

---

[80] Z.B. statt vieler: S. Lammich, "Rußland: Zur Situation in den Untersuchungshaftanstalten", *WGO, Monatshefte für osteuropäisches Rechte* 39 (1997) S. 322 ff.; *Nesavisimaja Gazeta* vom 28. 10. 1998, "Tuberkulesnikov amnistirujut".

[81] Z.B. Report of the President's Commission on Human Rights "On the Observance of the Rights of Man and the Citizen in the Russian Federation (1994-1995)", Kap. 6 On Human Rights in Russian Penal Facilities, englische Übersetzung der Andreij Sakharov Foundation im Internet unter htt://www.wdn.com/asf/hrrep6.htm am 18. 05. 1998.

[82] A. Nußberger, "Die Grundrechte in der Rechtsprechung des russischen Verfassungsgerichtshofs" *EuGRZ* 1998, S. 105 ff., 107.

[83] Report der President's Commission (Fn. 81).

[84] M.V. Baglaj, *Konstituzionnoe Prawo*, Moskau 1998, S. 178.

[85] Baglaj (Fn. 84).

Strafprozeßordnung die Regelung im alten Strafprozeßgesetzbuch der RSFSR, nach der bis zu 72 Stunden vergehen dürfen, aufrecht erhält.[86]

Das russische Verfassungsgericht hat aus Art. 22 russ. Verf. in Verbindung mit Art. 9 IPbürR Grundsätze für einen rechtmäßigen Freiheitsentzug entwickelt.[87] Das Recht auf Freiheit ist danach zwar grundsätzlich begrenzbar, die Begrenzung unterliegt aber der Grenze des Art. 56 Abs. 3 russ. Verf. Nach dieser Vorschrift sind Aussetzungen von einzelnen Grundrechten nur in außergewöhnlichen Umständen, etwa zum Schutz der verfassungsmäßigen Ordnung, der Sittlichkeit, der Gesundheit oder der Rechte und gesetzmäßigen Interessen anderer, möglich.[88] Damit darf niemandem willkürlich die Freiheit entzogen werden. Freiheitsentzug kann nur nach dem gesetzlich vorgesehenen Verfahren erfolgen. Ein Mensch, der eines Verbrechens beschuldigt wird, kann in jedem Stadium des Verfahrens die Gesetzlichkeit und die Grundlagen seines Freiheitsentzugs gerichtlich überprüfen lassen.[89]

Artikel 45 ff. russ. Verf. sichern das Recht auf Freiheit und persönliche Unversehrtheit durch eine Reihe von Verfahrensgarantien ab. Artikel 45 russ. Verf. gibt jedem Menschen das Recht, seine Grundrechte mit allen gesetzlichen Mitteln zu verteidigen. Artikel 46 russ. Verf. enthält den gerichtlichen Schutz der Rechte und Freiheiten. Nach dessen zweitem Absatz kann gerichtlich gegen Entscheidungen von Staatsorganen, lokalen Organen, gesellschaftlichen Vereinigungen und Amtsträgern vorgegangen werden. Der dritte Absatz garantiert das Recht, sich an internationale Organe zum Schutz der Grundrechte und -freiheiten zu wenden, wenn der innerstaatliche Rechtsweg erschöpft ist. Das Recht auf Vorgehen gegen staatliche Entscheidungen wird für den Fall des Freiheitsentzugs durch Art. 47 russ. Verf. unterstützt, der festlegt, daß niemand des Rechts auf Überprüfung seiner Angelegenheiten durch das Gericht beraubt werden darf, in dessen gesetzliche Zuständigkeit er fällt. Artikel 48 russ. Verf. gibt das Recht auf qualifizierte juristische Hilfe, die in gesetzlich vorgesehenen Fällen unentgeltlich zu gewähren ist. Jeder hat ein Recht auf einen Verteidiger vom Moment des Verdachts, der Festnahme oder der Inhaftierung.

In einer neueren Entscheidung hat das russische Verfassungsgericht sich mit dem Recht auf einen juristischen Beistand befaßt.[90] Im Fall hatten die

---

86 Baglaj (Fn. 84), S. 180.

87 Entscheidung des russ. Verfassungsgerichts vom 13. 6. 1996 über die Beschwerde des Staatsbürgers V.V. Scheluchin, *SZRF* 1996, Nr. 26, st. 3185; zitiert bei Baglaj (Fn. 84), S. 179; Nußberger (Fn. 82), S. 110.

88 Nußberger (Fn. 82), S. 110.

89 Baglaj (Fn. 84), S. 179; Nußberger (Fn. 82), S. 111.

90 Urteil des russ. Verfassungsgerichts in Sachen Maslow vom 27. 6. 2000, Nr. 11-P, *SZRF* 2000, No. 27, st. 2882.

staatlichen Organe im Kampf gegen die organisierte Kriminalität die Wohnräume von Herrn Maslow durchsucht und ihn dann mit auf in ihre Büroräume genommen, wo er über 16 Stunden festgehalten wurde. Auf seine Frage nach juristischem Beistand setzte im der untersuchende Beamte auseinander, daß nach Art. 47 russ. StPGB ein Recht auf einen juristischen Beistand nur dem Beschuldigten zustehe. Beschuldigter sei nur, mit wem ein Protokoll über die vorläufige Festnahme aufgenommen werde oder wer in Untersuchungshaft genommen werde. Er sei aber nur als Zeuge da. Nachdem er dann später als Beschuldigter anerkannt war und einen Rechtsanwalt bekam, wurde diesem die Einsicht in die Protokolle der Vernehmung von Herrn Maslow mit der Begründung verweigert, das seien Protokolle einer Zeugenvernehmung und deshalb der Akteneinsicht durch den Rechtsanwalt nicht zugänglich. Die Verfassungsbeschwerde wendet sich gegen Art. 47 StPGB. Das russische Verfassungsgericht prüft die Vorschrift anhand von Art. 45 und 48 russ. Verf. und kommt zu dem Ergebnis, daß Art. 48 russ. Verf. das Recht auf einen juristischen Beistand nicht von der formalen Stellung des Betreffenden als Beschuldigter abhängig macht. Damit könnten die Staatsorgane, indem sie dem materiell Beschuldigten die Stellung als formell Beschuldigten verweigerten, dessen Freiheit und persönliche Unversehrtheit faktisch beschränken. Deshalb hat das russische Verfassungsgericht Art. 47 StPGB für verfassungswidrig und damit nichtig erklärt. Artikel 48 russ. Verf. ist bis zur Neuregelung unmittelbar anwendbar, mit der Folge, daß jedem juristischer Beistand von dem Moment an, als er von den Behörden festgehalten, zu einem Erscheinen vor den Behörden gezwungen oder von den Behörden einer Isolierung ohne Kontakte unterworfen wird.[91]

Nach einer weiteren Entscheidung des russischen Verfassungsgerichts wurde die Beschränkung eines Beschuldigten auf die einfachgesetzlich festgelegten Rechtsschutzmöglichkeiten für verfassungswidrig erklärt. Damit muß sich ein Bürger auch gegen einen Haftbefehl wehren können, wenn dieser nicht vollstreckt worden ist.[92]

Die Grundrechte im Freiheitsentzug werden durch das russ. StGB[93], das Strafprozeßgesetzbuch (StPGB) der RSFSR[94], das Strafvollzugsgesetzbuch

---

[91] Entscheidung des russ. Verfassungsgericht, ebenda, S. 5500, 5503.

[92] Entscheidung des russischen Verfassungsgerichts vom 3.5.1995, *SZRF*, 1995, No. 19 st. 1764; vgl. dazu Nußberger (Fn. 82), S. 108.

[93] Strafgesetzbuch vom 13. 6. 1996, No. 63-FS, *Rossijkaja Gaseta* vom 18., 19., 20 und 25. 6. 1996.

[94] Strafprozeßgesetzbuch der RSFSR vom 27. 10. 1960, *VVSRSFSR* 1960, No. 40, st. 592.

(russ. StVollzGB)[95] und das Gesetz über die Untersuchungshaft eines Verbrechens Verdächtiger und Beschuldigter[96] (U-HaftG) konkretisiert.

Freiheitsstrafe als *ultima ratio*

Das russische Strafprozeß- und Strafvollzugssystems sieht verschiedene Möglichkeiten der Sanktionen gegen Kinder vor, die im Grundsatz von Richtern verhängt werden können. Jugendliche werden im normalen Strafverfahren abgeurteilt, für das einige besondere Garantien für Jugendliche vorgesehen sind.[97]

Das Prinzip der Freiheitsstrafe als *ultima ratio* findet sich in Art. 393 StPGB. Haft als Maßnahme der Prävention gegen Minderjährige darf nur ausnahmsweise verhängt werden. Die höchste Freiheitsstrafe für einen Minderjährigen sind 10 Jahre und die Unterbringung in Erziehungsanstalten kann als Form der Freiheitsstrafe nur beschränkt verhängt werden.[98]

In den Fällen, in denen unbedingte Freiheitsstrafe gegen einen Minderjährigen dennoch verhängt wird, wird zwischen vier Typen von Strafkolonien unterschieden: normale, erleichterte, vergünstigte und strenge. Gefängnisstrafe ist für Jugendliche nicht vorgesehen.[99] Es wird unterschieden zwischen Arbeitskolonien, die in der Regel dem strengen Typ zuzuordnen sind und vor allem über solche Täter verhängt werden, die eine schwere Straftat begangen haben und Wiederholungstäter sind. Auch Arbeitskolonien sind nicht ausschließlich zur Arbeit bestimmt, sondern sind in der Regel eine Kombination aus Arbeits- und Ausbildungskolonien, in denen den Jugendlichen die Möglichkeiten gegeben werden soll, eine Ausbildung zu beginnen und/oder zu beenden.[100] Die Unterbringung in normalen Kolonien droht schweren Straftätern.

Leichtere und vergünstigte Bedingungen werden für das Begehen mittlerer Straftaten verhängt. In den Kolonien mit erleichterten Bedingungen kann dem Jugendlichen auch eine Fahrt zu seinen Eltern von bis zu sieben Tagen erlaubt werden, wenn ein wichtiger Grund - etwa die Krankheit eines nahen Angehörigen oder der Tod eines Eltern- oder Großelternteils - vorliegt.[101]

---

95 Strafvollzugsgesetzbuch R.F. vom 8. 1. 1997, No. 1-FS, *SZRF* vom 13. 1. 1997, No. 2, st. 198.

96 Federalnyj Sakon "O soderschanii pod straschej podosrvajemych i obvinjajemych w sowerschenii prestuplenija" vom 15. 7. 1995.

97 Dazu i. e. unten zu Art. 40.

98 Zweiter russ. Staatenbericht Abs. 132.

99 Zweiter russ. Staatenbericht Abs. 138.

100 Kinderrechtsausschuß, Summary Record of the 63rd meeting: Russian Federation, 02/08/93 CRC/C/SR.63, Abs. 15.

101 Zweiter russ. Staatenbericht Abs. 145.

In diesen Strafkolonien herrschen nicht nur die bereits oben angesprochenen Versorgungsprobleme, sondern selbst unter Jugendlichen besteht die "Ansteckungsgefahr". In den Kolonien besteht ein "*Code of Conduct*", der strenge Regeln für die Insassen untereinander vorsieht und mit Gewalt gegeneinander durchgesetzt wird. Damit wird etwa das Recht auf Klage und Anregungen faktisch unmöglich gemacht, denn solche Anregungen und Klagen sind als "Petzen" verpönt.[102] Darüber hinaus liegt die Rückfallrate für Straftaten bei Insassen von Strafkolonien bei 70 bis 80 %.[103]

Das russ. StGB gibt dem Richter eine Reihe von Möglichkeiten an die Hand, die Strafe für Minderjährige zu verringern oder alternative Maßnahmen anzuordnen, so daß auch damit dem Grundsatz der Freiheitsentziehung als *ultima ratio* Rechnung getragen werden kann. Die Untersuchungshaft für Minderjährige ist auf vier Monate beschränkt.[104]

Dennoch ist der Kinderrechtsausschuß nicht davon überzeugt, daß die Freiheitsstrafe wirklich nur als *ultima ratio* verhängt wird und ruft Rußland dazu auf, diesen Grundsatz sicherzustellen.[105]

Menschenwürde, Beistand und Überprüfung

Das Prinzip der menschenwürdigen Behandlung von Kindern im Freiheitsentzug findet sich im U-HaftG und im StrafvollzugsGB. Dort sind auch Überprüfungsmechanismen vorgesehen.

Das U-HaftG gewährt den Betroffenen Gleichheit vor dem Gesetz und den Schutz vor Folter und unmenschlicher, grausamer oder erniedrigender Behandlung. Es gibt den Gefangenen das Recht auf Kontakt mit ihrem Verteidiger und ihren Angehörigen, das Recht auf persönliche Sicherheit, auf Briefwechsel, Ernährung, den Weg zu Gericht mit einer Beschwerde, auf Sicherung medizinischer und sanitärer Einrichtungen.

In Übereinstimmung mit den Regeln der Vereinten Nationen über den Freiheitsentzug gegenüber Minderjährigen gibt Art. 12 russ. StVollzGB dem Insassen einer Strafanstalt das Recht bei seiner Einweisung über seine Rechte und Pflichten in der Anstalt informiert zu werden. Einzelhaft für Minderjährige über sieben Tage ist verboten.[106] Das Recht auf menschenwürdige Behandlung sichert außerdem ein zusätzlich formuliertes Recht auf medizinische Ver-

---

102 Alternativer Staatenbericht Abs. VIII-14, VIII-16.

103 Alternativer Staatenbericht Abs. VIII-19.

104 Zweiter russ. Staatenbericht Abs. 138-

105 Committee on the Rights of the Child, Concluding Observations: Russian Federation, CRC/C/Add. 110 vom 10. 11. 1999, Abs. 70.

106 Zweiter russ. Staatenbericht Abs. 142.

sorgung, auf soziale Sicherheit, auf unentgeltlichen[107] juristischen Beistand durch einen Rechtsanwalt und auf persönliche Sicherheit, Art. 12 Abs. 6 - 8, 13 russ. StVollzGB.

Artikel 80 russ. StVollzGB schreibt die getrennte Haft von Männern und Frauen und von Minderjährigen und Erwachsenen vor.

Kinder, die eine Freiheitsstrafe ableisten oder denen sonst ihre Freiheit entzogen wurde, haben das Recht, mit ihren Eltern Verbindung zu halten und dürfen sie drei Tage im Jahr sehen.[108] Sie haben außerdem das Recht acht Pakete und acht Päckchen im Jahr zu empfangen. Daneben sind Briefe möglich.[109]

Darüber hinaus sind die Ermittlungsbehörden verpflichtet, einen Verhafteten dem Gericht vorzuführen, und die Behörden haben die Pflicht, Gefangene unverzüglich freizulassen, wenn ein Gericht dies verfügt hat.[110]

Die Kontrolle über den Strafvollzug übt die Staatsanwaltschaft aus. Sie ist verpflichtet, in regelmäßigen Besuchen die Einrichtungen zum Strafvollzug zu besichtigen und dabei den Insassen ausreichend Zeit einzuräumen, um ihre Probleme und Anregungen vorzubringen.[111]

Die Insassen können sich mit Klagen und Anregungen an die Anstaltsleitung und an übergeordnete Organe, an die Staatsanwaltschaft als Aufsichtsorgan und an andere Staatsorgane wenden.

Dennoch kommt es nach den Feststellungen den Kinderrechtsausschusses immer wieder dazu, daß Kinder über lange Zeiten in Untersuchungshaft gehalten werden, bevor ihnen der Prozeß gemacht wird. Kinder, die in Erziehungskolonien untergebracht sind, werden schlecht behandelt und die Situation in diesen Kolonien und in Gefängnissen im allgemeinen ist schlecht.[112]

Dolmetscher

Dabei können sie die russische Sprache oder eine andere der Staatssprachen des jeweiligen Subjekts der Föderation verwenden. Fremde Staatsangehörige können auch ihre Muttersprache oder eine andere von ihnen zu wählende Sprache in den Klagen verwenden. Die Antwort muß in der verwendeten Sprache verfaßt sein. Wenn das nicht schriftlich möglich ist - weil es etwa wie bei

---

107 Kinderrechtsausschuß, Summary Records of the 64th meeting: Russian Federation, 27/01/93 CRC/C/SR.64 Abs. 19.

108 Zweiter russ. Staatenbericht, Abs. 138.

109 Zweiter russ. Staatenbericht Abs. 143.

110 Zweiter russ. Staatenbericht Abs. 143.

111 Zweiter russ. Staatenbericht Abs. 145.

112 Committee on the Rights of the Child, Concluding Observations: Russian Federation, CRC/C/Add. 110 vom 10. 11. 1999, Abs. 67 ff.

einigen der Eingeborenensprachen in Sibirien keine Schriftsprache gibt - wird die Antwort auf russisch verfaßt und dem Verwender übersetzt.

Art. 40 Kinder im Strafrecht und im Strafverfahren

Artikel 40 KRK legt umfassend die Garantien der Rechte des Kindes fest, das sich im Strafverfahren eines Landes befindet.

Dabei wird in Absatz 1 zunächst das grundsätzliche Recht des Kindes auf Wahrung seiner Menschenwürde und das Ziel des Strafverfahren, die Integration des Kindes in die Gesellschaft zum Zwecke der Übernahme einer konstruktiven Rolle in der Gesellschaft, genannt. Der zweite Absatz nennt die einzelnen Verfahrensgarantien unter Bezugnahme auf andere internationale Übereinkommen. Absatz drei verpflichtet die Staaten zur Förderung spezieller Verfahren für Strafprozesse gegen Kinder, zur Festlegung eines Strafmündigkeitsalters und zur Schaffung von Verfahren zur Regelung des Falls ohne einen formellen Gerichtsprozeß. Betont wird dabei die Notwendigkeit, Menschenrechte und Rechtsgarantien zu beachten. Absatz vier nennt dann die möglichen anderen Arten der Regelung, die im gerichtlichen oder sonstigen Verfahren verhängt werden können. Darunter fallen etwa Betreuung des Kindes, Unterbringung in Pflegefamilien und Bewährungsstrafen.

Obwohl oder gerade weil Artikel 40 KRK sehr umfassend und konkret die Garantien im Strafverfahren regelt und er keine Fluchtklausel enthält, die den Staaten die Möglichkeit der Umgehung der normierten Garantien gibt, ist es diejenige Norm, die in der Praxis die größten Schwierigkeiten bereitet. In den Kommentaren des Kinderrechtsausschusses zu den Staatenberichten wurde bisher jedesmal, d.h. bei jedem Staat, die nicht ausreichende Umsetzung des Art. 40 KRK kritisiert.[113]

Im Gegensatz zu Art. 14 IPbürR regelt Art. 40 KRK ausschließlich die Rechte des Kindes im Strafverfahren und legt nicht das Recht des Kindes auf Geltendmachung seiner Rechte und Ansprüche im Zivilverfahren fest.

Entstehungsgeschichte

Artikel 40 Abs. 1 KRK geht größtenteils auf einen kanadischen Vorschlag aus dem Jahre 1986 zurück.[114] In zweiter Lesung wurden auch einer Straftat verdächtige Kinder in den Schutzbereich der Vorschrift einbezogen und der Grundsatz der sozialen Reintegration wurde eingeführt.[115]

---

113 UNICEF, Progress of Nations 1996, New York 1996, "Justice for Juveniles".

114 E/CN.4/1986/39 Abs. 88, Detrick S. 481, Dorsch S. 250.

115 E/CN.4/1989/48 Abs. 568 f., Detrick S. 497, Dorsch S. 250.

Der zweite Absatz unterlag wenig Kontroversen.[116] Lediglich die Unterrichtung durch die Eltern stieß zunächst in einer absoluten Fassung auf Bedenken, so daß der Zusatz "if appropriate" eingefügt wurde.[117] Auch ein Rechtsbeistand alleine wurde nicht als adäquat empfunden, so daß auch hier die Erweiterung auf andere geeignete Beistände vorgenommen wurde.[118]

Der dritte und vierte Absatz wurden in zweiter Lesung ohne große Kontroversen angenommen.[119]

Würde des Kindes und konstruktive Rolle in der Gesellschaft

Die im ersten Absatz aufgeführten Prinzipien lassen sich dahingehend zusammenfassen, daß das Recht des Kindes auf Wahrung der Menschenwürde und das Ziel der Wiedereingliederung verfahrensbestimmend sein müssen.[120] Das Kind muß dazu die Gelegenheit bekommen, sich soweit ihm das möglich ist zu verteidigen.

Wie schon Art. 37 lit. c, sichert auch Art. 40 Abs. 1 KRK die Würde des Kindes im Strafverfahren. Gegenüber Art. 37 lit. c ist Art. 40 Abs. 1 KRK aber erweitert. Die beteiligten Behörden und Gericht müssen nicht nur selbst die Würde des Kindes achten, sondern auch das Gefühl des Kindes für seinen eigenen Wert und die Achtung vor den Menschenrechten und Grundfreiheiten anderer, die es in der Regel mit der Tat, deren es verdächtig, beschuldigt oder angeklagt ist, verletzt haben wird, fördern.

Man kann sich darüber streiten, ob Art. 40 Abs. 1 KRK damit die Errichtung eines speziellen Strafverfahrens für Jugendliche und Kinder vorschreibt. Aus dem Wortlaut des Art. 40 KRK läßt sich eine solche Notwendigkeit nur schwer herleiten.[121] Zwar sieht Art. 40 Abs. 1 KRK vor, das ein Kind, das einer Verletzung der Strafgesetze verdächtigt, beschuldigt oder überführt ist, in einer besonderen Weise behandelt wird. Dieser Wortlaut läßt aber einerseits die Auslegung zu, daß im Rahmen eines allgemeinen Strafverfahrens das Kind menschenwürdig und kindgerecht behandelt wird. Andererseits läßt er aber auch die Interpretation zu, daß ein spezielles menschenwürdiges und kindgerechtes Strafverfahren eingeführt wird. Artikel 40 Abs. 1 KRK verbietet damit nicht, daß ein Kind einem Strafverfahren ausgesetzt werden kann, wie es für Erwachsene vorgesehen ist.

---

116 E/CN.4/1986/39 Abs. 108 - 114, E/CN.4/1989/48 Abs. 570 - 595; Detrick S. 487 ff., 497 ff., Dorsch S. 252.

117 E/CN.4/1989/48 Abs. 573, Detrick S. 498; Dorsch S. 252.

118 E/CN.4/1989/48 Abs. 577, Detrick S. 498; Dorsch S. 252.

119/E/CN.4/1989/ Abs. 564; 596 ff.; Detrick S. 496, 500, Dorsch S. 253, 255.

120 Dorsch S. 250.

121 Dorsch S. 251.

Jedoch kann nach der Konzeption des Art. 40 Abs. 1 KRK das normale Strafverfahren, das in einem Staat für Erwachsene eingerichtet worden ist, nicht unbeschränkt auf Kinder angewandt werden. Dem steht zum einen Art. 40 Abs. 2 KRK entgegen. Dieser regelt spezielle Garantien im Strafverfahren. Darunter sind auch Regelungen getroffen, die nur auf ein Kind angewandt werden können. Das gilt vor allem für die Bestimmungen, die die Beteiligung von Eltern oder Vormund im Strafverfahren ermöglichen. Zum zweiten steht einer Behandlung des Kindes als Erwachsener auch Abs. 10 der Präambel zur KRK entgegen. Dort ist nämlich ausdrücklich auf die sogenannten *Beijing Rules* Bezug genommen, die Mindestnormen für die Jugendgerichtsbarkeit festlegen, also eine unbeschränkte Anwendung von Strafprozeßrecht für Erwachsene ausschließen. Das ergibt sich schließlich aus dem gegenüber Art. 14 f. IPbürR erweiterten ausdrücklichen Schutzbereich des Art. 40 Abs. 1 KRK. Während Art. 14 IPbürR zwar die Menschenwürde einer Person im Strafverfahren als grundlegendes Prinzip des Paktes schützt, wird in ihm nicht die Notwendigkeit der Förderung der Achtung vor sich selbst und seinen Mitmenschen erwähnt. Mit anderen Worten heißt das, daß einem Kind, das einem "normalen" Strafverfahren unterzogen wird, eine besondere Behandlung zuteil werden muß, daß es nicht einfach wie ein Erwachsener behandelt werden kann und daß im Strafverfahren das grundlegende Anliegen der Konvention, die Entwicklung des Kindes zu fördern, eine vordringliche Aufgabe ist. Wie das im einzelnen geschieht ist eine Frage der Ausgestaltung durch das nationale Recht.

Diese Grundregel ist nicht nur von den Gerichten, sondern von allen Behörden zu beachten und einzuhalten, mit denen das Kind im Laufe des Strafverfahrens in Berührung kommt.[122] Das ergibt sich aus der Tatsache, daß das Kind geschützt wird, von dem Zeitpunkt an, zu dem es einer Straftat verdächtigt ist, bis zu dem Zeitpunkt, in dem es einer Straftat überführt und einschließlich der zweiten Instanz (Art. 40 Abs. 2 lit. b UAbs. (v) KRK) verurteilt ist.

Garantien im Strafverfahren

Absatz zwei des Art. 40 KRK regelt nun die einzelnen Garantien, die dem Kind im Strafverfahren zustehen. Buchstabe a macht den Grundsatz der strafrechtlichen Bestimmtheit der Handlung oder Unterlassung deutlich. Ausgehend vom Grundsatz Nuella poena sine lege erfaßt Art. 40 Abs. 2 lit. a KRK die Beschuldigung, Verdächtigung und Überführung der Verletzung der Strafgesetze. Er verpflichtet die Staaten sicherzustellen, daß kein Kind unnötig einem Strafverfahren ausgesetzt wird. Darin kommt der Gedanke zum Ausdruck, daß schon die Tatsache einer Verdächtigung und die Beteiligung an einem Strafver-

---

122 Newell S. 146.

fahren als Beschuldigter für das Kind eine Belastung darstellt, der es nur in den gesetzlich bestimmten Fällen ausgesetzt sein soll. Die Tat muß zur Zeit ihrer Begehung verboten gewesen sein. Artikel 40 Abs. 2 lit. a KRK stellt damit nicht darauf ab, ob das Verhalten, wegen dessen das Kind in irgendeiner Weise verfolgt wird, strafrechtlich sanktioniert wird, sondern lediglich, ob es verboten war. Damit wird der weitgehende Schutz, der sich aus der Formulierung "verdächtigt, beschuldigt oder überführt" ergibt, wieder eingeschränkt, denn auch Verhalten kann verboten sein, wenn es nicht mit Strafe bewehrt ist. Das Verbot für das verfolgte Verhalten muß sich aus innerstaatlichem Recht oder aus Völkerrecht ergeben.

Artikel 40 Abs. 2 lit. b UAbs. (i) bis (vii) KRK regeln die Mindestgarantien des Kindes im Strafverfahren selbst, also wenn es verdächtigt oder beschuldigt wird. Unterabsatz (i) gewährt dem Kind die Unschuldsvermutung. Welcher Grad und welcher Art der gesetzliche Nachweis der Schuld haben muß, wird von Art. 40 Abs. 2 lit. b UAbs. (i) KRK nicht näher spezifiziert. Damit wird den Unterschieden in den nationalen Rechtsordnungen Rechnung getragen, die sich vor allem in Ländern des *Common Law* anders darstellen wie in Ländern des *Civil Law*.[123] Keine Unterschiede in den nationalen Rechtsordnungen darf es aber nach Art. 40 Abs. 2 lit. b UAbs. (i) und (iii) KRK in Bezug auf die Bestrafung des Kindes vor einer gerichtlichen Verhandlung geben. Diese wird von beiden Teilen des Artikels ausgeschlossen.[124] Tatsächliche körperliche Bestrafung von Kindern vor der gerichtlichen oder behördlichen Verhandlung durch Amtspersonen sind ausgeschlossen und als Folter im Sinne des Art. 37 lit. a oder Gewalt im Sinne des Art. 19 KRK einzuordnen.

Artikel 40 Abs. 2 lit. b UAbs. (ii) KRK enthält zwei Rechte des Kindes im Strafverfahren. Zum einen hat er das Recht auf Kenntnis der erhobenen Beschuldigungen zum Inhalt. Die Unterrichtung erfolgt ihm gegenüber gegebenenfalls durch seine Eltern. Unter welchen Umständen die Unterrichtung durch die Eltern erfolgen soll, sagt die Konvention nicht. Das ist aber aus den allgemeinen Grundsätzen und Bestimmungen der Konvention herzuleiten. Die Eltern haben gemäß Art. 5 KRK das Recht, das Kind bei der Ausübung seiner Rechte aus der Konvention in einer seiner Entwicklung angemessenen Weise zu leiten und zu führen. Daraus ergibt sich eine Maßgeblichkeit des Entwicklungsstandes des Kindes. Dies wird durch den gegenüber Art. 40 KRK allgemeineren Art. 12 KRK bestätigt, der dem Kind das Recht auf Teilnahme gibt, sofern das Kind fähig ist, sich eine eigene Meinung zu bilden. Insofern können

---

123 Dazu J. Quigley "The Presumption of Innocence in the Russian Constitution" *Parker Sch. J.E. Eur.L.* 1 (1994) S. 327 ff., 334.

124 So i.E. auch de Graaf (Fn. 67), S. 120.

die Ermittlungs- oder Verfolgungsbehörden selbst die Beschuldigungen dem Kind mitteilen. In den anderen Fällen sind die Eltern oder der Vormund, sofern sie nicht von der Sorge für das Kind im Rahmen der Art. 9 und 18 KRK ausgeschlossen sind, zu unterrichten, damit sie das Kind von den Beschuldigungen in Kenntnis setzen können. Die Unterrichtung muß unverzüglich, das heißt sobald wie irgend möglich erfolgen. Sie muß auch unmittelbar erfolgen, die Ermittlungs- und Verfolgungsbehörden müssen dem Kind oder seinen Eltern (Vormund) selbst und nicht durch schriftliche Mitteilungen mitteilen, was dem Kind vorgeworfen wird. Das gibt dem Kind die Möglichkeit der Rückfrage und das Recht, die Beschuldigungen zu verstehen, und damit letztlich auch die Möglichkeit, sich angemessen dagegen zu verteidigen.

Zum anderen hat das Kind das Recht auf einen geeigneten Beistand. Genau wie Art. 37 lit. c KRK formuliert Art. 40 Abs. 2 lit. b (ii) KRK das Recht auf einen "rechtskundigen oder anderen geeigneten Beistand".[125] Insofern gilt wie bei Art. 37 KRK, daß auch etwa ein Pädagoge, Psychologe oder Arzt ein geeigneter Beistand in diesem Sinne sein kann. Hier muß sich die Eignung aber vor allem auch auf die Vorbereitung und Wahrnehmung der Verteidigung des Kindes beziehen. Daher wird man bei anderen Beiständen jedenfalls eine gewisse Erfahrung in Gerichtsdingen fordern müssen, die sie in die Lage versetzen, die Anordnungen und Anmerkungen von Gericht und Behörden ausreichend zu verstehen und im Sinne des Kindeswohls angemessen agieren und reagieren sowie die Rechte des Kindes etwa auf ein beschleunigtes und faires Verfahren[126] durchsetzen zu können. Anders als Art. 14 IPbürR sieht Art. 40 KRK kein Recht auf einen unentgeltlichen Beistand vor.[127] Jedoch ist Art. 40 Abs. 2 lit. b UAbs. (ii) KRK mit der Formulierung "unverzüglich und unmittelbar" absoluter formuliert, so daß davon auszugehen ist, daß dem Kind in jedem Fall ein geeigneter selbst gewählter oder von einer Behörde gestellter Beistand zur Seite gestellt wird.[128]

Der dritte Unterabsatz des Art. 40 Abs. 2 lit. b KRK enthält den Beschleunigungsgrundsatz. Danach hat das Kind ein Recht darauf, daß seine Sache unverzüglich der zuständigen Stelle vorgelegt wird. Dieser Unterabsatz re-

---

125 Zaal/Skelton (Fn. 59), 540.

126 Zaal/Skelton (Fn. 59), S. 551; Schweizer Bundesrat *BBl* 146 (1994) S. 69.

127 Zum Recht auf einen Beistand nach den internationalen Verträgen: R. Grote "Protection of Individuals in the Pre-Trial Procedure" in: D. Weissbrodt/R. Wolfrum (Hsrg.) *The Right to a Fair Trial*, S. 699 ff., 719.

128 Schweizer Bundesrat (Fn. 126), S. 69.

gelt auch das Recht des Kindes auf ein faires Verfahren,[129] dessen wichtigste Elemente der Abschnitt gesondert auffführt. Danach muß die zuständige Stelle unabhängig und unparteiisch sein. Die Stelle muß aber dazu nicht notwendig ein Gericht, sondern kann auch eine Behörde sein.[130] Damit ist dem Gedanken Rechnung getragen, daß Behörden, die eine besondere Spezialisierung für Kinder und Jugendliche haben, sachgerechter entscheiden können. Im Einzelfall entspricht eine solche Entscheidung eher dem Wohl des Kindes. Allerdings kann eine solche Sachgerechtigkeit und Kindeswohlorientierung auch von speziellen Kinder- und Jugendgerichten sichergestellt werden. Die Ausgestaltung der Strafverfahren gegen Kinder und Jugendliche überläßt auch Art. 40 Abs. 2 lit. b UAbs. (iii) den Vertragsstaaten.

Anders als in Art. 37 KRK stellt Art. 40 KRK auch an das Gericht die besondere Bedingung der Unparteilichkeit und Unabhängigkeit. Das hat aber vor allem klarstellenden Charakter.

Das Kind hat im Verfahren, das nach dem besprochenen Abschnitt anzustrengen ist, einen Anspruch auf einen Beistand, der geeignet sein muß, die Interessen des Kindes in diesem Verfahren zu vertreten. Außerdem hat das Kind ein Recht auf Anwesenheit seiner Eltern oder seines Vormundes. Für dieses Recht ist das Kindeswohl die Schranke. Den Eltern soll im innerstaatlichen Recht nicht um jeden Preis das Recht eingeräumt werden, in der Verhandlung anwesend zu sein und dem Kind damit unter Umständen - etwa durch Verhöhnung oder ungeschickte Bemerkungen - zu schaden und die angestrebte Reintegration in die Gesellschaft zu untergraben.[131]

Das Kind hat nach Art. 40 Abs. 2 lit. b UAbs. (iv) KRK das Recht, nicht gezwungen zu werden, als Zeuge auszusagen oder sich schuldig zu bekennen. Diese Rechte gelten im Sinne des Anfangs von Art. 40 Abs. 2 lit. b KRK nur in den Strafverfahren, die gegen das Kind angestrengt werden. Allerdings sind neben dem Fall, daß das Kind im Verfahren gegen sich selbst als Zeuge aussagen soll, auch Fälle denkbar, in denen das Kind zusammen mit Erwachsenen beschuldigt oder verdächtigt wird. Auch in diesen Fällen ist das Kind, sofern die gleiche Tat verhandelt wird, nicht verpflichtet, als Zeuge auszusagen. Andererseits hat es das Recht Belastungszeugen zu befragen oder befragen zu las-

---

129 Zum Recht auf ein faires Verfahren vor einem unabhängigen Richter vgl. P. Rädler "Independence and Impartiality of Judges" in: D. Weissbrodt/R. Wolfrum *The Right to a Fair Trial*, S. 727 ff.

130 Diese Behörde kann etwa ein spezieller Ausschuß sein, der besondere Kompetenzen für den Bereich der Jugendarbeit auf sich vereinigt, E.M. Simaluwani "The Criminal Proces in Juvenile Couts in Zambia" *Zambia L.J.* 29 (1997) S. 71 ff., S. 81 für das Beispiel Zambias.

131 Simaluwani (Fn. 130), S. 81, der es z.B. für maßgeblich hält, ob die Eltern das Kind in die Kriminalität geführt haben.

sen. In der Regel ist ein Jugendlicher nicht in der Lage, einen Belastungszeugen so zu befragen, daß die Belastung in Zweifel gezogen werden könnte. Oft wird eine derartige Befragung durch einen Jugendlichen eher einer eigenen Stellungnahme gleichen als einer Befragung.[132] Daher sieht Art. 40 auch vor, daß ein anderer den Zeugen befragt. Das kann der Beistand des Kindes sein, das kann aber auch in anderen Systemen der Richter[133] oder der Staatsanwalt sein. Als Gleichheitsrecht sieht Art. 40 Abs. 2 lit. b UAbs. (iv) KRK vor, daß das Kind genauso Entlastungszeugen benennen kann, wie Belastungszeugen gegen es genannt worden sind. Dieses Recht gilt allerdings nur für das Verfahren als solches, es gibt dem Kind aber kein Recht auf Hilfe beim Auffinden von Entlastungszeugen. Auch hier wird den Unterschieden in den verschiedenen Rechtssystem Rechnung getragen.

Der fünfte Abschnitt des Art. 40 Abs. 2 lit. b KRK gibt dem Kind ein Recht auf eine zweite Instanz, wenn gegen es im Sinne des dritten Abschnitts wegen einer Straftat eine Maßnahme verhängt worden ist. Die zweite Instanz muß die gleichen formalen Voraussetzungen erfüllen wie die ursprüngliche Instanz. Zusätzlich muß sie der ersten Instanz übergeordnet sein. Die Überprüfung bezieht sich auf die Entscheidung, daß das Kind einer Straftat überführt ist, und auf die gegen es in der ersten Entscheidung verhängten Maßnahmen.[134] Aus der Vorschrift kann man allerdings kein Recht auf eine Überprüfung jeder zum Vollzug der Maßnahmen getroffenen Anordnung herleiten.[135] Insofern ist das Kind auf die Möglichkeiten des Art. 37 KRK verwiesen, sofern eine freiheitsentziehende Maßnahme verhängt wurde, oder auf die allgemeinen Rechte aus der Konvention.

Unterabsatz (vi) gibt dem Kind, das die Gerichtssprache nicht versteht, in Fortführung des Rechts auf kulturelle Identität aus Art. 30 KRK, das Recht auf einen unentgeltlichen Dolmetscher. Damit wird das Recht eines Kindes, seine eigene Sprache zu verwenden, wenn es einer Minderheit in dem Staat der Verhandlung angehört, aber auch wenn es Ausländer ist, gesichert. Es wird auch das Recht des Kindes sich zu verteidigen gesichert.

In Fortführung des Art. 16 KRK wird nach dem siebten Abschnitt das Privatleben des Kindes geachtet. Damit wird das Recht des Kindes auf private Korrespondenz und auf Datenschutz, aber vor allem auf Schutz seines Intimlebens gesichert.[136] Der Schutz des Privatlebens des Kindes kann auch zum Ge-

---

132 Simaluwani (Fn. 130), S. 79.

133 So etwa in Zambia, Simaluwani (Fn. 130), S. 79.

134 Schweizer Bundesrat *BBl* 146 (1994) S. 70.

135 Schweizer Bundesrat (Fn. 134).

136 Siehe zum Recht auf Privatleben oben Kap. 7 zu Art. 16.

bot der nicht öffentlichen Verhandlung führen, um das Kind insofern zu schützen als sein Name nicht genannt werden darf, um es etwa vor Übergriffen Dritter zu schützen.[137]

Andere internationale Übereinkommen

Artikel 40 Abs. 2 stellt am Anfang klar, daß Art. 40 KRK nicht die Rechte des Kindes beschneiden soll, die ihm aus anderen Übereinkommen zustehen. Es stellt auch klar, daß für die Kinderrechtskonvention die für andere Übereinkommen entwickelten Grundsätze herangezogen werden können.

Auf internationaler Ebene enthält der IPbürR in seinen Art. 14 und 15 Rechte desjenigen, der sich einem Strafverfahren ausgesetzt sieht. Artikel 14 IPbürR gibt das Recht auf ein billiges und öffentliches Verfahren vor dem zuständigen, unabhängigen und unparteiischen Gericht und regelt in seinem dritten Absatz die Mindestgarantien im Strafverfahren, die da sind: Unterrichtung in einer verständlichen Sprache über die Anklage, Recht auf Verteidigung seiner Wahl, nötigenfalls unentgeltlich, Recht auf ein Urteil ohne unangemessene Verzögerung, Befragungsrecht gegen Zeugen, Recht auf einen Dolmetscher und der Nemo-tenetur-Grundsatz. Auch das Recht auf Überprüfung der Entscheidung durch ein höheres Gericht, auf Entschädigung wegen einer zu Unrecht abgeleisteten Strafe und der Grundsatz *Ne bis in idem* sind festgelegt. Artikel 15 IPbürR regelt darüber hinaus den Grundsatz *Nulla poena sine lege*. Dabei kann das Gesetz auch ein völkerrechtlicher allgemeiner Rechtsgrundsatz sein.

Auf regionaler Ebene finden sich Bestimmungen über die Rechte von Menschen im Strafverfahren in Art. 6 EMRK, der das Recht auf ein faires Verfahren regelt und Art. 7 EMRK, der den Grundsatz der Bestimmung der Strafbarkeit im Zeitpunkt der Tat (*Nulla poena sine lege*) regelt.[138]

Während der Verhandlungen zum Statut des internationalen Strafgerichtshofs wurde festgelegt, daß das internationale Gericht keine Jurisdiktion über Täter hat, die das 18. Lebensjahr noch nicht vollendet haben.[139] Auch hier kommt die internationale Tendenz zum Ausdruck, für Kinder und Jugendliche spezielle Verfahren zu schaffen, die ihnen und ihrem Wohl besser gerecht werden.

---

137 Newell S. 146.

138 Der Europäische Gerichtshof für Menschenrechte hatte auch wiederholt über Fragen der Rechte des Kindes im Strafverfahren und im Freiheitsentzug zu entscheiden. Dazu ausführlich und unter Darstellung der einzelnen Fälle des EGMR: U. Kilkelly, *The Child and the European Convention on Human Rights*, Dartmouth 1999, S. 33 ff.

139 Art. 26 Rom-Statut A/CONF.183/9* vom 17. 7. 1998.

Beijing Rules

Zwar sind die *Beijing Rules* kein internationales Übereinkommen, sie sind vielmehr in einer Resolution der Generalversammlung der Vereinten Nationen enthalten. Schon der zehnte Absatz der Präambel verweist aber auf diese Mindestnormen der Vereinten Nationen für die Jugendgerichtsbarkeit, die sogenannten *Beijing Rules*.[140] Sie legen das Verfahren bei straffällig gewordenen Jugendlichen von der ersten Festnahme bis zu seiner Wiedereingliederung in die Gesellschaft fest. Sie gelten damit sowohl im Bereich des Art. 37 KRK als auch im Bereich des Art. 40 KRK, haben ihren Schwerpunkt aber im Strafverfahren gegen Jugendliche.

Das Strafverfahren gegen Jugendliche muß nach diesen Regeln drei Grundsätzen gehorchen. Es muß erstens das Kindeswohl des Beschuldigten betonen, zweitens verhältnismäßig zu den Lebensumständen des Täters sein und drittens verhältnismäßig zu den Umständen der Tat sein.[141] Der Grundsatz der Verhältnismäßigkeit wurde in Art. 40 KRK nicht aufgenommen. Er läßt sich allenfalls aus Art. 40 Abs. 1 KRK herauslesen, der den Respekt des Kindes für seine eigene Würde und die Notwendigkeit der sozialen Wiedereingliederung als Grundsatz des Strafverfahrens gegen das Kind aufnimmt. Diese Ziele kann ein Strafverfahren nur erreichen, wenn es selbst und die durch es verhängte Strafe dem Kind als gerecht vermittelt werden kann. Das ist jedenfalls dann nicht möglich, wenn Verfahren und Strafe völlig außer Verhältnis zu Tat und Tatumständen sowie zur Lebenssituation des jugendlichen Straftäters stehen.

Es werden die grundsätzlichen Rechte im Verfahren ("*fair trial*") bestimmt, das Recht auf rechtlichen Beistand, Recht der Eltern auf Zugang zu ihren Kindern.[142] Eine besondere Ausbildung des Personals, das mit den Jugendlichen umgeht, angefangen vom Polizisten bis hin zum Strafvollzugsbeamten und den im Verfahren und im Vollzug beteiligten Pädagogen und Psychologen wird gefordert.

Unterbringungsmaßnahmen und die damit verbundenen Grundsätze der Behandlung von Kindern und Jugendlichen wie z.B. die Trennung von erwachsenen Straftätern werden aufgezeigt. Dabei gehen die *Beijing Rules* von dem Grundsatz der Erhaltung der Beziehung zur Gesellschaft aus und wollen die Jugendlichen, die straffällig geworden sind, so schnell und effektiv wie möglich wieder in die Gesellschaft eingliedern.

---

140 Standard Minimum Rules for the Administration of Juvenile Justice, 29. 11. 1985, res. 40/33; UNGA Supplement No 52 (A/40/53).

141 Regel 5 der Beijing-Rules, dazu Sobba (Fn. 65), S. 240.

142 Allaix (Fn. 73), S. 124.

Die *Beijing Rules* beruhen auf einer erzieherischen Grundlage. Es soll danach bevorzugt auf erzieherische Maßnahmen in einem offenen Umfeld zurückgegriffen werden.

Strafmündigkeit

Artikel 40 Abs. 3 lit. a KRK verlangt von den Staaten, daß sie ein Strafmündigkeitsalter festlegen. Er spezifiziert das nicht näher in Anbetracht der verschiedenen Praxis in den Staaten.[143] Es werden verschiedene Altersstufen zwischen sieben Jahren[144] über zehn[145] und vierzehn[146] bis hin zu achtzehn Jahren angenommen.[147] Kein internationales Dokument nennt ein Strafmündigkeitsalter.[148] Welches Strafmündigkeitsalter im einzelnen Staat festgelegt wird, ist dabei oft eher eine gesellschaftspolitische Wertung als eine entwicklungspsychologische oder sonst sozialwissenschaftliche.[149]

Strafmündigkeit meint die Fähigkeit, wegen einer Straftat verfolgt zu werden. Der Grund für die Notwendigkeit der Festlegung eines Mindestalters für die Strafmündigkeit wird darin gesehen, daß jüngere Kinder nicht in der Lage sind, die Folgen ihres Handelns zu erkennen und entsprechend ihrer Erkenntnis zu handeln.[150] Im *Common Law* wurde diese Unfähigkeit, die Folgen der Handlung zu erkennen und die Unterscheidung zwischen Recht und Unrecht zu treffen durch die Vermutung des *doli incapax* gesichert. Danach kann das Kind grundsätzlich nicht strafrechtlich zur Verantwortung gezogen werden, bis seine Strafmündigkeit bewiesen ist.[151]

Aus dieser Überlegung ergibt sich die Notwendigkeit, von den Staaten nicht nur allgemein ein Mindestalter festlegen zu lassen, sondern auch zu verlangen, daß das Alter für die Strafmündigkeit nicht so niedrig festgelegt wird,

---

143 vgl. dazu F. Dunkel, "Strafmündigkeitsalter im internationalen Vergleich" *RdJB* 1999, S. 291 ff.

144 So in der Schweiz, in der eine abgestufte Bestrafung ab sieben Jahren möglich ist, Guillod (Fn. 29), S. 235.

145 So im Grundsatz in Großbritannien, Newell S. 147; Dunkel (Fn. 143), S. 293.

146 So etwa in der Bundesrepublik Deutschland, § 19 StGB und in Japan, Y. Matsushima, "Controversies and Dilemmas: Japan Confronts the Convention" in: Freeman (Fn. 1), S. 139 f.

147 So in einigen Staaten Südamerikas, dazu Dunkel (Fn. 143), S. 292 f.

148 Simaluwani (Fn. 130), S. 77; Jedoch wird der Internationale Strafgerichtshof seine Gerichtsbarkeit etwa erst ab 18 Jahren ausüben, Art. 26 Rom-Statut.

149 Dunkel (Fn. 143), S. 300.

150 Dunkel (Fn. 143), S. 298.

151 Zaal/Skelton (Fn. 59), S. 550; G. Douglas "The Child's Right to Make Mistakes: Criminal Responsibility and the Immature Minor" in: G. Douglas/L. Sebba (eds) *Children's Rights and Traditional Values*, Dartmouth 1998, S. 264 ff.

daß eine Differenzierung nach der Erkenntnisfähigkeit des Kindes nicht mehr möglich ist, weil alle Kinder erfaßt sind, die überhaupt alleine handeln können.

Regelung des Falls ohne gerichtliches Verfahren

Artikel 40 Abs. 3 lit. b KRK gibt den Staaten auf, Verfahren einzurichten, um den Fall gegen das Kind ohne einen formellen Gerichtsprozeß zu regeln, sofern das angemessen und wünschenswert ist. Dabei müssen die Menschenrechte und Mindestgarantien im Strafverfahren berücksichtigt werden. Auf den ersten Blick widerspricht sich die Konvention hier selbst. Schreibt doch Art. 40 Abs. 2 lit. b UAbs. (iii) KRK vor, daß das Verfahren durch ein Gericht geführt wird.[152] Jedoch übersieht man damit die Tatsache, daß Art. 40 Abs. 2 lit.b (iii) KRK ja gerade nicht nur Gerichte als entscheidungsbefugt ansieht, sondern auch Behörden mit den dort aufgeführten Qualifikationen. Damit sollte schon hier die Möglichkeit eingeräumt werden, Strafverfahren gegen Kinder in einem weniger formellen Verfahren zu regeln und dem Opportunitätsprinzip Vorschub zu leisten. Diese Möglichkeit wird durch Art. 40 Abs. 3 lit. b KRK noch einmal ausdrücklich aufgegriffen. Damit wird der Zweck verfolgt, in den Staaten dem Opportunitätsprinzip vermehrt zum Durchbruch zu verhelfen.[153] Damit kann z.B. ein Gerichtsverfahren gar nicht erst eröffnet werden, wenn das begangene Unrecht geringfügig ist und der Schaden bereits anderweitig abgegolten oder wieder gut gemacht worden ist. Letztendlich zeigt sich auch hier wieder das Prinzip der Verhältnismäßigkeit im Strafverfahren gegen das Kind, das ein Strafverfahren in diesen Fällen nicht im Sinne des Kindeswohls erscheinen läßt.

Anderweitige Regelung des Falls

Die schon in Art. 37 lit. d KRK a.E. angelegte Bemühung um eine alternative Regelung von Fällen von Straftaten Jugendlicher wird in Art. 40 Abs. 4 näher ausgestaltet. Dort werden Möglichkeiten anderweitiger Regelung aufgezählt.[154] Diese Aufzählung ist nicht abschließend und soll den Vertragsstaaten Möglichkeiten an die Hand geben, nach denen sie die Behandlung straffällig gewordener Kinder regeln können und sollen. Bei der Regelung der Straffälligkeit Jugendlicher sind dabei mehrere Modelle möglich.[155] Zum einen können Kinder wie Erwachsene behandelt und bestraft werden. Diesem Modell erteilen Art. 40 Abs. 1 und 4 KRK eine Absage. Zwar verbietet die Konvention

---

152 So der Schweizer Bundesrat (Fn. 2), S. 69.

153 So dann im Ergebnis auch Schweizer Bundesrat (Fn. 152).

154 Dorsch S. 255.

155 Sobba (Fn. 65), S. 237 ff.

nicht die grundsätzliche Gleichbehandlung von Kindern mit Erwachsenen.[156] Sie schreibt aber schon in Art. 40 Abs. 1 KRK eine besondere Beachtung des Kindeswohls vor und verbietet damit die absolute Gleichheit von Kindern und Erwachsenen, die dazu führt, daß auf das Kindeswohl nicht eingegangen werden kann. Daneben können Kinder bei speziellen Gerichten verklagt werden, aber bestraft werden wie Erwachsene. Auch diese Möglichkeit wird in dieser Form von Art. 37 und 40 KRK weitgehend ausgeschlossen. Daneben sind zahlreiche Formen denkbar, die Kinder unter anderen Bedingungen behandeln und bestrafen als Erwachsene. Insofern läßt die Konvention den Staaten einen Entscheidungsspielraum.

Jedenfalls werden die Staaten durch Art. 40 Abs. 4 KRK verpflichtet soweit wie möglich nicht nur Alternativen zum Freiheitsentzug, sondern auch Alternativen zur Heimerziehung zu finden. Damit wird dem aus Art. 3 Abs. 2 und 5 KRK folgenden Grundgedanken der bestmöglichen Verwirklichung des Kindeswohls durch die Familie Rechnung getragen. Nach Art. 40 Abs. 4 KRK soll die Familie und die sonstige Umgebung im Rahmen des Kindeswohls in die Reintegration des straffällig gewordenen Kindes einbezogen werden.[157] Dem Kind soll auf diese Weise die Gelegenheit gegeben werden, den Respekt vor sich selbst und vor der Gesellschaft, in der es lebt, zu lernen und anzuwenden.

In diesen Fällen tritt die grundsätzlich generalpräventive und Sühnefunktion der Bestrafung hinter das Kindeswohl zurück. In den Vertragsstaaten darf gegen jugendliche Straftäter nicht auschließlich mit dem Ziel vorgegangen werden, andere mögliche Täter von der Straftat abzuhalten (Generalprävention). Es darf auch nicht alleine wegen der Genugtuung des Opfers vorgegangen werden. Vielmehr muß Ziel der Bestrafung sein, das Kind davor zu bewahren, weiterhin Straftaten zu begehen, ihm beizubringen, daß es die Konsequenzen seines Handelns zu tragen hat[158] (Spezialprävention). Dabei kann gegenüber anderen Kindern zusätzlich als Nebeneffekt die Generalprävention eintreten. Die Bestrafung oder sonstige Maßregel der Besserung muß dem Kindeswohl entsprechen und geeignet sein, das Kind davon abzuhalten, weiterhin Straftaten zu begehen. Einem allein pädagogisch motivierten Freiheitsentzug wird eine Absage erteilt.[159]

Es kommen eine Reihe von Möglichkeiten in Betracht.[160] So kann das Kind mit Auflagen versehen werden, daß es nicht an bestimmte Orte oder zu

---

156 Dorsch S. 255.

157 Simaluwani (Fn. 130), 71 ff.

158 Flekkøy/Kaufman S. 135; Matsushima (Fn. 146), S. 139.

159 Dorsch S. 244.

160 Vgl. dazu auch Grs. 18.1, 2 Beijing-Rules.

bestimmten Zeiten nicht aus dem Haus gehen darf. Es kann auch auf eine spezielle Schule geschickt werden, in der Pädagogen und Psychologen mit ihm arbeiten, mit dem Ziel es aus der Umgebung zu entfernen, die zu der Straftat geführt hat, oder mit dem Ziel, es für Einflüsse anderer, die zu weiteren Straftaten führen könnten, unempfindlich zu machen. Neben diesen sind zahlreiche andere Möglichkeiten denkbar, die nicht oder nur für gewisse Teile des Tages mit Freiheitsstrafe verbunden sind. Oft kann bei der alternativen Form der Bestrafung oder Besserung die Familie und die Umgebung des Kindes eingespannt werden.[161] Das Kind kann etwa Wiedergutmachung beim Opfer unmittelbar oder durch gemeinnützige Arbeit betreiben und auf diese Weise können ihm die Folgen seiner Tat beigebracht werden.[162]

Qualifikation des Rechts

Artikel 40 KRK enthält Rechte des Kindes im Verfahren. Er enthält Rechte, die nicht nur dem Kind als solches zustehen, sondern allgemeine Menschenrechte sind. Sie sind aber - vor allem in Absatz eins und zwei - teilweise als spezielle Kinderrechte ausgestaltet.

In erster Linie dient Art. 40 KRK dem Schutz des Kindes vor ungerechtfertigter, dem Kindeswohl widersprechender Strafverfolgung, enthält also *protection rights*. Art. 40 KRK enthält im einzelnen aber auch die Möglichkeit und das Recht des Kindes, sich aktiv am Verfahren zu beteiligen. Als solches ist Art. 40 auch bei den *participation right* einzustufen.

Artikel 40 KRK enthält ebenso wie auch Art. 37 KRK ein bürgerliches Recht.

Umsetzung in Rußland

In den vergangenen Jahren hat die Kriminalität unter Kindern in Rußland immer mehr zugenommen.[163] Das ist unter anderem auch eine Folge der steigenden Zahl der Straßenkinder. Diese Tatsache und die, daß darunter immer mehr auch schwere Verbrechen sind und Kinder in die organisierte Kriminalität einbezogen werden,[164] bringt die Notwendigkeit mit sich, auch immer wieder

---

161 Zaal/Skelton (Fn. 59), S. 549; Allaix (Fn. 73), 124.
162 Allaix (Fn. 73), S. 130.
163 Prawitjelstwo Moskvy, Komitet po delam semi i molodjoschi, Gorodskoj Zentr Deti uliz, Deti uliz, Informazionno-konsultatiwnyj vestnik, 1. Aufl., Moskau 1997, S. 1 ff., Bericht der Moskowskaja Prawda, No. 110, vom 19. 6. 1996, No. 22(072) S. 5 O. Menschikowa "Detskij Vopros v Rossii"; zweiter russ. Staatenbericht Abs. 137; "Organisation Prawa Rebjonka" in: I.I.Linnikowa *O naruschenii praw tschelowjeka*, Moskau 1998, S. 239.
164 Zweiter russ. Staatenbericht Abs. 137.

Jugendliche einem Strafverfahren auszusetzen. Umso mehr müssen die Rechte des Kindes aus Art. 40 KRK gewahrt bleiben.

Ähnlich wie bei Art. 37 KRK findet die Umsetzung des Art. 40 KRK ihre Grundlagen in der russischen Verfassung. Der allgemeine Grundsatz des Art. 40 Abs. 1 KRK ist auch in Art. 34 russ. Verf. enthalten, nach dem Kinder unter dem Schutz des russischen Staates stehen. Artikel 21 russ. Verf. unterstellt auch die Menschenwürde und die Ehre des Menschen unter den Schutz des Staates.

Ziel von Bestrafung ist nach Art. 43 russ. StGB die soziale Gerechtigkeit und die Berichtigung des Verurteilten, um ihn von neuen Straftaten abzuhalten (Gedanke der Spezialprävention).

In der Russischen Föderation gibt es entgegen der ausdrücklich erklärten Intention der russischen Regierung noch keine speziellen Kinder- und Jugendgerichte, so daß Verfahren gegen Kinder und Jugendliche vor den allgemeinen Gerichten verhandelt werden.[165] Sowohl im russischen Strafprozeßrecht als auch im Strafrecht sind spezielle Regeln für die Bestrafung von und das Strafverfahren gegen Minderjährige vorgesehen.[166] Nach Art. 391 ff. StPGB RSFSR sind im Verfahren gegen Minderjährige einige Besonderheiten zu beachten. Diese Besonderheiten sind vor allem das Alter des Minderjährigen, seine Lebensumstände, die Umstände, die zur Tat geführt haben, die Anwesenheit erwachsener Tatteilnehmer und die Frage, ob der Minderjährige die Folgen seiner Handlung erkennen konnte, Art. 392 StPGB RSFSR; Art. 89 russ. StGB. Dazu sind Eltern, Lehrer, Erzieher und andere Menschen in ähnlichen Funktionen zu befragen, die eine Aussage über die Lebensumstände des Minderjährigen treffen können.

Auch die einzelnen Garantien im Strafverfahren finden sich zum großen Teil in der russischen Verfassung. Die besonderen Rechte des Kindes und Möglichkeiten des Staates, das Kindeswohl in den in Art. 40 Abs. 3 und 4 KRK dargelegten Weisen zu schützen, werden im einfachen Recht umgesetzt.

Artikel 46 russ. Verf. gibt jedem Menschen ein Recht auf gerichtlichen Schutz seiner Rechte und Freiheiten. Diese Grundnorm wird durch die nachfolgenden spezielleren Normen und durch einfache Gesetze konkretisiert.[167]

Der Grundsatz *Nulla poena sine lege* findet sich in Art. 54 russ. Verf. In dessen zweitem Absatz wird festgelegt, daß niemand wegen einer Handlung zur Verantwortung gezogen werden kann, die im Zeitpunkt ihrer Begehung nicht

---

165 Zweiter russ. Staatenbericht Abs. 137, Alternativer Staatenbericht Abs. VIII-7.

166 Zweiter russ. Staatenbericht Abs. 132.

167 Zur Konkretisierung durch den Obersten Gerichtshof vgl. auch P. CH. Iljasow, " Prawo Litschnosti na Sudebnuju zaschtschitu i ego obespetschenije Verchovnym sudom RF w ugolownom prozessje", *Jurist* 1997, Heft 11, S. 35 ff.

als Rechtsverletzung angesehen wurde. Darüber hinaus enthält Art. 54 russ. Verf. ein ausdrückliches Rückwirkungsverbot. In Absatz eins heißt es, daß ein Gesetz, das die Strafbarkeit einer Handlung begründet oder verschärft keine rückwirkende Kraft besitzt.[168] Rückwirkende Kraft hat dagegen ein Gesetz kraft Verfassung, das die Bestrafung wegen einer Handlung mildert oder abschafft, Art. 54 Abs. 2 S. 2 russ. Verf. Auf die Frage der Strafbarkeit einer Handlung nach Völkerrecht geht die russische Verfassung in Art. 54 nicht weiter ein. Artikel 15 Abs. 4 russ. Verf. erklärt allerdings die allgemeinen Grundsätze und Normen des Völkerrechts und die völkerrechtlichen Verträge der Russischen Föderation zum Bestandteil der russischen Rechtsordnung. Nach Art. 17 Abs. 1 russ. Verf. erkennt die Russischen Föderation die Rechte und Freiheiten des Menschen und des Staatsbürgers in Übereinstimmung mit den anerkannten Regeln und Normen des Völkerrechts und der Verfassung an. Zwar ist der Charakter des Art. 15 Abs. 4 russ. Verf. und das Verhältnis von Art. 15 zu Art. 17 russ. Verf. in der russichen Literatur noch nicht abschließend geklärt,[169] jedoch ist davon auszugehen, daß jedenfalls die Normen gegen den Völkermord und ähnliche Verbrechen als Teil der russischen Rechtsordnung anerkannt sind,[170] da sie wie Art. 20 und 22 russ. Verf. das Recht des einzelnen auf Leben und persönliche Unversehrtheit sichern.

Der Grundsatz *nulla poena sine lege* wird von Art. 9 f. russ. StGB bestätigt. Er beinhaltet auch ein strafbegründendes oder -verschärfenes Analogieverbot.[171]

Die Unschuldsvermutung und den Grundsatz *in dubio pro reo* regelt die russ. Verfassung in Art. 49 Abs. 1. Danach gilt jeder eines Verbrechens Beschuldigte solange als unschuldig bis seine Schuld im gesetzlichen Verfahren nachgewiesen ist.[172] Der zweite Absatz schreibt vor, daß niemand seine Unschuld beweisen muß und nach dem dritten Absatz sind Zweifel an der Schuld einer Person zu deren Gunsten auszulegen. Diese Vorschriften verbieten, sich

---

[168] Zum Rückwirkungsverbot im Strafverfahren, Baglaj (Fn. 84), S. 258; A.M. Larin, Kommentar zu Art. 54 russ. Verf. in: B.N. Topornin, *Kommentar zur russ. Verfassung*, Moskau 1998, S. 347 ff.

[169] Dazu Baglaj (Fn. 84), S. 162 f., G.M. Danilenko, Kommentar zu Art. 15 Abs. 4 russ. Verf., in: B.N. Topornin, *Kommentar zur russ. Verf.* Moskau 1997, S. 159 ff.; W.A. Karmaschkin Kommentar zu Art. 17 russ. Verf., ebenda S. 167 ff.; W.A. Tumanow *Konstituzija Rossijkoj Federazii, Enziklopeditscheskij Slowar*, 2. Aufl. Moskau 1997, S. 144 f., I.I. Lukaschuk, *Konstituzii gosudarstwi meschdunarodnoje prawo*, Moskau 1998, S. 66 ff.

[170] Zweiter russ. Staatenbericht Abs. 133.

[171] Zweiter russ. Staatenbericht Abs. 133.

[172] Zum Inhalt der Unschuldsvermutung nach russischem und sowjetischem Recht: Quigley (Fn. 123), S. 327 ff.

gegenüber einem Verdächtigen, Beschuldigten oder Angeklagten so zu verhalten, als sei er schuldig, bevor seine Schuld bewiesen ist. Weitergehend als Art. 40 Abs. 2 lit. b (i) KRK wird Art. 49 russ. Verf. so ausgelegt, daß nur ein Gericht einen Menschen eines Verbrechens für schuldig erklären kann und ohne diese Verurteilung darf niemand bestraft werden.[173] Sogar ein Schuldeingeständnis des Beschuldigten oder Angeklagten ist nicht ausreichend, ihn zu verurteilen. Stattdessen muß seine Schuld auch anders bewiesen werden.[174] Zur Sicherung dieses Rechts sieht Art. 50 Abs. 2 russ. Verf. ein Verbot der Verwendung von Beweisen gegen einen Beschuldigten vor, wenn diese unter Verletzung eines Bundesgesetzes erlangt worden sind.[175]

Die russische Verfassung sieht kein ausdrückliches Recht des Beschuldigten oder Angeklagten vor, die Anklage zu kennen. Eine solches Recht wird aber mittelbar aus dem in Art. 48 Abs. 1 und 2 russ. Verf. festgelegten Recht auf juristischen Beistand geschlossen und ist auch in Art. 46 und 52 StPGB RSFSR niedergelegt.[176] Aus Art. 46 Abs. 1 russ. Verf., dem Recht auf gerichtlichen Schutz der Rechte und Freiheiten wird außerdem ein eigenes Anwesenheitsrecht des Angeklagten hergeleitet.[177] Der Verdächtigte, Beschuldigte und der Angeklagte hat nach dem Gesetz das Recht, die Beschuldigungen zu kennen, Erklärungen dazu abzugeben, ein Bittgesuch einzureichen, Akteneinsicht in Ermittlungsprotokolle zu erhalten und in der Verhandlung Schlußfolgerungen zu ziehen, Art. 46 StPGB RSFSR.

Das Recht auf juristische Hilfe regelt dagegen die Verfassung in Art. 48 eingehend. Danach hat jeder ein Recht auf einen juristischen Beistand von dem Moment an, in dem er von der Beschuldigung unterrichtet wird, oder von dem Moment seiner Festnahme oder Inhaftierung an.[178] Dabei meint Art. 48 nach der Rechtsprechung des russischen Verfassungsgerichts nicht die formelle Beschuldigteneigenschaft oder die Festnahme als formell Beschuldigter, sondern das tatsächliche Festhalten, die Zwangsvorladung vor eine Behörde oder

---

173 Baglaj (Fn. 84), S. 255; V.P. Bozhev Kap. 3 §§ 4, 9 in: V.P. Bozhev (Hrsg.), *Ugolownij Prozess, Obschtschaja Tschast,* Moskau 1997, S. 52 f., 61 ff.

174 Baglaj (Fn. 173).

175 Dazu Baglaj (Fn. 84) S. 256 f.

176 Bozhev (Fn. 173), § 10, S. 63.

177 Iljasow (Fn. 167), S. 36; Entscheidung des russ Verfassungsgerichts in Sachen Aulow u.a. vom 14. 2. 2000, No. 2-P, *SZRF* vom 21. 2. 2000, No. 8, st. 991, S. 2040 ff.

178 Zum Inhalt des Rechts auf einen Rechtsbeistand und dessen Fixierung im einfachen Recht, vgl. Baglaj (Fn. 84) S. 254 f., Bozhev (Fn. 173) S. 63 f. Einfachgesetzlich ist dieses Recht in Art. 47 StPGB RSFSR niedergelegt.

die Isolation ohne Kontakte nach außen durch eine staatliche Behörde.[179] In den gesetzlich vorgesehen Fällen ist die juristische Hilfe unentgeltlich zu gewähren. Aus diesen Verfassungsbestimmungen ergibt sich auch das Recht des einzelnen auf Anwesenheit des Beistands in der Verhandlung. So besteht nach Art. 49 StPGB RSFSR eine Verteidigerpflicht bei Verhandlungen gegen Minderjährige. Eine Vorschrift, die dem Kind das Recht einräumt, daß seine Eltern im Verfahren anwesend sind, enthält die russische Verfassung nicht. Ein solches Recht läßt sich allenfalls mittelbar aus dem Schutz der Kindheit und der Familie des Art. 34 russ. Verf. herleiten. Jedoch findet nach einfachem Recht die Vorladung zur Verhandlung in der Regel über die Eltern statt, Art. 395 StPGB RSFSR.

Die Garantien des Art. 40 Abs. 2 lit. b UAbs. (iii) KRK finden sich in verschiedenen Bestimmungen der Verfassung. Das Recht auf gerichtlichen Schutz der Rechte und Freiheiten, Art. 46 Abs. 1 russ. Verf., gibt dem einzelnen auch ein Recht auf unverzügliche und korrekte Verhandlung unter Einhaltung der gesetzlich vorgesehenen Fristen.[180] Artikel 47 russ. Verf. enthält die sogenannte Zuständigkeitsgarantie. Danach kann niemandem das Recht entzogen werden, daß seine Angelegenheiten vor dem Gericht verhandelt werden, dessen Zuständigkeit gesetzlich vorgeschrieben ist.[181] Für das Strafverfahren garantiert die Verfassung die Einrichtung und Verhandlung vor Geschworenengerichten in den gesetzlich vorgesehenen Fällen. Das sind Fälle besonders schwerer Verbrechen wie etwa Totschlag, Bildung von Banden zur Ausübung von Verbrechen u.ä. Neben Geschworenengerichten werden auch Kollegialgerichte und Einzelrichter eingerichtet.[182]

Nach Art. 118 russ. Verf. wird die Rechtspflege ausschließlich durch die Gerichte wahrgenommen. Das bezieht sich auf strafrechtliche, verfassungsrechtliche, verwaltungsrechtliche und zivilrechtliche Angelegenheiten, Art. 118 Abs. 2 russ. Verf. Das heißt, daß eine Person nur durch ein Gericht für schuldig befunden werden kann, Art. 49 russ. Verf.[183] Das Gericht darf sich dazu nach einfachem Recht nur auf diejenigen Beweise stützen, die ihm in der gesetzlich vorgesehenen Weise in der Verhandlung präsentiert worden sind,

---

179 Urteil des russ. Verfassungsgericht im Fall Maslow vom 27. 6. 2000, Nr. 11-P, *SZRF* 2000, Nr. 27, st. 2882, dazu ausführlicher oben zu Art. 37 KRK.

180 Iljasow (Fn. 167), S. 37.

181 Dazu Baglaj (Fn. 84), S. 253 ff.

182 Baglaj (Fn. 181).

183 Dazu Bozhev (Fn. 173) S. 52 ff.; N.A.Gromow/W.W. Nikolajtschenko "Prinzipy Ugolownogo Prozessa, ich ponjatije i sistema", *Gosudarstwo i Prawo* 1997, No. 7 S. 33 ff., 37.

Art. 301 StPGB RSFSR[184] und keinem bundesgesetzlich festgelegten Beweisverbot zuwiderlaufen, Art. 50 Abs. 2 russ. Verf. Die Möglichkeit eines Strafverfahrens vor einer anderen Behörde ist also von der russischen Verfassung nicht übernommen worden.

Das Gebot der Unparteilichkeit des Gerichts ergibt sich in der russischen Verfassung aus dem Gleichheitssatz, Art. 19 russ. Verf. und aus dem Recht auf gerichtlichen Schutz der Menschenrechte und -freiheiten, Art. 46 Abs. 1 russ. Verf.[185] Aus dem allgemeinen Gleichheitssatz wird nämlich nicht nur das Recht geschlossen, nur im gleichen Maße wie andere angeklagt zu werden, sondern auch eine Gleichheit von Ankläger und Angeklagten bzw. Ermittler und Verdächtigem oder Beschuldigtem.[186] Der Strafprozeß gehorcht in Rußland außerdem dem Prinzip der objektiven, vollständigen und allseitigen Ermittlung der Geschehnisse. Danach müssen alle möglichen Versionen in Betracht gezogen werden und alle irgendwie zugänglichen Beweise gesucht und vorgelegt sowie die Ermittlung und Verhandlung unvoreingenommen geführt werden.[187] In einer neueren Entscheidung hat sich das russische Verfassungsgericht mit dem Grundsatz der Unparteilichkeit der Gericht auseinandergesetzt.[188] In diesem Fall hatte ein Strafgericht gemäß Art. 256 StPGB gegen Frau Smirnowa ein Strafverfahren angestrengt und gleichzeitig ihren Arrest angeordnet. Frau Smirnowa wendet sich mit ihrer Verfassungsbeschwerde gegen diese Vorschrift des StPGB mit der Begründung diese verstoße gegen die Verfassung, weil es Aufgabe spezieller Organe sei, ein Strafverfahren anzustrengen (also Anklage zu erheben oder ein Zwischen- und Hauptverfahren einzuleiten). Das Verfassungsgericht gab Frau Smirnowa recht und erklärte die Norm des StPGB für verfassungswidrig und nichtig. Aus Art. 10, 118 und 123 russ. Verf. folge der Grundsatz, daß die richterliche Funktion streng von der Funktion der strafrechtlichen Ermittlung zu trennen sei. Das Gericht hat danach unter anderem die Aufgabe, die Tätigkeit der Ermittlungsorgane im vorgerichtlichen Verfahren zu überprüfen und die Rechte des Beschuldigten zu wahren. Mit dieser Funktion vertrage es sich nicht, faktisch die Funktion der Anklage zu übernehmen. Vielmehr sei gerade im Strafprozeß die Gewaltenteilung aus Art.

---

[184] Bozhev (Fn. 173), S. 53.

[185] Iljasow (Fn. 167), S. 40.

[186] Bozhev (Fn. 173), S. 56; Jedoch konnte auch das Gericht in besonderen Fällen bisher das Strafverfahren einleiten. Diese Vorschrift des StPGB hat das Verfassungsgericht in einer jüngeren Entscheidung für verfassungswidrig erklärt; Entscheidung in Sachen Marow No. 1-P vom 14. 1. 2000, http://www.akdi.ru/ks/post/29.htm (am 18. 2. 2000).

[187] Bozhev (Fn. 173), S. 65.

[188] Urteil des russ. Verfassungsgerichts in Sachen Smirnowa vom 14. 1. 2000, Nr. 1-P, zu finden im Internet unter http://www.akdi.ru/ks/post/29.htm (am 30. 8. 2000).

10 russ. Verf. besonders zu beachten. Schließlich nimmt das Verfassungsgericht auf Art. 14 IPbürR Bezug und erklärt, das Prinzip der Unparteilichkeit der Gerichte sei durch Art. 256 StPGB verletzt. Wenn also ein Gericht zu der Auffassung komme, ein Beteiligter in einem Strafprozeß - wie im vorliegenden Fall Frau Smirnowa, die Zeugin in einem anderen Prozeß war - habe Strafrecht verletzt, müsse es die gefundenen Materialen zur weiteren Ermittlung an die Ermittlungsbehörden weiterleiten, denen es dann gegebenenfalls obliege, Anklage zu erheben.

Nach Art. 120 russ. Verf. sind Richter unabhängig. Die Unabhängigkeit des Richters wird gesichert durch seine Unabsetzbarkeit und Unantastbarkeit (Immunität), Art. 121, 122 russ. Verf. Richter sind niemandem verantwortlich[189] und richten sich ausschließlich nach dem Gesetz.[190]

Die Anwesenheitspflicht eines juristischen Beistands ergibt sich aus Art. 49 StPGB RSFSR, der das Recht auf einen juristischen Beistand aus Art. 48 russ. Verf. umsetzt. Zu den Rechten des Rechtsanwalts gehört auch die Akteneinsicht in die vorgerichtlichen Ermittlungsakten.[191] Bei der Befragung eines minderjährigen Beschuldigten muß außerdem ein Pädagoge anwesend sein, Art. 396 StPGB RSFSR. Daneben ist der gesetzliche Vertreter des Kindes mit den Materialien des Falles vertraut zu machen, wenn er sich darum bemüht und nicht die Gefahr eines Schadens für die Interessen des Minderjährigen gegeben ist, Art. 398 StPGB RSFSR, und der gesetzliche Vertreter des Angeklagten hat unter den gleichen Voraussetzungen ein Recht auf Teilnahme an der Verhandlung, Art. 399 StPGB RSFSR.

Auch das Verbot des Zwanges, gegen sich selbst auszusagen, ist in der russischen Verfassung geregelt. Nach Art. 51 Abs. 1 russ. Verf. ist niemand gezwungen gegen sich selbst, seine nahen Angehörigen oder seinen Ehegatten auszusagen. Darüber hinaus können nach Art. 51 Abs. 2 russ. Verf. in einem Bundesgesetz weitere Fälle der Befreiung von der Zeugenpflicht festgelegt werden. Solche Fälle sind im StPGB RSFSR festgelegt. Es sieht allerdings nicht die Befreiung des Jugendlichen von der Zeugenpflicht vor, sondern lediglich die erleichterte Zeugenaussage ohne Hinweis auf die Folgen einer Falschaussage für Zeugen ab 16 Jahren, Art. 158 StPGB RSFSR. Zeugen zwischen 14 und 16 Jahren sind in Anwesenheit eines Pädagogen und - soweit notwendig - unter Anwesenheit von Eltern oder nahen Angehöriger zu verhören, Art. 159

189 Bozhev (Fn. 173), S. 54.
190 Baglaj (Fn. 84), S. 627 f.
191 Urteil des russ. Verfassungsgericht im Fall Maslov vom 27. 6. 2000, *SZRF* 2000, No. 27, st. 2882, zum Fall schon oben zu Art. 37 KRK.

StPGB RSFSR. Der Pädagoge kann selbst Fragen stellen und hat das Vernehmungsprotokoll nach der Vernahme des Zeugen zu unterschreiben.

Das Recht, Belastungszeugen zu befragen und Entlastungszeugen zu benennen, ergibt sich aus dem Grundsatz des kontradiktorischen Charakters des Strafverfahrens ("*Sostjazatel'nost'*"). Danach bildet der Ankläger die eine Seite der Strafverhandlung, der Angeklagte mit seinem Verteidiger die andere Seite.[192] Beide Seiten verhandeln mit gleichen Rechten, können also auf der Basis der Gleichheit Be- und Entlastungszeugen benennen und befragen. Die Seiten sind dabei streng getrennt vom Gericht.[193]

Auch diese Prinzipien waren bereits Gegenstand einer verfassungsgerichtlichen Entscheidung.[194] In dem entschiedenen Fall hatte ein Strafgericht aus Irkutsk dem Gericht die Frage zur Entscheidung vorgelegt, ob Art. 232, 248 und 258 StPGB verfassungsgemäß sind, die die Möglichkeit vorsehen, ein Verfahren zurück an die Staatsanwaltschaft zu verweisen, wenn die Ermittlungen nicht ausreichen, die Ermittlungsorgane das Strafprozeßrecht erheblich verletzt haben, die Ermittlungen die Anklage nicht tragen, aber eine Anklage wegen einer anderen Tat tragen würden u.ä. Das Verfassungsgericht beurteilte die Frage zum einen anhand des Gewaltenteilungsprinzips aus Art. 10 russ. Verf. und zum anderen an Art. 49, 50, 118 und 123 russ. Verf., aus denen es den Grundsatz der Gleichberechtigung der beiden Seiten und den Grundsatz des kontradiktorischen Verfahrens herleitet. Die Gleichberechtigung der Seiten bedeutet nach dieser Rechtsprechung in erster Linie die strenge Trennung der Gerichtsfunktion von der Anklagefunktion und läuft damit teilweise parallel zur Unparteilichkeit der Richter. Das Prinzip des kontradiktorischen Verfahrens bedeute in jedem Fall, daß nur die Organe die Anklage erheben, aufrechterhalten und zurücknehmen können, die von der Verfassung speziell dafür vorgesehen sind. Das sei nicht das Gericht. Das Verfassungsgericht bezieht sich für diese Rechtsprechung ausdrücklich auf Art. 6 EMRK und Art. 14 IPbürR. Aus dem Grundsatz des kontradiktorischen Verfahrens und der Unschuldsvermutung, die in Art. 49 russ. Verf. niedergelegt ist, ergebe sich, daß ein Gericht nicht an die Ermittlungsorgane zurückverweisen kann, sondern nur dann einen Angeklagten schuldig sprechen kann, wenn ihm das von den zuständigen Organe bewiesen wird. Wenn ihnen der Beweis nicht gelinge, dann müsse das Gericht eben wegen einer bewiesenen geringeren Straftat verurteilen oder frei-

---

192 Bozhev (Fn. 173), S. 67 f.

193 Entscheidung des Russischen Verfassungsgerichts vom 28. 11. 1996, *SZRF* 1996, Nr. 50 St. 5679; Nußberger (Fn. 82), 108.

194 Urteil des russ. Verfassungsgerichts vom 20. 2. 1999, Nr. 7-P, im Internet unter http://www.akdi.ru/ks/post/11.htm (am 13. 9. 2000).

sprechen. Das Gericht geht noch weiter und leitet aus dem Art. 46 Abs. 2 russ. Verf. das Gebot effektiven Rechtsschutzes her, der sich vor allem darin ausdrückt, daß ein Verfahren nicht unnötig in die Länge gezogen werden darf.

Das Recht über Überprüfung einer gerichtlichen Verurteilung durch eine höhere Instanz ergibt sich aus Art. 50 Abs. 3 russ. Verf.[195] Darüber hinaus sieht diese Vorschrift das Recht vor, um Begnadigung oder Verminderung der Strafe zu bitten. Artikel 46 Abs. 3 russ. Verf. gibt jedermann das Recht sich in Übereinstimmung mit den von der Russischen Föderation abgeschlossenen völkerrechtlichen Verträgen an zwischenstaatliche Organe um Schutz seiner Menschenrechte und -freiheiten zu wenden, wenn die innerstaatlichen Rechtsschutzmöglichkeiten ausgeschöpft sind. Damit ist der Weg etwa zum Europäischen Gerichtshof für Menschenrechte verfassungsrechtlich abgesichert.[196]

Rechtskräftig abgeschlossene Verfahren können in einem Wiederaufnahmeverfahren oder im Aufsichtsverfahren überprüft werden.[197] Das Aufsichtsverfahren ist in den unteren Instanzen möglich, nicht aber gegen eine Entscheidung des Obersten Gerichtshofs. Während das Wiederaufnahmeverfahren eher dem deutschen Antrag auf Wiederaufnahme entspricht und vom Verurteilten angestrengt werden kann, wird das Aufsichtsverfahren durch einen Protest des Staatsanwalts, des Vorsitzenden oder eines Stellvertreters des Gerichts initiiert. Ziel beider Verfahren ist es, die Würde des Menschen gegen falsche Gerichtsentscheidungen zu schützen, so daß eine Korrektur solcher falschen Gerichtsentscheidungen uneingeschränkt möglich sein muß.[198]

Die russische Verfassung sieht nicht das Recht auf einen Dolmetscher vor. Ein solches ergibt sich aber aus Art. 17 StPGB. Danach ist die Gerichtssprache Russisch oder eine andere Staatssprache des jeweiligen Subjekts, in dem das Strafverfahren ausgeführt wird. Wenn eine Person, die am Strafverfahren beteiligt ist, die Sprache nicht spricht, hat sie das Recht in einer von ihr gewählten Sprache zu verhandeln, Anträge zu stellen und Aussagen zu machen. Gerichtliche Dokumente kann der Beschuldigte in seiner Muttersprache bekommen.[199] Inzwischen ist auch anerkannt und in Art. 17 StPGB RSFSR gesetzlich festgelegt, daß der Beschuldigte oder Angeklagte von dem Moment an,

195 Dazu Baglaj (Fn. 84), S. 257.

196 I.L. Petruchin Kommentar zu Art. 46 russ. Verf. in: B.N. Topornin, *Kommentar zu russ. Verf.*, Moskau 1997, S. 319.

197 Nußberger (Fn. 82), S. 109 f.

198 Nußberger (Fn. 82), S. 109 f.

199 Bozhev (Fn. 173), S. 71 f.

von dem ihm ein Verteidiger zusteht, auch ein Recht auf Inanspruchnahme der Dienste eines Dolmetschers hat.[200]

Der Schutz des Privatlebens eines Jugendlichen im Strafverfahren wird nicht ausdrücklich durch die Verfassung geschützt. Sie sieht aber das Recht auf Achtung der Menschenwürde, Art. 21 russ. Verf., das Recht auf Unantastbarkeit der Persönlichkeit, Art. 22 russ. Verf., und ein allgemeines Recht auf Schutz des Privatlebens in Art. 23 russ. Verf. vor. Das russische Verfassungsgericht hat aus dem Recht auf Schutz des Privatlebens und auf das persönliche Geheimnis, Art. 23 russ. Verf. auf ein Recht des einzelnen geschlossen, die über ihn im Rahmen einer staatsanwaltschaftlichen Ermittlung gesammelten Daten zu erfahren.[201] Auch die Literatur schließt aus dem Recht auf Achtung der Menschenwürde und auf Schutz der Ehre in Übereinstimmung mit Art. 9 IPbürR auch ein Recht auf Privatleben und ein persönliches Geheimnis.[202] Außerdem wird von der Möglichkeit Gebrauch gemacht, zum Schutz der Interessen der Parteien Öffentlichkeit in Verfahren gegen Jugendliche unter 16 Jahren auszuschließen.[203]

Neben diesen Garantien sieht die russische Verfassung auch das Verbot der Doppelbestrafung vor, das nicht in die Kinderrechtskonvention aufgenommen wurde, Art. 50 Abs. 1 russ. Verf.

Das gesetzliche Strafmündigkeitsalter in der Russischen Föderation ist 16 Jahre, Art. 20 Abs. 1 russ. StGB.[204] Allerdings kann ein Kind ab 14 Jahren bestraft werden, wenn es eine der im Katalog des Art. 20 Abs. 2 russ. StGB aufgeführten Straftaten begangen hat.[205] Das sind diejenigen Straftaten, die in der Russischen Föderation als schwere Straftaten angesehen werden, die eine besondere Gefahr für die Allgemeinheit darstellen.[206] Darunter sind neben Raub, Totschlag, Terrorismus, Geiselnahme und Erpressung auch Diebstahl, Mißbrauch von Kraftfahrzeugen, schwere Sachbeschädigung, Diebstahl von Kriegsmitteln und Explosivkörpern, Rowdytum und Vandalismus sowie Unschädlichmachen von Transportmitteln und Transportwegen (wie etwa Bahn-

200 Thirteenth periodic report of the Russian Federation to the Committee on the Elimination of Racial Discrimination, CERD/C/263/Add.9 vom 20. 11. 1995; Bozhev (Fn. 173), S. 72.

201 Urteil des russ. Verfassungsgericht im Fall Kechmann vom 18. 2. 2000, Nr. 3-P, zu finden im Internet unter http://www.akdi.ru/ks/post/32.htm (am 30. 8. 2000), dazu schon oben zur Informationsfreiheit, Art. 13, 17 KRK.

202 Bozhev (Fn. 173), S. 59 f.; Gromow/Nikolajtschenko (Fn. 183), S. 37.

203 Thirteenth periodic report of the Russian Federation to the Committee on the Elimination of Racial Discrimination, CERD/C/263/Add. 9 vom 20. 11. 1995.

204 Zweiter russ. Staatenbericht Abs. 134.

205 Dunkel (Fn. 143).

206 Zweiter russ. Staatenbericht Abs. 134.

schienen). Ein jüngeres Kind kann nicht strafgerichtlich verfolgt werden, das Komittee für die Angelegenheiten Minderjähriger kann aber Erziehungsmaßnahmen über es verhängen, es etwa in eine staatliche Erziehungseinrichtung einweisen.[207]

Die Möglichkeit, ein gerichtliches Verfahren einzustellen und an das Komittee für die Angelegenheiten Minderjähriger abzugeben, sieht Art. 8 StPGB RSFSR vor. Kompetent für die Einstellung sind je nach Stand des Verfahrens der Ermittler, der Staatsanwalt oder das Gericht. Die Organe für innere Angelegenheiten haben besondere Abteilungen zur Bekämpfung der Kinderkriminalität gebildet, deren Mitarbeiter der Staatsanwaltschaft bei der Ermittlung von Taten Minderjähriger zur Seite stehen. Es werden auf lokaler und regionaler Ebene Seminare und Konferenzen zur Fort- und Weiterbildung von Spezialisten und Mitarbeitern in Ermittlungs- und Vorbeugungsbehörden abgehalten.[208] Es wird die Einrichtung spezieller Organe zum Schutz der Rechte Minderjähriger diskutiert, die die inzwischen für überholt gehaltenen[209] Komitees für die Angelegenheiten Minderjähriger im strafrechtlichen Bereich ablösen sollen.[210]

Die in Art. 40 Abs. 4 KRK vorgesehenen alternativen Möglichkeiten als Reaktion auf kindliche Straftaten finden sich auch in den Straf- und Vollzugsgesetzen. Nach dem StPGB RSFSR ist der Richter gehalten zu prüfen, ob auch andere Maßnahmen außer der Freiheitsstrafe in Betracht kommen.[211] Nach Art. 393 StPGB RSFSR kann ein straffällig gewordenes Kind unter die Obhut von Eltern, Vormund, Kinderbetreuungseinrichtungen oder unter die Sorge von Verwaltungsbehörden, also etwa des Amts für Vormundschaft und Pflegschaft gestellt werden. Es sind korregierende Schulen für minderjährige Straftäter, die in ihrer psychischen Entwicklung verlangsamt sind, eingerichtet worden.[212]

Das russische Strafrecht gibt dem Richter eine Reihe von Möglichkeiten alternativer Bestrafung. Artikel 6 russ. StGB verpflichtet den Richter bei der Entscheidungsfindung im Strafurteil die Umstände der Tat und des Lebens des Jugendlichen zu berücksichtigen.[213] Artikel 61 russ. StGB sieht als Strafmilderungsgrund die Minderjährigkeit des Schuldigen vor. In Art. 90 russ. StGB sind explizit Möglichkeiten der Alternative zur Freiheitsstrafe genannt,

---

[207] Zweiter russ. Staatenbericht, Abs. 134.
[208] Zweiter russ. Staatenbericht Abs. 135.
[209] Alternativer Staatenbericht Abs. VIII-10.
[210] Zweiter russ. Staatenbericht Abs. 137.
[211] Zweiter russ. Staatenbericht Abs. 132.
[212] Zweiter russ. Staatenbericht Abs. 132.
[213] Kinderrechtsausschuß, Summary Record of the 62nd meeting: Russian Federation, 26. 1. 1993, CRC/C/SR.62, Abs. 54.

die in Art. 91 russ. StGB näher ausgestaltet sind. Die Wahl dieser Alternativen ist in das Ermessen des Richters gestellt.[214] Eine solche Alternative kann (1) die sog. Vorbeugung sein. Bei leichten und mittleren Taten reicht die Erklärung für den minderjährigen Straftäter aus, welche Folgen die Tat hatte und welche Folgen er im Falle der Wiederholung zu erwarten hat. Das Gericht kann (2) Erziehungsmaßnahmen in Form der Aufsicht verhängen. Hier werden die Minderjährigen unter die Kontrolle der Eltern oder einer staatlichen Einrichtung gestellt, ohne daß ihnen dazu die Freiheit entzogen wird. Eine dritte Alternative (3) ist die Verpflichtung den Schaden wieder gutzumachen. Das erfolgt durch Leistung eines Geldbetrags, der aus den eigenen Einkünften des Minderjährigen stammt oder durch Arbeitsleistung. Schließlich kann das Gericht (4) den Ausgang des Minderjährigen begrenzen. Er kann ihm das Verbot erteilen, an einen bestimmten Ort zu gehen, auf eine bestimmte Art auszugehen oder zu bestimmten Zeiten außer Hause zu sein.

Artikel 92 russ. StGB sieht daneben die Möglichkeit vor, die Strafe auf Bewährung auszusetzen. Diese Bewährung kann auch mit einer der oben genannten Maßnahmen verbunden werden.[215] Ansonsten kann der Jugendliche nach einer schweren Straftat in speziellen Erziehungseinrichtungen untergebracht werden.

Artikel 93 russ. StGB schließlich sieht die Möglichkeit vor, den Jugendlichen nach einem je nach Schwere der Straftat zu bestimmenden Teil der Strafe bedingt zu entlassen.

Trotz dieser zahlreichen gesetzlichen Möglichkeiten alternativer Bestrafung, kritisiert der Kinderrechtsausschuß, daß in der Russischen Föderation bisher nicht ausreichend von der Möglichkeit alternativer Bestrafung Gebrauch gemacht, die Freiheitsstrafe nicht nur als *ultima ratio* anerkannt wird. Er regt weiterhin an, die lange geplante Einführung einer speziellen Jugendgerichtsbarkeit zu forcieren.[216]

---

214 Kinderrechtsausschuß ebenda.

215 Zweiter russ. Staatenbericht Abs. 139.

216 Committee on the Rights of the Child, Concluding Observations: Russian Federation, CRC/C/Add. 110 vom 10. 11. 1999, Abs. 69 ff.

IV. Schutz des Kindes aufgrund der Kinderrechtskonvention

Die Ausführungen zur Kinderrechtskonvention haben immer wieder Defizite aufgezeigt, die der Konvention vorgeworfen werden. Daraus stellt sich die Frage, ob durch die Konvention überhaupt ein Fortschritt erzielt worden ist. Anders formuliert heißt die Frage: Sind Kinder jetzt weitergehend geschützt als vorher?

Die Frage ist in erster Linie völkerrechtlicher Natur. Es ist die Frage danach, ob die Kinderrechtskonvention ausreichend Standards schafft, die die Völkergemeinschaft dazu nutzen kann, Kinderrechte zu verwirklichen und die Staaten zu ihrer Verwirklichung anzuleiten.

Sie ist aber auch eine Frage, die sich in den nationalen Rechtsordnungen stellt, die die Konvention umsetzen sollen. In den nationalen Rechtsordnungen ist zu fragen, welche Maßnahmen ergriffen werden müssen, um alte Probleme zu lösen und neuen Problemen in der Umsetzung der Kinderrechte begegnen zu können.

Die zweite Frage, die sich in diesem Zusammenhang stellt, ist die nach den Zukunftsaussichten der Konvention und der Rechte des Kindes. Welche neuen Konzepte sind erstellt worden? Welche Möglichkeiten der Anwendung dieser Konzepte ergeben sich in einer nationalen Rechtsordnung wie der russischen?

I. Völkerrechtliche Fragen

Im Bereich der Völkerrechts ist die Effektivität des Schutzes des Kindes von zwei Faktoren abhängig. Da ist zum einen ein Faktor des materiellen Rechts. Die Konvention muß materiell rechtlich die bestehenden Standards aufrecht erhalten und sie weiterentwickeln.

Der zweite ist ein Faktor des formellen Rechts. Das System der Kinderrechtskonvention im Rahmen der Staatenverpflichtungen und deren Überprüfung muß effektiv sein.

Die Zukunftsaussichten der Konvention sind an der Effektivität der Durchsetzung der Kinderrechtskonvention durch den Kinderrechtsausschuß und an der Frage nach neuen Konzepten festzumachen.

A) Grundlegende Wirkung der Prinzipien der Konvention im Bereich anderer Übereinkommen und Entwicklung zum Völkergewohnheitsrecht

Die Kinderrechtskonvention hat im Vergleich zu den bis dahin bestehenden Standards der Menschenrechte im internationalen Bereich vorhandene

Standards geändert und neue geschaffen. Ein Teil der Regelungen lehnt sich an Vorschriften der internationalen Menschenrechtspakte und der Genfer Rotkreuzkonventionen an, der andere Teil der Regelungen beinhaltet eigene Kinderrechte.

Ein Ausbau der Rechte des Kindes und des Schutzes des Kindes ist in jedem Fall dadurch erreicht worden, daß die Konvention inzwischen von allen Staaten der Welt mit Ausnahme der USA und Somalias ratifiziert worden ist.

Einen wichtigen Bereich in diesem Zusammenhang stellen die grundlegenden Prinzipien der Konvention dar, die die Konvention durchziehen und die Grundentscheidungen der Konvention klarstellen. Das sind in erster Linie das Prinzip des Kindeswohls und der Vorrang der Familie. Das sind aber auch die Anerkennung der mit dem Alter zunehmenden Reife des Kindes und seine Selbstbestimmung. Diese Prinzipien können wegen ihres Charakters als Grundentscheidung der Konvention auch im Bereich anderer Menschenrechtsverträge als *guiding principles* angewandt werden. Die Effektivität der Konvention hängt davon ab, inwiefern die Konvention die bestehenden Standards verwässert[1] oder zugunsten des Kindes ausbaut.[2]

a) Verwässerung bestehender Standards?

Die Konvention beinhaltet sowohl Vorschriften des IPbürR als auch des IPwirtR.[3] Das sind vor allem Vorschriften im Bereich der sozialen Entwicklung des Kindes und grundlegender Menschenrechte wie etwa das Recht auf Leben und der Schutz vor Folter. Sie beinhaltet auch Rechte, die an das IV. Genfer Abkommen und die beiden Zusatzprotokolle zu den Genfer Abkommen angelehnt sind.[4]

Die Rechte des Kindes in bewaffneten Konflikten stellen einen Rückschritt gegenüber dem zweiten Zusatzprotokoll zu den Genfer Abkommen dar.[5] Das Kind ist nicht gegen die unmittelbare Teilnahme an internen Konflikten geschützt. Auch sein Schutz als Teil der Zivilbevölkerung ist nicht so festgelegt wie in den Genfer Abkommen. Jedoch enthält die Kinderrechtskonvention - anders als andere Menschenrechtsabkommen - keine allgemeine Derogationsklausel. Daher sind die Kinderrechte grundsätzlich auch in bewaffneten

---

1 So W.H. Bennett "A Critique of the Emerging Convention on the Rights of the Child" *Cornell Int'l LJ* 20 (1987) S. 1 ff., 36 ff.

2 so z.B. M. Santos País "Monitoring Children's Rights - A View from Within" in: E. Verhellen (Hrsg.) *Monitoring Children's Rights*, S. 129 ff.

3 A. Alen/W. Pas, "The UN Convention on the Rights of the Child's Self Executing Character" in: E. Verhellen (Hrsg.) ebenda, S. 165 ff., 180.

4 vgl. dazu die Ausführungen in Kap. II Abschnitt 6 zu Art. 38 KRK.

5 ebenda.

Konflikten anwendbar, so daß das Kind weitergehend geschützt ist als durch andere Menschenrechtsabkommen. Von einer Verwässerung bestehender Standards kann nicht gesprochen werden.

Daß eine Ergänzung der Konvention in Bezug auf das Mindestalter für die Teilnahme an bewaffneten Konflikten als Soldat notwendig war, steht demgegenüber wohl außer Frage. Inzwischen wurde die Ergänzung auch von der UN-Vollversammlung gebilligt. Ihre Aufnahme durch die Staaten bleibt allerdings abzuwarten.

Der Schutz des Kindes in anderen Bereichen scheint auf den ersten Blick oft geringer zu sein, als in anderen Abkommen, weil die Konvention im Interesse der möglichst weltweiten Ratifikation vorsichtig formuliert ist und oft Fluchtklauseln enthält, die den Staaten die Möglichkeit geben, mit dem Argument, daß ihnen die finanziellen Mittel fehlen, von der Umsetzung eines bestimmten Artikels abzusehen.[6] In der Konsequenz haben vor allem Staaten, die bisher die internationalen Menschenrechtspakte nicht ratifiziert haben, die Möglichkeit, Kindern Rechte in geringerem Maße zuzugestehen als es in einem Großteil der internationalen Staatengemeinschaft für Erwachsene anerkannt ist. So verpflichtet Art. 28 KRK anders als Art. 14 IPwirtR die Staaten zu keinem Aktionsplan zur Umsetzung der Grundschulpflicht. Die Staaten, die sich nicht an Art. 14 IPwirtR gebunden haben, weil sich nicht Mitglieder des IPwirtR sind, haben die Möglichkeit, das Recht auf Bildung aufgrund des Art. 4 S. 2 KRK einzuschränken. Art. 9 Abs. 4, 10 und 22 KRK sehen anders als Art. 13 IPbürR keinen Ausweisungsschutz für das Kind vor.

Der Kompromißcharakter einzelner Bestimmungen betreffend die Menschenrechte in der Konvention darf aber weder dazu führen, ihr jegliche Aussagekraft abzusprechen, noch einen Standpunkt einer universellen Durchschnittsbetrachtung einzunehmen.[7] Vielmehr können die Rechte im Wege der Auslegung konkretisiert werden. Diese Aufgaben nehmen zwar einerseits die Staaten wahr. Andererseits spielt in diesem Zusammenhang der Kinderrechtsausschuß eine entscheidende Rolle. Er hat die vertragliche Kompetenz, die Vorschriften in der Konvention auszulegen, wenn er die ausreichende Umsetzung in den Vertragsstaaten überprüft. Die Tatsache, daß Vorschriften wie etwa Art. 6 KRK dem Art. 6 IPbürR und Art. 24 Abs. 1 KRK dem Art. 12 IP-

---

[6] Bennett (Fn. 1) S. 36 ff.; Alen/Pas (Fn. 3), S. 179 f.; T. Hammarberg "Justice for Children through the UN Convention" in: S. Asqith/M. Hill (Hsrg.) *Justice for Children*, S. 59 ff., 70; R. Brett, "Child Soldiers: law, politics and practice" *Int'l J Children's Rgts* 4 (1996) S. 115 ff., 117.

[7] H. Sax/Ch. Hainzl, *Die verfassungsrechtliche Umsetzung der UN-Kinderrechtskonvention in Österreich*, Wien 1999, S. 28.

wirtR entsprechen, gibt die Möglichkeit bei der Auslegung die zu den Vorschriften der anderen internationalen Menschenrechtspakte gefundenen Ergebnisse heranzuziehen.

Sofern sich bei der Konkretisierung der Standards ergibt, daß der von der KRK gesetzte Standard geringer ist, als der eines anderen Vertrags, greift Art. 41 KRK ein. Diese Günstigkeits- oder Konkurrenzklausel gibt innerstaatlichen und völkerrechtlichen Regeln den Vorrang, die für die Verwirklichung der Rechte des Kindes besser geeignet sind als die Regeln aus der KRK. Damit soll gerade verhindert werden, daß andere Menschenrechtsverträge ausgehebelt werden können.[8] Die Verwendung des Begriffs "Recht" eines Vertragsstaates bzw. "in einem Staat geltenden Völkerrecht" zeigt, daß die Günstigkeitsklausel umfassend zu verstehen ist. Im Gegensatz zu dem Begriff der Gesetzgebung hat der Begriff Recht (*Law*) eine umfassende Bedeutung und bezeichnet auch eine Verwaltungs- oder Rechtsprechungspraxis, die sich nicht unmittelbar aus dem Gesetz ergibt. Auch das in einem Staat geltende Völkerrecht erfaßt nicht nur andere multilaterale internationale Menschenrechtsverträge, sondern er bezieht auch bilaterale Verträge, regionale Menschenrechtsabkommen und sogar Spezialverträge ein, die gar nicht in erster Linie auf die Gewährleistung von Kinderrechten abzielen, deren Nebeneffekt aber Kinderrechte sind.[9] Völkergewohnheitsrecht ist ebenso erfaßt. Die Günstigkeitsklausel sichert die Anwendung der von einem Staat bereits ratifizierten internationalen Übereinkommen und die Standards, die ein Staat innerstaatlich schon geschaffen hat. Sie ergänzt damit die anderen bestehenden Menschenrechtsdokumente.[10] Ein Problem stellt sich allenfalls in umgekehrter Richtung, wenn ein späterer Menschenrechtsvertrag einen geringeren Standard als die Kinderrechtskonvention beinhaltet. Artikel 41 KRK spricht nämlich nur davon, daß andere Bestimmungen unberührt bleiben. Die Worte "unberührt" und "enthalten sind" implizieren das Bestehen dieser Bestimmungen im Zeitpunkt des Inkrafttretens der Kinderrechtskonvention. Auf den ersten Blick wird aber keine Aussage darüber getroffen, welchen Status Bestimmungen haben sollen, die nach Inkrafttreten der Kinderrechtskonvention erlassen oder vereinbart werden. Nationales Recht, das Standards zuläßt, die hinter der Kinderrechtskonvention zurückbleiben, wird durch Art. 4 KRK ausgeschlossen. Staaten, die geringere Standards zulas-

---

[8] Dorsch S. 124 f.

[9] Allgemein zu menschenrechtlichen Verträgen vgl. W.H. Wilting, *Vertragskonkurrenz im Völkerrecht*, Köln 1996, S. 233.

[10] Alen/Pas (Fn. 3), S. 181 f. Ein Problem stellt sich allenfalls in umgekehrter Richtung. Artikel 41 KRK spricht nämlich nur davon, daß Bestimmungen "unberührt" bleiben und impliziert damit, bereits bestehende nicht aber später erlassene Vorschriften zu erfassen.

sen, verletzen ihre Verpflichtungen aus der Konvention und setzen diese nicht um.

Spätere völkerrechtliche Vereinbarungen richten sich nach Art. 30 WVRK. Artikel 30 Abs. 1 WVRK i.V.m. Art. 103 SVN schreiben vor, daß die Verpflichtung aus der Satzung der Vereinten Nationen Vorrang vor den Verpflichtung aus anderen internationalen Übereinkünften haben.[11] Teil der Verpflichtungen aus der Satzung der Vereinten Nationen ist die Achtung der Menschenrechte gemäß Art. 56, 55 Abs. 1 lit. c, 1 Abs. 3 SVN.[12] Aus diesen Vorschriften ließe sich möglicherweise der Charakter der Menschenrechtsnormen, die im Rahmen der Vereinten Nationen abgeschlossen wurden, als Teil der Satzung der Vereinten Nationen schließen.[13] Artikel 55 lit. c SVN ist aber unbestimmt und hindert deshalb nicht die Schaffung anderer, schlechterer Menschenrechtsstandards durch spätere Menschenrechtsabkommen. Weder Art. 30 WVRK, der im Grundsatz die *lex posterior* Regel anerkennt, noch Art. 41 KRK, der sich seinem Wortlaut nach auf frühere Abkommen beschränkt, hindern die Anwendung solcher Standards. Etwas Anderes kann sich allenfalls daraus ergeben, daß die Rechte aus der Kinderrechtskonvention *jus cogens* kodifizieren, Teil des *ordre public de la communauté internationale* niederlegen oder geworden sind oder Völkergewohnheitsrecht geschaffen haben, das nicht durch einfache Vereinbarung zwischen einem Teil der Mitgliedstaaten beseitigt werden kann, sondern einer einheitlichen Rechtsüberzeugung (*opinio juris*) entstammen muß.[14] In der Praxis haben neue Menschenrechtsübereinkommen selbst Konkurrenzklauseln ähnlich dem Art. 41 KRK, die die Anwendung anderer Menschenrechtsverträge bestehen lassen, wenn sie weitergehende Standards enthalten als das betreffende Instrument.[15]

Man kann argumentieren, daß Staaten, die die Kinderrechtskonvention ratifiziert haben, nicht notwendig auch andere Menschenrechtspakte umgesetzt haben und jetzt auf die Idee kommen könnten, diese auch gar nicht mehr zu unterzeichnen. Doch das ist ein Argument, dem wohl kaum gefolgt werden kann, denn die Kinderrechtskonvention schafft ja zum einen selbst Standards für Kinder, die denen der internationalen Menschenrechtspakte in weiten Teilen

---

11 Wilting (Fn. 9), S. 55 ff.

12 T. Meron, *Human Rights and Humanitarian Norms as Customary Law*, Oxford 1989, S. 188 ff. schließt aus der Erwähnung der Menschenrechte in Art. 55 lit. c und 56 SVN vor allem deren Charakter als Verpflichtung *erga omnes*.

13 Vgl. die Darstellung bei Wilting (Fn. 9), S. 52 ff., der den Geltungsvorrang von Menschenrechtsverträgen vor anderen völkervertraglichen Verpflichtungen mit dem IGH im Barcelona Traction Fall vom 5. 2. 1970, ICJ Reports 1970, S. 3 ff, 32 aber ablehnt.

14 Dazu unten b).

15 Vgl. dazu ausführlich die Untersuchung von Wilting (Fn. 9), S. 130 ff.

ähnlich sind. Zum anderen schließt die Kinderrechtskonvention in keiner Weise die Ratifikation anderer Menschenrechtsverträge aus. Im Gegenteil haben vor allem viele afrikanische Staaten die Gelegenheit wahrgenommen und regionale Übereinkommen zum Schutz der Rechte des Kindes abgeschlossen.[16]

Man könnte jetzt die Frage stellen, warum dann so viel mehr Staaten die Kinderrechtskonvention in einer relativ kurzen Zeit ratifiziert haben als andere internationale Menschenrechtspakte. Das könnte tatsächlich darauf hinweisen, daß die Staaten der Meinung sind, die Kinderrechtskonvention verkörpere einen geringeren Standard als andere Menschenrechtspakte. Dieser Schluß ist jedoch nicht zwingend. Es ist auch ein anderer Schluß möglich: Die Staaten können für Kinder leichter einen Konsens finden als für Erwachsene, denn Kinder haben weniger Einfluß auf die Politik und sind daher nicht so "gefährlich" für eine Regierung. Kinder sind wohl auch in allen Staaten anerkanntermaßen die schwächsten Mitglieder der Gesellschaft, die neben den Eltern in besonderer Weise des Schutzes des Staates bedürfen. Also auch die Tatsache, daß sich so viele Staaten in so kurzer Zeit dazu bereit gefunden haben, die Kinderrechtskonvention zu ratifizieren, führt nicht zu der Erkenntnis, daß die Konvention bestehende Standards verwässert.

b) Völkergewohnheitsrecht und *Jus Cogens*

Aus der Zahl der Ratifikationen der Kinderrechtskonvention lassen sich auch noch andere Schlüsse ziehen. Die Staaten haben den Inhalt der Konvention als bindendes Recht akzeptiert. Es könnte also sein, daß die Rechte in der Konvention *jus cogens* kodifizieren oder sich zu Völkergewohnheitsrecht entwickelt haben.

Als *jus cogens* bezeichnet man die zwingenden Normen des Völkerrechts, also solche Völkerrechtsregeln, die von der Gesamtheit der Staatengemeinschaft als Normen akzeptiert und anerkannt sind, von der keine Abweichungen zulässig sind, Art. 53 WVRK.[17]

Völkergewohnheitsrecht bezeichnet eine wiederholte oder regelmäßige, einheitliche Übung relevanter Subjekte und Organe, die von der Überzeugung getragen ist, rechtlich zu diesem Verhalten verpflichtet zu sein.[18] Verträge können Gewohnheitsrecht begründen, modifizieren oder bekräftigen. Zu unterscheiden sind insofern kodifzierende, deklaratorische Verträge, die lediglich

---

[16] z.B. in Afrika: S. Detrick "Update on the First Regional Children's Rights Treaty: The African Charter on the Rights and Welfare of the Child" *Int'l J Children's Rgts* 3 (1995) S. 462.

[17] O. Kimminich, *Einführung in das Völkerrecht*, 5. Aufl. 1993, S. 227.

[18] Sir R. Jennings, "International Law" in: R. Bernhardt (Hrsg.) *EPIL* Bd. 7 (1984) S. 278 ff., 282 ff.; Kimminich (Fn. 17).

bestehendes Völkergewohnheitsrecht in Vertragsform gießen und normativen Verträgen, die neue Regeln schaffen und damit erst die Grundlage für eine *opinio juris* und eine entsprechende internationale Übung schaffen. In der Regel ist ein Menschenrechtsvertrag nicht eindeutig einer der beiden Kategorien zuzuordnen, sondern enthält Bestimmungen beider Arten.[19] Kein Völkergewohnheitsrecht kann sich gegenüber einem *persistent objector* bilden.[20]

Indikatoren für die Entstehung von Völkergewohnheitsrecht im Bereich der Menschenrechte können sein:[21] (1) die Häufigkeit, mit der das betreffende Recht in Menschenrechtsinstrumenten, insbesondere in Menschenrechtsverträgen, wiederholt wird, (2) die Bestätigung, die das betreffende Recht in der Staatenpraxis insbesondere durch Inkorporation in die nationale Gesetzgebung gefunden hat und (3) das Ausmaß, in dem das betreffende Recht Fluchtklauseln enthält und in den Staaten eine gegenteilige Praxis besteht.[22]

Die Kinderrechtskonvention war schon in der Phase ihrer Ausarbeitung Gegenstand kontroverser Diskussionen und die darin enthaltenen Kinderrechte wurden von den beteiligten Staatenvertretern und Vertretern von NGOs als kleinster gemeinsamer Nenner bezeichnet. Auch die Konvention selbst ist nicht als abschließende Kodifikation der Kinderrechte konzipiert. Nach Art. 41 KRK läßt die Konvention Vorschriften unberührt, die zur Verwirklichung der Rechte des Kindes besser geeignet sind als sie selbst. Sie enthält in den einzelnen Bestimmungen zahlreiche Fluchtklauseln. Dennoch kann man der Kinderrechtskonvention nicht von vornherein und insgesamt den Charakter von Völkergewohnheitsrecht oder *jus cogens* absprechen. Sie enthält nämlich auch Rechte, die absolut und ohne Fluchtklauseln formuliert sind.

Die Zahl der Ratifikationen der Kinderrechtskonvention läßt den Schluß zu, daß eine ständige Übung in Bezug auf die Rechte aus der Konvention besteht. Eine ständige Übung setzt nicht notwendig eine Übung über Jahrzehnte hinweg voraus. Es reicht auch die Übung über eine kürzere Zeit aus, wenn die Staaten von der Rechtmäßigkeit des Verhaltens und der Notwendigkeit seiner Fortführung überzeugt sind.[23]

Einen Teil des *jus cogens* könnte das Verbot der Verhängung der Todesstrafe gegen jugendliche Straftäter in Art. 37 lit. a KRK darstellen. Die Inter-Amerikanische Kommission für Menschenrechte hatte in einer Entscheidung

[19] Jennings (Fn. 18), S. 285; Meron (Fn. 12), S. 90.
[20] K. Hailbronner in: W. Graf Vitzhum u.a. (Hrsg.) *Völkerrecht*, 1. Abs. Rn 133.
[21] Meron (Fn. 12), S. 93 f.
[22] Meron (Fn. 12), S. 94.
[23] Jennings (Fn. 18), S. 282 ff.; Meron (Fn. 12), S. 99.

aus dem Jahre 1987 über diese Frage zu entscheiden.[24] Die USA hatten gegen die Bestimmungen zum Verbot der Todesstrafe gegen Jugendliche in der Amerikanischen Menschenrechtskonvention einen Vorbehalt erklärt. Die Kommission hat festgestellt, daß zu dem gegebenen Zeitpunkt keine Norm des Völkergewohnheits bestand, die 18 Jahre als Mindestalter für die Verhängung der Todesstrafe festsetzt. Eine solche Norm sei aber im Entstehen begriffen. Die USA seien aber wegen ihres Vorbehalts an die Norm als *persistent objector* nicht gebunden, sofern sie nicht den Status von *jus cogens* erlangt habe. Die Kommission stellt dann fest, daß die Staaten zwar darum streiten, mit welchem Alter jemand volljährig sei, die Staaten der OAS einschließlich der USA seien sich aber zumindest darin einig, daß es eine Norm des *jus cogens* gebe, die den Staaten die Exekution von Kindern verbiete.[25]

Diese Grundsätze sind auf Art. 37 lit. a KRK übertragbar. Zu trennen ist insofern zwischen dem Verbot der Verhängung der Todesstrafe gegen Straftäter, die die Straftat im Alter unter 18 Jahren begangen haben und dem Verbot der Ausführung der Todesstrafe gegen Kinder und Jugendliche unter 18 Jahren. Die Exekution von Kindern ist durch zwingendes Völkerrecht verboten. Artikel 37 lit. a KRK stellt eine eindeutige Norm auf und enthält anders als andere Vorschriften aus der Konvention weder eine Flucht- noch eine Derogationsklausel. Er legt eindeutig fest, daß für Straftaten, die von Personen vor der Vollendung des achtzehnten Lebensjahres begangen worden sind, die Todesstrafe nicht verhängt werden darf. Das Verbot der Verhängung der Todesstrafe schließt insofern *e maiore ad minus* auch das Verbot der Exekution der Todesstrafe gegen Jugendliche ein. Artikel 37 lit. a KRK wird auch nicht von der Möglichkeit des Art. 1 KRK erfaßt, ein geringeres Alter festzulegen, denn er legt das Alter von 18 Jahren selbst fest und geht damit dem Art. 1 KRK als *lex specialis* vor. Vertragsstaaten der Konvention sind sich folglich einig, daß Völkerrecht verbietet, Kinder unter 18 Jahren im Wege der Todesstrafe zu töten. Die USA haben diese zwingende Norm des Völkerrechts akzeptiert und führen die Todesstrafe auch nicht gegen Kinder unter 18 Jahren aus. Damit ist das Verbot der Ausführung der Todesstrafe gegen Kinder auch international eine Norm des zwingenden Völkerrechts.

Das Verbot der Verhängung der Todesstrafe ist dagegen in Art. 37 lit. a KRK zwar ebenso absolut formuliert und unterliegt keiner Fluchtklausel. Je-

---

[24] Res. No. 3/87, Case 9647 (United States), Annual Report of the Inter-American Commission on Human Rights, 1986-1987, OAS/ser.L/VII.71, Doc. 9 rev. 1, 147, dargestellt bei Meron (Fn. 12), S. 98 f.
[25] Meron (Fn. 12), S. 99.

doch wird es offensichtlich nicht von allen Staaten als zwingend akzeptiert.[26] Folglich kann es auch nicht als Teil des *jus cogens* gelten. Die Vertragsstaaten der KRK haben aber diesen Artikel so akzeptiert und keine Vorbehalte dazu erklärt. Es ist auch in anderen Menschenrechtsübereinkommen wiederholt bestimmt worden. So verbietet Art. 6 Abs. 5 IPbürR die Verhängung der Todesstrafe gegen Jugendliche, die eine Straftat im Alter von weniger als 18 Jahren begangen haben, und Art. 1 ZP 6 zur EMRK schafft die Todesstrafe insgesamt ab. Das Verbot ist inzwischen durch das Rom-Statut des internationalen Strafgerichtshofs unterstrichen worden. Eine Vollstreckung der Todesstrafe gegen Kinder ist faktisch kaum noch zu beobachten. Auch das Verbot der Verhängung der Todesstrafe gegen Jugendliche ist selbst in Ländern, die die Todesstrafe allgemein noch kennen, inzwischen anerkannt. Daher ist das Verbot der Todesstrafe gegen Kinder zu Völkergewohnheitsrecht erstarkt.

Neben dem Verbot der Verhängung der Todesstrafe gegen Kinder unter 18 Jahren sind inzwischen auch andere in der Konvention enthaltene Menschenrechte als Völkergewohnheitsrecht anerkannt. Solche sind das Verbot des Sklavenhandels, das in Art. 11 und 35 KRK als Verbot des Kinderhandels ausgestaltet ist, das Verbot der Tötung eines Menschen oder das Verschwindenlassen eines Menschen, das Art. 6 KRK als Recht auf Leben und Überleben formuliert, das Verbot längerfristiger willkürlicher Freiheitsentziehung wie in Art. 37 lit. c KRK und das Verbot systematischer Rassendiskriminierung, das sich in der KRK in Art. 2 und 30 wiederfindet.[27] Das Folterverbot nach Art. 37 lit. a KRK ist als Völkergewohnheitsrecht anerkannt. Es wird diskutiert, ob auch das Folterverbot Teil des *jus cogens* ist.[28]

Weiterhin wird der Charakter einer Reihe von Verfahrensrechten als Völkergewohnheitsrecht diskutiert. Dazu gehört das Verbot rückwirkender Strafgesetze, das Recht auf einen unparteiischen Richter, die Unschuldsvermutung, das Recht, nicht gegen sich selbst aussagen zu müssen und das Recht auf juristischen Beistand.[29] Diese Rechte sind Bestandteil einer Reihe von Menschenrechtspakten, wie z.B. Art. 14 IPbürR, 5, 6 EMRK und 40 KRK. Sie

---

[26] Die USA haben nach den obigen Ausführungen gerade deshalb einen Vorbehalt gegen die Amerikanische Menschenrechtskonvention erklärt und damit gezeigt, daß sie das Verbot insofern nicht als Teil des jus cogens akzeptieren. Meron (Fn. 12), S. 99.

[27] CCPR General Comment 24, Issues relating to reservations made upon ratification or accession to the Covenant or the Optional Protocolls thereto, or in relation to declarations under article 41 of the Covenant, vom 4. 11. 1994, zu finden im Internet auf der Homepage des UNHCHR: http://www.unhchr.ch/tbs/doc.nsf (am 28 11. 2000), Abs. 8; Meron (Fn. 12), S. 95.

[28] CCPR General Comment No. 24 (Fn. 27).

[29] CCPR General Comment No. 24 (Fn. 27); Meron (Fn. 12), S. 96 f.

sind als grundlegende Garantien international anerkannt und in die Gesetzgebung der Staaten inkorporiert. Zwar rügt der Kinderrechtsausschuß im Rahmen der Prüfung der Staatenberichte immer wieder die mangelnde Umsetzung von Art. 40 KRK. Diese Rügen beziehen sich aber vornehmlich auf die Tatsache, daß die Staaten keine besonderen Verfahren für Kinder und Jugendliche schaffen, nicht aber auf die Inkorporation und Umsetzung der Rechte aus Art. 40 Abs. 2 KRK.[30] Daraus ist zu folgern, daß die genannten Rechte durch die Ratifikation der KRK den Status von Völkergewohnheitsrecht erlangt haben.

Zu den Regeln des Völkergewohnheitsrecht gehören aber auch spezielle Kinderrechte, deren Mindeststandards in der Konvention niedergelegt sind.

Zunächst steht das Verbot ausbeuterischer Kinderarbeit als Teil des Völkergewohnheitsrechts im Raum. Zwar könnte man hier sagen, daß die Staaten gerade das Verbot der Kinderarbeit nicht akzeptieren. Doch die Konvention stellt kein Verbot jeglicher Kinderarbeit auf, sondern verbietet gefährliche Kinderarbeit und wirtschaftliche Ausbeutung. Sie verbietet damit unter anderem extreme Formen der Kinderarbeit. Zwar sind auch andere als extreme Formen der Kinderarbeit möglicherweise schädlich für das Kind im Sinne des Art. 32 KRK, doch welche Formen das im einzelnen sind, ist bisher ungeklärt. Insofern kann man wohl nicht von einer übereinstimmenden Rechtsüberzeugung sprechen. Eine übereinstimmende Rechtsüberzeugung findet sich dagegen durchaus für die extremen Formen der Kinderarbeit. Die Staaten sind davon überzeugt, daß Kinder vor extremen Formen der Kinderarbeit zu schützen und diese Formen der Kinderarbeit verboten sind. Bezüglich dieser extremen Formen ist auch in den Staaten eine ständige Übung zu beobachten. Diejenigen Staaten, in denen gegen dieses Recht verstoßen wird, sind von der Richtigkeit des Verbots der Kinderarbeit überzeugt und bemühen sich um die Verwirklichung durch Gesetzgebungs- und Verwaltungsakte. Tatsächliche Verstöße gegen das Verbot vor allem durch Privatpersonen hindern nicht dessen Charakter als Völkergewohnheitsrecht. Ein völkergewohnheitsrechtliches Verbot extremer Formen der Kinderarbeit ist also zu bejahen. Dies wird bestätigt durch die neue ILO-Konvention zum Schutz extremer Formen der Kinderarbeit, die das Verbot im einzelnen umreißt und damit konkretisiert.

Kein Völkergewohnheitsrecht sind dagegen trotz gegenteiliger Hoffnung und Bemühungen bisher das Gebot des Schutzes des Kindes vor sexuellem Mißbrauch und das Recht auf Bildung. Beim Recht auf Bildung fehlt es nach wie vor an einer einheitlichen Übung der Staaten. Viele Staaten machen von der

---

[30] C. Price Cohen/S. Kilbourne, "Jurisprudence of the Committee on the Rights of the Child: A Guide for Research and Analysis" *Michigan J. Int'l L.* 19 (1998) S. 633 ff., 654 ff.

Möglichkeit Gebrauch, die Rechte aus Art. 28 KRK nur "soweit wie möglich" umzusetzen. Das Verhältnis von Bildung zu den wirtschaftlichen Bedürfnissen ist trotz wiederholter Bemühungen seitens internationaler Organisationen wie UNICEF und UNESCO ungeklärt.

Sexueller Mißbrauch von Kindern wird zwar als verwerflich anerkannt, in seiner Bekämpfung fehlt es aber an einer ständigen, einheitlichen internationalen Übung. Immer mehr Staaten schließen sich Bekämpfungsmaßnahmen an oder entwickeln diese. Von einer weitgehend einheitlichen Übung kann aber nicht ausgegangen werden. Das zeigt etwa auch die Notwendigkeit, ein weiteres Zusatzprotokoll zur Konvention mit dem Ziel der Bekämpfung der Kinderpornographie zu verabschieden.

Die weitere Überlegung des völkergewohnheitsrechtlichen Charakters des Rechts auf einen Namen oder eine Staatsangehörigkeit scheitert an der Vielzahl der Vorbehalte, die gegen Art. 7 KRK erklärt wurden.[31] Die meisten gehen dahin, einen automatischen Erwerb der Staatsangehörigkeit des eigenen Staates auszuschließen. Das sind zwar weitgehend Fragen der Interpretation des Art. 7 KRK. Jedoch läß sich aus der Vielzahl der Vorbehalte wohl keine einheitliche Rechtsüberzeugung ermitteln.

Eine weitere Frage ist, wem gegenüber die Kinderrechtskonvention als Gewohnheitsrecht Wirkung entfaltet. Da sind zunächst die Staaten, die sie ratifiziert haben. Diese sind grundsätzlich an ihre Vorschriften gebunden. Jedoch ergeben sich an verschiedenen Stellen Anhaltspunkte für *permanent objection*. Als *permanent objection* bezeichnet man ein Verhalten eines Staates, mit dem er sich gegen das Entstehen von Völkerrecht wehrt. Das kann er entweder tun, indem er sich dagegen verwahrt - protestiert - oder einen gegen die Entstehung gerichtete Übung praktiziert.

Eine solche *permanent objection* könnte sich aus der Weigerung der USA und Somalia die Konvention zu ratifizieren ergeben. Die USA und Somalia verweigern die Ratifikation der Konvention insgesamt. Sie wollen nicht an die Konvention als solche gebunden sein. Diese mangelnde Ratifikation an sich ist aber noch keine anderweitige Praxis, die das Entstehen von Völkergewohnheitsrecht auch mit Wirkung für und gegen diese beiden Staaten verhindert. Vielmehr müssen sich die Staaten tatsächlich anders verhalten als die anderen Staaten und damit zum Ausdruck bringen, daß sie sich der ständigen Übung der anderen Staaten nicht anschließen und sie nicht als rechtsverbindlich ansehen. Das kann in Bezug auf die normativen Bestimmungen der Konvention

---

[31] L. Leblanc, "Reservations on the Rights of the Child: A macroscopic view of state practice" *Int'l J children's Rgts* 4(1996), S. 357 ff., 369.

allein dadurch geschehen, daß sie erklären, daß sie durch die Kinderrechtskonvention nicht gebunden sein wollen und ihren normativen Gehalt nicht als rechtsverbindlich anerkennen zu wollen. Eine solche Erklärung seitens der USA wäre angesichts deren Beteiligung im Rahmen der Ausarbeitung der Konvention allerdings schwer zu begründen.[32] Insofern kommt allenfalls eine *permanent objection* gegen die Entstehung des Verbots ausbeuterischer Kinderarbeit in Betracht. Gegen die bloße Kodifikation von bestehendem Völkergewohnheitsrecht können sich die Vereinigten Staaten und Somalia nicht lediglich durch die Erklärung wehren, die Kinderrechtskonvention nicht akzeptieren zu wollen. Vielmehr müssen sie schon bei der Entstehung des lediglich kodifizierten Völkergewohnheitsrechts ihre *permanent objection* deutlich gemacht haben.

Über Somalia liegen wenig Erkenntnisse vor, aber die USA erkennen einen Großteil der materiellen Normen der Konvention als richtig an.[33] So erkennen sie die Rechte, die an Vorschriften der internationalen Menschenrechtspakten angelehnt sind, als rechtsverbindlich auch für Kinder an. Auch im Bereich spezieller Kinderrechte wie dem Recht auf eine Familie und den Schutz des Kindes vor Ausbeutung sind die USA maßgeblich an anderen Übereinkommen beteiligt und erkennen diese Rechte des Kindes an. Daraus folgt, daß die USA keineswegs eine *permanent objection* gegen die Konvention als ganze aufrecht erhalten. Vielmehr erkennen sie einen Großteil der materiellen Rechte an. Vor allem gegen den Kinderrechtsausschuß machen sie geltend, daß damit zu sehr in ihren Hoheitsbereich eingegriffen werde. Die mangelnde Akzeptanz der Kontrollinstanz Kinderrechtsausschuß hindert aber nicht die Entstehung von Völkergewohnheitsrecht für die materiellen Rechte aus der Konvention. Die Rechte, die in den USA praktiziert werden, sind für diese als Völkergewohnheitsrecht bindend. Das gilt für das Recht auf Leben, das Verbot der Folter und des Kinderhandels ebenso wie für die Verfahrensrechte aus Art. 40 Abs. 2 KRK und den Schutz des Kindes vor ausbeuterischer Kinderarbeit. Diese Rechte werden für das Kind in den USA anerkannt und gesetzlich geschützt.

---

32 Das heißt allerdings nicht, daß allein die Beteiligung an den Verhandlungen zu einem Vertrag, dessen Inhalt später Völkergewohnheitsrecht wird, zu einer Verpflichtung des entsprechenden Staates durch das Völkergewohnheitsrecht führt. Das scheitert in der Regel daran, daß die Staaten gerade noch nicht verpflichtet werden wollen, Aussagen von Staatenvertretern während der Verhandlungen kleinere Probleme ansprechen, die sich im Nachhinein als grundlegende Übereinstimmungsmängel herausstellen und den Staatenvertretern die Kompetenz zur Bindung ihres Staates fehlt. zum ganzen Meron (Fn. 12), S. 85 ff.

33 Zur US-amerikanischen Sicht der Kinderrechtskonvention und den Gründen der mangelnden Ratifikation s. C. Price Cohen "Monitoring the United Nations Convention on the Rigths of the Child in a Non-Party State: The United States" in: E. Verhellen (Hrsg.) Monitoring Children´s Rights, S. 475 ff.

Die genannten Normen des Völkergewohnheitsrechts gelten also auch für die USA. Auch Somalia ist an das Völkergewohnheitsrecht aus der Konvention gebunden, sofern es keine *permanent objection* geltend machen kann.

Andere Völkerrechtssubjekte, die nicht unmittelbar Vertragspartner der Kinderrechtskonvention sind, nehmen die völkergewohnheitsrechtlichen Normen der Kinderrechtskonvention hin. Als andere Völkerrechtssubjekte kommen hier vor allem internationale Organisationen in Betracht. Die internationalen Organisationen wenden nämlich die Kinderrechtskonvention an (so beispielsweise UNICEF und UNHCR) oder berufen sich auf ihre Vorschriften (so etwa ILO und IKRK).

2. Dreidimensionale Schutzrichtung

Die Effektivität von Kinderrechten ist nicht nur von der Frage ihrer Durchsetzung durch die Staatengemeinschaft abhängig, sondern auch von der Frage, wer sie im einzelnen in den Staaten durchzusetzen hat. Kinderrechte haben nämlich einen besonderen Charakter. Sie stehen Menschen zu, die nach dem Verständnis der Konvention noch nicht vollständig entwickelt sind und daher auch noch nicht in allen Bereichen eigenverantwortlich handeln können. Folglich benötigen sie Hilfe bei der Durchsetzung ihrer Rechte. Diese Hilfe bekommen sie nach der Grundentscheidung der Konvention durch ihre Familie geboten. Die Familie unterstützt das Kind bei der Ausübung seiner Rechte und der Staat unterstützt die Familie beim Schutz des Kindes.

Die Rechte des Kindes wirken also dreidimensional.[34] Auf der einen Seite steht das Kind. Es ist schutzlos und soll durch die Rechte aus der Konvention geschützt werden. Damit dieser Schutz gesichert wird, steht auf der zweiten Seite die Familie. Sie nimmt als Kernzelle der Gemeinschaft die Funktion eines Hüters der Kinderrechte wahr.[35] Auf der dritten Seite steht der Staat, der die Familie unterstützt und das Kind schützt, wenn die Familie nicht mehr funktioniert.[36]

Es stellt sich nun die Frage, welche Auswirkung diese Dreidimensionalität auf die Umsetzung der Kinderrechtskonvention hat.

Man könnte auf die Idee kommen, daß die Konvention nicht nur unmittelbar gegenüber dem Staat anwendbar ist, sondern daß sie auch unmittelbare Drittwirkung entfaltet. In den Ausführungen zu Art. 4 KRK wurde festgestellt,

---

34 Bennett (Fn. 1), S. 32.

35 R.J.R. Levesque "Combatting Child Sexual Maltreatment: Advances and Obstacles in International Progress" *Law and Policy* 17 (1995), S. 441ff., S. 444.

36 Levesque (Fn. 35), S. 446.

daß vor allem die in der Konvention niedergelegten bürgerlichen und politischen Rechte des Kindes unmittelbar gegen den Staat anwendbar sind. Sie sind entsprechend konkret gefaßt und bedürfen keiner konkretisierenden Umsetzungsakte durch den Staat. Als Beispiel wurde dort Art. 12 KRK genannt.

Artikel 12 KRK bezeichnet ein Mitspracherecht des Kindes. Dieses könnte es auch gegenüber seinen Eltern, seiner Familie geltend machen. Dazu müßte die Konvention darauf ausgerichtet sein, auch gegenüber der Familie unmittelbare Wirkung zu entfalten.

Eine solche unmittelbare Wirkung impliziert Art. 5 KRK. Danach haben die Eltern die Pflicht, die Reife und das Alter des Kindes angemessen zu berücksichtigen. Der Wortlaut gibt dem Kind aber ausdrücklich das Recht, seine Reife den Eltern gegenüber durchzusetzen. Auch der Staat darf nicht unmittelbar aus der Konvention in die Familie eingreifen, wenn sie die Reife und das Alter des Kindes nicht berücksichtigt. Folglich wird es niemanden geben, der das Recht des Kindes auf Mitbestimmung gegen die Familie bis hin zur Grenze des Art. 9 Abs. 1 KRK durchsetzt. Das allein ist noch kein Argument gegen die unmittelbare Drittwirkung der Konvention.

Jedoch ist es gerade das Grundkonzept der Konvention, Rechte des Kindes gegen den Staat festzuschreiben. Schon Rechte der Eltern in dieser Konvention unterzubringen, erwies sich als äußerst schwierig. Die Vorbehalte gegen die unmittelbare Anwendbarkeit der Konvention zeigen, daß die Staaten gerade nicht wollten, daß die Konvention gegen sie verwendet wird. Das gilt erst recht für die Fälle, in denen sie gegen Dritte verwendet werden.

Die Konvention hat als eins ihrer Prinzipien zum Ziel, die Familie zu schützen, um damit den Schutz des Kindes zu sichern. Sie hat nicht zum Ziel, die Familie zu verpflichten. Es ergeben sich auch aus Art. 4 KRK keine Anhaltspunkte für eine noch weitergehende unmittelbare Wirkung der Konvention.

Ein weiteres Argument gegen die unmittelbare Drittwirkung der Kinderrechtskonvention ist die Tatsache, daß zwar Art. 12 KRK und z.B. auch Art. 14 KRK unmittelbare Anwendung gegenüber den Staaten finden und diese dann eine unmittelbare Drittwirkung gegen die Eltern entfalten könnten, denn sie sind konkret genug, um auch den Eltern zu zeigen, welche Pflichten sie gegenüber dem Kind treffen. Jedoch sind andere Vorschriften, die das Verhältnis von Eltern und Kind regeln, nicht ausreichend bestimmt und konkret, so daß Eltern ohne innerstaatliche Umsetzungsakte ihre Rechte und Pflichten nicht unmittelbar erkennen könnten. Das gilt z.B. für Art. 5 KRK. Hier werden die Rechte und Pflichten der Eltern in erster Linie von den Traditionen im jeweiligen Land abhängig gemacht. Eine konkrete Verpflichtung des einzelnen Eltern- oder Familienteils ist ohne eine Konkretisierung durch die innerstaatliche

Rechtsordnung nicht erkennbar. Die Rechtsordnung muß schließlich zunächst definieren, wer in diesen Kreis einbezogen wird und wie sich das Verhältnis des Kindes zu seiner Familie im einzelnen gestalten soll. Das gleiche gilt für das Recht auf einen angemessenen Lebensstandard aus Art. 27 KRK. Zwar werden hier in erster Linie die Eltern verpflichtet. Was im einzelnen Staat angemessen ist und inwiefern die Eltern konkret verpflichtet sind, wird durch das innerstaatliche Recht definiert.

Darüber hinaus ist eine unmittelbare Wirkung völkerrechtlicher Verträge gegen den einzelnen Menschen schwer zu begründen. Der einzelne Mensch ist - wenn überhaupt - nur eingeschränkt ein Völkerrechtssubjekt. Im einzelnen kann der Mensch zwar durch das Völkerrecht dazu verpflichtet sein, keinen Genozid zu verüben. Das macht ihn aber noch nicht zu einem Völkerrechtssubjekt in dem Sinne, daß er vom Völkerrecht zu über das Unterlassen eines Angriffs auf das Recht auf Leben hinaus dazu verpflichtet werden kann, anderen Menschen gegenüber ein bestimmtes Verhalten an den Tag zu legen. Die Beschränkung auf die Pflicht, keinen Völkermord zu begehen, ist eine Frage der Deliktsfähigkeit, aber keine der Völkerrechtsfähigkeit.[37] Der einzelne Mensch - also auch der einzelne Elternteil - kann von dieser einen Ausnahme abgesehen nur durch die Staaten unmittelbar berechtigt und verpflichtet werden.

Die Familie ist auch nicht in der gleichen Position wie die Staaten, denn sie tritt dem Kind nicht als Hoheitsträger gegenüber, sondern auch als Partner.

Daraus folgt, daß die Kinderrechtskonvention keine unmittelbare Drittwirkung gegen die Eltern entfaltet. Die Staaten werden lediglich verpflichtet, die Rechte aus der Konvention so umzusetzen, daß die Rechte und Pflichten der Eltern konkretisiert werden, so daß sowohl die Eltern, bzw. die Familie, als auch das Kind diese durchsetzen können.

3. Monitoring System des Kinderrechtsausschusses

Von geringem Nutzen sind allerdings die Fortschritte und die Sicherung bestehender Standards durch die Konvention, wenn diese durch die Staaten mühe- und sanktionslos gebrochen werden können. Ein Fortschritt hat die Konvention nur dann erzielt, wenn auch ihr Umsetzungssystem eine gewisse Effektivität aufweist.

Das Monitoring-System des Kinderrechtsausschusses ist in der Vergangenheit immer wieder kritisiert worden. Es wurde vorgebracht, daß damit der Schutz des Kindes nicht ausreichend sichergestellt sei. Der Mechanismus sei

---

37 Kimminich (Fn. 17).

nicht durchschlagkräftig genug und demzufolge sei die Konvention eigentlich ein Fehlschlag.[38]

Auf der anderen Seite wird der Mechanismus durch den Ausschuß immer wieder als besondere Errungenschaft gefeiert und der Meinung Ausdruck verliehen, daß die Konvention mit diesem Ausschuß einen Schritt in Richtung des universellen Schutzes der Rechte des Kindes getan habe.

Im folgenden wird zu untersuchen sein, ob das System des Kinderrechtsausschusses einen Fortschritt oder einen Rückschritt darstellt.

a) Kritik am Berichtssystem

Die Kontrolle der Umsetzung eines Menschenrechtsvertrags durch ein bloßes Berichtssystem wird zu recht als eine Schwäche der Konvention bezeichnet.[39] Als Nachteil des Kinderrechtsausschusses kann die Tatsache genannt werden, daß keine echte Gerichtsinstanz etwa nach dem Vorbild des Europäischen oder des Inter-Amerikanischen Gerichtshofs für Menschenrechte geschaffen wurde.

Es wird auch kritisiert, daß die Staaten dazu neigen, ihre Situation zu beschönigen oder jedenfalls nicht - wie es Art. 44 Abs. 3 KRK eigentlich verlangt - auch die Umstände und Schwierigkeiten darzustellen, die die Umsetzung der Konvention hindern.[40] Ausschüsse wie der Kinderrechtsausschuß scheuen sich in der Regel, einen Bericht förmlich als unzureichend zu charakterisieren und Ergänzungen oder einen neuen Bericht zu verlangen.[41] Diesem Problem wird allerdings inzwischen offensichtlich relativ effektiv durch die Inanspruchnahme zusätzlicher Information von anderen Organisationen und NGO begegnet.[42] Damit besteht die Möglichkeit, Staaten mit Fragen in Bezug auf die Umsetzungsschwierigkeiten zu konfrontieren. Es besteht zwar keine formelle Pflicht, solche Fragen zu beantworten,[43] es wird für die Staatenvertreter aber

---

[38] Alen/Pas (Fn. 3), S. 165 ff., 177.

[39] B. Simma "The Examination of State Reports: International Covenant on Economic, Social and Cultural Rights" in: E. Klein (Hrsg.) *The Monitoring System of Human Rights Treaty Obligations*, Berlin 1998, S. 31 ff., 31 zu der insofern analogen Schwäche im Bereich des IPwirtR.

[40] Ch. Tomuschat, "Nr. 75, Menschenrechte, Staatenberichte" in: R. Wolfrum (Hrsg.) Handbuch Vereinte Nationen, München 1991, S. 561 Rn. 7; W. Gerz "The Effectivenesss of the Reporting Procedure" in E. Klein (Hrsg.) ebenda, S. 121 ff., allgemein zu Berichtssystemen im Rahmen menschenrechtlicher Verträge.

[41] Tomuschat ebenda S. 563 Rn. 12.

[42] Gerz (Fn. 40).

[43] Tomuschat (Fn. 40), S. 62, Rn. 10.

schwierig sein, solchen konkreten Fragen im Rahmen der öffentlichen Sitzung des Ausschusses zu entgehen.

Weiter wird die Effektivität der Berichtssysteme der Menschenrechtsverträge im Rahmen der Vereinten Nationen deshalb kritisiert, weil zu viele Expertenkomittees eingerichtet wurden.[44] Inzwischen sind acht verschiedene Komittees tätig, die über die Umsetzung des sie einsetzenden Vertrags wachen. Damit müssen nicht nur die Vertragsstaaten eine Vielzahl von Berichten verfassen, sondern die Ausschüsse laufen Gefahr, uneinheitliche möglicherweise sogar unvereinbare Empfehlungen in ihren *Concluding observations* auszusprechen.[45] Dieser Gefahr wird teilweise damit begegnet, daß die Vorsitzenden der verschiedenen Ausschüsse sich einmal jährlich treffen und austauschen.[46] Es mehren sich aber die Empfehlungen, eine oder zwei einheitliche Institutionen zu schaffen, die mit mehr Personal als bisher ausgestattet sind, und Monitoring über alle Verträge ausüben[47] oder jedenfalls einen einheitlichen Maßstab zu schaffen, um Staatenberichte unter verschiedenen Konventionen einheitlich evaluieren zu können.[48] Damit könne man die Staaten auch von mehreren Berichtspflichten entheben und einen oder zwei einheitliche Berichte verfassen.

Die Wirksamkeit des Berichtssystems wird teilweise angezweifelt. Zwar ermögliche das Monitoring durch ein Berichtssystem es, Staaten, die wirklich darum bemüht sind, ihren Verpflichtungen aus der Kinderrechtskonvention, Empfehlungen und Richtlinien an die Hand zu geben, ihre Maßnahmen auszufeilen und so die Rechte tatsächlich zu verwirklichen. Stellt sich aber ein Staat außerhalb des menschenrechtlichen Konsenses der Staatengemeinschaft, so lasse er sich auch durch eine schonungslose Befragung in der öffentlichen Ausschußsitzung nicht von dieser Linie abbringen. Als einziges Hilfsmittel zur Durchsetzung begründeter Kritik ist insofern die Publizität der Sitzung und der Stellungnahme des Kinderrechtsausschusses anzusehen.[49] Massive Kinderrechtsverletzungen können Gegenstand von Berichten der Massenmedien wer-

---

44 P. Alston , "Appraising the United Nations Human Rights Regime" in: P. Alston (Hrsg.) The United Nations and Human Rights, Oxford 1992, S. 1 ff., 11; Tomuschat (Fn. 40), S. 562 Rn. 10.

45 Alston (Fn. 44), S. 21.

46 H. Klein "Towards a more Cohesive Human Rights Treaty System" in E. Klein (Fn. 40) S. 91.

47 R. Wolfrum "International Convention on the Elimination of all Forms of Racial Discrimination" in: E. Klein (Fn. 40), S. 49 ff., S. 69.

48 Alston (Fn. 44).

49 Tomuschat (Fn. 40), S. 565, Rn. 21; G. Oberleitner, *Menschenrechtsschutz durch Staatenberichte*, S. 61 f.

den.[50] Eine solche Berichterstattung hat zur Folge, daß ein Staat international unter Druck gerät und möglicherweise sogar Objekt von Sanktionen wird. Anders verhält es sich aber bei kleineren aber stetigen Kinderrechtsverletzungen, für die das Interesse der Medien nicht geweckt werden kann.[51] In solchen Fällen hat der Kinderrechtsausschuß wenig Möglichkeiten, effektiv zu reagieren. Er kann Untersuchungen nach Art. 45 lit. c KRK empfehlen oder gemäß Art. 45 lit. b KRK um fachliche Beratung und Unterstützung nachsuchen. Letzteres wird sich aber kaum für einen Staat realisieren lassen, der sich bewußt außerhalb des menschenrechtlichen Konsenses stellt. Er wird nämlich weder fachliche Beratung noch Unterstützung annehmen. Es wurde außerdem vorgeschlagen, Staaten für das Versäumnis, die Berichtspflicht zu erfüllen, der allgemeinen Staatenverantwortlichkeit zu unterwerfen.[52] Zweifelhaft ist insofern, ob die Berichtspflicht wie die Verpflichtung aus den Kinderrechten eine Verpflichtung *erga omnes* ist, die eine solche Verantwortlichkeit auslösen kann.[53] Die Tätigkeitsberichte an die Generalversammlung nach Art. 44 Abs. 5 KRK haben zwar zur Folge, daß sich die Generalversammlung zunehmend für die Verwirklichung der Menschenrechte interessiert. Bisher ist aber nicht die Situation eingetreten, daß die Generalversammlung aufgrund eines solchen Tätigkeitsberichts konkrete Schritte gegen einen Staat unternommen hat.[54]

Schließlich wird kritisiert, daß Menschenrechtskomittees wie der Kinderrechtsausschuß oder der Rassendiskriminierungsausschuß nur reagieren, nicht aber voraussehbare Menschenrechtsverletzungen verhindern können.[55] Während der Rassendiskriminierungsausschuß sich mit der Möglichkeit von präventiven Maßnahmen in Form von *early warning* und *urgent procedures* beschäftigt hat,[56] sind solche Maßnahmen im Bereich des Kinderrechtsausschusses noch nicht erkennbar. Der Kinderrechtsausschuß hat bisher nur

---

50 Wolfrum (Fn. 47), S. 67.

51 Wolfrum, ebenda, weist darauf hin, daß das Interesse der Massenmedien nicht immer für Menschenrechtsverletzungen geweckt werden kann.

52 R. Geiger, "The Violation of Reporting Obligations and the General Rules of States Responsibility" in: E. Klein (Hrsg.) ebenda, S. 139 ff.

53 dazu im einzelnen Geiger (Fn. 52) S. 141.

54 Oberleitner (Fn. 49), S. 256 f.

55 Wolfrum (Fn. 47), S. 67; Oberleitner (Fn. 49), S. 66, 73 ff., 80 sieht dieses Problem, meint aber, daß schon eine Einführung außerordentlicher Staatenberichte in Krisensituationen die Forderung nach einer Rechtfertigung der Verhängung eines Notstandes in einem Staat sei. Für solche Situationen sei das Menschenrechtsberichtssystem nicht angelegt und auch nicht geeignet.

56 R. Wolfrum "The Committee on the Elimination of Racial Discrimination" in: *Max Planck YUNL* 3 (1999) 489 ff., 513 ff.; Oberleitner (Fn. 49), S. 75.

Assistance Missionen für möglich gehalten,[57] die der Arbeit des Ausschusses zur Evaluierung der Kinderrechtssituation in einem Staat dienen.

b) Vorteile

Einer der wichtigsten Vorteile des Berichtssystems der Konvention ist die Tatsache, daß die Staaten alle fünf Jahre die Situation in ihrem Hoheitsbereich überprüfen müssen. Das mag zwar in Anbetracht der Möglichkeit der Staaten, die Situation zu beschönigen, als ein gering einzustufender Vorteil erscheinen. Jedoch gewährleistet die Veröffentlichungspflicht für die Staatenberichte und die Veröffentlichung der Kommentare des Kinderrechtsausschusses eine Kontrolle durch die Öffentlichkeit[58] im Staat. Daher ist die Kontrolle effektiver als sie auf den ersten Blick aussieht.[59]

Den Staaten sind mit den *Guidelines* des Kinderrechtsausschusses und deren Empfehlungen Leitprinzipien für ihre Politik im Bereich der Kinderrechte an die Hand gegeben, die den Standards der Konvention entsprechen.[60]

Anhand der *Guidelines* und mit Hilfe zusätzlicher in den internationalen Organisationen, wie UNICEF, UNESCO, UNHCR und ILO, vorhandener Informationen kann sich der Kinderrechtsausschuß ein umfassendes Bild von der Situation in einem Staat machen.[61] Dieses Bild wird nicht nur durch die Öffentlichkeit im eigenen Land, sondern - wegen der Veröffentlichung durch den Kinderrechtsausschuß - auch international kontrolliert.[62] Die Situation der Kinderrechte wird im ECOSOC und der Generalversammlung der Vereinten Nationen diskutiert, Art. 44 Abs. 5 KRK. Dort können auch einzelne Staaten zur Sprache kommen. Die Diskussion und Veröffentlichung der Staatenberichte und Kommentare dazu kann Grundlage für Handelssanktionen oder die Verweigerung der Gewährung von Krediten sein.

Die Empfehlungen des Kinderrechtsausschusses, der ausdrücklich nicht auf Konfrontationskurs gegen die Staaten gehen will, geben nicht nur den Staaten Anhaltspunkte für dringend notwendige Schritte, sondern können auch als Grundlage für internationale Organisationen dienen, Programme in bestimmten Staaten durchzuführen.

Einen nicht zu unterschätzenden Beitrag zur Umsetzung der Kinderrechte leisten auch NGOs. Sie werden zur Unterstützung herangezogen und geben In-

---

[57] H. Klein (Fn. 46), S. 91.
[58] Hammarberg (Fn. 6), S. 70.
[59] Santos País (Fn. 2), S.134 f.
[60] Levesque (Fn. 35), S. 441 ff.
[61] Santos País (Fn. 2), S. 134 f.
[62] Levesque (Fn. 35) S. 443.

formation über die Lage in einem Land aus eigener Sicht weiter. Vor allem aber sichern sie die Umsetzung der Empfehlungen des Kinderrechtsausschusses für ein Land ab. Sie stützen ihre Arbeit darauf und erinnern Regierungen dadurch an ihre übernommenen Verpflichtungen.[63]

Ein weiterer wichtiger Vorteil des Systems des Kinderrechtsausschusses und der Zusammenarbeit mit internationalen Organisationen ist die Tatsache, daß der Kinderrechtsausschuß mit Hilfe der internationalen Organisationen auch Unterstützung bei der Umsetzung der Kinderrechte gewähren kann. Damit hat die internationale Gemeinschaft doch in gewisser Weise die Möglichkeit auf die Staaten einzuwirken, sie in der Sicherung der Kinderrechte beeinflussen.

Ein gewisses Gewicht kann einer *Concluding Observation* des Kinderrechtsausschusses dann verliehen werden, wenn auf dessen Grundlage finanzielle Hilfe durch internationale Finanzinstitute wie die Weltbank oder den IWF nicht gewährt wird. Die Weltbank hält es zwar nach wie vor für außerhalb ihres Mandats liegend, die Menschenrechtssituation in einem Land als Grund für die Ablehnung eines Kredits für ein bestimmtes Projekt anzuführen.[64] Jedoch ist auch die Weltbank dazu übergegangen insofern die Menschenrechtssituation in einem Land zu überprüfen als sie Einfluß auf die politische Stabilität eines Landes und damit auf dessen zukünftige Fähigkeit hat, die Schulden des Landes zu tilgen.[65] Aber auch dieses Instrument wird sich letztlich nur bei schweren Menschenrechtsverstößen auswirken.

c) Ergebnis

Das Monitoring-System des Kinderrechtsausschuß ist nicht ganz zu Unrecht deshalb in der Kritik, weil er nicht immer effektiv arbeiten kann.

Die Kritik an ihm, weil er nur Staatenbericht überprüft, nicht aber wie ein Gericht wirkt, trifft aber nicht in dem Maße zu, wie es zunächst den Anschein hat. Vielmehr stellt die Verpflichtung zur Verfassung von Berichten, die Publikationspflicht für Staatenberichte und Empfehlungen des Ausschusses, Art. 44 Abs. 6 KRK, sowie die Möglichkeit des Kinderrechtsausschusses aufgrund von Informationen internationaler Organisationen Empfehlungen abzugeben, Art. 45

---

63 Hammarberg (Fn. 6), S. 70; L. Khalfallah "Impressions en Marge d'une Session du Comité des Droits des l'Enfant" in: E. Verhellen (Hsrg.) *Monitoring Children's Rights*, S. 445 ff., 448 f.; L. Theytaz-Bergman "NGO Group for the Convention on the Rights of the Child" *Int'l J Children's Rgts* 3 (1995) S. 452 ff.

64 I.F.I. Shihata "Human Rights, Development and International Financial Insitutions" *Am. U. J. Int'l L. & Pol'y* 8 (1992) 35 ff., 37.

65 Shihata (Fn. 64), S. 39.

lit. d KRK, in der Praxis weitgehend eine Kontrolle und Supervision der Situation in den Staaten sicher.

4. Neue Konzepte

Zur Umsetzung der Rechte des Kindes sind in den vergangenen Jahren neue Konzepte entwickelt worden. Sie orientieren sich vornehmlich an dem Gedanken, daß der Staat im Zweifel für den Schutz des Kindes eintreten muß, wenn die Eltern diesen Schutz nicht garantieren können. Das sind Fälle, in denen die Interessen der Eltern mit denen des Kindes kollidieren, in denen die Eltern sich mangels ausreichenden Wissens oder mangels ausreichender Autorität nicht gegen den Staat durchsetzen können und solche, in denen es einfach keine Eltern mehr gibt.

a) Kinderanwalt

Der am häufigsten diskutierte Ansatz ist der der Vertretung des Kindes vor den Organen der Rechtspflege und der Exekutive. Es wurde vorgeschlagen, das Institut des Kinderanwalts zu schaffen, der die Interessen des Kindes vor den Verwaltungsbehörden und vor Gericht vertritt. Dieser Kinderanwalt kann entweder das einzelne Kind im konkreten Fall vertreten oder als Institut konstituiert werden, die allen Kindern zur Verfügung steht.[66]

Der Anwalt für das einzelne Kind orientiert sich an der Idee der Artikel 37 und 40 KRK. Danach muß das Kind einen geeigneten Beistand haben, wenn es seiner Freiheit beraubt ist oder wenn es sich im Strafverfahren befindet. Dabei meint geeignet nicht nur einen juristisch geeigneten Beistand, sondern auch einen zur Betreuung des Kindes in dieser Situation geeigneten Beistand. Kinderanwälte müssen nach diesem Konzept besonders für die Betreuung des Kindes ausgebildet sein, so daß sie die Interessen des Kindes unabhängig von dessen Eltern vertreten können. Sie müssen dazu das Vertrauen des Kindes gewinnen und seine Meinung respektieren können. Sie müssen dazu der nächste Freund des Kindes sein (Konzept des Prochain Ami).[67]

Ein anderer Ansatz gibt der Unzulänglichkeit des einzelnen Menschen mehr Raum und setzt für die Betreuung des Kindes vor den Behörden eine Gruppe von Menschen ein, die aus Spezialisten verschiedener Fachgebiete besteht und dem juristischen Beistand des Kindes unter die Arme greift, um

---

[66] z.B. J. Bigot/R. Sancho Andreo "Access to Legal Advice fot Minors" in: E. Verhellen (Hrsg.) *Monitoring Children's Rights*, S. 593 ff.; I. Wouters "The Children's Rights Shop in Amsterdam" in: E. Verhellen/F. Spiesschaert *Ombudswork for Children*, S. 215 ff.

[67] C.A. Milne "The Child's Tort Case: Ethics, Education and Social Responsibility" *Suffolk University L.Rev.* XXX (1997) S. 1097 ff., 1099 f., 1102 ff.

eine möglichst umfassende Sicherung der Rechte des Kindes zu gewährleisten.[68] Die Expertengruppe stellt Berichte zusammen, die z.B. abwägen, was dem Kindeswohl am besten entsprechen würde (*multi-disciplinary assessment reports*).[69] Dieser Ansatz wird aber wohl oft an einem Mangel an materiellen Resourcen scheitern, die dazu notwendig sind.[70]

Auf der Ebene der Gruppe aller Kinder in einem Land greift das Modell des Kinderombudsmans ein.[71] Er erfüllt die Funktion eines Bevollmächtigten für Menschenrechte. Er nimmt Beschwerden von Kindern und Familien an, informiert und berät die staatlichen Behörden und Organe und verfaßt Berichte über die Situation der Kinderrechte in einem Land. Er gibt Empfehlungen zur Verbesserung der Situation ab.[72] Je nach Ausgestaltung des Konzept kann der Kinderombudsman in konkreten Fällen die Rechte eines einzelnen Kindes verteidigen oder seine Interessen vor Gericht wahrnehmen[73] oder er fungiert als Experte für das Kind vor den staatlichen Behörden.[74]

Allen diesen Ansätzen ist gemeinsam, daß die Vertreter der Interessen des Kindes unabhängig von der Familie und Experten für Kinder und deren Wohl sind. In der Regel sind sie keinem konkreten Staatsorgan unterstellt, sondern arbeiten selbständig.

b) Staatsanwaltschaft als Hüterin von Kinderrechten, *Parens patriae*

Einen mehr von der staatlichen Seite ausgehenden Ansatz enthält die Möglichkeit, die Staatsanwaltschaft als Hüterin der Kinderrechte auftreten zu

68 Bigo/Sancho Andreo (Fn. 66), P. Pearl "The Community-Based Multi-Disciplinary Child Protection Team as an Advocacy Group for Children" in: Verhellen/Spiesschaert ebenda S. 437 ff., 441 ff.

69 C.A. Milne (Fn. 67), S. 1100, 1108 f.

70 z.B. auch S. Castell-McGregor "The South Australian Children's Interests Bureau. An Australian Initiative in Furthering Children's Rights" in Verhellen/Spiesschaert ebenda, S. 149 ff., J. Kuper "Child Advocacy" ebenda S. 209 ff.

71 H. Molander "A Child Against the State: Tasks of the Child's Ombudsmen" in: E. Verhellen ebenda, S. 575 ff.; M. Borgen "Developing the Role of an Ombudsman" ebenda S. 541 ff. M. G. Flekkøy "The Norwegian Commissioner (Ombudsman) for Children: Practical Experiences and Future Goals" in: Verhellen/Spiesschaert ebenda S. 119 ff.; M. Horrowitz "Pilot Project of an Ombudsman for Children and Youth in Jerusalem" ebenda S. 159 ff.; J.F. Boulais "The Youth Protection Committee: Ombudsman for Children in Problem Situations in Quebec: Origin and Problems" ebenda S. 165 ff.; M. Koren "A children's ombudsman in Sweden" *Int'l J Children's Rgts* 3 (1995), S. 101 ff.

72 Ombudsman in Norwegen Flekkøy (Fn. 71).

73 Molander (Fn. 71), S. 575 f.

74 Borgen (Fn. 71); Flekkøy (Fn. 71), Boulais (Fn. 71).

lassen. Sie wird als spezielles staatliches Organ tätig, das nur selten unabhängig ist, sondern vorgesetzte Behörden hat. Die Staatsanwaltschaft hat eher weniger Experten für die Belange von Kindern, sondern vielmehr Juristen, die als Kontrollorgan für die Tätigkeit anderer staatlicher und privater Einrichtungen tätig werden. Oft sind immer die gleichen Staatsanwälte in diesem Bereich tätig, so daß sich spätestens nach einiger Zeit der Tätigkeit in diesem Bereich eine gewisse Erfahrung und Sachkunde entwickelt.

Im Gegensatz zu Kinderanwälten wartet die Staatsanwaltschaft jedoch nicht darauf, daß die Rechte eines Kindes verletzt werden sind und daß sie zum Schutz des Kindes angerufen wird, sondern versucht, Verletzungen der Kinderrechte durch entsprechende Kontrollen zu verhindern und aufzuspüren.

Ähnlich wie Kinderanwälte kann auch die Staatsanwaltschaft dazu eingesetzt werden, die Rechte des Kindes etwa im Scheidungsverfahren der Eltern oder im Verfahren gegen einen Verletzer von Kinderrechten zu vertreten. Schwierig gestaltet sich aber die Vertretung eines Kindes im Strafverfahren, denn hier kommt es zum Interessenkonflikt zwischen der Strafverfolgungsaufgabe einer jeden Staatsanwaltschaft und der Aufgabe des Schutzes der Kinderrechte.

Im Schutz der Kinderrechte durch die Staatsanwaltschaft, aber auch im Institut eines Kinderombudsmans kommt das Konzept des *Parens patriae* zum Ausdruck. Dieses Konzept kommt aus dem englischen Verfassungsrecht. Danach hatte der König die Funktion eines Vaters der Nation. Diese Funktion ist jetzt auf den Staat als solchen übergegangen.[75] Der Staat hat dann das Recht einzutreten und dafür zu sorgen, daß das durchgesetzt wird, was im Interesse des Kindes ist. Dieses Recht nimmt nicht nur die Staatsanwaltschaft wahr, sondern auch Gesetzgeber, Gerichte und Behörden.[76] Hier werden dann in der Regel spezialisierte Gerichte und Behörden gefordert, die beurteilen können, was dem Wohl des Kindes dient.

Im Grunde ist dieser Gedanke auch der Kinderrechtskonvention immanent, die dem Staat immer wieder das Recht gibt einzutreten, wenn die Eltern die Rechte des Kindes nicht ausreichend schützen können.

Deshalb schließt aber die Konvention nicht von vornherein andere Konzepte aus, die nicht vom Staate ausgehen. Das zeigt sich etwa in Art. 18 Abs. 2 und 3 KRK sowie in Art. 29 Abs. 2 KRK, die private Initiativen zum Schutz der Rechte des Kindes begrüßen.[77]

---

[75] Milne (Fn. 67), S. 1135.; J.P. Rosenczweig "Do the Juvenile Courts in France have a Meditorial Function?" in: Verhellen/Spiesschaert ebenda, S. 185 ff., 187.
[76] Milne (Fn. 75).
[77] Das ist ja auch in einigen Ländern geschehen, vgl. statt vieler Wouters (Fn. 66).

c) Einbeziehung der Kinderrechte in internationale Wirtschafts- und Kapitalbeziehungen

Ein wichtiger Faktor bei der Umsetzung der Kinderrechte ist die Ausstattung eines Staates mit den entsprechenden finanziellen Mitteln. Die Staaten sind gemäß Art. 4 S. 2 KRK verpflichtet, ihre Mittel zur Umsetzung der wirtschaftlichen, sozialen und kulturellen Rechte auszuschöpfen. Eine Möglichkeit der dort ebenfalls geregelten internationalen Zusammenarbeit kann die Unterstützung eines Staates mittels eines Kredits eines internationalen Finanzinstituts oder durch Regelungen im Rahmen von WTO und GATT - etwa durch *most-favoured-nation*-Bestimmungen - sein. Internationale Organisationen berücksichtigen in ihrer Tätigkeit zunehmend Kinderrechte.

aa) Weltbank und IWF

Die Aufgabe von Weltbank und IWF ist die Unterstützung wirtschaftlicher Entwicklung in den Staaten, denen sie Geldmittel gewähren.[78] Das Übereinkommen über die Weltbank[79] begrenzt die Kompetenz der Weltbank, Menschenrechte zu fördern. Danach dürfen weder die Bank noch ihre Mitarbeiter in die Politik eines Mitgliedstaates eingreifen. Sie darf sich auch nicht von der Politik eines Mitgliedsstaates beeinflussen lassen, Art. 1 des Weltbankübereinkommens.[80]

Die Weltbank hat auch die Aufgabe, die Produktivität eines Mitgliedsstaates zu unterstützen und den Lebensstandard und die Arbeitsbedingungen in deren Territorien zu heben.[81] Damit kann die Weltbank konkrete Projekte im Bereich der sozialen, kulturellen und wirtschaftlichen Menschenrechte unterstützen, also gerade derjenigen Rechte, die für die Staaten mit einem hohen finanziellen Aufwand verbunden sind.[82]

Immer wieder wurde der Weltbank und dem IWF vorgeworfen, daß sie eine Politik verfolgen, die den Interessen der Armen nicht gerecht werde.[83] Vielmehr versuche sie, die Wirtschaft in einem Land auf Kosten der Armen und der Verwirklichung deren Menschenrechte zu fördern und die Interessen der reichen Länder durchzusetzen, ohne Rücksicht auf die Bedürfnisse der Men-

---

78 I.F.I. Shihata, "The World Bank's Protection and promotion of children's rights" *Int'l J. Children's Rgts* 4 (1996), 383 ff., 386, Articles of Agreement on the Bank for Reconstruction and Development, Art. III, sec. 4.

79 Articles of Agreement on the Bank for Reconstruction and Development, Art. III, sec. 1, 4.

80 U. Suchsland-Maser, *Menschenrechte und die Politik multilateraler Finanzinstitute*, Frankfurt/Main 1999, S. 9 f.

81 Shihata (Fn. 64), S. 35 ff.

82 Shihata (Fn. 78), S. 383 ff.

83 K. Tomasevski, *Development Aid and Human Rights*, London 1989, S. 22 ff.

schen in ärmeren Ländern zu nehmen. Das gilt vor allem dort, wo der IWF bestimmte Konzepte fordert, um Kredite zu geben. Die Konzepte sollen der Wirtschaft eines Landes helfen aber übersehen manchmal, daß die Förderung der Wirtschaft mit Kürzungen im sozialen Bereich verbunden ist.

In der Vergangenheit haben Weltbank und IWF in ihrer Finanzpolitik die Bereiche der innerstaatlichen Politik und der innerstaatlichen Wirtschaft streng voneinander getrennt.[84] Während Menschenrechte grundsätzlich zum politischen Bereich eines Staates gezählt wurden,[85] die bei der Kreditvergabe nicht beachtet werden dürften, war und ist die Wirtschaft eines Landes der maßgebliche Faktor für die Kreditvergabe.[86] Dabei wird unter anderem das Nichteinmischungsgebot des Art. 2 Zf. 7 SVN als Unterstützungsgrund angeführt.[87]

Von diesem Grundsatz bestehen zwei Ausnahmen.[88] Der eine liegt in der tatsächlichen Wechselwirkung zwischen Politik und Wirtschaft. Politische Gesichtspunkte spielen bei der Darlehensvergabe insofern eine Rolle als sichergestellt sein muß, daß die von der Weltbank aufgestellten Auswahlkriterien erfüllt werden, an denen sich die Mitgliedstaaten messen lassen müssen, bevor sie sich für eine Projektfinanzierung qualifizieren. Das ist nicht der Fall, wenn die in dem betreffenden Land herrschende instabile politische Lage die Erfüllung gefährdet oder unmöglich macht. Im betreffenden Land muß also gewährleistet sein, daß das finanzierte Projekt und die dazu erforderlichen strukturellen Reformen vertragsgemäß durchgeführt werden. In diesem Zusammenhang wird ausnahmsweise die Menschenrechtssituation in dem Land berücksichtigt.[89] Die zweite Ausnahme ergibt sich aus der Stellung der Weltbank als Sonderorganisation der Vereinten Nationen und der damit verbundenen vorrangigen Pflichtenstellung der Weltbank gegenüber dem UN-Sicherheitsrat. Das Verhältnis Weltbank - UNO überlagert die Bestimmungen aus dem Weltbankübereinkommen, Art. 103 SVN.[90] Teilweise wird hier aus Art. 55 lit. c und 56 SVN geschlossen, daß die Weltbank auch an die grundlegenden Menschen-

---

84 Suchsland-Maser (Fn. 80), S. 74.

85 Lippmann, "Human Rights Revisted: The Protection of Human Rights under the International Covenant on Civil and Political Rights" *California Western L.J.* 10 (1980) 450 ff., 507 f. meint, daß die Entwicklung und Förderung der Menschenrechte durch die UNO als globalen Katalysator zu einer Politisierung der Menschenrechte führt.

86 Shihata (Fn. 64), S. 35 ff., Suchsland-Maser (Fn. 80), S. 74

87 dazu detailliert Suchsland-Maser (Fn. 80), S. 85.

88 Darstellung bei Suchsland-Maser (Fn. 80), S. 75.

89 Suchsland-Maser (Fn. 80), S. 75.

90 Suchsland-Maser (Fn. 80), S. 76

rechte gebunden ist und deshalb bei der Kreditvergabe diese auch beachten muß.[91]

Insofern muß unterschieden werden.[92] Einerseits kann die Weltbank durch gezielte Kreditvergabe Menschenrechte fördern und damit konkret auf die Menschenrechtspolitik eines Staates Einfluß nehmen. Die Kehrseite dieses Ansatzpunktes ist die Verweigerung der Kreditvergabe, wenn in einem Staat Menschenrechte verletzt werden. Andererseits kann die Weltbank sich darauf beschränken sicherzustellen, daß im Rahmen des durch ihre Gelder finanzierten Projekts keine Menschenrechte verletzt werden.[93]

Diesen beiden Ansatzpunkten liegen verschiedene Verständnisse der Entwicklung der Menschenrechtssituation in einem Land zugrunde. Zum einen wird der "*triggle down approach*" vertreten.[94] Danach muß zunächst die Wirtschaft eines Landes unterstützt werden. Die Menschenrechtssituation bessert sich mit der wirtschaftlichen Lage, weil damit etwa Infrastrukturmaßnahmen einhergehen, die allen Menschen zugute kommen. Im Rahmen dieses Ansatzes reicht es, die Wirtschaft eines Landes zu fördern, die Menschenrechtssituation richtet sich danach. Während sich die Weltbank in der Vergangenheit strikt an diesen Anhaltspunkt gehalten hat und die Menschenrechtssituation in einem Mitgliedsstaat tatsächlich bei der Mittelvergabe außer acht gelassen hat, ist sie nunmehr der Entwicklung der Menschenrechte gefolgt.[95] Weitreichende Entwicklungen des auf zwischenstaatlicher Ebene geschaffenen Menschenrechtsschutzes, sowohl durch die Kodifizierung in internationalen Vertragswerken als auch durch die Entwicklung durch Völkergewohnheitsrecht haben zum Einbruch der Materie in die innerstaatliche Sphäre geführt und stellen damit den Geltungsanspruch des innerstaatlichen Rechts in Frage. Die Weltbank nimmt daher jetzt den "*triggle up approach*" als Grundlage ihrer Finanzpolitik.[96] Danach wirken sich Maßnahmen zur Verbesserung der Menschenrechte, - vor allem der wirtschaftlichen und sozialen Rechte - in einem Land langfristig fördernd auf die Gesamtwirtschaft aus und sichern damit die wirtschaftliche Stabilität in einem Land. Nachdem die Weltbank und auch der IWF daraus zunächst nur die Konsequenz gezogen hatten, daß durch ihre

---

91 Tomasevski (Fn. 83), S. 30 ff.

92 Suchsland-Maser (Fn. 80), S. 143.

93 Shihata (Fn. 64), S. 43.

94 Tomasevski (Fn. 83), S. 153 f.

95 Die Reichweite der inneren politischen Angelegenheiten nach dem Weltbankabkommen sei von der Reichweite des internationalen Rechts bestimmt und begrenzt. Inzwischen habe sich die Erkenntnis durchgesetzt, daß die international anerkannten Menschenrechte nicht zum *domaine reservé* eines Staates gehörten. Suchsland-Maser (Fn. 80), S. 87 ff.

96 Tomasevski (Fn. 83), S. 154 f.; Suchsland-Maser (Fn. 80), S. 143.

Finanzierung keine Menschenrechte verletzt werden dürfen, hat sich die Weltbank in der jüngsten Vergangenheit die Erkenntnis zu eigen gemacht, daß wirtschaftliches Wachstum und Entwicklung auch soziale Aspekte, Umweltgesichtspunkte und die Berücksichtigung menschlichen Potentials umfaßt.[97] Die Weltbank verfolgt also nunmehr eine Politik der nachhaltigen Entwicklung.[98]

Sie hat daher zunehmend Projekte finanziert, die der Sicherung des wirtschaftlichen und sozialen Wohlergehens des Kindes dienten.[99] Das gilt im Bereich der Gesundheitsförderung, der Ernährung und der Fortpflanzung.[100] Neuerdings betreut die Weltbank auch Vorhaben im Bereich der Vermeidung von Schäden durch Landminen und als speziellen Bereich die Kinderarbeit.[101]

Dazu läßt sich die Weltbank von den durch die Kinderrechtskonvention gesetzten Standards leiten. Sofern die Kinderrechtskonvention *jus cogens* und Völkergewohnheitsrecht kodifiziert, sind Weltbank und IWF an die Standards der Kinderrechtskonvention gebunden.

bb) WTO und GATT

Auch WTO und GATT wurde die Benachteiligung der sogenannten Entwicklungsländer vorgeworfen[102] und immer wieder wurde der Ruf laut, daß auch in diesem Bereich Menschenrechte und vor allem Kinderrechte mehr Beachtung finden sollten.

Es gibt Stimmen in der Literatur, die unter Anwendung der gegebenen Bestimmungen von WTO und GATT zu einer Möglichkeit der Durchsetzung der Arbeitsstandards, wie sie die ILO-Konvention und die KRK vorschreiben, gelangen.[103] Grundlage für diese Annahme ist Art. XI GATT. Die Ausbeutung von Kindern und damit verbunden die Möglichkeit Produkte besonders billig anzubieten, verstoße gegen das Verbot unfairen Handels, das sich im Verbot von Dumping und handelsverschiebenden Subventionen ausdrückt. Arbeit sei einer der wichtigsten Faktoren bei der Herstellung von Waren. Wenn diese Arbeit unter Verletzung internationaler Menschenrechtsverträge wie etwa der Kinderrechtskonvention oder der ILO-Konventionen gegen ausbeutende Kin-

---

[97] Suchsland-Maser (Fn. 80), S. 98.

[98] Suchsland-Maser (Fn. 80), S. 98 f.

[99] Shihata (Fn. 78), 386; Suchsland-Maser (Fn. 80), S. 175.

[100] Shihata (Fn. 78), S. 388.

[101] Shihata (Fn. 78), S. 389, 403 ff.; Suchsland-Maser (Fn. 80), S. 194.

[102] Für das Beispiel der Landwirtschaft, das die Problematik widerspiegelt, vgl. W.A. Kerr "The Next Step will be harder - Issues for the New Round of Agricultural Negotiations at the World Trade Organization" *Journal of World Trade* 34(1) (2000) S. 123 ff.

[103] M.C. Bazzano "Child Labour: What can the US do to Eliminate its Use?" *J. Pub. L& Policy* 18 (1996-97) S. 200 ff., S. 216 ff.

derarbeit, durchgeführt werde, sei das als soziales Dumping anzusehen, und eine Vergünstigung, die den Handel unfair beeinträchtige.[104] Folglich sei Kinderarbeit auch unter WTO und GATT nicht zuzulassen und die damit produzierten Waren könne nicht am internationalen Handel teilnehmen. Bisher hat sich diese Ansicht jedoch nicht durchgesetzt. Die Möglichkeit der Durchsetzung von Arbeitsstandards durch GATT und WTO ist immer wieder am Widerstand der Mitgliedstaaten des WTO-Abkommens gescheitert. Man hielt es für versteckten Protektionismus und einen Versuch, den Wettbewerbsvorteil weniger entwickelter Länder zu untergraben. Man müsse internationalen Handel und Außenwirtschaft strikt von der Verwirklichung der Menschenrechte trennen.[105]

Zwar ist das Verbot der ausbeuterischen Kinderarbeit inzwischen zum Teil des Völkergewohnheitsrechts geworden. Selbst wenn einige Industriestaaten konkreten Produkten den Zugang zu ihrem innerstaatlichen Markt mit der Begründung verweigern, daß sie mit Hilfe von ausbeuterischer Kinderarbeit hergestellt wurden,[106] ist das nicht das effektivste Mittel, um ausbeuterische Kinderarbeit zu bekämpfen. Forciert man nämlich den Schutz vor Kinderarbeit mit Hilfe etwa der Antidumpingklauseln des GATT zu sehr, so kann das zur weiteren finanziellen Schwächung der betroffenen Länder führen. Das hätte zur Folge, daß damit zwar der Absatzmarkt für Produkte, die mit Hilfe von ausbeuterischer Kinderarbeit hergestellt wurden, begrenzt wird, den Kindern selbst aber nicht geholfen ist. Im Gegenteil wird den Kindern die Lebensgrundlage genommen, ohne in den betroffenen Staaten die Möglichkeit einer echten Alternative zu geben.

Der Schutz anderer Kinderrechte mit Hilfe des GATT ist ebenfalls schwierig. In Betracht kämen hier vor allem der Schutz des Kindes vor Gesundheitsbeeinträchtigung durch Müll, der in Entwicklungsländer verkauft wird. Auch hier hat sich aber bisher noch kein Konsens bilden können, der dem Schutz der Kinderrechte dienen kann.

---

104 Bazzano (Fn. 103), S. 218.

105 J. Cooper "Child Labour" *International Journal* 52 (1997), S. 411 ff., S. 420.

106 Und tatsächlich werden vor allem auf regionaler Ebene immer wieder Handel und Arbeitsbedingungen miteinander verbunden. Z.B. wurde neben dem Übereinkommen zur NAFTA ein Vertrag (North American Agreement on Labour Cooperation, NAALC) geschlossen, der sich mit dem Schutz der Arbeiterrechte beschäftigt, Cooper (Fn. 105) S. 421; Bazzano (Fn. 103), S. 318. Auch im Rahmen des Systems der Meistbegüsntigung der EU gegenüber den APS-Staaten ist die Möglichkeit vorgesehen, alle Vorteile des Systems auszusetzen, wenn Zwangsarbeit in einem begünstigten Land festgestellt wird; Cooper (Fn. 105), S. 422.

5. Ergebnis

Die Kinderrechte haben auf internationaler Ebene seit dem Inkrafttreten der Konvention einen Fortschritt erzielt. Sie sind teilweise zu Völkergewohnheitsrecht erstarkt und werden durch das Monitoring des Kinderrechtsausschusses kontrolliert. Die Kontrolle findet zwar vor allem durch die Öffentlichkeit statt und nicht etwa durch eine Gerichtsinstanz. Die Veröffentlichung von Staatenberichten und der Empfehlungen des Kinderrechtsausschusses haben aber den Effekt, daß Staaten sich selbst kontrollieren müssen und sich innerstaatlich wie international für die Umsetzung der Kinderrechte verantworten müssen.

Neue Konzepte versuchen, die Kinderrechte effektiver umzusetzen. Sie setzen auf der Ebene des Schutzes des einzelnen Kindes oder auf gesellschaftlicher Ebene an, indem etwa internationale Organisationen und fremde Staaten gegen den verletzenden Staat vorgehen, ihm Kredite vorenthalten oder aber Vertreter des Kindes Lobbying in der Politik zugunsten des Kindes beeinflussen.

II. Rußland

Die Effektivität der Umsetzung der Kinderrechte in einer nationalen Rechtsordnung begegnet verschiedenen Problemen. Kinderrechte sind nicht allein dadurch effektiv umgesetzt, daß die Staaten die entsprechenden Gesetze erlassen. Sie bedürfen auch der Durchsetzung durch Verwaltungsbehörden und Gerichte.

Die Durchsetzung der Kinderrechte in der Russischen Föderation stößt in einzelnen Bereichen auf besondere Probleme. Auf die besonders schwerwiegenden Probleme der russischen Föderation soll im folgenden eingegangen werden. Es sollen jeweils die inzwischen vorgeschlagenen oder begonnen Lösungen kurz dargestellt werden.

A) Lösungsansätze zu einzelnen Problemen

In Rußland finden sich in vier Bereichen besondere Probleme. Das sind die Bereiche Straßenkinder, behinderte Kinder, Kinderkriminalität und Rechtsschutz durch die Gerichte.

1. Straßenkinder

Straßenkinder gibt es in der Russischen Föderation inzwischen bis zu vier Millionen. Die meisten von ihnen leben in den großen Städten wie Moskau, St. Petersburg, Irkutsk und Omsk.

Straßenkinder sind selten Waisen im eigentlichen Sinne, sondern Sozialwaisen, die von ihren Eltern aus der Wohnung gewiesen worden sind, oder deren Eltern die Elternrechte entzogen worden sind. Diese Kinder werden häufig in Kinderheimen untergebracht, in denen haltlose Zustände herrschen. Das hat zur Folge, daß die Kinder aus diesen Kinderheimen weglaufen und wieder auf der Straße leben.

Alternative Betreuung ist gesetzlich - wie es Art. 20 KRK vorschreibt - vorgesehen. Jedoch kann dieses Gesetz praktisch nicht verwirklicht werden, weil potentiellen Pflegeeltern durch die Verwaltung Steine in den Weg gelegt werden. Adoption kommt nur für die Kinder in Betracht, die Waisen sind oder deren Eltern die Rechte entzogen wurden. Damit ist dieser Weg vielen der Kinder verschlossen.

Bisher wurde gegen die Zustände in den Kinderheimen wenig unternommen. Nichtstaatliche Organisationen versuchen die Situation zu mildern, indem sie Übergangsheime schaffen, in denen auf der Straße aufgegriffene Kinder bis zu sechs Monaten leben dürfen.

Nichtstaatliche Organisationen haben nunmehr ein Konzept entwickelt, mit dessen Hilfe Kontrolle über die staatlichen Kinderheime und möglicherweise über die Praxis der Vergabe von Genehmigungen für Pflegefamilien ausgeübt werden soll. Nach diesem Konzept, das von einem Abgeordneten als Gesetzesentwurf in die Staatsduma eingebracht werden soll, soll eine sogenannte gesellschaftliche Kontrolle eingeführt werden. Staatliche Behörden setzen eine Art Kommissar ein, der die Kinderheime unangekündigt Tag und Nacht besuchen und mit Kindern ohne deren Betreuer sprechen und sie über ihre Situation befragen kann. Um dem Mißbrauch dieser Position vorzubeugen, soll der Kommissar als Person von nichtstaatlichen Organisationen vorgeschlagen werden, die im Bereich der Kinderrechte tätig sind.

Dieses Konzept scheint zunächst gefährlich und schwer durchführbar zu sein. Zum einen ist nämlich die Gefahr des Mißbrauchs der so geschaffenen Machtstellung der nichtstaatlichen Organisationen gegeben. Diese Gefahr ist aber als gering einzustufen, denn nichtstaatliche Organisationen haben kaum anderweitige Möglichkeiten auf den Staat oder staatliche Kinderheime einzuwirken.

Zum zweiten stellt sich die Frage nach der Effektivität dieses Konzepts. Ein gesellschaftlicher Kontrolleur wird wohl kaum mehr Kompetenzen zugeschrieben bekommen als etwa der Bevollmächtigte für Menschenrechte. Dieser jedoch gibt nur Berichte ab und hat keine Möglichkeit, auf die staatliche Praxis einzuwirken. Das aber soll gerade die Tatsache verhindern, daß der gesellschaftliche Kontrolleur durch die nichtstaatlichen Organisationen vorgeschlagen werden soll. Damit ist er mit diesen bekannt und kann an sie die konkreten Fälle und Lösungskonzepte herantragen. Das schließt auch den Vorschlag ein, für ein Kind Klage zu erheben.

Da sich bisher gezeigt hat, daß vor allem nichtstaatliche Organisationen die Kinderrechte und den Schutz des Kindes in Rußland durchsetzen können, ist dem Konzept der Erfolg nicht von vornherein versagt.

Mit dem neuen Gesetz von 1999 verfolgt die Russische Föderation das Prinzip der Prävention statt Repression. Kindern, die unbetreut auf der Straße angetroffen wurden, soll Hilfe angeboten werden, statt sie zunächst 30 Tage in einem Isolator unterzubringen, der sie faktisch kriminalisiert, selbst wenn sie kriminell bis dahin nicht in Erscheinung getreten sind. Das Gesetz über die Straßenkinder[107] sieht vor, daß spezielle Rehabilitationsprogramme für diese Kinder ausgearbeitet werden. Allerdings ist bisher wenig Erfolg mit diesem Gesetz erzielt worden, denn die überkommenen Strukturen bei Polizei und Staatsanwaltschaft sind nur schwer zu ändern und dafür reicht ein derart inkonkretes Gesetz nicht aus.

---

[107] Dazu oben Kap. II, Abschnitt 8 zu Art. 20 KRK.

Eine weitere Überlegung ist, nicht bei den Kindern selbst sondern schon in den Familien anzusetzen. Ein erster Ansatz wurde mit Rechtsakten zur Vermeidung des Verkaufs von Wohnungen gemacht, in denen Kinder leben. Jedoch ist auch hier bisher die Repression vorherrschend. Familien haben daneben kaum tatsächliche Möglichkeiten, Beratung und Hilfe zu erlangen. Auch hier bestehen Vorhaben, die Beratung noch auszuweiten und mehr Sozialarbeiter auszubilden, um Kinder durch Arbeit mit der Familie vor dem Leben auf der Straße zu bewahren.

2. Behinderte Kinder

Behinderte Kinder sind immer noch wenig beachtet und werden zum Teil verleugnet. Auch von ihnen befinden sich viele in Kinderheimen. Familien haben faktisch keine Möglichkeit, sich selbst um die Kinder zu kümmern, denn es gibt keine Möglichkeit einer Betreuung und Begleitung durch staatliche oder private Einrichtungen.

Die Situation in den Behindertenheimen sind noch schlimmer als die in anderen Kinderheimen. Es fehlt nicht nur an Verpflegung und Betreuungspersonal, es sind auch viele Kinder in diesen Heimen untergebracht, die eigentlich gar nicht dahin gehörten, weil sie nicht behindert sind, sondern lediglich ein wenig retardiert sind. Es besteht keine echte Möglichkeit der Kontrolle der Einweisung in diese Heime.

Daher gehen auch in diesem Bereich die Initiativen dahin, Heime für behinderte Kinder der oben beschriebenen gesellschaftlichen Kontrolle zu unterwerfen. Hier soll die gesellschaftliche Kontrolle möglichst von einem Arzt begleitet werden, der beurteilen kann, ob die Kinder tatsächlich behindert sind und daher in einem solchen Heim unterzubringen sind.

Parallel dazu kooperieren private Organisationen mit Grundschulen. Vor allem körperlich behinderte Kinder können, nachdem sie eine Art privaten Kindergarten für behinderte Kinder besucht haben, am Unterricht der allgemeinen Schulen teilnehmen. Sie werden nach der Schule zusätzlich durch das Personal des Kindergartens betreut, damit sie dem Unterricht in der Schule in ausreichendem Maße folgen können. Damit soll den Familien die Möglichkeit gegeben werden, ihre Kinder daheim aufzuziehen und sie so in die Gesellschaft zu integrieren. Eine gesetzliche Grundlage für solche Initiativen und eine Übernahme dieser Ideen durch den Staat fehlt bisher völlig.

3. Kinderkriminalität und Strafvollzug gegen Kinder

Die Kinderkriminalität geht vor allem mit dem Problem der Straßenkinder einher, wenn sie auch nicht ausschließlich auf dieses zurückzuführen ist.

Straßenkinder begehen Straftaten, um sich zu versorgen. Sie sind aber auch besonders dem Mißbrauch durch Erwachsene ausgesetzt, denn sie sind nicht gegen Einflüsse seitens Erwachsener geschützt.

Das neue Gesetz über die Straßenkinder regelt auch die Prävention gegen Kinderkriminalität. Es sieht individuelle Programme für Kinder vor, die Straftaten begangen haben. Jedoch herrscht auch hier noch die Repression vor der Prävention vor. Kinder werden immer noch in den staatlichen Kinderkolonien untergebracht, in denen die bereits beschriebenen Zustände herrschen.[108]

Auch in diesen ist eine gesellschaftliche Kontrolle sinnvoll, die sicherstellt, daß Kinder menschenwürdig untergebracht werden und daß eine weitere Kriminalisierung dieser Kinder vermieden wird. Kinder in Strafkolonien haben wohl die geringsten Chancen auf Änderung, denn sie haben schon gegen die Regeln der Gesellschaft verstoßen und damit überhaupt keine Lobby, die für ihre Rechte einstehen könnte.

4. Rechtschutz durch staatliche und zwischenstaatliche Gerichte

Allen Gruppen von Kindern, die oben genannt wurden, haben ein besonderes Bedürfnis für Rechtsschutz durch staatliche und zwischenstaatliche Gerichte. Zwischenstaatliche Gerichte wie der EGMR sind bisher wenig angerufen worden. Schon die Erwachsenen haben kein Geld für eine Klage vor dem EGMR. Das Bewußtsein, daß Prozeßkostenhilfe gewährt werden kann, ist bisher nicht zu den russischen Staatsbürgern durchgedrungen. Umso weniger haben Kinder die Möglichkeit, sich auf der Ebene des Europarates gegen staatliche Akte zu wehren.

Innerstaatliche Gerichte werden auf verschiedenem Wege mit den Rechten des Kindes befaßt. Einen relativ effektiven Rechtsschutz bieten die Gerichte bei Scheidung der Eltern im Bereich des Sorgerechts. Sie entscheiden auch im Bereich des Entzugs der Elternrechte. Die zunehmende Zahl des Entzugs der Elternrechte zeigt, daß die Gerichte in diesem Bereich tätig werden.

Rechtsschutz im Bereich der problematischen Fälle der Kinder, die in staatlichen Einrichtungen untergebracht sind, findet aber nicht statt. Das liegt zum einen daran, daß der Weg zu den Gerichten manchmal nicht eröffnet ist. Es liegt aber vor allem daran, daß die betroffenen Kinder keine Möglichkeit des Rechtsschutzes bekommen, obwohl der Rechtsweg eröffnet wäre. Sie haben niemanden, der sie vertritt. Die Staatsanwaltschaft, die eigentlich dazu berufen ist, die Situation in den staatlichen Einrichtungen zu überprüfen und bei Verletzung der Kinderrechte Protest zunächst bei der entsprechenden Einrichtung einzulegen und dann nötigenfalls Klage bei Gericht zu erheben, erledigt diese

[108] Dazu oben Abschnitt 10 zu Art. 37 KRK.

Aufgabe nicht ausreichend. Kinderanwälte sind wenige vorhanden. Auch die Zahl der Gerichte war bisher nicht ausreichend. Inzwischen sind in mehreren Subjekten der Föderation Friedensrichter geschaffen worden, die kleinere Verfahren verhandeln und aburteilen können.[109]

Das Vertrauen zu den Gerichten ist in der Bevölkerung nicht sehr groß. Man ist der Meinung, daß selbst bei einem Obsiegen vor Gericht die Gerichtsentscheidung nicht durchsetzbar ist, denn der Bürger hat kaum Möglichkeiten des Zwangs gegen den Staat.

In den vergangenen Jahren haben sich in einzelnen Subjekten der Föderation Initiativen gebildet, die die Rechte von Kindern vertreten. Ein Beispiel ist die Organisation *Prawa rebjonka* (Rechte des Kindes) in Moskau. Sie berät Familien und Kinder, die Probleme mit staatlichen Behörden oder auch mit Privaten haben und ficht ihre Rechte im Notfall vor den Gerichten aus. Die Tatsache, daß die Organisation mit der Moskauer *Helsinki Group* und mit der Niederlassung von UNICEF in Moskau koorperiert, gibt ihr ein gewisses Gewicht bei der Durchsetzung der Entscheidungen der Gerichte. Die nichtstaatlichen Organisationen setzen auch die Massenmedien zu ihren Gunsten ein.

5. Ergebnis: Keine Verwaltungsmechanismen zur Durchsetzung der erlassenen Gesetze

Als Ergebnis läßt sich festhalten, daß die in der Russischen Föderation erlassenen Gesetze durch die Verwaltung nicht ausreichend umgesetzt werden. Es haben sich in allen problematischen Bereichen private Initiativen gebildet, die die Rechte des Kindes umzusetzen versuchen. Je größer diese Initiativen sind, desto mehr finden sie Gehör im Staat und desto effektiver können sie die Rechte des Kindes schützen.

Ausgehend von diesem Gedanken wurde inzwischen vorgeschlagen, in den problematischen Bereichen Kinderrechte durch einen gesellschaftlichen Kontrolleur zu schützen, die Unterstützung durch die privaten Organisationen hat. Die entsprechende Gesetzesinitiative hat bisher noch keine Mehrheit in der Staatsduma gefunden.

Ausgehend von diesem Gedanken vertreten sie inzwischen auch die Rechte von Kindern vor den Gerichten. Die Gerichte entscheiden oft im Sinne einer effektiven Umsetzung der Kinderrechtskonvention. Die Durchsetzung der Entscheidungen bereitet Privatpersonen oft Schwierigkeiten, die nichtstaatlichen Organisationen dagegen haben Möglichkeiten der Umsetzung gefunden.

---

[109] Zu den Friedensrichtern vgl. J. Henderson, "Justices of the Peace in Russia" *EPL* 5 (1999) S. 373 ff.

B) Lehren aus der russischen Erfahrung

Die russische Erfahrung ist die eines Staates im Umbruch. Sie vereinigt die Erfahrungen der Planwirtschaft mit denen eines extremen Kapitalismus nach dem Zusammenbruch der Sowjetunion. Sie ist auch die Erfahrung des Versuchs der Umstellung von einer Diktatur zu einer Demokratie. Beide Formen der Änderung haben Auswirkungen auf die Organisation staatlicher Einrichtungen und auf die Möglichkeiten der Umsetzung von Kinderrechten gehabt.

Sie ist auch die eines Staates mit besonderer territorialer Größe und besonderen klimatischen Bedingungen, die teilweise die Umsetzung von Kinderrechten erschweren.

Im folgenden soll versucht werden, die Lehren, die auch andere Staaten aus der russischen Erfahrung ziehen können, zusammenzufassen und zu erläutern.

a) Staatsanwaltschaft als Kontrolle nicht ausreichend

Die Staatsanwaltschaft ist im Moment die Institution, auf deren Schultern die Umsetzung der Kinderrechte liegt. Sie klagt Kriminalität gegen Kinder an. Sie überprüft staatliche Einrichtungen für Kinder und sie kann einen Antrag auf Entzug der Elternrechte stellen.

Das führt dazu, daß sich sowohl der Staat als auch die einzelnen Bürger auf die Staatsanwaltschaft verlassen. Bürger neigen in Rußland dazu, den Staat für jeden Mißstand verantwortlich zu machen und zu erwarten, daß der Staat es zu richten hat. Wenn sie in finanziellen Schwierigkeiten sind, muß der Staat dafür sorgen, daß die Löhne wieder ausbezahlt werden oder einspringen. Dieses hauptsächliche Verlassen auf den Staat führt zu Untätigkeit und mangelnder Kontrolle. Erst im Laufe der letzten Jahre haben sich Initiativen entwickelt, die die Umsetzung von Kinderrechten in die eigenen Hände nehmen und von unten her auf den Staat einwirken.

Kinderrechte können nicht mehr ausreichend umgesetzt werden, wenn sich alle Bürger auf den Staat verlassen. Der Staat hat nämlich alle Möglichkeiten der Willkür.

Aus diesem Grund sind gerade in Rußland Konzepte wie das des *Parens patriae* schwierig. Wenn der Staat weiter bei jeder Gelegenheit einspringt, wenn Kinder nicht ausreichend geschützt sind, so können Kinder nicht mehr durch private Initiativen geschützt werden.

Die Kinderrechtskonvention beruht auf der Annahme, daß der Staat immer das Wohl des Kindes verfolgt. Diese Annahme ist aber in Rußland nicht immer richtig. Vielmehr verfolgt er zwar grundsätzlich das Kindeswohl. Es hat aber hinter den Interessen einzelner Amtsträger zurückzustehen, weil keine ausreichende Kontrolle besteht.

Ein weiteres Prinzip der Kinderrechtskonvention ist die Kontrolle des Staates durch die Familie, die Eltern. Jedoch sind in Rußland in den vergangenen siebzig Jahren auch Eltern vom Staat abhängig gewesen. So bieten sie nicht eine effektive Kontrolle über den Staat.

Eine zu starke Umsetzung der staatlichen Verantwortung für das Kind führt dazu, daß Eltern ihre Verantwortung nicht mehr wahrnehmen können und Kinderrechte nicht mehr effektiv umgesetzt werden.

Folglich sind Konzeptionen wie *Parens patriae* hier fehl am Platze. Vielmehr muß die Russische Föderation auf andere Konzepte bauen. Solche sind im Moment in der Initiative privater Organisationen zu sehen, die die Umsetzung der Kinderrechte überwachen und weiterbilden.

Für andere Staaten ergibt sich daraus die Erkenntnis, daß der Staat eben nicht immer einspringen kann. Die Konzeption der Kinderrechtskonvention, daß der Staat immer das Wohl des Kindes verfolgt, darf nicht zu einem Credo erhoben werden. Vielmehr ist auch dem verschiedentlich erkennbaren Ansatz (Art. 18 Abs. 2, 3, Art. 22 Abs. 2 und Art. 45 KRK), nicht staatlichen Organisationen Möglichkeiten der Einflußnahme als Gegengewicht zu übermäßiger staatlicher Macht und Verantwortung einzuräumen, ein gewisser Stellenwert zuzuerkennen.

b) Einfluß finanzieller Hilfe privater und staatlicher Art

Russische private Organisationen haben einen Einfluß auf die Umsetzung der Kinderrechte. Doch das gilt nicht nur für russische Organisationen. Auch ausländische nichtstaatliche und zwischenstaatliche Organisationen über Einfluß auf Rußland aus.

Das betrifft solche Organisationen, die Rußland humanitäre Hilfe und Kredite gewähren. Beispiele sind private Organisationen in Skandinavien, Privatbanken in Deutschland, sowie der IWF, der Geldmittel zur Verfügung stellt.

Nichtstaatliche ausländische Organisationen gewähren zum einen dem Staat humanitäre Hilfe materieller Art. Zum anderen und vor allem stellen sie russischen NGOs Material und Mittel zur Verfügung, mit deren Hilfe sie ihrer Arbeit nachgehen können. Damit nehmen sie indirekt Einfluß auf die staatliche Politik im Bereich der Kinderrechte. Initiativen, deren Zielsetzung nicht der eigenen entspricht, werden sie nämlich auch nicht mit Mitteln unterstützen.

Banken geben dem Staat und Privatleuten Kredite. Sie knüpfen ihre Kredite aber selten an Bedingungen, die mit Kinderrechten in Verbindung stehen. Jedoch geben westliche Banken vor allem Kredite an Personen, von denen sie annehmen, daß ihre Unternehmen Erfolg haben werden. Überkommenen staatlichen Strukturen stehen sie häufig kritisch gegenüber, so daß private Kredite häufig an Privatpersonen gehen, die nach dem westlichen Modell wirtschaften wollen. Anzunehmen, daß dabei auch Menschenrechte in Betracht gezogen werden, wäre wohl eine Idealisierung der Situation. Dennoch haben die Kredite und Investitionen westlicher Unternehmen einen Einfluß auf Familien. Eltern, die von westlichen oder westlich finanzierten Unternehmen eingestellt werden, haben nämlich mehr Geld und Mittel, um ihre Kinder zu schützen und ihnen einen gewissen Lebensstandard zu sichern. Ihnen werden - anders als den staatlichen Angestellten - die Löhne ausgezahlt, oder sie sorgen selbst für ihr Einkommen, indem sie als Kleinunternehmer tätig sind.

Der internationale Währungsfond hat einen unmittelbaren Einfluß auf die staatliche Politik. Er kann Bedingungen an die Vergabe von Krediten binden und hat das in der Vergangenheit immer wieder getan. Damit hat er einen gewissen Einfluß auf die Umsetzung der Kinderrechte. In der Vergangenheit hat der IWF allerdings auch in Rußland eher das Gegenteil bewirkt. Der IWF fördert die Wirtschaft und dient damit der sozialen Sicherung nicht ausreichend.

In Rußland bietet sich ein Beispiel wie die Weltbank auf die innerstaatliche Rechtsentwicklung Einfluß nehmen kann. Sie hat der Russischen Föderation im Jahre 1996 einen bedeutenden Kredit zur Unterstützung umfangreicher Rechts- und Justizreformen zugebilligt.[110] Inhalt der Reformen ist der Aufbau juristischer Fakultäten, die Ausbildung von Lehrpersonal, Aufklärungskampagnen für die Öffentlichkeit zur Rolle und Aufgabe des Rechts, Fortbildung von Journalisten, Schulunterricht, Einführung von Moot Courts und die Finanzierung der Richterausbildung und der Ausbildung über Methoden alternativer Streitbeilegung.[111] Die Weltbank hat technischen Beistand für die Entwürfe von Schlüsselgesetzen geleistet, die dann von russischen Exekutivorganen erarbeitet und der russischen Regierung und der Weltbank zur Billigung vorgelegt wurden und werden. Die Weltbank nimmt während der Laufzeit des Programms eine von der russischen Regierung unabhängige Kontroll- und Entscheidungsposition ein, die dem Aufbau eines funktionierenden von der Staatslenkung unabhängigen Rechtssystems dienen soll. Damit nimmt die Weltbank in Bereichen Einfluß, die traditionell zu den ureigensten Staatskompetenzen gehören.[112] Gleichzeitig fördert sie die Durchsetzung der Menschen- und Kinderrechte durch die Finanzierung des Aufbaus eines Systems der Gewaltenteilung.

---

[110] Suchsland-Maser (Fn. 80), S. 186 ff.
[111] Suchsland-Maser (Fn. 80), S. 187.
[112] Suchsland-Maser (Fn. 80), S. 188.

c) Auswirkungen der territorialen Größe

Die territoriale Größe der Russischen Föderation hat Auswirkungen auf die Durchsetzung der Kinderrechte.

Das zeigt sich u.a. bei der Durchsetzung der Familieneinheit im Bereich des Strafvollzugs. Kinder werden in Strafkolonien weit entfernt von ihrer Familie untergebracht. Damit wird eine Reintegration mit Hilfe der Familie faktisch unmöglich gemacht.

Humanitäre Hilfe wird unregelmäßig verteilt. Die großen Städte Moskau und St. Petersburg, in denen sie als erstes ankommt, erhalten einen Großteil der Hilfe aus dem Ausland. Die peripheren Gebiete dagegen bekommen nur die Hilfe, die unmittelbar an sie geschickt werden. Es fragt sich, ob das ausschließlich auf die territoriale Größe zurückzuführen ist oder nicht vielmehr auf die Tatsache, daß die Russische Föderation zentralistisch ausgerichtet ist. Letzteres ist wohl naheliegender.

Eine Folge davon ist, daß die Randgebiete in der russischen Föderation benachteiligt werden. Sie bekommen wenig Hilfe, denn sie sind für die Staatsorgane in Moskau zu weit entfernt, um für die Amtsträger von Interesse zu sein.

Das gibt ihnen andererseits auch die Chance, eigene Lösungen zu suchen. Die Regionen können Gesetze mit Hilfe ihrer eigenen Methoden umsetzen. Ein Beispiel dafür bietet das Gebiet von Samara. Dort wurde die Gesetzgebung der Russischen Föderation über Pflegefamilien effektiv umgesetzt. Kinder wurden aus den staatlichen Kinderheimen in sogenannte Familienkinderheime, bei Pflege- oder Adoptiveltern untergebracht. Kinderheime, die sich in einem genauso desolaten Zustand befanden wie in anderen Teilen der Russischen Föderation, konnten geschlossen werden. Das Personal konnte größtenteils seine Tätigkeit entweder an anderer Stelle in der staatlichen Verwaltung oder als Pflegeelternteil weiterführen.[113]

d) Ergebnis

Die Kontrolle der Kinderrechte durch die Staatsanwaltschaft und das Amt für Vormundschaft und Pflegschaft ist nicht ausreichend, um die Rechte des Kindes zu schützen. Die Rechte des Kindes leiden unter den alten Machtstrukturen.

Hier haben sich nichtstaatliche Organisationen eingeschaltet, die im zunehmenden Maße effektiv die Rechte des Kindes durchsetzen können. Ausländische Hilfe wirkt unterstützend. Der Einfluß internationaler Wirt-

---

113 Bericht in der Zeitung *Nesavisimaja* "Potschemu v Samare sakryvajut doma dlja sirot" und in Presseberichten der Organisation "Prawa Rebjonka" Teil des Moskowskij Issledovatel'skij Zentr po Prawam Tscheloweka.

schaftsorganisationen auf die Durchsetzung von Menschen- und Kinderrechten in der Russischen Föderation ist eher zwiespältig.

Eine Benachteiligung, aber auch eine gewisse Chance, bietet die territoriale Größe Rußlands und seine Verfassung als Föderation. Die Subjekte der Föderation haben die Chance die Kinderrechte wenigstens zum Teil selbst umzusetzen.

Auch in anderen Staaten - etwa mit einem System sozialer Marktwirtschaft - geht die Tendenz dahin, die Verantwortung dem Staat zuzuschieben und von ihm Konzepte zur Sicherung der Kinderrechte zu verlangen. Die Erfahrung Rußlands zeigt die Gefährlichkeit solcher Ansätze entgegen dem Interesse einer effektiven Durchsetzung der Kinderrechte. Damit ist selbstverständlich nicht gesagt, daß auch eine extreme Ausrichtung an der Arbeit nicht staatlicher Organisationen ein erhebliches Mißbrauchs- und Gefährdungspotential bieten kann.

C) Übertragbarkeit anderer Konzepte

Neben der Umsetzung der Kinderrechte durch nichtstaatliche Organisationen und ihrer Umsetzung durch einzelne Subjekte der Föderation mit besonderer Initiative, stellt sich die Frage, ob nicht auch andere Konzepte eine Möglichkeit für Rußland darstellen könnten, die Kinderrechte zu sichern.

a) Möglichkeit solcher Konzepte wie Kinderanwalt und Kinderombudsman

Das Konzept des Kinderanwalts ist eine Institution, die die Rechte des Kindes vor den Behörden und vor den Gerichten sichert. Bis zu einem gewissen Grade nehmen diese Funktion derzeit nichtstaatliche Organisationen ein. Sie klagen für das Kind oder setzen sich mit den Behörden auseinander. Dazu setzen sie auch Anwälte ein, die durch die Experten, die in den entsprechenden Organisationen arbeiten, unterstützt werden.

Um diesen Schutz auszubauen, müßten Anwälten finanzielle Reize geboten werden können, die sie dazu veranlassen, die Rechte eines Kindes zu vertreten. Das ist jedoch gegenwärtig nicht möglich. Einen finanziellen Anreiz durch den Staat zu schaffen, würde erneut eine Abhängigkeit vom Staat entstehen lassen, die gerade vermieden werden soll.

Nach amerikanischem Muster besteht aber die Möglichkeit, z.B. Jurastudenten zum Schutz des Kindes einzuspannen. Sie können unter der Leitung und Aufsicht von Mitarbeitern der Universitäten, Beratungen und Vertretungen von Kindern und anderen benachteiligten Teilen der Bevölkerung durchführen. In Rußland ist es seit einiger Zeit nicht mehr Pflicht, daß ein Rechtsbeistand bei

Gericht registriert ist, so daß auch Studenten der oberen Semester Kinder juristisch vertreten können. Die Qualität dieser Vertretung wird durch die Betreuung seitens der Fakultät und Unterstützung seitens der ngo gesichert.

Auch das Konzept des Kinderombudsmans wird in Rußland immer wieder diskutiert, ohne daß es bisher zu einer solchen Einrichtung gekommen wäre. Die Einrichtung wird dann nicht sehr effektiv sein, wenn ein solcher Kinderombudsman nicht mehr Rechte eingeräumt bekommt als der Bevollmächtigte für Menschenrechte sie hat. Dieser übt vor allem beratende und empfehlende Funktionen aus.[114] Er hat aber nicht die Möglichkeit, Menschenrechte gegenüber den Behörden effektiv durchzusetzen.

Daher scheint das Konzept der gesellschaftlichen Kontrolle, bei dem der Kontrolleur durch ngo unterstützt wird, sehr viel effektiver zu sein.

b) SOS-Kinderdörfer

In der Russischen Föderation wurde aber das Konzept der SOS-Kinderdörfer übernommen. Das erste von ihnen existiert in der Nähe von Moskau, ein zweites befindet sich im Bau.[115] Zunächst wurden diese Kinderdörfer mit Argwohn betrachtet, inzwischen sind sie jedoch als Möglichkeit der alternativen Betreuung von Kindern anerkannt.

Jedoch können einige wenige SOS-Kinderdörfer auf dem riesigen Gebiet der russischen Föderation mit ihren ein bis vier Millionen Straßenkindern und Waisen nur ein Tropfen auf den heißen Stein sein. Sie sind aber ein erster Schritt hin zu einer neuen Sicherung der alternativen Betreuung von Kinder, wie sie etwa auch in der Region von Samara zu beobachten ist.

D) Ergebnis

Als Ergebnis bleibt festzuhalten, daß in der Russischen Föderation die Umsetzung der Kinderrechtskonvention nicht optimal funktioniert. Die am meisten gefährdeten Kinder sind Straßenkinder, behinderte Kinder und Kinder, denen die Freiheit entzogen wurde. Für alle diese Kinder gilt, daß sie auf die eine oder andere Art in staatlichen Einrichtungen untergebracht werden. Diese staatlichen Einrichtungen sind in einem desolaten Zustand und dem Mißbrauch dieser Kinder ist kaum eine Grenze gesetzt.

Nichtstaatliche Organisationen versuchen diesen Problemen mit zunehmendem Erfolg Herr zu werden. Sie stellen zum einen eigene Einrichtungen zur Verfügung, um Waisen - einschließlich Sozialwaisen - und behinderte

---

114 Bericht des Bevollmächtigten der R.F. für Menschenrechte für das Jahr 1999, *Rossijskaja Gazeta* 6.4.2000, S. 6.

115 RDF, *Detstvo - kratkij slovar'-sprawotschnik*, Moskau 1996, S. 42.

Kinder unterzubringen und zu reintegrieren. Zum anderen versuchen sie, den Schutz der Kinder in staatlichen Einrichtungen zu sichern.

Dazu wurde das Konzept der gesellschaftlichen Kontrolle staatlicher und sonstiger Einrichtungen für Kinder entwickelt und als Gesetzesprojekt in die Staatsduma eingebracht. Die gesellschaftliche Kontrolle soll in bestimmten Bereichen die Funktionen eines Kinderombudsmans haben, ohne dessen Abhängigkeit vom Staat zu teilen.

Abkürzungsverzeichnis

a.A.	andere Ansicht
a.a.O.	am angegebenen Ort
a.E.	am Ende
a.F.	alte Fassung
A.W.R. Bulletin	Vierteljahresschrift für Flüchtlingsfragen, Assiociation on World Refugees
Abk.	Abkommen
Abs.	Absatz
AES	Russische Abkürzung für: Atomkraftwerk
AIDS	Aquired Immunodeficiency Syndrome
AJIL	African Journal of International Law
AllgEMR	Allgemeine Erklärung der Menschenrechte von 1948
Alt.	Alternative
Am.U.J.Int'l L & Pol'y	American University Journal International Law and Policy
Art.	Artikel
Aufl.	Auflage
Aut.	Autor
Bates JFamL	Bates Journal of Family Law
BBl	Bundesblatt der Schweiz
Bd.	Band
Beijing Regeln	Regeln der Vereinten Nationen über die Mindestnormen für Jugendgerichtsbarkeit vom 29. 11. 1985
BG	Bildungsgesetz
BGBl	Bundesgesetzblatt für die Bundesrepublik Deutschland
BGE	Entscheidung des Bundesgerichts der Schweiz
Boston Coll. Int'l & Comp. LRev	Boston College International and Comparative Law Review
BSP	Bruttosozialprodukt
BTagsDrucks	Drucksache des Bundestag der Bundesrepublik Deutschland
BVerfG	Bundesverfassungsgericht
bzw.	beziehungsweise
California Wester L.J.	California Western Law Journal
Capital Univ. LJ	Capital University Law Journal

CEDAW	Konvention gegen die Diskriminierung der Frau vom 18.12.1979, Frauendiskriminierungskonvention, FDK
Civil & Military LJ	Civil and Military Law Journal
Cornell Int'l LJ	Cornell International Law Journal
d.h.	das heißt
Doc.	Document
dt.	deutsch, deutscher
E.H.R.L.R.	European Human Rights Law Review
EAusübungsKR	Europäische Konvention über die Ausübung der Kinderrechte
ebd.	ebenda
ECOSOC	Economic and Social Council (UN), Wirtschafts- und Sozialrat der Vereinten Nationen
ed., eds.	editor, editors, Herausgeber
EG	Europäische Gemeinschaften
EGMR	Europäischer Gerichtshof für Menschenrechte
EJIL	European Journal of International Law
EMRK	Europäische Konvention zum Schutz der Menschenrechte und Grundfreiheiten vom 4.11.1950
EPL	European Public Law
erster russ. Staatenbericht	Initial State Report of the Russian Federation to the Committee of the Rights of the Child, vom 15.10.1992, CRC/C/3/Add. 5
etc.	et cetera
ETS	European Treaty Service
EuGH	Gerichtshof der Europäischen Gemeinschaften
EuGRZ	Europäische Grundrechte Zeitschrift
f.	folgender
FamRZ	Zeitschrift für Familienrecht
FAO	Food and Agricultural Organization of the UN, Ernährungs- und Landwirtschaftsorganisation der Vereinten Nationen
ff.	folgende (mehrere)
FGB	Familiengesetzbuch der Russischen Föderation vom 29.12.1995
Fn.	Fußnote
Folterkonvention	Übereinkommen gegen Folter und andere grausame, umenschliche oder erniedrigende Behandlung oder Strafe vom 10.12.1984

FS	Festschrift
GAOR	General Assembly Official Records
GATT	General Agreement on Tariffs and Trade, Zoll- und Handelsabkommen
GBAG	Gesetzbuch Arbeitsgesetze der Russischen Föderation, Kodex sakonow o trudje von 1971 in der Fassung vom 27.1.1995
Genfer Erklärung	Erklärung über die Rechte des Kindes von 1924
GG	Grundgesetz für die Bundesrepublik Deutschland vom 23.5.1949
ggf.	gegebenfalls
Global Leg. Studies J.	Global Legal Studies Journal
GrdlGKultur	Grundlagengesetz der Russischen Föderation über die Kultur vom 9.10.1992
GrldGGesundheit	Grundlagengesetz der Russischen Föderation über die Gesundheit vom 22.7.1993
GUS	Gemeinschaft Unabhängiger Staaten
h.M.	herrschende Meinung
H.R.Q.	Human Rights Quarterly
Haager Konvention	Haager Konvention über den Schutz von Kindern von 1996
HIV	Human Immunodeficiency Virus
Hrsg.	Herausgeber
Hum VöR	Humanitäres Völkerrecht
I. J. Int'l L.	Indian Journal of International Law
i.d.F.	in der Fassung
ICLQ	International and Comparative Law Quarterly
IGH	Internationaler Gerichtshof
IJ	International Journal
IKRK	Internationales Kommittee vom Roten Kreuz
ILM	International Legal Materials
ILO	International Labour Organisation, Internationale Arbeitsorganisation
Int'l & Comp. L.Q.	International and Comparative Law Quarterly
Int'l J Refugee L	International Journal of Refugee Law
Int'l J. Children's Rgts	International Journal of Children's Rights
IPbürR	Internationaler Pakte über bürgerliche und politische Rechte von 1964

IPRax	Praxis des internationalen Privat- und Verfahrensrechts
IPwirtR	Internationaler Pakt über wirtschaftliche, soziale und kulturelle Rechte von 1964
IStGH	Internationaler Strafgerichtshof
iVm.	in Verbindung mit
IWF	Internationaler Währungsfond
J Const.L	Journal of Constitutional Law
J IndLInstitute	Journal of the Indian Law Insitute
J Pub L& Policy	Journal of Public Law and Policy
JB	Juristische Blätter
JDJ	Journal de Droit Juvenile
Kap.	Kapitel
KoAP	Gesetzbuch der RSFSR über verwaltungsrechtliche Rechtsverstöße vom 24.6.1984
Konvention	Konvention der Vereinten Nationen über die Rechte des Kindes von 1989
KRE 1959	Kinderrechtserklärung von 1959, Declaration on the Rights of the Child, UN. Document a/res 1386 (XIV) vom 20.11.1959
KRK	Konvention der Vereinten Nationen über die Rechte des Kindes von 1989
LG	Landgericht
lit.	litera, Buchstabe
Loy.L.A. Int'l & Comp. L.J.	Loyola of Los Angeles International and Comparative Law Journal
m.E.	meines Erachtens
m.w.N.	mit weiteren Nachweisen
Max Planck YUNL	Max Planck Yearbook United Nations Law
Michigan J.Int'l L.	Michigan Journal of International Law
Mindestalterkonvention	ILO Minimum Age Convention No. 138 von 1973
Minsker Konvention	Konvention über die Rechtshilfe und die Rechtsverhältnisse in Zivil-, Familien- und Strafsachen der Gemeinschaft unabhängiger Staaten
n.F.	neue Fassung
ngo	non-governmental organization, nicht staatliche Organisation
NIrelandLQ	Northern Ireland Legal Quarterly
No.	Nomber, Nummer

Nordic J Int'l L	Nordic Journal of International Law
Nr.	Nummer
Nr. 38-FS	Nummer des Föderalen Gesetzes der Russischen Föderation
NVwZ	Neue Zeitschrift für Verwaltungsrecht
NY	New York
nzz	Neue Züricher Zeitung
o.g.	oben genannt(er)
OAU	Organization of African Unity, Organisation Afrikanische Einheit
off.	official, offiziell
Osgoode Hall L.J.	Osgoode Hall Law Journal
OsteuropaR	Osteuroparecht
para.	paragraph, Absatz
Parker Sch. J.E. Eur. L.J	Parker School Journal of East European Law
R.d.J.B.	Recht der Jugend und des Bildungswesens
RabelsZ	Zeitschrift für Ausländisches und Internationales Privatrecht (begründet von Rabel)
RADIC	Revue Africaine de Droit International et Comparative
Rat	Rat der Europäischen Gemeinschaften
RBDI	Revue Belge de Droit International
RDF	Rossijskij Djetskij Fond, russischer Kinderfonds
RF	Russische Föderation
RGBl.	Reichsgesetzblatt für das Deutsche Reich
RL	Richtlinie
ROW	Recht in Ost und West
RSFSR	Russische Sozialistische Föderale Sowjetrepublik
russ. StGB	Strafgesetzbuch der Russischen Föderation von 1996
russ. Verf.	Verfassung der Russischen Föderation vom 12.12.1993
S.	Seite, im Zusammenhang mit Angaben von Artikeln in Rechtsakten: Satz
s.	siehe
s.o.	siehe oben
s.u.	siehe unten
SAJHR	South African Journal on Human Rights
Samaritan	World Council of Churches, Moscow Patriarchate, Newsletter

sec.	section
sess.	session, Sitzungsperiode
Slg.	Sammlung
sog.	sogenannt(er)
SOS-Kinderdörfer	Kinderdörfer zur Betreuung von Waisenkindern nach dem Modell von H. Gmeiner
Sowjetunion	Union der Sozialistischen Sowjetrepubliken
Sozialcharta	Europäische Sozialcharta vom 18.10.1961
SPID	russische Abkürzung für AIDS
Sprachengesetz	Gesetz über die Sprachen der Völker der RSFSR vom 25.1.1991
St Thomas L.Rev.	St. Thomas Law Review
st.	stat'ja, Position im offiziellen Publikationsorgan der Russischen Föderation
Stellenbosch L.R.	Stellenbosch Law Review
Suffolk Univ. L. Rev.	Suffolk University Law Review
Suppl.	Supplement
SVN	Satzung Vereinte Nationen, Charta der Vereinten Nationen vom 26. 5. 1945, United Nations Conference on International Organization Documents, Bd. XV (1945) S. 335 ff.
SZRF	Sobranije Zakonodatel'stva Rossijskoj Federazii, Gesezgebende Versammlung der Russischen Föderation, offizielle Publikationsorgan der Russischen Föderation für Rechtsakte
Transnat'l L. & Contemp. Probs	Transnational Law and Contemporary Problems
u.ä.	und ähnliches
u.a.	und andere
u.U.	unter Umständen
u.v.a.	und vor allem
UK	Vereinigtes Königreich
UmweltG	Gesetz der Russischen Föderation über den Schutz der Umwelt vom 19. 12. 1991
UNESCO	United Nations Educational, Scientific and Cultural Organisation, Organisation der Vereinten Nationen für Erziehung, Wissenschaft und Kultur

UNHCR	United Nations High Commissioner for Refugee, Hochkommissar der Vereinten Nationen für Flüchtlinge
UNICEF	United Nations Children's Fund, Kinderhilfswerk der Vereinten Nationen
UNO	United Nations Organisation, Vereinte Nationen, Charta der Vereinten Nationen vom 26.6.1945
UNTS	United Nations Treaty Service
USA	Vereinigte Staaten von Amerika
usw.	und so weiter
Va J Int'l L	Virginia Journal of International Law
Var.	Variante
VerfG	Verfassungsgericht der Russischen Föderation
VerfGG	Verfassungsgerichtsgesetz
VFSRF	Vedomosti Federalnogo Sobranija Rossijskoj Federazii, Publikationsorgan der Gesetzgebenden Versammlung der Russischen Föderation
vgl.	vergleiche
VKSRF	Vestnik Konstituzionnogo Suda Rossijskoj Federazii, offizielle Publikationen des russischen Verfassungsgerichts
VN	Vereinte Nationen
VO	Verordnung
Vol.	Volume, Band
vs	versus, gegen
VSNDRFiVSRF	Vedomosti S"esda Narodnykh Deputatov Rossijskoj Federazii i Verkhovnogo Sowjeta Rossijskoj Federazii, Offizielles Publikationsorgan der Russischen Föderation
VSO	Verfassungs- und Verwaltungsrecht der Staaten Osteuropas, G. Brunner (Hrsg.)
Weltbank	International Bank for Reconstruction and Development, Bank für Wiederaufbau und Entwicklung
WGO	Monatshefte für osteuropäisches Recht, Die wichtigsten Gesetzgebungsakte in den Ländern Ost- Südeuropas und in den ostasiatischen Volksdemokratien
WHA	World Health Assembly, Versammlung der Weltgesundheitsorganisation

WHO	World Health Organization, Weltgesundheitsorganisation
WiRo	Wirtschaft und Recht in Osteuropa
WTO	World Trade Organization, Welthandelsorganisation
WVRK	Wiener Übereinkommen über das Recht der Verträge von 1969
z.B.	zum Beispiel
ZaÖRV	Zeitschrift für ausländisches öffentliches Recht und Völkerrecht
Zambia L.J.	Zambia Law Journal
ZGB	Zivilgesetzbuch der Russischen Föderation vom 30.11.1994
zweiter russ. Staatenbericht	zweiter russischer Staatenbericht an den Kinderrechtsausschuß, Dokument CRC/C/65/Add. 5

Literaturverzeichnis

Abram, E.F. — "The Child's Right to Family Unity in International Immigration Law", Law and Policy 17 (1995) S. 397 ff.

Alen, A./Pas, W. — "The UN Convention on the Rights of the Child's Self Executing Character" in: E. Verhellen (Hrsg.) Monitoring Children's Rights, S. 165 ff.

Alexander, J. /Berkowitz, N. — "Hospitality or Hostility? Refugee Law in Africa", Immigration and Nationality Law and Practice 12 (1998) S. 48 ff.

Allaix, M. — "Les Règles de Beijing et les Art. 37 et 40 de la Convention Internationale Relative Aux Droits de l'Enfant", in: J. Rubellin-Devichi/R. Frank, L'enfant et les conven-tions internationales, S. 123 ff.

Alston, P. — "Appraising the United Nations Human Rights Regime", in: P. Alston (Hrsg.) The United Nations and Human Rights, Oxford 1992, S. 1 ff.

Alston, P. — "Periodic Reporting: the International Convenant on Economic, Social and Cultural Rights and the Convention on the Rights of the Child", in: S. Pritchard (Hrsg.), Indigenous Peoples, the United Nations and Human Rights, London 1998, S. 130 ff.

Alston, P. — "The Best Interests Principle: Towards a Reconciliation of Culture and Human Rights", in: P. Alston (Hrsg.) The Best Interests of the Child, 1994, S. 1 ff.

Alston, P. (Hrsg.) — Best Interests of the Child, Oxford, 1994

Alston, P. (Hrsg.)	The United Nations and Human Rights, Oxford 1992
Alston, P./Parker, S./ Seymour, J. (Hrsg.)	Children, Rights and the Law, Oxford 1992
An-Na`im, A.	"Cultural Transformation and Normative Consensus on the best Interests of the Child", in: P. Alston (Hrsg.) Best Interests of the Child, S. 62 ff.
Armstrong, A.	"School and Sadza: Custody and the Best Interests of the Child in Zimbabwe", in: P. Alston (Hrsg.) The Best Interests of the Child, S. 150 ff.
Asquith, S./Hill, M. (Hrsg.)	Justice for Children, Dordrecht 1994
Azer, A.	Modalities of the Best Interests of the Child", in: P. Alston (Hrsg.) Best Interests of the Child, S. 227 ff.
Bäcker, G./Bispinck, R./ Hofmann, K./Naegele, G. (Hrsg.)	Sozialpolitik, 2. Aufl. Köln 1989
Baglaj, M.W.	Konstituzionnoe Prawo Rossijskoj Federazii, Moskau 1998
Banda, F.	"Custody and Best Interests of the Child: Another View from Zimbabwe", in: P. Alston (Hrsg.) Best Interests of the Child, S. 191 ff.
Bank, R.	Die internationale Bekämpfung von Folter und unmenschlicher Behandlung auf den Ebenen der Vereinten Nationen und des Europarates, Freiburg, 1996

Bazzano, M.C. "Child Labour: What can the US do to Eliminate its Use?", Journal of Public Law and Policy 18 (1996-97) S. 200 ff.

Belembaogo, A. "The Best Interests of the Child - A Case from Burkina Faso", in: P. Alston, Best Interests of the Child, S. 202 ff.

Belgiorno di Stefano, M.G. "Religious Freedom in the Decisions of the European Court of Human Rights", Yearbook 2 (1989) S. 239 ff.

Bennett, W.H. "A Critique of the Emerging Convention on the Rights of the Child", Cornell International Law Journal 20 (1987) 1 ff.

Bernhardt, R. Encyclopedia of Public International Law, Band 7 (1984)

Besell, S. "The Politics of Child Labour in Indonesia: Global Trends and Domestic Policy", Pacific Affairs 72 (1999) S. 353 ff.

Bespalow, Ju. "Obespetschenije Prawa Rebjonka na schilischtsche", Rossijskaja Justizia 1997, No. 12, S. 45 ff.

Bespalow, Ju. "Usynowlenije kak sposob sudebnoj saschtschiti praw rebjonka", Rossijskaja Justizija 1997, No. 7, S. 39 ff.

Bethke, R. Das Übereinkommen der Vereinten Nationen über die Rechte des Kindes und seine Umsetzung in der Bundesrepublik Deutschland, München 1996

Bevollmächtigter für Menschenrechte der Russischen Föderation Bericht des Bevollmächtigten für Menschenrechte der Russischen Föderation für das Jahr 1999, Rossijskaja Gaseta 4., 5., 6. 4. 2000, je S. 6

Bigot, J./Sancho Andreo, R. — "Access to Legal Advice for Minors", in: E. Verhellen (Hrsg.) Monitoring Children's Rights, S. 593 ff.

Blumenwitz, D./Spieler, S. (Hrsg.) — Rußlands Reform auf dem Prüfstand, Bonn 1997

Bojzowa, B.B. — Sluschba saschtschy praw tscheloweka i graschdanina - mirovoj opyt, Moskau 1996

Borgen, M. — "Developing the Role of an Ombudsman", in: E.Verhellen (Hrsg.) Monitoring Children's Rights, S. 541 ff.

Boschev, V.P. (Hrsg.) — Ugolownij Prozess, Obschtschaja Tschast, Moskau 1997

Boukrif, H. — "La Cour Africaine des Droits de l'Homme et des Peuples: Un Organe juridique à Service des Droits de l'Homme et des Peuples en Afrique", AJIL/RADIC 10 (1998) S. 60 ff.

Boulais, J.F. — "The Youth Protection Committee: Ombudsman for Children in Problem Situations in Quebec: Origin and Problems", in: Verhellen/Spiesschaert (Hrsg.) Ombudswork for Children, S. 165 ff.

Bouverne-De Bie, M. — "De jeugdwelzijnsinterventie in het licht van het recht van kinderen op bijzondere bescherming en hulp", in: Verhellen/Spiesschaert/Cattrijsse, Rechten van Kinderen, S. 183 ff.

Brölmann, C.(Hrsg.) — Peoples and Minorities in International Law, 1993

Brett, R. — "Child Soldiers - A Form of Child Labour", in: Rädda Barnen, Children of War, Newsletter No. 1/98

Brett, R. — "Child soldiers: laws, politics and practices", International Journal of Children's Rights 4 (1996) S. 115 ff.

Broekart/Royeaerd — "Van 'De rechten van de gehandicapt' naar 'Mijn rechten als gehandicapt kind'", in: Verhellen/Spiesschaert/Cartrijsse, Rechten van kinderen, S. 279 ff.

Bruce, F. — "Child prostitution and pornography: The making of international law 1974-1995", International Journal of Children's Rights 3 (1995) S. 469 ff.

Bundesministerium für Familie, Senioren, Frauen und Jugend — Übereinkommen über die Rechte des Kindes, 5. Aufl. Bonn, 1996

Bundesrat der Schweiz — "Botschaft betreffend den Beitritt der Schweiz zum Übereinkommen von 1989 über die Rechte des Kindes", Bundesblatt Schweiz 146 (1994), V, S. 1 ff.

Burian, M. — "Das russische Scheidungsrecht vor und nach Inkrafttreten des neuen Familiengesetzbuchs", ROW 1998, S. 88 ff.

Butler, W.E. — Russian Law, Oxford 1999

Cantwell, N. — "The Origins, Development and Significance of the United Nations Convention on the Rights of the Child", in: S. Detrick (Hrsg.) The United Nations Convention on the Rights of the Child - A Guide to the Travaux Préparatoires, Dordrecht 1992, S. 19 ff.

Capotorti, F. — Minderheiten, in: R. Wolfrum (Hrsg.), Handbuch Vereinte Nationen, 2. Aufl. München 1991

Castell-McGregor, S. "The South Australian Children's Interests Bureau. An Australian Initiative in Furthering Children's Rights", in: Verhellen/Spiesschaert (Hrsg.) Ombudswork for Children, S. 149 ff.

Chinkin, C. "Torture of the Girl Child", in: G. van Bueren (Hrsg.) Childhood Abused, Dartmouth 1998, S. 81 ff.

Clive, E. "The New Hague Convention on Children", The Juridical Review 1998, S. 169 ff.

Coady, M.M./Coady, C.A.J. "There ought to be a Law Against It. Reflections on Sexual Abuse, Morality and Law", in: P. Alston/S. Parker/J. Seymour (Hrsg.), Children, Rights and the Law, S. 126 ff.

Cohn, I. "The Convention on the Rights of the Child: What it means for Children in War", International Journal of Refugee Law 3 (1991) S. 100 ff.

Cooper, J. "Child Labour", International Journal 52 (1997) 411 ff.

Dao, H.T. "ILO-Standards for the Protection of Children", Nordic Journal of International Law 58 (1989) S. 54 ff.

Davis, D.S. "The Child's Right to an Open Future: Yoder and Beyond", Capital University Law Journal 26 (1997) S. 93 ff.

Day O'Connor, S. "Religious Freedom: America's Quest for Principles", Northern Ireland Legal Quarterly 48 (1997) S. 1 ff.

Dean, R.N.	"Beyond Helsinki: The Soviet View of Human Rights in International Law", Virginia Journal of International Law 21 (1980/81) S. 55 ff.
Dejonghe, E./Lammerant, I.	"Les candidats refugiès mineurs non accompagnés de lege lata et de lege ferenda", Journal des Tribunaux 117 (1998) S. 241 ff.
Deshta, S./Deshta, K.	"Child Labour: A Challenge to the Nation", Civil & Military Law Journal 32 (1996) 225 ff.
Detrick, S.	The United Nations Convention in the Rights of the Child - A Guide to the Travaux Préparatoires, Dordrecht 1992
Detrick, S.	"Update on the First Regional Children´s Rights Treaty: The African Charter on the Rights and Welfare of the Child", International Journal of Children´s Rights 3 (1995) S. 462
Dodonow, W.N./ Panow, W.P./ Rumjanzew, O.G.	Meschdunarodnoje Prawo, Slowar-Sprawotschnik, Moskau 1998
Dolotin, B.	"W interessach invalidow", Tschelowek i sakon 1996, Nr. 3, S. 48 ff.
Dorsch, G.	Die Konvention der Vereinten Nationen über die Rechte des Kindes, Berlin 1994
Douglas, G.	"The Child´s Right to Make Mistakes: Criminal Responsibility and the Immature Minor", in: G. Douglas/L. Sebba (Hrsg.) Children´s Rights and Traditional Values, S. 264 ff.
Douglas, G./Sebba, L. (Hrsg.)	Children´s Rights and Traditional Values, Dartmouth 1998
Dt. Wanderjugend	Ökologische Kinderrechte, Winnenden 1994

Dunkel, F. "Strafmündigkeitsalter im internationalen Vergleich", Recht der Jugend und des Bildungswesens 1999, S. 291 ff.

Dutli, M.T./Bouvier, A. "Protection of children in armed conflict: the rules of international law and the role of the International Committee of the Red Cross", International Journal of Children's Rights 4 (1996) S. 181 ff.

Dzugajewa, A.Z. "Prawowoje regulirowanie usynowlenija (udotscherenija) detej", Juriditscheskij Mir, 1997, No. 7, S. 15 ff.

Eberlei, W. "Jedes behinderte Kind hat ein Recht auf ein menschenwürdiges Leben", in: Kindernothilfe (Hrsg.), Die Rechte des Kindes, S. 10

Edick, D.A. "Regulation of Pornography on the Internet in the US and the UK: A Comparative Analysis", Boston College International and Comparative Law Review XI (198) S. 437 ff.

Eekelaar, J. "The Interests of the Child and Child's Wishes: The Role of Dynamic Self-Determinism", in: P. Alston, The Best Interests of the Child, S. 45

Elderman, E. Orièntatie in het vluchtelingenrecht, Utrecht 1997/98

Ende, M. "Kulturelle Identität als notwendige Ergänzung des gemeinschaftsrechtlichen Gleichheitssatzes - Die UN-Kinderkonvention im Kontext der Unionsbürgerschaft", IPRax 1998, S. 244 ff.

Ennew, J. "Shame and Physical Pain: Cultural Relativity, Children, Torture and Punkishment", in: G. van Bueren (Hrsg.) Childhood Abused, S. 7 ff.

Ermacora, F. — Menschenrechte in der sich wandelnden Welt, Wien 1974

Fahrenhorst, I. — "Der Schutz elterlicher Rechte bei einer Trennung von Eltern und Kind und die Europäische Konvention zum Schutz der Menschenrechte und Grundfreiheiten", Zeitschrift für Familienrecht 43 (1996) S. 454 ff.

Finger, P. — "§ 1632 Abs. 4 BGB - Zuordnungskonflikte bei Pflegekindern; Anträge bei Pflegeeltern im gerichtlichen Verfahren, Familie und Recht 1998, S. 37 ff.

Fink, J.R. — "Cocaine´s Smallest Victims: Advocacy on Behalf of Drug-exposed Infants", in: Freeman/Veerman (Hrsg.) The Ideologies of Children´s Rights, S. 311 ff.

Firlei, M. — "Der Richter und das Kindeswohl", in:Rauch-Kallat/Pichler, Entwicklungen in den Rechten des Kindes im Hinblick auf das UN-Übereinkommen über die Rechte des Kindes, S. 218 ff.

Fitzgibbon, T.J. — "The United Nations Convention on the Rights of the Child: Are Children Really Protected? A Case Study of China´s Implementation", Loyola of Los Angeles International and Comparative Law Journal 20 (1998) 325 ff.

Fleischauer, C.A. — "Response of the Legal Counsel to the request for confirmation of the UN regarding preambular paragraph 6 (9)", E/CN4/1989/48, Annex, S. 144

Flekkøy, M.G. — "The Norwegian Commissioner (Ombudsman) for Children: Practical Experiences and Future Goals", in: Verhellen/Spiesschaert (Hrsg.) Ombudswork for Children, S. 119 ff.

Flekkøy, M.G./Kaufman, N.H. — The Participation Rights of the Child, Rights and Responsibilities in Family and Society, London 1997

Freeman, M. — "The Convention: An English Perspective", in: M. Freeman (Hrsg.) Children´s Rights - A Comparative Perspective, S. 100 ff.

Freeman, M. — "The new birth right?", International Journal of Children´s Rights 4 (1996) S. 273 ff.

Freeman, M. (Hrsg.) — Children´s Rights: A Comparative Perspective, Dartmouth 1996

Freeman, M./Veerman, P. (Hrsg.) — The Ideologies of Children´s Rights, Dordrecht 1992

Frowein, J.A./Marauhn, T. (Hrsg.) — Grundfragen der Verfassungsgerichtsbarkeit in Mittel- und Osteuropa, Heidelberg, 1998

Frowein, J.A./Peukert, W. — Die Europäische Konvention zum Schutze der Menschenrechte, Kommentar, 2. Aufl., Kehl 1996

Geertrut, G. van — "Recht op onderwijs: een recht voor alle kinderen", in: Verhellen/Spiesschaert/Cartrijsse (Hrsg.) Rechten van kinderen, S. 289 ff.

Geiger, R. — "The Violation of Reporting Obligations and the General Rules of State Responsibility", in: E. Klein (Hrsg.) The Monitoring System of Human Rights Treaty Obligations, Berlin 1998, S. 139 ff.

Gerz, W. "The Effectiveness of the Reporting Procedure", in: E. Klein (Hrsg.) The Monitoring System of Human Rights Treaty Obligations, Berlin 1998, 121 ff.

Glenn Mower jr., A. The Convention on the Rights of the Child - International Law Support for Children, Westport 1997

Goboulev, A. "Europäisierung des Flüchtlingsrechts in Rußland", A.W.R. Bulletin 37 (46.) (1999) S. 153 ff.

Goodwin-Gill, G.S. "Unaccompanied refugee minors", International Journal of Children's Rights 3 (1995) S. 405 ff.

Goonesekere, S. "The Best Interests of the Child: A South Asian Perspective" in: P. Alston, Best Interests of the Child, Oxford 1994, S. 117 ff.

Goy, C.D. "Ökologische Kinderrechte - ihre Missachtung ist längst ein Weltproblem", in: Deutsche Wanderjugend (Hrsg.) Ökologische Kinderrechte, S. 8 ff.

Graaf, C. de "The Relevance of the Convention in Holland", in: M. Freeman (Hrsg.) Children's Rights: A Comparative Perspective, S. 113 ff.

Graham, P. "The Child's Right to Health", in: Freeman/Veerman, The Ideologies of Children's Rights, S. 203 ff.

Gromow, N.A./ Nikolajtschenko, W.W. "Prinzipy Ugolownogo Prozessa, ich ponjatie i sistema", Gosudarstwo i prawo 1997, No. 7, S. 33 ff.

Grosman, C.P. "Argentina - Children´s Rights in Family Relationships: The Gulf Between Law and Social Reality", in: M. Freeman (Hrsg.) Children´s Rights - A Comparative Perspective, S. 7 ff.

Grote, R. "Protection of Individuals in the Pre-Trial Procedure", in: D. Weissbrodt/R. Wolfrum (Hrsg.) The Right to a Fair Trial, S. 699 ff.

Guillod, O. "Swiss Law and the Convention", in: M. Freeman (Hrsg.) Children´s Rights: A Comparative Perspective, S. 223 ff.

Gupta, S. "Rights of the Child and Child Labour: A Critical Study", Journal of the Indian Law Institute 37 (1995) S. 531 ff.

Hübner, P. Pressefreiheit in Rußland - Das Recht auf freien Zugang zu Informationen, Köln 1997

Hammad, S.H. "The Convention on the Rights of the Child: 'Words on Paper' or Reality for Children?", International Journal of Children´s Rights 7 (1999) S. 215 ff.

Hammarberg, T. "Justice for Children through the UN-Convention", in: Asquith/Hill (Hrsg.) Justice for Children, S. 59 ff.

Hattenhauer, H. "Kindeswohl und Kindesrecht", in: Land Schleswig-Holstein (Hrsg.) Die UN-Konvention über die Rechte des Kindes, Kiel 1989, S. 20 ff.

Heintze, H.J. "Children Need More Protection under International Humanitarian Law - Recent Developments concerning Article 38 of the UN Child Convention as a Challenge to the International Red Cross and Red Crescent Movement", Humanitäres Völkerrecht 8 (1995) S. 200 ff.

Heintze, H.J. "Der Beitrag der UN-Kinderkonvention zum völkerrechtlichen Schutz des Flüchtlingskindes", A.W.R. Bulletin 33 (1995) S. 133 ff.

Henaghan, M. "New Zealand and the Convention: A Lack of Balance", in: M. Freeman (Hrsg.) Children's Rights - A Comparative Perspective, S. 184 ff.

Henderson, J. "Justices of the Peace in Russia", European Public Law 5 (1999) S. 373 ff.

Hodgson, D. "The international human right to education and education concerning human rights", International Journal of Children's Rights 4 (1996) S. 237 ff.

Horrowitz, M. "Pilot Project of an Ombudsman for Children and Youth in Jerusalem", in: Verhellen/Spiesschaert (Hrsg.) Ombudswork for Children, S. 159 ff.

Horsburgh, B. "Deconstructing Children's Rights And Reimagining Children's Needs: A Gender, Race and Class Analysis in Infanticide", St. Thomas Law Review 10 (1998) S. 229 ff.

Houben, G. "Angebot und Nachfrage illegaler Drogen in Rußland", Osteuropa 49 (1999) S. 1021 ff.

Huber, B. "Geändertes Kindschaftsrecht und Ausländerrecht", Neue Zeitschrift für Verwaltungsrecht 1998, S. 713 ff.

Iljasow, P.Kh,. "Prawo Litschnosti na sudebnuju saschtschitu i ego obespetschenije Verchovnym sudom RF v ugolownom prozessje", Jurist 1997, No. 11, S. 35 ff.

Jekewitz, J. u.a. (Hrsg.) Des Menschen Recht zwischen Freiheit und Verantwortung, Festschrift für K.J. Partsch, Berlin 1989

Jennings, Sir R. International Law in: R. Bernhardt (Hrsg.) Encyclopedia of Public International Law, Bd. 7 (1984) S. 278 ff.

Johnson, U. "An Approach to assess and analyse the health and nutrition standards of children on the perspective of the Convention on the Rights of the Child", International Journal of Children's Rights 5 (1997) 367 ff.

Kalfallah, L. "Impressions en Marge d'une session du Comité des Droits de l'Enfant", in: E. Verhellen (Hrsg.) Monitoring Children's Rights, S. 445 ff.

Kent, G. "Little Foreign Bodies: International Dimensions to Child Prostitution", in: Freeman/Veerman (Hrsg.) Ideologies of Children's Rights, S. 323 ff.

Kent, G. "Realizing international children's rights through implementation of international law", International Journal of Children's Rights 5 (1997) S. 439 ff.

Kerr, W.A. "The Next Step will be Harder - Issues for the New Round of Agricultural Negotiations at the World Trade Organization", Journal of World Trade 34(1) (2000) S. 123 ff.

Khan, S.L.A. "The Rights of the Unborn Child", Civil & Military Law Journal 32 (1996) S. 234 ff.

Khazova, O. "The UN Convention on the Rights of the Child and Russian Family Law", in: M. Freeman (Hrsg.), Children´s Rights - A Comparative Perspective, S. 209 ff.

Kilkelly, U. The Child and the European Convention on Human Rights, Dartmouth 1999

Kimminich, O. Einführung in das Völkerrecht, 5. Aufl., München 1993

Kindernothilfe e.V. (Hrsg.) Die Rechte des Kindes, Dortmund 1993

Klein, E. "The Reporting System under the International Covenant on Civil and Political Rights", in: E. Klein (Hrsg.) The Monitoring System of Human Rights Treaty Obligations" Berlin 1998, S. 17 ff.

Klein, E. (Hrsg.) The Monitoring System of Human Rights Treaty Obligations, Berlin 1998

Klein, H. "Towards a more Cohesive Human Rights Treaty System", in: E. Klein (Hrsg.) The Monitoring System of Human Rights Treaty Obligations, Berlin 1998, S. 89 ff.

Konstantinov, E. "Protection of Freedom of Expression in Eastern Europe Through Constitutional anbd Strasbourg Law", Journal of Constitutional Law 2 (1995) S. 237 ff.

Koren, M. — "A children´s ombudsman in Sweden", International Journal of Children´s Rights 3 (1995) S. 101 ff.

Korkeakivi, A. — "The Russian Constitutional Court and Human Rights", Parker School Journal of East European Law, 1 (1994) S. 591 ff.

Kosloske, S.M. — "The Need for Worldwide Information Sharing to Support Children´s Rights", Transnational Law and Contemporary Problems 6 (1996) S. 415 ff.

Krascheninnikow, P. — "Smertnaja Kasn - eto krownaja mest", Literaturnaja Gaseta 7.-13. 7. 1999, No. 27 (5759), S. 5.

Krill, F. — "The Protection of Children in Armed Conflict", in: Freeman/Veerman (Hrsg.) The Ideologies of Children´s Rights, S. 347 ff.

Kuper, J. — "Child Advocacy", in: Verhellen/Spiesschaert (Hrsg.) Ombudswork for Children, S. 209 ff.

Lücker-Babel, M.F. — "Les réserves a la Convention des Nations Unies relative aux droits de l´enfant et la sauvegarde de l`objet et du but du traité international", European Journal of International Law 8 (1997) S. 664 ff.

Lücker-Babel, M.F. — "The right of the child to express views and to be heard: An attempt to interpret Article 12 of the UN Convention on the Rights of the Child", International Journal of Children´s Rights 3 (1995) S. 391 ff.

Lammich, S. — "Rußland: Zur Situation in den Untersuchungshaftanstalten", WGO, Monatshefte für osteuropäisches Recht 39 (1997) S. 322 ff.

Land Schleswig-Holstein (Hrsg.) — UN-Konvention über die Rechte des Kindes, Kiel 1989

LeBlanc, L.J. — The Convention on the Rights of the Child, Lincoln 1995

Leblanc, L.J. — "Reservations on the Convention on the Rights of the Child: A macroscopic view of state practice", International Journal of Children´s Rights, 4 (1996) S. 357 ff.

Ledjach, T.A. — "Saschtschita praw tscheloweka i konstituzionnoe prawosudie", in: Lukaschewa, E.A. (Hrsg.) Prawa Tscheloweka i polititscheskoje reformirowanije, Moskau 1997, S. 81 ff.

Levesque, R.J.R. — "Combatting Child Sexual Maltreatment: Advances and Obstacles in International Progress", Law and Policy 17 (1995) 441 ff.

Lichanov, A.A./Rybinskij, E.M. — Detstvo - kratkij slowar-sprawotschnik, Moskau 1996

Liddy, J. — "Current Topic: The Concept of Family Life under the ECHR", European Human Rights Law Review 3 (1998), S. 15 ff.

Linnikowa, I.I. (Hrsg.) — O naruschenii praw tscheloweka, Moskau 1998

Lippmann — "Human Rights Revisted: The Protection of Human Rights under the International Covenant on Civil and Political Rights", California Western Law Journal 10 (1980) 450 ff.

Lippott, J. — "Familienrecht und IPR in Rußland", Zeitschrift für Familienrecht 11 (1998) S. 663 ff.

Loforte, A.M. "Street Children in Mozambique", International Journal of Children's Rights 2 (1994) S. 149 ff.

Longford, M. "Family Poverty and the Exploitation of Child Labour", Law & Policy 17 (1995) S. 471 ff.

Lukaschewa, E.A. (Hrsg.) Prawa Tscheloweka i polititscheskoje reformirowanije, Moskau 1997

Lukaschuk, I.I. Konstituzii gosudarstv i mezhdunarodnoje prawo, Moskau 1998

Müller, H.M. "Vroege psychoanalytische concepten van de dochter en haar moederrelatie", in: Verhellen/Spiesschaert/Cartrijsse (Hrsg.) Rechten van kinderen, S. 400 ff.

Müller, K. "Benachteiligt – behindert – ein Schicksal?", in: Rauch-Kallat/Pichler, Entwicklungen in den Rechten des Kindes im Hinblick auf das UN-Übereinkommen über die Rechte des Kindes, S. 157 ff.

Münder, J./Mutke, B./Schone R. "Quantitative Aspekte der Sicherung des Kindeswohls zwischen Jugendhilfe und Justiz", Recht der Jugend und des Bildungswesens 46 (1998) 2, ,195 ff.

Majoros, F. "Eine umfassende multilaterale Regelung der Rechtsbeziehungen in Zivil-, Familien- und Strafsachen unter den GUS-Staaten", Osteuroparecht 44 (1998) S. 1 ff.

Maleina, M.N. "Prawo na imja", Gosudarstvo i pravo 71 (1998) S. 99 ff.

Marauhn, T. "Die Rechtstellung von Kindern in bewaffneten Auseinandersetzungen", Humanitäres Völkerrecht 8 (1995), S. 64 ff.

Marschunov, M.N. Kommentarii k Sakonu "O Prokurature" (Kommentar zum Gesetz über die Staatsanwaltschaft), Moskau 1998

Matsushima, Y. "Controversies and Dilemmas: Japan Confronts the Convention", in: M. Freeman (Hrsg.) Children´s Rights: A Comparative Perspective, Dartmouth 1996, S. 125 ff.

McBride, J. "The Violation of Economic, Social and Cultural Rights as Torture of Cruel, Inhuman or Degrading Treatment", in: G. van Bueren (Hrsg.) Childhood Abused, S. 107 ff.

McGillivray, A. "Reconstructing Child Absuse: Western Definition and Non-Western Experience", in: M. Freeman/P. Veerman (Hrsg.) The Ideologies of Children´s Rights, Dordrecht 1992, S. 213 ff.

McLean, S. "Medical Experimentation with Children", in: Alston/Parker/Seymour (Hrsg.), Children, Rights and the Law, S. 173 ff.

Meron, T. Human Rights and Humanitarian Norms as Customary Law, Oxford 1989

Messina, C. "From Migrants to Refugees: Russian, Soviet and Post-Soviet Migration", International Journal of Refugee Law 6 (1994) S. 620 ff.

Michael, J. "A Child´s Rights to Privacy or Open Justice?", in: G. Douglas/L. Sebba (Hrsg.) Children´s Rights and Traditional Values, S. 194 ff.

Milne, C.A. "The Child´s Tort Case: Ethics, Education and Social Responsibility", Suffolk University Law Review XXX (1997) 1097 ff.

Molander, H. "A Child Against the State: Tasks of the Child´s Ombudsmen", in: E. Verhellen (Hrsg.) Monitoring Children´s Rights, S. 575 ff.

Monéger, F. "La Jurisprudence Française en matiére d´adoption internationale au regard de la Convnetion des Nations Unies relatives aux droits de l´enfant", in: Rubbelin-Devichi/Frank, L´enfant et les conventions internationales, S. 115 ff.

Mordson, Z.A. "Street Children in Russia", World Council of Churches, Moscow Patriarchate, Newsletter 1998, S. 2 f.

Mottl, I. "Das Kind: Rechtssubjekt oder nur Spielball familiärer Auseinandersetzungen?", in: Rauch-Kallat/Pichler Entwicklungen in den Rechten des Kindes im Hinblick auf das UN-Übereinkommen über die Rechte des Kindes, Wien 1994, S. 181 ff.

Näder, M. "Erziehung zu Menschenrechten und Toleranz", UNESCO heute Nr. 4/1997, S. 20

Naumow, A.W. Kommentarij k ugolownomu kodeksu Rossijskoj Federazii (Kommentar zum StGB der Russischen Föderation), Moskau 1997

Netschajewa, A.M. Semejnoje Prawo, Moskau 1998

Newell, P. The UN-Convention and Children´s Rights in the UK, London 1991

Nielsen, L./Frost, L. — "The Danish Debate", in: M. Freeman (Hrsg.) Children's Rights - A Comparative Perspective, S. 76 ff.

Nieuwenhuys, O. — "The domestic economy and exploitation of children's work: The case of Kerala", International Journal of Children's Rights 3 (1995) S. 213 ff.

Nußberger, A. — "Die Grundrechte in der Rechtsprechung des russischen Verfassungsgerichts", EuGRZ 25 (1998) S. 105 ff.

Nylund, B.V. — "International Law and the child victim of armed conflict - Is the "First Call" for children?", International Journal of Children`s Rights 6 (1998) S. 23 ff.

Oberleitner, G. — Menschenrechtsschutz durch Staatenberichte, Frankfurt/Main 1998

Ochaíta, E./Espinosa, M.A. — "Children's participation in family and school life: A psychological and developmental approach", International Journal of Children's Rights 5 (1997) S. 279 ff.

Oellers-Frahm, K. — "Statement Concerning the Monitoring System of Human Rights Treaty Obligations", in: E. Klein (Hrsg.) The Monitoring System of Human Rights Treaty Obligations, Berlin 1998, S. 107 ff.

Opsahl, T. — "The General Comments of the Human Rights Committee", in: J. Jekewitz u.a. (Hrsg.) Des Menschen Recht zwischen Freiheit und Verantwortung, Festschrift für K.J. Partsch, Berlin 1989, S. 273 ff.

Packer, J./Myatti, K. (Hrsg.) The Protection of Ethnic and Linguistic in Europe, Abo 1993

Parker, S. "The Best Interests of the Child - Principles and Problems", in: P. Alston, The Interests of the Child, S. 26 ff.

Pearl, P. "The Community-Based Multi-Disciplinary Child Protection Team as an Advocacy Group for Children", in: Verhellen/Spiesschaert (Hrsg.) Ombudswork for Children, S. 437 ff.

Pejic, J. "Minority Rights in International Law", Human Rights Quarterly 19 (1997) S. 466 f.

Pentassuglia, G. Minority Protection in International Law: From Standard-Setting to Implementation", Nordic International Law Journal 68 (1999) S. 131 ff.

Peters, A. "Die Mißbilligung der Todesstrafe durch die Völkerrechtsgemeinschaft", EuGRZ 26 (1999) S. 650 ff.

Praagh, S. van "Religion, Custody and a Child´s Identity", Osgoode Hall Law Journal 35 (1997) S. 309 ff.

President´s Commission on Human Rights Report of the President´s Commission on Human Rights "On the Observance of Right of Man and the Citizen in the Russian Federation", Report for 1994-95, im Internet (am 18. 5. 1998) unter: http://www.wdn.com/asf/hrrep.htm

Price Cohen, C. "Monitoring the United Nations Convention on the Rights of the Child in a Non-State Part: The United States", in: E. Verhellen (Hrsg.) Monitoring Children´s Rights, S. 475 ff.

Price Cohen, C. — "The Developing Jurisprudence on the Rights of the Child", St. Thomas Law Review 6 (1993) 1 ff.

Price Cohen, C./Kilbourne, S. — "The Jurisprudence of the Committee on the Rights of the Child: A Guide to Research and Analysis", Michigan Journal of International Law 19 (1998) S. 633 ff.

Pritchard, S. (Hrsg.) — Indigenous Peoples, the United Nations and Human Rights, London 1998

Przetacznik, F. — "The Socialist Concept of Human Rights: Its Philosophical Background and Political Justification", Revue Belge de Droit International 13 (1977) S. 238 ff.

Purbrick, B. — "Child Rights Informations Network (CRIN)", International Journal of Children's Rights 3 (1995) S. 455 ff.

Quigley, J. — "The Presumption of Innocence in Russian Constitution", Parker School Journal of East European Law 1 (1994) S. 327 ff.

Rädler, P. — "Indepedence and Impartiality of Judges", in: D. Weissbrodt/R. Wolfrum (Hrsg.) The Right to a Fair Trial, S. 727 ff.

Rauch-Kallat, M./Pichler, J.W. (Hrsg.) — Entwicklungen in den Rechten des Kindes im Hinblick auf das UN-Übereinkommen über die Rechte des Kindes, Wien 1994

Reesla, E.M./Boothby, N./Steinbock, P.J. (Hrsg.) — Unaccompanied Children, New York 1998

Regierung der Stadt Moskau — Prawitelstwo Moskwy, Komitet po delam semej i molodjoschi, Programma Deti uliz, Moskau 1997

Riedel, E. — "The Examination of State Reports", in: E. Klein (Hrsg.) The Monitoring System of Human Rights Treaty Obligations, Berlin 1998, S. 95 ff.

Robertson, A.H./Merills, J.G. — Human Rights in the World, An Introduction to the study of the international protection of human rights, 3. Aufl. Manchester 1992

Robinson, L.N. — "The Globalization of Female Child Prostitution: A Call For Reintegration and Recovery Measures Via Article 39 of the UN Convention on the Rights of the Child", Global Legal Studies Journal 5 (1997) S. 239 ff.

Rosenczweig, J.P. — "Do the Juvenile Courts in France have a Meditorial Function?", in: Verhellen/Spiesschaert (Hrsg.) Ombudswork for Children, S. 185 ff.

Rossijskije NPO — Alternativnyj doklad rossijskich NPO w Komitet OON po prawam rebjonka, Moskau 1998

Roth, M./Döring, V. — "Das Haager Übereinkommen über den Schutz von Kindern", Juristische Blätter 121 (1999) S. 758 ff.

Rubbelin-Devichi, J./Frank, R. — L'enfant et les conventions internationales, Lyon 1996

Rudas, S. — "Prävention und Schutz vor Gewalt - Nachbetreuung bei Gewalt gegen Kinder - Reaktion des Kindes auf Gewalt", in: Rauch-Kallat/Pichler (Hrsg.) Entwicklungen in den Rechten der Kinder im Hinblick auf das UN-Übereinkommen über die Rechte des Kindes, S. 445 ff.

Sacramento, L.P./Pessoa, A.M. — "Implementation of the Rights of the Child in the Mozambican Context", in: M. Freeman (Hrsg.), Children´s Rights: A Comparative Perspective, S. 145 ff.

Sadikow, O.N. (Hrsg.) — Kommentarij k graschdanskomy kodeksu Rossijskoj Federazii, Perwaja Tschast (Kommentar zum ersten Teil des russ. ZGB), Moskau 1998

Santos-País, M. — "Monitoring Children´s Rights - A View from Within", in: E. Verhellen (Hrsg.) Monitoring Children´s Rights, S. 129 ff.

Sardenberg, M. — "Committee on the Rights of the Child: Basic Procedures", Transnational Law and Contemporary Problems 6 (1998) S. 272 ff.

Save the Children: Coalition to Stop the Use of Child Soldiers — Stop Using Child Soldiers, London 1998

Sax, H./Hainzl, Ch. — Die verfassungsrechtliche Umsetzung der UN Kinderrechtskonvention in Österreich, Wien 1999

Schäfer, A. — "TV und andere Medien in Rußland", Osteuropa 48 (1998) S. 710 ff.

Scherer, L.P./Hart, S.N. — "Reporting to the UN-Committee on the Rights of the Child - analyses of the first 49 State Party Reports on the education artiecles of the Convention on the Rights of the Child and a proposition for an experimental reporting system for education", International Journal of Children´s Rights 7 (1999) S. 349 ff.

Schewe, G. — "Kindesmißhandlung", in: Land Schleswig-Holstein (Hrsg.), UN-Konvention über die Rechte des Kindes, S. 54 ff.

Schkatulla, W.I. — "Prawo na obrasowanie", Gosudarstwo i prawo 1997, Nr. 7 S. 5 ff.

Schneckendorf, J.K. — Putewoditel po Konvenzii o prawach rebjonka, Moskau 1997

Seibert-Fohr, A. — "The Role of the Reporting System in Respect of the Development of Human Rights Treaty Application", in: E. Klein (Hrsg.) The Monitoring System of Human Rights Treat Obligations, Berlin 1998, S. 111 ff.

Seidl-Hohenveldern, I. — Völkerrecht, 6. Aufl. Köln 1987

Shihata I.F.I. — "Human Rights, Development and International Financial Institutions", American University Journal International Law and Policy 8 (1992) 35 ff.

Shihata, I.F.I. — "The World Bank Protection and Promotion of Children's Rights", International Journal of Children's Rights 4 (1996) 383 ff.

Siehr, K. — "Das neue Haager Übereinkommen über den Schutz von Kindern", RabelsZ 62 (1998) S. 464 ff.

Simaluwani, E.M. — "The Criminal Process in Juvenile Courts in Zambia", Zambia Law Journal 29 (1997) S. 71 ff.

Simma, B. — "The Examination of State Reports: International Covenant on Economic, Social and Cultural Rights", in: E. Klein (Hrsg.) The Monitoring System of Human Rights Treaty Obligations, Berlin 1998, S. 31 ff.

Slanowa, I. — "Kommentirujet Jurist: Semja: Sakon i prawo", Sewernaja Ossetija 4.4.1996, No. 64

Sloth-Nielsen, J./van Heerden, B. "Proposed Amendments to the Child Care Act and Regulations in the Context of Constitutional Law and International Law Developments in South Africa", South African Journal on Human Rights 12 (1996) S. 247 ff.

Sloth-Nielsen, J./van Heerden, B. "New Child Care and Protection Legislation for South Africa? Lessons from Africa", Stellenbosch Law Review 1997, 3, S. 261 ff.

Smits, P.W. The Right to Life of the Unborn Child in international documents, decisions and opinions, Leiden 1992

Sobba, L. "Juvenile Justice Policy: Mapping the Criteria", in: M. Freeman/P. Veerman (Hrsg.) Ideologies of Children´s Rights, S. 237 ff.

Sottas, E. "A Non-Governmental Organization Perspective of the UN-Approach to Children and Torture", in: G. van Bueren (Hrsg.) Childhood Abused, S. 139 ff.

Steinbock, D.J. "Unaccompanied Refugee Children in Host Country Foster Families", International Journal of Refugee Law 8 (1996) S. 6 ff.

Stricker, G. "Das neue Religionsgesetz in Rußland", Osteuropa 48 (1998) S. 689 ff.

Suchsland-Maser, U. Menschenrechte und die Politik multilateraler Finanzinstitute, Frankfurt/Main 1999

Swepston, L. "The Convention on the Rights of the Child and the ILO", Nordic Journal of International Law 61/62 (1992/93) S. 7 ff.

Sykow, O.W. — "Detskije narkologi obespokojen situaziej", in: Prawitelstwo Goroda Moskwy, Programme Deti uliz, S. 47 ff.

Theytaz-Bergman, L. — "NGO Group for the Convention on the Rights of the Child", International Journal of Children's Rights 3 (1995) S. 452 ff.

Thompson, B. — "Africa's Charter on Children's Rights: A Normative Break with Cultural Traditionalism", International and Comparative Law Quarterly 41 (1992) S. 432 ff.

Tomasevski, K. — Development Aid and Human Rights, London 1989

Toope, S.J. — "The Convention on the Rights of the Child: Implications for Canada", in: M. Freeman (Hrsg.), Children's Rights: A Comparative Perspective, Dartmouth 1996, S. 33 ff.

Topornin, B.N. (Hrsg.) — Kommentar k Konstituzii Rossijkoj Federazii (Kommentar zur Verfassung der Russischen Föderation), Moskau, 1997

Tumanow, W.A. — "Das Rechtsstaatsprinzip in der rußländischen Verfassungspraxis", in: J.A. Frowein/T. Marauhn (Hrsg.) Grundfragen der Verfassungsgerichtsbarkeit in Osteuropa, Heidelberg 1998, S. 77 ff.

Tumanow, W.W. (Hrsg.) — Konstituzija Rossijskoj Federazii, Enziklopeditscheskij slowar, Moskau 1997

Tyagi, Y.K. — "The Third World Response to Human Rights", Indian Journal of International Law 21 (1981), S. 119 ff.

Tumanow, W.W. (Hrsg.) Konstituzija Rossijskoj Federazii, Enziklopeditscheskij slowar, Moskau 1997

Tyagi, Y.K. "The Third World Response to Human Rights", Indian Journal of International Law 21 (1981), S. 119 ff.

UN-Menschenrechtsausschuß CCPR General Comment No. 24, Issues relating to reservations made upon ratification or accession to the Covenant or the Optional Protocolls thereto, or in relation to declarations under article 41 of the Covenant, vom 4. 11. 1994, Doc UN CCPR/C/21/rec.1/Add.6 (1994); zu finden im Internet auf der Homepage des UNHCHR: http://www.unhchr.ch/tbs/doc.nsf (28.11.2000), Abs. 8

UNICEF Kinder in Osteuropa, Schattenseiten neuer Freiheiten, Der UNICEF Osteuropa-Report, UNICEF International Child Development Centre, Florenz 1997

UNICEF Progress of Nations 1996, New York 1996

UNICEF Progress of Nations 1997, New York 1997

UNICEF Progress of Nations 1998, New York 1998

UNICEF Progress of Nations 1999, New York 1999

UNICEF The State of the World's Children, New York 1999

UNICEF The UNICEF Consultative Meetings on Landmines and Children, Genf 1994

van Bueren, G. Childhood Abused, Dartmouth 1998

van Bueren, G.	"Opening Pandora's Box: Protecting Children against Torture or Cruel, Inhuman and Degrading Treatment or Punishment", Law & Policy 17 (1995) S. 377 ff.
Verhellen, E. (Hrsg.)	Monitoring Children's Rights, Den Haag 1996
Verhellen, R./Spiesschaert, F./Carttrijsse, L. (Hrsg.)	Rechten van kinderen, Een Tekstbundel van Rijksuniversiteit Gent naar Aanleiding von de UNO-Conventie voor die Rechten vna het Kind, Antwerpen 1989
Verschraegen, B.	Die Kinderrechtekonvention, Wien 1996
Verschraegen, B. (Hrsg.)	Gleichheit im Familienrecht unter Berücksichtigung des Einflusses von Verfassungen und internationalen Übereinkommen, Bielefeld 1997
Vitzhum, W. Graf (Hrsg.)	Völkerrecht, Berlin 1997
Wazir, P./van Oudenhoven, N	Child Sexual Abuse: What can Governments Do?, Den Haag 1998
Weissbrodt, D./Wolfrum, R. (Hrsg.)	The Right to a Fair Trial, Heidelberg, 1997
Whande, N.	"General Issues relating to Refugee Children", in: S. Asquith/M. Hill (Hrsg.) Justice for Children, S. 84 ff.
Whitman, L.	"The Torture of Children: Assessing Torture and Devising Methods to Prevent It", in: G. van Bueren (Hrsg.) Childhood Abused, S. 223 ff.

Wilk, L./Kränzl-Nagl, R. "Kindsein in der Familie, Eine Analyse der Situation von Kindern in der Familie aus der Perspektive der Konvention über die Rechte des Kindes", in: Rauch-Kallat/Pichler (Hrsg.), Entwicklungen in den Rechten der Kinder im Hinblick auf das UN-Übereinkommen über die Rechte des Kindes, S. 106 ff.

Wille, R. "Sexueller Mißbrauch von Kindern", in: Land Schleswig-Holstein (Hrsg.) UN-Konvention über die Rechte des Kindes, S. 48 ff.

Wilting, W.H. Vertragskonkurrenz im Völkerrecht, Köln 1996

Wolfrum, R. "Die UN-Konvention über die Rechte des Kindes: Entwicklung, Inhalt und Einbettung in den internationalen Menschenrechtsschutz", in: Land Schleswig-Holstein (Hrsg.) UN-Konvention über die Rechte des Kindes, Kiel 1989, S. 7 ff.

Wolfrum, R. "International Convention on the Elimination of all Forms of Racial Discrimination", in: E.Klein (Hrsg.) The Monitoring System of Human Rights Treaty Obligations, Berlin 1998, 49 ff.

Wolfrum, R. "The Committee on the Elimination of Racial Discrimination" Max Planck Yearbook of United Nations Law 3 (1999) S. 489 ff.

Wolfrum, R. "The Emergence of "New Minorities" as a Result of Migration", in: C. Brölmann (Hrsg.) Peoples and Minorities in International Law, 1993, S. 153 ff.

Wolfrum, R. "The Progressive Development of Human Rights: A Critical Appraisal of Recent UN Efforts", in: J. Jekewitz u.a. (Hrsg.) Des Menschen Recht zwischen Freiheit und Verantwortung, Festschrift für K.J. Partsch, Berlin 1989, S. 67 ff.

Wolfrum, R. (Hrsg.) Handbuch Vereinte Nationen, 2. Aufl. München 1991

Wouters, I. "The Children's Rights Shop in Amsterdam", in: Verhellen/Spiesschaert (Hrsg.) Ombudswork for Children, S. 215 ff.

Yamauchi, K. "Gleichberechtigung im japanischen Familienrecht", in: B. Verschraegen, Gleichheit im Familienrecht, Bielefeld 1997, S. 338

Zaal, N./Skelton, A. "Providing Effective Protection for Children in a New Constitutional Era: Lawyers in the Criminal and Children's Court", South African Journal of Human Rights 14 (1998) S. 539 ff.

Ziegler, J. Die Beteiligung von Nichtregierungsorganisationen (NGOs) am Menschenrechtsschutzsystem der Vereinten Nationen, München 1998